맥체인 묵상가이드

통독 365

정현기 지음

신교횃불

❖ 발간사 ❖

"내가 주의 법을 어찌 그리 사랑하는지요
내가 그것을 종일 작은 소리로 읊조리나이다"(시 119:97)

주의 법을 사랑하여 종일 읊조리는 일은 하나님의 자녀들에게 분명 행복한 시간입니다. 이를 위해 성경을 통독하거나 매일 말씀을 묵상하는 책들과 방법들이 넘쳐나는 것을 봅니다. 그 가운데 20여 년을 맥체인식으로 성경을 묵상해 오면서 주의 말씀과 함께 하는 삶이 어떤 것인가를 배우게 되었습니다. 하나님 나라와 그 나라의 왕이신 하나님의 뜻을 따르는 하나님 나라의 씨가 선택해야 할 삶의 자세들을 보게 됨으로 행함이 있는 믿음의 사람으로 서 가게 합니다.

맥체인식으로 성경을 읽으면 일 년 동안 구약은 1회, 신약과 시편은 2회 통독할 수 있고, 함께 매일 묵상도 되니 일석이조입니다. 또한 20여 년의 묵상 노하우를 통해 세미나를 통해 나누고 있습니다. 고난 중에 위로가 됨으로 살리는 능력이 있는 말씀, 천천 금보다 좋은 주의 입의 말씀들을 맥체인식으로 읽고 묵상해보십시오. 주의 기이한 일들을 보게 될 것이며, 하나님의 선하시고 기뻐하시고 온전하신 뜻을 분별하는 능력을 소유하게 될 것입니다. 하나님 나라의 백성으로서 그 나라의 왕이신 하나님의 뜻을 알아 살아가는 일은 분명 기쁨이 넘치는 삶이 됩니다.

맥체인식으로 성경을 읽고 묵상함으로 1년이 분명 행복한 시간이 될 것입니다.

2020. 1. 1.
소양교회 정 현 기 목사

맥체인성경
맥체인묵상 가이드(통독365)

1. 로버트 머리 맥체인(Robert Murray M'Cheyne) 목사는?

19세기 스코틀랜드 역사에서 가장 경건한 목회자로 꼽히는 로버트 머리 맥체인은 1813년 5월 21일 스코틀랜드 에든버러 더블린 가에서 5남매 중 막내로 태어났습니다. 에든버러 대학교에서 수학하여 23세에 목사 안수를 받고, 1835년부터 1838년까지 라버트 교구와 두니페이스 교구에서 존 보나(John Bonar)의 조수로 섬겼습니다. 그 뒤, 던디의 성 베드로 교회에서 하나님과 모든 영혼을 사랑하는 목사로 섬기다 1843년 3월 25일, 29세의 짧은 나이에 발진티푸스로 하늘의 부르심을 받았습니다.

맥체인은 시인이기도 했으며, 많은 저서를 남겼습니다. 그는 신앙심이 깊은 사람이었으며 기도의 사람이었습니다. 맥체인의 경건한 삶과 사역의 결과물들은 맥체인의 벗이 낸 회고록이나 후대 믿음의 후배들이 내는 전기를 통해 전해지고 있습니다. 이처럼 이 땅에서 맥체인의 삶은 짧았을지라도, 맥체인이 뜨겁게 전했던 그리스도에게로 초대하는 구원의 외침은 아직도 살아서 널리 울려 퍼지고 있습니다.

2. 맥체인 성경읽기란?

맥체인 성경읽기표는 1842년 맥체인이 자신이 목양하던 성 베드로 교회 성도들의 영적 성장을 위해 개발한 것으로, 매일 구약과 신약을 각각 2장씩 읽음으로써 1년에 구약 1회, 신약과 시편을 각 2회 정독할 수 있도록 만든 표입니다.

이와 같은 맥체인의 방법에 따라 신구약 성경 전체를 골고루 4등분해서 동시에 읽으면, 성경에 기록된 장구한 구속사를 크게 네 시대로 나누어 동시에 묵상할 수 있습니다.

각각의 시대마다 하나님께서는 하나님이 세우신 사람들과 언약을 맺으셨고, 그 언약을 완성하셨습니다. 그리고 이 시대들은 서로 씨줄과 날줄이 되어 하나님의 구속사를 완성하는 완벽한 하모

니를 이루고 있습니다.

때로는 시대별로, 때로는 거시적인 안목에서 구속사 전체를 한 번에 아우르게 합니다. 그렇기에 남녀노소, 교회의 직분을 무론하고, 누구나 맥체인 성경읽기표를 따라 성경을 읽으면, 성경에 대한 명쾌한 이해와 함께 하나님께서 감춰두신 구속의 보화를 찾는 기쁨을 누릴 수 있습니다.

또한 이를 통해 성경의 맥을 보다 쉽게 잡을 수 있습니다. 이렇게 하나님의 계시 목적에 평행선을 그으며 따라가는 것은 맥체인 성경읽기표만의 독특한 방식입니다.

성경을 읽다가 중간에 빠뜨린 부분이 있더라도 포기하지 말고, 그날의 날짜에 맞추어 읽는 것이 좋습니다. 이런 습관은 해가 거듭되더라도 반복적으로 성경을 통독할 수 있게 해 주기 때문입니다. 개인적으로 읽을 때는 아침, 저녁으로 나누어 읽으셔도 됩니다. 각자의 방법대로 성경을 읽으면 됩니다.

"또 어려서부터 성경을 알았나니 성경은 능히 너로 하여금 그리스도 예수 안에 있는 믿음으로 말미암아 구원에 이르는 지혜가 있게 하느니라 모든 성경은 하나님의 감동으로 된 것으로 교훈과 책망과 바르게 함과 의로 교육하기에 유익하니 이는 하나님의 사람으로 온전하게 하며 모든 선한 일을 행할 능력을 갖추게 하려 함이라" (딤후 3:15-17).

3. 맥체인 목사가 직접 이야기하는 맥체인 성경읽기

맥체인 목사는 1842년 12월 30일 송구영신 예배 시간에 자신의 교회 교인들에게 맥체인 성경읽기표에 대해서 다음과 같이 설명해주었습니다. 맥체인 목사가 직접 이야기하는 맥체인 성경읽기를 통해 우리는 맥체인 성경읽기에 대해 보다 많은 이해를 할 수 있을 것입니다. (이 설교가 끝난 후 그는 교인들에게 성경읽기표를 나누어 주었습니다.)

[설교 본문: 시편 119편 40절]

"내가 주의 법도들을 사모하였사오니 주의 의로 나를 살아나게 하소서"

사랑하는 성도 여러분, 새해가 다가오니 제 마음 속에 여러분의 구원과 구원받은 분들의 영적 성장에 대한 새로운 열망이 생깁니다.

"내가 예수 그리스도의 심장으로 너희 무리를 얼마나 사모하는지 하나님이 내 증인이시니라" (빌 1:8).

다가오는 새해에는 어떤 일이 일어날지 그 누가 알겠습니까? 모든 선한 사람은 분명 이 땅에 다가오는 놀라운 심판의 역사를 예견하며 영혼에 부담감을 느낍니다. 이제 이와 같은 엄숙한 질문을 던져야 할 때입니다.

"만일 네가 보행자와 함께 달려도 피곤하면 어찌 능히 말과 경주하겠느냐 네가 평안한 땅에서는 무사하려니와 요단 강 물이 넘칠 때에는 어찌하겠느냐" (렘 12:5).

자기 자신이나 피조물이 아니라 우리의 의이신 여호와를 의지하는 성도들은 굳게 설 것입니다. 우리가 악한 날에 굳게 서려면 성경 말씀과 은혜의 보좌에 더 집중해야 합니다. 그러면 우리는 다윗처럼 이렇게 말할 수 있을 것입니다.

"교만한 자들이 나를 심히 조롱하였어도 나는 주의 법을 떠나지 아니하였나이다" (시 119:51).

"고관들이 거짓으로 나를 핍박하오나 나의 마음은 주의 말씀만 경외하나이다" (시 119:161).

저는 마음속으로 오랫동안 성경읽기 계획표를 만들 생각을 해 왔습니다. 하나님이 같은 소원을 주신 이들은 다 제 생각에 동의할 것입니다. 그래서 성경 전체를 1년에 한번 통독하고, 모든 성도가 동시에 같은 푸른 초장에서 꼴을 먹을 수 있도록 계획을 짰습니다. 그런데 이 계획에는 다음과 같은 주의해야 할 점이 있습니다.

[주의할 점]

형식으로 읽지 말라

우리는 너무나 연약한 피조물이어서 어떤 의무든 규칙적으로 반복하면 타성적인 형태로 전락하기 쉽습니다. 일정한 규칙에 따라 말씀을 읽는 어떤 사람들에게는 이렇게 형식적인 신앙생활을 낳는 경향이 있습니다. 이것은 말세에 두드러진 죄가 될 것입니다. "경건의 모양은 있으나 경건의 능력은 부인하니 이같은 자들에게서 네가 돌아서라" (딤후 3:5). 이 점을 주의하십시오. 이 읽기표 때문에 여러분의 영혼이 무디어질 것 같으면 차라리 이 표를 없애 버리십시오.

분량 채우는 것으로 만족하지 말라

어떤 이들은 말씀을 읽기 위해 시간을 정하고 정해진 분량을 다 읽고 나면 자기 자신을 만족스런 눈으로 바라보는 유혹에 빠지기가 쉽습니다. 확신컨대 많은 이가 영혼에 아무런 하나님의 역사를 체험하지 못한 채 살아가고 있습니다. 용서받지 못하고, 성화되지도 않고, 멸망을 눈앞에 둔 채 말입니다. 그들은 그러면서도 개인적으로나 가족과 함께 정해진 경건 시간을 보냅니다. 이런 사람은 오른손에 거짓 것을 들고(사 44:20) 지옥으로 향하는 사람입니다.

아무렇게나 건성으로 읽지 말라

하나님의 말씀에 두려워 떠는 사람이 별로 없습니다. 말씀을 읽는 동안에도 위엄으로 가득찬 여호와의 음성을 듣는 이가 별로 없습니다. 이스라엘 백성들은 매일 먹는 만나에 대해 "백성이 하나님과 모세를 향하여 원망하되 어찌하여 우리를 애굽에서 인도해 내어 이 광야에서 죽게 하는가 이 곳에는 먹을 것도 없고 물도 없도다 우리 마음이 이 하찮은 음식을 싫어하노라 하매" (민 21:5)고 불평했습니다. 마찬가지로 어떤 이들은 많은 분량의 말씀을 읽다가 말씀 읽기에 싫증이 나서 말씀을 아무렇게나 건성으로 읽으려는 유혹에 빠지기 쉽습니다. 이런 일은 하나님의 진로를 불러 일으킬 것입니다. 이 말씀이 여러분에게 해당되지 않도록 주의하십시오. "만군의 여호와가 이르노라 너희가 또 말하기를 이 일이 얼마나 번거로운고 하며 코웃음치고 훔친 물건과 저는 것, 병든 것을 가져왔느니라 너희가 이같이 봉헌물을 가져오니 내가 그것을 너희 손에서 받겠느냐 이는 여호와의 말이니라" (말 1:13).

의무감으로 억지로 읽지 말라

어떤 이들은 한동안 말씀을 잘 읽지만 나중에는 말씀 읽는 일이 감당하기 벅찬 부담감으로 느껴집니다. 그들은 하늘의 양식을 전혀 맛보지 못하고 양심에 질질 끌려 억지로 정해진 의무를 행합니다. 만일 어떤 성도든 이런 경우에 해당된다면, 차라리 이 족쇄를 던져 버리고 하나님의 아름다운 정원에서 마음껏 꿀을 먹으십시오. 제가 바라는 것은 여러분에게 덫을 놓는 것이 아니라 여러분이 기쁨을 맛보도록 돕는 것입니다.

이렇게 주의할 점이 많은데 이런 읽기표를 만든 목적이 대체 무엇일까요? 이 질문에 저는 이렇게 대답하겠습니다. 가장 좋은 일에는 언제나 위험이 따르는 법입니다. 위험한 절벽 틈에 가장 아름다운 꽃들이 피어 있는 것처럼 말입니다. 그러면 이 읽기표의 장점을 살펴보겠습니다.

[장점]

성경 전체를 1년 동안 규칙적으로 통독할 수 있다.

구약은 한 번, 신약과 시편은 두 번 통독할 수 있습니다. 안타깝게도 성경을 한 번도 다 읽지 못한 성도들이 많은 것 같습니다. 그러나 성경은 모두 하나님의 말씀입니다. "모든 성경은 하나님의 감동으로 된 것으로 교훈과 책망과 바르게 함과 의로 교육하기에 유익하니 이는 하나님의 사람으로 온전하게 하며 모든 선한 일을 행할 능력을 갖추게 하려 함이라" (딤후 3:16-17). 우리가 성경의 일부분을 그냥 넘어간다면 우리는 불완전한 그리스도인이 될 것입니다.

어느 부분을 읽을지 고르는 데 시간 낭비할 일이 없다

성도들은 향기로운 산의 어느 곳으로 나아갈지 갈팡질팡할 때가 종종 있습니다. 이 표로 그 문제를 단번에 아주 간단히 해결할 수 있습니다.

부모는 매일 자녀와 주변(구역원, 셀원)을 살필 좋은 주제를 얻을 수 있다

가정 예배를 현재 일반적으로 드리는 방식보다 더 은혜롭게 드리려면 개선의 여지가 많습니다. 단지 말씀만 읽고 마는 것은 땅바닥에 쏟아진 물과 다름없을 때가 많습니다. 가족 모두가 말씀을 미리 읽고 나서 간단한 질문과 대답을 통해 말씀의 의미를 이끌어 내고 삶에 적용해야 합니다. 성경읽기표는 이러한 일에 도움이 될 것입니다. 친구들도 서로 만났을 때 그 날 읽은 말씀에서 유익한 대화 주제를 얻을 수 있을 것입니다. 어려운 본문의 뜻은 더 지혜롭고 성숙한 성도들에게 물어 볼 수도 있고, 간단한 성경 말씀은 널리 그 향기가 퍼져 나갈 수 있을 것입니다.

목자는 양떼가 초장의 어느 곳에서 꼴을 먹는지 알 수 있다

따라서 목회자는 주일에 성도들에게 더 알맞은 말씀을 전할 수 있게 됩니다. 목회자와 장로 모두 각 가정을 심방할 때 빛과 위로가 되는 말씀을 전할 수 있게 되고, 그 말씀에 성도들은 더 쉽게 반응하게 될 것입니다.

성도들의 사랑과 연합이라는 아름다운 끈이 더 단단해진다

우리는 함께 이 읽기표대로 말씀을 읽기로 한 주님 안의 귀한 형제자매들을 시시때때로 자주 떠올리게 될 것입니다. 이 땅 위에서 하나님께 간구할 일들에 대해 더 많이 마음을 합하게 될 것입니다. 똑같은 약속의 말씀을 놓고 기도하며, 똑같이 죄를 고백하며 애통해하고, 똑같은 찬송으로 하나님을 찬양하며, 똑같은 영생의 말씀으로 양육 받게 될 것입니다.

- 『로버트 맥체인 회고록』 (p. 363~367), 부흥과 개혁사

4. 마틴로이드 존스와 존 스토트가 사랑했던 맥체인 성경읽기

맥체인 성경읽기표의 유익을 발견하고 평생 사용했던 대표적인 사람으로는 20세기의 대표적인 복음주의 설교가요 목회자인 마틴 로이드 존스 목사(1899-1981)와 존 스토트 목사(1921-2011)가 있습니다.

① 존 스토트

2011년 7월 27일 소천한 존 스토트 목사의 탁월한 균형감각은 체계적인 성경 읽기에서 나왔습니다. 그는 세계교회협의회(WCC) 가맹교단인 영국성공회 소속이었지만 복음주의 노선을 평생 견지했습니다. 복음주의자이면서도 기독교의 사회적 책임을 소홀히 여기지 않았던 그는 자신의 저서 『기독교의 기본진리(Basic Christianity)』에서 "균형잡힌 신앙은 말씀과 기도의 균형에서 나온다. 이를 위해서는 성경 읽기가 필수이다"라고 밝히고 있습니다. 실제로 그는 1970년대 마틴 로이드 존스 목사로부터 맥체인 성경읽기표를 소개받고 평생 체계적인 성경 읽기를 실천했습니다.

존 스토트 목사는 평소 맥체인 성경읽기표에 대해 "성경 한편을 계속 읽어 내려갈 때 생기는 지루함을 방지해주는 좋은 성경읽기 방식이다. 성경 전체를 체계적이고 균형감 있게 알아야 하는 목회자들과 평신도 지도자들에게 강력히 추천한다"고 했습니다. 그는 또 "성경을 읽는 방법에는 여러 가지가 있지만 천천히, 묵상하고 생각하며 읽어야 한다. 구절의 뜻이 명확해질 때까지 한 구절 한 구절을 읽고 또 읽어야 한다"고 조언했습니다.

"개인적으로 나는 전에 웨스트민스터 채플 목사였던 마틴 로이드 존스 박사께서 20년 전쯤 로버트 맥체인의 성경읽기표를 나에게 소개해 준 것에 감사하고 있습니다. 맥체인이 그것을 만들어 낸 것은 1842년 당시 자기가 섬기고 있던 스코틀랜드 던디의 성 베드로 교회 교인을 위해서였습니다. 이것에 따르면 매년 성경 전체를 구약은 한 번씩, 신약은 두 번씩 읽을 수 있습니다. 나는 로이드존스 박사가 『목사와 설교』에서 말한 다음의 내용을 전적으로 동의합니다. '모든 설교자는 적어도 일 년에 한 번씩은 성경 전체를 완전히 통독해야 합니다. …그것은 설교자가 성경을 읽어야 할 최소의 분량입니다.'

맥체인의 성경읽기표는 매일 네 장을 읽도록 배열되어 있습니다. 당시는 평온한 빅토리아 시대였기 때문에 그의 의도는 날마다 개인 경건 시간에 두 장(아침과 저녁) 및 가족기도회에서 두 장(역시 아침과 저녁)을 읽게 하려는 것이었습니다. 나 자신의 습관으로는 오히려 아침에 세 장 -가능하면 두 장은 읽고 세 번째 장은 연구를 하며- 넷째 장은 저녁을 위해서 남겨둡니다.

맥체인이 생각해 낸 성경읽기 방식에 있어서 특히 도움이 되는 것은 장을 할당하는 방식입니다. 그것은 1월 1일, 창세기 1-4장에서 시작하여, 1월 2일에는 창세기 5-8장, 1월 3일에는 창세기9-12장으로 계속되는 방식이 아닙니다. 그보다는 새해 첫 날의 말씀은 성경에 나오는 네 가지 위대한 시초, 즉 창세기 1장(창조의 시작), 에스라 1장(민족의 갱생), 마태복음 1장(그리스도의 탄생), 사도행전 1장(기독교회의 탄생)으로 시작됩니다. 이렇게 하나님의 계시 목적에 평행선을 그으며 따라가는 것입니다. 어느 날에는 족장, 에스더, 예수님의 사역, 바울의 여행에 대해 읽을 것이고, 다른 날에는 왕정의 성쇠를 추적하고, 예언자의 예언 메시지에 귀를 기울이며, 요한이 그리는 예수님의 모습을 보고, 요한계시록에 의해 드러나는 미래를 응시하고 있을 것입니다. 내게 있어서 기복이 심한 성경의 전체를 개관하며, 그 기저에 깔려 있고 반복되어 나타나는 주제를 파악하는 데 이보다 더 도움이 되는 것은 없었습니다."

-(존 스토트, 『현대교회와 설교』283-284쪽)

② 마틴 로이드 존스

존 스토트 목사에게 맥체인 성경읽기를 추천했던 마틴 로이드 존스 목사도 50여 년을 맥체인 성경읽기표에 따라 성경을 읽었던 분이었습니다. 로이드 존스 목사의 딸인 엘리자베스 캐서우드의 증언에 따르면, 로이드 존스 목사는 평생 동안 구약은 최소 50회, 신약은 최소 110회 이상 통독했다고 합니다. 그 힘은 바로 맥체인 성경읽기에서 비롯되었습니다.

"부친은 로버트 맥체인의 매일 성경읽기표에 따라 성경을 보았습니다. 그는 성경을 좋아하는 부분만 아니라, 처음부터 끝까지 모든 부분을 다 읽는 것이 주는 유익을 믿었습니다. 그는 필요한 본문은 별도로 공부했지만 정규적으로 성경을 반복해서 읽었습니다. 저의 부모님들은 적어도 52~54년을 로버트 맥체인의 성경읽기표를 따라 성경을 꾸준히 통독하였습니다. 이 계획표를 근거로 추정해 보면 저의 부친은 자신의 설교준비를 위한 성경읽기 이외에도 신약을 적어도 110회 통독한 셈입니다.

부친은 3월 1일에 돌아가셨는데, 공교롭게도 2월 28일의 매일성경읽기 본문의 마지막 장이 고린도전서 15장이었습니다. 마치 주께서 저의 부친에게 앞으로 있게 될 몸의 부활을 지적해 준 것 같은 느낌이 듭니다."

-(로이드 존스의 장녀인 엘리자베스 캐서우드, 『마틴 로이드 존스의 독서생활』54쪽)

5. 맥체인 성경 365의 특징과 장점

맥체인 성경365의 장점은 QT와 통독을 하나로 통합해준다는 것입니다.
맥체인 성경365로 성경을 읽고 묵상하면
- 매일 성경을 읽도록 해줍니다.

- 매일 체계적이고 규칙적으로 성경을 읽도록 도와줍니다.
- 매일 성경 읽기(20분)에 적당한 분량입니다.
- 매일 구약과 신약의 각 부분을 골고루 읽도록 해줍니다.
- 1년에 구약 1독, 신약과 시편 2독을 할 수 있습니다.
- QT와 성경읽기를 하나로! 이제 QT와 통독을 따로 할 필요가 없습니다.
- 구약과 신약(시편)이 짝을 이뤄 구속사를 한눈에 살펴볼 수 있습니다.
- 말씀의 다채로움을 만끽하며 더 넓고 깊은 하나님의 생각을 발견하게 됩니다.
- 하나로 관통하는 하나님의 생각을 찾아내 더 깊은 영적 성숙을 도와줍니다.

6. 맥체인 성경읽기와 말씀묵상(QT)에 실패하지 않으려면

영혼의 양식이요 영적 성숙의 원천이 되는 성경, 누구나 많이 읽고, 깊이 묵상하기를 원합니다. 하지만 막상 성경 통독을 시작하려고 해도 쉽지 않고, 끝내기는 더욱 쉽지 않습니다. 맥체인 성경읽기를 통해 성경을 통독하고, 매일 매일의 말씀묵상에 실패하지 않으려면, 맥체인 성경읽기표를 따라 다음과 같은 방법으로 성경을 읽으십시오.

① 매일 성경을 읽겠다는 결심을 하십시오.
② 성경을 읽는 구별된 시간을 확보하십시오.
③ 성경읽기표를 따라 매일 구별된 시간에 읽으십시오.
④ 가정예배와 교회 공동체에서 함께 성경읽기표를 따라 읽어나가면 좋습니다.
⑤ 너무 완벽하게 읽으려고 하지 마시고, 먼저 성경을 읽는다는 자체에 우선하십시오.
⑥ 빠뜨린 날이 있더라도 오늘 내가 읽어야 할 날짜의 읽기에 집중하십시오.
⑦ 빠뜨린 부분이 있더라도 집착하거나 포기하지 마시고 오늘 날짜부터 다시 시작하십시오.

7. 맥체인 성경 365 말씀연결 사용하는 법

① 네 성경 본문의 소주제를 통해 중심 단어나 문장을 말씀으로 묵상한다.
② 네 본문의 말씀을 순서대로, 천천히 읽는다.

③ 두 본문에서 반복되는 단어나 유사한 문맥을 찾아 서로 연결한다.

④ 본문에서 반대의 뜻을 가진 단어나 문장을 찾는다.

⑤ 두 권의 책에서 공통되는 하나님의 말씀을 연결하여 기록한다.

⑥ 연결되는 말씀을 다른 두 권으로 확대하여 네 권 전체에 흐르는 하나님의 생각과 베푸신 은혜를 누리고, 그 내용을 적어본다.

⑦ 본문에서 지도자나 인도자로부터 배운 신학 주제나 교리들이 함축하고 있는 문맥의 짝을 찾아본다.

⑧ 중심 주제를 필두로, 삶에 적용할 일들을 적어보고 생활 중에 실천함으로써 변화를 경험해 본다.

⑨ 하나님이 오늘 나에게 주신 말씀들을 통하여 가르침, 명령과 약속 권면, 경고 및 행해야 할 일들을 하나님과 대화하는 마음으로 읽기를 한다.

⑩ 입체적 읽기 : 편집순 읽기, 연대기 읽기, 입체적 읽기

⑪ 동서남북 4면 보기 : 사복음서를 통해 예수님을 본다. 신구약을 통해 하나님의 역사를 본다.

⑫ 코끼리 알기 : 단면의 한계로 온전히 이해하기 어렵다.

⑬ 코, 뿔, 다리, 꼬리 알기 : 각각의 특징, 지체를 종합할 때 온전한 모습을 볼 수 있다.

⑭ 영혼의 양식 먹기

하나님의 말씀을 먹는 방법은 매우 다양하다.

듣기, 읽기, 공부하기, 암송하기, 묵상하기

⑮ 단품, 코스, 뷔페, 퓨전 다양하게 먹기

어떤 음식을 어떻게 먹느냐에 따라 그 맛이 다르다.

⑯ 단어연결(Word Link) : 성경에는 같은 단어가 연결되고, 다른 단어지만 뜻이 같아 연결된다.

⑰ 통일성

구약과 신약은 예수 안에서 연결되고 통일된다.

⑱ 편하게 읽을 것인가, 유익하게 읽을 것인가?

편하게 읽는 다는 것은 생각을 단순화 시킨다.

유익하게 읽으려면 사고를 동원해야 한다.

⑲ 익숙하게 읽을 것인가, 새롭게 읽을 것인가?

습관적으로, 전통적으로 읽으면 익숙하게 읽을 수 있다.

새롭게 읽으려면 지도와 도움이 필요하다.

⑳ 하나님의 섭리의 다각성

　하나님의 섭리(뜻)는 다양한 방향으로 나타난다.

　하나님의 섭리(뜻)는 다양한 방법으로 나타난다.

㉑ 시대적, 공간적 역사하심 찾기

　하나님의 사역은 시대적으로 공간적으로 섬세하게 나타나며 또 역사한다.

㉒ 역사이해

　과거의 역사를 살피고 오늘의 관점에서 다시 해석한다.

㉓ 본문시대의 역사

　기록시대의 역사

　독자시대의 역사

㉔ 파편적으로 듣는 말씀

　우리가 듣는 설교는 설교자의 주관적 선택에 의해 듣게되는 경우가 많다.

　단, 강해설교는 예외일 수 있다.

㉕ 종합적으로 듣는 말씀

　입체적이고 사면적으로 통독하기 때문에 종합적인 말씀이 될 수 있다.

드라마 구성을 참고하라.

① 등장인물 한 사람의 이야기만 계속한다.

② 일어난 한 사건의 이야기만 계속한다.

③ 다른 한 편에서 일어나는 인물과 사건에도 연관된 내용이 전개된다.

④ 종합적으로 시나리오를 완성한다.

⑤ 일차 사면으로 이해하라.

⑥ 이차 네 장의 성경이야기를 핵심본문과 그에 대한 예제의 관계로 이해하라.

⑦ 구약과 신약이 짝을 이루어 흥미롭고 풍성하게 읽을 수 있는 구조다.

⑧ 구약과 신약이 대조를 이루어 의미의 다채로움을 경험하며 읽을 수 있는 구조다.

⑨ 하나님의 구원의 역사를 한 눈에 볼 수 있도록 구성되어 있다.

⑩ 세상을 향한 하나님의 마음과 생각을 폭넓게 연상할 수 있도록 구성되어 있다.

⑪ 성경 66권은 1,600년이 넘는 긴 세월 동안 성령의 감동을 입은 각 시대의 사람들이 각기 다른

장소에서 기록한 것을 정경화한 것이다.

⑫ 그럼에도 불구하고 놀랍게도 제각각 짝이 있고 통일된 주제와 일관된 메시지를 전한다.

⑬ 이것은 우연이 아니며 하나님이 저자이심을 말씀하고 있다. 따라서 새로운 편집방식으로 읽을 때 더 깊은 감동을 경험할 수 있다.

⑭ 신구약성경 전체를 4등분으로 하루에 4장씩 동시에 읽으면 성경에 기록된 장구한 하나님의 구원의 역사를 크게 네 시대로 나누어 동시에 묵상할 수 있는 구조다.

⑮ 신구약성경 전체를 4시대 구분으로 하루에 4장씩 동시에 읽으면 각 시대별로 또한 거시적인 안목으로 하나님의 구속 역사를 역동적으로 묵상할 수 있는 구조다.

⑯ 4장 본문을 읽고 4시대 가운데 나타나는 하나님의 역사에 대해 공통주제와 사상을 찾은 후 그 핵심단어를 서로 링크하는 구조이다.

⑰ 신구약 4장을 동시에 읽으면 전혀 다른 배경과 내용이 나온다. 그 곳에서 공통점을 찾으면 주님의 입체적으로 일하심을 발견하게 된다.

⑱ 지금 우리의 기도와 실천도 다양하게 응용하여 주어진 삶에 적용할 수 있는 구조다.

⑲ 기존 성경을 읽을 때는 등장인물이 주인공이 될 때도 많이 있으나 맥체인성경의 신구약 4장을 읽으면 모든 통일주제와 개별주제의 주인공이 하나님과 예수님과 성령님이 되는 구조이다.

⑳ 기존의 성경묵상은 한 책을 읽으므로 한 본문에 한 교훈을 찾는 것이 일반적이지만 맥체인성경읽기와 묵상은 네 책을 읽고 네 본문의 공통점을 찾기 때문에 몇 개의 교훈이 나타난다.

㉑ 그 중에 현재 감동을 주는 교훈을 적용하는 구조이다.

네 권의 책을 한 장씩 읽을 때 먼저 각 장마다 전체적인 내용을 파악하고 핵심주제 2개 이상을 찾는다.

㉒ 그 다음 각 장의 주제를 비교하여 동일한 것을 연결하여 묵상하는 구조이다.

맥체인 성경 365는

* 시대순이 아닌 내용을 중심으로 하는 통독성경이다.
* 구약 1회, 시편 2회, 신약 2회를 통독하는 성경이다.
* 각자 다른 성경책(장)의 배경 속에서 문학적 배경을 파악한다.

맥체인묵상가이드 (통독365) 활용법

❶ 1년중 언제든지 시작할 수 있습니다.
❷ 1년에 구약 1회 신약과 시편 2회를 통독(정독)할 수 있습니다.
   (10년이면 성경통독을 구약 10회, 신약과 시편 20회)
❸ 맥체인성경읽기에 영향 받은 목회자 : 마틴로이드존스(1899-1981), 존스토트(1921-20110
   (마틴로이드존스와 존스토트가 사용했던 검증된 방식입니다.)

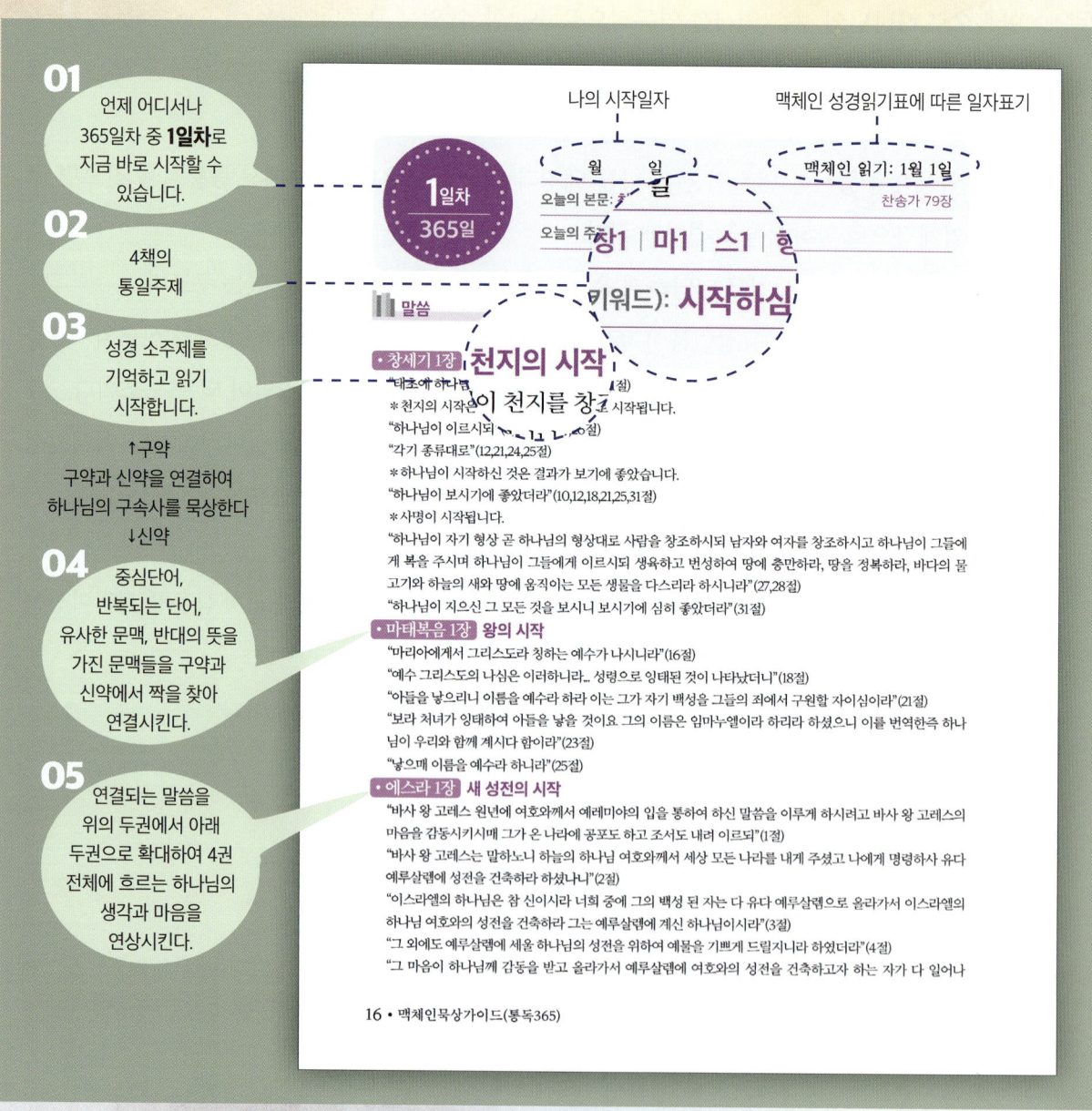

01 언제 어디서나 365일차 중 **1일차**로 지금 바로 시작할 수 있습니다.

02 4책의 통일주제

03 성경 소주제를 기억하고 읽기 시작합니다.

↑구약
구약과 신약을 연결하여 하나님의 구속사를 묵상한다
↓신약

04 중심단어, 반복되는 단어, 유사한 문맥, 반대의 뜻을 가진 문맥들을 구약과 신약에서 짝을 찾아 연결시킨다.

05 연결되는 말씀을 위의 두권에서 아래 두권으로 확대하여 4권 전체에 흐르는 하나님의 생각과 마음을 연상시킨다.

❹ 네 성경본문의 소주제를 통해 중심단어나 문장을 말씀과 말씀으로 연결합니다.
❺ 구약과 신약이 짝을 이루어 성경전체를 관통하는 하나님의 구속사를 볼 수 있습니다.
❻ 새벽을 이용한 전교인 일년통독 프로그램으로 읽기(함께 읽는것은 가장 좋은 성경읽기 방법).
❼ 갓피플 성경통독어플, 드라마바이블 등 SNS를 활용하여 듣고, 보고, 읽기를 할 수 있습니다.

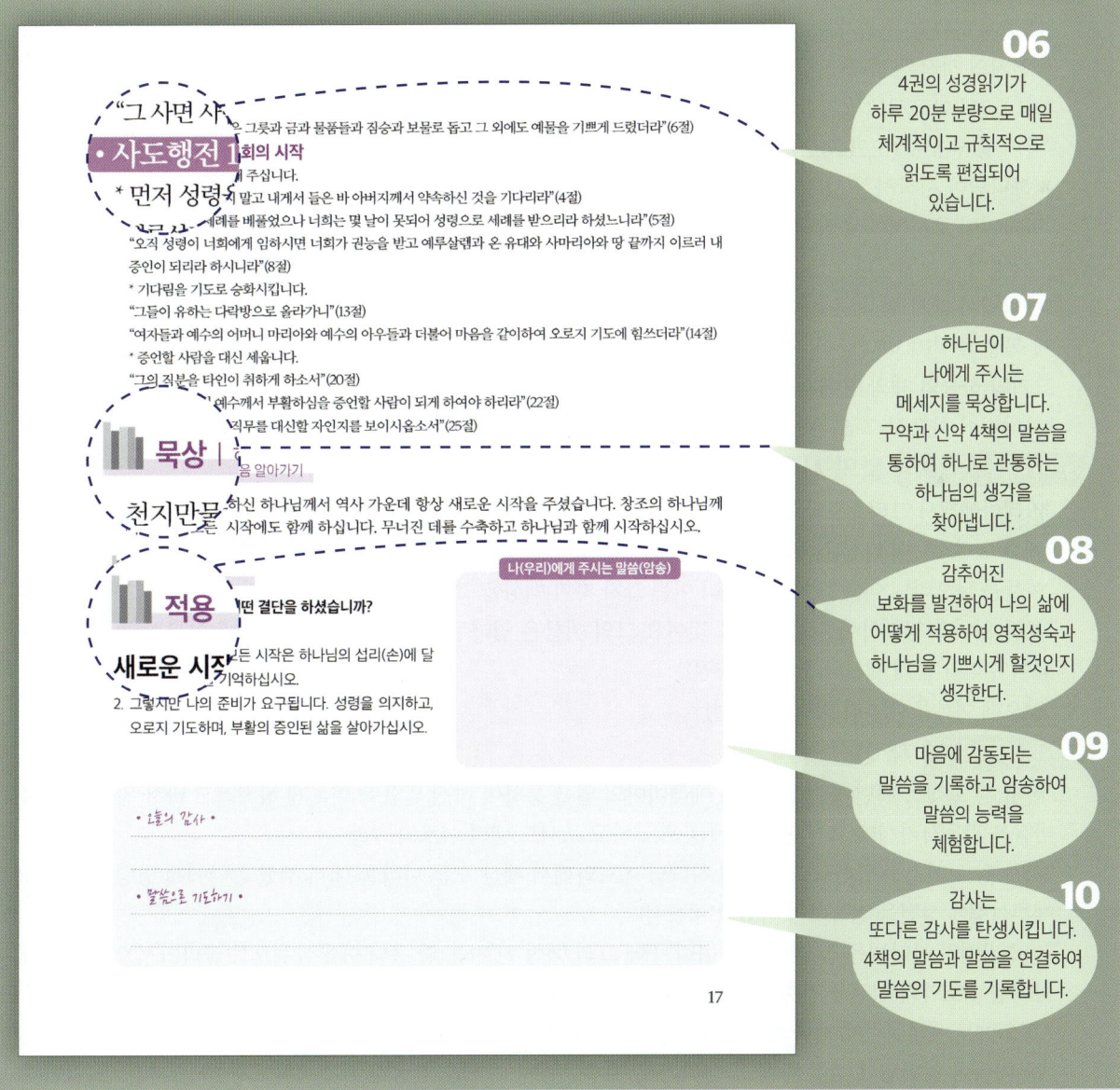

06 4권의 성경읽기가 하루 20분 분량으로 매일 체계적이고 규칙적으로 읽도록 편집되어 있습니다.

07 하나님이 나에게 주시는 메세지를 묵상합니다. 구약과 신약 4책의 말씀을 통하여 하나로 관통하는 하나님의 생각을 찾아냅니다.

08 감추어진 보화를 발견하여 나의 삶에 어떻게 적용하여 영적성숙과 하나님을 기쁘시게 할것인지 생각한다.

09 마음에 감동되는 말씀을 기록하고 암송하여 말씀의 능력을 체험합니다.

10 감사는 또다른 감사를 탄생시킵니다. 4책의 말씀과 말씀을 연결하여 말씀의 기도를 기록합니다.

	월 일	맥체인 읽기: 1월 1일
1일차	오늘의 본문: **창1 | 마1 | 스1 | 행1**	찬송가 79장
365일	오늘의 주제(키워드): **시작하심**	

 **말씀**

• 창세기 1장 천지의 시작

"태초에 하나님이 천지를 창조하시니라"(1절)

＊천지의 시작은 하나님이 말씀하심으로 시작됩니다.

"하나님이 이르시되"(6,9,14,20,24,26절)

"각기 종류대로"(12,21,24,25절)

＊하나님이 시작하신 것은 결과가 보기에 좋았습니다.

"하나님이 보시기에 좋았더라"(10,12,18,21,25,31절)

＊사명이 시작됩니다.

"하나님이 자기 형상 곧 하나님의 형상대로 사람을 창조하시되 남자와 여자를 창조하시고 하나님이 그들에게 복을 주시며 하나님이 그들에게 이르시되 생육하고 번성하여 땅에 충만하라, 땅을 정복하라, 바다의 물고기와 하늘의 새와 땅에 움직이는 모든 생물을 다스리라 하시니라"(27,28절)

"하나님이 지으신 그 모든 것을 보시니 보시기에 심히 좋았더라"(31절)

• 마태복음 1장 왕의 시작

"마리아에게서 그리스도라 칭하는 예수가 나시니라"(16절)

"예수 그리스도의 나심은 이러하니라… 성령으로 잉태된 것이 나타났더니"(18절)

"아들을 낳으리니 이름을 예수라 하라 이는 그가 자기 백성을 그들의 죄에서 구원할 자이심이라"(21절)

"보라 처녀가 잉태하여 아들을 낳을 것이요 그의 이름은 임마누엘이라 하리라 하셨으니 이를 번역한즉 하나님이 우리와 함께 계시다 함이라"(23절)

"낳으매 이름을 예수라 하니라"(25절)

• 에스라 1장 새 성전의 시작

"바사 왕 고레스 원년에 여호와께서 예레미야의 입을 통하여 하신 말씀을 이루게 하시려고 바사 왕 고레스의 마음을 감동시키시매 그가 온 나라에 공포도 하고 조서도 내려 이르되"(1절)

"바사 왕 고레스는 말하노니 하늘의 하나님 여호와께서 세상 모든 나라를 내게 주셨고 나에게 명령하사 유다 예루살렘에 성전을 건축하라 하셨나니"(2절)

"이스라엘의 하나님은 참 신이시라 너희 중에 그의 백성 된 자는 다 유다 예루살렘으로 올라가서 이스라엘의 하나님 여호와의 성전을 건축하라 그는 예루살렘에 계신 하나님이시라"(3절)

"그 외에도 예루살렘에 세울 하나님의 성전을 위하여 예물을 기쁘게 드릴지니라 하였더라"(4절)

"그 마음이 하나님께 감동을 받고 올라가서 예루살렘에 여호와의 성전을 건축하고자 하는 자가 다 일어나

니"(5절)

"그 사면 사람들이 은 그릇과 금과 물품들과 짐승과 보물로 돕고 그 외에도 예물을 기쁘게 드렸더라"(6절)

• 사도행전 1장 교회의 시작

* 먼저 성령을 약속해 주십니다.

"예루살렘을 떠나지 말고 내게서 들은 바 아버지께서 약속하신 것을 기다리라"(4절)

"요한은 물로 세례를 베풀었으나 너희는 몇 날이 못되어 성령으로 세례를 받으리라 하셨느니라"(5절)

"오직 성령이 너희에게 임하시면 너희가 권능을 받고 예루살렘과 온 유대와 사마리아와 땅 끝까지 이르러 내 증인이 되리라 하시니라"(8절)

* 기다림을 기도로 승화시킵니다.

"그들이 유하는 다락방으로 올라가니"(13절)

"여자들과 예수의 어머니 마리아와 예수의 아우들과 더불어 마음을 같이하여 오로지 기도에 힘쓰더라"(14절)

* 증언할 사람을 대신 세웁니다.

"그의 직분을 타인이 취하게 하소서"(20절)

"우리와 더불어 예수께서 부활하심을 증언할 사람이 되게 하여야 하리라"(22절)

"봉사와 및 사도의 직무를 대신할 자인지를 보이시옵소서"(25절)

묵상 | 하나님 마음 알아가기

천지만물을 창조하신 하나님께서 역사 가운데 항상 새로운 시작을 주셨습니다. 창조의 하나님께서 우리의 모든 시작에도 함께 하십니다. 무너진 데를 수축하고 하나님과 함께 시작하십시오.

적용

나(우리)에게 주시는 말씀(암송)

새로운 시작에 대해 어떤 결단을 하셨습니까?

1. 시작함에 있어서 모든 시작은 하나님의 섭리(손)에 달려 있다는 것을 기억하십시오.
2. 그렇지만 나의 준비가 요구됩니다. 성령을 의지하고, 오로지 기도하며, 부활의 증인된 삶을 살아가십시오.

• 오늘의 감사 •

• 말씀으로 기도하기 •

2일차 365일

월 일   맥체인 읽기: 1월 2일

오늘의 본문: 창2 | 마2 | 스2 | 행2   찬송가 66장

오늘의 주제(키워드): **하나님 나라 씨의 시작과 선물**

📖 말씀

● 창세기 2장   하나님 나라 씨의 시작

"여호와 하나님이 땅의 흙으로 사람을 지으시고 생기를 그 코에 불어넣으시니 사람이 생령이 되니라"(7절)

"여호와 하나님이 동방의 에덴에 동산을 창설하시고 그 지으신 사람을 거기 두시니라"(8절)-씨를 위한 하나님의 선물 에덴동산.

"사람이 혼자 사는 것이 좋지 아니하니 내가 그를 위하여 돕는 배필을 지으리라"(18절)

● 마태복음 2장   왕이신 예수 그리스도

"헤롯 왕 때에 예수께서 유대 베들레헴에서 나시매... 유대인의 왕으로 나신 이가 어디 계시냐"(1절)

"아기께 경배하고 보배합을 열어 황금과 유향과 몰약을 예물로 드리니라"(11절)

"헤롯이 아기를 찾아 죽이려 하니 일어나 아기와 그의 어머니를 데리고 애굽으로 피하여 내가 네게 이르기까지 거기 있으라"(13절)

"나사렛이란 동네에 가서 사니"(23절)

● 에스라 2장   하나님 나라의 씨의 모습

"놓임을 받고 예루살렘과 유다 도로 돌아와 각기 각자의 성읍으로 돌아간 자"(1절)

합이 42,360명.

＊하나님 나라의 새로운 씨로 동참하는 모습들.

"예물을 기쁘게 드리되"(68절)

"힘 자라는 대로 공사하는 금고에 들이니"(69절)

"각자의 성읍에 살았고 이스라엘 무리도 각자의 성읍에 살았더라"(70절)

● 사도행전 2장   씨를 위한 선물인 성령

"오순절 날이 이미 이르매 그들이 다같이 한 곳에 모였더니"(1절)

"그들이 다 성령의 충만함을 받고 성령이 말하게 하심을 따라"(4절)

"너희가 회개하여 각각 예수 그리스도의 이름으로 세례를 받고 죄 사함을 받으라 그리하면 성령

의 선물을 받으리니"(38절)

* 성령과 함께 하는 하나님 나라의 씨들의 삶(43~47절)

"사도들로 말미암아 기사와 표적이 많이 나타나니"(43절)

"믿는 사람이 다 함께 있어 모든 물건을 서로 통용하고"(44절)

"또 재산과 소유를 팔아 각 사람의 필요를 따라 나눠 주며"(45절)

"날마다 마음을 같이하여 성전에 모이기를 힘쓰고 집에서 떡을 떼며 기쁨과 순전한 마음으로 음식을 먹고"(46절)

"하나님을 찬미하며 또 온 백성에게 칭송을 받으니 주께서 구원 받는 사람을 날마다 더하게 하시니라"(47절)

묵상 | 하나님 마음 알아가기

하나님 나라의 왕이신 예수님과 함께 새로운 시작을 계획해보세요. 어느 시대에나 하나님은 하나님 나라의 씨들과 함께 해주시고 선물을 주셨습니다. 나를 위한 선물은 어떤 것일까요?

적용

1. 무너지고 넘어져도 하나님은 하나님 나라 씨에게 새로운 시작을 주십니다.

2. 새로운 시작에 오직 '믿음으로 반응' 하십시오.

3. 성령과 기도로 시작하십시오.

나(우리)에게 주시는 말씀(암송)

• 오늘의 감사 •

• 말씀으로 기도하기 •

월 일	맥체인 읽기: 1월 3일
오늘의 본문: 창3	마3	스3	행3	찬송가 284장
오늘의 주제(키워드): **죄로 인한 상실과 회복**	

말씀

• 창세기 3장 죄의 시작과 하나님의 자비

"그런데 뱀은 여호와 하나님이 지으신 들짐승 중에 가장 간교하니라… 하나님이 참으로 너희에게 동산 모든 나무의 열매를 먹지 말라 하시더냐"(1절)

"너희가 죽을까 하노라"(3절)(2:17 반드시 죽으리라)

"본즉 먹음직도 하고 보암직도 하고 지혜롭게 할 만큼 탐스럽기도 한 나무인지라"(6절)

＊죄의 결과는 부끄러움(7절)과 책임 전가임(12,13절)을 보여줍니다.

＊하나님은 자비를 베푸십니다.

"여호와 하나님이 아담과 그의 아내를 위하여 가죽옷을 지어 입히시니라"(21절)

• 마태복음 3장 회개와 세례를 통한 새롭게 됨

"회개하라 천국이 가까이 왔느니라"(2절)

"자기들의 죄를 자복하고 요단 강에서 그에게 세례를 받더니"(6절)

"회개에 합당한 열매를 맺고"(8절)

"좋은 열매를 맺지 아니하는 나무마다 찍혀 불에 던져지리라"(10절)

"예수께서 세례를 받으시고… 이는 내 사랑하는 아들이요 내 기뻐하는 자라"(16,17절)

• 에스라 3장 예배의 회복과 성전의 회복

"일제히 예루살렘에 모인지라"(1절)

"다 일어나 이스라엘 하나님의 제단을 만들고… 모세의 율법에 기록한 대로 번제를 그 위에서 드리려 할새"(2절)

"공사를 시작하고"(8절)-성전의 회복.

"성전의 기초를 놓을 때에… 여호와를 찬송하되"(10절)

"모든 백성이 여호와의 성전 기초가 놓임을 보고 여호와를 찬송하며 큰 소리로 즐거이 부르

며"(11절)

"첫 성전을 보았으므로 이제 이 성전의 기초가 놓임을 보고 대성통곡하였으나"(12절)

• 사도행전 3장 죄로부터의 회복

"나사렛 예수 그리스도의 이름으로 일어나 걸으라"(6절)-육체를 회복하시는 예수.

"예수로 말미암아 난 믿음이 너희 모든 사람 앞에서 이같이 완전히 낫게 하였느니라"(16절)

"그러므로 너희가 회개하고 돌이켜 너희 죄 없이 함을 받으라 이같이 하면 새롭게 되는 날이 주 앞으로부터 이를 것이요"(19절)

"하나님이 그 종을 세워 복 주시려고 너희에게 먼저 보내사 너희로 하여금 돌이켜 각각 그 악함을 버리게 하셨느니라"(26절)

묵상 | 하나님 마음 알아가기

죄는 상실을 가져옵니다. 그러나 예수 그리스도로 말미암아 죄로부터의 회복의 은혜를 주셨습니다. 그 은혜로 예배의 회복과 성전된 몸의 회복을 이루십시오.

적용

죄 가운데 있습니까?

1. 회개함으로 십자가의 은혜 앞으로 나아가십시오.

2. 하나님 앞에 용서받지 못할 죄는 없습니다. 회복케 하시는 하나님을 찬양합니다.

나(우리)에게 주시는 말씀(암송)

• 오늘의 감사 •

• 말씀으로 기도하기 •

	월 일	맥체인 읽기: 1월 4일
4일차 **365일**	오늘의 본문: 창4	마4	스4	행4	찬송가 255장
	오늘의 주제(키워드): **용납과 거절**	

말씀

• 창세기 4장 제사에 있어서 하나님 편에서의 용납과 거절

"아벨과 그의 제물은 받으셨으나"(4절)-용납.

"가인과 그의 제물은 받지 아니하신지라"(5절) -거절.

"가인이 몹시 분하여 안색이 변하니"(5절)-거절당했을 때의 태도.

"가인에게 표를 주사 그를 만나는 모든 사람에게서 죽임을 면하게 하시니라"(15절)-가인을 용납하시는 하나님의 사랑(죄를 용납함이 아니다).

• 마태복음 4장 시험은 거절하시고 사람들을 용납하시는 예수님

1) 시험에 있어서

"기록되었으되"(7,10절)

"사탄아 물러가라"(10절)

2) 부르심에 대해서

"버려 두고 예수를 따르니라"(20,22절)

3) 사람들에 대해서

"데려오니 그들을 고치시더라"(24절)

• 에스라 4장 성전건축에서 이방인의 동참을 거절

"우리도 너희와 함께 건축하게 하라"(2절)

"우리가 이스라엘의 하나님 여호와를 위하여 홀로 건축하리라"(3절)

＊거절 이후의 시험을 각오하라.

"이로부터 그 땅 백성이 유다 백성의 손을 약하게 하여 그 건축을 방해하되"(4절)

＊그 시험의 시간이 길 수도 있다.

"바사 왕 고레스의 시대부터 바사 왕 다리오가 즉위할 때까지 관리들에게 뇌물을 주어 그 계획

을 막았으며"(5절)

"이에 예루살렘에서 하나님의 성전 공사가 바사 왕 다리오 제이년까지 중단되니라"(24절)

▌사도행전 4장 물질에 대한 용납과 거절

"다른 이로써는 구원을 받을 수 없나니 천하 사람 중에 구원을 받을 만한 다른 이름을 우리에게 주신 일이 없음이라 하였더라"(12절)

＊대적 앞에서 하나님의 말씀을 용납하라.

"하나님 앞에서 너희의 말을 듣는 것이 하나님의 말씀을 듣는 것보다 옳은가 판단하라"(19절)

"믿는 무리가 한마음과 한 뜻이 되어 모든 물건을 서로 통용하고 자기 재물을 조금이라도 자기 것이라 하는 이가 하나도 없더라"(32절)

▌묵상 | 하나님 마음 알아가기

신앙은 태도가 중요합니다. 용납할 것은 용납하고, 거절해야 하는 것은 철저히 거절해야 합니다.
"악은 어떤 모양이라도 버리라"(살전 5:22)

▌적용

1. 예수 그리스도를 왕으로 용납하는가?

2. 죄에 대해서는 철저히 거절하고 있는가?

3. 예수는 용납하고 죄는 거절(피 흘리기까지 싸우는)하는 용기 있는 삶을 선택하십시오.

나(우리)에게 주시는 말씀(암송)

• 오늘의 감사

• 말씀으로 기도하기

5일차 / 365일

월 일
오늘의 본문: 창5 | 마5 | 스5 | 행5
오늘의 주제(키워드): **하나님과 동행함**

맥체인 읽기: 1월 5일
찬송가 430장

📚 말씀

• 창세기 5장 하나님과 동행의 중요성
"살고 죽었더라"(5,8,11,14,17,20,27,31절)
"에녹은... 하나님과 동행하며 자녀들을 낳았으며"(21,22절)
"에녹이 하나님과 동행하더니 하나님이 그를 데려가시므로 세상에 있지 아니하였더라"(24절)

• 마태복음 5장 천국의 규범
"입을 열어 가르쳐 이르시되"(2절)
"마음이 청결한 자는 복이 있나니 그들이 하나님을 볼 것임이요"(8절)
＊이후 천국규범을 계속해서 말씀하심을 주목하십시오.
"그러므로 하늘에 계신 너희 아버지의 온전하심과 같이 너희도 온전하라"(48절)

• 에스라 5장 성전 건축의 중요성
"하나님의 성전을 다시 건축하기 시작하매"(2절)
"우리는 천지의 하나님의 종이라 예전에 건축되었던 성전을 우리가 다시 건축하노라"(11절)
＊성전 건축은 중단 될 수 있습니다. 그러나 다시 시작할 수 있어야 합니다.
성전을 다시 건축하는 과정에는 말씀(1절)이 있고, 순종이 있고(2절), 동역함이(2절) 있어야 합니다.

• 사도행전 5장 순종함의 중요성
"사람에게 거짓말한 것이 아니요 하나님께로다"(4절)
"너희가 어찌 함께 꾀하여 주의 영을 시험하려 하느냐"(9절)
"다 마음을 같이하여 솔로몬 행각에 모이고"(12절)
"사람보다 하나님께 순종하는 것이 마땅하니라"(29절)

"그들이 날마다 성전에 있든지 집에 있든지 예수는 그리스도라고 가르치기와 전도하기를 그치지 아니하니라"(42절)

묵상 | 하나님 마음 알아가기

오늘 누구(무엇)와 동행하십니까? 신자는 평생을 하나님과 동행해야 합니다. 하나님의 성령이 거하시는 성전으로서 하나님을 닮아가야 합니다. 이를 위해 하나님께 즉각적으로 순종하십시오.

적용

하나님과 동행하고 있습니까?

1. 천국의 규범을 가지고 하나님과 동행하십시오.

2. 넘어져도 다시 일어서십시오.

3. 하나님께 순종하십시오.

나(우리)에게 주시는 말씀(암송)

• 오늘의 감사 •

• 말씀으로 기도하기 •

월   일   맥체인 읽기: 1월 6일

오늘의 본문: 창6 | 마6 | 스6 | 행6   찬송가 515장

오늘의 주제(키워드): **동행하는 자의 형통**

말씀

• 창세기 6장 세상에서 하나님과 동행함

"여호와께서 사람의 죄악이 세상에 가득함과 그의 마음으로 생각하는 모든 계획이 항상 악할 뿐임을 보시고"(5절)

"그러나 노아는 여호와께 은혜를 입었더라"(8절)

"노아는 의인이요 당대에 완전한 자라 그는 하나님과 동행하였으며"(9절)

"노아가 그와 같이 하여 하나님이 자기에게 명하신 대로 다 준행하였더라"(22절)

• 마태복음 6장 삶의 영역들

"네 구제함을 은밀하게 하라"(4절)

"기도할 때에 네 골방에 들어가 문을 닫고(6절), 중언부언하지 말라"(7절)

"그러므로 너희는 이렇게 기도하라"(9절)

"금식할 때에 머리에 기름을 바르고 얼굴을 씻으라"(17절)

"오직 너희를 위하여 보물을 하늘에 쌓아 두라"(20절)

"목숨을 위하여 무엇을 먹을까 무엇을 마실까 몸을 위하여 무엇을 입을까 염려하지 말라"(25절)

"그런즉 너희는 먼저 그의 나라와 그의 의를 구하라 그리하면 이 모든 것을 너희에게 더하시리라"(33절)

• 에스라 6장 성전 건축의 완성

"예루살렘 성전에서 탈취하여 바벨론으로 옮겼던 하나님의 성전 금, 은 그릇들을 돌려보내어 예루살렘 성전에 가져다가 하나님의 성전 안 각기 제자리에 둘지니라"(5절)

"하나님의 성전 공사를 막지 말고 유다 총독과 장로들이 하나님의 이 성전을 제자리에 건축하게 하라"(7절)

"유다 사람의 장로들이 선지자 학개와 잇도의 손자 스가랴의 권면을 따랐으므로 성전 건축하는 일이 형통한지라"(14절)

"즐거이 하나님의 성전 봉헌식을 행하니"(16절)

"이는 여호와께서 그들을 즐겁게 하시고 또 앗수르 왕의 마음을 그들에게로 돌려 이스라엘의 하

나님이신 하나님의 성전 건축하는 손을 힘 있게 하도록 하셨음이었더라"(22절)

• 사도행전 6장 동행하는 자의 삶

"그 때에 제자가 더 많아졌는데"(1절)

"형제들아 너희 가운데서 성령과 지혜가 충만하여 칭찬 받는 사람 일곱을 택하라 우리가 이 일을 그들에게 맡기고 우리는 오로지 기도하는 일과 말씀 사역에 힘쓰리라"(3,4절)

"하나님의 말씀이 점점 왕성하여 예루살렘에 있는 제자의 수가 더 심히 많아지고 허다한 제사장의 무리도 이 도에 복종하니라"(7절)

"스데반이 은혜와 권능이 충만하여 큰 기사와 표적을 민간에 행하니... 스데반이 지혜와 성령으로 말함을 그들이 능히 당하지 못하여"(8,10절)

묵상 | 하나님 마음 알아가기

신자는 이 세상 모든 삶의 영역에서 하나님과 동행해야 합니다. 장소의 구별이 있어서는 안됩니다. 교회 안과 밖에서 하나님과 동행하되, 오직 성령으로 충만하여 말씀과 기도로 나아가야 합니다.

적용

나(우리)에게 주시는 말씀(암송)

죄악이 가득한 세상 가운데서 하나님과 어떻게 동행하십니까?

1. 구제와 기도와 금식함으로 동행하십시오.
2. 진정한 형통은 하나님을 알고 믿음으로 구원얻고 그 삶을 사는 것입니다.
3. 능욕 받는 일을 기쁘게 여기며 오로지 기도와 말씀사역에 힘쓰심으로 동행하십시오.

• 오늘의 감사 •

• 말씀으로 기도하기 •

월   일   맥체인 읽기: 1월 7일

7일차 / 365일

오늘의 본문: 창7 | 마7 | 스7 | 행7   찬송가 430장

오늘의 주제(키워드): **구하는 자에게 주시는 선한 손의 도우심**

 **말씀**

• 창세기 7장 죄악 중에 씨를 남기시는 도우심
"너와 네 온 집은 방주로 들어가라 이 세대에서 네가 내 앞에 의로움을 내가 보았음이니라"(1절)
"노아가 육백 세 되던 해... 그 날에 큰 깊음의 샘들이 터지며 하늘의 창문들이 열려"(11절)
"홍수가 땅에 사십 일 동안 계속된지라"(17절)
"지면의 모든 생물을 쓸어버리시니... 오직 노아와 그와 함께 방주에 있던 자들만 남았더라"(23절)

• 마태복음 7장 구하는 자에게 주시는 하나님
"구하라 그리하면 너희에게 주실 것이요 찾으라 그리하면 찾아낼 것이요 문을 두드리라 그리하면 너희에게 열릴 것이니"(7절)
"하늘에 계신 너희 아버지께서 구하는 자에게 좋은 것으로 주시지 않겠느냐"(11절)

• 에스라 7장 도우심을 통한 형통
"하나님의 선한 손의 도우심을 입어 다섯째 달 초하루에 예루살렘에 이르니라"(9절)
"에스라가 여호와의 율법을 연구하여 준행하며 율례와 규례를 이스라엘에게 가르치기로 결심하였었더라"(10절)
"하나님의 율법 학자 겸 제사장 에스라가 무릇 너희에게 구하는 것을 신속히 시행하되"(21절)
"또 나로 왕과 그의 보좌관들 앞과 왕의 권세 있는 모든 방백의 앞에서 은혜를 얻게 하셨도다"(28절)

• 사도행전 7장 이스라엘의 구원
"하나님이 그와 함께 계셔 그 모든 환난에서 건져내사 애굽 왕 바로 앞에서 은총과 지혜를 주시매"(9,10절)
"이스라엘 백성이 애굽에서 번성하여 많아졌더니"(17절)

"그 때에 모세가 났는데 하나님 보시기에 아름다운지라"(20절)
"사십 년이 차매 천사가 시내 산 광야 가시나무 떨기 불꽃 가운데서 그에게 보이거늘"(30절)
"네 발의 신을 벗으라 네가 서 있는 곳은 거룩한 땅이니라"(33절)
"스데반이 성령 충만하여 하늘을 우러러 주목하여 하나님의 영광과 및 예수께서 하나님 우편에 서신 것을 보고"(55절)

묵상 | 하나님 마음 알아가기

답답하고 막힌 일 가운데서도 하나님의 선한 손의 도우심을 기대하며 기도하십시오. 하나님은 신자가 도움을 요청할 때 손을 거두시는 법이 없습니다. 지금 하나님의 선한 손의 도우심을 간구하십시오.

적용

오늘 계획하는 모든 일에 하나님의 선한 손의 도우심을 기대하십니까?

1. 기도할 때 응답하시며, 순전한 백성으로 구별하시고, 대적에게서 보호하심을 기대하십시오.

2. 사명의 길을 가도록 선택하시고 준비하시는 모든 과정은 하나님의 선한 손의 도우심임을 기억하십시오.

나(우리)에게 주시는 말씀(암송)

• 오늘의 감사 •

• 말씀으로 기도하기 •

8일차 365일	월 일	맥체인 읽기: 1월 8일
	오늘의 본문: 창8 | 마8 | 스8 | 행8	찬송가 304장
	오늘의 주제(키워드): 기억하시고 도우시는 하나님	

 말씀

• 창세기 8장 홍수 후의 생육과 번성

"너와 함께 한 모든 혈육 있는 생물 곧 새와 가축과 땅에 기는 모든 것을 다 이끌어내라 이것들이 땅에서 생육하고 땅에서 번성하리라 하시매"(17절)

• 마태복음 8장 모든 약한 것을 고치심

"예수께서 손을 내밀어 그에게 대시며 이르시되 내가 원하노니 깨끗함을 받으라"(3절)

"이르시되 내가 가서 고쳐 주리라"(7절)

"가라 네 믿은 대로 될지어다"(13절)

"그의 손을 만지시니 열병이 떠나가고"(15절)

"예수께서 말씀으로 귀신들을 쫓아 내시고 병든 자들을 다 고치시니"(16절)

"우리의 연약한 것을 친히 담당하시고 병을 짊어지셨도다"(17절)

• 에스라 8장 자기를 찾는 모든 자에게 선을 베푸시고

"우리 하나님의 성전을 위하여 섬길 자를 데리고 오라... 우리 하나님의 선한 손의 도우심을 입고"(17,18절)

"그 때에 내가 아하와 강 가에서 금식을 선포하고 우리 하나님 앞에서 스스로 겸비하여 우리와 우리 어린 아이와 모든 소유를 위하여 평탄한 길을 그에게 간구하였으니"(21절)

"우리 하나님의 손은 자기를 찾는 모든 자에게 선을 베푸시고"(22절)

"우리 하나님의 손이 우리를 도우사"(31절)

• 사도행전 8장 박해 중 복음전파

"그 날에 예루살렘에 있는 교회에 큰 박해가 있어... 모든 땅으로 흩어지니라"(1절)

"그 흩어진 사람들이 두루 다니며 복음의 말씀을 전할새"(4절)

"빌립이 사마리아 성에 내려가"(5절)
"그 성에 큰 기쁨이 있더라"(8절)
"돌아갈새 사마리아인의 여러 마을에서 복음을 전하니라"(25절)
"일어나서 남쪽으로 향하여 예루살렘에서 가사로 내려가는 길까지 가라"(26절)
"빌립은 아소도에 나타나 여러 성을 지나 다니며 복음을 전하고 가이사랴에 이르니라"(40절)

묵상 | 하나님 마음 알아가기

하나님은 신자의 모든 삶의 영역에서 역사하시고 도우실 수 있는 분입니다. 겸비하여 간구할 때 외면치 아니하시는 하나님께 구하십시오. 환난 중에라도 하나님의 도우심을 경험하게 될 것입니다.

적용

어떤 부분에 하나님의 선한 손의 도우심을 간구하십니까?

1. 생육하고 번성함에 있어 하나님의 선한 손의 도우심을 간구하십시오.

2. 나의 모든 연약함이 고침받기를 간구하십시오.

3. 하나님이여 나를 도우소서!

나(우리)에게 주시는 말씀(암송)

• 오늘의 감사 •

• 말씀으로 기도하기 •

월   일   맥체인 읽기: 1월 9일

오늘의 본문: 창9, 10 | 마9 | 스9 | 행9   찬송가 546장

오늘의 주제(키워드): 번성의 약속과 성취

📚 말씀

• 창세기 9, 10장 생육과 번성의 명령과 성취

"하나님이 노아와 그 아들들에게 복을 주시며 그들에게 이르시되 생육하고 번성하여 땅에 충만하라"(9:1)

"너희는 생육하고 번성하며 땅에 가득하여 그 중에서 번성하라"(9:7)

"이들로부터 여러 나라 백성으로 나뉘어서 각기 언어와 종족과 나라대로 바닷가의 땅에 머물렀더라"(10:5)

"이들은 그 백성들의 족보에 따르면 노아 자손의 족속들이요 홍수 후에 이들에게서 그 땅의 백성들이 나뉘었더라"(10:32)

• 마태복음 9장 번성을 위한 죄 사함과 믿음

"그러나 인자가 세상에서 죄를 사하는 권능이 있는 줄을 너희로 알게 하려 하노라"(6절)

"나는 의인을 부르러 온 것이 아니요 죄인을 부르러 왔노라"(13절)

"새 포도주는 새 부대에 넣어야 둘이 다 보전되느니라"(17절)

"딸아 안심하라 네 믿음이 너를 구원하였다 하시니 여자가 그 즉시 구원을 받으니라"(22절)

"마을에 두루 다니사... 가르치시며... 전파하시며... 고치시니라"(35절)

• 에스라 9장 번성케 되는 법

"저녁 제사를 드릴 때에 내가 근심 중에 일어나서 속옷과 겉옷을 찢은 채 무릎을 꿇고 나의 하나님 여호와를 향하여 손을 들고"(5절)

"우리 죄악이 많아 정수리에 넘치고 우리 허물이 커서 하늘에 미침이니이다"(6절)-죄의 회개

• 사도행전 9장 하나님 나라 번성을 위해 세운 사람들

"가라 이 사람은 내 이름을 이방인과 임금들과 이스라엘 자손들에게 전하기 위하여 택한 나의

그릇이라"(15절)

"예수께서 나를 보내어 너로 다시 보게 하시고 성령으로 충만하게 하신다"(17절)

"사울이... 즉시로 각 회당에서 예수가 하나님의 아들이심을 전파하니"(19,20절)

"그리하여 온 유대와 갈릴리와 사마리아 교회가 평안하여 든든히 서 가고 주를 경외함과 성령의 위로로 진행하여 수가 더 많아지니라"(31절)

묵상 | 하나님 마음 알아가기

신자는 번성에 대한 하나님의 명령을 기억해야 합니다. 명령하신 하나님이 친히 성취하시기에 신자는 순종하면 됩니다. 오늘 번성을 위해 누구를 만나시겠습니까? 번성의 시작은 만남에서 시작됩니다.

적용

약속하신 번성을 위해 어떤 태도를 가지십니까?

1. 번성을 명하신 하나님의 명령에 순종하여 회개의 기도로 나아가십시오.

2. 생육하고 번성하라는 명령에 순종하여 날마다 자신을 정결케 하고 영적 자손을 번성시키는 삶을 살아가십시오.

나(우리)에게 주시는 말씀(암송)

・오늘의 감사・

・말씀으로 기도하기・

월   일   맥체인 읽기: 1월 10일

오늘의 본문: 창11 | 마10 | 스10 | 행10   찬송가 598장

오늘의 주제(키워드): **씨의 번성을 위한 방법**

📖 말씀

• 창세기 11장   씨의 번성을 위한 인본주의적 방식

"성읍과 탑을 건설하여 그 탑 꼭대기를 하늘에 닿게 하여 우리 이름을 내고 온 지면에 흩어짐을 면하자"(4절)

"우리가 내려가서 거기서 그들의 언어를 혼잡하게 하여 그들이 서로 알아듣지 못하게 하자"(7절)

"여호와께서 거기서 온 땅의 언어를 혼잡하게 하셨음이니라 여호와께서 거기서 그들을 온 지면에 흩으셨더라"(9절)

• 마태복음 10장   씨의 번성을 위한 대사 임명

"예수께서 그의 열두 제자를 부르사 더러운 귀신을 쫓아내며 모든 병과 모든 약한 것을 고치는 권능을 주시니라"(1절)

"열두 사도의 이름은 이러하니"(2절)

"어떤 성이나 마을에 들어가든지 그 중에 합당한 자를 찾아내어 너희가 떠나기까지 거기서 머물라"(11절)

"어떻게 또는 무엇을 말할까 염려하지 말라… 너희 속에서 말씀하시는 이 곧 너희 아버지의 성령이시니라"(19,20절)

• 에스라 10장   정결치 못한 씨의 축출

"스가냐가 에스라에게 이르되 우리가 우리 하나님께 범죄하여 이 땅 이방 여자를 맞이하여 아내로 삼았으나 이스라엘에게 아직도 소망이 있나니 곧 내 주의 교훈을 따르며 우리 하나님의 명령을 떨며 준행하는 자의 가르침을 따라 이 모든 아내와 그들의 소생을 다 내보내기로 우리 하나님과 언약을 세우고 율법대로 행할 것이라"(2,3절)

"하나님 앞에서 죄를 자복하고 그의 뜻대로 행하여 그 지방 사람들과 이방 여인을 끊어 버리라"(11절)

• 사도행전 10장 | 이방인까지 하나님 나라의 씨로 허용함

"고넬료라 하는 사람이 있으니 이달리야 부대라 하는 군대의 백부장이라"(1절)

"그가 경건하여 온 집안과 더불어 하나님을 경외하며 백성을 많이 구제하고 하나님께 항상 기도하더니"(2절)

"네 기도와 구제가 하나님 앞에 상달되어 기억하신 바가 되었으니"(4절)

"참으로 하나님은 사람의 외모를 보지 아니하시고 각 나라 중 하나님을 경외하며 의를 행하는 사람은 다 받으시는 줄 깨달았도다"(34,35절)

묵상 | 하나님 마음 알아가기

하나님의 명령을 따를 때 인본주의적 생각을 철저히 내려놓아야 합니다. 특히 하나님 나라 씨의 번성은 하나님이 하나님의 대사를 세워 진행하십니다. 씨의 번성을 위한 대사임을 기억하십시오.

적용

하나님 나라 씨의 번성에 대해 어떤 태도를 가지시겠습니까?

1. 씨의 번성을 위한 인본주의적 생각을 배제하십시오.

2. 씨의 번성을 위한 대사임을 기억하며 성과 마을에 들어가십시오.

3. 하나님 나라의 씨로서 정결한 삶을 살아가십시오.

나(우리)에게 주시는 말씀(암송)

• 오늘의 감사

• 말씀으로 기도하기

	월 일	맥체인 읽기: 1월 11일
	오늘의 본문: 창12	마11	느1	행11	찬송가 347장
	오늘의 주제(키워드): **하나님께 은혜 입음**	

📖 말씀

• 창세기 12장 바벨탑 사건 후 하나님 나라의 새로운 전개

"여호와께서 아브람에게 이르시되 너는 너의 고향과 친척과 아버지의 집을 떠나 내가 네게 보여 줄 땅으로 가라"(1절)

"내가 너로 큰 민족을 이루고 네게 복을 주어 네 이름을 창대하게 하리니 너는 복이 될지라"(2절)

"땅의 모든 족속이 너로 말미암아 복을 얻을 것이라"(3절)

"이에 아브람이 여호와의 말씀을 따라갔고"(4절)-즉각적 순종

"내가 이 땅을 네 자손에게 주리라"(7절)

• 마태복음 11장 침노함과 주 안에서 쉼의 은혜

"세례 요한의 때부터 지금까지 천국은 침노를 당하나니 침노하는 자는 빼앗느니라"(12절)

"수고하고 무거운 짐 진 자들아 다 내게로 오라 내가 너희를 쉬게 하리라 나는 마음이 온유하고 겸손하니 나의 멍에를 메고 내게 배우라 그리하면 너희 마음이 쉼을 얻으리니 이는 내 멍에는 쉽고 내 짐은 가벼움이라 하시니라"(28-30절)

• 느헤미야 1장 은혜를 입은 자의 형통함

"만일 내게로 돌아와 내 계명을 지켜 행하면 너희 쫓긴 자가 하늘 끝에 있을지라도 내가 거기서부터 그들을 모아 내 이름을 두려고 택한 곳에 돌아오게 하리라"(9절)

"오늘 종이 형통하여 이 사람 앞에서 은혜를 입게 하옵소서 하였나니 그 때에 내가 왕의 술 관원이 되었느니라"(11절)

• 사도행전 11장 은혜의 유지 수단 - 성령

"성령이 내게 명하사 아무 의심 말고 함께 가라"(12절)

"그런즉 하나님이 우리가 주 예수 그리스도를 믿을 때에 주신 것과 같은 선물을 그들에게도 주

셨으니"(17절)

"이방인에게도 생명 얻는 회개를 주셨도다"(18절)

"주의 손이 그들과 함께 하시매 수많은 사람들이 믿고 주께 돌아오더라"(21절)

"성령으로 말하되"(28절)

묵상 | 하나님 마음 알아가기

자격없는 우리에게 부어주신 하나님의 구원의 은혜는 신자의 삶의 모든 영역에 자리하고 있습니다. 침노할 때도, 쉼을 가질 때도 은혜를 베풀어주십니다.
은혜를 입을 때 신자는 형통하게 됩니다.

적용

1. 모든 일에서 하나님께 은혜를 입게 하옵소서.

2. 명하는 모든 말씀에 즉각적으로 순종하겠습니다.

3. 성령과 함께 행하는 하루 되겠습니다.

나(우리)에게 주시는 말씀(암송)

• 오늘의 감사 •

• 말씀으로 기도하기 •

월   일   맥체인 읽기: 1월 12일

오늘의 본문: 창13 | 마12 | 느2 | 행12   찬송가 435장

오늘의 주제(키워드): **새로운 출발**

말씀

• 창세기 13장 새로운 시작을 위한 떠남과 약속

"나를 떠나가라 네가 좌하면 나는 우하고 네가 우하면 나는 좌하리라"(9절)

"그들이 서로 떠난지라"(11절)-새로운 시작을 위해서 떠나야 한다.

＊떠난 후에 오는 새로운 약속

"떠난 후에 여호와께서 아브람에게 이르시되 너는 눈을 들어 너 있는 곳에서... 바라보라"(14절)

"너는 일어나 그 땅을 종과 횡으로 두루 다녀 보라 내가 그것을 네게 주리라"(17절)

• 마태복음 12장 새로운 질서

"성전보다 더 큰 이가 여기 있느니라"(6절) - 새 질서의 주인이신 예수.

"인자는 안식일의 주인이니라"(8절)

"안식일에 선을 행하는 것이 옳으니라"(12절)

• 느헤미야 2장 새 역사를 향한 출발

"그 성을 건축하게 하옵소서"(5절)

"내 하나님의 선한 손이 나를 도우시므로 왕이 허락하고"(8절)-새 역사의 시작에는 하나님의 도우심이 있다.

"이스라엘 자손을 흥왕하게 하려는 사람이"(10절)

• 사도행전 12장 새 역사를 위한 요소-기도와 말씀

"이에 베드로는 옥에 갇혔고 교회는 그를 위하여 간절히 하나님께 기도하더라"(5절)

"여러 사람이 거기에 모여 기도하고 있더라라"(12절)

"하나님의 말씀은 흥왕하여 더하더라"(24절)

묵상 | 하나님 마음 알아가기

신자는 떠남을 두려워해서는 안 됩니다.
떠남 뒤에 오는 새로운 출발에 하나님의 약속이 함께 하시기 때문입니다. 말씀과 기도를 가지고 담대히 내 딛으십시오.

적용

익숙한 것들과의 떠남이 슬픔만은 아님을 기억하고 믿음으로 실행할 것은 무엇이 있습니까?

1. 떠남은 새 역사를 위한 걸음임을 기억하고 하나님과 함께, 기도와 말씀과 함께 그 길을 떠나보십시오.

2. 새 역사를 위해 기도와 말씀에 더욱 힘쓰십시오.

나(우리)에게 주시는 말씀(암송)

• 오늘의 감사 •

• 말씀으로 기도하기 •

월 일 맥체인 읽기: 1월 13일

오늘의 본문: 창14 | 마13 | 느3 | 행13 찬송가 382장

오늘의 주제(키워드): **하나님 나라의 특징**

말씀

• 창세기 14장 침노하는 자에게 주어지는 축복

"아브람이 그의 조카가 사로잡혔음을 듣고 집에서 길리고 훈련된 자 삼백십팔 명을 거느리고 단까지 쫓아가서"(14절)

"모든 빼앗겼던 재물과 자기의 조카 롯과 그의 재물과 또 부녀와 친척을 다 찾아왔더라"(16절)

"살렘 왕 멜기세덱이 떡과 포도주를 가지고 나왔으니 그는 지극히 높으신 하나님의 제사장이었더라"(18절)

• 마태복음 13장 하나님 나라의 비밀

"더러는 좋은 땅에 떨어지매 어떤 것은 백 배, 어떤 것은 육십 배, 어떤 것은 삼십 배의 결실을 하였느니라"(8절)

＊천국의 비밀

1) "희에게는 허락되었으나 그들에게는 아니되었나니"(11절)
2) "있는 자는 받아 넉넉하게 되되 없는 자는 그 있는 것도 빼앗기리라"(12절)
3) "그러나 너희 눈은 봄으로, 너희 귀는 들음으로 복이 있도다"(16절)
4) "사람들이 잘 때에 그 원수가 와서 곡식 가운데 가라지를 덧뿌리고 갔더니"(25절)
5) "겨자씨 한 알 같으니 이는 모든 씨보다 작은 것이로되 자란 후에는 풀보다 커서 나무가 되매 공중의 새들이 와서 그 가지에 깃들이느니라"(31,32절)
6) "자기의 소유를 다 팔아... 사느니라"(44,46절)

• 느헤미야 3장 합력하여 이루어 감

"함께 일어나 양문을 건축하여 성별하고... 성별하였고"(1절)

"그 다음은..."(4,5,7절)-합력하여 선을 이루는 모습(연결됨)

사도행전 13장 | 하나님 나라를 이루어가는 사람들

"주를 섬겨 금식할 때에 성령이 이르시되 내가 불러 시키는 일을 위하여 바나바와 사울을 따로 세우라"(2절)

"내가 이새의 아들 다윗을 만나니 내 마음에 맞는 사람이라 내 뜻을 다 이루리라"(22절)

"다윗은 당시에 하나님의 뜻을 따라 섬기다가"(36절)

"모세의 율법으로 너희가 의롭다 하심을 얻지 못하던 모든 일에도 이 사람을 힘입어 믿는 자마다 의롭다 하심을 얻는 이것이라"(39절)

묵상 | 하나님 마음 알아가기

하나님의 나라에 대한 소망이 있습니까? 이 세상이나 세상의 것들을 사랑하지 말고, 오직 하나님의 나라를 이루어가십시오.

우리를 통해 하나님은 이 땅과 역사 가운데 이루시길 원하십니다.

적용

하나님 나라의 백성으로 하나님 나라를 이루어가기 위해 선택해야 할 것은 무엇입니까?

1. 천국은 침노하는 자의 것이라고 했습니다. 적극적이고 긍정적이며 능동적으로 하나님 나라를 이루어 가기 위해 취할 행동을 생각해 보세요.

2. 하나님 나라의 비밀을 삶에 적용해보세요.

나(우리)에게 주시는 말씀(암송)

• 오늘의 감사 •

• 말씀으로 기도하기 •

월   일 　　　　　맥체인 읽기: 1월 14일

오늘의 본문: 창15 | 마14 | 느4 | 행14　　찬송가 300장

오늘의 주제(키워드): 믿음(1)

말씀

• 창세기 15장 아브람이 여호와를 믿어 의로 여김 받음

"하늘을 우러러 뭇별을 셀 수 있나 보라… 네 자손이 이와 같으리라"(5절)

"아브람이 여호와를 믿으니 여호와께서 이를 그의 의로 여기시고"(6절)

• 마태복음 14장 믿음의 확실한 증거들

＊오병이어 기적

"그것을 내게 가져오라"(18절)

"하늘을 우러러 축사하시고… 무리에게 주니"(19절)

"다 배불리 먹고 남은 조각을 열두 바구니에 차게 거두었으며"(20절)

"기도하러 따로 산에 올라가시니라 저물매 거기 혼자 계시더니"(23절)-믿음의 동역자, 기도.

"믿음이 작은 자여 왜 의심하였느냐"(31절)-풍랑을 잔잔케 하심

• 느헤미야 4장 믿음

"이에 우리가 성을 건축하여 전부가 연결되고 높이가 절반에 이르렀으니 이는 백성이 마음 들여 일을 하였음이니라"(6절)

"우리 하나님께 기도하며… 파수꾼을 두어 주야로 방비하는데"(9절)

"지극히 크시고 두려우신 주를 기억하고… 위하여 싸우라"(14절)

"절반은 일하고 절반은 갑옷을 입고"(16절)

"다 우리의 옷을 벗지 아니하였으며 물을 길으러 갈 때에도 각각 병기를 잡았느니라"(23절)

• 사도행전 14장 믿음의 증거들

"주를 힘입어 담대히 말하니 주께서 그들의 손으로 표적과 기사를 행하게 하여 주사 자기 은혜의 말씀을 증언하시니"(3절)

"구원 받을 만한 믿음이 그에게 있는 것을 보고… 네 발로 바로 일어서라"(9,10절)
"돌로 바울을 쳐서… 더베로 가서 복음을 그 성에서 전하여 많은 사람을 제자로 삼고"(19-21절)
"우리가 하나님의 나라에 들어가려면 많은 환난을 겪어야 할 것이라"(22절)
"그들이 이르러 교회를 모아 하나님이 함께 행하신 모든 일과 이방인들에게 믿음의 문을 여신 것을 보고하고"(27절)

묵상 | 하나님 마음 알아가기

믿음으로 의롭다 함을 받은 신자의 삶에는 믿음의 증거들이 남아야 합니다. 이루는 모든 것은 믿음의 결과여야 합니다. 이 시간 하늘을 우러러 믿음으로 하나님을 바라고 기도함으로 그 증거들을 취하십시오.

적용

1. 오직 하나님만을 믿는 믿음에 서 있는가?

2. 믿음의 증거가 내 삶에서 나타나고 있는가?

나(우리)에게 주시는 말씀(암송)

• 오늘의 감사 •

• 말씀으로 기도하기 •

월 일	맥체인 읽기: 1월 15일
오늘의 본문: 창16	마15	느5	행15	찬송가 538장
오늘의 주제(키워드): **믿음(2)**	

📊 말씀

• 창세기 16장 믿음으로 부정적 환경을 인내해야 함

"아브람의 아내 사래는 출산하지 못하였고"(1절)-씨에 대한 약속이 있었지만 성취는 미뤄진 상황.
"그(하갈)가 자기의 임신함을 알고 그의 여주인을 멸시한지라"(4절)-약속의 씨를 기다리지 못함.
"내가 네 씨를 크게 번성하여 그 수가 많아 셀 수 없게 하리라"(10절)-약속의 씨는 아니지만 그에게 베풀어 주신 하나님의 자비.
"나를 살피시는 하나님이라"(13절)
"브엘라해로이"(14절)-나를 살피시는 살아 계신 이의 우물.

• 마태복음 15장 믿음의 증거들

"너희의 전통으로 하나님의 계명을 범하느냐"(3절)-믿음은 전통을 넘어 계명으로 가게 한다.
"심은 것마다 내 하늘 아버지께서 심으시지 않은 것은 뽑힐 것이니 그냥 두라"(13,14절)
"여자여 네 믿음이 크도다 네 소원대로 되리라"(28절)
"예수께서 무리를 흩어 보내시고"(39절)-믿음의 역사를 경험했을 때는 반드시 삶의 자리로 돌아가서 믿음의 증거들을 나타내야 한다.

• 느헤미야 5장 믿음으로 권력 사용을 포기함

"너희의 소행이 좋지 못하도다… 우리 하나님을 경외하는 가운데 행할 것이 아니냐"(9절)-믿음은 하나님을 경외함에서 시작된다.
"내가 총독의 녹을 요구하지 아니하였음은 이 백성의 부역이 중함이었더라"(18절)
"내 하나님이여 내가 이 백성을 위하여 행한 모든 일을 기억하사 내게 은혜를 베푸시옵소서"(19절)

• 사도행전 15장 제거해야 할 장애들

"다만 우상의 더러운 것과 음행과 목매어 죽인 것과 피를 멀리하라고"(20절)

"이에 스스로 삼가면 잘되리라 평안함을 원하노라"(29절)

묵상 | 하나님 마음 알아가기

약속 뒤에도 부정의 환경은 찾아올 수 있습니다.
그럴 때에라도 믿음으로 장애들을 극복해야 합니다. 가지고 있는 기득권을 내려 놓을 때 하나님은 역사하십니다.

적용

1. 믿음은 약속 뒤에 오는 부정적 환경을 인내함으로 넘어가는 것입니다.

2. 하나님의 약속이 있었지만 성취되지 않음으로 실망하지 마십시오. 인내하며 기다리십시오.

3. 믿음으로 왕이신 예수님과 동행하십시오. 믿음의 열매들이 있게 됩니다.

4. 믿음으로 자신에게 주어진 기득권을 내려놓고, 믿음으로 장애들을 극복하시기 바랍니다.

나(우리)에게 주시는 말씀(암송)

• 오늘의 감사 •

• 말씀으로 기도하기 •

월   일   맥체인 읽기: 1월 16일

오늘의 본문: 창17 | 마16 | 느6 | 행16   찬송가 407장

오늘의 주제(키워드): **하나님 나라 씨의 승리**

말씀

창세기 17장 씨의 약속

"내가 내 언약을 나와 너 사이에 두어 너를 크게 번성하게 하리라"(2절)

"너희 중 남자는 다 할례를 받으라 이것이 나와 너희와 너희 후손 사이에 지킬 내 언약이니라"(10절)-씨의 증거

"아니라 네 아내 사라가 네게 아들을 낳으리니 너는 그 이름을 이삭이라 하라 내가 그와 내 언약을 세우리니 그의 후손에게 영원한 언약이 되리라"(19절)

마태복음 16장 씨들의 권세

"너희는 나를 누구라 하느냐"(15절)

"주는 그리스도시요 살아 계신 하나님의 아들이시니이다"(16절)-권세의 수여자 왕이신 예수 그리스도

"이 반석 위에 내 교회를 세우리니 음부의 권세가 이기지 못하리라"(18절)-신앙의 고백을 통한 권세 위임

"내가 천국 열쇠를 네게 주리니"(19절)

"누구든지 나를 따라오려거든 자기를 부인하고 자기 십자가를 지고 나를 따를 것이니라"(24절)

느헤미야 6장 씨의 승리

"내가 성벽을 건축하여 허물어진 틈을 남기지 아니하였다 함을 들었는데"(1절)

"내 손을 힘있게 하옵소서"(9절)

"성벽 역사가 오십이 일 만인 엘룰월 이십오일에 끝나매 우리의 모든 대적과 주위에 있는 이방 족속들이 이를 듣고 다 두려워하여 크게 낙담하였으니 그들이 우리 하나님께서 이 역사를 이루신 것을 앎이니라"(15,16절)

• 사도행전 16장 | 씨의 구원을 이루시는 성령

"거기 디모데라 하는 제자가 있으니"(1절)

"그를 데려다가 할례를 행하니"(3절)

"이에 여러 교회가 믿음이 더 굳건해지고 수가 날마다 늘어가니라"(5절)

"성령이 아시아에서 말씀을 전하지 못하게 하시거늘"(6절)

"예수의 영이 허락하지 아니하시는지라"(7절)

"깊은 옥에 가두고... 한밤중에 바울과 실라가 기도하고 하나님을 찬송하매... 문이 곧 다 열리며 모든 사람의 매인 것이 다 벗어진지라"(24-26절)

"주 예수를 믿으라 그리하면 너와 네 집이 구원을 받으리라"(31절)

묵상 | 하나님 마음 알아가기

하나님은 하나님 나라 씨인 신자에게 권세를 주셨습니다.
주신 권세를 통해 승리의 삶이 보장되었습니다.
승리를 통해 궁극적 구원을 이루시는 하나님을 찬양합니다.

적용

1. 우리는 하나님 나라의 씨입니다.

2. 오직 예수 그리스도를 믿고 그를 그리스도요 하나님의 아들로 고백합니다.

3. 오늘도 성령의 인도하심을 따라 구원의 백성을 만나기를 기뻐하세요.

나(우리)에게 주시는 말씀(암송)

• 오늘의 감사 •

• 말씀으로 기도하기 •

| 월 일 | 맥체인 읽기: 1월 17일 |

17일차 / 365일

오늘의 본문: 창18 | 마17 | 느7 | 행17

찬송가 569장

오늘의 주제(키워드): **하나님 나라에 합당한 자**

 **말씀**

• 창세기 18장 하나님 나라의 씨를 택함

"기한이 이를 때에 내가 네게로 돌아오리니 사라에게 아들이 있으리라"(14절)

"내가 하려는 것을 아브라함에게 숨기겠느냐"(17절)

"내가 그로 그 자식과 권속에게 명하여 여호와의 도를 지켜 의와 공도를 행하게 하려고 그를 택하였나니 이는 나 여호와가 아브라함에게 대하여 말한 일을 이루려 함이니라"(19절)

• 마태복음 17장 하나님 나라의 왕의 권세

"그들 앞에서 변형되사 그 얼굴이 해 같이 빛나며 옷이 빛과 같이 희어졌더라"(2절)

"이는 내 사랑하는 아들이요 내 기뻐하는 자니 너희는 그의 말을 들으라"(5절)

"오직 예수 외에는 아무도 보이지 아니하더라"(8절)

"만일 너희에게 믿음이 겨자씨 한 알 만큼만 있어도 이 산을 명하여 여기서 저기로 옮겨지라 하면 옮겨질 것이요 또 너희가 못할 것이 없으리라"(20절)

• 느헤미야 7장 성읍에 거주한 하나님 나라의 씨

"하나냐는 충성스러운 사람이요 하나님을 경외함이 무리 중에서 뛰어난 자라"(2절)

"내가 처음으로 돌아온 자의 계보"(5절)

"온 회중의 합계는 사만 이천삼백육십 명이요"(66절)

"이와 같이 제사장들과 레위 사람들과 문지기들과 노래하는 자들과 백성 몇 명과 느디님 사람들과 온 이스라엘 자손이 다 자기들의 성읍에 거주하였느니라"(73절)

• 사도행전 17장 왕을 향한 사람들의 두 마음

"베뢰아에 있는 사람들은 데살로니가에 있는 사람들보다 더 너그러워서 간절한 마음으로 말씀을 받고 이것이 그러한가 하여 날마다 성경을 상고하므로"(11절)

"바울이 아덴에서 그들을 기다리다가 그 성에 우상이 가득한 것을 보고 마음에 격분하여"(16절)
"우주와 그 가운데 있는 만물을 지으신 하나님께서는 천지의 주재시니"(24절)
"알지 못하던 시대에는 하나님이 간과하셨거니와 이제는 어디든지 사람에게 다 명하사 회개하라 하셨으니"(30절)

묵상 | 하나님 마음 알아가기

하나님 나라에 합당한 자는 그 나라의 왕이신 하나님의 말씀에 따르는 자입니다. 그 말씀을 날마다 상고하는 열정과 따르고자 하는 순종은 우리를 그 나라 성읍에 거주하게 합니다.

적용

1. 하나님은 우리 각 사람을 택하여 하나님의 도를 지켜 의와 공도를 행하게 하려 하십니다.

2. 하나님 나라의 왕이신 예수 그리스도만을 바라보고 있습니까?

3. 그의 말씀을 날마다 상고하고, 충성스러울 뿐 아니라 하나님을 경외하며 살아가십시오.

나(우리)에게 주시는 말씀(암송)

• 오늘의 감사 •

• 말씀으로 기도하기 •

월 일
맥체인 읽기: 1월 18일

오늘의 본문: 창19 | 마18 | 느8 | 행18
찬송가 262장

오늘의 주제(키워드): **하나님 나라 백성-씨**

 **말씀**

• 창세기 19장 씨(백성)를 보호함
"네게 속한 자들을 다 성 밖으로 이끌어 내라"(12절)
"그 사람들이 그들을 밖으로 이끌어 낸 후에 이르되 도망하여 생명을 보존하라 돌아보거나 들에 머물지 말고 산으로 도망하여 멸망함을 면하라"(17절)
"하나님이 아브라함을 생각하사 롯을 그 엎으시는 중에서 내보내셨더라"(29절)

• 마태복음 18장 하나님의 뜻은 작은 자 하나도 잃지 않는 것
"천국에서는 누가 크니이까"(1절)
"너희가 돌이켜 어린 아이들과 같이 되지 아니하면 결단코 천국에 들어가지 못하리라"(3절)
"이 작은 자 중의 하나라도 잃는 것은 하늘에 계신 너희 아버지의 뜻이 아니니라"(14절)
"몇 번이나 용서"(21절)
"일곱 번을 일흔 번까지라도 할지니라"(22절)

• 느헤미야 8장 말씀에 대한 백성들의 반응
"책을 펼 때에 모든 백성이 일어서니라"(5절)
"에스라가 위대하신 하나님 여호와를 송축하매 모든 백성이 손을 들고 아멘 아멘 하고 응답하고 몸을 굽혀 얼굴을 땅에 대고 여호와께 경배하니라"(6절)
"백성이 율법의 말씀을 듣고 다 우는지라"(9절)

• 사도행전 18장 성 중에 구원받을 자를 남겨두심
"두려워하지 말며 침묵하지 말고 말하라 내가 너와 함께 있으매 어떤 사람도 너를 대적하여 해롭게 할 자가 없을 것이니 이는 이 성중에 내 백성이 많음이라"(9,10절)
"아볼로라... 성경에 능통한 자라... 브리스길라와 아굴라가 듣고 데려다가 하나님의 도를 더 정확하게 풀어 이르더라"(24,26절)

묵상 | 하나님 마음 알아가기

작은 자 하나도 포기하지 않으시고 구원하시는 것이 하나님의 자비입니다. 하나님의 자비는 성을 엎으시는 가운데 롯을 내보내심에서, 성 중에 구원받을 자를 남겨두심에서 나타납니다. 하나님의 자비를 기대하는 하루 되세요.

적용

1. 하나님의 구원 계획은 은혜 자체입니다. 아브라함을 보시고 롯을 구원하심, 일곱 번을 일흔 번까지 용서하심으로 구원하심, 말씀을 듣고 아멘으로 응답하게 하심, 거주하는 성에 구원받을 백성을 남겨 두심이 그렇습니다.

2. 하나님의 구원의 은혜를 깊이 생각하며 오늘도 용서를 실천하고, 구원 얻을 자를 찾아나서 보십시오.

나(우리)에게 주시는 말씀(암송)

• 오늘의 감사 •

• 말씀으로 기도하기 •

월   일   맥체인 읽기: 1월 19일

19일차 / 365일

오늘의 본문: **창20 | 마19 | 느9 | 행19**   찬송가 604장

오늘의 주제(키워드): **기도의 실제**

 **말씀**

창세기 20장 선지자의 기도
"하나님이 아비멜렉에게 현몽하시고"(3절)

"네가 온전한 마음으로 이렇게 한 줄을 나도 알았으므로 너를 막아 내게 범죄하지 아니하게 하였나니"(6절)

"그는 선지자라 그가 너를 위하여 기도하리니"(7절)

"아브라함이 하나님께 기도하매 하나님이 아비멜렉과 그의 아내와 여종을 치료하사 출산하게 하셨으니"(17절)

마태복음 19장 손을 얹어 기도함
"예수께서 안수하고 기도해 주심을 바라고"(13절)

"어린 아이들을 용납하고 내게 오는 것을 금하지 말라 천국이 이런 사람의 것이니라"(14절)

"네 소유를 팔아 가난한 자들에게 주라 그리하면 하늘에서 보화가 네게 있으리라 그리고 와서 나를 따르라"(21절)

"사람으로는 할 수 없으나 하나님으로서는 다 하실 수 있느니라"(26절)

느헤미야 9장 금식의 기도
"이스라엘 자손이 다 모여 금식하며 굵은 베 옷을 입고"(1절)

"모든 이방 사람들과 절교하고 서서 자기의 죄와 조상들의 허물을 자복하고"(2절)

"여러 번 주의 긍휼로 건져내시고"(28절)

사도행전 19장 기도와 말씀
"바울이 그들에게 안수하매 성령이 그들에게 임하시므로 방언도 하고 예언도 하니"(6절)

"바울이 회당에 들어가 석 달 동안 담대히 하나님 나라에 관하여 강론하며 권면하되"(8절)

"이와 같이 주의 말씀이 힘이 있어 흥왕하여 세력을 얻으니라"(20절)

묵상 | 하나님 마음 알아가기

사람으로는 할 수 없으나 하나님은 하실 수 있습니다.
그러나 우리 편에서 할 수 있는 것은 기도입니다.
어떤 상황에서든 기도를 통해 하나님의 능력이 열매로 나타나도록 하십시오.

적용

기도하십니까?

1. 우리 삶의 모든 상황은 기도해야 할 상황입니다.

2. 원수를 위해서도 기도하십시오.

3. 손을 얹고 기도하십시오. 금식하며 기도하십시오.

나(우리)에게 주시는 말씀(암송)

• 오늘의 감사 •

• 말씀으로 기도하기 •

월   일   맥체인 읽기: 1월 20일

오늘의 본문: 창21 | 마20 | 느10 | 행20   찬송가 291장

오늘의 주제(키워드): 하나님 나라 씨와 하나님의 뜻

말씀

창세기 21장 하나님 나라 씨의 확정
"여호와께서 말씀하신 대로 사라에게 행하셨으므로"(1절)-하나님 편에서의 충성
"그가 하나님이 명령하신 대로 할례를 행하였더라"(4절)-인간 편에서의 충성
"이삭에게서 나는 자라야 네 씨라 부를 것임이니라"(12절)-씨의 정통성
"네가 무슨 일을 하든지 하나님이 너와 함께 계시도다"(22절)-씨를 보호하시는 하나님의 약속

마태복음 20장 하나님의 뜻(주권)
"나중 온 이 사람에게 너와 같이 주는 것이 내 뜻이니라"(14절)
"나중 된 자로서 먼저 되고 먼저 된 자로서 나중 되리라"(16절)
"내 좌우편에 앉는 것은 내가 주는 것이 아니라 내 아버지께서 누구를 위하여 예비하셨든지 그들이 얻을 것이니라"(23절)
"인자가 온 것은 섬김을 받으려 함이 아니라 도리어 섬기려 하고 자기 목숨을 많은 사람의 대속물로 주려 함이니라"(28절)

느헤미야 10장 하나님의 규례를 따르기로 한 씨들
"하나님 나라의 씨들의 목록"(1~27절)
"하나님의 율법을 따라 우리 주 여호와의 모든 계명과 규례와 율례를 지켜 행하여"(29절)
"또 스스로 규례를 정하기를"(32절)
"율법에 기록한 대로"(34절)

사도행전 20장 하나님의 뜻을 선포함
"그들에게 강론할새 말을 밤중까지 계속하매"(7절)
"여러분 중에서도 제자들을 끌어 자기를 따르게 하려고 어그러진 말을 하는 사람들이 일어날

줄을 내가 아노라"(30절)-경계할 것

"내가 삼 년이나 밤낮 쉬지 않고 눈물로 각 사람을 훈계하던 것을 기억하라"(31절)

"주와 및 그 은혜의 말씀에 부탁하노니"(32절)

묵상 | 하나님 마음 알아가기

나중 된 자로서 먼저 되고, 먼저 된 자로서 나중 될 수 있습니다.

나중 되었다고 낙심하지 마시고, 먼저 되었다고 교만하지 않음으로 하나님의 뜻 이뤄가야 합니다. 오직 기도로!

적용

1. 하나님의 영원하신 경륜 안에서 택정함을 받은 하나님 나라의 씨로서 하나님의 뜻을 따르기 위해 어떤 결단을 하셨습니까?

2. 그리고 그 뜻을 전하기 위해 어떤 말을 사용하십니까?

나(우리)에게 주시는 말씀(암송)

• 오늘의 감사 •

• 말씀으로 기도하기 •

21일차 365일

월 일
맥체인 읽기: 1월 21일

오늘의 본문: 창22 | 마21 | 느11 | 행21
찬송가 216장

오늘의 주제(키워드): **비전과 믿음의 상관관계**

 **말씀**

창세기 22장 비전(씨)의 포기

"네 아들 네 사랑하는 독자 이삭을 데리고 모리아 땅으로 가서 내가 네게 일러 준 한 산 거기서 그를 번제로 드리라"(2절)-비전을 포기할 수 있는가?

"그 곳에 제단을 쌓고 나무를 벌여 놓고 그의 아들 이삭을 결박하여 제단 나무 위에 놓고"(9절)

"손을 내밀어 칼을 잡고 그 아들을 잡으려 하니"(10절)

"사자가 이르시되 그 아이에게 네 손을 대지 말라 그에게 아무 일도 하지 말라 네가 네 아들 네 독자까지도 내게 아끼지 아니하였으니 내가 이제야 네가 하나님을 경외하는 줄을 아노라"(12절)

"네 씨가 그 대적의 성문을 차지하리라"(17절)

"또 네 씨로 말미암아 천하 만민이 복을 받으리니 이는 네가 나의 말을 준행하였음이니라"(18절)

마태복음 21장 비전을 위해 어떻게 기도해야 하는가

"내 집은 기도하는 집이라 일컬음을 받으리라"(13절)

"이 산더러 들려 바다에 던져지라 하여도 될 것이요"(21절)

"너희가 기도할 때에 무엇이든지 믿고 구하는 것은 다 받으리라 하시니라"(22절)

느헤미야 11장 비전 성취 후의 모습

"예루살렘에 거주하기를 자원하는 모든 자를 위하여 백성들이 복을 빌었느니라"(2절)

"예루살렘에 거주한 베레스 자손은 모두 사백육십팔 명이니 다 용사였느니라"(6절)

"그들은 하나님의 전 바깥 일을 맡았고"(16절)

"그는 기도할 때에 감사하는 말씀을 인도하는 자가 되었고"(17절)

"노래하는 자들에게 날마다 할 일을 정해 주었기 때문이며"(23절)

• 사도행전 21장 | 비전 성취를 위해 고난도 함께 해야 함

"그 제자들이 성령의 감동으로 바울더러 예루살렘에 들어가지 말라 하더라"(4절)

"바닷가에서 무릎을 꿇어 기도하고"(5절)

"바울에게 예루살렘으로 올라가지 말라 권하니"(12절)

"나는 주 예수의 이름을 위하여 결박 당할 뿐 아니라 예루살렘에서 죽을 것도 각오하였노라"(13절)

묵상 | 하나님 마음 알아가기

믿음으로 비전을 가지십시오. 그러나 믿음으로 비전을 포기할 수도 있어야 합니다. 그리고 하나님이 일하시도록 믿음으로 무엇이든지 믿고 구하며 나아가야 합니다. 그럴 때 하나님은 일하십니다.

적용

1. 하나님 나라를 위한 비전을 가졌습니까?

2. 또한 그 비전을 포기할 수 있습니까?

3. 믿음은 비전 성취를 위해 달려 나아가는 것도 포함되지만, 때로는 그 비전을 포기할 수도 있어야 함을 기억하십시오.

나(우리)에게 주시는 말씀(암송)

• 오늘의 감사 •

• 말씀으로 기도하기 •

22일차 / 365일

월　　일　　　　맥체인 읽기: 1월 22일

오늘의 본문: 창23 | 마22 | 느12 | 행22　　찬송가 607장

오늘의 주제(키워드): **땅의 확정과 그 땅의 주인이신 하나님**

 말씀

• 창세기 23장 하나님 나라 땅의 확정

"내게 매장할 소유지를 주어"(4절)

"충분한 대가를 받고 그 굴을 내게 주어 당신들 중에서 매장할 소유지가 되게 하기를 원하노라"(9절)

"아브라함이 에브론의 말을 따라 에브론이 헷 족속이 듣는 데서 말한 대로 상인이 통용하는 은 사백 세겔을 달아 에브론에게 주었더니"(16절)

"아브라함의 소유로 확정된지라"(18,20절)

• 마태복음 22장 하나님을 향한 사랑의 태도

"가이사의 것은 가이사에게, 하나님의 것은 하나님께 바치라"(21절)

"하나님은 죽은 자의 하나님이 아니요 살아 있는 자의 하나님이시니라"(32절)

"네 마음을 다하고 목숨을 다하고 뜻을 다하여 주 너의 하나님을 사랑하라"(37절)

• 느헤미야 12장 약속한 땅의 성취

"스룹바벨과 예수아와 함께 돌아온 제사장들과 레위 사람들은 이러하니라"(1절)

"예루살렘 성벽을 봉헌하게 되니… 감사하며 노래하며 제금을 치며 비파와 수금을 타며 즐거이 봉헌식을 행하려 하매"(27절)

"부녀와 어린 아이도 즐거워하였으므로 예루살렘이 즐거워하는 소리가 멀리 들렸느니라"(43절)

• 사도행전 22장 사명을 주시는 하나님의 모습

"나는 네가 박해하는 나사렛 예수라"(8절)

"다시 보라 하거늘 즉시 그를 쳐다보았노라"(13절)

"이제는 왜 주저하느냐 일어나 주의 이름을 불러 세례를 받고 너의 죄를 씻으라"(16절)

"성전에서 기도할 때에 황홀한 중에 보매 주께서 내게 말씀하시되 속히 예루살렘에서 나가라"(17,18절)

"떠나가라 내가 너를 멀리 이방인에게로 보내리라"(21절)

묵상 | 하나님 마음 알아가기

약속한 땅을 받고, 그 땅에 거하는 것은 하나님의 언약에 근거한 합법한 것입니다.
우리에게 주신 삶의 영역을 취하는 것, 하나님의 약속이 우릴 통해 성취되는 것입니다.
언약의 하나님을 사랑하되 마음을 다하고 뜻을 다하고 성품을 다하여야 합니다.

적용

1. 창세기와 느헤미야를 통해 땅의 확정과 그 땅을 향한 열망을 보았습니다. 약속한 그 땅(영역)을 향한 열망이 있습니까?

2. 하나님이 약속하신 땅(영역)을 취하기 위해 열망을 갖고 나아가십시오. 하나님이 허락하십니다.

3. 지금의 직장(영역)에서 하나님 나라 만들기 위해 할 수 있는 일은 무엇이 있을까요?

나(우리)에게 주시는 말씀(암송)

• 오늘의 감사 •

• 말씀으로 기도하기 •

월 일   맥체인 읽기: 1월 23일

23일차 365일

오늘의 본문: 창24 | 마23 | 느13 | 행23   찬송가 602장

오늘의 주제(키워드): **씨의 정결과 보호를 위한 방법**

 **말씀**

- **창세기 24장** 씨의 번성을 위한 선택

  "내 고향 내 족속에게로 가서 내 아들 이삭을 위하여 아내를 택하라"(4절)

  "이 땅을 네 씨에게 주리라 하셨으니… 네가 거기서 내 아들을 위하여 아내를 택할지니라"(7절)

  "리브가가 당신 앞에 있으니 데리고 가서 여호와의 명령대로 그를 당신의 주인의 아들의 아내가 되게 하라"(51절)

  "우리 누이여 너는 천만인의 어머니가 될지어다 네 씨로 그 원수의 성 문을 얻게 할지어다"(60절)

  "이삭이 리브가를 인도하여 그의 어머니 사라의 장막으로 들이고 그를 맞이하여 아내로 삼고 사랑하였으니 이삭이 그의 어머니를 장례한 후에 위로를 얻었더라"(67절)

- **마태복음 23장** 하나님 나라의 씨가 경계해야 할 이들

  "그러므로 무엇이든지 그들이 말하는 바는 행하고 지키되 그들이 하는 행위는 본받지 말라 그들은 말만 하고 행하지 아니하며"(3절)

  "화 있을진저 외식하는 서기관들과 바리새인들이여"(13,15,16,23,25,27,29절)

  ＊하나님 나라의 씨가 선택할 자세(왕이신 예수님의 교훈)

  "누구든지 자기를 높이는 자는 낮아지고 누구든지 자기를 낮추는 자는 높아지리라"(12절)

  "너는 먼저 안을 깨끗이 하라 그리하면 겉도 깨끗하리라"(26절)

- **느헤미야 13장** 공동체 안의 씨의 정결

  "암몬 사람과 모압 사람은 영원히 하나님의 총회에 들어오지 못하리니… 그러나 우리 하나님이 그 저주를 돌이켜 복이 되게 하셨다"(1,2절)

  "도비야를 위하여 한 큰 방을 만들었으니"(5절)-해서는 안 될 일을 한 이스라엘

  "유다에서 어떤 사람이… 안식일에 예루살렘에 들어와서 음식물을 팔기로 그 날에 내가 경계하였고"(15절)

  "또 두로 사람이… 예루살렘에서도 유다 자손에게 팔기로"(16절)

  "나를 따르는 종자 몇을 성문마다 세워 안식일에는 아무 짐도 들어오지 못하게 하였으므로"(19절)

  "그 때에 내가 또 본즉 유다 사람이 아스돗과 암몬과 모압 여인을 맞아 아내로 삼았는데"(23절)

  "너희가 이방 여인을 아내로 맞아 이 모든 큰 악을 행하여 우리 하나님께 범죄하는 것을 우리가

어찌 용납하겠느냐"(27절)
"대제사장 엘리아십의 손자 요야다의 아들 하나가 호론 사람 산발랏의 사위가 되었으므로 내가 쫓아내어 나를 떠나게 하였느니라"(28절)
"내가 이와 같이 그들에게 이방 사람을 떠나게 하여 그들을 깨끗하게 하고 또 제사장과 레위 사람의 반열을 세워 각각 자기의 일을 맡게 하고"(30절)

• 사도행전 23장 씨를 보호하시는 하나님
"담대하라 네가 예루살렘에서 나의 일을 증언한 것 같이 로마에서도 증언하여야 하리라"(11절)
"가이사랴까지 갈 보병 이백 명과 기병 칠십 명과 창병 이백 명을 준비하라"(23절)
"이튿날 기병으로 바울을 호송하게 하고 영내로 돌아가니라"(32절)

묵상 | 하나님 마음 알아가기

성도의 정결한 삶을 파괴하기 위해 사탄은 세상 속에서와 교회 공동체 안에서 많은 것들로 공격해 옵니다. 그러나 두려워하지 마십시오. 하나님의 보호가 있습니다. 두려워하지 말고 담대히 믿음의 걸음을 걸으십시오.

적용

1. 하나님은 우리를 하나님 나라의 거룩한 씨로 불러 주셨습니다.

2. 하나님 나라의 거룩한 씨로서 정결치 못한 어떤 것이 있습니까?

3. 물질과 세상 지식 그리고 이단의 교훈들은 우리를 정결하지 못하게 합니다.

4. 하나님께서 우리를 보호하시고 인도하심을 기억하고 자신을 늘 정결하게 유지하기 위해 할 수 있는 일은 무엇이 있을지 생각해 보세요.

나(우리)에게 주시는 말씀(암송)

• 오늘의 감사 •

• 말씀으로 기도하기 •

월   일 　　　맥체인 읽기: 1월 24일

오늘의 본문: 창25 | 마24 | 에1 | 행24 　찬송가 359장

오늘의 주제(키워드): **종말**

 말씀

창세기 25장 개인의 종말
"그의 나이가 높고 늙어서 기운이 다하여 죽어 자기 열조에게로 돌아가매"(8절)-누구나가 경험하는 미시적 종말

"이삭이 그의 아내가 임신하지 못하므로 그를 위하여 여호와께 간구하매 여호와께서 그의 간구를 들으셨으므로 그의 아내 리브가가 임신하였더니"(21절)-새로운 씨의 등장

마태복음 24장 종말의 징조
"주의 임하심과 세상 끝에는 무슨 징조가 있사오리이까"(3절)

"사람의 미혹을 받지 않도록 주의하라"(4절)

"민족이 민족을, 나라가 나라를 대적하여 일어나겠고 곳곳에 기근과 지진이 있으리니"(7절)

"그러나 끝까지 견디는 자는 구원을 얻으리라"(13절)

"이 천국 복음이 모든 민족에게 증언되기 위하여 온 세상에 전파되리니 그제야 끝이 오리라"(14절)

"그러나 그 날과 그 때는 아무도 모르나니 하늘의 천사들도, 아들도 모르고 오직 아버지만 아시느니라"(36절)

에스더 1장 개인의 종말을 통한 새로운 기회
"그러나 왕후 와스디는 내시가 전하는 왕명을 따르기를 싫어하니 왕이 진노하여 마음속이 불 붙는 듯하더라"(12절)

"그 왕후의 자리를 그보다 나은 사람에게 주소서"(19절)

사도행전 24장 종말에 대한 소망
"그들이 기다리는 바 하나님께 향한 소망을 나도 가졌으니 곧 의인과 악인의 부활이 있으리

라"(15절)

"바울이 의와 절제와 장차 오는 심판을 강론하니"(25절)

묵상 | 하나님 마음 알아가기

믿음을 가진 성도에게 종말은 소망입니다.
종말을 두려워하지 말고 기쁨으로 기대하며 기다려야 합니다.
동시에 미혹되지 않도록 끝까지 주의하며 살아야 합니다.

적용

1. 개인의 종말과 역사적 종말은 반드시 있을 것인데, 그 날을 바라며 하나님께 소망을 가지시기를 바랍니다. 그 소망은 부활의 소망입니다.

2. 부활의 소망으로 이 땅의 고난을 견디며 끝까지 견딤으로 승리하시기 바랍니다.

나(우리)에게 주시는 말씀(암송)

• 오늘의 감사 •

• 말씀으로 기도하기 •

월 일	맥체인 읽기: 1월 25일
오늘의 본문: 창26	마25	에2	행25	찬송가 374장
오늘의 주제(키워드): **충성됨**	

 말씀

창세기 26장 충성됨의 태도

"여호와께서 이삭에게 나타나 이르시되 애굽으로 내려가지 말고 내가 네게 지시하는 땅에 거주하라 이 땅에 거류하면 내가 너와 함께 있어 네게 복을 주고"(2,3절)-말씀에 순종

"이삭이 그 땅에서 농사하여 그 해에 백 배나 얻었고"(12절)-그 땅에서 농사함

"그 아버지 아브라함 때에 팠던 우물들을 다시 팠으니"(18절)-전통을 새롭게 함

마태복음 25장 충성된 자의 모습과 결과

"슬기 있는 자들은 그릇에 기름을 담아 등과 함께 가져갔더니"(4절)

"준비하였던 자들은 함께 혼인 잔치에 들어가고 문은 닫힌지라"(10절)-준비함

"그런즉 깨어 있으라 너희는 그 날과 그 때를 알지 못하느니라"(13절)-깨어 있음

"다섯 달란트 받은 자는 바로 가서 그것으로 장사하여 또 다섯 달란트를 남기고"(16절)-즉각적인 실행력

"잘하였도다 착하고 충성된 종아 네가 적은 일에 충성하였으매 내가 많은 것을 네게 맡기리니 네 주인의 즐거움에 참여할지어다"(21,23절)

"무릇 있는 자는 받아 풍족하게 되고 없는 자는 그 있는 것까지 빼앗기리라"(29절)

에스더 2장 충성된 자를 준비시키심

"에스더는 부모가 없었으나 용모가 곱고 아리따운 처녀라"(7절)

"왕이 모든 여자보다 에스더를 더 사랑하므로 그가 모든 처녀보다 왕 앞에 더 은총을 얻은지라 왕이 그의 머리에 관을 씌우고 와스디를 대신하여 왕후로 삼은 후에"(17절)

"모르드개가 대궐 문에 앉았을 때에 문을 지키던 왕의 내시 빅단과 데레스 두 사람이 원한을 품고 아하수에로 왕을 암살하려는 음모를 꾸미는 것을 모르드개가 알고 ... 왕에게 아뢴지라"(21,22절)-음모를 밝힘

"그 일을 왕 앞에서 궁중 일기에 기록하니라"(23절)-왕의 치하가 없어도 섭섭해 하지 않음

사도행전 25장 충성된 자에게 주어지는 보상

"네가 가이사에게 상소하였으니 가이사에게 갈 것이라"(12절)-소원을 이룸

"내가 살피건대 죽일 죄를 범한 일이 없더이다 그러나 그가 황제에게 상소한 고로 보내기로 결정하였나이다"(25절)

묵상 | 하나님 마음 알아가기

보이지 않는 곳에서도 하나님을 향한 태도가 변하지 않는 것이 충성의 모습입니다.
충성스러운 성도는 크고 작고에 따라 마음이 움직이지 않습니다.
오직 믿음으로 나아갑니다.

적용

1. 지금 주어진 일에 충성하고 있습니까?

2. 현재의 보상이 없어도 그 일에 끝까지 충성하십시오.

3. 하나님이 기억하십니다. 충성된 하루하루가 되십시오.

나(우리)에게 주시는 말씀(암송)

· 오늘의 감사 ·

· 말씀으로 기도하기 ·

월 일	맥체인 읽기: 1월 26일
오늘의 본문: 창27	마26	에3	행26	찬송가 375장
오늘의 주제(키워드): **위기와 축복**	

말씀

• 창세기 27장 축복을 향한 갈망

"나를 위하여 사냥하여 내가 즐기는 별미를 만들어 내게로 가져와서 먹게 하여 내가 죽기 전에 내 마음껏 네게 축복하게 하라"(3,4절)-큰 자가 작은 자를 섬기리라는 하나님의 계시가 실행되지 못할 위기(창 25:23)

"일어나 앉아서 내가 사냥한 고기를 잡수시고 아버지 마음껏 내게 축복하소서"(19절)-축복을 향한 갈망(천국은 침노하는 자의 것)

"네 아우가 와서 속여 네 복을 빼앗았도다"(35절)

"네 아우를 섬길 것이며"(40절)-계시대로 가는 역사

• 마태복음 26장 신약의 축복들

"인자가 십자가에 못 박히기 위하여 팔리리라"(2절)-축복의 본질 : 십자가

"그가 내게 좋은 일을 하였느니라"(10절)

"온 천하에 어디서든지 이 복음이 전파되는 곳에서는 이 여자가 행한 일도 말하여 그를 기억하리라"(13절)-칭찬의 축복

"받아서 먹으라 이것은 내 몸이니라"(26,27절)-성찬(은혜의 수단)의 축복

"시험에 들지 않게 깨어 기도하라"(41절)-기도의 축복

"이에 제자들이 다 예수를 버리고 도망하니라"(56절)

이어서 나오는 베드로의 세 번의 부인(69~75절)-축복 앞의 위기

• 에스더 3장 축복의 전조인 위기 상황

"모르드개는 꿇지도 아니하고 절하지도 아니하니"(2절)

"아하수에로의 온 나라에 있는 유다인 곧 모르드개의 민족을 다 멸하고자 하더라"(6절)

"모든 유다인을 젊은이 늙은이 어린이 여인들을 막론하고 죽이고 도륙하고 진멸하고 또 그 재산

을 탈취하라"(13절)

• 사도행전 26장   역설적 축복의 모습

"이제도 여기 서서 심문 받는 것은 하나님이 우리 조상에게 약속하신 것을 바라는 까닭이니"(6절)-복음으로 인해 박해받는 것

"회개하고 하나님께로 돌아와서 회개에 합당한 일을 하라"(20절)-회개의 축복

"이 사람은 사형이나 결박을 당할 만한 행위가 없다"(31절)

묵상 | 하나님 마음 알아가기

위기는 축복의 전조현상입니다. 위기의 때일수록 주어진 십자가를 더욱 굳게 붙잡아야 합니다. 하나님의 대역전이 기다리고 있기 때문입니다.

적용

1. 어떤 위기가 있습니까? 위기를 통해 예비 된 축복을 바라보며 은혜의 보좌 앞에 담대히 나아가십시오.

2. 이 땅의 복이 아닌 하늘의 복을 바라십시오. 박해, 회개함, 기도, 십자가는 이 시대 우리에게 주어진 축복의 모습들입니다.

나(우리)에게 주시는 말씀(암송)

• 오늘의 감사 •

• 말씀으로 기도하기 •

월   일   맥체인 읽기: 1월 27일

오늘의 본문: 창28 | 마27 | 에4 | 행27   찬송가 96장

오늘의 주제(키워드): **십자가의 길**

 말씀

창세기 28장 하나님을 향한 서원

"네 자손이 땅의 티끌 같이 되어 네가 서쪽과 동쪽과 북쪽과 남쪽으로 퍼져나갈지며 땅의 모든 족속이 너와 네 자손으로 말미암아 복을 받으리라"(14절)

"내가 너와 함께 있어 네가 어디로 가든지 너를 지키며 너를 이끌어 이 땅으로 돌아오게 할지라 내가 네게 허락한 것을 다 이루기까지 너를 떠나지 아니하리라"(15절)-하나님의 약속

'야곱의 서원'(21,22절)

(1) 하나님께 대한 고백 - "여호와께서 나의 하나님이 되실 것이요"

(2) 성전 - "내가 기둥으로 세운 이 돌이 하나님의 집이 될 것이요"

(3) 십일조 - "하나님께서 내게 주신 모든 것에서 십분의 일을 내가 반드시 하나님께 드리겠나이다"

"여호와께서 과연 여기 계시거늘… 이것은 다름 아닌 하나님의 집이요 이는 하늘의 문이로다"(16,17절)

마태복음 27장 예수님의 십자가 지심

"그들이 다 이르되 십자가에 못 박혀야 하겠나이다"(22절)

"시몬… 그에게 예수의 십자가를 억지로 지워 가게 하였더라"(32절)

"네가 만일 하나님의 아들이어든 자기를 구원하고 십자가에서 내려오라"(40절)

"이는 진실로 하나님의 아들이었도다"(54절)

에스더 4장 죽음을 각오함

"모르드개가 이 모든 일을 알고 자기의 옷을 찢고 굵은 베 옷을 입고 재를 뒤집어쓰고 성중에 나가서 대성 통곡하며"(1절)

"유다인이 크게 애통하여 금식하며 울며 부르짖고 굵은 베 옷을 입고 재에 누운 자가 무수하더라"(3절)

"밤낮 삼 일을 먹지도 말고 마시지도 마소서... 죽으면 죽으리이다"(16절)

사도행전 27장 구원의 여망마저 없는 십자가의 길

"얼마 안 되어 섬 가운데로부터 유라굴로라는 광풍이 크게 일어나니"(14절)

"여러 날 동안 해도 별도 보이지 아니하고 큰 풍랑이 그대로 있으매 구원의 여망마저 없어졌더라"(20절)

"이제는 안심하라 너희 중 아무도 생명에는 아무런 손상이 없겠고 오직 배뿐이리라"(22절)

"마침내 사람들이 다 상륙하여 구조되니라"(44절)

묵상 | 하나님 마음 알아가기

십자가의 길에 구원의 여망이 없는 것과 같은 부정의 상황이 닥칠 때가 있습니다.

믿음을 가지고 당황하지 않고 금식으로 기도해보세요. 주께서 예비하신 길이 보일 것입니다.

적용

1. 부정의 상황 가운데서도 하나님과 하나님 나라를 위한 선한 서원을 하고, 갚으십시오.

2. 죽으면 죽으리라는 각오로 구원의 여망이 없는 상황 가운데서도 금식함으로 기도하십시오.

3. 그 길이 십자가의 길입니다.

나(우리)에게 주시는 말씀(암송)

• 오늘의 감사 •

• 말씀으로 기도하기 •

월   일   맥체인 읽기: 1월 28일

오늘의 본문: **창29** | **마28** | **에5** | **행28**   찬송가 391장

오늘의 주제(키워드): **하나님 나라 씨의 번성1**

말씀

창세기 29장   약속한 씨의 번성

"야곱이 라헬을 위하여 칠 년 동안 라반을 섬겼으나 그를 사랑하는 까닭에 칠 년을 며칠 같이 여겼더라"(20절)

*하나님 나라의 씨의 번성을 위한 하나님의 방법(21~30절)

야곱 : 레아 - 실바 / 라헬 - 빌하 -> 12조상의 출발

레아를 통한 네 아들(씨들)(31~35절)

1) 르우벤 : 나의 괴로움을 돌보다.   2) 시므온 : 내게 이 아들도 주셨다.
3) 레위 : 나와 연합하다.   4) 유다 : 여호와를 찬송하리라.

마태복음 28장   씨가 번성하는 방식

"그러므로 너희는 가서 모든 민족을 제자로 삼아 아버지와 아들과 성령의 이름으로 세례를 베풀고"(19절)

"내가 너희에게 분부한 모든 것을 가르쳐 지키게 하라 볼지어다 내가 세상 끝날까지 너희와 항상 함께 있으리라 하시니라"(20절)

에스더 5장   씨의 번성을 위한 지혜

"에스더가 이르되 오늘 내가 왕을 위하여 잔치를 베풀었사오니 왕이 좋게 여기시거든 하만과 함께 오소서 하니"(4절)

"내가 왕과 하만을 위하여 베푸는 잔치에 또 오소서 내일은 왕의 말씀대로 하리이다"(8절)

사도행전 28장   씨의 보존과 증인의 삶

"우리가 구조된 후에"(1절)-씨의 보존

"바울이 들어가서 기도하고 그에게 안수하여 낫게 하매"(8절)-증인된 삶의 증거1(치유)

"이스라엘의 소망으로 말미암아 내가 이 쇠사슬에 매인 바 되었노라"(20절)-증인된 삶의 증거 2(소망 제시)

"바울이 아침부터 저녁까지 강론하여 하나님의 나라를 증언하고"(23절)-증인된 삶의 증거3(하나님 나라 증언)

"모세의 율법과 선지자의 말을 가지고 예수에 대하여 권하더라"(23절)-증인된 삶의 증거4(말씀으로 권함)

"하나님의 나라를 전파하며 주 예수 그리스도에 관한 모든 것을 담대하게 거침없이 가르치더라"(31절)

묵상 | 하나님 마음 알아가기

하나님의 나라 씨는 번성합니다. 모든 민족을 제자 삼으라는 예수님의 명령이 수행될 때 그 번성을 보게 됩니다. 예수님의 참된 제자가 되고, 제자를 삼으십시오.

적용

1. 천지를 창조하신 하나님은 "생육하고 번성하여 땅에 충만하라"(창 1:27)는 명령을 내리셨습니다.
2. 십자가에 달리신 주님은 부활 후 제자들에게 나타나셔서 "너희는 가서 모든 민족으로 제자를 삼으라"(마 28:19)는 명령을 내리셨습니다.
3. 이는 모두 하나님 나라의 씨의 번성을 위한 명령입니다. 이 명령을 받은 우리가 순종하여 나아갈 부분은 어떤 것입니까?

나(우리)에게 주시는 말씀(암송)

• 오늘의 감사 •

• 말씀으로 기도하기 •

	월 일	맥체인 읽기: 1월 29일
29일차 **365일**	오늘의 본문: 창30	막1	에6	롬1	찬송가 441장
	오늘의 주제(키워드): **하나님 나라 씨의 번성 2**	

 **말씀**

• 창세기 30장 씨를 향한 열망

"내게 자식을 낳게 하라"(1절)

"하나님이 라헬을 생각하신지라 하나님이 그의 소원을 들으시고 그의 태를 여셨으므로 그가 임신하여 아들을 낳고... 요셉이라"(22-24절)

• 마가복음 1장 씨를 번성케 하는 수단들

"하나님의 아들 예수 그리스도의 복음의 시작이라"(1절)

"하늘로부터 소리가 나기를 너는 내 사랑하는 아들이라 내가 너를 기뻐하노라 하시니라"(11절)

"때가 찼고 하나님의 나라가 가까이 왔으니 회개하고 복음을 믿으라"(15절)-천국 복음 전파

"예수께서 이르시되 나를 따라오라 내가 너희로 사람을 낚는 어부가 되게 하리라"(17절)-제자삼기

"안식일에 회당에 들어가 가르치시매"(21절)-가르치심

"새벽 아직도 밝기 전에 예수께서 일어나 나가 한적한 곳으로 가사 거기서 기도하시더니"(35절)-기도하심

"다른 가까운 마을들로 가자 거기서도 전도하리니"(38절)-전도하심

"오직 바깥 한적한 곳에 계셨으나 사방에서 사람들이 그에게로 나아오더라"(45절)

• 에스더 6장 씨의 보존을 위한 하나님의 섭리

"그 날 밤에 왕이 잠이 오지 아니하므로 명령하여 역대 일기를 가져다가 자기 앞에서 읽히더니... 왕을 암살하려는 음모를 모르드개가 고발하였다 하였는지라"(1,2절)

"하만이 왕복과 말을 가져다가 모르드개에게 옷을 입히고 말을 태워 성 중 거리로 다니며... 왕이 존귀하게 하시기를 원하시는 사람에게는 이같이 할 것이라"(11절)

• 로마서 1장 씨의 번성을 위한 부르심

"하나님의 복음을 위하여 택정함을 입었으니"(1절)

"그로 말미암아 우리가 은혜와 사도의 직분을 받아 그의 이름을 위하여 모든 이방인 중에서 믿어 순종하게 하나니"(5절)

"예수 그리스도의 것으로 부르심을 받은 자니라"(6절)

"할 수 있는 대로 로마에 있는 너희에게도 복음 전하기를 원하노라"(15절)

묵상 | 하나님 마음 알아가기

예수 그리스도의 것으로 부르심을 받은 성도의 가장 근본적이고 보편적인 부르심은 씨의 번성을 위한 부르심입니다. 그 부르심 앞에 설 때, 허다한 무리가 아닌 단 한 사람의 영혼의 귀함을 보게 됩니다.

적용

1. 복음은 씨를 번성케 하는 생명입니다. 씨의 번성을 위해 부르심을 받은 것을 기억하십니까?

2. 오늘도 복음으로 무장하여 하나님 나라의 씨를 찾아 나서는 여행을 해보시지 않겠습니까?

나(우리)에게 주시는 말씀(암송)

• 오늘의 감사

• 말씀으로 기도하기

월 일	맥체인 읽기: 1월 30일
오늘의 본문: 창31	막2	에7	롬2	찬송가 486장
오늘의 주제(키워드): **하나님 나라 씨의 보존**	

 말씀

창세기 31장 씨의 보존을 위한 하나님의 함께 하심

"내 아버지의 하나님은 나와 함께 계셨느니라"(5절)

"하나님이 이같이 그대들의 아버지의 가축을 빼앗아 내게 주셨느니라"(9절)

"하나님이 내 고난과 내 손의 수고를 보시고"(42절)

"라반이 아침에 일찍이 일어나 손자들과 딸들에게 입맞추며 그들에게 축복하고 떠나 고향으로 돌아갔더라"(55절)

마가복음 2장 씨가 보존되는 방식

"예수께서 그들의 믿음을 보시고 중풍병자에게 이르시되 작은 자야 네 죄 사함을 받았느니라"(5절)

"인자가 땅에서 죄를 사하는 권세가 있는 줄을 너희로 알게 하려 하노라"(10절)

"건강한 자에게는 의사가 쓸 데 없고 병든 자에게라야 쓸 데 있느니라 나는 의인을 부르러 온 것이 아니요 죄인을 부르러 왔노라"(17절)-예수 그리스도

"오직 새 포도주는 새 부대에 넣느니라"(22절)-새 부대로의 준비

"안식일이 사람을 위하여 있는 것이요 사람이 안식일을 위하여 있는 것이 아니니 이러므로 인자는 안식일에도 주인이니라"(27,28절)

에스더 7장 씨의 보존을 위한 요구

"왕이여 내가 만일 왕의 목전에서 은혜를 입었으며 왕이 좋게 여기시면 내 소청대로 내 생명을 내게 주시고 내 요구대로 내 민족을 내게 주소서 나와 내 민족이 팔려서 죽임과 도륙함과 진멸함을 당하게 되었나이다"(3,4절)

"에스더가 이르되 대적과 원수는 이 악한 하만이니이다"(6절)

로마서 2장 씨로 보존되기 위해 버릴 것

"다만 네 고집과 회개하지 아니한 마음을 따라 진노의 날 곧 하나님의 의로우신 심판이 나타나

는 그 날에 임할 진노를 네게 쌓는도다"(5절)

"하나님 앞에서는 율법을 듣는 자가 의인이 아니요 오직 율법을 행하는 자라야 의롭다 하심을 얻으리니"(13절)

"다른 사람을 가르치는 네가 네 자신은 가르치지 아니하느냐"(21절)

"오직 이면적 유대인이 유대인이며 할례는 마음에 할지니 영에 있고 율법 조문에 있지 아니한 것이라 그 칭찬이 사람에게서가 아니요 다만 하나님에게서니라"(29절)

묵상 | 하나님 마음 알아가기

역사 가운데서 하나님 나라의 씨를 향한 수많은 도전들이 있었습니다.
그러나 하나님은 그 씨들을 보존하십니다.
그 씨가 이 땅과 역사 가운데서 보존되는 방식은 하나님께 순종하며 깨끗하게 행하는 것입니다.

적용

1. 하나님 나라의 씨로서 보존되기 위해 어떤 삶의 태도를 선택하고 계십니까?

2. 하나님의 함께 하심과 죄 사함 받았음을 확신하며, 고집과 회개하지 아니한 마음을 버리고 오직 하나님의 말씀대로 살아가기 위해 어떤 삶을 결단하실지 생각해보시는 하루가 되십시오.

나(우리)에게 주시는 말씀(암송)

• 오늘의 감사 •

• 말씀으로 기도하기 •

월   일   맥체인 읽기: 1월 31일

오늘의 본문: 창32 | 막3 | 에8 | 롬3   찬송가 400장

오늘의 주제(키워드): **하나님 나라의 씨**

말씀

• 창세기 32장 야곱을 향한 씨의 약속

"주께서 말씀하시기를 내가 반드시 네게 은혜를 베풀어 네 씨로 바다의 셀 수 없는 모래와 같이 많게 하리라 하셨나이다"(12절)

"야곱은 홀로 남았더니 어떤 사람이 날이 새도록 야곱과 씨름하다가"(24절)-약속의 성취까지는 홀로 남는 훈련이 있다. 하나님과의 씨름이 남아 있는 것이다.

"네 이름을 다시는 야곱이라 부를 것이 아니요 이스라엘이라 부를 것이니 이는 네가 하나님과 및 사람들과 겨루어 이겼음이니라"(28절)

• 마가복음 3장 왕께 나아오는 씨들

"많은 무리가 그가 하신 큰 일을 듣고 나아오는지라"(8절)

"병으로 고생하는 자들이 예수를 만지고자 하여 몰려왔음이더라"(10절)

"또 산에 오르사 자기가 원하는 자들을 부르시니 나아온지라"(13절)

1) 자기와 함께 있게 하심, 2) 보내사 전도도 하며, 3) 귀신을 내쫓는 권능을 가지게 하려

"누구든지 하나님의 뜻대로 행하는 자가 내 형제요 자매요 어머니이니라"(35절)

• 에스더 8장 약속의 씨를 보존하기 위한 열망

"내가 왕의 목전에 은혜를 입었고... 하만이 왕의 각 지방에 있는 유다인을 진멸하려고 꾀하고 쓴 조서를 철회하소서"(5절)

"내가 어찌 내 민족이 화 당함을 차마 보며 내 친척의 멸망함을 차마 보리이까 하니"(6절)

"너희는 왕의 명의로 유다인에게 조서를 뜻대로 쓰고 왕의 반지로 인을 칠지어다... 왕의 반지로 인친 조서는 누구든지 철회할 수 없음이니라"(8절)

"왕의 어명이 이르는 각 지방, 각 읍에서 유다인들이 즐기고 기뻐하여 잔치를 베풀고 그 날을 명절로 삼으니 본토 백성이 유다인을 두려워하여 유다인 되는 자가 많더라"(17절)

로마서 3장 - 믿음으로 의롭다함을 얻는 씨들(1)

"율법의 행위로 그의 앞에 의롭다 하심을 얻을 육체가 없나니 율법으로는 죄를 깨달음이니라"(20절)

"곧 예수 그리스도를 믿음으로 말미암아 모든 믿는 자에게 미치는 하나님의 의니 차별이 없느니라"(22절)

"모든 사람이 죄를 범하였으매 하나님의 영광에 이르지 못하더니 그리스도 예수 안에 있는 속량으로 말미암아 하나님의 은혜로 값 없이 의롭다 하심을 얻은 자 되었느니라"(23,24절)

묵상 | 하나님 마음 알아가기

하나님 나라의 씨된 성도는 왕이신 예수님 앞으로 나아와야 합니다. 값 없이 의롭다 함을 받은 성도는 예수님에게서 나오는 말씀을 들어야 하며, 삼위 하나님을 한 입으로 고백해야 합니다.

적용

1. 하나님 나라의 씨로서 왕이신 예수님께 나아가십시오.

2. 예수 그리스도를 믿는 믿음으로만 의롭다 하심을 얻을 수 있습니다.

3. 이 땅에서 하나님 나라의 씨가 보존되기를 위해 힘써 기도하십니까? 또한 자신을 정결함으로 지키고 있습니까?

나(우리)에게 주시는 말씀(암송)

• 오늘의 감사 •

• 말씀으로 기도하기 •

월 일   맥체인 읽기: 2월 1일

오늘의 본문: 창33 | 막4 | 에9,10 | 롬4   찬송가 449장

오늘의 주제(키워드): **하나님 나라**

말씀

창세기 33장 땅의 확정

[땅 확정에 있어서 선결조건] - 장애 제거

"몸을 일곱 번 땅에 굽히며 그의 형 에서에게 가까이 가니"(3절)-형과의 화해

"내 주께 은혜를 입으려 함이니이다"(8절)

"내 손에서 이 예물을 받으소서 내가 형님의 얼굴을 뵈온즉 하나님의 얼굴을 본 것 같사오며"(10절)

[땅을 확정할 조건]

"야곱이 밧단아람에서부터 평안히 가나안 땅 세겜 성읍에 이르러 그 성읍 앞에 장막을 치고"(18절)-거한다(전문가가 된다)

"그가 장막을 친 밭을 세겜의 아버지 하몰의 아들들의 손에서 백 크시타에 샀으며"(19절)-값을 치른다.

"거기에 제단을 쌓고 그 이름을 엘엘로헤이스라엘이라 불렀더라"(20절)-하나님과 함께 한다.

마가복음 4장 땅의 확정을 위한 씨를 뿌림

"들으라 씨를 뿌리는 자가 뿌리러 나가서 뿌릴새 더러는 길 가에"(3,4절)-하나님 나라 영역의 다양성(땅을 확정 짓기 위해서 씨를 뿌려야 함)

"하나님의 나라는 사람이 씨를 땅에 뿌림과 같으니"(26절)

"하나님의 나라를 어떻게 비교하며 또 무슨 비유로 나타낼까"(30절)

에스더 9,10장 하나님 나라 씨들의 새 땅 정복

"모르드개가 왕궁에서 존귀하여 점점 창대하매 이 사람 모르드개의 명성이 각 지방에 퍼지더라"(9:4)-새 영역을 정복한 하나님 나라의 씨[모르드개, 에스더(12절)]

"이 달 이 날에 유다인들이 대적에게서 벗어나서 평안함을 얻어 슬픔이 변하여 기쁨이 되고 애통이 변하여 길한 날이 되었으니 이 두 날을 지켜 잔치를 베풀고 즐기며 서로 예물을 주며 가난한 자를 구제하라"(9:22)

"모르드개가 아하수에로 왕의 다음이 되고 유다인 중에 크게 존경받고 그의 허다한 형제에게 사랑을 받고 그의 백성의 이익을 도모하며 그의 모든 종족을 안위하였더라"(10:3)-인정받은 씨의 책임있는 삶.

로마서 4장 | 믿음으로 의롭다함을 얻는 씨들(2)

"아브라함에게는 그 믿음이 의로 여겨졌다 하노라"(9절)

"아브라함이나 그 후손에게 세상의 상속자가 되리라고 하신 언약은 율법으로 말미암은 것이 아니요 오직 믿음의 의로 말미암은 것이니라"(13절)

"그가 믿은 바 하나님은 죽은 자를 살리시며 없는 것을 있는 것으로 부르시는 이시니라"(17절)

"약속하신 그것을 또한 능히 이루실 줄을 확신하였으니"(21절)

묵상 | 하나님 마음 알아가기

믿음으로 의롭다 함을 얻은 하나님 나라 씨로서, 주신 삶의 영역이 하나님 나라 되도록 전문성을 갖추어 나가십시오. "약속한 그것을 또한 능히 이루실 줄을 확신하였으니"

적용

1. 오늘 당신에게 주신 땅(영역)은 어떤 곳입니까?

2. 그 땅이 하나님 나라 되기 위해 씨를 뿌리십시오.
   내가 하는 모든 일에 전문성을 갖추십시오.

3. 믿음으로 그 땅을 취하여 하나님 나라 되게 하십시오.

나(우리)에게 주시는 말씀(암송)

• 오늘의 감사 •

• 말씀으로 기도하기 •

	월 일	맥체인 읽기: 2월 2일
33일차 **365일**	오늘의 본문: **창34	막5	욥1	롬5**	찬송가 381장
	오늘의 주제(키워드): **씨의 순결**	

📖 말씀

• 창세기 34장 씨의 순결에 대한 분노

"세겜이 그를 보고 끌어들여 강간하여 욕되게 하고"(2절)

"이스라엘에게 부끄러운 일 곧 행하지 못할 일을"(7절)

"그런즉 이같이 하면 너희에게 허락하리라 만일 너희 중 남자가 다 할례를 받고 우리 같이 되면"(15절)

"성문으로 출입하는 그 모든 남자가 할례를 받으니라"(24절)

"시므온과 레위가 각기 칼을 가지고 가서 몰래 그 성읍을 기습하여 그 모든 남자를 죽이고"(25절)

• 마가복음 5장 씨의 소중함과 정결케 되는 법

"집으로 돌아가 주께서 네게 어떻게 큰 일을 행하사 너를 불쌍히 여기신 것을 네 가족에게 알리라"(19절)-돼지 떼 보다도 "네"가 더 소중함

"이는 내가 그의 옷에만 손을 대어도 구원을 받으리라 생각함일러라"(28절)-예수 그리스도를 만지라. 정결케 되리라.

"두려워하지 말고 믿기만 하라"(36절)

"그 아이의 손을 잡고 이르시되 달리다굼 하시니 번역하면 곧 내가 네게 말하노니 소녀야 일어나라 하심이라"(41절)

• 욥기 1장 순결한 씨의 삶

"그 사람은 온전하고 정직하여 하나님을 경외하며 악에서 떠난 자더라"(1절)

"동방 사람 중에 가장 훌륭한 자라"(3절)

"혹시 내 아들들이 죄를 범하여 마음으로 하나님을 욕되게 하였을까 함이라"(5절)

"네가 내 종 욥을 주의하여 보았느냐 그와 같이 온전하고 정직하여 하나님을 경외하며 악에서 떠난 자는 세상에 없느니라"(8절)

"주신 이도 여호와시요 거두신 이도 여호와시오니 여호와의 이름이 찬송을 받으실지니이다"(21절)

"이 모든 일에 욥이 범죄하지 아니하고 하나님을 향하여 원망하지 아니하니라"(22절)

로마서 5장 | 씨를 순결케 하기 위한 죽음

"우리 주 예수 그리스도로 말미암아 하나님과 화평을 누리자"(1절)

"환난 중에도 즐거워하나니"(3절)

"우리가 아직 죄인 되었을 때에 그리스도께서 우리를 위하여 죽으심으로 하나님께서 우리에 대한 자기의 사랑을 확증하셨느니라"(8절)

"한 의로운 행위로 말미암아 많은 사람이 의롭다 하심을 받아"(18절)

"한 사람이 순종하심으로 많은 사람이 의인이 되리라"(19절)

묵상 | 하나님 마음 알아가기

하나님 나라의 씨로서 순결한 삶을 요구하십니다.
예수는 십자가에서 죽으심으로 우리를 순결한 신부로 세우셨습니다.
순결한 삶을 위해 숨은 죄라도 찾아내시기 바랍니다.

적용

나(우리)에게 주시는 말씀(암송)

순결을 위한 결단

1. 내 안에 십자가의 흔적을 가지십시오. 예수 그리스도를 찾고, 그리스도와 함께 하십시오.

2. 내 안에 잠재된 악들을 제거하고, 하나님을 온전히 경외하십시오.

3. 하나님 앞에 온전히 순종하십시오(롬 5:19).

• 오늘의 감사 •

• 말씀으로 기도하기 •

	월 일	맥체인 읽기: 2월 3일
	오늘의 본문: 창35,36	막6	욥2	롬6	찬송가 458장
	오늘의 주제(키워드): **하나님 나라 씨들의 삶**	

말씀

• 창세기 35, 36장 제단을 쌓는 씨의 모습

"일어나 벧엘로 올라가서... 하나님께 거기서 제단을 쌓으라"(35:1)

"너희 중에 있는 이방 신상들을 버리고 자신을 정결하게 하고 너희들의 의복을 바꾸어 입으라"(35:2)

"우리가 일어나 벧엘로 올라가자 내 환난 날에 내게 응답하시며 내가 가는 길에서 나와 함께 하신 하나님께 내가 거기서 제단을 쌓으려 하노라 하매"(35:3)

• 마가복음 6장 모범을 보이신 예수님의 삶

"이에 모든 촌에 두루 다니시며 가르치시더라"(6절)

"제자들이 나가서 회개하라 전파하고 많은 귀신을 쫓아내며 많은 병자에게 기름을 발라 고치더라"(12,13절)

"너희는 따로 한적한 곳에 가서 잠깐 쉬어라"(31절)-쉼도 사역이다.

"예수께서 나오사 큰 무리를 보시고 그 목자 없는 양 같음으로 인하여 불쌍히 여기사 이에 여러 가지로 가르치시더라"(34절)

"너희가 먹을 것을 주라"(37절)

"무리를 작별하신 후에 기도하러 산으로 가시니라"(46절)

• 욥기 2장 인정받는 씨의 삶

"네가 내 종 욥을 주의하여 보았느냐 그와 같이 온전하고 정직하여 하나님을 경외하며 악에서 떠난 자가 세상에 없느니라"(3절)

"우리가 하나님께 복을 받았은즉 화도 받지 아니하겠느냐 하고 이 모든 일에 욥이 입술로 범죄하지 아니하니라"(10절)

• 로마서 6장　죄를 대하는 삶

"그런즉 우리가 무슨 말을 하리요 은혜를 더하게 하려고 죄에 거하겠느냐 그럴 수 없느니라"(1,2절)

"무릇 그리스도 예수와 합하여 세례를 받은 우리는 그의 죽으심과 합하여 세례를 받은 줄을 알지 못하느냐"(3절)

"그가 죽으심은 죄에 대하여 단번에 죽으심이요 그가 살아 계심은 하나님께 대하여 살아 계심이니"(10절)

"그러므로 너희는 죄가 너희 죽을 몸을 지배하지 못하게 하여 몸의 사욕에 순종하지 말고"(12절)

"죄의 삯은 사망이요 하나님의 은사는 그리스도 예수 우리 주 안에 있는 영생이니라"(23절)

묵상 | 하나님 마음 알아가기

예수님은 삶의 모범을 보여주셨습니다. 세상 기준을 버리고 예수님의 모범을 따라 살아가십시오. 예수님의 모범을 따를 때 온전한 제자가 됩니다.

적용

1. 이 땅에 살아가는 하나님 나라의 씨로서 어떤 삶을 살아가고 있는가를 점검해보십시오.
2. 하나님이 기뻐하시는 거룩한 산 제물로 자신을 드리는 삶을 사십시오.
3. 예수님이 보이신 사명의 삶을 선택하며 살아가십시오.
4. 가르침과 고침과 기도함과 천국복음 전파의 삶을 살되, 죄와 싸워 피 흘리기까지 싸우는 삶을 살아가시길 바랍니다.

나(우리)에게 주시는 말씀(암송)

• 오늘의 감사 •

• 말씀으로 기도하기 •

월 일	맥체인 읽기: 2월 4일
오늘의 본문: 창37	막7	욥3	롬7	찬송가 380장
오늘의 주제(키워드): **하나님이 주시는 꿈의 성취**	

 말씀

• 창세기 37장 꿈을 주심과 고난

"요셉이 꿈을 꾸고"(5절)

"요셉이 다시 꿈을 꾸고"(9절)

"네가 꾼 꿈이 무엇이냐 나와 네 어머니와 네 형들이 참으로 가서 땅에 엎드려 네게 절하겠느냐"(10절)

"그들이 요셉을 멀리서 보고 죽이기를 꾀하여"(18절)

"그의 꿈이 어떻게 되는지를 우리가 볼 것이니라"(20절)

"유다가 자기 형제에게 이르되… 자 그를 이스마엘 사람들에게 팔고 그에게 우리 손을 대지 말자"(26,27절)

"그 미디안 사람들은 그를 애굽에서 바로의 신하 친위대장 보디발에게 팔았더라"(36절)

• 마가복음 7장 꿈의 성취를 위해 버려야 할 것

"어찌하여 당신의 제자들은 장로들의 전통을 준행하지 아니하고 부정한 손으로 떡을 먹나이까"(5절)

"너희가 하나님의 계명은 버리고 사람의 전통을 지키느니라"(8절)

"사람 안에서 나오는 것이 사람을 더럽게 하는 것이니라"(16절)

취할 것 : 믿음(수로보니게여인의 믿음, 24~30절)

• 욥기 3장 꿈의 성취를 위해 취할 것과 버릴 것

"어찌하여 고난 당하는 자에게 빛을 주셨으며 마음이 아픈 자에게 생명을 주셨는고"(20절)

"하나님에게 둘러 싸여 길이 아득한 사람에게 어찌하여 빛을 주셨는고"(23절)

"나에게는 평온도 없고 안일도 없고 휴식도 없고 다만 불안만이 있구나"(26절)

• 로마서 7장 꿈의 성취를 위한 선택

"이제는 우리가 얽매였던 것에 대하여 죽었으므로 율법에서 벗어났으니 이러므로 우리가 영의 새로운 것으로 섬길 것이요 율법 조문의 묵은 것으로 아니할지니라"(6절)

"율법이 죄냐 그럴 수 없느니라"(7절)
"내가 행하는 것을 내가 알지 못하노니 곧 내가 원하는 것은 행하지 아니하고 도리어 미워하는 것을 행함이라"(15절)
"내가 원하는 바 선은 행하지 아니하고 도리어 원하지 아니하는 바 악을 행하는도다"(19절)

묵상 | 하나님 마음 알아가기

하나님은 꿈을 주십니다. 꿈과 함께 고난도 주십니다.
꿈의 성취를 위해서는 버릴 것은 버리고, 취할 것은 믿음으로 취하십시오.

적용

1. 하나님은 우리 모두에게 꿈을 주셨습니다.

2. 그 꿈의 성취는 우리의 삶의 태도에 달려 있습니다.

3. 꿈의 성취를 위해 취할 것은 무엇이며, 버릴 것은 무엇이 있나요?
    1) 마음에 두는 것(부정적으로)과 악한 꾀는 버려야 합니다(창 37장)
    2) 계명은 취하고 전통은 버려야 합니다(막 7장)
    3) 빛은 취하고 저주는 버려야 합니다(욥 3장)
    4) 선은 취하고 죄는 버려야 합니다(롬 7장)

나(우리)에게 주시는 말씀(암송)

- 오늘의 감사

- 말씀으로 기도하기

월   일   맥체인 읽기: 2월 5일

오늘의 본문: 창38 | 막8 | 욥4 | 롬8

찬송가 263장

오늘의 주제(키워드): **하나님 나라 씨가 사는 법**

말씀

• 창세기 38장 다말의 씨에 대한 열정

"유다가 장자 엘을 위하여 아내를 데려오니 그의 이름은 다말이더라"(6절)

"씨가 있게 하라"(8절)

"셀라가 장성함을 보았어도 자기를 그의 아내로 주지 않음으로 말미암음이라"(14절)

"유다로 말미암아 임신하였더라"(18절)

"해산할 때에 보니 쌍태라"(27절)

• 마가복음 8장 예수님을 따르는 하나님 나라의 씨들

"배불리 먹고 남은 조각 일곱 광주리를 거두었으며 사람은 약 사천 명이었더라"(8,9절)

"예수께서 맹인의 손을 붙잡으시고... 안수하시매 그가 주목하여 보더니 나아서 모든 것을 밝히 보는지라"(23,25절)

"사탄아 내 뒤로 물러가라 네가 하나님의 일을 생각하지 아니하고 도리어 사람의 일을 생각하는도다"(33절)

"누구든지 나를 따라오려거든 자기를 부인하고 자기 십자가를 지고 나를 따를 것이니라"(34절)

"누구든지 자기 목숨을 구원하고자 하면 잃을 것이요 누구든지 나와 복음을 위하여 자기 목숨을 잃으면 구원하리라"(35절)

• 욥기 4장 하나님 앞에서의 씨의 자세들

"사람이 어찌 하나님보다 의롭겠느냐 사람이 어찌 그 창조하신 이보다 깨끗하겠느냐"(17절)

"하나님은 그의 종이라도 그대로 믿지 아니하시며 그의 천사라도 미련하다 하시나니"(18절)

• 로마서 8장 씨를 살게 하는 법

"그러므로 이제 그리스도 예수 안에 있는 자에게는 결코 정죄함이 없나니 이는 그리스도 예수

안에 있는 생명의 성령의 법이 죄와 사망의 법에서 너를 해방하였음이라"(1,2절)

"육신의 생각은 사망이요 영의 생각은 생명과 평안이니라"(6절)

"육신에 있는 자들은 하나님을 기쁘시게 할 수 없느니라"(8절)

"예수를 죽은 자 가운데서 살리신 이의 영이 너희 안에 거하시면 그리스도 예수를 죽은 자 가운데서 살리신 이가 너희 안에 거하시는 그의 영으로 말미암아 너희 죽을 몸도 살리시리라"(11절)

"영으로써 몸의 행실을 죽이면 살리니"(13절)

"너희는 다시 무서워하는 종의 영을 받지 아니하고 양자의 영을 받았으므로 우리가 아빠 아버지라고 부르짖느니라"(15절)

"우리가 그와 함께 영광을 받기 위하여 고난도 함께 받아야 할 것이니라"(17절)

묵상 | 하나님 마음 알아가기

하나님 나라 씨에 대한 열정이 있습니까? 예수님과 생명의 성령의 법을 따라 살아가십시오.
"영으로써 몸의 행실을 죽이면 살리니"

적용

1. 하나님 나라의 씨로서 하나님 앞에서 어떤 삶을 선택하시겠습니까?

2. 육신을 따라 사는 삶입니까? 생명의 성령을 따라 사는 삶입니까?

3. 고난 앞에서도 하나님을 기쁘시게 하는 삶을 선택하여 사시기 바랍니다.

나(우리)에게 주시는 말씀(암송)

• 오늘의 감사 •

• 말씀으로 기도하기 •

37일차 / 365일

월　　일

오늘의 본문: 창39 | 막9 | 욥5 | 롬9

맥체인 읽기: 2월 6일

찬송가 14장

오늘의 주제(키워드): **형통**

 **말씀**

• 창세기 39장 　부정적 환경 속에서의 형통

"요셉이 이끌려 애굽에 내려가매"(1절)

"여호와께서 요셉과 함께 하시므로 그가 형통한 자가 되어… 그의 주인이 여호와께서 그와 함께 하심을 보며 또 여호와께서 그의 범사에 형통하게 하심을 보았더라"(2,3절)

"요셉을 가정 총무로 삼고"(4절)

"요셉이 옥에 갇혔으나 여호와께서 요셉과 함께 하시고 그에게 인자를 더하사"(20,21절)

"이는 여호와께서 요셉과 함께 하심이라 여호와께서 그를 범사에 형통하게 하셨더라"(23절)

형통의 모습

1) 인정받음(3절), 은혜를 얻음(21절)

2) 위임받음(책임)(4,22절)

3) 죄로부터 자신을 지킴(9,10절)

• 마가복음 9장 　믿음으로 형통함

"믿음이 없는 세대여 내가 얼마나 너희와 함께 있으며 얼마나 너희에게 참으리요"(19절)

"할 수 있거든이 무슨 말이냐 믿는 자에게는 능히 하지 못할 일이 없느니라"(23절)

"나의 믿음 없는 것을 도와 주소서"(24절)

"기도 외에 다른 것으로는 이런 종류가 나갈 수 없느니라"(29절)

• 욥기 5장 　형통케 하시는 하나님

"나라면 하나님을 찾겠고 내 일을 하나님께 의탁하리라"(8절)

"하나님은 헤아릴 수 없이 큰 일을 행하시며 기이한 일을 셀 수 없이 행하시나니"(9절)

"하나님은 가난한 자를 강한 자의 칼과 그 입에서, 또한 그들의 손에서 구출하여 주시나니 그러므로 가난한 자가 희망이 있고 악행이 스스로 입을 다무느니라"(15,16절)

"하나님은 아프게 하시다가 싸매시며 상하게 하시다가 그의 손으로 고치시나니"(18절)

로마서 9장 형통의 궁극인 씨의 구원

"나의 형제 곧 골육의 친척을 위하여 내 자신이 저주를 받아 그리스도에게서 끊어질지라도 원하는 바로라"(3절)

"육신의 자녀가 하나님의 자녀가 아니요 오직 약속의 자녀가 씨로 여기심을 받느니라"(8절)

"하나님의 뜻이 행위로 말미암지 않고 오직 부르시는 이로 말미암아 서게 하려 하사"(11절)

"이 그릇은 우리니 곧 유대인 중에서뿐 아니라 이방인 중에서도 부르신 자니라"(24절)

"믿음에서 난 의요"(30절)

묵상 | 하나님 마음 알아가기

부정적 환경은 언제나 만나게 됩니다.

성도는 하나님의 약속을 붙잡고 믿음으로 나아가야 합니다.

그럴 때 기이한 일을 행하시는 하나님의 형통을 경험하게 됩니다.

적용

1. 진정한 형통은 무엇입니까? 많은 물질을 얻고, 명성을 얻는 것입니까?

2. 진정한 형통은 하나님을 알고 믿음으로 구원얻고 그 삶을 사는 것입니다.

3. 하나님 안에서 형통의 삶을 사시기 바랍니다.

나(우리)에게 주시는 말씀(암송)

• 오늘의 감사 •

• 말씀으로 기도하기 •

월   일   맥체인 읽기: 2월 7일

오늘의 본문: 창40 | 막10 | 욥6 | 롬10   찬송가 300장

오늘의 주제(키워드): 하나님만이 하시는 일

말씀

• 창세기 40장 꿈의 해석
"우리가 꿈을 꾸었으나 이를 해석할 자가 없도다… 해석은 하나님께 있지 아니하니이까"(8절)

"요셉이 그에게 이르되 그 해석이 이러하니… 지금부터 사흘 안에 바로가 당신의 머리를 들고 당신의 전직을 회복시키리니"(12,13절)

"바로의 술 맡은 관원장은 전직을 회복하매 그가 잔을 바로의 손에 받들어 드렸고"(21절)

• 마가복음 10장 영생을 주심
"어린 아이들을 데리고 오매… 하나님의 나라가 이런 자의 것이니라"(13,14절)

"꿇어 앉아 묻자오되… 내가 무엇을 하여야 영생을 얻으리이까"(17절)

"그런즉 누가 구원을 얻을 수 있는가 하니… 사람으로는 할 수 없으되 하나님으로는 그렇지 아니하니 하나님으로서는 다 하실 수 있느니라"(26,27절)

"인자가 온 것은 섬김을 받으려 함이 아니라 도리어 섬기려 하고 자기 목숨을 많은 사람의 대속물로 주려 함이니라"(45절)

"선생님이여 보기를 원하나이다… 가라 네 믿음이 너를 구원하였느니라"(51,52절)

• 욥기 6장 간구를 들으시는 하나님
"나의 간구를 누가 들어 줄 것이며 나의 소원을 하나님이 허락하시랴"(8절)

"그칠 줄 모르는 고통 가운데서도 기뻐하는 것은 내가 거룩하신 이의 말씀을 거역하지 아니하였음이라"(10절)

• 로마서 10장 하나님의 구원
"그리스도는 모든 믿는 자에게 의를 이루기 위하여 율법의 마침이 되시니라"(4절)

"사람이 마음으로 믿어 의에 이르고 입으로 시인하여 구원에 이르느니라"(10절)

"누구든지 주의 이름을 부르는 자는 구원을 받으리라"(13절)
"그런즉 그들이 믿지 아니하는 이를 어찌 부르리요 듣지도 못한 이를 어찌 믿으리요 전파하는 자가 없이 어찌 들으리요 보내심을 받지 아니하였으면 어찌 전파하리요"(14,15절)

묵상 | 하나님 마음 알아가기

인간은 죄성을 가진 유한한 존재입니다. 그러나 하나님은 거룩하시며 전능하십니다. 하나님만이 하실 수 있는 일들 앞에 자신의 교만과 연약함을 내려놓고 하나님의 자비를 간구해야 합니다.

적용

1. 하나님은 꿈을 주시고 해석해 주십니다.

2. 하나님은 우리의 삶의 모든 문제를 해결해 주시는 분이십니다.

3. 우리의 간구를 들으시며, 인류의 궁극적 구원을 이루시는 분이십니다.

나(우리)에게 주시는 말씀(암송)

• 오늘의 감사 •

• 말씀으로 기도하기 •

월 일	맥체인 읽기: 2월 8일
오늘의 본문: 창41	막11	욥7	롬11	찬송가 382장
오늘의 주제(키워드): **남은 자**	

 **말씀**

• 창세기 41장 위기 중에 드러나는 하나님의 사람

"만 이 년 후에 바로가 꿈을 꾼즉"(1절)

"그 곳에 친위대장의 종 된 히브리 청년이 우리와 함께 있기로 우리가 그에게 말하매 그가 우리의 꿈을 풀되 그 꿈대로 각 사람에게 해석하더니 그 해석한 대로 되어"(12,13절)

"꿈은 하나라 하나님이 그가 하실 일을 바로에게 보이심이니이다"(25절)

"너는 내 집을 다스리라 내 백성이 다 네 명령에 복종하리니 내가 너보다 높은 것은 내 왕좌뿐이니라"(40절)

"내가 너를 애굽 온 땅의 총리가 되게 하노라"(41절)

"버금 수레에 그를 태우매"(43절)

• 마가복음 11장 왕이신 예수님의 권세

"나귀 새끼를 예수께로 끌고 와서 자기들의 겉옷을 그 위에 얹어 놓으매 예수께서 타시니"(7절)

"찬송하리로다 오는 우리 조상 다윗의 나라여 가장 높은 곳에서 호산나 하더라"(10절)

"내 집은 만민이 기도하는 집이라"(17절)

"내가 진실로 너희에게 이르노니 누구든지 이 산더러 들리어 바다에 던져지라 하며 그 말하는 것이 이루어질 줄 믿고 마음에 의심하지 아니하면 그대로 되리라"(23절)

"무엇이든지 기도하고 구하는 것은 받은 줄로 믿으라 그리하면 너희에게 그대로 되리라"(24절)

"무슨 권위로 이런 일을 하느냐"(28절)

• 욥기 7장 신자를 버리지 아니하시는 하나님

"사람이 무엇이기에 주께서 그를 크게 만드사 그에게 마음을 두시고 아침마다 권징하시며 순간마다 단련하시나이까"(17,18절)

"주께서 내게서 눈을 돌이키지 아니하시며 내가 침을 삼킬 동안도 나를 놓지 아니하시기를 어느 때까지 하시리이까"(19절)

로마서 11장 - 이스라엘의 구원 계획

"하나님이 자기 백성을 버리셨느냐 그럴 수 없느니라"(1절)

"내가 나를 위하여 바알에게 무릎을 꿇지 아니한 사람 칠천 명을 남겨 두었다"(4절)

"지금도 은혜로 택하심을 따라 남은 자가 있느니라"(5절)

"이 신비는 이방인의 충만한 수가 들어오기까지 이스라엘의 더러는 우둔하게 된 것이라"(25절)

"하나님이 모든 사람을 순종하지 아니하는 가운데 가두어 두심은 모든 사람에게 긍휼을 베풀려 하심이로다"(32절)

묵상 | 하나님 마음 알아가기

하나님은 성도들을 은혜로 이 땅에 남겨 두셨습니다.
하나님은 결코 택하신 성도를 버리지 않으십니다.
긍휼을 베푸시는 하나님을 바라보며 간구함으로 나아가야 합니다.

적용

1. 하나님이 이 시대를 위해 우리를 남은 자로 부르셨습니다.

2. 하나님의 은사와 부르심에는 후회하심이 없습니다(롬 11:29).

3. 남은 자는 위기 중에 드러나게 됩니다. 위기 가운데서도 주의 구원하심을 기억하며 승리하시기 바랍니다.

나(우리)에게 주시는 말씀(암송)

• 오늘의 감사 •

• 말씀으로 기도하기 •

월　　　일　　　　　　　　맥체인 읽기: 2월 9일

오늘의 본문: **창42 | 막12 | 욥8 | 롬12**　　　찬송가 347장

오늘의 주제(키워드): **꿈의 성취**

말씀

• 창세기 42장 꿈의 성취와 걸림돌

"요셉의 형들이 와서 그 앞에서 땅에 엎드려 절하매"(6절)

"요셉이 그들을 떠나가서 울고 다시 돌아와서 그들과 말하다가 그들 중에서 시므온을 끌어내어 그들의 눈 앞에서 결박하고"(24절)

"내 아들은 너희와 함께 내려가지 못하리니 그의 형은 죽고 그만 남았음이라"(38절)-꿈 성취의 걸림돌:야곱(인간적 정) - 극복될 수 있다.

• 마가복음 12장 하나님 나라 왕(꿈)에게 도전함

"때가 이르매"(2절)-반드시 때가 온다.

"이는 상속자니 자 죽이자 그러면 그 유산이 우리 것이 되리라"(7절)-하나님 나라 비전을 죽이려는 체계

"건축자들이 버린 돌이 모퉁이의 머릿돌이 되었나니"(10절)

"어찌하여 나를 시험하느냐"(15절)-왕을 시험

1) 사두개인의 시험(18~27절)-부활

2) 서기관의 시험(28~34절)-첫째 계명

"네 마음을 다하고 목숨을 다하고 뜻을 다하고 힘을 다하여 주 너의 하나님을 사랑하라"(30절)

• 욥기 8장 꿈의 성취를 위한 자세

"네가 만일 하나님을 찾으며 전능하신 이에게 간구하고 또 청결하고 정직하면 반드시 너를 돌보시고 네 의로운 처소를 평안하게 하실 것이라"(5,6절)

"네 시작은 미약하였으나 네 나중은 심히 창대하리라"(7절)

"하나님을 잊어버리는 자의 길은 다 이와 같고 저속한 자의 희망은 무너지리니"(13절)

로마서 12장 | 하나님 나라와 비전 성취의 관계

"그러므로 형제들아 내가 하나님의 모든 자비하심으로 너희를 권하노니 너희 몸을 하나님이 기뻐하시는 거룩한 산 제물로 드리라 이는 너희가 드릴 영적 예배니라"(1절)

"너희는 이 세대를 본받지 말고 오직 마음을 새롭게 함으로 변화를 받아 하나님의 선하시고 기뻐하시고 온전하신 뜻이 무엇인지 분별하도록 하라"(2절)

"마땅히 생각할 그 이상의 생각을 품지 말고... 오직 하나님께서 각 사람에게 나누어 주신 믿음의 분량대로 지혜롭게 생각하라"(3절)

*그리고 하나님 나라(공동체)와 비전 성취와의 관계(4~13절)

"할 수 있거든 너희로서는 모든 사람과 더불어 화목하라"(18절)

묵상 | 하나님 마음 알아가기

꿈 앞에 걸림돌도 있습니다. 그러나 그 걸림돌은 믿음으로 넘어가야 할 것들입니다. 하나님은 반드시 주신 꿈을 이루어가십니다. 삶을 청결하고 정직함으로 하나님께 드리십시오. 그 꿈의 성취가 한 발 앞으로 다가올 것입니다.

적용

1. 하나님은 꿈을 주시고 그 꿈을 하나님의 때에 성취하십니다.

2. 그 꿈을 방해하는 요소들(인간적인 정, 시험, 하나님을 잊어버림 등)을 극복하고, 주신 꿈의 성취를 향해 달려가시기 바랍니다.

나(우리)에게 주시는 말씀(암송)

• 오늘의 감사 •

• 말씀으로 기도하기 •

월   일   맥체인 읽기: 2월 10일

오늘의 본문: **창43 | 막13 | 욥9 | 롬13**   찬송가 175장

오늘의 주제(키워드): **씨의 보존**

 **말씀**

• 창세기 43장   씨의 보존을 위한 유다의 희생

"유다가 아버지에게 말하여 이르되"(3,8절)

"내가 그를 위하여 담보가 되오리니"(9절)

"전능하신 하나님께서 그 사람 앞에서 너희에게 은혜를 베푸사... 내가 자식을 잃게 되면 잃으리로다"(14절)

• 마가복음 13장   구원을 위한 삶의 자세

"너희가 사람의 미혹을 받지 않도록 주의하라"(5절)

"너희는 스스로 조심하라"(9절)

"또 복음이 먼저 만국에 전파되어야 할 것이니라"(10절)

"또 너희가 내 이름으로 말미암아 모든 사람에게 미움을 받을 것이나 끝까지 견디는 자는 구원을 받으리라"(13절)

"거짓 그리스도들과 거짓 선지자들이 일어나서 이적과 기사를 행하여 할 수만 있으면 택하신 자들을 미혹하려 하리라"(22절)

• 욥기 9장   씨를 보존하시는 주권자 하나님

"인생이 어찌 하나님 앞에 의로우랴"(2절)

"가령 내가 의로울지라도 대답하지 못하겠고 나를 심판하실 그에게 간구할 뿐이며"(15절)

"주께서 그의 막대기를 내게서 떠나게 하시고 그의 위엄이 나를 두렵게 하지 아니하시기를 원하노라"(34절)

• 로마서 13장   권위에 순종함과 선을 행함

"각 사람은 위에 있는 권세들에게 복종하라 권세는 하나님으로부터 나지 않음이 없나니 모든 권

세는 다 하나님께서 정하신 바라"(1절)

"선을 행하라 그리하면 그에게 칭찬을 받으리라"(3절)

"그러므로 복종하지 아니할 수 없으니 진노 때문에 할 것이 아니라 양심을 따라 할 것이라"(5절)

"조세를 받을 자에게 조세를 바치고 관세를 받을 자에게 관세를 바치고... 존경할 자를 존경하라"(7절)

"피차 사랑의 빚 외에는 아무에게든지 아무 빚도 지지 말라"(8절)

"우리가 어둠의 일을 벗고 빛의 갑옷을 입자"(12절)

묵상 | 하나님 마음 알아가기

어려운 일 앞에 피하는 비겁한 성도가 되지 말고, 유다처럼 위험을 감수하는 돌파하는 믿음을 소유하십시오. 믿음은 말씀을 통해 자라납니다.

성도는 말씀을 기준으로 합당한 삶을 살아야 합니다.

적용

1. 이 땅에서 하나님 나라의 씨가 보존되는 것은 하나님의 섭리에 달려 있습니다.

2. 그렇지만 씨로서 살아가야 할 삶의 기준이 있습니다.

3. 그것은 하나님의 말씀입니다. 주의 말씀이 주시는 교훈을 따라 하나님의 나라의 씨로서 합당한 삶을 선택하며 살아가야 하겠습니다.

나(우리)에게 주시는 말씀(암송)

• 오늘의 감사 •

• 말씀으로 기도하기 •

월   일   맥체인 읽기: 2월 11일

오늘의 본문: 창44 | 막14 | 욥10 | 롬14   찬송가 94장

오늘의 주제(키워드): 계보

말씀

창세기 44장 메시아 계보의 시작인 유다의 모습
"유다가 말하되"(16절)
"유다가 그에게 가까이 가서 이르되"(18절)
"이제 주의 종으로 그 아이를 대신하여 머물러 있어 내 주의 종이 되게 하시고 그 아이는 그의 형제들과 함께 올려 보내소서"(33절)
"그 아이가 나와 함께 가지 아니하면 내가 어찌 내 아버지에게로 올라갈 수 있으리이까"(34절)

마가복음 14장 기억될 이름 마리아와 수치스런 가룟 유다의 모습
"그가 내게 좋은 일을 하였느니라"(6절)
"그는 힘을 다하여 내 몸에 향유를 부어 내 장례를 미리 준비하였느니라"(8절)
"유다가 예수를 어떻게 넘겨 줄까 하고 그 기회를 찾더라"(11절)
"너희 중의 한 사람 곧 나와 함께 먹는 자가 나를 팔리라... 나와 함께 그릇에 손을 넣는 자니라"(18,20절)
"제자들이 다 예수를 버리고 도망하니라"(50절)

욥기 10장 내 영을 지키시는 하나님
"생명과 은혜를 내게 주시고 나를 보살피심으로 내 영을 지키셨나이다"(12절)
"내가 의로울지라도 머리를 들지 못하는 것은 내 속에 부끄러움이 가득하고 내 환난을 내 눈이 보기 때문이니이다"(15절)

로마서 14장 거룩한 계보를 이을 성도의 삶
"먹는 자는 먹지 않는 자를 업신여기지 말고 먹지 않는 자는 먹는 자를 비판하지 말라 이는 하나님이 그를 받으셨음이라"(3절)

"우리가 살아도 주를 위하여 살고 죽어도 주를 위하여 죽나니 그러므로 사나 죽으나 우리가 주의 것이로다"(8절)
"하나님의 나라는 먹는 것과 마시는 것이 아니요 오직 성령 안에 있는 의와 평강과 희락이라"(17절)
"믿음을 따라 하지 아니하는 것은 다 죄니라"(23절)

묵상 | 하나님 마음 알아가기

믿음의 계보를 이루십시오. 가룟 유다의 이름은 수치스러운 이름이 되었습니다. 성도는 하나님 앞에 기억될 영광스러운 이름으로 계보를 이어가야 합니다.

적용

1. 믿음의 거룩한 계보를 이어가기 위해 어떤 삶을 선택하시겠습니까?

2. 위기 앞에서 비겁하게 도망하는 삶(가룟 유다)이 아닌 도전하고 돌파하는 믿음의 삶을 선택하십시오(유다).

3. 오직 주를 위해 살고 주를 위해 죽는 믿음의 삶을 사시기 바랍니다.

나(우리)에게 주시는 말씀(암송)

• 오늘의 감사 •

• 말씀으로 기도하기 •

월 일	맥체인 읽기: 2월 12일
오늘의 본문: 창45	막15	욥11	롬15	찬송가 144장
오늘의 주제(키워드): 드러나는 하나님의 섭리	

43일차 / 365일

 말씀

• 창세기 45장 꿈을 성취하시는 하나님

"나는 요셉이라… 나는 당신들의 아우 요셉이니 당신들이 애굽에 판 자라"(3,4절)

"하나님이 생명을 구원하시려고 나를 당신들보다 먼저 보내셨나이다"(5절)

"하나님이 큰 구원으로 당신들의 생명을 보존하고 당신들의 후손을 세상에 두시려고 나를 당신들보다 먼저 보내셨나니 그런즉 나를 이리로 보낸 이는 당신들이 아니요 하나님이시라"(7,8절)

"요셉이 지금까지 살아 있어 애굽 땅 총리가 되었더이다"(26절)

"내 아들 요셉이 지금까지 살아 있으니 내가 죽기 전에 가서 그를 보리라 하니라"(28절)

• 마가복음 15장 하나님의 아들이신 예수님

"네가 유대인의 왕이냐… 네 말이 옳도다"(2절)

"예수에게 자색 옷을 입히고 가시관을 엮어 씌우고"(17절)

"이에 성소 휘장이 위로부터 아래까지 찢어져 둘이 되니라"(38절)

"이 사람은 진실로 하나님의 아들이었도다"(39절)

• 욥기 11장 죄를 처리하시는 하나님

"하나님께서 너로 하여금 너의 죄를 잊게 하여 주셨음을 알라"(6절)

"하나님은 허망한 사람을 아시나니 악한 일은 상관하지 않으시는 듯하나 다 보시느니라"(11절)

"만일 네가 마음을 바로 정하고 주를 향하여 손을 들 때에 네 손에 죄악이 있거든 멀리 버리라 불의가 네 장막에 있지 못하게 하라 그리하면 네가 반드시 흠 없는 얼굴을 들게 되고 굳게 서서 두려움이 없으리니 곧 네 환난을 잊을 것이라"(13-16절)

• 로마서 15장 궁극적 열방 구원

"모든 열방들아 주를 찬양하며 모든 백성들아 그를 찬송하라"(11절)

"그 일은 말과 행위로 표적과 기사의 능력으로 성령의 능력으로 이루어졌으며"(18,19절)

"주의 소식을 받지 못한 자들이 볼 것이요 듣지 못한 자들이 깨달으리라"(21절)

열방 구원의 출발은 성도의 삶에서 시작된다.

"우리 각 사람이 이웃을 기쁘게 하되 선을 이루고 덕을 세우도록 할지니라"(2절)

"그러므로 그리스도께서 우리를 받아 하나님께 영광을 돌리심과 같이 너희도 서로 받으라"(7절)

묵상 | 하나님 마음 알아가기

일의 결과가 보이지 않는다고 하나님이 일하지 않으시는 것은 아닙니다.

하나님의 섭리는 드러나게 되어 있습니다.

그때까지 자신 안의 죄를 철저히 처리하며 꿈이 성취되기를 기대해야 합니다.

적용

1. 하나님은 계획하신 일을 반드시 이루시는 분이십니다.

2. 미시적 역사(개인사)든 거시적 역사(구원)든 그분은 섭리하십니다.

3. 오늘도 하나님의 일하심을 바라보며 기대함으로 나아가시기 바랍니다.

나(우리)에게 주시는 말씀(암송)

• 오늘의 감사 •

• 말씀으로 기도하기 •

44일차 365일

월   일

오늘의 본문: 창46 | 막16 | 욥12 | 롬16

맥체인 읽기: 2월 13일

찬송가 220장

오늘의 주제(키워드): 씨의 번성을 위한 하나님의 섭리

말씀

• 창세기 46장 애굽에 간 하나님 나라의 씨들

"나는 하나님이라 네 아버지의 하나님이니 애굽으로 내려가기를 두려워하지 말라 내가 거기서 너로 큰 민족을 이루게 하리라 내가 너와 함께 애굽으로 내려가겠고 반드시 너를 인도하여 다시 올라올 것이며"(3,4절)

"야곱의 집 사람으로 애굽에 이른 자가 모두 칠십 명이었더라"(27절)

• 마가복음 16장 씨의 번성을 위한 명령

"너희는 온 천하에 다니며 만민에게 복음을 전파하라"(15절)

"믿고 세례를 받는 사람은 구원을 얻을 것이요 믿지 않는 사람은 정죄를 받으리라"(16절)

"제자들이 나가 두루 전파할새 주께서 함께 역사하사 그 따르는 표적으로 말씀을 확실히 증언하시니라"(20절)

• 욥기 12장 하나님의 권능

"지혜와 권능이 하나님께 있고 계략과 명철도 그에게 속하였나니"(13절)

"민족들을 커지게도 하시고 다시 멸하기도 하시며 민족들을 널리 퍼지게도 하시고 다시 끌려가게도 하시며"(23절)

• 로마서 16장 바울을 통한 씨의 열매들

"그가 여러 사람과 나의 보호자가 되었음이라"(2절)

"그들은 내 목숨을 위하여 자기들의 목까지도 내놓았나니"(4절)

"너희가 거룩하게 입맞춤으로 서로 문안하라 그리스도의 모든 교회가 다 너희에게 문안하느니라"(16절)

묵상 | 하나님 마음 알아가기

하나님의 명령에 순종하십니까? 하나님 나라를 이루어가기 위해서는 왕이신 하나님의 명령에 순종해야 합니다.

특히 '너희는 온 천하에 다니며 만민에게 복음을 전파하라'는 명령에 순종해야 합니다.

적용

1. 하나님은 씨의 번성을 명령하셨습니다.

2. 그리고 그 일을 홀로 이루어가시되 사람을 통해 이루어 가십니다.

3. 오직 제자 삼는 삶을 통해 씨의 번성을 위한 삶을 살아 갈 때, 하나님의 권능을 경험하게 됩니다.

나(우리)에게 주시는 말씀(암송)

• 오늘의 감사 •

• 말씀으로 기도하기 •

월   일   맥체인 읽기: 2월 14일

오늘의 본문: 창47 | 눅1:1-38 | 욥13 | 고전1   찬송가 204장

오늘의 주제(키워드): **씨의 보존**

 **말씀**

• **창세기 47장**   씨들이 임시 거할 땅

"종들로 고센 땅에 살게 하소서"(4절)-땅의 요구

"요셉이 바로의 명령대로 그의 아버지와 그의 형들에게 거주할 곳을 주되 애굽의 좋은 땅 라암셋을 그들에게 주어 소유로 삼게 하고"(11절)

"이스라엘 족속이 애굽 고센 땅에 거주하며 거기서 생업을 얻어 생육하고 번성하였더라"(27절)

• **누가복음 1:1~38절**   씨들을 위한 왕의 준비

"주를 위하여 세운 백성을 준비하리라"(17절)

"보라 네가 잉태하여 아들을 낳으리니 그 이름을 예수라 하라"(31절)

"그가 큰 자가 되고 지극히 높으신 이의 아들이라 일컬어질 것이요 주 하나님께서 그 조상 다윗의 왕위를 그에게 주시리니"(32절)

"성령이 네게 임하시고 지극히 높으신 이의 능력이 너를 덮으시리니 이러므로 나실 바 거룩한 이는 하나님의 아들이라 일컬어지리라"(35절)

"대저 하나님의 모든 말씀은 능하지 못하심이 없느니라"(37절)

• **욥기 13장**   씨의 보존을 위한 소원

"오직 내게 이 두 가지 일을 행하지 마옵소서 그리하시면 내가 주의 얼굴을 피하여 숨지 아니하오리니"(20절)

"곧 주의 손을 내게 대지 마시오며 주의 위엄으로 나를 두렵게 하지 마실 것이니이다"(21절)

• **고린도전서 1장**   주께서 견고하게 하심

"그리스도의 증거가 너희 중에 견고하게 되어"(6절)

"주께서 너희를 우리 주 예수 그리스도의 날에 책망할 것이 없는 자로 끝까지 견고하게 하시리

라"(8절)

"모두가 같은 말을 하고 너희 가운데 분쟁이 없이 같은 마음과 같은 뜻으로 온전히 합하라"(10절)

"그리스도께서 나를 보내심은 세례를 베풀게 하려 하심이 아니요 오직 복음을 전하게 하려 하심이로되"(17절)

"자랑하는 자는 주 안에서 자랑하라"(31절)

"우리는 십자가에 못 박힌 그리스도를 전하니… 오직 부르심을 받은 자들에게는… 그리스도는 하나님의 능력이요 하나님의 지혜니라"(23,24절)

묵상 | 하나님 마음 알아가기

성도는 주를 위하여 세움 받은 자들입니다.
하나님은 세움받은 성도들이 거주할 땅(영역)을 약속하셨습니다.
성도를 견고하게 하시는 하나님을 기대하며 영역 가운데서 빛과 소금이 되어야 합니다.

적용

1. 하나님은 하나님 나라 씨를 보존하시기 위해 땅(영역-field)을 주셨습니다.

2. 그 씨가 예수 그리스도의 날에 책망할 것이 없는 자로 끝까지 견고하게 서 가길 원하십니다.

3. 오늘 책망할 것이 없는 자로 서 가십시오.

나(우리)에게 주시는 말씀(암송)

• 오늘의 감사 •

• 말씀으로 기도하기 •

46일차 365일	월 일	맥체인 읽기: 2월 15일
	오늘의 본문: 창48 | 눅1:39-80 | 욥14 | 고전2	찬송가 179장
	오늘의 주제(키워드): **씨의 번성**	

 **말씀**

- **창세기 48장** **씨의 번성을 약속**

"내가 너로 생육하고 번성하게 하여 네게서 많은 백성이 나게 하고 내가 이 땅을 네 후손에게 주어 영원한 소유가 되게 하리라"(4절)

"네가 낳은 두 아들 에브라임과 므낫세는 내 것이라"(5절)

"이들이 세상에서 번식되게 하시기를 원하나이다"(16절)

"그도 한 족속이 되며 그도 크게 되려니와 그의 아우가 그보다 큰 자가 되고 그의 자손이 여러 민족을 이루리라"(19절)

- **누가복음 1:39-80절** **약속한 씨의 성장**

"여자 중에 네가 복이 있으며 네 태중의 아이도 복이 있도다"(42절)

"주께서 하신 말씀이 반드시 이루어지리라고 믿은 그 여자에게 복이 있도다"(45절)

"우리를 위하여 구원의 뿔을 그 종 다윗의 집에 일으키셨으니"(69절)

"아이가 자라며 심령이 강하여지며 이스라엘에게 나타나는 날까지 빈 들에 있으니라"(80절)

- **욥기 14장** **씨의 주권자 하나님**

"여인에게서 태어난 사람은 생애가 짧고 걱정이 가득하며"(1절)

"장정이라도 죽으면 소멸되나니 인생이 숨을 거두면 그가 어디 있느냐"(10절)

"사람이 누우면 다시 일어나지 못하고 하늘이 없어지기까지 눈을 뜨지 못하며"(12절)

"장정이라도 죽으면 어찌 다시 살리이까 나는 나의 모든 고난의 날 동안을 참으면서 풀려나기를 기다리겠나이다"(14절)

- **고린도전서 2장** **성령과 함께 하는 씨들**

"내 말과 내 전도함이 설득력 있는 지혜의 말로 하지 아니하고 다만 성령의 나타나심과 능력으

로 하여"(4절)

"성령은 모든 것 곧 하나님의 깊은 것까지도 통달하시느니라"(10절)

"우리가 세상의 영을 받지 아니하고 오직 하나님으로부터 온 영을 받았으니 이는 우리로 하여금 하나님께서 우리에게 은혜로 주신 것들을 알게 하려 하심이라"(12절)

"신령한 자는 모든 것을 판단하나 자기는 아무에게도 판단을 받지 아니하느니라"(15절)

묵상 | 하나님 마음 알아가기

하나님 나라의 씨는 계속해서 성장을 이룹니다.
어린아이와 같은 신앙을 버리고 예수 그리스도의 장성한 분량이 충만한 데에 이르러야 합니다.
영육으로 성장하기 위해 성령과 동행해야 합니다.

적용

1. 우리를 하나님 나라의 씨로 부르신 하나님께서 우리의 모든 삶을 주관하십니다.

2. 하나님 나라의 씨로서 육적으로 영적으로 성장하기에 힘쓰십시오.

3. 씨의 번성(수의 증가)을 위해 복음을 전하며 살되, 성령과 동행하시는 복된 하루 되십시오.

나(우리)에게 주시는 말씀(암송)

• 오늘의 감사 •

• 말씀으로 기도하기 •

47일차 / 365일

월 일 맥체인 읽기: 2월 16일

오늘의 본문: 창49 | 눅2 | 욥15 | 고전3   찬송가 447장

오늘의 주제(키워드): **하나님 나라의 준비 완료**

📖 말씀

• 창세기 49장 하나님 나라 씨와 땅의 준비 완료

"규가 유다를 떠나지 아니하며 통치자의 지팡이가 그 발 사이에서 떠나지 아니하기를 실로가 오시기까지 이르리니 그에게 모든 백성이 복종하리로다"(10절) - 하나님 나라 왕의 약속

"이들은 이스라엘의 열두 지파라"(28절) - 씨의 준비 완료

"이 굴은 가나안 땅 마므레 앞 막벨라 밭에 있는 것이라"(30절)

"이 밭과 거기 있는 굴은 헷 사람에게서 산 것이니라"(32절) - 땅의 준비 완료

• 누가복음 2장 왕에 대한 약속의 성취_왕의 준비 완료

"요셉도 다윗의 집 족속이므로"(4절)

"첫아들을 낳아 강보로 싸서"(7절) - 왕의 탄생

"오늘 다윗의 동네에 너희를 위하여 구주가 나셨으니 곧 그리스도 주시니라"(11절)

＊왕의 탄생을 축하하는 사람들 : 목자들(8절), 시므온(25절), 안나(36절)

"예수는 지혜와 키가 자라가며 하나님과 사람에게 더욱 사랑스러워 가시더라"(52절)

• 욥기 15장 땅의 성결

"이 땅은 그들에게만 주셨으므로 외인은 그들 중에 왕래하지 못하였느니라"(19절)

• 고린도전서 3장 씨의 성결

"우리는 하나님의 동역자들이요 너희는 하나님의 밭이요 하나님의 집이니라"(9절)

"너희는 너희가 하나님의 성전인 것과 하나님의 성령이 너희 안에 계시는 것을 알지 못하느냐"(16절)

"너희는 그리스도의 것이요 그리스도는 하나님의 것이니라"(23절)

묵상 | 하나님 마음 알아가기

우리 몸은 성령이 거하시는 성전입니다.
성전된 몸을 성결하게 유지하며 성장해 가야 합니다.
이를 위해 하나님의 지혜가 필요합니다.

적용

1. 하나님 나라의 씨와 땅이 준비 완료되고, 그 씨와 그 땅의 통치권자이신 예수 그리스도께서 왕으로 좌정하셨습니다.

2. 예수님을 왕으로 모신 성도는 성령이 내주하시는 거룩한 성전이 되었습니다.

3. 오늘도 성령이 거하시는 성전 된 몸을 성결하게 유지하시기를 바랍니다.

나(우리)에게 주시는 말씀(암송)

• 오늘의 감사 •

• 말씀으로 기도하기 •

월 일	맥체인 읽기: 2월 17일
오늘의 본문: 창50 ㅣ 눅3 ㅣ 욥16,17 ㅣ 고전4	찬송가 237장
오늘의 주제(키워드): 하나님 나라의 땅과 씨의 준비 완료 2	

말씀

• 창세기 50장 하나님 나라 씨와 땅의 준비 완료 2

"그를 가나안 땅으로 메어다가 마므레 앞 막벨라 밭 굴에 장사하였으니 이는 아브라함이 헷 족속 에브론에게 밭과 함께 사서 매장지를 삼은 곳이더라"(13절)-땅의 정당성

"당신들은 나를 해하려 하였으나 하나님은 그것을 선으로 바꾸사 오늘과 같이 많은 백성의 생명을 구원하게 하시려 하셨나니"(20절)-씨의 준비 완료(9절도 함께 참고)

"하나님이 당신들을 돌보시고 당신들을 이 땅에서 인도하여 내사 아브라함과 이삭과 야곱에게 맹세하신 땅에 이르게 하시리라"(24절)

• 누가복음 3장 왕의 통치와 하나님 나라 씨가 되는 길

1) 하나님 나라 백성(씨)가 되는 길

"죄 사함을 받게 하는 회개의 세례"(3절)

"모든 육체가 하나님의 구원하심을 보리라"(6절)-약속

"회개에 합당한 열매를 맺고"(8절)

"이미 도끼가 나무 뿌리에 놓였으니 좋은 열매 맺지 아니하는 나무마다 찍혀 불에 던져지리라"(9절)-회개의 긴박성

"우리는 무엇을 하리이까"(12,14절)-회개의 실제

2) 진정한 왕의 통치

"나는 물로 너희에게 세례를 베풀거니와 나보다 능력이 많으신 이가 오시나니 나는 그의 신발끈을 풀기도 감당하지 못하겠노라"(16절)-예수님께 인도

"너는 내 사랑하는 아들이라"(22절)

• 욥기 16, 17장 씨의 고난의 노래

"이제 주께서 나를 피로하게 하시고 나의 온 집안을 패망하게 하셨나이다"(16:7)

"하나님이 나를 악인에게 넘기시며 행악자의 손에 던지셨구나"(16:11)

"그러나 내 손에는 포학이 없고 나의 기도는 정결하니라"(16:17)

"지금 나의 증인이 하늘에 계시고 나의 중보자가 높은 데 계시니라"(16:19)

• 고린도전서 4장 | 씨의 확신

"다만 나를 심판하실 이는 주시니라"(4절)

"그러므로 때가 이르기 전 곧 주께서 오시기까지 아무 것도 판단하지 말라 그가 어둠에 감추인 것들을 드러내고 마음의 뜻을 나타내시리니 그 때에 각 사람에게 하나님으로부터 칭찬이 있으리라"(5절)

"너희는 나를 본받는 자가 되라"(16절)

"하나님의 나라는 말에 있지 아니하고 오직 능력에 있음이라"(20절)

묵상 | 하나님 마음 알아가기

하나님은 이 땅에 성도가 살아갈 모든 환경을 준비 완료해 놓으셨습니다.

비록 고난과 핍박이 있을지라도 하나님의 약속을 바라며 나아갈 때, 하나님이 예비하신 하늘의 복들을 누리게 됩니다.

적용

1. 하나님 나라의 씨로 불러주심을 기억하십시오.

2. 세상의 시끄러움 속에 흔들리고 있습니까? 하나님이 약속하신 언약을 기억하고 하나님 나라의 씨로서 확신을 가지고 살아가십시오.

3. 고난 중에 즐거워하고, 온전한 회개를 이루십시오. 하나님은 반드시 약속하신 것을 이루십니다.

나(우리)에게 주시는 말씀(암송)

• 오늘의 감사 •

• 말씀으로 기도하기 •

월   일   맥체인 읽기: 2월 18일

49일차 365일

오늘의 본문: 출1 | 눅4 | 욥18 | 고전5   찬송가 73장

오늘의 주제(키워드): **씨의 번성 2**

 **말씀**

• 출애굽기 1장   고난 중에 번성하는 씨와 학대

"이스라엘 자손은 생육하고 불어나 번성하고 매우 강하여 온 땅에 가득하게 되었더라"(7절)

"그러나 학대를 받을수록 더욱 번성하여 퍼져나가니"(12절)

"하나님이 그 산파들에게 은혜를 베푸시니 그 백성은 번성하고 매우 강해지니라"(20절)

"그 산파들은 하나님을 경외하였으므로 하나님이 그들의 집안을 흥왕하게 하신지라"(21절)

"그러므로 바로가 그의 모든 백성에게 명령하여 이르되 아들이 태어나거든 너희는 그를 나일 강에 던지고 딸이거든 살려두라"(22절)-씨의 번성을 방해

• 누가복음 4장   씨를 향한 시험과 회복

"예수께서 성령의 충만함을 입어 요단 강에서 돌아오사 광야에서 사십 일 동안 성령에게 이끌리시며 마귀에게 시험을 받으시더라"(1,2절)

"네가 만일 하나님의 아들이어든"(3,9절)

"주 너의 하나님을 시험하지 말라"(12절)

"예수께서 일일이 그 위에 손을 얹으사 고치시니"(40절)

• 욥기 18장   번성의 걸림돌

"악인의 빛은 꺼지고 그의 불꽃은 빛나지 않을 것이요"(5절)

"그의 활기찬 걸음이 피곤하여지고"(7절)

"그의 힘은 기근으로 말미암아 쇠하고"(12절)

"그가 의지하던 것들이 장막에서 뽑히며"(14절)

"그를 기념함이 땅에서 사라지고"(17절)

고린도전서 5장 | 씨의 구원

"육신은 멸하고 영은 주 예수의 날에 구원을 받게 하려 함이라"(5절)

"누룩이 없이 오직 순전함과 진실함의 떡으로 하자"(8절)

"음행하거나... 사귀지도 말고 그런 자와는 함께 먹지도 말라 함이라"(11절)

"밖에 있는 사람들은 하나님이 심판하시려니와 이 악한 사람은 너희 중에서 내쫓으라"(13절)

묵상 | 하나님 마음 알아가기

잔디는 밟아도 뿌리를 뻗어 번성해 갑니다. 하나님 나라의 씨된 성도들도 활기찬 걸음이 피곤하여지고, 힘이 기근 중에 쇠하여지고, 의지하던 것들이 장막에서 뽑히는 중에라도 번성해 갑니다. 끝까지 하나님의 신실하신 약속을 붙잡아야 합니다.

적용

1. 하나님은 흔들리지 않는 당신의 나라 씨를 약속에 근거해 번성시키십니다.

2. 그 길에 도전(시험)이 있습니다. 그 도전을 두려워하지 말고 극복하여 승리(구원에 이름)하시기 바랍니다.

나(우리)에게 주시는 말씀(암송)

・오늘의 감사・

・말씀으로 기도하기・

월   일 　　　　맥체인 읽기: 2월 19일

오늘의 본문: 출2 | 눅5 | 욥19 | 고전6　　찬송가 465장

오늘의 주제(키워드): **씨의 보존**

 말씀

• 출애굽기 2장 언약을 기억하시고 씨를 돌보심

"그 여자가 임신하여 아들을 낳으니 그가 잘 생긴 것을 보고 석 달 동안 그를 숨겼으나"(2절)

"그 아기가 자라매 바로의 딸에게로 데려가니 그가 그의 아들이 되니라"(10절)

"여러 해 후에 애굽 왕은 죽었고 이스라엘 자손은 고된 노동으로 말미암아 탄식하며 부르짖으니 그 고된 노동으로 말미암아 부르짖는 소리가 하나님께 상달된지라 하나님이 그들의 고통 소리를 들으시고 하나님이 아브라함과 이삭과 야곱에게 세운 그의 언약을 기억하사 하나님이 이스라엘 자손을 돌보셨고 하나님이 그들을 기억하셨더라"(23~25절)

• 누가복음 5장 씨를 부르심과 치유하심

"말씀을 마치시고 시몬에게 이르시되 깊은 데로 가서 그물을 내려 고기를 잡으라"(4절)

"무서워하지 말라 이제 후로는 네가 사람을 취하리라"(10절)

"내가 원하노니 깨끗함을 받으라 하신대 나병이 곧 떠나니라"(13절)

"레위라 하는 세리가... 나를 따르라... 그가 모든 것을 버리고 일어나 따르니라"(27,28절)

"예수께서... 건강한 자에게는 의사가 쓸 데 없고 병든 자에게라야 쓸 데 있나니"(31절)

• 욥기 19장 영원한 대속자

"내가 알기에는 나의 대속자가 살아 계시니 마침내 그가 땅 위에 서실 것이라"(25절)

"내 가죽이 벗김을 당한 뒤에도 내가 육체 밖에서 하나님을 보리라"(26절)

"너희가 심판장이 있는 줄을 알게 되리라"(29절)

• 고린도전서 6장 성전된 씨

"주 예수 그리스도의 이름과 우리 하나님의 성령 안에서 씻음과 거룩함과 의롭다 하심을 받았느니라"(11절)

"몸은 음란을 위하여 있지 않고 오직 주를 위하여 있으며 주는 몸을 위하여 계시느니라"(13절)
"그의 권능으로 우리를 다시 살리시리라"(14절)
"너희 몸은 너희가 하나님께로부터 받은 바 너희 가운데 계신 성령의 전인 줄을 알지 못하느냐 너희는 너희 자신의 것이 아니라 값으로 산 것이 되었으니 그런즉 너희 몸으로 하나님께 영광을 돌리라"(19,20절)

묵상 | 하나님 마음 알아가기

고난 중에라도 하나님은 우리에게서 시선을 놓치 않으십니다.
우리의 기도뿐 아니라 고통의 소리를 들으시고, 우리를 살리십니다.
악한 세상에서 하나님 나라의 거룩한 씨로 서 가야 합니다.

적용

1. 하나님께서는 하나님 나라의 씨가 된 우리를 언제나 보호하십니다.

2. 우리를 사명의 자리로 불러주십니다.

3. 우리를 성전 삼아주심으로 보호해 주십니다.

나(우리)에게 주시는 말씀(암송)

· 오늘의 감사 ·

· 말씀으로 기도하기 ·

월   일   　　맥체인 읽기: 2월 20일

오늘의 본문: 출3 | 눅6 | 욥20 | 고전7

찬송가 323장

오늘의 주제(키워드): **부르심과 사명**

📖 말씀

• 출애굽기 3장 모세를 부르심

"네가 선 곳은 거룩한 땅이니 네 발에서 신을 벗으라"(5절)

"내가 내려가서 그들을 애굽인의 손에서 건져내고 그들을 그 땅에서 인도하여 아름답고 광대한 땅, 젖과 꿀이 흐르는 땅… 데려가려 하노라"(8절)

"내가 반드시 너와 함께 있으리라"(12절)

"너희가 나갈 때에 빈손으로 가지 아니하리니"(21절)

"너희는 애굽 사람들의 물품을 취하리라"(22절)

• 누가복음 6장 열두 제자를 부르심

"안식일에 선을 행하는 것과 악을 행하는 것, 생명을 구하는 것과 죽이는 것, 어느 것이 옳으냐"(9절)

"밤이 새도록 하나님께 기도하시고… 밝으매 그 제자들을 부르사 그 중에서 열둘을 택하여 사도라 칭하셨으니"(12,13절)

하나님 나라의 복을 선포(20-23절).

화의 선포(24절).

"너희 아버지의 자비로우심 같이 너희도 자비로운 자가 되라"(36절)

• 욥기 20장 죄에 대한 태도

"악인이 이긴다는 자랑도 잠시요 경건하지 못한 자의 즐거움도 잠깐이니라"(5절)

"하늘이 그의 죄악을 드러낼 것이요 땅이 그를 대항하여 일어날 것인즉 그의 가산이 떠나가며 하나님의 진노의 날에 끌려가리라"(27,28절)

• 고린도전서 7장 삶을 통한 사명 감당

"음행을 피하기 위하여 남자마다 자기 아내를 두고 여자마다 자기 남편을 두라"(2절)
"만일 절제할 수 없거든 결혼하라 정욕이 불 같이 타는 것보다 결혼하는 것이 나으니라"(9절)
"오직 주께서 각 사람에게 나눠 주신 대로 하나님이 각 사람을 부르신 그대로 행하라"(17절)
"너희는 값으로 사신 것이니 사람들의 종이 되지 말라"(23절)

묵상 | 하나님 마음 알아가기

나를 부르신 분이 하나님이십니다. 모세를 부르시고 바울을 부르셨듯이 하나님은 나를 하나님의 자녀로 부르셨습니다. 하나님의 부르심에는 후회가 없으십니다. 하나님의 자녀로 합당히 살아가야 합니다.

적용

1. 하나님은 우리를 사명으로 부르셨습니다.

2. 그 사명은 하나님 나라를 위한 것이기도 하지만, 우리의 삶이기도 합니다.

3. 이 사명은 값이 지불된 부르심입니다. 부르심에 합당하게 사명을 감당하시기 바랍니다.

나(우리)에게 주시는 말씀(암송)

• 오늘의 감사 •

• 말씀으로 기도하기 •

52일차 / 365일

월   일

오늘의 본문: 출4 | 눅7 | 욥21 | 고전8

맥체인 읽기: 2월 21일

찬송가 423장

오늘의 주제(키워드): **부르심과 응답**

📖 말씀

• 출애굽기 4장 부르심에 대한 의심
* 의심하는 모세에게 주신 세 가지 이적(1~9절, 지팡이가 뱀, 손에 나병, 나일강 물 피)
* 두번째 변명 : 말을 잘 하지 못함(10~17절)

"이제 가라 내가 네 입과 함께 있어서 할 말을 가르치리라"(12절)

"모세가... 애굽으로 돌아가는데... 모세가 하나님의 지팡이를 손에 잡았더라"(20절)

• 누가복음 7장 믿음의 응답

"말씀만 하사 내 하인을 낫게 하소서"(7절)

"이스라엘 중에서도 이만한 믿음은 만나보지 못하였노라"(9절)

"주께서 과부를 보시고 불쌍히 여기사 울지 말라 하시고"(13절)

"네 죄 사함을 받았느니라"(48절)

"네 믿음이 너를 구원하였으니 평안히 가라"(50절)

• 욥기 21장 인생의 결국

"어떤 사람은 죽도록 기운이 충실하여 안전하며 평안하고 그의 그릇에는 젖이 가득하며 그의 골수는 윤택하고 어떤 사람은 마음에 고통을 품고 죽으므로 행복을 맛보지 못하는도다 이 둘이 매한 가지로 흙 속에 눕고 그들 위에 구더기가 덮이는구나"(23~26절)

• 고린도전서 8장 예수 그리스도를 위한 존재임

"그러나 우리에게는 한 하나님 곧 아버지가 계시니 만물이 그에게서 났고 우리도 그를 위하여 있고 또한 한 주 예수 그리스도께서 계시니 만물이 그로 말미암고 우리도 그로 말미암아 있느니라"(6절)

"그런즉 너희의 자유가 믿음이 약한 자들에게 걸려 넘어지게 하는 것이 되지 않도록 조심하

라"(9절)

"이같이 너희가 형제에게 죄를 지어 그 약한 양심을 상하게 하는 것이 곧 그리스도에게 죄를 짓는 것이니라"(12절)

묵상 | 하나님 마음 알아가기

현실을 볼 때 낙심할 때가 있습니다.
그러나 예수 그리스도를 위해 부름을 받은 성도로서 부르심에 합당한 삶을 살아가야 합니다.
하나님은 영원토록 성도와 함께 하십니다.

적용

1. 예수 그리스도를 위해 부름을 받았습니다.

2. 그리스도를 위한 삶을 믿음으로 응답하십시오.
   즉각적 순종이 생명입니다.

나(우리)에게 주시는 말씀(암송)

· 오늘의 감사 ·

· 말씀으로 기도하기 ·

월   일   맥체인 읽기: 2월 22일

53일차 / 365일

오늘의 본문: 출5 | 눅8 | 욥22 | 고전9   찬송가 382장

오늘의 주제(키워드): **믿음의 삶**

 **말씀**

출애굽기 5장 학대를 견딤

"그 후에 모세와 아론이 바로에게 가서 이르되 이스라엘의 하나님 여호와께서 이렇게 말씀하시기를 내 백성을 보내라 그러면 그들이 광야에서 내 앞에 절기를 지킬 것이니라 하셨나이다"(1절)

"너희는 백성에게 다시는 벽돌에 쓸 짚을 전과 같이 주지 말고 그들이 가서 스스로 짚을 줍게 하라"(7절)

"이제 가서 일하라 짚은 너희에게 주지 않을지라도 벽돌은 너희가 수량대로 바칠지니라"(18절)

"그가 이 백성을 더 학대하며 주께서도 주의 백성을 구원하지 아니하시나이다"(23절)

누가복음 8장 믿음으로 극복해야 할 장애들

"더러는 길 가에 떨어지매 밟히며 공중의 새들이 먹어버렸고"(5,12절)-마귀

"더러는 바위 위에 떨어지매 싹이 났다가 습기가 없으므로 말랐고"(6,13절)-시련

"더러는 가시떨기 속에 떨어지매 가시가 함께 자라서 기운을 막았고"(7,14절)-이생의 염려, 재물, 향락

"너희 믿음이 어디 있느냐"(25절)

"딸아 네 믿음이 너를 구원하였으니"(43~48절)

"믿기만 하라 그리하면 딸이 구원을 얻으리라"(50절)

욥기 22장 하나님의 응답

"그들이 하나님께 말하기를 우리를 떠나소서 하며 또 말하기를 전능자가 우리를 위하여 무엇을 하실 수 있으랴 하였으나"(17절)

"하나님이 좋은 것으로 그들의 집에 채우셨느니라"(18절)

"너는 하나님과 화목하고 평안하라 그리하면 복이 네게 임하리라"(21절)

*하나님과의 관계 회복에서 오는 복(대상에 대한 바른 태도) : 21~30절

1) 하나님에 대한 태도 : 21~23절

2) 물질에 대한 태도 : 24~28절

3) 사람에 대한 태도 : 29~30절

"네가 무엇을 결정하면 이루어질 것이요 네 길에 빛이 비치리라"(28절)

고린도전서 9장 믿음과 달음질의 관계

"밭 가는 자는 소망을 가지고 갈며 곡식 떠는 자는 함께 얻을 소망을 가지고 떠는 것이라"(10절)

"성전의 일을 하는 이들은 성전에서 나는 것을 먹으며 제단에서 섬기는 이들은 제단과 함께 나누는 것을 너희가 알지 못하느냐"(13절)

"복음 전하는 자들이 복음으로 말미암아 살리라"(14절)

"너희도 상을 받도록 이와 같이 달음질하라"(24절)

"이기기를 다투는 자마다 모든 일에 절제하나니"(25절)

"내가 내 몸을 쳐 복종하게 함은 내가 남에게 전파한 후에 자신이 도리어 버림을 당할까 두려워 함이로다"(27절)

묵상 | 하나님 마음 알아가기

예수님은 우리에게 믿음을 요구하십니다. 예수님께 보여드릴 믿음을 준비하여야 합니다. 믿으면 모든 것에서 구원을 받습니다. 삼십 배 육십 배 백배의 열매를 맺습니다.

적용

1. 믿음은 수많은 학대를 견디게 할 능력을 줍니다.
2. 믿음은 하나님의 응답을 가져옵니다.
3. 하나님과 물질 그리고 사람에 대해서 어떠한 믿음의 태도를 가지고 있습니까?
4. 믿음으로 지금의 일에 최선을 다하고 하나님의 결과를 기다리십시오.

나(우리)에게 주시는 말씀(암송)

• 오늘의 감사 •

• 말씀으로 기도하기 •

월   일   맥체인 읽기: 2월 23일

54일차 / 365일

오늘의 본문: 출6 | 눅9 | 욥23 | 고전10   찬송가 383장

오늘의 주제(키워드): **리더(제자)의 삶**

말씀

출애굽기 6장   모세를 리더로 세우심

"여호와께서 모세에게 이르시되 이제 내가 바로에게 하는 일을 네가 보리라 강한 손으로 말미암아 바로가 그들을 보내리라"(1절)

"나는 여호와라 내가 애굽 사람의 무거운 짐 밑에서 너희를 빼내며 그들의 노역에서 너희를 건지며 편 팔과 여러 큰 심판들로써 너희를 속량하여 너희를 내 백성으로 삼고 나는 너희의 하나님이 되리니"(6,7절)

"이스라엘 자손을 그들의 군대대로 애굽 땅에서 인도하라 하신 여호와의 명령을 받은 자는 이 아론과 모세요"(26절)

"애굽 왕 바로에게 이스라엘 자손을 애굽에서 내보내라 말한 사람도 이 모세와 아론이었더라"(27절)

누가복음 9장   제자도의 모습

"예수께서 열두 제자를 불러 모으사 모든 귀신을 제어하며 병을 고치는 능력과 권위를 주시고 하나님의 나라를 전파하며 앓는 자를 고치게 하려고 내보내시며"(1,2절)

"제자들이 나가 각 마을에 두루 다니며 곳곳에 복음을 전하며 병을 고치더라"(6절)

"예수께서 베드로와 요한과 야고보를 데리고 기도하시러 산에 올라가사"(28절)

욥기 23장   단련하심

"내가 어찌하면 하나님을 발견하고 그의 처소에 나아가랴"(3절)

"그런데 내가 앞으로 가도 그가 아니 계시고 뒤로 가도 보이지 아니하며 그가 왼쪽에서 일하시나 내가 만날 수 없고 그가 오른쪽으로 돌이키시나 뵈올 수 없구나"(8,9절)

"그러나 내가 가는 길을 그가 아시나니 그가 나를 단련하신 후에는 내가 순금 같이 되어 나오리라"(10절)

*단련된 자의 삶 : 11~17절

"그는 뜻이 일정하시니 누가 능히 돌이키랴 그의 마음에 하고자 하시는 것이면 그것을 행하시나

니"(13절)

• 고린도전서 10장 하나님의 영광을 위하여 부르심

"우리 조상들이 다 구름 아래에 있고 바다 가운데로 지나며… 다 구름과 바다에서 세례를 받고 다 같은 신령한 음식을 먹으며 다 같은 신령한 음료를 마셨으니 이는 그들을 따르는 신령한 반석으로부터 마셨으매 그 반석은 곧 그리스도시라"(1~4절)

"그러나 그들의 다수를 하나님이 기뻐하지 아니하셨으므로 그들이 광야에서 멸망을 받았느니라"(5절) - (7절-우상 숭배, 8절-음행, 9절-주를 시험함, 10절-원망)

"그런즉 선 줄로 생각하는 자는 넘어질까 조심하라"(12절)

"누구든지 자기의 유익을 구하지 말고 남의 유익을 구하라"(24절)

"그런즉 너희가 먹든지 마시든지 무엇을 하든지 다 하나님의 영광을 위하여 하라"(31절)

묵상 | 하나님 마음 알아가기

제자가 된다는 것은 부담입니다. 하지만 동시에 축복입니다. 하나님의 영광을 위한 제자로 불러주신 하나님을 기억하며, 제자로서 살아가는 데 있어 모든 장애를 극복할 때 제자의 복을 누릴 수 있습니다.

적용

1. 하나님은 우리를 자녀 삼아주시고 제자로 부르셨습니다.
2. 제자는 자기의 유익을 구하지 않고 남의 유익을 구하는 자입니다.
3. 먹든지 마시든지 무엇을 하든지 다 하나님의 영광을 위하여 삽니다.
4. 자신 앞에 놓인 장애(누가 크냐, 영적 시기, 거절, 뒤돌아봄, 우상숭배, 음행, 주를 시험, 원망 등)를 제거하고, 선 줄로 생각하지 않고 넘어질까 조심하며 사시기 바랍니다.

나(우리)에게 주시는 말씀(암송)

• 오늘의 감사 •

• 말씀으로 기도하기 •

	월 일	맥체인 읽기: 2월 24일
	오늘의 본문: 출7	눅10	욥24	고전11	찬송가 354장
	오늘의 주제(키워드): **말씀에 대한 태도**	

 말씀

출애굽기 7장 말씀대로 행함과 듣지 않음

"내가 바로의 마음을 완악하게 하고 내 표징과 내 이적을 애굽 땅에서 많이 행할 것이나"(3절)

"바로가 너희의 말을 듣지 아니할 터인즉"(4절)-하나님 섭리의 부정적, 소극적 모습

"내 군대, 내 백성 이스라엘 자손을 그 땅에서 인도하여 낼지라"(4절)-섭리의 궁극적, 긍정적 모습

"모세와 아론이 바로에게 가서 여호와께서 명령하신 대로 행하여"(10절)-순종함

"바로의 마음이 완악하여 그들의 말을 듣지 아니하니 여호와의 말씀과 같더라"(22절)-듣지 않음.

누가복음 10장 거절과 수용

"갈지어다 내가 너희를 보냄이 어린 양을 이리 가운데로 보냄과 같도다"(3절)-수용해야 할 명령

"만일 평안을 받을 사람이 거기 있으면 너희의 평안이 그에게 머물 것이요 그렇지 않으면 너희에게로 돌아오리라"(6절)-거절할 수도 있음을 보여줌

"사탄이 하늘로부터 번개 같이 떨어지는 것을 내가 보았노라"(18절)

"가서 너도 이와 같이 하라"(37절)-수용해야 할 명령

"네가 많은 일로 염려하고 근심하나"(41절)-거절해야 할 태도

"몇 가지만 하든지 혹은 한 가지만이라도 족하니라... 이 좋은 편을 택하였으니 빼앗기지 아니하리라"(42절)-수용할 태도

욥기 24장 하나님의 때를 기다림

"어찌하여 전능자는 때를 정해 놓지 아니하셨는고 그를 아는 자들이 그의 날을 보지 못하는고"(1절)

"그러나 하나님이 그의 능력으로 강포한 자들을 끌어내시나니 일어나는 자는 있어도 살아남을 확신은 없으리라"(22절)

"하나님은 그에게 평안을 주시며 지탱해 주시나 그들의 길을 살피시도다"(23절)

고린도전서 11장 — 피로 세운 새 언약

"내가 그리스도를 본받는 자가 된 것 같이 너희는 나를 본받는 자가 되라"(1절)

"이것은 너희를 위하는 내 몸이니 이것을 행하여 나를 기념하라"(24절)

"이 잔은 내 피로 세운 새 언약이니 이것을 행하여 마실 때마다 나를 기념하라"(25절)

묵상 | 하나님 마음 알아가기

때론 세상은 예수님의 제자된 성도를 거절합니다. 세상에서 환영받지 못할 수 있습니다. 그렇더라도 성도는 하나님의 평강을 세상에 전해야 합니다. 그리고 할 수 있는 일을 통해 충성하며 나아갑니다.

적용

1. 하나님은 날마다 순간순간 우리에게 말씀하십니다.

2. 하나님의 말씀에 대해 어떤 태도를 가지고 있습니까?

3. 하나님이 하신 말씀에 온전히 순종하며, 하나님의 말씀 수용하기를 방해하는 요소들(분주함, 염려, 근심)을 제거하십시오.

나(우리)에게 주시는 말씀(암송)

• 오늘의 감사 •

• 말씀으로 기도하기 •

월   일   맥체인 읽기: 2월 25일

오늘의 본문: 출8 | 눅11 | 욥25,26 | 고전12   찬송가 73장

오늘의 주제(키워드): **하나님의 능력**

 **말씀**

• 출애굽기 8장 이적을 통해 구별하심
"지팡이를 잡고 네 팔을 강들과 운하들과 못 위에 펴서 개구리들이 애굽 땅에 올라오게 하라"(5절)
"아론이 지팡이를 잡고 손을 들어 땅의 티끌을 치매 애굽 온 땅의 티끌이 다 이가 되어"(17절)
"내가 내 백성과 네 백성 사이를 구별하리니"(23절)
"파리로 말미암아 그 땅이 황폐하였더라"(24절)
"그러나 바로가 이 때에도 그의 마음을 완강하게 하여 그 백성을 보내지 아니하였더라"(32절)

• 누가복음 11장 기도 응답
"너희는 기도할 때에 이렇게 하라"(2절)-기도를 가르쳐 주심
"구하라 그러면 너희에게 주실 것이요 찾으라 그러면 찾아낼 것이요 문을 두드리라 그러면 너희에게 열릴 것이니"(9절)
"하물며 너희 하늘 아버지께서 구하는 자에게 성령을 주시지 않겠느냐"(13절)
"예수께서 한 말 못하게 하는 귀신을 쫓아내시니"(14절)
"하나님의 말씀을 듣고 지키는 자가 복이 있느니라"(28절)

• 욥기 25, 26장 자연을 통치하심
"그는 능력으로 바다를 잔잔하게 하시며 지혜로 라합을 깨뜨리시며"(26:12)
"보라 이런 것들은 그의 행사의 단편일 뿐이요 우리가 그에게서 들은 것도 속삭이는 소리일 뿐이니 그의 큰 능력의 우렛소리를 누가 능히 헤아리랴"(26:14)

• 고린도전서 12장 능력이신 성령
"성령으로 아니하고는 누구든지 예수를 주시라 할 수 없느니라"(3절)
"각 사람에게 성령을 나타내심은 유익하게 하려 하심이라"(7절)

"이 모든 일은 같은 한 성령이 행하사 그의 뜻대로 각 사람에게 나누어 주시는 것이니라"(11절)
"한 성령으로 세례를 받아 한 몸이 되었고 또 다 한 성령을 마시게 하셨느니라"(13절)
"오직 하나님이 몸을 고르게 하여 부족한 지체에게 귀중함을 더하사 몸 가운데서 분쟁이 없고 오직 여러 지체가 서로 같이 돌보게 하셨느니라"(24,25절)

묵상 | 하나님 마음 알아가기

하나님은 전능하신 분이십니다. 하나님의 전능하심은 제한이 없습니다. 우리의 믿음의 결여가 하나님의 능력을 제한할 뿐입니다. 전능하신 하나님만 바라고 나아가야 합니다.

적용

1. 하나님은 능력이십니다.

2. 하나님의 백성을 세상으로부터 구별하여 구원하시고, 모든 기도에 응답하십니다.

3. 자연을 다스리시며, 성도에게 은사를 주십니다.

나(우리)에게 주시는 말씀(암송)

· 오늘의 감사 ·

· 말씀으로 기도하기 ·

월   일   맥체인 읽기: 2월 26일

57일차 / 365일

오늘의 본문: 출9 | 눅12 | 욥27 | 고전13   찬송가 286장

오늘의 주제(키워드): **사람 앞에 섰을 때**

 **말씀**

• 출애굽기 9장 바로 앞에 선 모세
하나님이 명하신 모든 말을 바로에게 담대히 전함.
"온 천하에 나와 같은 자가 없음을 네가 알게 하리라"(14절)
"내가 너를 세웠음은"(16절)
"세상이 여호와께 속한 줄을 왕이 알리이다"(29절)

• 누가복음 12장 사람 앞에서 하나님을 시인함
"죽인 후에 또한 지옥에 던져 넣는 권세 있는 그를 두려워하라"(5절)
"사람 앞에서 나를 시인하면 인자도 하나님의 사자들 앞에서 그를 시인할 것이요"(8절)
"누구든지 말로 인자를 거역하면 사하심을 받으려니와 성령을 모독하는 자는 사하심을 받지 못하리라"(10절)
"마땅히 할 말을 성령이 곧 그 때에 너희에게 가르치시리라"(12절)
"자기를 위하여 재물을 쌓아 두고 하나님께 대하여 부요하지 못한 자"(21절)-욥 27:13~19절 참조.

• 욥기 27장 하나님 앞에서 무익한 삶
"너희가 다 이것을 보았거늘 어찌하여 그토록 무익한 사람이 되었는고"(12절)
"악인이 하나님께 얻을 분깃, 포악자가 전능자에게서 받을 산업은 이것이라"(13절)
"그의 자손은 번성하여도 칼을 위함이요 그의 후손은 음식물로 배부르지 못할 것이며"(14절)
"하나님은 그를 아끼지 아니하시고 던져 버릴 것이니 그의 손에서 도망치려고 힘쓰리라"(22절)

• 고린도전서 13장 하나님 앞에서의 삶인 사랑의 삶
"사랑이 없으면 소리 나는 구리와 울리는 꽹과리가 되고"(1절)
"내가 아무 것도 아니요"(2절)

"내게 아무 유익이 없느니라"(3절)

"장성한 사람이 되어서는 어린 아이의 일을 버렸노라"(11절)

"지금은 내가 부분적으로 아나 그 때에는 주께서 나를 아신 것 같이 내가 온전히 알리라"(12절)

"믿음, 소망, 사랑, 이 세 가지는 항상 있을 것인데 그 중의 제일은 사랑이라"(13절)

묵상 | 하나님 마음 알아가기

사람 앞에 섰을 때 어떤 마음으로 서십니까? 몸은 죽이되 영혼을 죽이지 못하는 사람이 아닌, 몸과 영혼을 지옥에 멸하시는 하나님을 두려워해야 합니다. 사람 앞에 섰을 때는 우리가 사명자로서 서는 것입니다.

적용

1. 사람 앞에서 하나님을 시인하십니까?

2. 우리의 삶은 하나님 앞에서의 삶입니다. 그 삶은 사랑하는 것입니다.

나(우리)에게 주시는 말씀(암송)

· 오늘의 감사 ·

· 말씀으로 기도하기 ·

월 일	맥체인 읽기: 2월 27일
오늘의 본문: 출10	눅13	욥28	고전14	찬송가 435장
오늘의 주제(키워드): **회개와 지혜**	

📖 말씀

• 출애굽기 10장 겸비하지 않은 바로

"바로에게로 들어가라"(1절)

"네가 어느 때까지 내 앞에 겸비하지 아니하겠느냐"(3절)

• 누가복음 13장 회개하는 자에게 주어지는 기회

"너희도 만일 회개하지 아니하면 다 이와 같이 망하리라"(5절)

"주인이여 금년에도 그대로 두소서 내가 두루 파고 거름을 주리니"(8절)

"좁은 문으로 들어가기를 힘쓰라"(24절)

"나는 너희가 어디에서 왔는지 알지 못하노라 행악하는 모든 자들아 나를 떠나 가라 하리라"(27절)-회개하지 않을 때는 기회 박탈

"사람들이 동서남북으로부터 와서 하나님의 나라 잔치에 참여하리니"(29절)-천국 잔치에 참여하게 됨

"보라 나중 된 자로서 먼저 될 자도 있고 먼저 된 자로서 나중 될 자도 있느니라"(30절)

• 욥기 28장 하나님으로부터의 지혜

"그러나 지혜는 어디서 얻으며 명철이 있는 곳은 어디인고 그 길을 사람이 알지 못하나니 사람 사는 땅에서는 찾을 수 없구나"(12,13절)

"그런즉 지혜는 어디서 오며 명철이 머무는 곳은 어디인고"(20절)

"하나님이 그 길을 아시며 있는 곳을 아시나니"(23절)

"보라 주를 경외함이 지혜요 악을 떠남이 명철이니라"(28절)

• 고린도전서 14장 지혜로운 은사 사용

"특별히 예언을 하려고 하라"(1절)

"예언하는 자는 사람에게 말하여"(3절)

"방언을 말하는 자는 자기의 덕을 세우고 예언하는 자는 교회의 덕을 세우나니"(4절)

"너희도 영적인 것을 사모하는 자인즉 교회의 덕을 세우기 위하여 그것이 풍성하기를 구하라"(12절)

"형제들아 지혜에는 아이가 되지 말고 악에는 어린 아이가 되라 지혜에는 장성한 사람이 되라"(20절)

"모든 것을 덕을 세우기 위하여 하라"(26절)

"모든 것을 품위 있게 하고 질서 있게 하라"(40절)

묵상 | 하나님 마음 알아가기

회개를 두려워하지 마십시오. 회개는 하나님의 복을 우리 삶에 나타나게 하는 출발입니다. 우리의 지혜는 회개할 것을 감추는 데 있지 않습니다. 하나님 앞에서 회개를 이루는 데 있습니다.

적용

1. 여호와를 경외함이 지혜입니다. 지혜를 선택하십시오.

2. 지혜로운 자는 자신의 잘못을 회개할 줄 압니다.

3. 지혜로운 자는 질서를 위해 자신의 권리를 포기할 줄 압니다.

4. 하나님으로 말미암는 지혜의 복을 누리십시오.

나(우리)에게 주시는 말씀(암송)

• 오늘의 감사 •

• 말씀으로 기도하기 •

월   일   맥체인 읽기: 2월 28일

59일차 / 365일

오늘의 본문: 출11, 12:1-20 | 눅14 | 욥29 | 고전15   찬송가 263장

오늘의 주제(키워드): **씨의 구원과 보호**

 **말씀**

출애굽기 11장, 12:1-20절 씨의 구원

"백성에게 말하여 사람들에게 각기 이웃들에게 은금 패물을 구하게 하라"(11:2)
"여호와께서 그 백성으로 애굽 사람의 은혜를 받게 하셨고"(11:3)
"애굽 땅에 있는 모든 처음 난 것은… 죽으리니"(11:5)
"여호와께서 애굽 사람과 이스라엘 사이를 구별하는 줄을 너희가 알리라"(11:7)
"너희 어린 양은 흠 없고 일 년 된 수컷으로 하되 양이나 염소 중에서 취하고"(12:5)
"허리에 띠를 띠고 발에 신을 신고 손에 지팡이를 잡고 급히 먹으라 이것이 여호와의 유월절이니라"(12:11)
"내가 피를 볼 때에 너희를 넘어가리니"(12:13)

누가복음 14장 씨의 자격

"잔치를 베풀거든 차라리 가난한 자들과 몸 불편한 자들과 저는 자들과 맹인들을 청하라"(13절)
"빨리 시내의 거리와 골목으로 나가서 가난한 자들과 몸 불편한 자들과 맹인들과 저는 자들을 데려오라"(21절)
"사람을 강권하여 데려다가 내 집을 채우라"(23절)
"자기 목숨까지 미워하지 아니하면 능히 내 제자가 되지 못하고 누구든지 자기 십자가를 지고 나를 따르지 않는 자도 능히 내 제자가 되지 못하리라"(26,27절)
"누구든지 자기의 모든 소유를 버리지 아니하면 능히 내 제자가 되지 못하리라"(33절)

욥기 29장 씨의 보호

"나는 지난 세월과 하나님이 나를 보호하시던 때가 다시 오기를 원하노라"(2절)

고린도전서 15장 씨의 구원을 위한 부활

"성경대로 그리스도께서 우리 죄를 위하여 죽으시고... 사흘 만에 다시 살아나사"(3,4절)

"내가 나 된 것은 하나님의 은혜로 된 것이니"(10절)

"그러나 이제 그리스도께서 죽은 자 가운데서 다시 살아나사 잠자는 자들의 첫 열매가 되셨도다"(20절)

묵상 | 하나님 마음 알아가기

하나님의 집은 은과 금이 아닌 구원받은 백성들로, 그리고 기도하는 소리로 채워져야 합니다. 예수의 제자로서 십자가를 지는 삶은 구원받을 백성들을 찾아 나서서 그들에게 복음을 전하는 것입니다.

적용

1. 하나님은 부활로 택하신 씨를 궁극으로 구원하십니다.

2. 이 세상에 살아가는 동안 그 씨를 보호하여 주십니다.

3. 하나님 나라의 씨(제자)로서 자기 십자가를 지고 주님을 따르며, 목숨까지 미워하며, 자기 소유를 버리고 주를 따라야 하겠습니다.

나(우리)에게 주시는 말씀(암송)

· 오늘의 감사 ·

· 말씀으로 기도하기 ·

60일차 / 365일

월 일
오늘의 본문: 출12:21-51 | 눅15 | 욥30 | 고전16
오늘의 주제(키워드): **구원의 문**
맥체인 읽기: 3월 1일
찬송가 290장

말씀

• 출애굽기 12:21-51절 유월절 규례를 통한 구원

"너희는 나가서 너희의 가족대로 어린 양을 택하여 유월절 양으로 잡고... 그 피를 문 인방과 좌우 설주에 뿌리고 아침까지 한 사람도 자기 집 문 밖에 나가지 말라"(21절)

"여호와께서... 문설주의 피를 보시면 여호와께서 그 문을 넘으시고"(23절)

"이는 여호와의 유월절 제사라"(27절)

"이스라엘 자손이... 애굽 사람에게 은금 패물과 의복을 구하매... 은혜를 입히게 하사... 주게 하시므로 그들이 애굽 사람의 물품을 취하였더라"(35,36절)

• 누가복음 15장 구원을 위한 수고

"그 잃은 것을 찾아내기까지 찾아다니지 아니하겠느냐"(4절)

"죄인 한 사람이 회개하면"(7절)

"등불을 켜고 집을 쓸며 찾아내기까지 부지런히 찾지 아니하겠느냐"(8절)

"하나님의 사자들 앞에 기쁨이 되느니라"(10절)

• 욥기 30장 구름 같이 지나가버린 구원

"순식간에 공포가 나를 에워싸고 그들이 내 품위를 바람 같이 날려 버리니 나의 구원은 구름 같이 지나가 버렸구나"(15절)

"하나님이 나를 진흙 가운데 던지셨고 나를 티끌과 재 같게 하셨구나"(19절)

"나를 바람 위에 들어 불려가게 하시며 무서운 힘으로 나를 던져 버리시나이다"(22절)

• 고린도전서 16장 구원받은 백성의 삶

"내게 광대하고 유효한 문이 열렸으나"(9절)

"너희 모든 일을 사랑으로 행하라"(14절)

"너희는 거룩하게 입맞춤으로 서로 문안하라"(20절)

묵상 | 하나님 마음 알아가기

구원은 예수 그리스도를 믿음으로 이미 이루어졌을지라도 아직은 아닙니다. 그 완성을 향해 나아가는 길은 험난합니다. 그러나 하나님은 궁극의 구원을 이루심을 기억하고 감사와 기쁨의 삶을 살아야 합니다.

적용

1. 구원이 지나가버릴 것 같은 상황에 있어도 좌절하지 마십시오.

2. 한 영혼의 구원을 향한 간절함이 있습니까?

3. "잃은 것을 찾아내기까지 찾아다니지 아니하겠느냐"는 말씀을 기억하며, 주변에 구원의 기쁜 소식을 전할 이들에게 다가가는 하루 되십시오.

나(우리)에게 주시는 말씀(암송)

• 오늘의 감사 •

• 말씀으로 기도하기 •

월 일	맥체인 읽기: 3월 2일
오늘의 본문: 출13	눅16	욥31	고후1	찬송가 379장
오늘의 주제(키워드): **찾아오시는 하나님**	

말씀

• 출애굽기 13장 유월절의 규례를 통한 만남

"해마다 절기가 되면 이 규례를 지킬지니라"(10절)

"너는 태에서 처음 난 모든 것과 네게 있는 가축의 태에서 처음 난 것을 다 구별하여 여호와께 돌리라 수컷은 여호와의 것이니라"(12절)

"하나님이 반드시 너희를 찾아오시리니"(19절)

"낮에는 구름 기둥, 밤에는 불 기둥이 백성 앞에서 떠나지 아니하니라"(21,22절)

• 누가복음 16장 하나님을 대하는 태도

"지극히 작은 것에 충성된 자는 큰 것에도 충성되고 지극히 작은 것에 불의한 자는 큰 것에도 불의하니라"(10절)

"너희는 하나님과 재물을 겸하여 섬길 수 없느니라"(13절)

"사람 중에 높임을 받는 그것은 하나님 앞에 미움을 받는 것이니라"(15절)

• 욥기 31장 오직 하나님을 바라봄

"내가 내 눈과 약속하였나니 어찌 처녀에게 주목하랴"(1절)

"만일 내 마음이 여인에게 유혹되어 이웃의 문을 엿보아 문에서 숨어 기다렸다면"(9절)

"나는 하나님의 재앙을 심히 두려워하고 그의 위엄으로 말미암아 그런 일을 할 수 없느니라"(23절)

• 고린도후서 1장 하나님만 의지함

"우리의 모든 환난 중에서 우리를 위로하사 우리로 하여금 하나님께 받는 위로로써 모든 환난 중에 있는 자들을 능히 위로하게 하시는 이시로다"(4절)

"그리스도의 고난이 우리에게 넘친 것 같이 우리가 받는 위로도 그리스도로 말미암아 넘치는도다"(5절)

"우리는 우리 자신이 사형 선고를 받은 줄 알았으니 이는 우리로 자기를 의지하지 말고 오직 죽은 자를 다시 살리시는 하나님만 의지하게 하심이라"(9절)

"하나님의 아들 예수 그리스도는 예 하고 아니라 함이 되지 아니하셨으니 그에게는 예만 되었느니라"(19절)

"하나님의 약속은 얼마든지 그리스도 안에서 예가 되니 그런즉 그로 말미암아 우리가 아멘 하여 하나님께 영광을 돌리게 되느니라"(20절)

묵상 | 하나님 마음 알아가기

하나님은 나를 찾아오셨습니다. 찾아오시는 하나님의 위로가 우리로 환난받는 자들을 위로할 수 있게 합니다. 오직 하나님만 의지하며 나아갈 때, 하나님의 위로가 하늘로부터 넘치도록 임할 것입니다.

적용

1. 하나님은 우리의 삶에 찾아오셨습니다.

2. 위로로 찾아오신 하나님만을 바라보시고, 세상을 바라보지 맙시다.

3. 하나님을 바라볼 때 사형 선고를 받은 것 같은 고난이 있지만, 그 삶은 하나님을 의지하게 하는 것임을 기억합시다.

나(우리)에게 주시는 말씀(암송)

• 오늘의 감사 •

• 말씀으로 기도하기 •

월   일   맥체인 읽기: 3월 3일

오늘의 본문: 출14 | 눅17 | 욥32 | 고후2   찬송가 521장

오늘의 주제(키워드): **하나님의 능력과 믿음의 관계**

말씀

출애굽기 14장 하나님이 행하신 큰 능력

"내가 바로의 마음을 완악하게 한즉 바로가 그들의 뒤를 따르리니 내가 그와 그의 온 군대로 말미암아 영광을 얻어 애굽 사람들이 나를 여호와인 줄 알게 하리라"(4절)

"너희는 두려워하지 말고 가만히 서서 여호와께서 오늘 너희를 위하여 행하시는 구원을 보라"(13절)

"여호와께서 너희를 위하여 싸우시리니 너희는 가만히 있을지니라"(14절)

"이스라엘 자손에게 명령하여 앞으로 나아가게 하고… 이스라엘 자손이 바다 가운데서 마른 땅으로 행하리라"(15,16절)

"여호와께서 애굽 사람들에게 행하신 그 큰 능력을 보았으므로"(31절)

누가복음 17장 능력을 가져오는 믿음

"형제가 죄를 범하거든 경고하고 회개하거든 용서하라"(3절)-용서의 능력

"우리에게 믿음을 더하소서… 너희에게 겨자씨 한 알만한 믿음이 있었더라면"(5,6절)

"이와 같이 너희도 명령 받은 것을 다 행한 후에 이르기를 우리는 무익한 종이라 우리가 하여야 할 일을 한 것뿐이라 할지니라"(10절)-주어진 면류관을 주의 발 앞에 내려 놓는 믿음

"예수 선생님이여 우리를 불쌍히 여기소서"(13절)-돌파하는 믿음

"네 믿음이 너를 구원하였느니라"(19절)

욥기 32장 하나님의 영과 함께 함

"전능자의 숨결이 사람에게 깨달음을 주시나니"(8절)

"내 속에는 말이 가득하니 내 영이 나를 압박함이니라"(18절)

고린도후서 2장 능력을 보는 믿음의 실제

"많은 눈물… 너희를 향하여 넘치는 사랑"(4절)

"차라리 그를 용서하고 위로할 것이니"(7절)

"사랑을 그들에게 나타내라"(8절)

"복음을 위하여… 주 안에서 문이 내게 열렸으되"(12절)

"항상 우리를 그리스도 안에서 이기게 하시고 우리로 말미암아 각처에서 그리스도를 아는 냄새를 나타내시는 하나님께 감사하노라"(14절)

"하나님 앞에서 그리스도의 향기니"(15절)

묵상 | 하나님 마음 알아가기

하나님은 전능하신 하나님이십니다. 하나님의 능력이 내 삶에 경험되기 위해서는 믿음을 요구합니다. 믿음의 순종은 하나님의 큰 능력을 내 삶에 나타내는 신실한 태도입니다.

적용

1. 하나님의 전능하신 능력을 믿습니까?

2. 믿음으로 하나님의 능력을 체험하시기 바랍니다.

3. 용서와 사랑, 위로의 능력이 믿음으로 행해지시길 바랍니다.

나(우리)에게 주시는 말씀(암송)

• 오늘의 감사 •

• 말씀으로 기도하기 •

월　　　일	맥체인 읽기: 3월 4일
오늘의 본문: 출15	눅18	욥33	고후3	찬송가 585장
오늘의 주제(키워드): **하나님의 인도하심**	

말씀

• 출애굽기 15장 구원하심

"내가 여호와를 찬송하리니… 여호와는 나의 힘이요 노래시며… 여호와는 용사시니(1~3절)"-홍해를 건넘으로 애굽으로부터의 구원을 이루심.

"백성이 모세에게 원망하여 이르되"(24절)

"여호와께서 그들을 위하여 법도와 율례를 정하시고 그들을 시험하실새"(25절)

"너희가 너희 하나님 나 여호와의 말을 들어 순종하고 내가 보기에 의를 행하며 내 계명에 귀를 기울이며 내 모든 규례를 지키면 내가 애굽 사람에게 내린 모든 질병 중 하나도 너희에게 내리지 아니하리니 나는 너희를 치료하는 여호와임이라"(26절)

• 누가복음 18장 기도의 응답

"예수께서 그들에게 항상 기도하고 낙심하지 말아야 할 것을 비유로 말씀하여"(1절)

"하나님께서 그 밤낮 부르짖는 택하신 자들의 원한을 풀어 주지 아니하시겠느냐 그들에게 오래 참으시겠느냐"(7절)

"세리는… 가슴을 치며 이르되 하나님이여 불쌍히 여기소서 나는 죄인이로소이다"(13절)

"보라 네 믿음이 너를 구원하였느니라"(42절)

• 욥기 33장 여러 모양으로 말씀하심

"하나님은 한 번 말씀하시고 다시 말씀하시되 사람은 관심이 없도다"(14절)

"사람이 침상에서 졸며 깊이 잠들 때에나 꿈에나 밤에 환상을 볼 때에 그가 사람의 귀를 여시고"(15,16절)

"그는 하나님께 기도하므로 하나님이 은혜를 베푸사 그로 말미암아 기뻐 외치며 하나님의 얼굴을 보게 하시고 사람에게 그의 공의를 회복시키시느니라"(26절)

고린도후서 3장 주의 영으로 함께 하심

"너희는 우리로 말미암아 나타난 그리스도의 편지니 이는 먹으로 쓴 것이 아니요 오직 살아 계신 하나님의 영으로 쓴 것이며 또 돌판에 쓴 것이 아니요 오직 육의 마음판에 쓴 것이라"(3절)

"율법 조문은 죽이는 것이요 영은 살리는 것이니라"(6절)

"그러나 언제든지 주께로 돌아가면 그 수건이 벗겨지리라"(16절)

"주는 영이시니 주의 영이 계신 곳에는 자유가 있느니라"(17절)

묵상 | 하나님 마음 알아가기

생소한 길을 갈 때 두려움이 있지만, 그 길을 아는 누군가의 안내를 받으면 그 두려움이 사라집니다. 하나님은 우리 인생길을 인도하십니다. 하나님의 인도하심에 온전히 순종하며 따를 때 순적히 목적지에 다다를 수 있습니다.

적용

1. 매일의 삶에서 하나님의 인도함을 받는 것만큼 행복한 일은 없을 것입니다.

2. 우리를 구원하여 주심으로, 기도에 응답하심으로, 말씀으로 그리고 주의 영으로 인도하시는 하나님의 인도하심을 받는 복된 날 되시기를 바랍니다.

나(우리)에게 주시는 말씀(암송)

• 오늘의 감사 •

• 말씀으로 기도하기 •

월   일

오늘의 본문: 출16 | 눅19 | 욥34 | 고후4

오늘의 주제(키워드): **시험**

맥체인 읽기: 3월 5일

찬송가 429장

 말씀

출애굽기 16장 하나님의 시험

"내가 너희를 위하여 하늘에서 양식을 비 같이 내리리니 백성이 나가서 일용할 것을 날마다 거둘 것이라 이같이 하여 그들이 내 율법을 준행하나 아니하나 내가 시험하리라"(4절)

"너희의 원망은 우리를 향하여 함이 아니요 여호와를 향하여 함이로다"(8절)

"너희 각 사람은 먹을 만큼만 이것을 거둘지니"(16절)

"그들이 모세에게 순종하지 아니하고 더러는 아침까지 두었더니 벌레가 생기고 냄새가 난지라"(20절)

"일곱째 날에 백성 중 어떤 사람들이 거두러 나갔다가 얻지 못하니라"(27절)

"어느 때까지 너희가 내 계명과 내 율법을 지키지 아니하려느냐"(28절)

누가복음 19장 직분과 명령을 통한 시험

"인자가 온 것은 잃어버린 자를 찾아 구원하려 함이니라"(10절)

"그 종 열을 불러 은화 열 므나를 주며"(13절)

"잘하였다 착한 종이여 네가 지극히 작은 것에 충성하였으니 열 고을 권세를 차지하라"(17절)-율법을 준행하나 안하나의 시험을 통과

"너희는 맞은편 마을로 가라 그리로 들어가면 아직 아무도 타 보지 않은 나귀 새끼가 매여 있는 것을 보리니 풀어 끌고 오라"(30절)

"제자의 온 무리가 자기들이 본 바 모든 능한 일로 인하여 기뻐하며 큰 소리로 하나님을 찬양하여"(37절)-주께 순종해야 할 이유

"내 집은 기도하는 집이 되리라 하였거늘 너희는 강도의 소굴을 만들었도다"(46절)

욥기 34장 시험은 언제까지인가

"사람의 행위를 따라 갚으사 각각 그의 행위대로 받게 하시나니"(11절)

"그는 사람의 길을 주목하시며 사람의 모든 걸음을 감찰하시나니"(21절)

"나는 욥이 끝까지 시험 받기를 원하노니"(36절)

고린도후서 4장 시험을 이길 수 있는 이유-예수님

"우리가 이 직분을 받아 긍휼하심을 입은 대로 낙심하지 아니하고"(1절)

"답답한 일을 당하여도 낙심하지 아니하며"(8절)

"그러므로 우리가 낙심하지 아니하노니 우리의 겉사람은 낡아지나 우리의 속사람은 날로 새로워지도다"(16절)

묵상 | 하나님 마음 알아가기

하나님은 우리를 시험(test)하시지만, 사탄은 우리를 시험(temptation)합니다. 이처럼 성도의 길에는 항상 시험이 있습니다. 그러나 우리가 낙심하지 않을 것은 우리의 겉 사람은 낡아지나 우리의 속사람은 날로 새로워지기 때문입니다.

적용

1. 삶의 영역에서 시험 중에 있습니까?

2. 오직 예수 그리스도 안에서 낙심하지 않고서 사명을 감당하시길 바랍니다.

나(우리)에게 주시는 말씀(암송)

• 오늘의 감사 •

• 말씀으로 기도하기 •

월 일 맥체인 읽기: 3월 6일

오늘의 본문: 출17 | 눅20 | 욥35 | 고후5   찬송가 526장

오늘의 주제(키워드): 주를 기쁘시게 하는 삶

말씀

출애굽기 17장 원망은 버리고 순종하는 삶
"백성이 목이 말라… 모세에게 대하여 원망하여 이르되"(3절)
"내가 호렙 산에 있는 그 반석 위 거기서 네 앞에 서리니 너는 그 반석을 치라 그것에서 물이 나오리니"(6절)
"아말렉이 와서 이스라엘과 르비딤에서 싸우니라"(8절)-위기가 닥침
"모세가 손을 들면 이스라엘이 이기고 손을 내리면 아말렉이 이기더니"(11절)
"모세가 제단을 쌓고 그 이름을 여호와 닛시라 하고"(15절)

누가복음 20장 가르치며 복음을 전하는 삶
"예수께서 성전에서 백성을 가르치시며 복음을 전하실새"(1절)
"가이사의 것은 가이사에게, 하나님의 것은 하나님께 바치라"(25절)
"하나님은 죽은 자의 하나님이 아니요 살아 있는 자의 하나님이시라 하나님에게는 모든 사람이 살았느니라"(38절)

욥기 35장 헛된 것을 좇지 않음
"그대가 범죄한들 하나님께 무슨 영향이 있겠으며 그대의 악행이 가득한들 하나님께 무슨 상관이 있겠으며"(6절)
"그대가 의로운들 하나님께 무엇을 드리겠으며 그가 그대의 손에서 무엇을 받으시겠느냐"(7절)
"헛된 것은 하나님이 결코 듣지 아니하시며 전능자가 돌아보지 아니하심이라"(13절)

고린도후서 5장 하나님과 화목함
"그런즉 우리는 몸으로 있든지 떠나든지 주를 기쁘시게 하는 자가 되기를 힘쓰노라"(9절)
"그리스도의 사랑이 우리를 강권하시는도다"(14절)

"그가 모든 사람을 대신하여 죽으심은 살아 있는 자들로 하여금 다시는 그들 자신을 위하여 살지 않고 오직 그들을 대신하여 죽었다가 다시 살아나신 이를 위하여 살게 하려 함이라"(15절)

"그런즉 누구든지 그리스도 안에 있으면 새로운 피조물이라 이전 것은 지나갔으니 보라 새 것이 되었도다"(17절)

"너희는 하나님과 화목하라"(20절)

묵상 | 하나님 마음 알아가기

예수는 이 땅에 오신 왕이십니다. 왕으로 오심을 기뻐해야 합니다. 그리고 예수 그리스도를 전하며 가르치는 삶을 최고의 기쁨으로 삼아야 합니다. 예수는 성도의 삶의 이유이기 때문입니다.

적용

1. 하나님을 기쁘시게 해드리고 있습니까?

2. 그리스도 안에서 새로운 피조물이 된 자로서 어떻게 그리스도를 기쁘시게 해드릴까를 생각하며 살아가십시오.

나(우리)에게 주시는 말씀(암송)

• 오늘의 감사 •

• 말씀으로 기도하기 •

월   일 맥체인 읽기: 3월 7일

오늘의 본문: **출18 | 눅21 | 욥36 | 고후6**   찬송가 330장

오늘의 주제(키워드): **균형 잡힌 삶**

 **말씀**

출애굽기 18장 권한 위임

"이드로가 이르되 여호와를 찬송하리로다… 이제 내가 알았도다 여호와는 모든 신보다 크시므로 이스라엘에게 교만하게 행하는 그들을 이기셨도다"(10,11절)

"그들에게 율례와 법도를 가르쳐서 마땅히 갈 길과 할 일을 그들에게 보이고"(20절)

"네가 만일 이 일을 하고 하나님께서도 네게 허락하시면 네가 이 일을 감당하고"(23절)

누가복음 21장 인내로 영혼을 얻는 것

"미혹을 받지 않도록 주의하라"(8절)

"너희의 인내로 너희 영혼을 얻으리라"(19절)

"너희는 스스로 조심하라 그렇지 않으면 방탕함과 술취함과 생활의 염려로 마음이 둔하여지고 뜻밖에 그 날이 덫과 같이 너희에게 임하리라"(34절)

"이러므로 너희는 장차 올 이 모든 일을 능히 피하고 인자 앞에 서도록 항상 기도하며 깨어 있으라 하시니라"(36절)

"예수께서 낮에는 성전에서 가르치시고 밤에는 나가 감람원이라 하는 산에서 쉬시니"(37절)-예수님의 균형 잡힌 삶은 낮에는 기도와 가르치심, 밤에는 쉬심.

욥기 36장 하나님이 하시는 일의 균형

"하나님은 능하시나 아무도 멸시하지 아니하시며 그의 지혜가 무궁하사… 고난 받는 자에게 공의를 베푸시며 그의 눈을 의인에게서 떼지 아니하시고 그를 왕들과 함께 왕좌에 앉히사 영원토록 존귀하게 하시며"(5~7절)

"만일 그들이 순종하여 섬기면 형통한 날을 보내며 즐거운 해를 지낼 것이요 만일 그들이 순종하지 아니하면 칼에 망하며 지식 없이 죽을 것이니라"(11,12절)

"그대는 하나님께서 하신 일을 기억하고 높이라 잊지 말지니라 인생이 그의 일을 찬송하였느니라"(24절)

고린도후서 6장 마음을 넓혀야 함

"보라 지금은 은혜 받을 만한 때요 보라 지금은 구원의 날이로다"(2절)

"아무 것도 없는 자 같으나 모든 것을 가진 자로다"(10절)

"마음을 넓히라"(13절)

"너희는 믿지 않는 자와 멍에를 함께 메지 말라"(14절)

"그러므로 너희는 그들 중에서 나와서 따로 있고 부정한 것을 만지지 말라"(17절)

묵상 | 하나님 마음 알아가기

삶의 균형은 중요합니다. 하나님의 섭리하심은 악인과 의인에게 고루 햇빛과 비를 주시고, 악인이라고 쉬이 심판하지 않으시는데 있습니다.
하나님의 자녀로서 삶의 균형을 잡고 살아가야 합니다.

적용

1. 당신의 삶은 균형이 잡혔습니까?

2. 가지고 있는 모든 권한을 나눔으로, 환난의 소식과 미혹 가운데서 인내함으로 그리고 마음을 넓혀 하나님의 은혜로 채워감으로 삶의 균형을 잡아가시기 바랍니다.

나(우리)에게 주시는 말씀(암송)

• 오늘의 감사 •

• 말씀으로 기도하기 •

	월 일	맥체인 읽기: 3월 8일
	오늘의 본문: 출19	눅22	욥37	고후7	찬송가 459장
	오늘의 주제(키워드): **두려우신 하나님**	

 말씀

• 출애굽기 19장 시내산에서 나타나심

"모세가 하나님 앞에 올라가니 여호와께서 산에서 그를 불러 말씀하시되 너는 이같이 야곱의 집에 말하고"(3절)

"세계가 다 내게 속하였나니 너희가 내 말을 잘 듣고 내 언약을 지키면 너희는 모든 민족 중에서 내 소유가 되겠고 너희가 내게 대하여 제사장 나라가 되며 거룩한 백성이 되리라"(5,6절)

"시내 산에 연기가 자욱하니 여호와께서 불 가운데서 거기 강림하심이라"(18절)

• 누가복음 22장 몸을 내어주신 하나님

"이것은 너희를 위하여 주는 내 몸이라 너희가 이를 행하여 나를 기념하라"(19절)

"이 잔은 내 피로 세우는 새 언약이니 곧 너희를 위하여 붓는 것이라"(20절)

"예수께서 힘쓰고 애써 더욱 간절히 기도하시니 땀이 땅에 떨어지는 핏방울 같이 되더라"(44절)

• 욥기 37장 경외해야 할 하나님

"하나님은 놀라운 음성을 내시며 우리가 헤아릴 수 없는 큰 일을 행하시느니라"(5절)

"그러므로 사람들은 그를 경외하고"(24절)

• 고린도후서 7장 하나님을 두려워하는 가운데 행할 것

"이 약속을 가진 우리는 하나님을 두려워하는 가운데 거룩함을 온전히 이루어 육과 영의 온갖 더러운 것에서 자신을 깨끗하게 하자"(1절)

"하나님의 뜻대로 하는 근심은 후회할 것이 없는 구원에 이르게 하는 회개를 이루는 것이요 세상 근심은 사망을 이루는 것이니라"(10절)

묵상 | 하나님 마음 알아가기

성도는 모든 염려를 하나님께 맡겨야 합니다. 그리고 두렵고 떨림으로 하나님을 섬겨야 합니다. 염려는 또 다른 불신앙으로 하나님의 의를 이루지 못하게 합니다. 내 안의 염려를 버리고 평안으로 무장하여야 합니다.

적용

나(우리)에게 주시는 말씀(암송)

1. 당신은 지금 하나님을 경외(두려움 가운데 섬김)하고 있습니까?

2. 그분이 자연에 행하시며, 우리를 위해 몸을 내어주심은 당신에게 오늘 어떤 태도를 결단하게 하십니까?

3. 매일의 삶에서 하나님을 두려워하는 가운데 섬기시기 바랍니다.

• 오늘의 감사 •

• 말씀으로 기도하기 •

월   일   맥체인 읽기: 3월 9일

오늘의 본문: 출20 | 눅23 | 욥38 | 고후8   찬송가 200장

오늘의 주제(키워드): **하나님 경외**

📖 말씀

• 출애굽기 20장 율법을 주신 이유
"나는 너를 애굽 땅, 종 되었던 집에서 인도하여 낸 네 하나님 여호와니라"(2절)
"하나님이 임하심은 너희를 시험하고 너희로 경외하여 범죄하지 않게 하려 하심이니라"(20절)
"내가 내 이름을 기념하게 하는 모든 곳에서 네게 임하여 복을 주리라"(24절)

• 누가복음 23장 경외하는 자의 태도들
"예수를 업신여기며 희롱하고 빛난 옷을 입혀 빌라도에게 도로 보내니"(11절)-그릇된 태도
"그를 십자가에 못 박게 하소서 십자가에 못 박게 하소서 하는지라"(21절)
＊바른 경외의 태도들
1) "당신의 나라에 임하실 때에 나를 기억하소서"(42절)
2) "백부장이... 하나님께 영광을 돌려 이르되 이 사람은 정녕 의인이었도다"(47절)
3) "무리도 그 된 일을 보고 다 가슴을 치며 돌아가고"(48절)
4) "공회 의원으로 선하고 의로운 요셉... 하나님의 나라를 기다리는 자라"(50,51절)
5) "갈릴리에서 예수와 함께 온 여자들이... 돌아가 향품과 향유를 준비하더라"(55,56절)

• 욥기 38장 경외해야 할 이유
"내가 땅의 기초를 놓을 때에 네가 어디 있었느냐 네가 깨달아 알았거든 말할지니라"(4절)
"가슴 속의 지혜는 누가 준 것이냐"(36절)
"누가 지혜로 구름의 수를 세겠느냐"(37절)

• 고린도후서 8장 경외함의 외적 표징들
"환난의 많은 시련 가운데서 그들의 넘치는 기쁨과 극심한 가난이 그들의 풍성한 연보를 넘치도록 하게 하였느니라"(2절)

"그들이 먼저 자신을 주께 드리고 또 하나님의 뜻을 따라 우리에게 주었도다"(5절)
"부요하신 이로서 너희를 위하여 가난하게 되심은 그의 가난함으로 말미암아 너희를 부요하게 하려 하심이라"(9절)
"너희의 넉넉한 것으로 그들의 부족한 것을 보충함은 후에 그들의 넉넉한 것으로 너희의 부족한 것을 보충하여 균등하게 하려 함이라"(14절)

묵상 | 하나님 마음 알아가기

'거기 너 있었는가 그 때에 주님 그 십자가에 달릴 때'라는 찬송이 있습니다. 삶에서 주님이 거부당하는 자리는 주님이 십자가에 달리시는 때입니다. 그 때 어떤 태도를 취하십니까? 뒤로 물러나거나 침묵하는 비겁한 태도가 아닌 주를 증거해야 합니다.

적용

1. 당신은 하나님 경외함을 어떻게 나타내고 있습니까?

2. 유일한 왕으로서 그분을 섬기고, 삶의 가장 귀한 것으로 드림으로 나타내시기 바랍니다.

나(우리)에게 주시는 말씀(암송)

• 오늘의 감사 •

• 말씀으로 기도하기 •

월 일	맥체인 읽기: 3월 10일
오늘의 본문: 출21	눅24	욥39	고후9	찬송가 500장
오늘의 주제(키워드): **법 안에서 행함**	

📖 말씀

• 출애굽기 21장 율법을 주심

"네가 백성 앞에 세울 법규는 이러하니라"(1절)

종에 관한 법(2~11절)

폭행에 관한 법(12~27절)

책임에 관한 법(28~36절)

＊반드시 죽여야 할 경우

1) "사람을 쳐죽인 자는 반드시 죽일 것이나"(12절)

2) "자기 아버지나 어머니를 치는 자"(15절)

3) "사람을 납치한 자"(16절)

4) "소가 남자나 여자를 받아서 죽이면"(28절)

• 누가복음 24장 예수는 율법의 완성

"어찌하여 살아 있는 자를 죽은 자 가운데서 찾느냐 여기 계시지 않고 살아나셨느니라"(5,6절)

"길에서 우리에게 말씀하시고 우리에게 성경을 풀어 주실 때에 우리 속에서 마음이 뜨겁지 아니하더냐"(32절)

"그들의 마음을 열어 성경을 깨닫게 하시고"(45절)

"모세의 율법과 선지자의 글과 시편에 나를 가리켜 기록된 모든 것이 이루어져야 하리라"(44절)

• 욥기 39장 하나님의 지혜에서 나오는 법

"이는 하나님이 지혜를 베풀지 아니하셨고 총명을 주지 아니함이라"(17절)

• 고린도후서 9장 헌금에 대한 법

"너희의 열심이 퍽 많은 사람들을 분발하게 하였느니라"(2절)

"연보를 미리 준비하게 하도록 권면하는 것이 필요한 줄 생각하였노니"(5절)

"이것이 곧 적게 심는 자는 적게 거두고 많이 심는 자는 많이 거둔다 하는 말이로다"(6절)

"하나님은 즐겨 내는 자를 사랑하시느니라"(7절)

"하나님이 능히 모든 은혜를 너희에게 넘치게 하시나니 이는 너희로 모든 일에 항상 모든 것이 넉넉하여 모든 착한 일을 넘치게 하게 하려 하심이라"(8절)

"심는 자에게 씨와 먹을 양식을 주시는 이가 너희 심을 것을 주사 풍성하게 하시고 너희 의의 열매를 더하게 하시리니"(10절)

"이 봉사의 직무가 성도들의 부족한 것을 보충할 뿐 아니라 사람들이 하나님께 드리는 많은 감사로 말미암아 넘쳤느니라"(12절)

묵상 | 하나님 마음 알아가기

법이 필요한 이유는 기준입니다. 기준이 없으면 정의가 무너집니다. 하나님은 생명의 법을 주셨습니다. 성도는 하나님이 주신 법 안에서 행해야 합니다. 무엇보다도 생명을 주는 성령의 법을 따라야 합니다.

적용

1. 당신은 하나님이 말씀하신 대로 행하고 있는가?

2. 어떻게 해야 할지 모르는 상황에서 성경으로 돌아가십시오.

3. 말씀 안에서 지혜를 찾아 행하시기 바랍니다.

나(우리)에게 주시는 말씀(암송)

• 오늘의 감사 •

• 말씀으로 기도하기 •

70일차 365일

월   일

오늘의 본문: 출22 | 요1 | 욥40 | 고후10

맥체인 읽기: 3월 11일

찬송가 87장

오늘의 주제(키워드): **말씀**

📚 말씀

• 출애굽기 22장 — 배상에 관한 말씀들

"사람이 소나 양을 도둑질하여 잡거나 팔면 그는 소 한 마리에 소 다섯 마리로 갚고"(1절)

"도둑은 반드시 배상할 것이나 배상할 것이 없으면 그 몸을 팔아 그 도둑질한 것을 배상할 것이요"(3절)

"갑절을 배상할지니라"(4,7,9절)

"가장 좋은 것으로 배상할지니라"(5절)

• 요한복음 1장 — 말씀이신 예수

"태초에 말씀이 계시니라"(1절)

"참 빛 곧 세상에 와서 각 사람에게 비추는 빛이 있었나니 그가 세상에 계셨으며 세상은 그로 말미암아 지은 바 되었으되"(9,10절)

"영접하는 자 곧 그 이름을 믿는 자들에게는 하나님의 자녀가 되는 권세를 주셨으니"(12절)

"은혜와 진리는 예수 그리스도로 말미암아 온 것이라"(17절)

"보라 세상 죄를 지고 가는 하나님의 어린 양이로다"(29절)

• 욥기 40장 — 잠잠히 들어야 할 말씀

"너는 대장부처럼 허리를 묶고 내가 네게 묻겠으니 내게 대답할지니라"(7절)

"너는 위엄과 존귀로 단장하며 영광과 영화를 입을지니라"(10절)

"너의 넘치는 노를 비우고 교만한 자를 발견하여 모두 낮추되"(11절)

• 고린도후서 10장 — 간직할 말씀

"우리의 싸우는 무기는 육신에 속한 것이 아니요 오직 어떤 견고한 진도 무너뜨리는 하나님의 능력이라 모든 이론을 무너뜨리며... 모든 생각을 사로잡아 그리스도에게 복종하게 하니"(4,5절)

"주께서 주신 권세는 너희를 무너뜨리려고 하신 것이 아니요 세우려고 하신 것이니"(8절)
"우리는 분수 이상의 자랑을 하지 않고 오직 하나님이 우리에게 나누어 주신 그 범위의 한계를 따라 하노니"(13절)
"자랑하는 자는 주 안에서 자랑할지니라"(17절)
"옳다 인정함을 받는 자는 자기를 칭찬하는 자가 아니요 오직 주께서 칭찬하시는 자니라"(18절)

묵상 | 하나님 마음 알아가기

하늘에서는 해가 최고이듯, 하나님의 말씀은 이 땅에서 최고입니다. 하나님의 말씀을 따라 살아가는 성도는 길을 잃지 않습니다. 두려움이 없습니다. 승리와 축복의 삶을 살아갑니다.

적용

1. 오늘 어떤 말씀을 들으셨습니까?

2. 들려주신 그 말씀을 간직하고 그 말씀대로 행하는 하루 되십시오.

나(우리)에게 주시는 말씀(암송)

• 오늘의 감사 •

• 말씀으로 기도하기 •

월   일   맥체인 읽기: 3월 12일

오늘의 본문: 출23 | 요2 | 욥41 | 고후11   찬송가 588장

오늘의 주제(키워드): **믿음의 도전**

 **말씀**

• 출애굽기 23장 여호와를 섬김

"안식년과 안식일"(10~13절)

"세 절기(무교병, 맥추절, 수장절)"(14절~)

1) 7일 동안.

2) 빈손으로 내 앞에 나오지 말라.

3) 네 토지에서 처음 거둔 열매의 가장 좋은 것을 가져다가 너의 하나님 여호와의 전에 드리라.

"네 하나님 여호와를 섬기라 그리하면 여호와가 너희의 양식과 물에 복을 내리고 너희 중에서 병을 제하리니"(25절)

"네가 번성하여 그 땅을 기업으로 얻을 때까지... 조금씩 쫓아내리라"(30절)

• 요한복음 2장 언제 믿어야 하는가

"무슨 말씀을 하시든지 그대로 하라 하니라"(5절) → "항아리에 물을 채우라"(7절)

"영광을 나타내시매 제자들이 그를 믿으니라"(11절)

"죽은 자 가운데서 살아나신 후에야... 성경과 예수께서 하신 말씀을 믿었더라"(22절)

"많은 사람이 그의 행하시는 표적을 보고 그의 이름을 믿었으나"(23절)

• 욥기 41장 하나님께 드림

"누가 먼저 내게 주고 나로 하여금 갚게 하겠느냐 온 천하에 있는 것이 다 내 것이니라"(11절)

• 고린도후서 11장 광명한 천사로 가장한 사탄

"사탄도 자기를 광명의 천사로 가장하나니"(14절)

"날마다 내 속에 눌리는 일이 있으니 곧 모든 교회를 위하여 염려하는 것이라"(28절)

묵상 | 하나님 마음 알아가기

믿음은 우리에게 도전을 줍니다. 그 도전은 즉각성을 요구합니다. 즉각적으로 믿을 때 하나님의 큰 일을 보게 됩니다. 표적을 보고 믿을 때는 이미 늦습니다.

적용

1. 하나님은 우리의 믿음에 도전을 주십니다.

2. 오늘 어떤 믿음의 도전이 있습니까?

3. 그 도전이 어떤 것이든 믿음으로 승리하시길 바랍니다.

나(우리)에게 주시는 말씀(암송)

• 오늘의 감사 •

• 말씀으로 기도하기 •

월 일	맥체인 읽기: 3월 13일
오늘의 본문: 출24	요3	욥42	고후12	찬송가 74장
오늘의 주제(키워드): **영생**	

말씀

▶ 출애굽기 24장 · 언약서를 주심

"언약서를 가져다가 백성에게 낭독하여 듣게 하니 그들이 이르되 여호와의 모든 말씀을 우리가 준행하리이다"(7절)

"이스라엘의 하나님을 보니 그의 발 아래에는 청옥을 편 듯하고 하늘 같이 청명하더라"(10절)

"네가 그들을 가르치도록 내가 율법과 계명을 친히 기록한 돌판을 네게 주리라"(12절)

"여호와의 영광이 이스라엘 자손의 눈에 맹렬한 불 같이 보였고"(17절)

＊살 수 있는 길 : 하나님을 뵙는 것, 여호와의 말씀을 준행하는 것.

▶ 요한복음 3장 · 믿는 자에게 주어지는 영생

"사람이 거듭나지 아니하면 하나님의 나라를 볼 수 없느니라"(3절)

"사람이 물과 성령으로 나지 아니하면 하나님의 나라에 들어갈 수 없느니라"(5절)

"이는 그를 믿는 자마다 멸망하지 않고 영생을 얻게 하려 하심이라"(16절)

"아들을 믿는 자에게는 영생이 있고 아들에게 순종하지 아니하는 자는 영생을 보지 못하고"(36절)

▶ 욥기 42장 · 하나님께서 받으심

"내가 주께 대하여 귀로 듣기만 하였사오나 이제는 눈으로 주를 뵈옵나이다"(5절)

"내 종 욥이 너희를 위하여 기도할 것인즉 내가 그를 기쁘게 받으리니"(8절)

"욥을 기쁘게 받으셨더라"(9절)

"욥이 그의 친구들을 위하여 기도할 때 여호와께서 욥의 곤경을 돌이키시고 여호와께서 욥에게 이전 모든 소유보다 갑절이나 주신지라"(10절)

고린도후서 12장 그리스도의 능력이 머무름

"내 은혜가 네게 족하도다 이는 내 능력이 약한 데서 온전하여짐이라… 이는 그리스도의 능력이 내게 머물게 하려 함이라"(9절)

"그러므로 내가 그리스도를 위하여 약한 것들과 능욕과 궁핍과 박해와 곤고를 기뻐하노니 이는 내가 약한 그 때에 강함이라"(10절)

묵상 | 하나님 마음 알아가기

믿음의 성도들에겐 영원한 생명이 선물로 주어졌습니다.
세상 그 어떤 것보다 귀한 영생을 소유한 성도로서 이 땅에서의 유한한 기쁨에 만족하지 말고 영원한 천국의 기쁨을 소망해야 합니다.

적용

1. 하나님은 약속의 말씀과 예수 그리스도를 통해 영생을 주셨습니다.

2. 이 땅에서 영생의 축복을 누리기 위해 하나님이 기뻐 받으시는 삶을 살아가시기 바랍니다.

나(우리)에게 주시는 말씀(암송)

• 오늘의 감사 •

• 말씀으로 기도하기 •

	월 일	맥체인 읽기: 3월 14일
	오늘의 본문: 출25	요4	잠1	고후13	찬송가 211장
	오늘의 주제(키워드): **예배**	

 말씀

출애굽기 25장 하나님을 만남

"이스라엘 자손에게 명령하여 내게 예물을 가져오라 하고 기쁜 마음으로 내는 자가 내게 바치는 모든 것을 너희는 받을지니라"(2절)-예물 준비

"내가 그들 중에 거할 성소를 그들이 나를 위하여 짓되"(8절)-성소 마련

"순금으로"(17,24,29,31,36,38,39절)

"거기서 내가 너와 만나고 속죄소 위… 내가 이스라엘 자손을 위하여 네게 명령할 모든 일을 네게 이르리라"(22절)

"너는 삼가 이 산에서 네게 보인 양식대로 할지니라"(40절)

요한복음 4장 영과 진리로 예배함

"이 물을 마시는 자마다 다시 목마르려니와 내가 주는 물을 마시는 자는 영원히 목마르지 아니하리니 내가 주는 물은 그 속에서 영생하도록 솟아나는 샘물이 되리라"(13,14절)

"아버지께 참되게 예배하는 자들은 영과 진리로 예배할 때가 오나니 곧 이 때라 아버지께서는 자기에게 이렇게 예배하는 자들을 찾으시느니라"(23절)

"나의 양식은 나를 보내신 이의 뜻을 행하며 그의 일을 온전히 이루는 이것이니라"(34절)

"너희 눈을 들어 밭을 보라 희어져 추수하게 되었도다"(35절)

"우리가 친히 듣고 그가 참으로 세상의 구주신 줄 앎이라"(42절)

잠언 1장 여호와를 경외함

"여호와를 경외하는 것이 지식의 근본이거늘"(7절)

"보라 내가 나의 영을 너희에게 부어 주며 내 말을 너희에게 보이리라"(23절)

＊예배를 거부하는 자

"너희가 지식을 미워하며 여호와 경외하기를 즐거워하지 아니하며"(29절)

"나의 교훈을 받지 아니하고 나의 모든 책망을 업신여겼음이니라"(30절)

"자기 행위의 열매를 먹으며 자기 꾀에 배부르리라"(31절)

"오직 내 말을 듣는 자는 평안히 살며 재앙의 두려움이 없이 안전하리라"(33절)

고린도후서 13장 우리 안에 계신 예수 그리스도

"그리스도께서 약하심으로 십자가에 못 박히셨으나 하나님의 능력으로 살아 계시니 우리도 그 안에서 약하나 너희에게 대하여 하나님의 능력으로 그와 함께 살리라"(4절)

"너희는 믿음 안에 있는가 너희 자신을 시험하고 너희 자신을 확증하라 예수 그리스도께서 너희 안에 계신 줄을 너희가 스스로 알지 못하느냐"(5절)

"마지막으로 말하노니 형제들아 기뻐하라 온전하게 되며 위로를 받으며 마음을 같이하며 평안할지어다 또 사랑과 평강의 하나님이 너희와 함께 계시리라 거룩하게 입맞춤으로 서로 문안하라"(11절)

묵상 | 하나님 마음 알아가기

영과 진리로 드리는 예배에는 하나님과의 만남이 있습니다. 거룩한 하나님의 신부로서 신랑되신 하나님과 결혼예식을 드리는 예배에서 신랑을 확인함은 기쁨이며 축복입니다.

적용

1. 우리 안에 살아 계신 하나님을 온전히 예배하십니까?

2. 그분이 기쁨으로 거하시는 거룩한 성전 된 몸을 이루며, 주신 사명 잘 감당하며, 하나님을 경외함으로 영과 진리로 예배하는 삶이 되시길 바랍니다.

나(우리)에게 주시는 말씀(암송)

• 오늘의 감사 •

• 말씀으로 기도하기 •

월 일	맥체인 읽기: 3월 15일
오늘의 본문: 출26	요5	잠2	갈1	찬송가 210장
오늘의 주제(키워드): **연결됨**	

 **말씀**

출애굽기 26장 성막의 연결
"연결하여 한 막이 되게 하고"(11절)

"널판을 만들어 세우되… 서로 연결하게 하되"(15,17절)

"정교하게 수 놓아서"(31절)

요한복음 5장 성부와 성자의 연결
"내 아버지께서 이제까지 일하시니 나도 일한다"(17절)

"하나님을 자기의 친 아버지라 하여 자기를 하나님과 동등으로 삼으심이러라"(18절)

"아들이 아버지께서 하시는 일을 보지 않고는 아무 것도 스스로 할 수 없나니 아버지께서 행하시는 그것을 아들도 그와 같이 행하느니라"(19절)

잠언 2장 하나님의 지혜와 우리의 행위의 연결
"대저 여호와는 지혜를 주시며 지식과 명철을 그 입에서 내심이며"(6절)

"그는 정직한 자를 위하여 완전한 지혜를 예비하시며 행실이 온전한 자에게 방패가 되시나니"(7절)

"대저 정직한 자는 땅에 거하며 완전한 자는 땅에 남아 있으리라"(21절)

갈라디아서 1장 하나님께 영광 돌림
"사람들에게서 난 것도 아니요 사람으로 말미암은 것도 아니요 오직 예수 그리스도와 그를 죽은 자 가운데서 살리신 하나님 아버지로 말미암아 사도 된 바울은"(1절)

"이제 내가 사람들에게 좋게 하랴 하나님께 좋게 하랴 사람들에게 기쁨을 구하랴 내가 지금까지 사람들의 기쁨을 구하였다면 그리스도의 종이 아니니라"(10절)

"나로 말미암아 하나님께 영광을 돌리니라"(24절)

묵상 | 하나님 마음 알아가기

가지가 줄기에 연결되어 있어야 열매를 맺습니다. 다리가 안전하게 연결되어 있어야 안심하고 건널 수 있습니다. 하나님의 지혜는 우리의 행위와 연결되어 있습니다.

적용

1. 하나님과 어떻게 연결되어 있습니까?

2. 하나님께서 주신 사명을 감당함으로, 그분의 지혜를 따라 정직히 행함으로, 하나님께 영광 돌리는 삶을 통해 하나님과 연결됨을 기억하시기 바랍니다.

나(우리)에게 주시는 말씀(암송)

• 오늘의 감사 •

• 말씀으로 기도하기 •

75일차 / 365일

월 일

오늘의 본문: 출27 | 요6 | 잠3 | 갈2

맥체인 읽기: 3월 16일

찬송가 446장

오늘의 주제(키워드): **생명의 길**

 말씀

출애굽기 27장 날과 시간을 통한 생명의 길

"감람으로 짠 순수한 기름을 등불을 위하여 네게로 가져오게 하고 끊이지 않게 등불을 켜되"(20절)-날의 연속성

"회막 안 증거궤 앞 휘장 밖에서 저녁부터 아침까지 항상 여호와 앞에 그 등불을 보살피게 하라"(21절)-시간의 불연속성

요한복음 6장 생명의 양식

"썩을 양식을 위하여 일하지 말고 영생하도록 있는 양식을 위하여 하라"(27절)

"하나님께서 보내신 이를 믿는 것이 하나님의 일이니라"(29절)

"나는 생명의 떡이니 내게 오는 자는 결코 주리지 아니할 터이요 나를 믿는 자는 영원히 목마르지 아니하리라"(35절)

"내가 하늘에서 내려온 것은 내 뜻을 행하려 함이 아니요 나를 보내신 이의 뜻을 행하려 함이니라"(38절)

"나를 보내신 이의 뜻은 내게 주신 자 중에 내가 하나도 잃어버리지 아니하고 마지막 날에 다시 살리는 이것이니라"(39절)

"나는 하늘에서 내려온 살아 있는 떡이니 사람이 이 떡을 먹으면 영생하리라"(51절)

잠언 3장 마음을 다하여 하나님을 신뢰함

"인자와 진리가 네게서 떠나지 말게 하고 그것을 네 목에 매며 네 마음판에 새기라"(3절)

"너는 마음을 다하여 여호와를 신뢰하고 네 명철을 의지하지 말라"(5절)

"너는 범사에 그를 인정하라 그리하면 네 길을 지도하시리라"(6절)

갈라디아서 2장 오직 예수 그리스도를 믿음

"사람이 의롭게 되는 것은... 오직 예수 그리스도를 믿음으로 말미암는 줄 알므로... 그리스도를 믿음으로써 의롭다 함을 얻으려 함이라"(16절)

"내가 율법으로 말미암아 율법에 대하여 죽었나니 이는 하나님에 대하여 살려 함이라"(19절)

"내가 그리스도와 함께 십자가에 못 박혔나니 그런즉 이제는 내가 사는 것이 아니요 오직 내 안에 그리스도께서 사시는 것이라 이제 내가 육체 가운데 사는 것은 나를 사랑하사 나를 위하여 자기 자신을 버리신 하나님의 아들을 믿는 믿음 안에서 사는 것이라"(20절)

묵상 | 하나님 마음 알아가기

자신의 명철과 지식을 의지하지 말아야 합니다. 성도는 오직 여호와를 신뢰하여야 합니다. 그리고 범사에 하나님을 인정하여야 합니다. 그리하면 모든 길을 인도하여 주십니다.

적용

1. 어떤 생명을 사모하십니까? 이 땅에서의 유한한 생명입니까? 아니면 영원한 생명입니까?

2. 하나님께서 주신 생명은 오직 예수 그리스도를 믿음으로써만 얻을 수 있습니다.

3. 마음을 다하여 하나님을 신뢰하고 하나님의 아들을 믿는 믿음 안에서 사시기 바랍니다.

나(우리)에게 주시는 말씀(암송)

• 오늘의 감사 •

• 말씀으로 기도하기 •

월 일	맥체인 읽기: 3월 17일
오늘의 본문: 출28	요7	잠4	갈3	찬송가 312장
오늘의 주제(키워드): **영광을 위한 삶**	

말씀

• 출애굽기 28장 거룩한 옷을 통한 영광

"네 형 아론을 위하여 거룩한 옷을 지어 영화롭고 아름답게 할지니"(2절)

"아론은 여호와 앞에서 이스라엘 자손의 흉패를 항상 그의 가슴에 붙일지니라"(30절)

"순금으로 패를 만들어 도장을 새기는 법으로 그 위에 새기되 '여호와께 성결'이라 하고… 관 전면에 있게 하라"(36,37절)

"영화롭고 아름답게 하되"(40절)

"회막에 들어갈 때에나 제단에 가까이 하여 거룩한 곳에서 섬길 때에 그것들을 입어야 죄를 짊어진 채 죽지 아니하리니"(43절)

• 요한복음 7장 하나님의 영광을 구함

"자신을 세상에 나타내소서… 내 때는 아직 이르지 아니하였거니와 너희 때는 늘 준비되어 있느니라"(4,6절)

"내 교훈은 내 것이 아니요 나를 보내신 이의 것이니라"(16절)

"스스로 말하는 자는 자기 영광만 구하되 보내신 이의 영광을 구하는 자는 참되니"(18절)

• 잠언 4장 빛나는 의인의 길

"내 말을 네 마음에 두라 내 명령을 지키라 그리하면 살리라"(4절)

"지혜를 버리지 말라 그가 너를 보호하리라 그를 사랑하라 그가 너를 지키리라"(6절)

"지혜가 제일이니 지혜를 얻으라"(7절)

"의인의 길은 돋는 햇살 같아서 크게 빛나 한낮의 광명에 이르거니와"(18절)

"모든 지킬 만한 것 중에 더욱 네 마음을 지키라 생명의 근원이 이에서 남이니라"(23절)

"좌로나 우로나 치우치지 말고 네 발을 악에서 떠나게 하라"(27절)

갈라디아서 3장 | 믿음으로 말미암는 삶

"믿음으로 말미암은 자들은 아브라함의 자손인 줄 알지어다"(7절)

"의인은 믿음으로 살리라"(11절)

"믿음으로 말미암아 성령의 약속을 받게 하려 함이라"(14절)

"너희가 다 믿음으로 말미암아 그리스도 예수 안에서 하나님의 아들이 되었으니"(26절)

묵상 | 하나님 마음 알아가기

어떤 옷을 입고 있습니까? 세상의 아름다운 옷을 자랑하지 말고, 예수 그리스도로 옷을 입고 자랑하십시오. 그것이 성도의 영광입니다.

적용

1. 영광을 위해 어떤 옷을 입고 있습니까?

2. 세속과 정욕의 옷을 벗고 예수 그리스도로 옷 입고, 하나님의 영광을 위한 삶, 즉 지혜를 품은 의인의 길을 가고 오직 믿음으로 사시기 바랍니다.

나(우리)에게 주시는 말씀(암송)

• 오늘의 감사 •

• 말씀으로 기도하기 •

77일차 / 365일

월   일

맥체인 읽기: 3월 18일

오늘의 본문: 출29 | 요8 | 잠5 | 갈4

찬송가 459장

오늘의 주제(키워드): **말씀 안에 거함**

📖 말씀

• 출애굽기 29장 | 제사장 위임식을 명하심

"아론과 그의 아들들에게 띠를 띠우며 관을 씌워 그들에게 제사장의 직분을 맡겨 영원한 규례가 되게 하라 너는 이같이 아론과 그의 아들들에게 위임하여 거룩하게 할지니라"(9절)

"내가 거기서 이스라엘 자손을 만나리니 내 영광으로 말미암아 회막이 거룩하게 될지라"(43절)

"그들은 내가 그들의 하나님 여호와로서 그들 중에 거하려고 그들을 애굽 땅에서 인도하여 낸 줄을 알리라"(46절)

• 요한복음 8장 | 말씀 안에서 자유함

"나는 세상의 빛이니 나를 따르는 자는 어둠에 다니지 아니하고 생명의 빛을 얻으리라"(12절)

"너희가 내 말에 거하면 참으로 내 제자가 되고"(31절)

"진리를 알지니 진리가 너희를 자유롭게 하리라"(32절)

"어찌하여 내 말을 깨닫지 못하느냐 이는 내 말을 들을 줄 알지 못함이로다"(43절)

"하나님께 속한 자는 하나님의 말씀을 듣나니 너희가 듣지 아니함은 하나님께 속하지 아니하였음이로다"(47절)

• 잠언 5장 | 들어야 할 지혜의 말씀

"그런즉 아들들아 나에게 들으며 내 입의 말을 버리지 말고 네 길을 그에게서 멀리 하라"(7,8절)

"너는 네 우물에서 물을 마시며 네 샘에서 흐르는 물을 마시라"(15절)

"네 샘으로 복되게 하라 네가 젊어서 취한 아내를 즐거워하라"(18절)

"대저 사람의 길은 여호와의 눈 앞에 있나니 그가 그 사람의 모든 길을 평탄하게 하시느니라"(21절)

갈라디아서 4장 그리스도의 형상을 이룸

"때가 차매 하나님이 그 아들을 보내사"(4절)

"너희가 아들이므로 하나님이 그 아들의 영을 우리 마음 가운데 보내사 아빠 아버지라 부르게 하셨느니라"(6절)

"그러므로 네가 이 후로는 종이 아니요 아들이니 아들이면 하나님으로 말미암아 유업을 받을 자니라"(7절)

"나의 자녀들아 너희 속에 그리스도의 형상을 이루기까지 다시 너희를 위하여 해산하는 수고를 하노니"(19절)

묵상 | 하나님 마음 알아가기

지금 어떤 생각에 머물러 있습니까? 세상의 헛된 생각들에 머물러 있다면 그 생각들은 사망으로 인도합니다. 하지만 진리의 말씀에 거한다면 자유로 인도할 것입니다.

적용

1. 당신 안에 말씀이 거하십니까?

2. 말씀(진리)이신 그리스도가 거하시면 그 아들과 함께 아들의 영이 함께 거하십니다. 그리스도로 말미암아 참된 자유를 누리시기 바랍니다.

나(우리)에게 주시는 말씀(암송)

• 오늘의 감사 •

• 말씀으로 기도하기 •

월   일 맥체인 읽기: 3월 19일

오늘의 본문: 출30 | 요9 | 잠6 | 갈5

찬송가 42장

오늘의 주제(키워드): **향기로운 향**

말씀

출애굽기 30장 거룩한 향

"아침마다 그 위에 향기로운 향을 사르되"(7절)

"이 향은 너희가 대대로 여호와 앞에 끊지 못할지며"(8절)

"그것으로 거룩한 관유를 만들되 향을 제조하는 법대로 향기름을 만들지니 그것이 거룩한 관유가 될지라"(25절)

"이 향은 너희에게 지극히 거룩하니라"(36절)

"네가 여호와를 위하여 만들 향은 거룩한 것이니"(37절)

요한복음 9장 하나님의 뜻대로 행함

"그에게서 하나님이 하시는 일을 나타내고자 하심이라"(3절)

"하나님이 죄인의 말을 듣지 아니하시고 경건하여 그의 뜻대로 행하는 자의 말은 들으시는 줄을 우리가 아나이다"(31절)

잠언 6장 듣고 행할 말씀

"타인을 위하여 보증하였으면... 너는 곧 가서 겸손히 네 이웃에게 간구하여 스스로 구원하되"(1,3절)

"게으른 자여 개미에게 가서 그가 하는 것을 보고 지혜를 얻으라"(6절)

"여호와께서 미워하시는 것 곧 그의 마음에 싫어하시는 것이 예닐곱 가지이니 곧 교만한 눈과 거짓된 혀와 무죄한 자의 피를 흘리는 손과 악한 계교를 꾀하는 마음과 빨리 악으로 달려가는 발과 거짓을 말하는 망령된 증인과 및 형제 사이를 이간하는 자이니라"(16~19절)

갈라디아서 5장 성령을 따라 행함

"형제들아 너희가 자유를 위하여 부르심을 입었으나 그러나 그 자유로 육체의 기회를 삼지 말

고 오직 사랑으로 서로 종 노릇 하라"(13절)

"너희는 성령을 따라 행하라 그리하면 육체의 욕심을 이루지 아니하리라"(16절)

"오직 성령의 열매는 사랑과 희락과 화평과 오래 참음과 자비와 양선과 충성과 온유와 절제니"(22,23절)

묵상 | 하나님 마음 알아가기

귤꽃이 내는 향내를 따라 걸은 적이 있습니다. 향기는 사람을 끄는 힘이 있습니다. 성령으로 충만함으로 예수 그리스도의 향기로 살아가십시오.

적용

1. 당신에게서 어떤 향기가 나고 있습니까?

2. 우리는 그리스도를 나타내는 향기입니다. 성령의 열매로 향기를 나타내며 사시기 바랍니다.

나(우리)에게 주시는 말씀(암송)

• 오늘의 감사 •

• 말씀으로 기도하기 •

171

79일차 / 365일

월 일
맥체인 읽기: 3월 20일
오늘의 본문: 출31 | 요10 | 잠7 | 갈6
찬송가 575장
오늘의 주제(키워드): **짐을 서로 짊어짐**

말씀

• 출애굽기 31장 부르심과 지혜주심

"브살렐을 지명하여 부르고"(2절)

"하나님의 영을 그에게 충만하게 하여 지혜와 총명과 지식과 여러 가지 재주로 정교한 일을 연구하여… 만들게 하며"(3,4절)

"오홀리압을 세워 그와 함께 하게 하며 지혜로운 마음이 있는 모든 자에게 내가 지혜를 주어… 다 만들게 할지니"(6절)

• 요한복음 10장 목숨을 버림

"내가 온 것은 양으로 생명을 얻게 하고 더 풍성히 얻게 하려는 것이라"(10절)

"나는 선한 목자라 선한 목자는 양들을 위하여 목숨을 버리거니와"(11절)

"나는 양을 위하여 목숨을 버리노라"(15절)

• 잠언 7장 계명을 간직

"내 아들아 내 말을 지키며 내 계명을 간직하라"(1절)

"네 마음이 음녀의 길로 치우치지 말며 그 길에 미혹되지 말지어다 대저 그가 많은 사람을 상하여 엎드러지게 하였나니 그에게 죽은 자가 허다하니라"(25,26절)

• 갈라디아서 6장 자기의 일을 살핌

"형제들아 사람이 만일 무슨 범죄한 일이 드러나거든 신령한 너희는 온유한 심령으로 그러한 자를 바로잡고 너 자신을 살펴보아 너도 시험을 받을까 두려워하라"(1절)

"짐을 서로 지라"(2절)

"각각 자기의 일을 살피라"(4절)

"사람이 무엇으로 심든지 그대로 거두리라"(7절)

"자기의 육체를 위하여 심는 자는 육체로부터 썩어질 것을 거두고 성령을 위하여 심는 자는 성령으로부터 영생을 거두리라"(8절)

"내게는 우리 주 예수 그리스도의 십자가 외에 결코 자랑할 것이 없으니"(14절)

"내 몸에 예수의 흔적을 지니고 있노라"(17절)

묵상 | 하나님 마음 알아가기

길에서 폐지를 주우시는 할머니의 리어커를 밀어주는 어떤 분의 사진을 본 적이 있습니다.

누군가의 짐을 함께 져 준다는 것은 아름다움 모습입니다.

주께서는 '짐을 서로지라'고 명하십니다.

적용

1. 가정과 교회 공동체 그리고 하나님 나라를 위해 어떤 짐을 지고 있습니까?

2. 주신 계명 안에서 자기의 일을 살필 뿐 아니라 부르신 부르심에 합당하게 행하시기 바랍니다.

나(우리)에게 주시는 말씀(암송)

• 오늘의 감사 •

• 말씀으로 기도하기 •

월 일 　맥체인 읽기: 3월 21일

오늘의 본문: 출32 | 요11 | 잠8 | 엡1

찬송가 274장

오늘의 주제(키워드): **하나님의 영광**

📖 말씀

• 출애굽기 32장 예배의 변질

"아론이 그들의 손에서 금 고리를 받아 부어서 조각칼로 새겨 송아지 형상을 만드니 그들이 말하되 이스라엘아 이는 너희를 애굽 땅에서 인도하여 낸 너희의 신이로다"(4절)

"이튿날에 그들이 일찍이 일어나 번제를 드리며 화목제를 드리고 백성이 앉아서 먹고 마시며 일어나서 뛰놀더라"(6절)-변질된 예배는 하나님의 영광을 가린다

"여호와께서 모세에게 이르시되 너는 내려가라 네가 애굽 땅에서 인도하여 낸 네 백성이 부패하였도다"(7절)

"내가 이 백성을 보니 목이 뻣뻣한 백성이로다"(9절)

* 백성의 죄를 탄원하는 지도자 *

1) 11~13절. 2) 31~32절 "이제 그들의 죄를 사하시옵소서"

• 요한복음 11장 믿음으로 보는 하나님의 영광

"이 병은 죽을 병이 아니라 하나님의 영광을 위함이요 하나님의 아들이 이로 말미암아 영광을 받게 하려 함이라"(4절)

"나는 부활이요 생명이니 나를 믿는 자는 죽어도 살겠고 무릇 살아서 나를 믿는 자는 영원히 죽지 아니하리니"(25,26절)

"네가 믿으면 하나님의 영광을 보리라"(40절)

• 잠언 8장 여호와를 사랑함

"여호와를 경외하는 것은 악을 미워하는 것이라"(13절)

"나를 사랑하는 자들이 나의 사랑을 입으며 나를 간절히 찾는 자가 나를 만날 것이니라"(17절)

"대저 나를 얻는 자는 생명을 얻고 여호와께 은총을 얻을 것임이니라"(35절)

에베소서 1장 그리스도 안에서 오는 영광

"우리는 그리스도 안에서 그의 은혜의 풍성함을 따라 그의 피로 말미암아 속량 곧 죄 사함을 받았느니라"(7절)

"하늘에 있는 것이나 땅에 있는 것이 다 그리스도 안에서 통일되게 하려 하심이라"(10절)

"지혜와 계시의 영을 너희에게 주사 하나님을 알게 하시고"(17절)

"모든 통치와 권세와 능력과 주권과 이 세상뿐 아니라 오는 세상에 일컫는 모든 이름 위에 뛰어나게 하시고"(21절)

"교회는 그의 몸이니 만물 안에서 만물을 충만하게 하시는 이의 충만함이니라"(23절)

묵상 | 하나님 마음 알아가기

하나님의 일반 은총 속에 인류는 하나님의 큰 사랑을 입었습니다.
성도는 십자가로 인하여 더 큰 사랑을 받았습니다.
그럼에도 일상에서 하나님의 사랑을 받는 길은 하나님을 사랑하는 것입니다.

적용

1. 가정과 교회 공동체 그리고 하나님 나라를 위해 어떤 짐을 지고 있습니까?

2. 주신 계명 안에서 자기의 일을 살필 뿐 아니라 부르신 부르심에 합당하게 행하시길 바랍니다.

나(우리)에게 주시는 말씀(암송)

• 오늘의 감사 •

• 말씀으로 기도하기 •

월 일	맥체인 읽기: 3월 22일
오늘의 본문: 출33	요12	잠9	엡2	찬송가 150장
오늘의 주제(키워드): **영광**	

81일차 365일

 **말씀**

• 출애굽기 33장 하나님을 대면함
"사람이 자기의 친구와 이야기함 같이 여호와께서는 모세와 대면하여 말씀하시며"(11절)
"주의 길을 내게 보이사 내게 주를 알리시고 나로 주의 목전에 은총을 입게 하시며"(13절)
"나는 은혜 베풀 자에게 은혜를 베풀고 긍휼히 여길 자에게 긍휼을 베푸느니라"(19절)
"너는 내 목전에 은총을 입었고 내가 이름으로도 너를 아노니라… 주의 영광을 내게 보이소서"(17,18절)

• 요한복음 12장 영광 받으신 예수
"인자가 영광을 얻을 때가 왔도다"(23절)
"한 알의 밀이 땅에 떨어져 죽지 아니하면 한 알 그대로 있고 죽으면 많은 열매를 맺느니라"(24절)
"아버지여, 아버지의 이름을 영광스럽게 하옵소서… 내가 이미 영광스럽게 하였고 또다시 영광스럽게 하리라"(28절)
"내가 온 것은 세상을 심판하려 함이 아니요 세상을 구원하려 함이로라"(47절)

• 잠언 9장 여호와를 경외함
"여호와를 경외하는 것이 지혜의 근본이요 거룩하신 자를 아는 것이 명철이니라"(10절)

• 에베소서 2장 그리스도와 함께 한 영광
"긍휼이 풍성하신 하나님이 우리를 사랑하신 그 큰 사랑을 인하여"(4절)
"허물로 죽은 우리를 그리스도와 함께 살리셨고"(5절)
"또 함께 일으키사 그리스도 예수 안에서 함께 하늘에 앉히시니"(6절)
"그리스도 예수 안에서 그리스도의 피로 가까워졌느니라"(13절)

"그러므로 이제부터 너희는 외인도 아니요 나그네도 아니요 오직 성도들과 동일한 시민이요 하나님의 권속이라"(19절)

묵상 | 하나님 마음 알아가기

세상의 영광은 취하는 것이며 높아지는 것입니다. 그러나 성도의 영광은 한 알의 밀알 처럼 죽는 것이며 그리스도와 함께하는 것입니다. 그리스도와 함께 하늘에 앉히운 바가 되었습니다.

적용

1. 그리스도와 함께 하늘의 영광에 참여하게 되었음을 확신하십니까?

2. 오직 여호와를 경외함으로 하나님을 대면하고, 하나님 나라 시민으로서 합당하게 살아가시기 바랍니다.

나(우리)에게 주시는 말씀(암송)

• 오늘의 감사 •

• 말씀으로 기도하기 •

82일차 365일

월   일   맥체인 읽기: 3월 23일

오늘의 본문: 출34 | 요13 | 잠10 | 엡3

찬송가 524장

오늘의 주제(키워드): **하나님의 복**

말씀

• 출애굽기 34장 하나님의 이름을 선포하심

"여호와께서 구름 가운데에 강림하사 그와 함께 거기 서서 여호와의 이름을 선포하실새"(5절)

"여호와라 여호와라 자비롭고 은혜롭고 노하기를 더디하고 인자와 진실이 많은 하나님이라"(6절)

"너는 스스로 삼가 네가 들어가는 땅의 주민과 언약을 세우지 말라 그것이 너희에게 올무가 될까 하노라"(12절)

"빈 손으로 내 얼굴을 보지 말지니라"(20절)

• 요한복음 13장 사람(선생)이 되신 예수

"세상에 있는 자기 사람들을 사랑하시되 끝까지 사랑하시니라"(1절)

"제자들의 발을 씻으시고"(5절)

"내가 주와 또는 선생이 되어 너희 발을 씻었으니 너희도 서로 발을 씻어 주는 것이 옳으니라"(14절)

"새 계명을 너희에게 주노니 서로 사랑하라 내가 너희를 사랑한 것 같이 너희도 서로 사랑하라"(34절)

"너희가 서로 사랑하면 이로써 모든 사람이 너희가 내 제자인 줄 알리라"(35절)

• 잠언 10장 여호와의 복의 특징

"미움은 다툼을 일으켜도 사랑은 모든 허물을 가리느니라"(12절)

"여호와께서 주시는 복은 사람을 부하게 하고 근심을 겸하여 주지 아니하시느니라"(22절)

• 에베소서 3장 넘치도록 하심

"이방인들이 복음으로 말미암아 그리스도 예수 안에서 함께 상속자가 되고 함께 지체가 되고 함

께 약속에 참여하는 자가 됨이라"(6절)
"지식에 넘치는 그리스도의 사랑을 알고 그 너비와 길이와 높이와 깊이가 어떠함을 깨달아 하나님의 모든 충만하신 것으로 너희에게 충만하게 하시기를 구하노라"(18,19절)
"우리 가운데서 역사하시는 능력대로 우리가 구하거나 생각하는 모든 것에 더 넘치도록 능히 하실 이에게"(20절)

묵상 | 하나님 마음 알아가기

사람을 부하게 하고 근심을 겸하여 주지 않으시는 하나님의 복을 기대하십시오.
복이신 예수 그리스도를 통해 경험케 하셨고, 누리게 하셨습니다. 사랑함으로 더욱 풍성케 쌓아가야 합니다.

적용

1. 여호와를 하나님으로 섬기며, 예수 그리스도의 복음을 받은 우리는 복을 이미 누리고 있음을 기억하십니까?

2. 여호와의 이름을 날마다 부르며, 주의 계명을 따라 행하며 그 사랑 안에 거하시길 바랍니다.

나(우리)에게 주시는 말씀(암송)

• 오늘의 감사 •

• 말씀으로 기도하기 •

83일차 / 365일

월   일

오늘의 본문: 출35 | 요14 | 잠11 | 엡4

맥체인 읽기: 3월 24일

찬송가 43장

오늘의 주제(키워드): **부르심**

 **말씀**

• 출애굽기 35장 성막 제작으로 부르심
"너희의 소유 중에서 너희는 여호와께 드릴 것을 택하되 마음에 원하는 자는 누구든지 그것을 가져다가 여호와께 드릴지니"(5절)
"무릇 너희 중 마음이 지혜로운 자는 와서 여호와께서 명령하신 것을 다 만들지니"(10절)
"마음이 감동된 모든 자와 자원하는 모든 자가 와서… 여호와께 드렸으니"(21절)
"마음이 슬기로운 모든 여인은 손수 실을 빼고"(25절)
"모든 족장은… 보석을 가져왔으며"(27절)
"여호와께서 유다 지파 훌의 손자요 우리의 아들인 브살렐을 지명하여 부르시고 하나님의 영을 그에게 충만하게 하여 지혜와 총명과 지식으로 여러 가지 일을 하게 하시되"(30,31절)
"오홀리압을 감동시키사 가르치게 하시며"(34절)

• 요한복음 14장 예수에게로 부르심
"내가 곧 길이요 진리요 생명이니 나로 말미암지 않고는 아버지께로 올 자가 없느니라"(6절)
"내가 아버지 안에 거하고 아버지께서 내 안에 계심을 믿으라 그렇지 못하겠거든 행하는 그 일로 말미암아 나를 믿으라"(11절)
"나를 믿는 자는 내가 하는 일을 그도 할 것이요 또한 그보다 큰 일도 하리니"(12절)
"내 이름으로 무엇이든지 내게 구하면 내가 행하리라"(14절)

• 잠언 11장 정직으로 부르심
"정직한 자의 성실은 자기를 인도하거니와 사악한 자의 패역은 자기를 망하게 하느니라"(3절)
"정직한 자의 공의는 자기를 건지려니와"(6절)
"의인이 형통하면 성읍이 즐거워하고 악인이 패망하면 기뻐 외치느니라"(10절)
"성읍은 정직한 자의 축복으로 인하여 진흥하고"(11절)

에베소서 4장 부르심에 합당한 삶

"너희가 부르심을 받은 일에 합당하게 행하여
1) 모든 겸손과 온유로 하고
2) 사랑 가운데서 서로 용납하고
3) 평안의 매는 줄로 성령이 하나되게 하신 것을 힘써 지키라
부르심의 한 소망 안에서 부르심을 받았느니라"(1~4절)
"우리 각 사람에게 그리스도의 선물의 분량대로 은혜를 주셨나니"(7절)
"사람은 사도로... 선지자로... 복음 전하는 자로... 목사와 교사로"(11절)

묵상 | 하나님 마음 알아가기

세상과 죄는 사망으로 부르지만, 하나님은 생명으로 부르십니다.
하나님의 부르심에 성도는 그 부르심의 자리에서 합당하게 행하여 말씀에 온전히 순종할때 새생명을 누리게 됩니다.

적용

1. 하나님이 어떠한 부르심으로 부르셨습니까?

2. 그 모든 부르심은 그리스도의 선물의 분량대로 부르셨음을 기억하고, 부르심을 받은 일에 합당하게 행하시길 바랍니다.

나(우리)에게 주시는 말씀(암송)

• 오늘의 감사 •

• 말씀으로 기도하기 •

84일차 / 365일

월 일

오늘의 본문: 출36 | 요15 | 잠12 | 엡5

맥체인 읽기: 3월 25일

찬송가 330장

오늘의 주제(키워드): **남음-열매**

 **말씀**

• 출애굽기 36장 남음이 있는 헌신

"브살렐과 오홀리압과 및 마음이 지혜로운 사람 곧 여호와께서 지혜와 총명을 부으사 성소에 쓸 모든 일을 할 줄 알게 하신 자들은 모두 여호와께서 명령하신 대로 할 것이니라"(1절)

"백성이 너무 많이 가져오므로 여호와께서 명령하신 일에 쓰기에 남음이 있나이다"(5절)

"있는 재료가 모든 일을 하기에 넉넉하여 남음이 있었더라"(7절)

• 요한복음 15장 예수 안에 거함으로 맺는 열매

"나는 포도나무요 너희는 가지라 그가 내 안에, 내가 그 안에 거하면 사람이 열매를 많이 맺나니 나를 떠나서는 너희가 아무 것도 할 수 없음이라"(5절)

"너희가 내 안에 거하고 내 말이 너희 안에 거하면 무엇이든지 원하는 대로 구하라 그리하면 이루리라"(7절)

"너희가 나를 택한 것이 아니요 내가 너희를 택하여 세웠나니 이는 너희로 가서 열매를 맺게 하고 또 너희 열매가 항상 있게 하여 내 이름으로 아버지께 무엇을 구하든지 다 받게 하려 함이라"(16절)

• 잠언 12장 부지런함

"자기의 토지를 경작하는 자는 먹을 것이 많거니와"(11절)

"사람은 입의 열매로 말미암아 복록에 족하며 그 손이 행하는 대로 자기가 받느니라"(14절)

"사람의 부귀는 부지런한 것이니라"(27절)

• 에베소서 5장 사랑 가운데 행함

"그리스도께서 너희를 사랑하신 것 같이 너희도 사랑 가운데서 행하라 그는 우리를 위하여 자신을 버리사 향기로운 제물과 희생제물로 하나님께 드리셨느니라"(2절)

"음행과 온갖 더러운 것과 탐욕은 너희 중에서 그 이름조차도 부르지 말라 이는 성도에게 마땅한 바니라"(3절)

"너희가 전에는 어둠이더니 이제는 주 안에서 빛이라 빛의 자녀들처럼 행하라"(8절)

"세월을 아끼라 때가 악하니라"(16절)

묵상 | 하나님 마음 알아가기

멸망은 욕심으로부터 옵니다. 자기 땅을 경작할 때 남음이 있음을 기억하며, 경계를 넘어서지 말아야 합니다.

경계를 넘어서는 것은 탐욕으로부터 말미암는 것입니다.

적용

1. 그리스도 안에 거하고 계십니까?

2. 그리스도 안에 있을 때 그의 부요함이 우리의 것이 됩니다. 그리스도 안에서 남음이 있는 삶을 사시기 바랍니다.

나(우리)에게 주시는 말씀(암송)

• 오늘의 감사 •

• 말씀으로 기도하기 •

85일차 / 365일

월   일

오늘의 본문: 출37 | 요16 | 잠13 | 엡6

맥체인 읽기: 3월 26일

찬송가 199장

오늘의 주제(키워드): **안팎의 무장**

 말씀

출애굽기 37장 순금으로 밖을 무장함
"순금으로 안팎을 싸고"(2절)
"순금으로 속죄소를 만들었으니"(6절)
"조각목으로 그 채를 만들어 금으로 쌌으며"(28절)

요한복음 16장 성령으로 안을 무장함
"내가 떠나가는 것이 너희에게 유익이라"(7절)
"진리의 성령이 오시면 그가 너희를 모든 진리 가운데로 인도하시리니"(13절)
"세상에서는 너희가 환난을 당하나 담대하라 내가 세상을 이기었노라"(33절)

잠언 13장 훈계를 들음
"지혜로운 아들은 아비의 훈계를 들으나 거만한 자는 꾸지람을 즐겨 듣지 아니하느니라"(1절)
"권면을 듣는 자는 지혜가 있느니라"(10절)
"매를 아끼는 자는 그의 자식을 미워함이라 자식을 사랑하는 자는 근실히 징계하느니라"(24절)

에베소서 6장 전신갑주의 무장
"자녀들아 주 안에서 너희 부모에게 순종하라"(1절)
"너희 자녀를 노엽게 하지 말고 오직 주의 교훈과 훈계로 양육하라"(4절)
"하나님의 전신 갑주를 입으라"(11,13절)

묵상 | 하나님 마음 알아가기

이스라엘 군인들은 휴가중에도 무장을 하고 거리를 거닙니다.
그 이유는 항상 적으로 생각하는 이들로부터 자신과 국가를 지키기 위해서입니다. 하나님 나라의 군사인 성도는 안팎으로 무장해야 합니다.

적용

1. 안팎으로 무장하고 있습니까?

2. 정금 같은 믿음으로 바깥을, 성령으로 안을 무장함으로 오늘도 주님이 승리하신 세상에서 승리를 쟁취하시기 바랍니다.

나(우리)에게 주시는 말씀(암송)

• 오늘의 감사 •

• 말씀으로 기도하기 •

월   일   맥체인 읽기: 3월 27일

오늘의 본문: 출38 | 요17 | 잠14 | 빌1   찬송가 50장

오늘의 주제(키워드): **그리스도 복음에 합당한 삶**

말씀

• 출애굽기 38장 명령대로 완수함
"그가 또 조각목으로 번제단을 만들었으니"(1절)
"그가 놋으로 물두멍을 만들고"(8절)
"그가 또 뜰을 만들었으니"(9절)
"제단의 모든 기구를 만들었으며"(30절)
"성막의 모든 말뚝과 뜰 주위의 모든 말뚝을 만들었더라"(31절)

• 요한복음 17장 예수님의 기도를 이룸
"영생은 곧 유일하신 참 하나님과 그가 보내신 자 예수 그리스도를 아는 것이니이다"(3절)
"나는 아버지께서 내게 주신 말씀들을 그들에게 주었사오며"(8절)
"거룩하신 아버지여 내게 주신 아버지의 이름으로 그들을 보전하사 우리와 같이 그들도 하나가 되게 하옵소서"(11절)
"다만 악에 빠지지 않게 보전하시기를 위함이니이다"(15절)
"그들을 진리로 거룩하게 하옵소서 아버지의 말씀은 진리니이다"(17절)
"우리가 하나가 된 것 같이 그들도 하나가 되게 하려 함이니이다"(22절)

• 잠언 14장 정직하게 행함
"정직하게 행하는 자는 여호와를 경외하여도"(2절)

• 빌립보서 1장 그리스도를 존귀하게 하는 삶
"간구할 때마다... 기쁨으로 항상 간구함은"(4절)
"너희 안에서 착한 일을 시작하신 이가 그리스도 예수의 날까지 이루실 줄을 우리는 확신하노라"(6절)

"나의 간절한 기대와 소망을 따라 아무 일에든지 부끄러워하지 아니하고 지금도 전과 같이 온전히 담대하여 살든지 죽든지 내 몸에서 그리스도가 존귀하게 되게 하려 하나니 이는 내게 사는 것이 그리스도니 죽는 것도 유익함이라"(20,21절)

"오직 너희는 그리스도의 복음에 합당하게 생활하라"(27절)

묵상 | 하나님 마음 알아가기

성도는 복음으로 새생명을 얻었습니다. 그러므로 복음에 합당한 삶을 살아야 합니다. 세상이나 세상에 있는 것들을 사랑하는 것은 복음에 합당하지 않습니다. 오직 말씀이 기준이 되도록 해야 합니다.

적용

1. 그리스도의 복음에 합당하게 살기로 작정하십니까?

2. 주님이 명령하신 것을 기억하고, 주님의 뜻을 이루기 힘쓰며, 정직하게 행할 뿐 아니라 살든지 죽든지 그리스도가 존귀하게 되는 삶을 사시기 바랍니다.

나(우리)에게 주시는 말씀(암송)

• 오늘의 감사 •

• 말씀으로 기도하기 •

월 일	맥체인 읽기: 3월 28일
오늘의 본문: 출39	요18	잠15	빌2	찬송가 25장
오늘의 주제(키워드): **여호와께 성결**	

 말씀

• 출애굽기 39장 명령하신대로 함

"여호와께서 모세에게 명령하신 대로 하였더라"(5,7,21,26,29,31,32,43절)

"그들이 또 순금으로 거룩한 패를 만들고 도장을 새김 같이 그 위에 '여호와께 성결'이라 새기고"(30절)

"이스라엘 자손이 이와 같이 성막 곧 회막의 모든 역사를 마치되 여호와께서 모세에게 명령하신 대로 다 행하고"(32절)

"모세가 그 마친 모든 것을 본즉 여호와께서 명령하신 대로 되었으므로 모세가 그들에게 축복하였더라"(43절)

• 요한복음 18장 주신 잔을 마심

"이는 아버지께서 내게 주신 자 중에서 하나도 잃지 아니하였사옵나이다 하신 말씀을 응하게 하려 함이러라"(9절)

"아버지께서 주신 잔을 내가 마시지 아니하겠느냐"(11절)

"내 나라는 여기에 속한 것이 아니니라"(36절)

"네 말과 같이 내가 왕이니라... 진리에 속한 자는 내 음성을 듣느니라"(37절)

• 잠언 15장 말에서 성결

"유순한 대답은 분노를 쉬게 하여도 과격한 말은 노를 격동하느니라"(1절)

"온순한 혀는 곧 생명 나무이지만"(4절)

"지혜로운 자의 입술은 지식을 전파하여도"(7절)

"의논이 없으면 경영이 무너지고 지략이 많으면 경영이 성립하느니라"(22절)

빌립보서 2장 | 그리스도의 마음을 품음

"너희 안에 이 마음을 품으라 곧 그리스도 예수의 마음이니"(5절)

"하늘에 있는 자들과 땅에 있는 자들과 땅 아래에 있는 자들로 모든 무릎을 예수의 이름에 꿇게 하시고 모든 입으로 예수 그리스도를 주라 시인하여 하나님 아버지께 영광을 돌리게 하셨느니라"(10,11절)

묵상 | 하나님 마음 알아가기

성도의 성결은 육체적 성결에만 머무르지 않습니다. 신앙고백에서의 성결을 이뤄야 합니다. 그것은 예수 그리스도께서 영원한 왕이심을 변치 않고 고백하는 것입니다.

적용

1. 하나님이 명하신 명령이 무엇입니까?

2. 그 명령대로 행하며, 주님 주신 사명을 온전히 감당하며, 그리스도의 마음을 품음으로 여호와께 성결을 이루어가는 하루가 되시기를 바랍니다.

나(우리)에게 주시는 말씀(암송)

• 오늘의 감사 •

• 말씀으로 기도하기 •

월   일   맥체인 읽기: 3월 29일

88일차 365일

오늘의 본문: 출40 | 요19 | 잠16 | 빌3   찬송가 600장

오늘의 주제(키워드): **다 이룸**

 **말씀**

• 출애굽기 40장 여호와의 영광이 충만함
"관유를 가져다가... 거룩하게 하라"(9절)

"기름을 부어 거룩하게 하여"(13절)

"기름 부음을 받았은즉 대대로 영영히 제사장이 되리라"(15절)

"여호와께서 자기에게 명령하신 대로 다 행하였더라"(16절)

"여호와께서 모세에게 명령하신 대로 되니라"(21,23,25,27,29,32절)

"구름이 회막에 덮이고 여호와의 영광이 성막에 충만하매"(34절)

• 요한복음 19장 십자가로 다 이루심
"대제사장들과 아랫사람들이 예수를 보고 소리 질러 이르되 십자가에 못 박으소서 십자가에 못 박으소서 하는지라"(6절)

"예수께서 자기의 십자가를 지시고 해골(히브리 말로 골고다)이라 하는 곳에 나가시니"(17절)

"다 이루었다"(30절)

"한 군인이 창으로 옆구리를 찌르니 곧 피와 물이 나오더라"(34절)

• 잠언 16장 여호와께서 이루심
"마음의 경영은 사람에게 있어도 말의 응답은 여호와께로부터 나오느니라"(1절)

"너의 행사를 여호와께 맡기라 그리하면 네가 경영하는 것이 이루어지리라"(3절)

"여호와께서 온갖 것을 그 쓰임에 적당하게 지으셨나니 악인도 악한 날에 적당하게 하셨느니라"(4절)

"사람이 마음으로 자기의 길을 계획할지라도 그의 걸음을 인도하시는 이는 여호와시니라"(9절)

• 빌립보서 3장 부르신 부름의 상을 향해 달려감
"하나님의 성령으로 봉사하며 그리스도 예수로 자랑하고"(3절)

"그러나 무엇이든지 내게 유익하던 것을 내가 그리스도를 위하여 다 해로 여길뿐더러 또한 모든 것을 해로 여김은 내 주 그리스도 예수를 아는 지식이 가장 고상하기 때문이라 내가 그를 위하여

모든 것을 잃어버리고 배설물로 여김은 그리스도를 얻고 그 안에서 발견되려 함이니… 오직 그리스도를 믿음으로 말미암은 것이니"(7-9절)

"푯대를 향하여 그리스도 예수 안에서 하나님이 위에서 부르신 부름의 상을 위하여 달려가노라"(14절)

"우리의 시민권은 하늘에 있는지라"(20절)

묵상 | 하나님 마음 알아가기

세상에서의 이룸은 가지는 것이고, 정복하는 것입니다.
그러나 온전한 이룸은 죽는 것입니다.
예수 그리스도의 십자가의 죽으심은 온전히 이루심입니다.

적용

1. 성도로 다 이루는 것은 무엇일까요?

2. 하나님의 명령하신 대로 행하며, 하나님의 영광을 보며, 주신 사명 감당할 뿐 아니라 위에서 부르신 부름의 상을 향해 달려가는 것입니다. 기억하십시오. 우리의 시민권은 하늘에 있다는 것을.

나(우리)에게 주시는 말씀(암송)

• 오늘의 감사 •

• 말씀으로 기도하기 •

월   일
맥체인 읽기: 3월 30일

오늘의 본문: 레1 | 요20 | 잠17 | 빌4

찬송가 197장

오늘의 주제(키워드): **평강**

 말씀

• 레위기 1장   평강을 위한 제사

"소의 번제이면 흠 없는 수컷으로 회막 문에서 여호와 앞에 기쁘게 받으시도록 드릴지니라"(3절)

"양이나 염소의 번제이면 흠 없는 수컷으로 드릴지니"(10절)

"제사장은 그 전부를 가져다가 제단 위에서 불살라 번제를 드릴지니"(13절)

"이는 화제라 여호와께 향기로운 냄새니라"(13,17절)

• 요한복음 20장   평강을 선포하신 예수님

"너희에게 평강이 있을지어다"(19절)

"너희에게 평강이 있을지어다 아버지께서 나를 보내신 것 같이 나도 너희를 보내노라"(21절)

"성령을 받으라 너희가 누구의 죄든지 사하면 사하여질 것이요 누구의 죄든지 그대로 두면 그대로 있으리라"(22,23절)

• 잠언 17장   마음의 평강

"여호와는 마음을 연단하시느니라"(3절)

"허물을 덮어 주는 자는 사랑을 구하는 자요 그것을 거듭 말하는 자는 친한 벗을 이간하는 자니라"(9절)

"마음의 즐거움은 양약이라도 심령의 근심은 뼈를 마르게 하느니라"(22절)

• 빌립보서 4장   기도와 간구를 통한 평강

"주 안에서 같은 마음을 품으라"(2절)

"주 안에서 항상 기뻐하라 내가 다시 말하노니 기뻐하라"(4절)

"아무 것도 염려하지 말고 다만 모든 일에 기도와 간구로, 너희 구할 것을 감사함으로 하나님께 아뢰라 그리하면 모든 지각에 뛰어난 하나님의 평강이 그리스도 예수 안에서 너희 마음과 생각

을 지키시리라"(6,7절)

"나의 하나님이 그리스도 예수 안에서 영광 가운데 그 풍성한 대로 너희 모든 쓸 것을 채우시리라"(19절)

묵상 | 하나님 마음 알아가기

참 평안은 예수 그리스도로 말미암습니다. 부활 후 제자들이 있는 곳을 찾아오신 예수님은 '너희에게 평강이 있을지어다'고 하셨습니다. 염려 근심 두려움을 버려야 오는 평강을 예수님은 제자들에게 주신 것입니다.

적용

1. 하나님과 화평하십니까? 예수는 우리에게 평강을 선포하셨습니다.

2. 온전한 예배로 하나님 안에서 평강을 누리며, 심령으로 평강하며, 기도와 간구로 하나님의 평강 안에 거하십시오.

나(우리)에게 주시는 말씀(암송)

• 오늘의 감사 •

• 말씀으로 기도하기 •

| 월 일 | 맥체인 읽기: 3월 31일 |

오늘의 본문: 레2,3 | 요21 | 잠18 | 골1   찬송가 225장

오늘의 주제(키워드): **사랑**

 **말씀**

• 레위기 2, 3장 하나님을 향한 사랑-향기로운 냄새의 제사

"소제의 예물을 여호와께 드리려거든… 그 고운 가루 한 움큼과 기름과 그 모든 유향을 가져다가 기념물로 제단 위에서 불사를지니 이는 화제라 여호와께 향기로운 냄새니라"(2:1,2)

"화목제의 제물을 예물로… 흠 없는 것으로 여호와 앞에 드릴지니"(3:1)

"이는 화제라 여호와께 향기로운 냄새니라"(3:5)

"여호와께 예물로 드리는 화목제의 제물이 양이면… 흠 없는 것으로 드릴지며"(3:6)

"이는 화제로 드리는 음식이요 향기로운 냄새라 모든 기름은 여호와의 것이니라"(3:16)

• 요한복음 21장 예수님을 향한 사랑

"그물을 배 오른편에 던지라 그리하면 잡으리라 하시니 이에 던졌더니 물고기가 많아 그물을 들 수 없더라"(6절)

"요한의 아들 시몬아 네가 이 사람들보다 나를 더 사랑하느냐"(15,16,17절)

"내 어린 양을 먹이라"(15절)

"내 양을 치라"(16절)

"내 양을 먹이라"(17절)

• 잠언 18장 사랑으로 행하는 삶에서 취할 것과 버릴 것

"무리에게서 스스로 갈라지는 자는 자기 소욕을 따르는 자라 온갖 참 지혜를 배척하느니라"(1절)

"명철한 사람의 입의 말은 깊은 물과 같고 지혜의 샘은 솟구쳐 흐르는 내와 같으니라"(4절)

"자기의 일을 게을리하는 자는 패가하는 자의 형제니라"(9절)

"사람의 마음의 교만은 멸망의 선봉이요 겸손은 존귀의 길잡이니라"(12절)

"많은 친구를 얻는 자는 해를 당하게 되거니와 어떤 친구는 형제보다 친밀하니라"(24절)

• 골로새서 1장 교회의, 교회를 향한 사랑

"너희를 위하여 기도할 때마다… 감사하노라"(3절)

"그리스도 예수 안에 너희의 믿음과 모든 성도에 대한 사랑을 들었음이요"(4절)

"이 복음이... 열매를 맺어 자라는도다"(6절)

"에바브라... 성령 안에서 너희 사랑을 우리에게 알린 자"(7절)

"그가 우리를 흑암의 권세에서 건져내사 그의 사랑의 아들의 나라로 옮기셨으니 그 아들 안에서 우리가 속량 곧 죄 사함을 얻었도다"(13,14절)

"우리가 그를 전파하여 각 사람을 권하고 모든 지혜로 각 사람을 가르침은 각 사람을 그리스도 안에서 완전한 자로 세우려 함이니 이를 위하여 나도 내 속에서 능력으로 역사하시는 이의 역사를 따라 힘을 다하여 수고하노라"(28,29절)

묵상 | 하나님 마음 알아가기

성도가 하나님을 향해 예배드리는 것은 사랑의 표현입니다. 우리를 사랑하심으로 독생자를 주셨고, 십자가에 달려죽으심에 대해, 감사하며 우리를 거룩한 산 제물로 드림으로 사랑을 표현하는 시간이 예배의 시간입니다.

적용

1. 하나님을 사랑하십니까? 자신을 흠 없는 산 제물로 하나님께 드리십시오.

2. 예수님을 사랑하십니까? 제자를 삼으십시오.

3. 교회를 사랑하십니까? 교회를 세우기에 힘을 다하여 수고하십시오.

나(우리)에게 주시는 말씀(암송)

• 오늘의 감사 •

• 말씀으로 기도하기 •

91일차 / 365일	월 일	맥체인 읽기: 4월 1일

오늘의 본문: 레4 | 시1,2 | 잠19 | 골2   찬송가 255장

오늘의 주제(키워드): **죄 사함**

 **말씀**

• 레위기 4장 제사장을 통한 속죄

"기름 부음을 받은 제사장이 범죄하여 백성의 허물이 되었으면 그가 범한 죄로 말미암아 흠 없는 수송아지로 속죄제물을 삼아"(3절)

"만일 이스라엘 온 회중이 여호와의 계명 중 하나라도 부지중에 범하여 허물이 있으나"(13절)

"만일 족장이 그의 하나님 여호와의 계명 중 하나라도 부지중에 범하여 허물이 있었는데"(22절)

"만일 평민의 한 사람이 여호와의 계명 중 하나라도 부지중에 범하여 허물이 있었는데"(27절)

"제사장이 그것으로 회중을 위하여 속죄한즉 그들이 사함을 받으리라"(20,26,31,35절)

• 시편 1, 2편 복의 근원 예수님

"복 있는 사람은 악인들의 꾀를 따르지 아니하며 죄인들의 길에 서지 아니하며 오만한 자들의 자리에 앉지 아니하고"(1:1)

"무릇 의인들의 길은 여호와께서 인정하시나 악인들의 길은 망하리로다"(1:6)

"내가 나의 왕을 내 거룩한 산 시온에 세웠다 하시리로다"(2:6)

"너는 내 아들이라 오늘 내가 너를 낳았도다"(2:7)

"여호와께 피하는 모든 사람은 다 복이 있도다"(2:12)

• 잠언 19장 허물을 용서함

"허물을 용서하는 것이 자기의 영광이니라"(11절)

"사람의 마음에는 많은 계획이 있어도 오직 여호와의 뜻만이 완전히 서리라"(21절)

• 골로새서 2장 하나님의 비밀인 그리스도를 통한 죄 사함

"하나님의 비밀인 그리스도를 깨닫게 하려 함이니"(2절)

"그 안에는 지혜와 지식의 모든 보화가 감추어져 있느니라"(3절)

"너희가 세례로 그리스도와 함께 장사되고 또 죽은 자들 가운데서 그를 일으키신 하나님의 역사를 믿음으로 말미암아 그 안에서 함께 일으키심을 받았느니라"(12절)

"또 범죄와 육체의 무할례로 죽었던 너희를 하나님이"(13절)

1) "그와 함께 살리시고"(13절)

2) "우리의 모든 죄를 사하시고"(13절)

3) "우리를 거스르고 불리하게 하는 법조문으로 쓴 증서를 지우시고 제하여 버리사 십자가에 못 박으시고"(14절)

4) "통치자들과 권세들을 2)무력화하여 드러내어 구경거리로 삼으시고 십자가로 그들을 이기셨느니라"(15절)

묵상 | 하나님 마음 알아가기

우리의 죄가 사함받은 사건은 인생 최대의 사건입니다. 죄사함의 복은 복의 근원이시며 대제사장이신 예수님께서 주신 최고의 복입니다.

적용

1. 예수 그리스도의 죄사함의 권세를 의지하십니까?

2. 흠이 없는 영원한 제사장으로 우리의 죄를 사하시기 위해 십자가에서 죽으시고 부활하신 예수만이 우리의 모든 죄를 사하시는 권세자이십니다.

3. 예수 안에서 죄 사함의 은총을 누리시길 바랍니다.

나(우리)에게 주시는 말씀(암송)

• 오늘의 감사 •

• 말씀으로 기도하기 •

월   일   맥체인 읽기: 4월 2일

오늘의 본문: 레5 | 시3,4 | 잠20 | 골3

찬송가 423장

오늘의 주제(키워드): **각종 부정에 대한 처리**

 **말씀**

레위기 5장 각종 부정에 대한 처리

"그 사람의 부정이 어떠한 부정이든지 그것을 깨달았을 때에는 허물이 있을 것이요"(3절)

"그 잘못으로 말미암아 여호와께 속죄제를 드리되… 제사장은 그의 허물을 위하여 속죄할지니라"(6절)

"제사장이 그가 이 중에서 하나를 범하여 얻은 허물을 위하여 속죄한즉 그가 사함을 받으리라"(13,16,18절)

"여호와의 성물에 대하여 부지중에 범죄하였으면… 성물에 대한 잘못을 보상하되…"(15,16절)

"여호와의 계명 중 하나를 부지중에 범하여도 허물이라"(17절)

시편 3, 4편 구원은 여호와께 있음

"많은 사람이 나를 대적하여 말하기를 그는 하나님께 구원을 받지 못한다 하나이다"(3:2)

"구원은 여호와께 있사오니 주의 복을 주의 백성에게 내리소서"(3:8)

"너희는 떨며 범죄하지 말지어다 자리에 누워 심중에 말하고 잠잠할지어다"(4:4)

"내가 평안히 눕고 자기도 하리니 나를 안전히 살게 하시는 이는 오직 여호와이시니이다"(4:8)

잠언 20장 여호와를 기다리는 자의 삶

"사람의 마음에 있는 모략은 깊은 물 같으니라 그럴지라도 명철한 사람은 그것을 길어 내느니라"(5절)

"한결같지 않은 되는 다 여호와께서 미워하시느니라"(10절)

"경영은 의논함으로 성취하나니 지략을 베풀고 전쟁할지니라"(18절)

"너는 악을 갚겠다 말하지 말고 여호와를 기다리라 그가 너를 구원하시리라"(22절)

"한결같지 않은 저울 추는 여호와께서 미워하시는 것이요"(23절)

골로새서 3장 구원받은 자의 삶

"그러므로 너희가 그리스도와 함께 다시 살리심을 받았으면 위의 것을 찾으라"(1절)

"위의 것을 생각하고 땅의 것을 생각하지 말라"(2절)

"그러므로 땅에 있는 지체를 죽이라 곧 음란과 부정과 사욕과 악한 정욕과 탐심이니"(5절)

"너희가 서로 거짓말을 하지 말라 옛 사람과 그 행위를 벗어 버리고 새 사람을 입었으니 이는 자기를 창조하신 이의 형상을 따라 지식에까지 새롭게 하심을 입은 자니라"(9,10절)

"이 모든 것 위에 사랑을 더하라 이는 온전하게 매는 띠니라"(14절)

"무엇을 하든지 말에나 일에나 다 주 예수의 이름으로 하고"(17절)

"무슨 일을 하든지 마음을 다하여 주께 하듯 하고"(23절)

묵상 | 하나님 마음 알아가기

하나님은 제사장을 통하여 백성들의 부정을 처리하도록 하셨습니다. 대제사장 되신 예수 그리스도는 우리 모든 부정을 십자가로 해결해주셨습니다.

적용

1. 각종 부정에 대한 해결을 위해 예수 그리스도의 죄 사함을 의지하십니까?

2. 예수 안에서 모든 죄 사함의 은총을 누리시기 바랍니다.

나(우리)에게 주시는 말씀(암송)

• 오늘의 감사 •

• 말씀으로 기도하기 •

	월 일	맥체인 읽기: 4월 3일
	오늘의 본문: 레6	시5, 6	잠21	골4	찬송가 424장
	오늘의 주제(키워드): **꺼지지 않아야 할 것**	

 **말씀**

• 레위기 6장   제단의 불
"제단 위의 불은 항상 피워 꺼지지 않게 할지니 제사장은 아침마다 나무를 그 위에서 태우고"(12절)
"불은 끊임이 없이 제단 위에 피워 꺼지지 않게 할지니라"(13절)

• 시편 5, 6편   예배와 기도를 통한 여호와 경외함
"여호와여 아침에 주께서 나의 소리를 들으시리니 아침에 내가 주께 기도하고 바라리이다"(5:3)
"오직 나는 주의 풍성한 사랑을 힘입어 주의 집에 들어가 주를 경외함으로 성전을 향하여 예배하리이다"(5:7)
"여호와께서 내 간구를 들으셨음이여 여호와께서 내 기도를 받으시리로다"(6:9)

• 잠언 21장   부지런함
"사람의 행위가 자기 보기에는 모두 정직하여도 여호와는 마음을 감찰하시느니라"(2절)
"부지런한 자의 경영은 풍부함에 이를 것이나 조급한 자는 궁핍함에 이를 따름이니라"(5절)
"싸울 날을 위하여 마병을 예비하거니와 이김은 여호와께 있느니라"(31절)

• 골로새서 4장   기도
"기도를 계속하고 기도에 감사함으로 깨어 있으라"(2절)
"전도할 문을 우리에게 열어 주사 그리스도의 비밀을 말하게 하시기를 구하라"(3절)

묵상 | 하나님 마음 알아가기

제단 위의 불은 꺼지지 않도록 했습니다. 성도의 기도는 꺼지지 않는 불이어야 합니다. 아침마다 쉬지 말고 기도해야 합니다. 기도의 골방이 있습니까?

적용

1. 하나님 앞에서 꺼뜨리지 말아야 할 불은 예배와 기도 그리고 부지런한 삶입니다.

2. 오늘 이를 위해 어떻게 행하시겠습니까?

나(우리)에게 주시는 말씀(암송)

• 오늘의 감사 •

• 말씀으로 기도하기 •

94일차 365일

월   일

오늘의 본문: 레7 | 시7, 8 | 잠22 | 살전1

맥체인 읽기: 4월 4일

찬송가 425장

오늘의 주제(키워드): **하나님을 향한 믿음의 삶**

 말씀

•레위기 7장 거룩함을 이루는 제사

"속건제의 규례는 이러하니라"(1절)

"소제물은… 아론의 모든 자손이 균등하게 분배할 것이니라"(10절)

"여호와께 드릴 화목제물의 규례는 이러하니라"(11절)

"감사함으로 드리는 화목제물"(15절)

"새나 짐승의 피나 무슨 피든지 먹지 말라"(26절)

•시편 7, 8편 영화와 존귀함을 입은 성도

"여호와여 나의 의와 나의 성실함을 따라 나를 심판하소서"(7:8)

"사람이 회개하지 아니하면 그가 그의 칼을 가심이여 그의 활을 이미 당기어 예비하셨도다"(7:12)

"여호와 우리 주여 주의 이름이 온 땅에 어찌 그리 아름다운지요"(8:1)

"그를 하나님보다 조금 못하게 하시고 영화와 존귀로 관을 씌우셨나이다"(8:5)

•잠언 22장 재물과 영광과 생명의 삶

"가난한 자와 부한 자가 함께 살거니와 그 모두를 지으신 이는 여호와시니라"(2절)

"겸손과 여호와를 경외함의 보상은 재물과 영광과 생명이니라"(4절)

"마땅히 행할 길을 아이에게 가르치라 그리하면 늙어도 그것을 떠나지 아니하리라"(6절)

"네가 자기의 일에 능숙한 사람을 보았느냐 이러한 사람은 왕 앞에 설 것이요"(29절)

•데살로니가전서 1장 하나님을 향하는 믿음의 소문

"너희의 믿음의 역사와 사랑의 수고와 우리 주 예수 그리스도에 대한 소망의 인내를 우리 하나님 아버지 앞에서 끊임없이 기억함이니"(3절)

"이는 우리 복음이 너희에게 말로만 이른 것이 아니라 또한 능력과 성령과 큰 확신으로 된 것임

이라"(5절)

"하나님을 향하는 너희 믿음의 소문이 각처에 퍼졌으므로"(8절)

묵상 | 하나님 마음 알아가기

성도는 영화와 존귀함을 입은 존재입니다. 이에 맞는 생각과 언어와 행동을 통해 하나님의 거룩함을 이루어가야 합니다.

적용

1. 하나님 앞에서 어떠한 믿음의 삶을 살아가십니까?

2. 거룩한 예배를 이루시고, 영화와 존귀로 관을 씌움 받은 이로서의 자존감과 겸손과 여호와를 경외하는 삶을 사시기 바랍니다.

나(우리)에게 주시는 말씀(암송)

• 오늘의 감사 •

• 말씀으로 기도하기 •

월 일	맥체인 읽기: 4월 5일
오늘의 본문: 레8	시9	잠23	살전2	찬송가 426장
오늘의 주제(키워드): **하나님을 기쁘시게 함**	

95일차 / 365일

 ## 말씀

• 레위기 8장 명령하신 일을 준행함
"여호와께서 모세에게 명령하신 것과 같았더라"(9,13,17,21,29절)
"아론과 그의 아들들이 여호와께서 모세를 통하여 명령하신 모든 일을 준행하니라"(36절)

• 시편 9편 주의 모든 일을 전함
"내가 전심으로 여호와께 감사하오며 주의 모든 기이한 일들을 전하리이다"(1절)
"너희는 시온에 계신 여호와를 찬송하며 그의 행사를 백성 중에 선포할지어다"(11절)
"여호와여 일어나사 인생으로 승리를 얻지 못하게 하시며 이방 나라들이 주 앞에서 심판을 받게 하소서"(19절)

• 잠언 23장 사사로운 지혜를 버림
"부자 되기에 애쓰지 말고 네 사사로운 지혜를 버릴지어다"(4절)
"대저 그 마음의 생각이 어떠하면 그 위인도 그러한즉"(7절)
"진리를 사되 팔지는 말며"(23절)

• 데살로니가전서 2장 하나님을 기쁘시게 함
"사람을 기쁘게 하려 함이 아니요 오직 우리 마음을 감찰하시는 하나님을 기쁘시게 하려 함이라"(4절)
"우리가 이같이 너희를 사모하여 하나님의 복음뿐 아니라 우리의 목숨까지도 너희에게 주기를 기뻐함은"(8절)
"너희가 우리에게 들은 바 하나님의 말씀을 받을 때에 사람의 말로 받지 아니하고 하나님의 말씀으로 받음이니 진실로 그러하도다 이 말씀이 또한 너희 믿는 자 가운데에서 역사하느니라"(13절)

묵상 | 하나님 마음 알아가기

하나님을 기쁘시게 하는 삶을 살아간다는 것은 나의 사사로운 지혜를 버리고 하나님의 뜻을 따르는 것입니다. 복음을 전하는 삶은 하나님이 가장 기뻐하시는 것입니다.

적용

1. 하나님을 기쁘시게 하십니까?

2. 사사로운 지혜를 버리고 하나님이 명령하신 것을 순종하십시오.

3. 하나님께서 하신 일을 전하며 선포하십시오.

나(우리)에게 주시는 말씀(암송)

• 오늘의 감사 •

• 말씀으로 기도하기 •

월   일   맥체인 읽기: 4월 6일

오늘의 본문: 레9 | 시10 | 잠24 | 살전3   찬송가 25장

오늘의 주제(키워드): 하나님 앞에서 거룩하고 흠이 없음

 **말씀**

• 레위기 9장   온전한 제사를 드림

"속죄제를 위하여 흠 없는 송아지를 가져오고 번제를 위하여 흠 없는 숫양을 여호와 앞에 가져다 드리고"(2절)

"오늘 여호와께서 너희에게 나타나실 것임이니라"(4절)

"여호와의 영광이 너희에게 나타나리라"(6절)

"여호와의 영광이 온 백성에게 나타나며"(23절)

"불이 여호와 앞에서 나와 제단 위의 번제물과 기름을 사른지라 온 백성이 이를 보고 소리 지르며 엎드렸더라"(24절)

• 시편 10편   하나님 앞에 선 시인의 자아상

"악인은 그의 교만한 얼굴로 말하기를 여호와께서 이를 감찰하지 아니하신다 하며 그의 모든 사상에 하나님이 없다 하나이다"(4절)

"여호와여 일어나옵소서 하나님이여 손을 드옵소서 가난한 자들을 잊지 마옵소서"(12절)

"여호와여 주는 겸손한 자의 소원을 들으셨사오니 그들의 마음을 3)준비하시며 귀를 기울여 들으시고"(17절)

"고아와 압제 당하는 자"(18절)

• 잠언 24장   다시 일어나는 삶

"너는 전략으로 싸우라 승리는 지략이 많음에 있느니라"(6절)

"내 아들아 꿀을 먹으라 이것이 좋으니라 송이꿀을 먹으라 이것이 네 입에 다니라"(13절)

"대저 의인은 일곱 번 넘어질지라도 다시 일어나려니와"(16절)

"여호와와 왕을 경외하고"(21절)

"네가 좀더 자자, 좀더 졸자, 손을 모으고 좀더 누워 있자 하니 네 빈궁이 강도 같이 오며 네 곤핍이 군사 같이 이르리라 "(33,34절)

• 데살로니가전서 3장 주 안에 굳게 섬

"이 여러 환난 중에 흔들리지 않게 하려 함이라"(3절)

"그러므로 너희가 주 안에 굳게 선즉 우리가 이제는 살리라"(8절)

"너희 마음을 굳건하게 하시고 우리 주 예수께서 그의 모든 성도와 함께 강림하실 때에 하나님 우리 아버지 앞에서 거룩함에 흠이 없게 하시기를 원하노라"(13절)

묵상 | 하나님 마음 알아가기

성도는 거룩하고 흠이 없는 삶을 이루어가야 합니다. 이를 위해서 하나님 앞에서 확실한 자아상을 가지고, 넘어졌을지라도 다시 일어서야 합니다.

적용

1. 마지막 날 하나님 앞에서 흠 없는 삶을 위해 어떤 결단을 하십니까?

2. 하나님 앞에 온전한 제사(예배)를 드리며, 하나님 앞에서 연약한 존재임을 고백하고, 일곱 번 넘어질지라도 다시 일어나며, 주 안에 굳게 서시기 바랍니다.

나(우리)에게 주시는 말씀(암송)

• 오늘의 감사 •

• 말씀으로 기도하기 •

97일차 365일

월   일

오늘의 본문: 레10 | 시11, 12 | 잠25 | 살전4

맥체인 읽기: 4월 7일

찬송가 279장

오늘의 주제(키워드): **하나님의 뜻 - 거룩함**

 말씀

• 레위기 10장 거룩하고 속된 것을 분별함

"여호와께서 명령하시지 아니하신 다른 불을 담아 여호와 앞에 분향하였더니"(1절)-거룩함의 시작:순종

"나를 가까이 하는 자 중에서 내 거룩함을 나타내겠고 온 백성 앞에서 내 영광을 나타내리라"(3절)

"너와 네 자손들이 회막에 들어갈 때에는 포도주나 독주를 마시지 말라 그리하여 너희 죽음을 면하라 이는 너희 대대로 지킬 영영한 규례라"(9절)

"그리하여야 너희가 거룩하고 속된 것을 분별하며 부정하고 정한 것을 분별하고"(10절)

"소제의 남은 것은 지극히 거룩하니 너희는 그것을 취하여 누룩을 넣지 말고 제단 곁에서 먹되… 그것을 거룩한 곳에서 먹으라"(12,13절)

"이 속죄제물은 지극히 거룩하거늘… 이는 너희로 회중의 죄를 담당하여 그들을 위하여 여호와 앞에 속죄하게 하려고 너희에게 주신 것이니라"(17절)

• 시편 11, 12편 의로우신 하나님

"여호와께서는 그의 성전에 계시고 여호와의 보좌는 하늘에 있음이여"(11:4)

"여호와는 의인을 감찰하시고 악인과 폭력을 좋아하는 자를 마음에 미워하시도다"(11:5)

"여호와는 의로우사 의로운 일을 좋아하시나니 정직한 자는 그의 얼굴을 뵈오리로다"(11:7)

"여호와께서 모든 아첨하는 입술과 자랑하는 혀를 끊으시리니"(12:3)

"여호와의 말씀은 순결함이여 흙 도가니에 일곱 번 단련한 은 같도다"(12:6)

• 잠언 25장 거룩함의 길 - 제하는 것

"은에서 찌꺼기를 제하라"(4절)

"왕 앞에서 악한 자를 제하라"(5절)

"이웃과 다투거든 변론만 하고 남의 은밀한 일은 누설하지 말라"(9절)

"경우에 합당한 말은 아로새긴 은 쟁반에 금 사과니라"(11절)

• 데살로니가전서 4장 하나님의 뜻 - 거룩함

"너희가 마땅히 어떻게 행하며 하나님을 기쁘시게 할 수 있는지를 우리에게 배웠으니 곧 너희가 행하는 바라 더욱 많이 힘쓰라"(1절)

"하나님의 뜻은 이것이니 너희의 거룩함이라 곧 음란을 버리고 각각 거룩함과 존귀함으로 자기의 아내 대할 줄을 알고"(3,4절)

"하나님이 우리를 부르심은 부정하게 하심이 아니요 거룩하게 하심이니"(7절)

"공중에서 주를 영접하게 하시리니 그리하여 우리가 항상 주와 함께 있으리라"(17절)-영화의 단계

묵상 | 하나님 마음 알아가기

거룩하신 하나님은 하나님의 자녀된 성도를 세상과 구별시켜 주셨습니다. 성도는 세상이나 세상에 있는 것들을 사랑하지 않고 하나님의 뜻인 거룩을 이루어가야 합니다.

적용

1. 하나님의 뜻인 거룩함을 이루기 위해 어떤 삶을 살아가십니까?

2. 예배 가운데 거룩하지 못한 요소를 분별하고, 오직 하나님만 바라보며, 악한 것을 제하는 삶을 사십시오.

3. 거룩하신 하나님의 자녀 된 성도로서 거룩함을 이루어가시기 바랍니다.

나(우리)에게 주시는 말씀(암송)

• 오늘의 감사 •

• 말씀으로 기도하기 •

월 일	맥체인 읽기: 4월 8일
오늘의 본문: **레11, 12**	**시13, 14**	**잠26**	**살전5**	찬송가 446장
오늘의 주제(키워드): **부정의 규정**	

 **말씀**

• 레위기 11, 12장 부정함에서 거룩함으로
"부정하고"(11:4,5,6,7,8 ; 12:2,5)
"가증한 것"(11:10,11,12,13,20)
"이런 것은 너희를 부정하게 하나니 누구든지 이것들의 주검을 만지면 저녁까지 부정할 것이며"(11:24)
"나는 너희의 하나님이 되려고 너희를 애굽 땅에서 인도하여 낸 여호와라 내가 거룩하니 너희도 거룩할지어다"(11:45)

• 시편 13, 14편 어리석음
"나는 오직 주의 사랑을 의지하였사오니 나의 마음은 주의 구원을 기뻐하리이다 내가 여호와를 찬송하리니 이는 주께서 내게 은덕을 베푸심이로다"(13:5,6)
"어리석은 자는 그의 마음에 이르기를 하나님이 없다 하는도다"(14:1)

• 잠언 26장 삶의 부정한 태도
"미련한 자"(1,4,5,6,7,8,9,10,11,12절)
"게으른 자"(13~16절)
"간섭"(17절)
"이웃을 속임"(19,26절)
"다툼"(21절)
"남의 말 하기를 좋아하는 자"(22절)

• 데살로니가전서 5장 부정의 태도에서 거룩한 삶으로 전환
"형제들아 너희는 어둠에 있지 아니하매 그 날이 도둑 같이 너희에게 임하지 못하리니"(4절)

"너희는 다 빛의 아들이요 낮의 아들이라... 그러므로 우리는 다른 이들과 같이 자지 말고 오직 깨어 정신을 차릴지라"(5,6절)

"그러므로 피차 권면하고 서로 덕을 세우기를 너희가 하는 것 같이 하라"(11절)

"게으른 자들을 권계하며 마음이 약한 자들을 격려하고"(14절)

"항상 기뻐하라 쉬지 말고 기도하라 범사에 감사하라 이것이 그리스도 예수 안에서 너희를 향하신 하나님의 뜻이니라"(16~18절)

묵상 | 하나님 마음 알아가기

미련함과 게으름, 간섭과 이웃을 속임 그리고 다툼과 남의 말하기를 좋아하는 것은 부정한 것입니다. 성도의 삶에서 부정한 것들을 제하여야 합니다.

적용

1. 삶에서 부정을 제거하고 하나님의 거룩하심으로 나아가십시오.

2. 하나님은 "내가 거룩하니 너희도 거룩할지어다"고 명령하십니다.

나(우리)에게 주시는 말씀(암송)

• 오늘의 감사 •

• 말씀으로 기도하기 •

월   일   맥체인 읽기: 4월 9일

오늘의 본문: 레13 | 시15, 16 | 잠27 | 살후1   찬송가 472장

오늘의 주제(키워드): 하나님나라에 합당한 삶, 진찰(관찰하다,살피다)

 말씀

• 레위기 13장 정함과 부정함을 진단

"그의 피부에 나병 같은 것이 생기거든 그를 곧 제사장 아론에게나 그의 아들 중 한 제사장에게로 데리고 갈 것이요"(2,7,9,25,30,32절)

"제사장은 그 피부의 병을 진찰할지니"(3,5,6,8,10,15,17,25,30절)

"이레 만에 제사장이 그를 진찰할지니"(5절)-지속적 돌봄(잠 27:23)

"모든 것에 발생한 나병 색점의 정하고 부정한 것을 진단하는 규례니라"(59절)

• 시편 15, 16편 삶의 진찰

"여호와여 주의 장막에 머무를 자 누구오며 주의 성산에 사는 자 누구오니이까"(15:1)

"다른 신에게 예물을 드리는 자는 괴로움이 더할 것이라"(16:4)

"내가 여호와를 항상 내 앞에 모심이여"(16:8)

"이러므로 나의 마음이 기쁘고 나의 영도 즐거워하며 내 육체도 안전히 살리니"(16:9)-영혼육의 균형적인 건강 : 바른 진찰

• 잠언 27장 부지런히 살핌

"너는 내일 일을 자랑하지 말라"(1절)

"타인이 너를 칭찬하게 하고"(2절)

"네 양 떼의 형편을 부지런히 살피며 네 소 떼에게 마음을 두라"(23절)

• 데살로니가후서 1장 하나님 나라에 합당한 자

"너희의 믿음이 더욱 자라고 너희가 다 각기 서로 사랑함이 풍성함이니"(3절)

"우리가 친히 자랑하노라"(4절)

"너희로 하여금 하나님의 나라에 합당한 자로 여김을 받게 하려 함이니 그 나라를 위하여 너희

가 또한 고난을 받느니라"(5절)

"우리도 항상 너희를 위하여 기도함은 우리 하나님이 너희를 그 부르심에 합당한 자로 여기시고 모든 선을 기뻐함과 믿음의 역사를 능력으로 이루게 하시고"(11절)

묵상 | 하나님 마음 알아가기

왕 같은 제사장인 성도는 잘 살펴야 합니다. 세속적 욕망과 하나님의 뜻 사이에서 바른 분별력을 가지고 살아가야 합니다. 분별력을 잃으면 예물도 하나님이 아닌 우상에게 드려지게 됩니다.

적용

1. 여러분의 삶을 어떻게 진찰하고 있습니까?

2. 바른 분별력으로 하나님 나라에 합당한 자로 여김을 받는 삶을 사시기 바랍니다.

나(우리)에게 주시는 말씀(암송)

• 오늘의 감사 •

• 말씀으로 기도하기 •

월   일   맥체인 읽기: 4월 10일

오늘의 본문: 레14 | 시17 | 잠28 | 살후2   찬송가 423장

오늘의 주제(키워드): **정결함**

 말씀

• 레위기 14장 정결함을 이루는 법

"정결함을 받는 자는 그의 옷을 빨고 모든 털을 밀고 물로 몸을 씻을 것이라 그리하면 정하리니 그 후에 진영에 들어올 것이나"(8절)

"여덟째 날에 그는 흠 없는 어린 숫양 두 마리와 일 년 된 흠 없는 어린 암양 한 마리와 또 고운 가루"(10절)

* 정결함을 위한 속죄제와 속건제

"색점 있는 돌을 빼내어... 집 안 사방을 긁게 하고... 다른 돌로 그 돌을 대신하며 다른 흙으로 집에 바를지니라"(40~42절)

"그의 힘이 미치는 대로"(22,30,31절)

"그 집을 위하여 속죄할 것이라"(53절)

• 시편 17편 흠 없는 삶

"주께서 내 마음을 시험하시고 밤에 내게 오시어서 나를 감찰하셨으나 흠을 찾지 못하셨사오니 내가 결심하고 입으로 범죄하지 아니하리이다"(3절)

"주께 피하는 자들을 그 일어나 치는 자들에게서 오른손으로 구원하시는 주여 주의 기이한 사랑을 나타내소서"(7절)

"나의 영혼을 구원하소서"(13절)

"나는 의로운 중에 주의 얼굴을 뵈오리니 깰 때에 주의 형상으로 만족하리이다"(15절)

• 잠언 28장 죄를 자복함

"사람이 귀를 돌려 율법을 듣지 아니하면 그의 기도도 가증하니라"(9절)

"성실한 자는 복을 받느니라"(10절)

"자기의 죄를 숨기는 자는 형통하지 못하나 죄를 자복하고 버리는 자는 불쌍히 여김을 받으리라"(13절)

"성실하게 행하는 자는 구원을 받을 것이나"(18절)

"충성된 자는 복이 많아도"(20절)

• 데살로니가후서 2장 하나님의 택하심으로 거룩하게 하심

"주의 날이 이르렀다고 해서 쉽게 마음이 흔들리거나 두려워하거나 하지 말아야 한다는 것이라"(2절)

"이러므로 하나님이 미혹의 역사를 그들에게 보내사 거짓 것을 믿게 하심은 진리를 믿지 않고 불의를 좋아하는 모든 자들로 하여금 심판을 받게 하려 하심이라"(11,12절)

"하나님이 처음부터 너희를 택하사 성령의 거룩하게 하심과 진리를 믿음으로 구원을 받게 하심이니"(13절)

"그러므로 형제들아 굳건하게 서서 말로나 우리의 편지로 가르침을 받은 전통을 지키라"(15절)

묵상 | 하나님 마음 알아가기

형통한 삶을 원한다면 숨은 죄를 자복해야 합니다. 하나님이 불쌍히 여기시며 모든 죄를 사해 주십니다. 특히 공동체의 정결을 이루어야 합니다.

적용

1. 당신의 삶에 어떻게 정결을 이루고 있습니까?

2. 공동체의 정결과 개인의 삶 그리고 무엇보다도 영혼의 정결을 유지하시기 바랍니다.

나(우리)에게 주시는 말씀(암송)

• 오늘의 감사 •

• 말씀으로 기도하기 •

월 일	맥체인 읽기: 4월 11일
오늘의 본문: 레15	시18	잠29	살후3	찬송가 422장
오늘의 주제(키워드): **부정의 처리**	

 **말씀**

• 레위기 15장 부정에서 떠남
"누구든지 그의 몸에 유출병이 있으면 그 유출병으로 말미암아 부정한 자라"(2절)
"저녁까지 부정하리라"(5~11,16~18절)
"그의 유출병으로 말미암아 여호와 앞에서 속죄할지니라"(15절)
"너희는 이와 같이 이스라엘 자손이 그들의 부정에서 떠나게 하여 그들 가운데에 있는 내 성막을 그들이 더럽히고 그들이 부정한 중에서 죽지 않도록 할지니라"(31절)

• 시편 18편 죄악에서 자신을 지킴
"그가 높은 곳에서 손을 펴사 나를 붙잡아 주심이여 많은 물에서 나를 건져내셨도다"(16절)
"나를 넓은 곳으로 인도하시고 나를 기뻐하시므로 나를 구원하셨도다"(19절)
"여호와께서 내 의를 따라 상 주시며 내 손의 깨끗함을 따라 내게 갚으셨으니"(20절)
"이는 내가 여호와의 도를 지키고 악하게 내 하나님을 떠나지 아니하였으며"(21절)
"또한 나는 그의 앞에 완전하여 나의 죄악에서 스스로 자신을 지켰나니"(23절)

• 잠언 29장 율법을 지킴으로 부정을 처리
"묵시가 없으면 백성이 방자히 행하거니와 율법을 지키는 자는 복이 있느니라"(18절)
"여호와를 의지하는 자는 안전하리라"(25절)
"주권자에게 은혜를 구하는 자가 많으나 사람의 일의 작정은 여호와께로 말미암느니라"(26절)

• 데살로니가후서 3장 믿음으로 함
"믿음은 모든 사람의 것이 아니니라"(2절)
"게으르게 행하고 우리에게서 받은 전통대로 행하지 아니하는 모든 형제에게서 떠나라"(6절)
"오직 수고하고 애써 주야로 일함은 너희 아무에게도 폐를 끼치지 아니하려 함이니"(8절)

"누구든지 일하기 싫어하거든 먹지도 말게 하라"(10절)
"너희는 선을 행하다가 낙심하지 말라"(13절)

묵상 | 하나님 마음 알아가기

부정을 어떻게 처리하고 있습니까? 부정을 처리하는 방법은 하나님의 도를 지키고 하나님을 떠나지 아니함으로 죄악으로부터 자신을 지키는 것입니다.

적용

1. 당신의 삶에서 부정을 어떻게 처리하고 있습니까?

2. 하나님의 말씀에 순종하며, 자신을 지키며, 모든 일에 믿음으로 행하시기 바랍니다.

나(우리)에게 주시는 말씀(암송)

• 오늘의 감사 •

• 말씀으로 기도하기 •

월   일   맥체인 읽기: 4월 12일

오늘의 본문: **레16 | 시19 | 잠30 | 딤전1**   찬송가 252장

오늘의 주제(키워드): **완전하신 여호와의 율법**

 말씀

• 레위기 16장   각종 명령을 주심
"성소의 휘장 안 법궤 위 속죄소 앞에 아무 때나 들어오지 말라 그리하여 죽지 않도록 하라"(2절)
"이스라엘 자손의 부정에서 제단을 성결하게 할 것이요"(19절)
"너희는 스스로 괴롭게 하고 아무 일도 하지 말되"(29절)
"이 날에 너희를 위하여 속죄하여 너희를 정결하게 하리니 너희의 모든 죄에서 너희가 여호와 앞에 정결하리라"(30절)

• 시편 19편   하늘의 해와 같은 이 땅의 최고의 율법
"하나님이 해를 위하여 하늘에 장막을 베푸셨도다"(4절)
"해는 그의 신방에서 나오는 신랑과 같고 그의 길을 달리기 기뻐하는 장사 같아서 하늘 이 끝에서 나와서 하늘 저 끝까지 운행함이여 그의 열기에서 피할 자가 없도다"(5,6절)
"여호와의 율법은 완전하여 영혼을 소성시키며"(7절)
"금 곧 많은 순금보다 더 사모할 것이며 꿀과 송이꿀보다 더 달도다"(10절)
"나의 반석이시요 나의 구속자이신 여호와여 내 입의 말과 마음의 묵상이 주님 앞에 열납되기를 원하나이다"(14절)

• 잠언 30장   순전한 말씀
"하나님의 말씀은 다 순전하며 하나님은 그를 의지하는 자의 방패시니라 너는 그의 말씀에 더하지 말라"(5,6절)
"곧 헛된 것과 거짓말을 내게서 멀리 하옵시며 나를 가난하게도 마옵시고 부하게도 마옵시고 오직 필요한 양식으로 나를 먹이시옵소서"(8절)

디모데전서 1장 교훈의 목적

"이 교훈의 목적은 청결한 마음과 선한 양심과 거짓이 없는 믿음에서 나오는 사랑이거늘"(5절)
"나를 능하게 하신 그리스도 예수 우리 주께 내가 감사함은 나를 충성되이 여겨 내게 직분을 맡기심이니"(12절)
"너를 지도한 예언을 따라 그것으로 선한 싸움을 싸우며 믿음과 착한 양심을 가지라"(18,19절)

묵상 | 하나님 마음 알아가기

신앙생활의 기준은 여호와의 율법입니다. 완전하고 영혼을 소성시키는 하나님의 말씀은 이 땅에서 최고입니다. 성도는 순전한 하나님의 말씀을 기준으로 살아야 합니다.

적용

1. 당신의 삶에서 말씀은 어떤 위치에 있습니까?

2. 모든 삶의 기준으로 주신 말씀은 완전하며 송이꿀보다 더 달고 순전합니다.

3. 그 말씀은 우리를 청결한 마음으로 선한 양심과 거짓 없는 믿음에서 나오는 사랑으로 인도합니다.

나(우리)에게 주시는 말씀(암송)

• 오늘의 감사 •

• 말씀으로 기도하기 •

월   일   맥체인 읽기: 4월 13일

오늘의 본문: **레17 | 시20, 21 | 잠31 | 딤전2**   찬송가 421장

오늘의 주제(키워드): **피가 죄를 속함**

 **말씀**

• 레위기 17장 피가 죄를 속함
"먼저 회막 문으로 끌고 가서 여호와의 성막 앞에서 여호와께 예물로 드리지 아니하는 자는 피 흘린 자로 여길 것이라 그가 피를 흘렸은즉 자기 백성 중에서 끊어지리라"(4절)
"그들은 전에 음란하게 섬기던 숫염소에게 다시 제사하지 말 것이니라"(7절)
"회막 문으로 가져다가 여호와께 드리지 아니하면 그는 백성 중에서 끊어지리라"(9절)
"생명이 피에 있으므로 피가 죄를 속하느니라"(11절)
"어떤 육체의 피든지 먹지 말라 하였나니 모든 육체의 생명은 그것의 피인즉 그 피를 먹는 모든 자는 끊어지리라"(14절)

• 시편 20, 21편 하나님의 구원하심
"성소에서 너를 도와 주시고 시온에서 너를 붙드시며"(20:2)
"네 모든 소제를 기억하시며 네 번제를 받아 주시기를 원하노라"(20:3)
"네 마음의 소원대로 허락하시고 네 모든 계획을 이루어 주시기를 원하노라"(20:4)
"여호와께서 자기에게 기름 부음 받은 자를 구원하시는 줄 이제 내가 아노니"(20:6)
"어떤 사람은 병거, 어떤 사람은 말을 의지하나 우리는 여호와 우리 하나님의 이름을 자랑하리로다"(20:7)

• 잠언 31장 현숙한 자(속죄함 받은 자)의 삶
"술을 마시다가 법을 잊어버리고 모든 곤고한 자들의 송사를 굽게 할까 두려우니라"(5절)
"너는 말 못하는 자와 모든 고독한 자의 송사를 위하여 입을 열지니라"(8절)
"현숙한 여인... 선을 행하고... 부지런히 손으로 일하며... 밤이 새기 전에 일어나서... 자기의 손으로 번 것을 가지고... 자기를 위하여 아름다운 이불을 지으며 세마포와 자색 옷을 입으며"(12,13,15,16,22절)

"고운 것도 거짓되고 아름다운 것도 헛되나 오직 여호와를 경외하는 여자는 칭찬을 받을 것이라"(30절)

"그 손의 열매가 그에게로 돌아갈 것이요 그 행한 일로 말미암아 성문에서 칭찬을 받으리라"(31절)

디모데전서 2장 하나님의 소원

"그러므로 내가 첫째로 권하노니 모든 사람을 위하여 간구와 기도와 도고와 감사를 하되 임금들과 높은 지위에 있는 모든 사람을 위하여 하라"(1,2절)

"하나님은 모든 사람이 구원을 받으며 진리를 아는 데에 이르기를 원하시느니라"(4절)

묵상 | 하나님 마음 알아가기

성도는 십자가의 피로 거룩함을 입은 자입니다. 예수께서 십자가에서 흘리신 피만이 죄를 사할 수 있습니다. 십자가의 피를 힘입어 나아가야 합니다.

적용

1. 현숙한 삶을 위해 어떤 태도를 가지겠습니까?

2. 여호와께 예물을 드리며, 성소에서 도우시는 하나님을 만나며, 여호와를 경외함으로 섬기며 오직 구원을 이루며 사시기 바랍니다.

나(우리)에게 주시는 말씀(암송)

• 오늘의 감사 •

• 말씀으로 기도하기 •

월   일   맥체인 읽기: 4월 14일

오늘의 본문: 레18 | 시22 | 전1 | 딤전3   찬송가 325장

오늘의 주제(키워드): **거룩하신 하나님과 그의 백성 된 자의 삶**

 **말씀**

• 레위기 18장 우리의 여호와 하나님
"나는 여호와 너희의 하나님이니라"(2절)

"애굽 땅의 풍속을 따르지 말며 내가 너희를 인도할 가나안 땅의 풍속과 규례도 행하지 말고 너희는 내 법도를 따르며 내 규례를 지켜 그대로 행하라 나는 너희의 하나님 여호와이니라"(3,4절)

"사람이 이를 행하면 그로 말미암아 살리라 나는 여호와이니라"(5절)

"너희는 이 모든 일로 스스로 더럽히지 말라"(24절)

"너희가 들어가기 전에 행하던 가증한 풍속을 하나라도 따름으로 스스로 더럽히지 말라 나는 너희의 하나님 여호와이니라"(30절)

• 시편 22편 여호와는 모든 나라의 주재
"이스라엘의 찬송 중에 계시는 주여 주는 거룩하시니이다"(3절)

"내가 주의 이름을 형제에게 선포하고 회중 가운데에서 주를 찬송하리이다"(22절)

"여호와를 두려워하는 너희여 그를 찬송할지어다"(23절)

"땅의 모든 끝이 여호와를 기억하고 돌아오며 모든 나라의 모든 족속이 주의 앞에 예배하리니 나라는 여호와의 것이요 여호와는 모든 나라의 주재심이로다"(27,28절)

"와서 그의 공의를 태어날 백성에게 전함이여 주께서 이를 행하셨다 할 것이로다"(31절)

• 전도서 1장 해 아래 새 것이 없음
"헛되며 헛되고 헛되니 모든 것이 헛되도다"(2절)

"모든 만물이 피곤하다는 것을 사람이 말로 다 말할 수는 없나니"(8절)

"해 아래에는 새 것이 없나니"(9절)

"지혜가 많으면 번뇌도 많으니 지식을 더하는 자는 근심을 더하느니라"(18절)

디모데전서 3장 선한 일을 사모함

"미쁘다 이 말이여, 곧 사람이 감독의 직분을 얻으려 함은 선한 일을 사모하는 것이라 함이로다"(1절)
1) "책망할 것이 없으며"(2절)
2) "자기 집을 잘 다스려"(4절)
3) "새로 입교한 자도 말지니"(6절)
4) "외인에게서도 선한 증거를 얻은 자"(7절)
"이에 이 사람들을 먼저 시험하여 보고 그 후에 책망할 것이 없으면 집사의 직분을 맡게 할 것이요"(10절)
"이 집은 살아 계신 하나님의 교회요 진리의 기둥과 터니라"(15절)

묵상 | 하나님 마음 알아가기

하나님의 백성된 성도는 하나님의 거룩을 이루는 삶을 살아야 합니다. 옛사람의 모습을 완전히 버리고 새사람을 입어야 합니다. 오늘 나의 삶은 하나님의 거룩을 이루고 있습니까?

적용

1. 우리를 구원하신 분은 여호와 하나님이십니다.

2. 거룩하신 하나님의 자녀로서 해 아래 헛된 것을 버리고, 하나님의 법을 따라 거룩함을 이루어 가시기 바랍니다.

나(우리)에게 주시는 말씀(암송)

• 오늘의 감사 •

• 말씀으로 기도하기 •

월 일 　　　맥체인 읽기: 4월 15일

오늘의 본문: 레19 | 시23, 24 | 전2 | 딤전4　　찬송가 449장

오늘의 주제(키워드): **거룩한 삶**

 **말씀**

• 레위기 19장 하나님의 명령

"너희는 거룩하라 이는 나 여호와 너희 하나님이 거룩함이니라"(2절)

"너희는 화목제물을 여호와께 드릴 때에 기쁘게 받으시도록 드리고"(5절)

"너희의 땅에서 곡식을 거둘 때에 너는 밭 모퉁이까지 다 거두지 말고 네 떨어진 이삭도 줍지 말며… 가난한 사람과 거류민을 위하여 버려두라"(9,10절)

"네 백성 중에 돌아다니며 사람을 비방하지 말며"(16절)

"원수를 갚지 말며 동포를 원망하지 말며 네 이웃 사랑하기를 네 자신과 같이 사랑하라"(18절)

"내 안식일을 지키고 내 성소를 귀히 여기라"(30절)

• 시편 23, 24편 여호와의 산에 오를 자의 자격

"여호와는 나의 목자시니 내게 부족함이 없으리로다"(23:1)

"내 원수의 목전에서 내게 상을 차려 주시고"(23:5)

"여호와의 산에 오를 자가 누구며 그의 거룩한 곳에 설 자가 누구인가"(24:3)

"손이 깨끗하며 마음이 청결하며 뜻을 허탄한 데에 두지 아니하며 거짓 맹세하지 아니하는 자로다"(24:4)

"문들아 너희 머리를 들지어다 영원한 문들아 들릴지어다 영광의 왕이 들어가시리로다"(24:7)

• 전도서 2장 수고한 모든 것이 헛됨

"내가 내 마음으로 깊이 생각하기를 내가 어떻게 하여야 내 마음을 지혜로 다스리면서 술로 내 육신을 즐겁게 할까"(3절)

"내 손으로 한 모든 일과 내가 수고한 모든 것이 다 헛되어 바람을 잡는 것이며 해 아래에서 무익한 것이로다"(11절)

디모데전서 4장 | 말씀과 기도로 거룩하여짐

"성령이 밝히 말씀하시기를 후일에 어떤 사람들이 믿음에서 떠나 미혹하는 영과 귀신의 가르침을 따르리라"(1절)

"음식물은 먹지 말라고 할 터이나 음식물은 하나님이 지으신 바니 믿는 자들과 진리를 아는 자들이 감사함으로 받을 것이니라"(3절)

"하나님께서 지으신 모든 것이 선하매 감사함으로 받으면 버릴 것이 없나니 하나님의 말씀과 기도로 거룩하여짐이라"(4,5절)

"경건에 이르도록 네 자신을 연단하라"(7절)

"이 모든 일에 전심 전력하여 너의 성숙함을 모든 사람에게 나타나게 하라"(15절)

묵상 | 하나님 마음 알아가기

성도는 오직 말씀과 기도로 거룩하여 집니다. 세상의 기준이 아닌 하나님의 말씀이 기준이 된 삶을 살아야 하며, 기도함으로 확증하며 나아가야 합니다. 버려야 할 세상적 기준의 삶의 태도는 무엇입니까?

적용

1. 하나님 앞에서 거룩을 이루기 위해 어떻게 사시겠습니까?

2. 거룩을 위한 하나님의 명령을 기억하며, 성령께서 말씀하시는 바에 귀를 기울이고, 하나님의 말씀과 기도로 거룩하여짐을 깊이 생각하십시오.

나(우리)에게 주시는 말씀(암송)

• 오늘의 감사 •

• 말씀으로 기도하기 •

월   일   맥체인 읽기: 4월 16일

106일차 / 365일

오늘의 본문: 레20 | 시25 | 전3 | 딤전5   찬송가 357장

오늘의 주제(키워드): **여호와의 친밀함과 때를 따라 아름답게 하심**

 **말씀**

• 레위기 20장   구별하심

"그가 그의 자식을 몰렉에게 주는 것을 그 지방 사람이 못 본 체하고… 모든 사람을 그들의 백성 중에서 끊으리라"(4,5절)

"스스로 깨끗하게 하여 거룩할지어다"(7절)

"너희는 나의 모든 규례와 법도를 지켜 행하라 그리하여야 내가 너희를 인도하여 거주하게 하는 땅이 너희를 토하지 아니하리라"(22절)

"나는 너희를 만민 중에서 구별한 너희의 하나님 여호와이니라"(24절)

"너희는 나에게 거룩할지어다 이는 나 여호와가 거룩하고 내가 또 너희를 나의 소유로 삼으려고 너희를 만민 중에서 구별하였음이니라"(26절)

• 시편 25편   경외하는 자들에게 함께 하심

"여호와여 주의 도를 내게 보이시고 주의 길을 내게 가르치소서"(4절)

"여호와여 내 젊은 시절의 죄와 허물을 기억하지 마시고 주의 인자하심을 따라 주께서 나를 기억하시되 주의 선하심으로 하옵소서"(7절)

"여호와의 모든 길은 그의 언약과 증거를 지키는 자에게 인자와 진리로다"(10절)

"여호와의 친밀하심이 그를 경외하는 자들에게 있음이여 그의 언약을 그들에게 보이시리로다"(14절)

"내 영혼을 지켜 나를 구원하소서 내가 주께 피하오니 수치를 당하지 않게 하소서"(20절)

"내가 주를 바라오니 성실과 정직으로 나를 보호하소서"(21절)

• 전도서 3장   범사에 기한이 있음

"범사에 기한이 있고 천하 만사가 다 때가 있나니"(1절)

"하나님이 모든 것을 지으시되 때를 따라 아름답게 하셨고 또 사람들에게는 영원을 사모하는 마음을 주셨느니라"(11절)

디모데전서 5장 — 권면과 다스림의 자세

"늙은이를 꾸짖지 말고 권하되 아버지에게 하듯 하며 젊은이에게는 형제에게 하듯 하고"(1절)

"누구든지 자기 친족 특히 자기 가족을 돌보지 아니하면 믿음을 배반한 자요 불신자보다 더 악한 자니라"(8절)

"잘 다스리는 장로들은 배나 존경할 자로 알되 말씀과 가르침에 수고하는 이들에게는 더욱 그리 할 것이니라"(17절)

"일꾼이 그 삯을 받는 것은 마땅하다 하였느니라"(18절)

"아무에게나 경솔히 안수하지 말고 다른 사람의 죄에 간섭하지 말며 네 자신을 지켜 정결하게 하라"(22절)

묵상 | 하나님 마음 알아가기

하나님은 때를 따라 아름답게 하셨습니다. 모든 시간은 하나님의 계획 가운데 진행되어갑니다. 그러므로 조급한 나의 시간계획을 내려놓고 하나님의 시간 계획을 따라가야 합니다.

적용

1. 여호와와 친밀한 삶을 위해 어떻게 하시겠습니까?

2. 여호와의 규례를 지켜 행하며, 구별된 삶을 살며, 하나님을 경외하시기 바랍니다.

3. 때를 따라 아름답게 하셨음을 기억하며 기다리시기를 바랍니다.

나(우리)에게 주시는 말씀(암송)

• 오늘의 감사 •

• 말씀으로 기도하기 •

월   일   맥체인 읽기: 4월 17일

오늘의 본문: 레21 | 시26, 27 | 전4 | 딤전6

찬송가 321장

오늘의 주제(키워드): 거룩함과 완전함

 **말씀**

• 레위기 21장 거룩함을 명함
"죽은 자를 만짐으로 말미암아 스스로를 더럽히지 말려니와"(1절)
"제사장은 그의 백성의 어른인즉 자신을 더럽혀 속되게 하지 말지니라"(4절)
"그들의 하나님께 대하여 거룩하고 그들의 하나님의 이름을 욕되게 하지 말 것이며 그들은… 거룩할 것이라"(6절)
"너희를 거룩하게 하는 나 여호와는 거룩함이니라"(8절)
"육체에 흠이 있는 자는 그 하나님의 음식을 드리려고 가까이 오지 못할 것이니라"(17절)
* 흠 있는 자란 : 18~21절
"이와 같이 그가 내 성소를 더럽히지 못할 것은 나는 그들을 거룩하게 하는 여호와임이니라"(23절)

• 시편 26, 27편 완전함에 행함
"내가 나의 완전함에 행하였사오며"(26:1)
"나는 나의 완전함에 행하오리니"(26:11)
＊완전함의 모습
1) "흔들리지 아니하고 여호와를 의지하였사오니"(26:1)
2) "내가 주의 진리 중에 행하여"(26:3)
3) "여호와여 내가 주께서 계신 집과 주의 영광이 머무는 곳을 사랑하오니"(26:8)
4) "군대가 나를 대적하여 진 칠지라도 내 마음이 두렵지 아니하며 전쟁이 일어나 나를 치려 할지라도 나는 여전히 태연하리로다"(27:3)
5) "내가 여호와께 바라는 한 가지 일 그것을 구하리니 곧 내가 내 평생에 여호와의 집에 살면서 여호와의 아름다움을 바라보며 그의 성전에서 사모하는 그것이라"(27:4)
6) "내가 그의 장막에서 즐거운 제사를 드리겠고 노래하며 여호와를 찬송하리로다"(27:6)
7) "너는 여호와를 기다릴지어다 강하고 담대하며 여호와를 기다릴지어다"(27:14)

• 전도서 4장 함께 함
"두 사람이 한 사람보다 나음은 그들이 수고함으로 좋은 상을 얻을 것임이라"(9절)
"홀로 있어 넘어지고 붙들어 일으킬 자가 없는 자에게는 화가 있으리라"(10절)

"한 사람이면 패하겠거니와 두 사람이면 맞설 수 있나니 세 겹 줄은 쉽게 끊어지지 아니하느니라"(12절)

• 디모데전서 6장 경건

"누구든지 다른 교훈을 하며 바른 말 곧 우리 주 예수 그리스도의 말씀과 경건에 관한 교훈을 따르지 아니하면"(3절)

"마음이 부패하여지고 진리를 잃어 버려 경건을 이익의 방도로 생각하는 자들의 다툼이 일어나느니라"(5절)

"그러나 자족하는 마음이 있으면 경건은 큰 이익이 되느니라"(6절)

"오직 너 하나님의 사람아 이것들을 피하고 의와 경건과 믿음과 사랑과 인내와 온유를 따르며 믿음의 선한 싸움을 싸우라"(11,12절)

"우리 주 예수 그리스도께서 나타나실 때까지 흠도 없고 책망 받을 것도 없이 이 명령을 지키라"(14절)

묵상 | 하나님 마음 알아가기

성도의 완전함은 업적에 있지 않습니다. 흔들리지 않고 하나님을 의지하는 데 있습니다. 군대가 대적하여 진칠지라도 두려워하지 않고 하나님을 의지하고 담을 넘는 완전함을 소유하여야 합니다.

적용

1. 여호와 앞에서 완전한 삶을 살고 있습니까?

2. 어떤 상황에서도 흔들리지 않고 여호와를 의뢰하며, 의와 경건과 믿음과 사랑과 인내와 온유를 따르는 삶을 사시기 바랍니다.

나(우리)에게 주시는 말씀(암송)

• 오늘의 감사 •

• 말씀으로 기도하기 •

월 일 맥체인 읽기: 4월 18일

오늘의 본문: 레22 | 시28, 29 | 전5 | 딤후1

찬송가 200장

오늘의 주제(키워드): **거룩한 성호**

 말씀

• 레위기 22장 거룩한 성호
"이스라엘 자손이 내게 드리는 그 성물에 대하여 스스로 구별하여 내 성호를 욕되게 함이 없게 하라"(2절)

"너희는 내 성호를 속되게 하지 말라 나는 이스라엘 자손 중에서 거룩하게 함을 받을 것이니라 나는 너희를 거룩하게 하는 여호와요"(32절)

"너희의 하나님이 되려고 너희를 애굽 땅에서 인도하여 낸 자니 나는 여호와이니라"(33절)

• 시편 28, 29편 거룩한 성호를 찬양
"그들은 여호와께서 행하신 일과 손으로 지으신 것을 생각하지 아니하므로 여호와께서 그들을 파괴하고 건설하지 아니하시리로다"(28:5)

"여호와는 나의 힘과 나의 방패이시니"(28:6~9)-여호와의 성호를 찬양함

"너희 권능 있는 자들아 영광과 능력을 여호와께 돌리고 돌릴지어다"(29:1)

"여호와께 그의 이름에 합당한 영광을 돌리며 거룩한 옷을 입고 여호와께 예배할지어다"(29:2)

• 전도서 5장 선물을 주심
"어떤 사람에게든지 하나님이 재물과 부요를 그에게 주사 능히 누리게 하시며 제 몫을 받아 수고함으로 즐거워하게 하신 것은 하나님의 선물이라"(19절)

• 디모데후서 1장 은혜와 사명
"네 속에 거짓이 없는 믿음이 있음을 생각함이라"(5절)

"하나님이 우리에게 주신 것은 두려워하는 마음이 아니요 오직 능력과 사랑과 절제하는 마음이니"(7절)

"하나님이 우리를 구원하사 거룩하신 소명으로 부르심은... 우리에게 주신 은혜대로 하심이라"(9절)

"내가 이 복음을 위하여 선포자와 사도와 교사로 세우심을 입었노라"(11절)

"내가 의탁한 것을 그 날까지 그가 능히 지키실 줄을 확신함이라"(12절)

"우리 안에 거하시는 성령으로 말미암아 네게 부탁한 아름다운 것을 지키라"(14절)

묵상 | 하나님 마음 알아가기

하나님의 이름을 습관적으로 부르는 것을 피해야 합니다. 거룩한 하나님의 이름은 마음과 뜻과 정성을 다해 불러야 합니다. 유대인은 성경을 필사할 때 하나님의 이름이 나오면 붓을 빨고 다시 기록을 했습니다.

적용

1. 하나님께서 당신에게 주신 것들을 확신하십니까?

2. 우리에게 주신 거룩한 성호를 찬양하며, 능력과 사랑과 절제하는 마음으로 살아가며, 주신 사명 잘 감당하시길 바랍니다.

나(우리)에게 주시는 말씀(암송)

• 오늘의 감사 •

• 말씀으로 기도하기 •

월   일   맥체인 읽기: 4월 19일

오늘의 본문: 레23 | 시30 | 전6 | 딤후2   찬송가 471장

오늘의 주제(키워드): **하나님 나라 백성의 즐거움**

 **말씀**

• 레위기 23장   성회를 통한 즐거움

"나의 절기들이니 너희가 성회로 공포할 여호와의 절기들이니라"(2절)

"엿새 동안은 일할 것이요 일곱째 날은 쉴 안식일이니 성회의 날이라 너희는 아무 일도 하지 말라"(3절)

"안식일 이튿날 곧 너희가 요제로 곡식단을 가져온 날부터 세어서 일곱 안식일의 수효를 채우고"(15절)

"일곱째 달 곧 그 달 첫 날은… 나팔을 불어 기념할 날이요 성회라"(24절)

"너희의 하나님 여호와 앞에서 이레 동안 즐거워할 것이라"(40절)

• 시편 30편   즐거움을 주시는 하나님

"그의 노염은 잠깐이요 그의 은총은 평생이로다 저녁에는 울음이 깃들일지라도 아침에는 기쁨이 오리로다"(5절)

"주께서 나의 슬픔이 변하여 내게 춤이 되게 하시며 나의 베옷을 벗기고 기쁨으로 띠 띠우셨나이다"(11절)

• 전도서 6장   누리게 하시는 하나님

"어떤 사람은 그의 영혼이 바라는 모든 소원에 부족함이 없어 재물과 부요와 존귀를 하나님께 받았으나 하나님께서 그가 그것을 누리도록 허락하지 아니하셨으므로 다른 사람이 누리나니"(2절)

• 디모데후서 2장   하나님 앞에 드려진 일꾼

"또 네가 많은 증인 앞에서 내게 들은 바를 충성된 사람들에게 부탁하라 그들이 또 다른 사람들을 가르칠 수 있으리라"(2절)

"그리스도 예수의 좋은 병사"(3절)

"경기하는 자"(5절)

"수고하는 농부"(6절)

"너는 진리의 말씀을 옳게 분별하며 부끄러울 것이 없는 일꾼으로 인정된 자로 자신을 하나님 앞에 드리기를 힘쓰라"(15절)

묵상 | 하나님 마음 알아가기

주께서 나의 슬픔이 변하여 내게 춤이 되게 하시며 나의 베옷을 벗기고 기쁨으로 띠 띠우셨습니다. 매사에 즐거움으로 임하여야 합니다. 항상 기뻐하는 삶을 살아가십시오.

적용

1. 하나님께서 부르신 일에 즐거이 헌신하고 있습니까?

2. 하나님이 주신 것들을 즐거움으로 누리시기 바랍니다.

나(우리)에게 주시는 말씀(암송)

• 오늘의 감사 •

• 말씀으로 기도하기 •

월   일 　　맥체인 읽기: 4월 20일

오늘의 본문: 레24 | 시31 | 전7 | 딤후3 　　찬송가 606장

오늘의 주제(키워드): **하나님을 바라는 삶**

 **말씀**

• 레위기 24장 등불을 밝히는 삶
"감람을 찧어낸 순결한 기름을 네게로 가져오게 하여 계속해서 등잔불을 켜 둘지며"(2절)

"증거궤 휘장 밖에서 저녁부터 아침까지 여호와 앞에 항상 등잔불을 정리할지니"(3절)

• 시편 31편 강하고 담대해야 함
"그들이 나를 치려고 함께 의논할 때에 내 생명을 빼앗기로 꾀하였나이다"(13절)

"여호와여 그러하여도 나는 주께 의지하고 말하기를 주는 내 하나님이시라 하였나이다"(14절)

"여호와를 찬송할지어다 견고한 성에서 그의 놀라운 사랑을 내게 보이셨음이로다"(21절)

"너희 모든 성도들아 여호와를 사랑하라 여호와께서 진실한 자를 보호하시고 교만하게 행하는 자에게 엄중히 갚으시느니라"(23절)

"여호와를 바라는 너희들아 강하고 담대하라"(24절)

• 전도서 7장 모든 일에서 벗어남
"너는 이것도 잡으며 저것에서도 네 손을 놓지 아니하는 것이 좋으니 하나님을 경외하는 자는 이 모든 일에서 벗어날 것임이니라"(18절)

"하나님은 사람을 정직하게 지으셨으나 사람이 많은 꾀들을 낸 것이니라"(29절)

• 디모데후서 3장 박해를 받음
"무릇 그리스도 예수 안에서 경건하게 살고자 하는 자는 박해를 받으리라"(12절)

"모든 성경은 하나님의 감동으로 된 것으로 교훈과 책망과 바르게 함과 의로 교육하기에 유익하니"(16절)

"이는 하나님의 사람으로 온전하게 하며 모든 선한 일을 행할 능력을 갖추게 하려 함이라"(17절)

묵상 | 하나님 마음 알아가기

나의 생명을 빼앗으려는 논의 앞에서도 강하고 담대함을 유지하며 하나님을 바라야 합니다. 그러면 모든 상황에서 벗어날 길을 열어 주십니다.

적용

1. 하나님만 바라고 있습니까?

2. 주어진 시간 속에서 하나님만 바라며 강하고 담대하십시오. 하나님을 찬양하고 사랑하십시오.

3. 주의 말씀과 동행하시길 바랍니다.

나(우리)에게 주시는 말씀(암송)

• 오늘의 감사 •

• 말씀으로 기도하기 •

111일차 / 365일

월 일
맥체인 읽기: 4월 21일

오늘의 본문: 레25 | 시32 | 전8 | 딤후4
찬송가 415장

오늘의 주제(키워드): **왕의 명령**

말씀

• 레위기 25장 — 희년을 통한 자유의 명령

"그 땅으로 여호와 앞에 안식하게 하라"(2절)

"너희는 오십 년째 해를 거룩하게 하여 그 땅에 있는 모든 주민을 위하여 자유를 공포하라 이 해는 너희에게 희년이니 너희는 각각 자기의 소유지로 돌아가며 각각 자기의 가족에게로 돌아갈지며"(10절)

"이는 희년이니 너희에게 거룩함이니라"(12절)

"토지는 다 내 것임이니라"(23절)

• 시편 32편 — 죄의 자복을 명함

"허물의 사함을 받고 자신의 죄가 가려진 자는 복이 있도다"(1절)

"내가 이르기를 내 허물을 여호와께 자복하리라 하고 주께 내 죄를 아뢰고 내 죄악을 숨기지 아니하였더니 곧 주께서 내 죄악을 사하셨나이다"(5절)

"너희 의인들아 여호와를 기뻐하며 즐거워할지어다 마음이 정직한 너희들아 다 즐거이 외칠지어다"(11절)

• 전도서 8장 — 명령에 대한 태도

"내가 권하노라 왕의 명령을 지키라 이미 하나님을 가리켜 맹세하였음이니라"(2절)

"세상에서 행해지는 헛된 일이 있나니 곧 악인들의 행위에 따라 벌을 받는 의인들도 있고 의인들의 행위에 따라 상을 받는 악인들도 있다는 것이라"(14절)

• 디모데후서 4장 — 엄한 명령

"하나님 앞과 살아 있는 자와 죽은 자를 심판하실 그리스도 예수 앞에서 그가 나타나실 것과 그의 나라를 두고 엄히 명하노니 너는 말씀을 전파하라 때를 얻든지 못 얻든지 항상 힘쓰라"(1,2절)

"그러나 너는 모든 일에 신중하여 고난을 받으며 전도자의 일을 하며 네 직무를 다하라"(5절)
"주께서 내 곁에 서서 나에게 힘을 주심은 나로 말미암아 선포된 말씀이 온전히 전파되어 모든 이방인이 듣게 하려 하심이니"(17절)

묵상 | 하나님 마음 알아가기

명령은 준엄한 것입니다. 특히 왕의 명령은 더욱 그러합니다. 왕이신 하나님의 명령은 그분의 말씀 가운데 분명히 드러납니다. 말씀을 순종하는 것이 왕의 명령을 따르는 성도의 최선의 선택입니다.

적용

1. 왕이신 하나님의 명령을 기억하십니까?

2. 우리에게 명하신 자유를 온전히 이루며, 모든 죄를 자복할 뿐만 아니라, 말씀을 전파하는 삶을 사시기 바랍니다.

나(우리)에게 주시는 말씀(암송)

• 오늘의 감사 •

• 말씀으로 기도하기 •

월   일   맥체인 읽기: 4월 22일

오늘의 본문: 레26 | 시33 | 전9 | 딛1   찬송가 204장

오늘의 주제(키워드): **언약과 계획**

 **말씀**

• 레위기 26장 언약을 기억하시는 하나님

"너희가 내 규례와 계명을 준행하면 내가 너희에게 철따라 비를 주리니"(3,4절)

"내가 너희를 돌보아 너희를 번성하게 하고 너희를 창대하게 할 것이며 내가 너희와 함께 한 내 언약을 이행하리라"(9절)

"그러나 너희가 내게 청종하지 아니하여 이 모든 명령을 준행하지 아니하며 내 규례를 멸시하며 마음에 내 법도를 싫어하여 내 모든 계명을 준행하지 아니하며 내 언약을 배반할진대 내가 이같이 너희에게 행하리니 곧 내가 너희에게 놀라운 재앙을 내려"(14~16절)

"내가 야곱과 맺은 내 언약과 이삭과 맺은 내 언약을 기억하며 아브라함과 맺은 내 언약을 기억하고 그 땅을 기억하리라"(42절)

• 시편 33편 영원히 서는 하나님의 계획

"너희 의인들아 여호와를 즐거워하라 찬송은 정직한 자들이 마땅히 할 바로다"(1절)

"여호와께서 나라들의 계획을 폐하시며 민족들의 사상을 무효하게 하시도다"(10절)

"여호와의 계획은 영원히 서고 그의 생각은 대대에 이르리로다"(11절)

"우리 마음이 그를 즐거워함이여 우리가 그의 성호를 의지하였기 때문이로다"(21절)

• 전도서 9장 모두가 하나님의 손 안에 있음

"의인들이나 지혜자들이나 그들의 행위나 모두 다 하나님의 손 안에 있으니 사랑을 받을는지 미움을 받을는지 사람이 알지 못하는 것은 모두 그들의 미래의 일들임이니라"(1절)

"모든 사람의 결국은 일반이라"(3절)

"너는 가서 기쁨으로 네 음식물을 먹고 즐거운 마음으로 네 포도주를 마실지어다 이는 하나님이 네가 하는 일들을 벌써 기쁘게 받으셨음이니라"(7절)

"네가 사랑하는 아내와 함께 즐겁게 살지어다"(9절)

디도서 1장 | 사람을 세움

"내가 너를 그레데에 남겨 둔 이유는 남은 일을 정리하고 내가 명한 대로 각 성에 장로들을 세우게 하려 함이니"(5절)

"책망할 것이 없고 한 아내의 남편이며"(6절)

"깨끗한 자들에게는 모든 것이 깨끗하나 더럽고 믿지 아니하는 자들에게는 아무 것도 깨끗한 것이 없고 오직 그들의 마음과 양심이 더러운지라"(15절)

"그들이 하나님을 시인하나 행위로는 부인하니 가증한 자요 복종하지 아니하는 자요 모든 선한 일을 버리는 자니라"(16절)

묵상 | 하나님 마음 알아가기

하나님의 언약을 보면 하나님의 계획이 보입니다. 개인과 교회와 인류를 향하신 하나님의 계획하심이 분명히 드러난 하나님의 언약의 말씀을 더욱 가까이 하고 날마다 묵상해야 합니다.

적용

1. 하나님의 언약에 대해 신실하게 이행하십니까?

2. 하나님은 우리에게 하신 언약에 대해 신실하게 행하십니다. 그분의 변하지 않는 계획을 이루어 드리는 삶을 사시기 바랍니다.

나(우리)에게 주시는 말씀(암송)

• 오늘의 감사 •

• 말씀으로 기도하기 •

월 일   맥체인 읽기: 4월 23일

오늘의 본문: 레27 | 시34 | 전10 | 딛2   찬송가 323장

오늘의 주제(키워드): 신중함

 말씀

• 레위기 27장 값을 정하는 데 신중함

"제사장은 그 값을 정하되 그 서원자의 형편대로 값을 정할지니라"(8,12,14,16,18,23절)

"제사장은 우열간에 값을 정할지니"(12절)

"오직 여호와께 온전히 바친 모든 것은 사람이든지 가축이든지 기업의 밭이든지 팔지도 못하고 무르지도 못하나니 바친 것은 다 여호와께 지극히 거룩함이며"(28절)

"그 십분의 일은 여호와의 것이니 여호와의 성물이라"(30절)

• 시편 34편 여호와를 찾음에서 신중함

"내 영혼이 여호와를 자랑하리니 곤고한 자들이 이를 듣고 기뻐하리로다"(2절)

"나와 함께 여호와를 광대하시다 하며 함께 그의 이름을 높이세"(3절)

"너희는 여호와의 선하심을 맛보아 알지어다"(8절)

"너희 성도들아 여호와를 경외하라 그를 경외하는 자에게는 부족함이 없도다"(9절)

"여호와를 찾는 자는 모든 좋은 것에 부족함이 없으리로다"(10절)

"여호와는 마음이 상한 자를 가까이 하시고 충심으로 통회하는 자를 구원하시는도다"(18절)

• 전도서 10장 주권자에 대해 신중함

"주권자가 네게 분을 일으키거든 너는 네 자리를 떠나지 말라 공손함이 큰 허물을 용서 받게 하느니라"(4절)

"심중에라도 왕을 저주하지 말며 침실에서라도 부자를 저주하지 말라 공중의 새가 그 소리를 전하고 날짐승이 그 일을 전파할 것임이니라"(20절)

• 디도서 2장 하나님의 백성으로서의 신중함

"신중하며"(2,6,12절)

"복스러운 소망과 우리의 크신 하나님 구주 예수 그리스도의 영광이 나타나심을 기다리게 하셨으니"(13절)

"그가 우리를 대신하여 자신을 주심은 모든 불법에서 우리를 속량하시고 우리를 깨끗하게 하사 선한 일을 열심히 하는 자기 백성이 되게 하려 하심이라"(14절)

묵상 | 하나님 마음 알아가기

성도는 신중해야 합니다. 하나님을 찾고, 하나님을 경외하는 자는 신중합니다. 마음에 품은 말이라도 함부로 해서는 안 됩니다. 우리의 숨은 말을 공중의 새가 전하고 날짐승이 전파하듯 하나님이 그 모든 것을 아십니다.

적용

1. 매사에 신중하십니까?

2. 하나님은 우리를 모든 불법에서 속량하시고 우리를 깨끗하게 하심으로 선한 일을 열심히 하는 자기 백성이 되게 하셨습니다. 하나님의 선한 일을 함에 있어서 신중하시기 바랍니다.

나(우리)에게 주시는 말씀(암송)

· 오늘의 감사 ·

· 말씀으로 기도하기 ·

114일차 365일	월 일	맥체인 읽기: 4월 24일
	오늘의 본문: 민1	시35	전11	딛3	찬송가 353장
	오늘의 주제(키워드): **하나님의 구원하심의 섭리**	

 **말씀**

• 민수기 1장   군대의 계수

"그 명수대로 계수할지니니"(2절)

"이십 세 이상으로 싸움에 나갈 만한 모든 자"(3,22,24,26,28,30절)

"계수된 자의 총계는 육십만 삼천오백오십 명이었더라"(46절)

"레위인은 증거의 성막에 대한 책임을 지킬지니라"(53절)

• 시편 35편   하나님의 도우심

"여호와여 나와 다투는 자와 다투시고 나와 싸우는 자와 싸우소서"(1절)

"일어나 나를 도우소서"(2절)

"불의한 증인들이… 내게 선을 악으로 갚아 나의 영혼을 외롭게 하나 나는 그들이 병 들었을 때에 굵은 베 옷을 입으며 금식하여 내 영혼을 괴롭게 하였더니 내 기도가 내 품으로 돌아왔도다"(11~13절)

• 전도서 11장   하나님의 섭리

"만사를 성취하시는 하나님의 일을 네가 알지 못하느니라"(5절)

"너는 아침에 씨를 뿌리고 저녁에도 손을 놓지 말라 이것이 잘 될는지, 저것이 잘 될는지, 혹 둘이 다 잘 될는지 알지 못함이니라"(6절)

"네 눈이 보는 대로 행하라 그러나 하나님이 이 모든 일로 말미암아 너를 심판하실 줄 알라"(9절)

• 디도서 3장   중생의 씻음과 성령의 새롭게 하심으로 인한 구원

"아무도 비방하지 말며 다투지 말며 관용하며 범사에 온유함을 모든 사람에게 나타낼 것을 기억하게 하라"(2절)

"우리 구주 하나님의 자비와 사람 사랑하심이 나타날 때에 우리를 구원하시되 우리가 행한 바

의로운 행위로 말미암지 아니하고 오직 그의 긍휼하심을 따라 중생의 씻음과 성령의 새롭게 하심으로 하셨나니"(4,5절)

묵상 | 하나님 마음 알아가기

우리의 행한 바 의로운 행위들은 자랑할 수 없는 것들입니다. 왜냐면 구원을 이룰 수 없기 때문입니다. 성도의 구원에 하나님의 긍휼하심이 부어졌음을 기억하며 더욱 겸손해야 합니다.

적용

1. 하나님의 군사로 어떤 싸움을 싸우십니까?

2. 자신을 위한 정욕의 싸움을 피하고, 의의 기도와 온유함으로 나아가십시오.

나(우리)에게 주시는 말씀(암송)

· 오늘의 감사 ·

· 말씀으로 기도하기 ·

월   일

맥체인 읽기: 4월 25일

오늘의 본문: 민2 | 시36 | 전12 | 몬1

찬송가 351장

오늘의 주제(키워드): **사람의 본분**

 말씀

• 민수기 2장 계수된 군대의 배치

"회막을 향하여 사방으로 치라"(2절)

"동방 해 돋는 쪽에 진 칠 자는… 유다"(3절)

"그 곁에 진 칠 자는 잇사갈 지파라"(5절) / "그리고 스불론 지파라"(7절)

"남쪽에는 르우벤 군대 진영의 군기가"(10절)

"그 곁에 진 칠 자는 시므온 지파라"(12절) / "또 갓 지파라"(14절)

"서쪽에는 에브라임의 군대"(18절)

"그 곁에는 므낫세 지파"(20절) / "또 베냐민 지파"(22절)

"북쪽에는 단 군대"(25절)

"그 곁에 진 칠 자는 아셀 지파라"(27절) / "또 납달리 지파라"(29절)

"계수된 자의 총계는 육십만 삼천오백오십 명이며"(32절)

• 시편 36편 주의 인자하심

"여호와여 주의 인자하심이 하늘에 있고 주의 진실하심이 공중에 사무쳤으며 주의 의는 하나님의 산들과 같고"(5,6절)

"하나님이여 주의 인자하심이 어찌 그리 보배로우신지요"(7절)

"진실로 생명의 원천이 주께 있사오니 주의 빛 안에서 우리가 빛을 보리이다"(9절)

• 전도서 12장 사람의 본분

"너는 청년의 때에 너의 창조주를 기억하라 곧 곤고한 날이 이르기 전에, 나는 아무 낙이 없다고 할 해들이 가깝기 전에"(1절)

"일의 결국을 다 들었으니 하나님을 경외하고 그의 명령들을 지킬지어다 이것이 모든 사람의 본분이니라"(13절)

빌레몬서 1장 유익한 사랑받는 자

"형제여 성도들의 마음이 너로 말미암아 평안함을 얻었으니 내가 너의 사랑으로 많은 기쁨과 위로를 받았노라"(7절)

"그가 전에는 네게 무익하였으나 이제는 나와 네게 유익하므로"(11절)

"사랑 받는 형제로 둘 자라"(16절)

묵상 | 하나님 마음 알아가기

사람은 있어야 할 자리에 있어야 합니다. 지계석을 정하신 하나님의 섭리를 따르는 것입니다. 사람은 하나님을 경외하는 본분을 힘써 지킴으로 자신의 자리를 유지해야 합니다.

적용

1. 모든 사람 앞에 어떤 유익을 끼치며 살고 있습니까?

2. 하나님의 군사로서 주어진 자리에 서며, 언제나 주의 인자하심을 구하십시오.

3. 하나님의 명령들을 지키며 모든 사람에게 사랑받는 삶을 사십시오.

나(우리)에게 주시는 말씀(암송)

• 오늘의 감사 •

• 말씀으로 기도하기 •

116일차 365일	월 일	맥체인 읽기: 4월 26일
	오늘의 본문: 민3 ｜ 시37 ｜ 아1 ｜ 히1	찬송가 288장
	오늘의 주제(키워드): 뛰어나신 예수님	

 **말씀**

민수기 3장 구별된 자들

"그들은 기름 부음을 받고 거룩하게 구별되어 제사장 직분을 위임 받은 제사장들이라"(3절)

"너는 아론과 그의 아들들을 세워 제사장 직무를 행하게 하라 외인이 가까이 하면 죽임을 당할 것이니라"(10절)

"레위인은 내 것이라"(12절)

"처음 태어난 자는 다 내 것임은"(13절) - 부활의 첫 열매 되신 예수

"이스라엘 자손 중 모든 처음 태어난 자 대신에 레위인을 내게 돌리고"(41절)

시편 37편 여호와를 바라는 씨들의 자세와 열매

"여호와를 의뢰하고 선을 행하라 땅에 머무는 동안 그의 성실을 먹을 거리로 삼을지어다"(3절)

"또 여호와를 기뻐하라 그가 네 마음의 소원을 네게 이루어 주시리로다"(4절)

"네 길을 여호와께 맡기라 그를 의지하면 그가 이루시고"(5절)

"여호와 앞에 잠잠하고 참고 기다리라 자기 길이 형통하며"(7절)

"여호와를 소망하는 자들은 땅을 차지하리로다"(9절)

"온유한 자들은 땅을 차지하며"(11절)

"주의 복을 받은 자들은 땅을 차지하고"(22절)

"의인이 땅을 차지함이여 거기서 영원히 살리로다"(29절)

"여호와를 바라고 그의 도를 지키라 그리하면 네가 땅을 차지하게 하실 것이라"(34절)

아가서 1장 사랑함

"우리가 너를 따라 달려가리라 우리가 너로 말미암아 기뻐하며 즐거워하니 네 사랑이 포도주보다 더 진함이라 처녀들이 너를 사랑함이 마땅하니라"(4절)

"내 사랑아 너는 어여쁘고 어여쁘다 네 눈이 비둘기 같구나"(15절)

히브리서 1장 | 아들이신 예수를 통해 말씀하심

"옛적에 선지자들을 통하여... 말씀하신 하나님이 이 모든 날 마지막에는 아들을 통하여 우리에게 말씀하셨으니"(1,2절)

"천사보다 훨씬 뛰어남은... 하나님의 모든 천사들은 그에게 경배할지어다... 하나님 곧 주의 하나님이 즐거움의 기름을 주께 부어 주를 동류들보다 뛰어나게 하셨도다"(4,6,9절)

"모든 천사들은 섬기는 영으로서 구원 받을 상속자들을 위하여 섬기라고 보내심이 아니냐"(14절)

묵상 | 하나님 마음 알아가기

예수님의 뛰어나심은 이 땅의 어떤 기준으로도 측량할 수 없는 초월적인 것입니다. 예수님을 따르는 성도는 사랑함에 있어서 뛰어나야 합니다. 세상이 따라 올 수 없는 사랑을 할 수 있어야 합니다. 예수님이 보여주신 생명을 주신 사랑이어야 합니다.

적용

1. 모든 피조물보다 뛰어나신 예수님을 온전히 사랑하십니까?

2. 그의 사랑 안에 거하는 성도로서 모든 길을 그에게 맡기고, 그를 의뢰하십시오.

3. 무엇보다 마음을 다하고 뜻을 다하여 예수님을 사랑하십시오.

나(우리)에게 주시는 말씀(암송)

• 오늘의 감사 •

• 말씀으로 기도하기 •

| 월   일 | 맥체인 읽기: 4월 27일 |

오늘의 본문: 민4 | 시38 | 아2 | 히2   찬송가 595장

오늘의 주제(키워드): **계수된 자**

 **말씀**

• 민수기 4장 계수하심

"삼십 세 이상으로 오십 세까지 회막의 일을 하기 위하여 그 역사에 참가할 만한 모든 자를 계수하라"(3절)

"그들이 지성물에 접근할 때에 그들의 생명을 보존하고 죽지 않게 하기 위하여 이같이 하라 아론과 그의 아들들이 들어가서 각 사람에게 그가 할 일과 그가 멜 것을 지휘하게 할지니라"(19절)

"게르손 자손도 그 조상의 가문과 종족에 따라 계수하되"(22절)

"므라리 자손도 그 조상의 가문과 종족에 따라 계수하되"(29절)

"삼십 세부터 오십 세까지 회막 봉사와 메는 일에 참여하여 일할 만한 모든 자 곧 그 계수된 자는 팔천오백팔십 명이라"(47,48절)

• 시편 38편 회개함

"여호와여 주의 노하심으로 나를 책망하지 마시고 주의 분노하심으로 나를 징계하지 마소서"(1절)

"여호와여 내가 주를 바랐사오니 내 주 하나님이 내게 응답하시리이다"(15절)

"내 죄악을 아뢰고 내 죄를 슬퍼함이니이다"(18절)

"여호와여 나를 버리지 마소서 나의 하나님이여 나를 멀리하지 마소서"(21절)

"속히 나를 도우소서 주 나의 구원이시여"(22절)

• 아가서 2장 여우를 잡음

"남자들 중에 나의 사랑하는 자는 수풀 가운데 사과나무 같구나 내가 그 그늘에 앉아서 심히 기뻐하였고 그 열매는 내 입에 달았도다"(3절)

"나의 사랑, 나의 어여쁜 자야 일어나서 함께 가자"(13절)

"우리를 위하여 여우 곧 포도원을 허는 작은 여우를 잡으라 우리의 포도원에 꽃이 피었음이라"(15절)

• 히브리서 2장 시험 가운데 도움을 받음

"우리는 들은 것에 더욱 유념함으로 우리가 흘러 떠내려가지 않도록 함이 마땅하니라"(1절)
"죽음의 고난 받으심으로 말미암아 영광과 존귀로 관을 쓰신 예수를 보니 이를 행하심은 하나님의 은혜로 말미암아 모든 사람을 위하여 죽음을 맛보려 하심이라"(9절)
"그가 범사에 형제들과 같이 되심이 마땅하도다 이는 하나님의 일에 자비하고 신실한 대제사장이 되어 백성의 죄를 속량하려 하심이라"(17절)
"그가 시험을 받아 고난을 당하셨은즉 시험 받는 자들을 능히 도우실 수 있느니라"(18절)

묵상 | 하나님 마음 알아가기

성도는 하나님께 계수된 자입니다. 하나님은 우리의 죄악도 세십니다. 시험을 받아 고난을 당하심으로 시험받는 자들을 능히 도우시는 예수님께 죄를 자복하며 나아감으로 예수님의 도우심을 받아야 합니다.

적용

1. 하나님의 백성으로 계수된 성도로서 어떻게 살아가십니까?

2. 회개의 삶을 살며, 포도원을 허는 작은 여우를 잡으며, 고난 가운데서도 예수만을 바라보시기 바랍니다.

나(우리)에게 주시는 말씀(암송)

• 오늘의 감사 •

• 말씀으로 기도하기 •

월   일   맥체인 읽기: 4월 28일

오늘의 본문: 민5 | 시39 | 아3 | 히3

찬송가 486장

오늘의 주제(키워드): **죄의 유혹**

 **말씀**

민수기 5장 죄악을 기억나게 하는 소제

"모든 나병 환자와 유출증이 있는 자와 주검으로 부정하게 된 자를 다 진영 밖으로 내보내되 남녀를 막론하고 다 진영 밖으로 내보내어 그들이 진영을 더럽히게 하지 말라 내가 그 진영 가운데에 거하느니라"(2,3절)

"그 지은 죄를 자복하고 그 죄 값을 온전히 갚되"(7절)

"이는 의심의 소제요 죄악을 기억나게 하는 기억의 소제라"(15절)

시편 39편 주의 용서를 구함

"내가 말하기를 나의 행위를 조심하여 내 혀로 범죄하지 아니하리니"(1절)

"내가 나의 연약함을 알게 하소서"(4절)

"주여 이제 내가 무엇을 바라리요 나의 소망은 주께 있나이다"(7절)

"주는 나를 용서하사 내가 떠나 없어지기 전에 나의 건강을 회복시키소서"(13절)

아가서 3장 사랑하는 자를 찾음

"내 마음으로 사랑하는 자를 너희가 보았느냐"(3절)

"마음에 사랑하는 자를 만나서 그를 붙잡고 내 어머니 집으로, 나를 잉태한 이의 방으로 가기까지 놓지 아니하였노라"(4절)

히브리서 3장 대제사장이신 예수

"함께 하늘의 부르심을 받은 거룩한 형제들아 우리가 믿는 도리의 사도이시며 대제사장이신 예수를 깊이 생각하라"(1절)

"그는 자기를 세우신 이에게 신실하시기를"(2절)

"모세는… 하나님의 온 집에서 종으로서 신실하였고"(5절)

"그리스도는 하나님의 집을 맡은 아들로서 그와 같이 하셨으니... 우리는 그의 집이라"(6절)
"누구든지 죄의 유혹으로 완고하게 되지 않도록 하라"(13절)
"그들이 믿지 아니하므로 능히 들어가지 못한 것이라"(19절)

묵상 | 하나님 마음 알아가기

죄를 어떻게 처리하십니까? 대제사장이신 예수 앞에 내려 놓아야 합니다. 죄를 처리하지 않으면 완고해집니다. 완고함은 하늘의 은혜를 받을 수 없도록 합니다. 하나님은 겸비한 자를 기뻐하십니다.

적용

1. 당신은 죄의 문제를 어떻게 해결하고 있습니까?

2. 오직 우리의 대제사장이신 예수 그리스도만이 우리의 죄를 해결하실 수 있는 유일한 길입니다. 예수(사랑하는 자)를 찾고, 그에게 우리의 죄 용서를 구하시기 바랍니다. 우리의 죄를 사하시기 위해 예수는 십자가에서 단번에 죽으셨습니다.

나(우리)에게 주시는 말씀(암송)

• 오늘의 감사 •

• 말씀으로 기도하기 •

월   일   맥체인 읽기: 4월 29일

오늘의 본문: 민6 | 시40, 41 | 아4 | 히4   찬송가 269장

오늘의 주제(키워드): **결산 앞에 선 자의 선택**

 **말씀**

• 민수기 6장   여호와의 복을 구함

"특별한 서원 곧 나실인의 서원을 하고 자기 몸을 구별하여 여호와께 드리려고 하면"(2절)
1) "포도나무 소산은 씨나 껍질이라도 먹지 말지며"(4절)
2) "삭도를 절대로 그의 머리에 대지 말 것이라"(5절)
3) "시체를 가까이 하지 말 것이요"(6절)
"여호와는 네게 복을 주시고 너를 지키시기를 원하며 여호와는 그의 얼굴을 네게 비추사 은혜 베푸시기를 원하며 여호와는 그 얼굴을 네게로 향하여 드사 평강 주시기를 원하노라"(24~26절)
"그들은 이같이 내 이름으로 이스라엘 자손에게 축복할지니 내가 그들에게 복을 주리라"(27절)

• 시편 40, 41편   여호와의 은혜를 구함

"나를 기가 막힐 웅덩이와 수렁에서 끌어올리시고 내 발을 반석 위에 두사 내 걸음을 견고하게 하셨도다"(40:2)
"수많은 재앙이 나를 둘러싸고... 죄가 나의 머리털보다 많으므로 내가 낙심하였음이니이다 여호와여 은총을 베푸사 나를 구원하소서 여호와여 속히 나를 도우소서"(40:12,13)
"주께서 나를 온전한 중에 붙드시고 영원히 주 앞에 세우시나이다"(41:12)

• 아가서 4장   사랑하는 자의 아름다움을 노래함

"나의 사랑 너는 어여쁘고 아무 흠이 없구나"(7절)
"내 누이, 내 신부야 네 사랑이 어찌 그리 아름다운지 네 사랑은 포도주보다 진하고 네 기름의 향기는 각양 향품보다 향기롭구나"(10절)

• 히브리서 4장   은혜의 보좌 앞에 나아감

"하나님의 말씀은 살아 있고 활력이 있어 좌우에 날선 어떤 검보다도 예리하여 혼과 영과 및 관

절과 골수를 찔러 쪼개기까지 하며 또 마음의 생각과 뜻을 판단하나니"(12절)
"우리의 결산을 받으실 이의 눈 앞에 만물이 벌거벗은 것 같이 드러나느니라"(13절)
"우리에게 있는 대제사장은 우리의 연약함을 동정하지 못하실 이가 아니요 모든 일에 우리와 똑같이 시험을 받으신 이로되 죄는 없으시니라"(15절)
"그러므로 우리는 긍휼하심을 받고 때를 따라 돕는 은혜를 얻기 위하여 은혜의 보좌 앞에 담대히 나아갈 것이니라"(16절)

묵상 | 하나님 마음 알아가기

하나님은 우리를 마지막 날에 결산하십니다. 결산 앞에 서기까지 은혜가 더욱 필요합니다. 성도는 때를 따라 돕는 은혜를 얻기 위해 은혜의 보좌 앞에 담대히 나아가야 합니다.

적용

1. 결단을 앞에 두고 어떻게 행하고 계십니까?

2. 여호와의 은혜와 복을 구하며, 사랑하는 자의 아름다움을 노래할 뿐 아니라, 은혜의 보좌 앞으로 나아가십시오.

나(우리)에게 주시는 말씀(암송)

· 오늘의 감사 ·

· 말씀으로 기도하기 ·

월   일   맥체인 읽기: 4월 30일

오늘의 본문: 민7 | 시42, 43 | 아5 | 히5   찬송가 218장

오늘의 주제(키워드): **도우시는 하나님**

 **말씀**

• 민수기 7장 제단-직임, 드림, 하나님의 도우심 경험

"그것에 기름을 발라 거룩히 구별하고 또 그 모든 기구와 제단과 그 모든 기물에 기름을 발라 거룩히 구별한 날에"(1절)

"그것을 그들에게서 받아 레위인에게 주어 각기 직임대로 회막 봉사에 쓰게 할지니라"(5절)

"고핫 자손에게는 주지 아니하였으니 그들의 성소의 직임은 그 어깨로 메는 일을 하는 까닭이었더라"(9절)

"모세가 회막에 들어가서 여호와께 말하려 할 때에 증거궤 위 속죄소 위의 두 그룹 사이에서 자기에게 말씀하시는 목소리를 들었으니 여호와께서 그에게 말씀하심이었더라"(89절)

• 시편 42, 43편 여호와를 찾음

"하나님이여 사슴이 시냇물을 찾기에 갈급함 같이 내 영혼이 주를 찾기에 갈급하니이다"(42:1)

"너는 하나님께 소망을 두라 그가 나타나 도우심으로 말미암아 내가 여전히 찬송하리로다"(42:5,11; 43:5)

"그런즉 내가 하나님의 제단에 나아가 나의 큰 기쁨의 하나님께 이르리이다"(43:4)

• 아가서 5장 사랑하는 자를 연모함

"문을 두드려 이르기를 나의 누이, 나의 사랑, 나의 비둘기, 나의 완전한 자야 문을 열어 다오"(2절)

"예루살렘 딸들아 너희에게 내가 부탁한다 너희가 내 사랑하는 자를 만나거든 내가 사랑하므로 병이 났다고 하려무나"(8절)

"내 사랑하는 자는 희고도 붉어 많은 사람 가운데에 뛰어나구나"(10절)

"예루살렘 딸들아 이는 내 사랑하는 자요 나의 친구로다"(16절)

히브리서 5장 사랑하는 자의 순종하심

"백성을 위하여 속죄제를 드림과 같이 또한 자신을 위하여도 드리는 것이 마땅하니라"(3절)

"그의 경건하심으로 말미암아 들으심을 얻었느니라"(7절)

"그가 아들이시면서도 받으신 고난으로 순종함을 배워서 온전하게 되셨은즉 자기에게 순종하는 모든 자에게 영원한 구원의 근원이 되시고"(8,9절)

"젖을 먹는 자마다 어린 아이니 의의 말씀을 경험하지 못한 자요 단단한 음식은 장성한 자의 것이니 그들은 지각을 사용함으로 연단을 받아 선악을 분별하는 자들이니라"(13,14절)

묵상 | 하나님 마음 알아가기

도움이 필요하십니까? 사람을 찾기 전에 하나님께 나아가십시오. 하나님이 나타나 도우십니다. 사람의 도움은 한시적이지만 하나님의 도우심은 영원합니다. 사슴이 시냇물을 찾기에 갈급함 같이 하나님의 도우심을 바라십시오.

적용

1. 마음이 상하고 낙심될 때, 눈물이 주야로 음식이 될 때 누구를 찾으십니까?

2. 하나님의 제단에 나아가 사랑하시는 예수님을 찾고, 하나님께 소망을 두시기 바랍니다.

나(우리)에게 주시는 말씀(암송)

• 오늘의 감사 •

• 말씀으로 기도하기 •

121일차 365일	월 일	맥체인 읽기: 5월 1일
	오늘의 본문: 민8	시44	아6	히6	찬송가 331장
	오늘의 주제(키워드): **하나님을 자랑함**	

 **말씀**

• 민수기 8장 여호와께 봉사함

"레위인을 데려다가 정결하게 하라"(6절)

"속죄의 물을 그들에게 뿌리고 그들에게 그들의 전신을 삭도로 밀게 하고 그 의복을 빨게 하여 몸을 정결하게 하고"(7절)

"수송아지 한 마리를 번제물로, 기름 섞은 고운 가루를 그 소제물로 가져오게 하고 그 외에 너는 또 수송아지 한 마리를 속죄제물로 가져오고"(8절)

"레위인을 흔들어 바치는 제물로 여호와 앞에 드릴지니 이는 그들에게 여호와께 봉사하게 하기 위함이라"(11절)

"내게 온전히 드린 바 된 자라"(16절)

"레위인은 이같이 할지니 곧 이십오 세 이상으로는 회막에 들어가서 복무하고 봉사할 것이요 오십 세부터는 그 일을 쉬어 봉사하지 아니할 것이나"(24,25절)

• 시편 44편 여호와를 자랑함

"주께서 주의 손으로 뭇 백성을 내쫓으시고 우리 조상들을 이 땅에 뿌리 박게 하시며 주께서 다른 민족들은 고달프게 하시고 우리 조상들은 번성하게 하셨나이다"(2절)

"오직 주의 오른손과 주의 팔과 주의 얼굴의 빛으로 하셨으니"(3절)

"우리가 종일 하나님을 자랑하였나이다 우리는 하나님의 이름에 영원히 감사하리이다"(8절)

"이 모든 일이 우리에게 임하였으나 우리가 주를 잊지 아니하며 주의 언약을 어기지 아니하였나이다 우리의 마음은 위축되지 아니하고 우리 걸음도 주의 길을 떠나지 아니하였으나"(17,18절)

"일어나 우리를 도우소서 주의 인자하심으로 말미암아 우리를 구원하소서"(26절)

• 아가서 6장 사랑하는 자는 하나뿐임

"나는 내 사랑하는 자에게 속하였고 내 사랑하는 자는 내게 속하였으며 그가 백합화 가운데에서 그 양 떼를 먹이는도다"(3절)

"내 완전한 자는 하나뿐이로구나"(9절)

히브리서 6장 완전한 데로 나아감

"그러므로 우리가 그리스도의 도의 초보를 버리고... 완전한 데로 나아갈지니라"(1,2절)

"한 번 빛을 받고 하늘의 은사를 맛보고 성령에 참여한 바 되고 하나님의 선한 말씀과 내세의 능력을 맛보고도 타락한 자들은 다시 새롭게 하여 회개하게 할 수 없나니 이는 그들이 하나님의 아들을 다시 십자가에 못 박아 드러내 놓고 욕되게 함이라"(4~6절)

"너희 각 사람이 동일한 부지런함을 나타내어 끝까지 소망의 풍성함에 이르러 게으르지 아니하고 믿음과 오래 참음으로 말미암아 약속들을 기업으로 받는 자들을 본받는 자 되게 하려는 것이니라"(11,12절)

"그리로 앞서 가신 예수께서 멜기세덱의 반차를 따라 영원히 대제사장이 되어 우리를 위하여 들어 가셨느니라"(20절)

묵상 | 하나님 마음 알아가기

우리의 자랑은 오직 하나님이어야 합니다. 하나님을 종일 자랑하여야 합니다. 하나님은 하나님을 자랑하는 자를 도와주십니다.

적용

1. 오늘 당신의 자랑은 무엇입니까?

2. 오직 하나님(예수 그리스도)만 자랑하고 주신 직분을 자랑하고 오래 참아 약속을 받으시기 바랍니다.

나(우리)에게 주시는 말씀(암송)

• 오늘의 감사 •

• 말씀으로 기도하기 •

122일차 / 365일

월   일   맥체인 읽기: 5월 2일

오늘의 본문: 민9 | 시45 | 아7 | 히7   찬송가 82장

오늘의 주제(키워드): **온전한 구원**

 **말씀**

민수기 9장 말씀을 기다림

"그 모든 율례와 그 모든 규례대로 지킬지니라"(3절)

"기다리라 여호와께서 너희에게 대하여 어떻게 명령하시는지 내가 들으리라"(8절)

"구름이 성막에서 떠오르는 때에는 이스라엘 자손이 곧 행진하였고 구름이 머무는 곳에 이스라엘 자손이 진을 쳤으니 이스라엘 자손이 여호와의 명령을 따라 행진하였고 여호와의 명령을 따라 진을 쳤으며"(17,18절)

"여호와의 명령을 따라 여호와의 직임을 지켰더라"(23절)

시편 45편 여호와를 경배함

"용사여 칼을 허리에 차고 왕의 영화와 위엄을 입으소서"(3절)

"하나님이여 주의 보좌는 영원하며 주의 나라의 규는 공평한 규이니이다"(6절)

"딸이여 듣고 보고 귀를 기울일지어다 네 백성과 네 아버지의 집을 잊어버릴지어다 그리하면 왕이 네 아름다움을 사모하실지라 그는 네 주인이시니 너는 그를 경배할지어다"(10,11절)

"내가 왕의 이름을 만세에 기억하게 하리니 그러므로 만민이 왕을 영원히 찬송하리로다"(17절)

아가서 7장 사랑하는 자에게 속함

"사랑아 네가 어찌 그리 아름다운지, 어찌 그리 화창한지 즐겁게 하는구나"(6절)

"나는 내 사랑하는 자에게 속하였도다 그가 나를 사모하는구나"(10절)

"우리가 일찍이 일어나서 포도원으로 가서 포도 움이 돋았는지, 꽃술이 퍼졌는지, 석류 꽃이 피었는지 보자"(12절)

히브리서 7장 단번에 드리심

"이와 같이 예수는 더 좋은 언약의 보증이 되셨느니라"(22절)

"그러므로 자기를 힘입어 하나님께 나아가는 자들을 온전히 구원하실 수 있으니 이는 그가 항상 살아 계셔서 그들을 위하여 간구하심이라"(25절)

"날마다 제사 드리는 것과 같이 할 필요가 없으니 이는 그가 단번에 자기를 드려 이루셨음이라"(27절)

묵상 | 하나님 마음 알아가기

하나님은 모든 일에 정한 기일을 두셨습니다. 그 정한 기일을 지키는 것은 하나님을 경외하는 한 모습입니다. 나의 생각과 편리함을 따르지 않고 하나님이 정하신 바를 따라야 합니다.

적용

1. 예수는 우리를 구원하시기 위해 자신을 단번에 드리셨습니다. 이 완전한 구원을 믿습니까?

2. 하나님의 말씀을 기다리며, 왕을 영원히 찬양하며, 사랑하는 자에게 속하십시오.

나(우리)에게 주시는 말씀(암송)

• 오늘의 감사 •

• 말씀으로 기도하기 •

월   일
오늘의 본문: 민10 | 시46, 47 | 아8 | 히8
오늘의 주제(키워드): **이김**

맥체인 읽기: 5월 3일
찬송가 351장

 **말씀**

• **민수기 10장** **승리를 위해 나팔 준비와 행진**
"은 나팔 둘을 만들되 두들겨 만들어서"(2절)
"그 나팔은 아론의 자손인 제사장들이 불지니"(8절)
"대적을 치러 나갈 때에는 나팔을 크게 불지니"(9절)
"이스라엘 자손이 시내 광야에서 출발하여 자기 길을 가더니"(12절)
"선두로 유다 자손의 진영의 군기에"(14절)
"게르손 자손과 므라리 자손이 성막을 메고 출발"(17절)
"다음으로 르우벤 진영의 군기"(18절)
"고핫인은 성물을 메고 행진"(21절)
"다음으로 에브라임 자손 진영"(22절)
"다음으로 단 자손 진영"(25절)
"여호와여 일어나사 주의 대적들을 흩으시고 주를 미워하는 자가 주 앞에서 도망하게 하소서"(35절)
"여호와여 이스라엘 종족들에게로 돌아오소서"(36절)

• **시편 46, 47편** **하나님은 우리의 피난처**
"하나님은 우리의 피난처시요 힘이시니 환난 중에 만날 큰 도움이시라"(46:1)
"새벽에 하나님이 도우시리로다"(46:5)
"만군의 여호와께서 우리와 함께 하시니 야곱의 하나님은 우리의 피난처시로다"(46:7,11)
"너희는 가만히 있어 내가 하나님 됨을 알지어다 내가 뭇 나라 중에서 높임을 받으리라 내가 세계 중에서 높임을 받으리라"(46:10)
"지존하신 여호와는 두려우시고 온 땅에 큰 왕이 되심이로다"(47:2)
"찬송하라 하나님을 찬송하라 찬송하라 우리 왕을 찬송하라"(47:6)
"하나님이 뭇 백성을 다스리시며 하나님이 그의 거룩한 보좌에 앉으셨도다"(47:8)

아가서 8장 | 사랑으로 이김

"너는 나를 도장 같이 마음에 품고 도장 같이 팔에 두라 사랑은 죽음 같이 강하고 질투는 스올 같이 잔인하며… 많은 물도 이 사랑을 끄지 못하겠고 홍수라도 삼키지 못하나니"(6,7절)

"내 사랑하는 자야 너는 빨리 달리라"(14절)

히브리서 8장 | 더 좋은 언약의 중보자

"대제사장이 우리에게 있다는 것이라 그는 하늘에서 지극히 크신 이의 보좌 우편에 앉으셨으니"(1절)

"그는 더 좋은 약속으로 세우신 더 좋은 언약의 중보자시라"(6절)

"그 날 후에 내가 이스라엘 집과 맺을 언약은 이것이니 내 법을 그들의 생각에 두고 그들의 마음에 이것을 기록하리라 나는 그들에게 하나님이 되고 그들은 내게 백성이 되리라"(10절)

"내가 그들의 불의를 긍휼히 여기고 그들의 죄를 다시 기억하지 아니하리라"(12절)

묵상 | 하나님 마음 알아가기

모든 이김은 하나님께 있습니다. 이김을 주시는 하나님은 모든 성도에게도 승리를 주셨습니다. 우리에게 승리를 주시는 하나님을 찬송하며 하나님께서 하나님 되심을 보는 하루 되십시오.

적용

1. 하나님은 우리에게 이김을 주셨습니다. 이 승리를 위해 무엇을 가져야 합니까?
2. 나팔을 불고, 하나님이 피난처이심을 확신하십시오.
3. 그리고 하나님의 사랑에 거하며, 우리의 모든 죄가 사해졌음을 믿으십시오.

나(우리)에게 주시는 말씀(암송)

• 오늘의 감사 •

• 말씀으로 기도하기 •

	월 일	맥체인 읽기: 5월 4일
124일차 **365일**	오늘의 본문: **민11** | **시48** | **사1** | **히9**	찬송가 276장
	오늘의 주제(키워드): **진노에서 구원**	

 **말씀**

• 민수기 11장 진노의 원인
"백성이 악한 말로 원망하매 여호와께서 들으시고 진노하사"(1절)

"그들 중에 섞여 사는 다른 인종들이 탐욕을 품으매 이스라엘 자손도 다시 울며 이르되 누가 우리에게 고기를 주어 먹게 하랴"(4절)-탐욕의 전이 현상

"백성의 장로와 지도자가 될 만한 자 칠십 명을 모아 내게 데리고 와... 네게 임한 영을 그들에게도 임하게 하리니"(16,17절)

"여호와께서 그의 영을 그의 모든 백성에게 주사 다 선지자가 되게 하시기를 원하노라"(29절)-타인을 인정하지 않고 자신의 것을 절대화 하는 것도 탐욕이다.

• 시편 48편 구원의 하나님 찬양
"여호와는 위대하시니 우리 하나님의 성, 거룩한 산에서 극진히 찬양 받으시리로다"(1절)

"하나님이여 주의 이름과 같이 찬송도 땅 끝까지 미쳤으며 주의 오른손에는 정의가 충만하였나이다"(10절)

"주의 심판으로 말미암아 시온 산은 기뻐하고 유다의 딸들은 즐거워할지어다"(11절)

"이 하나님은 영원히 우리 하나님이시니 그가 우리를 죽을 때까지 인도하시리로다"(14절)

• 이사야 1장 죄와 진노
"내가 자식을 양육하였거늘 그들이 나를 거역하였도다"(2절)

"그들이 여호와를 버리며 이스라엘의 거룩하신 이를 만홀히 여겨 멀리하고 물러갔도다"(4절)

"온 머리는 병들었고 온 마음은 피곤하였으며 발바닥에서 머리까지 성한 곳이 없이 상한 것과 터진 것과 새로 맞은 흔적뿐이거늘"(5,6절)-씨를 향한 진노의 결과

"너희의 땅은 황폐하였고"(7절)-땅을 향한 진노의 결과

"우리 하나님의 법에 귀를 기울일지어다"(10절)-회복(26절), 구속(27절)

"오라 우리가 서로 변론하자 너희의 죄가 주홍 같을지라도 눈과 같이 희어질 것이요 진홍 같이 붉을지라도 양털 같이 희게 되리라"(18절)

"처음과 같이... 본래와 같이 회복할 것이라... 시온은 정의로 구속함을 받고"(26,27절)

히브리서 9장 영원한 속죄

"그리스도께서는 장래 좋은 일의 대제사장으로 오사 손으로 짓지 아니한 것 곧 이 창조에 속하지 아니한 더 크고 온전한 장막으로 말미암아 염소와 송아지의 피로 하지 아니하고 오직 자기의 피로 영원한 속죄를 이루사 단번에 성소에 들어가셨느니라"(11,12절)

"영원하신 성령으로 말미암아 흠 없는 자기를 하나님께 드린 그리스도의 피가 어찌 너희 양심을 죽은 행실에서 깨끗하게 하고"(14절)

"그는 새 언약의 중보자시니"(15절)

"이와 같이 그리스도도 많은 사람의 죄를 담당하시려고 단번에 드리신 바 되셨고 구원에 이르게 하기 위하여 죄와 상관 없이 자기를 바라는 자들에게 두 번째 나타나시리라"(28절)

묵상 | 하나님 마음 알아가기

죄의 결과로 진노가 임합니다. 이것은 하나님의 공의의 부분입니다. 죄의 진노를 피하는 길은 하나님 앞으로 나아가 죄를 자복하는 것입니다. 이를 위해 예수는 십자가로 영원한 속죄를 이루셨습니다.

적용

1. 하나님은 우리에게 진노하시지만 궁극의 구원을 주십니다. 어디쯤 계십니까?

2. 하나님으로부터 멀어졌다면 가까이 나아오십시오.

3. 예수 그리스도의 영원한 속죄로 구원함을 입었으니 하나님의 구원을 기대하시기 바랍니다.

나(우리)에게 주시는 말씀(암송)

• 오늘의 감사 •

• 말씀으로 기도하기 •

월   일   맥체인 읽기: 5월 5일

오늘의 본문: 민12, 13 | 시49 | 사2 | 히10   찬송가 454장

오늘의 주제(키워드): **하나님 나라의 땅**

 말씀

- **민수기 12, 13장** **약속된 땅의 정탐**

"내 종 모세와는 그렇지 아니하니 그는 내 온 집에 충성함이라 그와는 내가 대면하여 명백히 말하고 은밀한 말로 하지 아니하며… 너희가 어찌하여 내 종 모세 비방하기를 두려워하지 아니하느냐"(12:7,8)

"사람을 보내어 내가 이스라엘 자손에게 주는 가나안 땅을 정탐하게 하되"(13:2)-약속의 땅일지라도 정탐이 필요

"그 땅이 어떠한지 정탐하라 곧 그 땅 거민이 강한지 약한지 많은지 적은지와 그들이 사는 땅이 좋은지 나쁜지와 사는 성읍이 진영인지 산성인지와 토지가 비옥한지 메마른지"(13:18~20)

"우리가 곧 올라가서 그 땅을 취하자"(13:30)

- **시편 49편** **어리석은 자의 선택**

"자기의 재물을 의지하고 부유함을 자랑하는 자는 아무도 자기의 형제를 구원하지 못하며 그를 위한 속전을 하나님께 바치지도 못할 것은"(6,7절)

"그들의 속 생각에 그들의 집은 영원히 있고 그들의 거처는 대대에 이르리라 하여 그들의 토지를 자기 이름으로 부르도다"(11절)

"그가 죽으매 가져가는 것이 없고 그의 영광이 그를 따라 내려가지 못함이로다"(17절)

"존귀하나 깨닫지 못하는 사람은 멸망하는 짐승 같도다"(20절)

- **이사야 2장** **전쟁 없는 땅의 약속**

"말일에 여호와의 전의 산이 모든 산 꼭대기에 굳게 설 것이요 모든 작은 산 위에 뛰어나리니 만방이 그리로 모여들 것이라"(2절)

"오라 우리가 여호와의 산에 오르며 야곱의 하나님의 전에 이르자 그가 그의 길을 우리에게 가르치실 것이라 우리가 그 길로 행하리라 하리니 이는 율법이 시온에서부터 나올 것이요 여호와의 말씀이 예루살렘에서부터 나올 것임이니라"(3절)

"무리가 그들의 칼을 쳐서 보습을 만들고 그들의 창을 쳐서 낫을 만들 것이며 이 나라와 저 나라가 다시는 칼을 들고 서로 치지 아니하며 다시는 전쟁을 연습하지 아니하리라"(4절)

"야곱 족속아 오라 우리가 여호와의 빛에 행하자"(5절)

"그 날에 눈이 높은 자가 낮아지며 교만한 자가 굴복되고 여호와께서 홀로 높임을 받으시리라"(11절)

"여호와께서 홀로 높임을 받으실 것이요"(17절)

• 히브리서 10장　하나님께 나아갈 길

"율법은 장차 올 좋은 일의 그림자일 뿐이요 참 형상이 아니므로 해마다 늘 드리는 같은 제사로는 나아오는 자들을 언제나 온전하게 할 수 없느니라"(1절)

"그러나 이 제사들에는 해마다 죄를 기억하게 하는 것이 있나니 이는 황소와 염소의 피가 능히 죄를 없이 하지 못함이라"(3,4절)

"주께서는 제사와 예물과 번제와 속죄제는 원하지도 아니하고 기뻐하지도 아니하신다"(8절)

"이 뜻을 따라 예수 그리스도의 몸을 단번에 드리심으로 말미암아 우리가 거룩함을 얻었노라"(10절)

"그가 거룩하게 된 자들을 한 번의 제사로 영원히 온전하게 하셨느니라"(14절)

"그 길은 우리를 위하여 휘장 가운데로 열어 놓으신 새로운 살 길이요 휘장은 곧 그의 육체니라"(20절)

"참 마음과 온전한 믿음으로 하나님께 나아가자"(22절)

묵상 | 하나님 마음 알아가기

성도는 하나님이 주신 삶의 영역에서 날마다 치열한 전쟁을 치릅니다. 그 영역이 하나님의 기업이 되도록 거룩한 싸움을 싸워야 합니다. 하나님은 전쟁 없는 땅(영역)을 약속해 주셨습니다.

적용

1. 하나님은 우리에게 영원한 하나님 나라의 땅과 이 세상의 땅(전문 영역)을 약속하셨습니다. 그 땅을 위해 어떤 수고를 하십니까?

2. 이 세상 가치에 마음을 두지 말고, 예수 그리스도께서 십자가로 단번에 열어주신 살 길을 통해, 참 마음과 온전한 마음으로 하나님께 나아가시기 바랍니다.

나(우리)에게 주시는 말씀(암송)

• 오늘의 감사 •

• 말씀으로 기도하기 •

월   일 맥체인 읽기: 5월 6일

오늘의 본문: 민14 | 시50 | 사3, 4 | 히11   찬송가 342장

오늘의 주제(키워드): **생존과 죽음**

 **말씀**

• **민수기 14장** 죽음과 생존의 모습1

1) 죽음의 상황
"다 모세와 아론을 원망하며"(2절)
"내가 전염병으로 그들을 쳐서 멸하고"(12절)
"이같이 열 번이나 나를 시험하고 내 목소리를 청종하지 아니한 그 사람들은 내가 그들의 조상들에게 맹세한 땅을 결단코 보지 못할 것이요 또 나를 멸시하는 사람은 한 사람도 그것을 보지 못하리라"(22,23절)
"곧 그 땅에 대하여 악평한 자들은 여호와 앞에서 재앙으로 죽었고"(37절)

2) 생존
"우리가 두루 다니며 정탐한 땅은 심히 아름다운 땅이라 여호와께서 우리를 기뻐하시면 우리를 그 땅으로 인도하여 들이시고 그 땅을 우리에게 주시리라"(7,8절)
"그들은 우리의 먹이라… 여호와는 우리와 함께 하시느니라"(9절)
"그 땅을 정탐하러 갔던 사람들 중에서 오직 눈의 아들 여호수아와 여분네의 아들 갈렙은 생존하니라"(38절)

• **시편 50편** 죽음과 생존의 모습 2

1) 생존의 삶
"나의 성도들을 내 앞에 모으라 그들은 제사로 나와 언약한 이들이니라"(5절)
"감사로 하나님께 제사를 드리며 지존하신 이에게 네 서원을 갚으며 환난 날에 나를 부르라 내가 너를 건지리니"(14,15절)

2) 사망의 삶(16~21절)
"교훈을 미워하고 내 말을 네 뒤로 던지며"(17절)
"도둑을 본즉 그와 연합하고 간음하는 자들과 동료가 되며"(18절)
"네 입을 악에게 내어 주고 네 혀로 거짓을 꾸미며"(19절)
"그러나 내가 너를 책망하여 네 죄를 네 눈 앞에 낱낱이 드러내리라 하시는도다"(21절)

• **이사야 3, 4장** 죽음과 생존의 모습 3

1) 죽음(멸망, 3장)
"예루살렘이 멸망하였고 유다가 엎드러졌음은 그들의 언어와 행위가 여호와를 거역하여 그의

영광의 눈을 범하였음이라"(3:8)
"포도원을 삼킨 자는 너희이며 가난한 자에게서 탈취한 물건이 너희의 집에 있도다"(3:14)
"그 성문은 슬퍼하며 곡할 것이요 시온은 황폐하여 땅에 앉으리라"(3:26)

2) 생존(예루살렘의 회복, 4장)

"그 날에 여호와의 싹이 아름답고 영화로울 것이요 그 땅의 소산은 이스라엘의 피난한 자를 위하여 영화롭고 아름다울 것이며"(4:2)

• 히브리서 11장 믿음으로 사는 것이 생명

"믿음으로"(3~5,7,8,9,11,17,20~24,27~31,33,39절)
"믿음이 없이는 하나님을 기쁘시게 하지 못하나니 하나님께 나아가는 자는 반드시 그가 계신 것과 또한 그가 자기를 찾는 자들에게 상 주시는 이심을 믿어야 할지니라"(6절)
"그가 하나님이 능히 이삭을 죽은 자 가운데서 다시 살리실 줄로 생각한지라"(19절)
"이 사람들은 다 믿음으로 말미암아 증거를 받았으나 약속된 것을 받지 못하였으니"(39절)

묵상 | 하나님 마음 알아가기

원망과 시험을 버려야 합니다. 이러한 것들은 사망을 가져옵니다. 하나님의 약속을 신뢰하며 영적 예배를 드려야 합니다. 이러한 삶은 생명을 가져옵니다. 지금 믿음의 삶이 영원한 삶으로 인도합니다.

적용

1. 오늘 어떤 길을 가고 있습니까? 생명의 길입니까? 사망의 길입니까?

2. 우리 안에 원망 불평을 내려놓고, 믿음으로 예수 그리스도를 바라보며 걸어가시기 바랍니다.

나(우리)에게 주시는 말씀(암송)

• 오늘의 감사 •

• 말씀으로 기도하기 •

127일차 / 365일

월   일

오늘의 본문: 민15 | 시51 | 사5 | 히12

맥체인 읽기: 5월 7일

찬송가 250장

오늘의 주제(키워드): **하나님이 받으시는 제사와 제물**

 말씀

• 민수기 15장 향기롭게 드리는 제사와 제물

"여호와께 화제나 번제나 서원을 갚는 제사나 낙헌제나 정한 절기제에 소나 양을 여호와께 향기롭게 드릴 때에"(3절)

"너희에게나 너희 중에 거류하는 타국인에게나 같은 법도, 같은 규례이니라"(16절)

"회중이 부지중에 범죄하였거든… 향기로운 화제로 드리고… 소제와 전제를 드리고… 속죄제로 드릴 것이라"(24절)

"그리하여 너희가 내 모든 계명을 기억하고 행하면 너희의 하나님 앞에 거룩하리라"(40절)

"나는 너희의 하나님이 되려고 너희를 애굽 땅에서 인도해 내었느니라"(41절)

＊ "내가 주어 살게 할 땅"(2절) / "내가 인도하는 땅"(18절)

• 시편 51편 하나님께서 구하시는 제사

"하나님이여 주의 인자를 따라 내게 은혜를 베푸시며 주의 많은 긍휼을 따라 내 죄악을 지워 주소서"(1절)

"무릇 나는 내 죄과를 아오니 내 죄가 항상 내 앞에 있나이다"(3절)

"하나님이여 내 속에 정한 마음을 창조하시고 내 안에 정직한 영을 새롭게 하소서"(10절)

"주의 성령을 내게서 거두지 마소서"(11절)

"하나님께서 구하시는 제사는 상한 심령이라 하나님이여 상하고 통회하는 마음을 주께서 멸시하지 아니하시리이다"(17절)

• 이사야 5장 하나님이 기뻐하시는 사람

"나는 내가 사랑하는 자를 위하여 노래하되 내가 사랑하는 자의 포도원을 노래하리라"(1절)

"땅을 파서 돌을 제하고 극상품 포도나무를 심었도다… 좋은 포도 맺기를 바랐더니 들포도를 맺었도다"(2절)

"무릇 만군의 여호와의 포도원은 이스라엘 족속이요 그가 기뻐하시는 나무는 유다 사람이라"(7절)

"오직 만군의 여호와는 정의로우시므로 높임을 받으시며 거룩하신 하나님은 공의로우시므로

거룩하다 일컬음을 받으시리니"(16절)

• 히브리서 12장 예배의 대상과 예배자의 삶

"모든 무거운 것과 얽매이기 쉬운 죄를 벗어 버리고 인내로써 우리 앞에 당한 경주를 하며"(1절)
"믿음의 주요 또 온전하게 하시는 이인 예수를 바라보자 그는 그 앞에 있는 기쁨을 위하여(미래) 십자가를 참으사 부끄러움을 개의치 아니하시더니 하나님 보좌 우편에 앉으셨느니라(현재)"(2절)
"너희가 죄와 싸우되 아직 피흘리기까지는 대항하지 아니하고"(4절)
"오직 하나님은 우리의 유익을 위하여 그의 거룩하심에 참여하게 하시느니라"(10절)
"모든 사람과 더불어 화평함과 거룩함을 따르라"(14절)
"그러므로 우리가 흔들리지 않는 나라를 받았은즉 은혜를 받자"(28절)

묵상 | 하나님 마음 알아가기

성도의 삶은 하나님이 기준이 되어야 합니다. 예배도 하나님이 받으시는 예배를 드려야 하고, 하나님이 기뻐하시는 사람이 되어야 합니다. 믿음의 주요 또 온전케 하시는 이인 예수를 바라보아야 합니다.

적용

1. 당신의 예배의 대상은 누구입니까? 그리고 어떤 예배를 드립니까?

2. 오직 유일한 예배의 대상이신 하나님이 받으시기에 기쁜 예배를 드리되, 상한 심령과 아름다운 열매로 나아가며, 오직 예수만 바라보는 가운데 죄와 싸우되 피 흘리기까지 싸우며, 모든 사람과 더불어 화평함과 거룩함을 따르는 삶을 살아가시기 바랍니다.

나(우리)에게 주시는 말씀(암송)

• 오늘의 감사 •

• 말씀으로 기도하기 •

128일차 365일	월 일	맥체인 읽기: 5월 8일

오늘의 본문: 민16 | 시52-54 | 사6 | 히13　　찬송가 273장

오늘의 주제(키워드): **포악한 씨와 거룩한 씨**

말씀

• 민수기 16장 당을 짓는 포악한 씨들

"당을 짓고"(1절)

"너희가 너무 분수에 지나치느니라"(7절)

"땅이 그 입을 열어 그들과 그들의 집과 고라에게 속한 모든 사람과 그들의 재물을 삼키매"(32절)

"여호와께로부터 불이 나와서 분향하는 이백오십 명을 불살랐더라"(35절)

"이는 아론 자손이 아닌 다른 사람은 여호와 앞에 분향하러 가까이 오지 못하게 함이며"(40절)

"이튿날 이스라엘 자손의 온 회중이 모세와 아론을 원망하여 이르되"(41절)-끈질긴 원망

• 시편 52-54편 악한 계획을 자랑하는 포악한 씨들과 거룩한 씨들을 도우시는 하나님

"포악한 자여 네가 어찌하여 악한 계획을 스스로 자랑하는가 하나님의 인자하심은 항상 있도다"(52:1)

"네 혀가 심한 악을 꾀하여"(52:2)

"그러나 나는 하나님의 집에 있는 푸른 감람나무 같음이여 하나님의 인자하심을 영원히 의지하리로다"(52:8)

"함께 더러운 자가 되고 선을 행하는 자 없으니 한 사람도 없도다"(53:3)

"하나님이 자기 백성의 포로된 것을 돌이키실 때에 야곱이 즐거워하며 이스라엘이 기뻐하리로다"(53:6)

"하나님은 나를 돕는 이시며 주께서는 내 생명을 붙들어 주시는 이시니이다"(54:4)

"참으로 주께서는 모든 환난에서 나를 건지시고 내 원수가 보응 받는 것을 내 눈이 똑똑히 보게 하셨나이다"(54:7)

• 이사야 6장 하나님이 찾으시는 거룩한 씨

"거룩하다 거룩하다 거룩하다 만군의 여호와여 그의 영광이 온 땅에 충만하도다"(3절)

"보라 이것이 네 입에 닿았으니 네 악이 제하여졌고 네 죄가 사하여졌느니라"(7절)

"내가 누구를 보내며 누가 우리를 위하여 갈꼬… 내가 여기 있나이다 나를 보내소서"(8절)

"밤나무와 상수리나무가 베임을 당하여도 그 그루터기는 남아 있는 것 같이 거룩한 씨가 이 땅의 그루터기니라"(13절)

• 히브리서 13장 거룩한 씨의 삶

"갇힌 자를 생각하고... 학대 받는 자를 생각하라"(3절)

"결혼을 귀히 여기고 침소를 더럽히지 않게 하라 음행하는 자들과 간음하는 자들을 하나님이 심판하시리라"(4절)

"내가 결코 너희를 버리지 아니하고 너희를 떠나지 아니하리라 하셨느니라 그러므로 우리가 담대히 말하되 주는 나를 돕는 이시니 내가 무서워하지 아니하겠노라 사람이 내게 어찌하리요"(5,6절)

"예수 그리스도는 어제나 오늘이나 영원토록 동일하시니라"(8절)

"그러므로 우리는 예수로 말미암아 항상 찬송의 제사를 하나님께 드리자"(15절)

묵상 | 하나님 마음 알아가기

하나님은 거룩한 씨를 원하십니다. 하나님이 명하신 것에 즉각적으로 순종하며, 갇힌 자를 생각하고, 학대받는 자를 생각함으로 거룩한 씨로서의 삶을 살아야 합니다.

적용

1. 당신을 거룩한 씨로 부르셨음을 아십니까?

2. 우리 안에 모든 포악한 일을 버리고 하나님의 부르심에 응답하며, 거룩한 삶으로 항상 찬송의 제사를 하나님께 드리며 사시기 바랍니다.

나(우리)에게 주시는 말씀(암송)

• 오늘의 감사 •

• 말씀으로 기도하기 •

129일차 / 365일

월 일
맥체인 읽기: 5월 9일

오늘의 본문: 민 17, 18 | 시 55 | 사 7 | 약 1
찬송가 342장

오늘의 주제(키워드): **의인의 삶**

 말씀

• 민수기 17, 18장   직무를 다함

"각 조상의 가문을 따라 지팡이 하나씩을 취하되"(17:2)

"내가 택한 자의 지팡이에는 싹이 나리니"(17:5)

"아론의 지팡이에 움이 돋고 순이 나고 꽃이 피어서 살구 열매가 열렸더라"(17:8)

"이와 같이 너희는 성소의 직무와 제단의 직무를 다하라"(18:5)

"레위인을 택하여 내게 돌리고 너희에게 선물로 주어 회막의 일을 하게 하였나니"(18:6)

"제사장의 직분을 지켜 섬기라 내가 제사장의 직분을 너희에게 선물로 주었은즉"(18:7)

"내가 이스라엘 자손 중에 네 분깃이요 네 기업이니라"(18:20)

• 시편 55편   짐을 여호와께 맡김

"네 짐을 여호와께 맡기라 그가 너를 붙드시고 의인의 요동함을 영원히 허락하지 아니하시리로다"(22절)

"피를 흘리게 하며 속이는 자들은 그들의 날의 반도 살지 못할 것이나 나는 주를 의지하리이다"(23절)

• 이사야 7장   낙심하지 않음

"아람이 에브라임과 동맹하였다 하였으므로 왕의 마음과 그의 백성의 마음이 숲이 바람에 흔들림 같이 흔들렸더라"(2절)

"너는 삼가며 조용하라 르신과 아람과 르말리야의 아들이 심히 노할지라도 이들은 연기 나는 두 부지깽이 그루터기에 불과하니 두려워하지 말며 낙심하지 말라"(4절)

"그러므로 주께서 친히 징조를 너희에게 주실 것이라 보라 처녀가 잉태하여 아들을 낳을 것이요 그의 이름을 임마누엘이라 하리라"(14절)

야고보서 1장 | 시험을 참음

"내 형제들아 너희가 여러 가지 시험을 당하거든 온전히 기쁘게 여기라 이는 너희 믿음의 시련이 인내를 만들어 내는 줄 너희가 앎이라 인내를 온전히 이루라 이는 너희로 온전하고 구비하여 조금도 부족함이 없게 하려 함이라"(2~4절)

"너희 중에 누구든지 지혜가 부족하거든 모든 사람에게 후히 주시고 꾸짖지 아니하시는 하나님께 구하라 그리하면 주시리라 오직 믿음으로 구하고 조금도 의심하지 말라"(5,6절)

"시험을 참는 자는 복이 있나니"(12절)

"하나님 아버지 앞에서 정결하고 더러움이 없는 경건은 곧 고아와 과부를 그 환난중에 돌보고 또 자기를 지켜 세속에 물들지 아니하는 그것이니라"(27절)

묵상 | 하나님 마음 알아가기

믿음으로 의롭다 함을 받은 성도는 의인으로서의 삶을 살아야 합니다. 죄인이었을 때의 삶의 모습에서 완전히 돌아서는 본질적, 전인적 변화의 삶을 살아야 합니다.

적용

1. 당신은 의인으로서 어떤 삶을 살아가십니까?

2. 주신 직무를 귀히 여기며, 모든 두려움을 버리고, 끝까지 인내하며, 모든 시험을 참는 삶을 살아가시기 바랍니다.

나(우리)에게 주시는 말씀(암송)

• 오늘의 감사 •

• 말씀으로 기도하기 •

130일차 / 365일

월   일

맥체인 읽기: 5월 10일

오늘의 본문: **민19** | **시56, 57** | **사8, 9:1-7** | **약2**   찬송가 426장

오늘의 주제(키워드): **하나님의 열심이 이루심**

 **말씀**

• 민수기 19장 자신을 정결하게 함

"온전하여 흠이 없고 아직 멍에 메지 아니한 붉은 암송아지를... 진영 밖으로"(2,3절)

"제사장은 자기의 옷을 빨고 물로 몸을 씻은 후에 진영에 들어갈 것이라 그는 저녁까지 부정하리라"(7절)

"사람의 시체를 만진 자는 이레 동안 부정하리니"(11절)

"죽은 사람의 시체를 만지고 자신을 정결하게 하지 아니하는 자는 여호와의 성막을 더럽힘이라"(13절)

"사람이 부정하고도 자신을 정결하게 하지 아니하면 여호와의 성소를 더럽힘이니 그러므로 회중 가운데에서 끊어질 것이니라"(20절)

• 시편 56, 57편 하나님의 은혜를 간구함

"하나님이여 내게 은혜를 베푸소서"(56:1)

"내가 하나님을 의지하였은즉 두려워하지 아니하리니 혈육을 가진 사람이 내게 어찌하리이까"(56:4,11)

"하나님이여 내게 은혜를 베푸소서 내게 은혜를 베푸소서"(57:1)

"하나님이여 주는 하늘 위에 높이 들리시며 주의 영광이 온 세계 위에 높아지기를 원하나이다"(57:5)

"하나님이여 내 마음이 확정되었고 내 마음이 확정되었사오니 내가 노래하고 내가 찬송하리이다"(57:7)

"주여 내가 만민 중에서 주께 감사하오며 뭇 나라 중에서 주를 찬송하리이다"(57:9)

• 이사야 8, 9:1-7 만군의 여호와의 열심

"여호와께서 내게 이르시되"(8:1,5)

"너희는 함께 계획하라 그러나 끝내 이루지 못하리라... 이는 하나님이 우리와 함께 계심이니라"(8:10)-하나님이 없는 계획, 말은 이루지 못하고 시행되지 못한다.

"그가 성소가 되시리라"(8:14)

"흑암에 행하던 백성이 큰 빛을 보고 사망의 그늘진 땅에 거주하던 자에게 빛이 비치도다"(9:2)
"그의 이름은 기묘자라, 모사라, 전능하신 하나님이라, 영존하시는 아버지라, 평강의 왕이라 할 것임이라... 만군의 여호와의 열심이 이를 이루시리라"(9:6,7)

야고보서 2장 행함으로 온전하게 되는 믿음

"하나님이 세상에서 가난한 자를 택하사 믿음에 부요하게 하시고 또 자기를 사랑하는 자들에게 약속하신 나라를 상속으로 받게 하지 아니하셨느냐"(5절)

"네 이웃 사랑하기를 네 몸과 같이 하라 하신 최고의 법을 지키면 잘하는 것이거니와 만일 너희가 사람을 차별하여 대하면 죄를 짓는 것이니 율법이 너희를 범법자로 정죄하리라"(8,9절)

"내 형제들아 만일 사람이 믿음이 있노라 하고 행함이 없으면 무슨 유익이 있으리요 그 믿음이 능히 자기를 구원하겠느냐"(14절)

"행함이 없는 믿음은 그 자체가 죽은 것이라"(17절)

"믿음이 그의 행함과 함께 일하고 행함으로 믿음이 온전하게 되었느니라"(22절)

"영혼 없는 몸이 죽은 것 같이 행함이 없는 믿음은 죽은 것이니라"(26절)

묵상 | 하나님 마음 알아가기

일의 결과는 우리의 노력과 실력으로 된 것이 아닙니다. 오직 하나님의 열심으로 이루어집니다. 오직 우리가 할 일은 만민 중에서 주께 감사하며 뭇 나라 중에서 주를 찬송하는 것입니다.

적용

1. 하나님의 열심을 의지하십니까?

2. 우리를 정결케 하심도, 은혜를 베푸심도, 주의 구원하심과 우리의 행하는 모든 행위의 결과도 여호와의 열심 때문인 것임을 기억하시기 바랍니다.

나(우리)에게 주시는 말씀(암송)

• 오늘의 감사 •

• 말씀으로 기도하기 •

월   일   맥체인 읽기: 5월 11일

오늘의 본문: 민20 | 시58, 59 | 사9:8-10:4 | 약3   찬송가 212장

오늘의 주제(키워드): **하나님의 거룩함을 드러내는 수단**

 말씀

• 민수기 20장 순종을 통해 거룩함을 나타내야 함

"회중을 모으고 그들의 목전에서 너희는 반석에게 명령하여 물을 내라"(8절)

"그의 지팡이로 반석을 두 번 치니 물이 많이 솟아나오므로"(11절)

"여호와께서 모세와 아론에게 이르시되 너희가 나를 믿지 아니하고 이스라엘 자손의 목전에서 내 거룩함을 나타내지 아니한 고로"(12절)

• 시편 58, 59편 찬양의 말

"주님은 만군의 하나님 여호와, 이스라엘의 하나님이시오니 일어나 모든 나라들을 벌하소서"(59:5)

"나는 주의 힘을 노래하며 아침에 주의 인자하심을 높이 부르오리니 주는 나의 요새이시며 나의 환난 날에 피난처심이니이다"(59:16)

• 이사야 9:8-10:4 하나님의 거룩을 훼방함

"그들이 교만하고 완악한 마음으로 말하기를"(9:9)

"모든 입으로 망령되이 말하니"(9:17)

• 야고보서 3장 말의 힘

"우리가 다 실수가 많으니 만일 말에 실수가 없는 자라면 곧 온전한 사람이라"(2절)

"혀는 능히 길들일 사람이 없나니 쉬지 아니하는 악이요"(8절)

"샘이 한 구멍으로 어찌 단 물과 쓴 물을 내겠느냐"(11절)

묵상 | 하나님 마음 알아가기

성도에게 하나님의 거룩함을 나타내는 수단으로 말을 허락하셨습니다. 한 샘에서 단물과 쓴 물을 낼 수 없듯이 성도는 아름다운 말, 찬양의 말, 순종의 말을 해야 합니다. 오늘 나의 말에 실수는 없었는지 되돌아 봅시다.

적용

1. 당신은 말을 어떻게 사용하십니까?

2. 하나님의 거룩함을 드러내는 일에 사용하십시오. 모든 불순종과 완악한 말을 버리고, 하나님을 찬양하십시오.

나(우리)에게 주시는 말씀(암송)

• 오늘의 감사 •

• 말씀으로 기도하기 •

월   일   맥체인 읽기: 5월 12일

오늘의 본문: 민21 | 시60, 61 | 사10:5-34 | 약4   찬송가 545장

오늘의 주제(키워드): **하나님을 의지함**

 **말씀**

• 민수기 21장   하나님께 기도함

"이스라엘이 여호와께 서원하여 이르되(기도)"(2절)

"여호와께서 이스라엘의 목소리를 들으시고"(3절)

"여호와께 기도하여 이 뱀들을 우리에게서 떠나게 하소서 모세가 백성을 위하여 기도하매"(7절)

"불뱀을 만들어 장대 위에 매달아라 물린 자마다 그것을 보면 살리라"(8절)

"내가 그들에게 물을 주리라"(16절)-"우물물아 솟아나라"(17절)

"그를 두려워하지 말라 내가 그와 그의 백성과 그의 땅을 네 손에 넘겼나니"(34절)

• 시편 60, 61편   구원과 기업을 주심

"하나님이여 주께서 우리를 버려 흩으셨고 분노하셨사오나 지금은 우리를 회복시키소서(60:1)

"주를 경외하는 자에게 깃발을 주시고 진리를 위하여 달게 하셨나이다"(60:4)

"하나님이 그의 거룩하심으로 말씀하시되 내가 뛰놀리라 내가 세겜을 나누며 숙곳 골짜기를 측량하리라"(60:6)

"우리를 도와 대적을 치게 하소서 사람의 구원은 헛됨이니이다 우리가 하나님을 의지하고 용감하게 행하리니 그는 우리의 대적을 밟으실 이심이로다"(60:11,12)

"주 하나님이여 주께서 나의 서원을 들으시고 주의 이름을 경외하는 자가 얻을 기업을 내게 주셨나이다"(61:5)

"그리하시면 내가 주의 이름을 영원히 찬양하며 매일 나의 서원을 이행하리이다"(61:8)

• 이사야 10:5~34절   진실하게 의지함

"그 날에 이스라엘의 남은 자와 야곱 족속의 피난한 자들이... 이스라엘의 거룩하신 이 여호와를 진실하게 의지하리니 남은 자 곧 야곱의 남은 자가 능하신 하나님께로 돌아올 것이라"(20,21절)

야고보서 4장 더욱 큰 은혜를 사모함

"너희가 얻지 못함은 구하지 아니하기 때문이요 구하여도 받지 못함은 정욕으로 쓰려고 잘못 구하기 때문이라"(2,3절)

"그러나 더욱 큰 은혜를 주시나니 그러므로 일렀으되 하나님이 교만한 자를 물리치시고 겸손한 자에게 은혜를 주신다 하였느니라 그런즉 너희는 하나님께 복종할지어다 마귀를 대적하라 그리하면 너희를 피하리라 하나님을 가까이하라 그리하면 너희를 가까이하시리라 죄인들아 손을 깨끗이 하라 두 마음을 품은 자들아 마음을 성결하게 하라"(6~8절)

묵상 | 하나님 마음 알아가기

두려움을 버리면 하나님의 구원을 경험합니다. 승리의 깃발을 주시는 하나님을 의지하며 용감하게 행해야 합니다. 하나님을 가까이 하면 하나님이 가까이 하십니다.

적용

1. 하나님만을 의지하십니까?

2. 우리에게 구원과 기업을 주신 하나님께 구하십시오. 더욱 큰 은혜를 사모하십시오.

나(우리)에게 주시는 말씀(암송)

• 오늘의 감사 •

• 말씀으로 기도하기 •

월 일	맥체인 읽기: 5월 13일
오늘의 본문: 민22	시62, 63	사11, 12	약5	찬송가 258장
오늘의 주제(키워드): 하나님의 말씀을 들음	

 **말씀**

• 민수기 22장   주신 말씀을 말함
"여호와께서 내게 이르시는 대로 너희에게 대답하리라"(8절)
"너는 그들과 함께 가지도 말고 그 백성을 저주하지도 말라 그들은 복을 받은 자들이니라"(12절)
"일어나 함께 가라… 그가 감으로 말미암아 하나님이 진노하시므로"(20,22절)
"내 앞에서 네 길이 사악하므로 내가 너를 막으려고 나왔더니"(32절)
"하나님이 내 입에 주시는 말씀 그것을 말할 뿐이니이다"(38절)

• 시편 62, 63편   하신 말씀을 들음
"나의 영혼이 잠잠히 하나님만 바람이여 나의 구원이 그에게서 나오는도다"(62:1,5)
"백성들아 시시로 그를 의지하고 그의 앞에 마음을 토하라 하나님은 우리의 피난처시로다"(62:8)
"하나님이 한두 번 하신 말씀을 내가 들었나니 권능은 하나님께 속하였다 하셨도다"(62:11)
"내가 주의 권능과 영광을 보기 위하여 이와 같이 성소에서 주를 바라보았나이다"(63:2)

• 이사야 11, 12장   구원에 대해 들어야 할 말씀들
"그의 눈에 보이는 대로 심판하지 아니하며 그의 귀에 들리는 대로 판단하지 아니하며"(11:3)
"내 거룩한 산 모든 곳에서 해 됨도 없고 상함도 없을 것이니 이는 물이 바다를 덮음 같이 여호와를 아는 지식이 세상에 충만할 것임이니라"(11:9)
"보라 하나님은 나의 구원이시라 내가 신뢰하고 두려움이 없으리니… 너희가 기쁨으로 구원의 우물들에서 물을 길으리로다"(12:2,3)
"여호와를 찬송할 것은 극히 아름다운 일을 하셨음이니 이를 온 땅에 알게 할지어다"(12:5)

• 야고보서 5장   들어야 할 권면의 말씀들
"주께서 강림하시기까지 길이 참으라"(7절)

"너희도 길이 참고 마음을 굳건하게 하라 주의 강림이 가까우니라"(8절)

"너희 중에 고난 당하는 자가 있느냐 그는 기도할 것이요 즐거워하는 자가 있느냐 그는 찬송할지니라"(13절)

"믿음의 기도는 병든 자를 구원하리니 주께서 그를 일으키시리라"(15절)

"의인의 간구는 역사하는 힘이 큼이니라"(16절)

묵상 | 하나님 마음 알아가기

권능은 하나님께 속했습니다. 이는 하나님이 하신 말씀입니다. 하나님이 하신 말씀은 그대로 믿고 따라야 합니다. 믿음의 기도로 더욱 하나님의 말씀을 따르는 순종의 사람이 되어야 합니다.

적용

1. 누구의 소리를 들으십니까?

2. 우리 삶의 구원과 궁극의 구원을 말씀하시는 하나님의 약속의 말씀을 들으십시오.

3. 세상의 소리에 요동하지 마시고 하나님의 말씀에 귀를 기울이십시오.

나(우리)에게 주시는 말씀(암송)

• 오늘의 감사 •

• 말씀으로 기도하기 •

월   일   　　　맥체인 읽기: 5월 14일

오늘의 본문: 민23 | 시64, 65 | 사13 | 벧전1　　찬송가 73장

오늘의 주제(키워드): **말씀하시고 이루심**

 **말씀**

• 민수기 23장　말씀하신 바를 행하시는 하나님

"하나님이 저주하지 않으신 자를 내가 어찌 저주하며 여호와께서 꾸짖지 않으신 자를 내가 어찌 꾸짖으랴"(8절)

"여호와께서 내 입에 주신 말씀을 내가 어찌 말하지 아니할 수 있으리이까"(12절)

"하나님은 사람이 아니시니 거짓말을 하지 않으시고 인생이 아니시니 후회가 없으시도다 어찌 그 말씀하신 바를 행하지 않으시며 하신 말씀을 실행하지 않으시랴"(19절)

"여호와께서 말씀하신 것은 내가 그대로 하지 않을 수 없다"(26절)

• 시편 64, 65편　약속하신 말씀들

"의인은 여호와로 말미암아 즐거워하며 그에게 피하리니 마음이 정직한 자는 다 자랑하리로다"(64:10)

"주께서 택하시고 가까이 오게 하사 주의 뜰에 살게 하신 사람은 복이 있나이다 우리가 주의 집 곧 주의 성전의 아름다움으로 만족하리이다"(65:4)

• 이사야 13장　심판을 말씀하심

"만군의 여호와께서 싸움을 위하여 군대를 검열하심이로다"(4절)

"너희는 애곡할지어다 여호와의 날이 가까웠으니 전능자에게서 멸망이 임할 것임이로다"(6절)

• 베드로전서 1장　거듭난 자가 따라야 할 말씀

"썩지 않고 더럽지 않고 쇠하지 아니하는 유업을 잇게 하시나니 곧 너희를 위하여 하늘에 간직하신 것이라"(4절)

"그러므로 너희가 이제 여러 가지 시험으로 말미암아 잠깐 근심하게 되지 않을 수 없으나 오히려 크게 기뻐하는도다"(6절)

"너희도 모든 행실에 거룩한 자가 되라"(15절)

"마음으로 뜨겁게 서로 사랑하라"(22절)

"너희가 거듭난 것은 썩어질 씨로 된 것이 아니요 썩지 아니할 씨로 된 것이니 살아 있고 항상 있는 하나님의 말씀으로 되었느니라"(23절)

묵상 | 하나님 마음 알아가기

우리의 연약함 중의 하나는 했던 말에 대해 잊어버린다는 것입니다. 하지만 하나님은 말씀하신 바를 이루시고 하신 말씀을 실행하십니다. 신실하신 하나님의 말씀을 온전히 따를 때 하나님이 실행하신 결과로 기뻐할 수 있습니다.

적용

1. 하나님은 말씀하시고 그 말씀하신 바를 행하십니다. 오늘 어떤 말씀을 들으셨습니까?

2. 구원받은 하나님의 백성으로서 들은 바 말씀대로 행하시는 하루가 되시기를 바랍니다.

나(우리)에게 주시는 말씀(암송)

• 오늘의 감사 •

• 말씀으로 기도하기 •

월   일   맥체인 읽기: 5월 15일

오늘의 본문: 민24 | 시66, 67 | 사14 | 벧전2   찬송가 478장

오늘의 주제(키워드): **하나님의 경영**

 말씀

• 민수기 24장 열방을 향해 말씀하심

"그 집에 가득한 은금을 내게 줄지라도 나는 여호와의 말씀을 어기고 선악간에 내 마음대로 행하지 못하고 여호와께서 말씀하신 대로 말하리라"(13절)

"예언하여 이르기를"(15절)

1) "한 별이 야곱에게서 나오며 한 규가 이스라엘에게서 일어나서"(17절)
2) "아말렉을 바라보며 예언하여 이르기를"(20절)
3) "겐 족속을 바라보며 예언하여 이르기를"(21절)
4) "또 예언하여 이르기를"(23절)

• 시편 66, 67편 나라들을 살피심

"온 땅이여 하나님께 즐거운 소리를 낼지어다"(66:1)

"만민들아 우리 하나님을 송축하며 그의 찬양 소리를 들리게 할지어다"(66:8)

"그러나 하나님이 실로 들으셨음이여 내 기도 소리에 귀를 기울이셨도다"(66:19)

1) 찬양소리 : 66:2,4,17,20 ; 67:3,4,5
2) 기도소리 : 66:4,17,18,19

"그가 그의 능력으로 영원히 다스리시며 그의 눈으로 나라들을 살피시나니"(66:7)

"하나님은 우리에게 은혜를 베푸사 복을 주시고 그의 얼굴 빛을 우리에게 비추사 주의 도를 땅 위에, 주의 구원을 모든 나라에게 알리소서"(67:1,2)

"하나님이여 민족들이 주를 찬송하게 하시며"(67:3)

• 이사야 14장 경영을 반드시 이루심

"만군의 여호와께서 맹세하여 이르시되 내가 생각한 것이 반드시 되며 내가 경영한 것을 반드시 이루리라"(24절)

"이것이 온 세계를 향하여 정한 경영이며 이것이 열방을 향하여 편 손이라"(26절)

• 베드로전서 2장 입의 경영

"그러므로 모든 악독과 모든 기만과 외식과 시기와 모든 비방하는 말을 버리고"(1절)
"그는 죄를 범하지 아니하시고 그 입에 거짓도 없으시며"(22절)
"욕을 당하시되 맞대어 욕하지 아니하시고 고난을 당하시되 위협하지 아니하시고 오직 공의로 심판하시는 이에게 부탁하시며"(23절)

묵상 | 하나님 마음 알아가기

보복운전이라는 말이 넘쳐나는 시대를 살아갑니다. 예수님은 욕을 당하셨지만 맞대어 욕하지 않으셨고, 고난을 당하시는 때에도 위협하지 않으셨습니다. 예수님의 제자로서 예수님의 성품을 닮아가야 합니다.

적용

1. 하나님께서 개인과 온 열방을 경영하심을 바라보며 하신 말씀들을 순종하십니까?

2. 왕 같은 제사장이요 거룩한 나라요 그의 소유된 백성으로서 하나님의 말씀에 따른 경영을 기대하시되 하신 말씀을 반드시 이루심을 믿으며, 입의 말에 거짓이 없는 진실함으로 나아가시길 바랍니다.

나(우리)에게 주시는 말씀(암송)

• 오늘의 감사 •

• 말씀으로 기도하기 •

월   일   맥체인 읽기: 5월 16일

오늘의 본문: **민25 | 시68 | 사15 | 벧전3**   찬송가 311장

오늘의 주제(키워드): **진노와 구원**

 말씀

• 민수기 25장   음행한 이스라엘을 심판하심

"이스라엘이 싯딤에 머물러 있더니 그 백성이 모압 여자들과 음행하기를 시작하니라"(1절)

"이스라엘이 바알브올에게 가담한지라 여호와께서 이스라엘에게 진노하시니라"(3절)

"비느하스가 보고 회중 가운데에서 일어나 손에 창을 들고... 이스라엘 남자와 그 여인의 배를 꿰뚫어서 두 사람을 죽이니 염병이 이스라엘 자손에게서 그쳤더라"(7,8절)

"비느하스가 내 질투심으로 질투하여 이스라엘 자손 중에서 내 노를 돌이켜서"(11절)

"내 평화의 언약을 주리니 그와 그의 후손에게 영원한 제사장 직분의 언약이라"(12,13절)

• 시편 68편   원수를 심판하심과 하나님을 찬송함

"하나님이 일어나시니 원수들은 흩어지며"(1절)

"악인이 하나님 앞에서 망하게 하소서"(2절)

"하나님이 고독한 자들은 가족과 함께 살게 하시며 갇힌 자들은 이끌어 내사 형통하게 하시느니라"(6절)

"하나님이여 주께서 가난한 자를 위하여 주의 은택을 준비하셨나이다"(10절)

"날마다 우리 짐을 지시는 주 곧 우리의 구원이신 하나님을 찬송할지로다"(19절)

"하나님이여 위엄을 성소에서 나타내시나이다 이스라엘의 하나님은 그의 백성에게 힘과 능력을 주시나니 하나님을 찬송할지어다"(35절)

• 이사야 15장   모압에 진노하심

"하룻밤에 모압 알이 망하여 황폐할 것이며 하룻밤에 모압 기르가 망하여 황폐할 것이라"(1절)

"내 마음이 모압을 위하여 부르짖는도다"(5절)

"디몬 물에는 피가 가득함이로다 그럴지라도 내가 디몬에 재앙을 더 내리되 모압에 도피한 자와 그 땅에 남은 자에게 사자를 보내리라"(9절)

• 베드로전서 3장   구원받은 백성의 삶

"너희의 단장은... 오직 마음에 숨은 사람을 온유하고 안정한 심령의 썩지 아니할 것으로 하라

이는 하나님 앞에 값진 것이니라"(3,4절)

"너희 마음에 그리스도를 주로 삼아 거룩하게 하고 너희 속에 있는 소망에 관한 이유를 묻는 자에게는 대답할 것을 항상 준비하되 온유와 두려움으로 하고 선한 양심을 가지라"(15,16절)

"선을 행함으로 고난 받는 것이 하나님의 뜻일진대"(17절)

"물은… 구원하는 표니 곧 세례라 이는 육체의 더러운 것을 제하여 버림이 아니요 하나님을 향한 선한 양심의 간구니라"(21절)

"그는 하늘에 오르사 하나님 우편에 계시니"(22절)

묵상 | 하나님 마음 알아가기

사람마다 분노를 가지고 있습니다. 그 분노를 어떻게 표출하느냐는 신앙의 깊이를 보여주는 척도입니다. 죄에 대해, 하나님을 부정하는 환경에 대해서 거룩한 분노를 가지십시오. 그리고 비느하스의 질투심으로 나아가십시오.

적용

1. 사랑의 하나님께서 진노하심을 기억하십니까?

2. 하지만 그 진노 중에라도 긍휼을 잊지 않으시는 하나님이십니다. 하나님은 우리에게 큰 구원을 이루셨습니다.

3. 진노의 자리에서 나와 구원의 기쁨을 누리시기 바랍니다.

나(우리)에게 주시는 말씀(암송)

• 오늘의 감사 •

• 말씀으로 기도하기 •

월   일   맥체인 읽기: 5월 17일

오늘의 본문: 민26 | 시69 | 사16 | 벧전4   찬송가 550장

오늘의 주제(키워드): **우리의 기업이신 하나님과 백성 된 자의 삶1**

 **말씀**

• 민수기 26장   군대 계수와 기업분배
"이스라엘 중에 이십 세 이상으로 능히 전쟁에 나갈 만한 모든 자를 계수하라"(2절)
"이 명수대로 땅을 나눠 주어 기업을 삼게 하라"(53절)
"수가 많은 자에게는 기업을 많이 줄 것이요 수가 적은 자에게는 기업을 적게 줄 것이니 그들이 계수된 수대로 각기 기업을 주되"(54절)
"오직 그 땅을 제비 뽑아 나누어 그들의 조상 지파의 이름을 따라 얻게 할지니라"(55절)

• 시편 69편   노래로 하나님을 찬송함
"주의 집을 위하는 열성이 나를 삼키고 주를 비방하는 비방이 내게 미쳤나이다"(9절)
"내가 노래로 하나님의 이름을 찬송하며 감사함으로 하나님을 위대하시다 하리니 이것이 소 곧 뿔과 굽이 있는 황소를 드림보다 여호와를 더욱 기쁘시게 함이 될 것이라"(30,31절)
"여호와는 궁핍한 자의 소리를 들으시며 자기로 말미암아 갇힌 자를 멸시하지 아니하시나니"(33절)

• 이사야 16장   왕위를 굳게 세우심
"다윗의 장막에 인자함으로 왕위가 굳게 설 것이요 그 위에 앉을 자는 충실함으로 판결하며 정의를 구하며 공의를 신속히 행하리라"(5절)
"우리가 모압의 교만을 들었나니 심히 교만하도다"(6절)
"모압이 그 산당에서 피곤하도록 봉사하며 자기 성소에 나아가서 기도할지라도 소용없으리로다"(12절)

• 베드로전서 4장   구원받은 백성의 삶
"그리스도께서 이미 육체의 고난을 받으셨으니 너희도 같은 마음으로 갑옷을 삼으라 이는 육체

"의 고난을 받은 자는 죄를 그쳤음이니"(1절)
"만물의 마지막이 가까이 왔으니 그러므로 너희는 정신을 차리고 근신하여 기도하라"(7절)
"무엇보다도 뜨겁게 서로 사랑할지니 사랑은 허다한 죄를 덮느니라"(8절)
"만일 누가 말하려면 하나님의 말씀을 하는 것 같이 하고 누가 봉사하려면 하나님이 공급하시는 힘으로 하는 것 같이 하라"(11절)
"너희가 그리스도의 이름으로 치욕을 당하면 복 있는 자로다"(14절)

묵상 | 하나님 마음 알아가기

하나님은 성도의 기업이십니다. 하나님만으로 만족해야 합니다. 세상 물질에 마음을 둘 때 물질의 노예가 되고 맙니다. 하나님과 물질을 겸하여 섬길 수 없음을 기억하고 오직 하나님만을 섬겨야 합니다.

적용

1. 왕이신 예수 그리스도로 구원받은 하나님 나라 백성으로서 어떤 삶을 살고 있습니까?

2. 하나님이 주신 기업을 바라보며 하나님을 찬송하는 삶을 사십시오.

3. 정신을 차리고 근신하여 기도하며 뜨겁게 사랑하십시오.

나(우리)에게 주시는 말씀(암송)

· 오늘의 감사 ·

· 말씀으로 기도하기 ·

월   일   맥체인 읽기: 5월 18일

138일차 / 365일

오늘의 본문: 민27 | 시70, 71 | 사17, 18 | 벧전5   찬송가 240장

오늘의 주제(키워드): **우리의 기업이신 하나님과 백성 된 자의 삶2**

 말씀

• 민수기 27장 | 기업에 대한 요구

"어찌하여 아들이 없다고 우리 아버지의 이름이 그의 종족 중에서 삭제되리이까 우리 아버지의 형제 중에서 우리에게 기업을 주소서"(4절)

"슬로브핫 딸들의 말이 옳으니… 그들의 아버지의 기업을 그들에게 돌릴지니라"(7절)

"눈의 아들 여호수아는 그 안에 영이 머무는 자니 너는 데려다가 그에게 안수하고"(18절)

• 시편 70, 71편 | 도움과 소망되신 하나님

"주는 나의 도움이시요 나를 건지시는 이시오니 여호와여 지체하지 마소서"(70:5)

"주 여호와여 주는 나의 소망이시요 내가 어릴 때부터 신뢰한 이시라"(71:5)

"주를 찬송함과 주께 영광 돌림이 종일토록 내 입에 가득하리이다"(71:8)

"내가 측량할 수 없는 주의 공의와 구원을 내 입으로 종일 전하리이다"(71:15)

• 이사야 17, 18장 | 기업되신 하나님께 예물을 드림

"그 날에 사람이 자기를 지으신 이를 바라보겠으며 그의 눈이 이스라엘의 거룩하신 이를 뵙겠고"(17:7)

"그 때에 강들이 흘러 나누인 나라의 장대하고 준수한 백성 곧 시초부터 두려움이 되며 강성하여 대적을 밟는 백성이 만군의 여호와께 드릴 예물을 가지고 만군의 여호와의 이름을 두신 곳 시온 산에 이르리라"(18:7)

• 베드로전서 5장 | 하나님의 뜻을 따름

"너희 중에 있는 하나님의 양 무리를 치되 억지로 하지 말고 하나님의 뜻을 따라 자원함으로 하며 더러운 이득을 위하여 하지 말고"(2절)

"장로들에게 순종하고 다 서로 겸손으로 허리를 동이라 하나님은 교만한 자를 대적하시되

겸손한 자들에게는 은혜를 주시느니라"(5절)

"너희 염려를 다 주께 맡기라 이는 그가 너희를 돌보심이라"(7절)

묵상 | 하나님 마음 알아가기

하나님이 약속으로 허락하신 땅(영역)을 기업으로 소중히 여겨야 합니다. 그리고 슬로브핫의 딸들처럼 당당히 요구해야 합니다. 그리고 하나님만을 찬양하고, 하나님께만 예물을 드리는 삶을 살아야 합니다.

적용

1. 기업되신 하나님이 당신의 도움과 소망이 되십니까?

2. 기업되신 하나님을 우리 삶에 온전히 모시고, 하나님을 찬양하며, 하나님께만 예물을 드리고, 하나님의 뜻을 따르는 삶을 사시기 바랍니다.

나(우리)에게 주시는 말씀(암송)

• 오늘의 감사 •

• 말씀으로 기도하기 •

월 일	맥체인 읽기: 5월 19일
오늘의 본문: 민28	시72	사19, 20	벧후1	찬송가 213장
오늘의 주제(키워드): **예배 받으심**	

 말씀

• 민수기 28장   정한 시기
"내 헌물, 내 음식인 화제물 내 향기로운 것은 너희가 그 정한 시기에 삼가 내게 바칠지니라"(2절)
"일 년 되고 흠 없는 숫양을 매일 두 마리씩 상번제로 드리되"(3절)
"안식일에는"(9절)
"초하루에는"(11절)
"첫째 달 열넷째 날은 여호와를 위하여 지킬 유월절이며"(16절)
"칠칠절 처음 익은 열매를 드리는 날에"(26절)

• 시편 72편   영원히 찬송함
"그의 날에 의인이 흥왕하여 평강의 풍성함이 달이 다할 때까지 이르리로다"(7절)
"홀로 기이한 일들을 행하시는 여호와 하나님 곧 이스라엘의 하나님을 찬송하며 그 영화로운 이름을 영원히 찬송할지어다 온 땅에 그의 영광이 충만할지어다 아멘 아멘"(18,19절)

• 이사야 19, 20장   애굽에서 경배 받으심
"그 날에 애굽 땅에 가나안 방언을 말하며 만군의 여호와를 가리켜 맹세하는 다섯 성읍이 있을 것이며 그 중 하나를 멸망의 성읍이라 칭하리라"(19:18)
"그 날에 애굽 땅 중앙에는 여호와를 위하여 제단이 있겠고 그 변경에는 여호와를 위하여 기둥이 있을 것이요 이것이 애굽 땅에서 만군의 여호와를 위하여 징조와 증거가 되리니"(19:19,20)
"그 날에 애굽이 여호와를 알고 제물과 예물을 그에게 드리고 경배할 것이요 여호와께 서원하고 그대로 행하리라"(19:21)

• 베드로후서 1장   영원한 나라에 들어가는 삶의 예배
"그의 신기한 능력으로 생명과 경건에 속한 모든 것을 우리에게 주셨으니 이는 자기의 영광과 덕으로써 우리를 부르신 이를 앎으로 말미암음이라"(3절)
"이로써 그 보배롭고 지극히 큰 약속을 우리에게 주사 이 약속으로 말미암아 너희가 정욕 때문에 세상에서 썩어질 것을 피하여 신성한 성품에 참여하는 자가 되게 하려 하셨느니라"(4절)

"그러므로 너희가 더욱 힘써 너희 믿음에 덕을, 덕에 지식을, 지식에 절제를, 절제에 인내를, 인내에 경건을, 경건에 형제 우애를, 형제 우애에 사랑을 더하라"(5~7절)

"그러므로 형제들아 더욱 힘써 너희 부르심과 택하심을 굳게 하라 너희가 이것을 행한즉 언제든지 실족하지 아니하리라"(10절)

"이같이 하면 우리 주 곧 구주 예수 그리스도의 영원한 나라에 들어감을 넉넉히 너희에게 주시리라"(11절)

묵상 | 하나님 마음 알아가기

예배는 하나님을 위하여 구별하여 드리는 시간입니다. 그 시간에 베푸시는 은혜는 성도의 위로요 기쁨입니다. 예배가 성도의 위로에 우선순위를 두어서는 안 됩니다. 오직 하나님이 우선순위가 되게 해야 합니다.

적용

1. 오늘 하나님께 어떠한 예배를 드리고 있습니까?

2. 영원히 예배 받으시기에 합당한 하나님은 정한 시기를 주시고, 열방 가운데서도 예배 받으시기 원하십니다. 그리고 삶의 자리에서 우리 믿음의 삶으로 예배 받으시기 원하십니다.

나(우리)에게 주시는 말씀(암송)

· 오늘의 감사 ·

· 말씀으로 기도하기 ·

월   일   맥체인 읽기: 5월 20일

오늘의 본문: 민29 | 시73 | 사21 | 벧후2   찬송가 214장

오늘의 주제(키워드): **경건한 자와 불의한 자**

 **말씀**

• 민수기 29장   경건한 자가 지킬 성회

"일곱째 달에 이르러는 그 달 초하루에 성회로 모이고 아무 노동도 하지 말라"(1절)

"일곱째 달 열흘 날에는 너희가 성회로 모일 것이요 너희의 심령을 괴롭게 하며 아무 일도 하지 말 것이니라"(7절)

"열다섯째 날에는 너희가 성회로 모일 것이요 아무 일도 하지 말 것이며"(12절)

• 시편 73편   하나님께 가까이 함

"하나님의 성소에 들어갈 때에야 그들의 종말을 내가 깨달았나이다"(17절)

"주의 교훈으로 나를 인도하시고 후에는 영광으로 나를 영접하시리니 하늘에서는 주 외에 누가 내게 있으리요 땅에서는 주 밖에 내가 사모할 이 없나이다"(24,25절)

"하나님께 가까이 함이 내게 복이라 내가 주 여호와를 나의 피난처로 삼아 주의 모든 행적을 전파하리이다"(28절)

• 이사야 21장   불의한 자의 멸망

"함락되었도다 함락되었도다 바벨론이여"(9절)

"게달의 영광이 다 쇠멸하리니"(16절)

• 베드로후서 2장   거짓 선생들의 결국

"너희 중에도 거짓 선생들이 있으리라 그들은 멸망하게 할 이단을 가만히 끌어들여 자기들을 사신 주를 부인하고 임박한 멸망을 스스로 취하는 자들이라"(1절)

"하나님이 범죄한 천사들을 용서하지 아니하시고"(4절)

"경건하지 아니한 자들의 세상에 홍수를 내리셨으며"(5절)

"소돔과 고모라 성을 멸망하기로 정하여"(6절)

"주께서 경건한 자는 시험에서 건지실 줄 아시고 불의한 자는 형벌 아래에 두어 심판 날까지 지키시며"(9절)

"그들을 위하여 캄캄한 어둠이 예비되어 있나니"(17절)

묵상 | 하나님 마음 알아가기

경건한 자는 하나님을 가까이 합니다. 그에게는 영생이 있습니다. 그러나 불의한 자는 하나님을 부인합니다. 그리고 그 결국은 멸망입니다. 하나님을 가까이 하는 삶을 살아야 합니다.

적용

1. 주 앞에 경건한 삶을 살아가십니까?

2. 하나님께 드리는 예배를 통해 하나님께 가까이 나아가며, 경건을 훈련하는 삶이 되십시오.

나(우리)에게 주시는 말씀(암송)

• 오늘의 감사 •

• 말씀으로 기도하기 •

141일차 / 365일

월   일

오늘의 본문: 민30 | 시74 | 사22 | 벧후3

맥체인 읽기: 5월 21일
찬송가 313장

오늘의 주제(키워드): **심판**

 말씀

• 민수기 30장 개인의 서원-서약의 심판

"사람이 여호와께 서원하였거나 결심하고 서약하였으면 깨뜨리지 말고 그가 입으로 말한 대로 다 이행할 것이니라"(2절)

"다 이행할 것이요"(4,11절)

"서원을 행할 것이요"(4,7,9,11절)

• 시편 74편 대적과 모든 피조물을 심판하심

"하나님이여 주께서 어찌하여 우리를 영원히 버리시나이까 어찌하여 주께서 기르시는 양을 향하여 진노의 연기를 뿜으시나이까"(1절)

"하나님은 예로부터 나의 왕이시라 사람에게 구원을 베푸셨나이다"(12절)

하나님의 피조물 심판

"주께서 주의 능력으로 바다를 나누시고 물 가운데 용들의 머리를 깨뜨리셨으며"(13절)

"리워야단의 머리를 부수시고"(14절)

"주의 대적들의 소리를 잊지 마소서"(23절)

• 이사야 22장 환난의 날

"멀리 도망한 자들도 발견되어 다 함께 결박을 당하였도다"(3절)

"환상의 골짜기에 주 만군의 여호와께로부터 이르는 소란과 밟힘과 혼란의 날이여"(5절)

"반드시 너를 모질게 감싸서 공 같이 광막한 곳에 던질 것이라 주인의 집에 수치를 끼치는 너여 네가 그 곳에서 죽겠고 네 영광의 수레도 거기에 있으리라"(18절)

"단단한 곳에 박혔던 못이 삭으리니"(25절)

베드로후서 3장 | 심판의 본심

"거룩한 선지자들이 예언한 말씀과 주 되신 구주께서 너희의 사도들로 말미암아 명하신 것"(2절)

"오직 주께서는 너희를 대하여 오래 참으사 아무도 멸망하지 아니하고 다 회개하기에 이르기를 원하시느니라 그러나 주의 날이 도둑 같이 오리니"(9,10절)

"거룩한 행실과 경건함으로 하나님의 날이 임하기를 바라보고 간절히 사모하라"(11,12절)

"점도 없고 흠도 없이 평강 가운데서 나타나기를 힘쓰라"(14절)

"또 우리 주의 오래 참으심이 구원이 될 줄로 여기라"(15절)

"오직 우리 주 곧 구주 예수 그리스도의 은혜와 그를 아는 지식에서 자라 가라"(18절)

묵상 | 하나님 마음 알아가기

심판은 환난의 날입니다. 성도는 환난의 날을 두려움으로 맞아서는 안 됩니다. 하나님의 심판의 본심은 오래 참으심으로 아무도 멸망하지 아니하고 오직 회개하기에 이르는 것입니다.

적용

1. 심판하시는 하나님이시지만 심판은 하나님의 본심이 아님을 아십니까?

2. 심판을 통해 하나님은 구원의 백성들을 회복시키시길 원하십니다. 작은 서약이라도 지키며, 주의 구원을 기대하며, 점도 없고 흠도 없이 평강 가운데서 나타나기를 힘쓰는 삶을 살아가시기 바랍니다.

나(우리)에게 주시는 말씀(암송)

• 오늘의 감사 •

• 말씀으로 기도하기 •

월 일	맥체인 읽기: 5월 22일
오늘의 본문: 민31	시75, 76	사23	요일1	찬송가 333장
오늘의 주제(키워드): **심판과 구원**	

 말씀

• 민수기 31장 정결함
"이스라엘 자손의 원수를 미디안에게 갚으라"(2절)

"제사장 엘르아살의 아들 비느하스에게 성소의 기구와 신호 나팔을 들려서 그들과 함께 전쟁에 보내매"(6절)

"명령하신 대로 미디안을 쳐서 남자를 다 죽였고"(7절)

"브올의 아들 발람을 칼로 죽였더라"(8절)

"너희는 이레 동안 진영 밖에 주둔하라"(19절)

"너희는 일곱째 날에 옷을 빨아서 깨끗하게 한 후에 진영에 들어올지니라"(24절)

"그 얻은 물건을 반분하여 그 절반은 전쟁에 나갔던 군인들에게 주고 절반은 회중에게 주고"(27절)

"금을 취하여 회막에 드려 여호와 앞에서 이스라엘 자손의 기념을 삼았더라"(54절)

• 시편 75, 76편 섞은 잔을 쏟아내시는 심판
"땅의 기둥은 내가 세웠거니와 땅과 그 모든 주민이 소멸되리라 하시도다"(75:3)

"속에 섞은 것이 가득한 그 잔을 하나님이 쏟아 내시나니"(75:8)

"너희는 여호와 너희 하나님께 서원하고 갚으라 사방에 있는 모든 사람도 마땅히 경외할 이에게 예물을 드릴지로다"(76:11)

"그는 세상의 왕들에게 두려움이시로다"(76:12)

• 이사야 23장 열방의 통치자
"다시스의 배들아 너희는 슬피 부르짖을지어다 두로가 황무하여 집이 없고"(1절)

"두로에 대하여 누가 이 일을 정하였느냐 만군의 여호와께서 그것을 정하신 것이라"(8,9절)

"여호와께서 바다 위에 그의 손을 펴사 열방을 흔드시며 여호와께서 가나안에 대하여 명령을 내려 그 견고한 성들을 무너뜨리게 하시고"(11절)

"칠십 년 동안 잊어버린 바 되었다가 칠십 년이 찬 후에 두로는 기생의 노래 같이 될 것이라"(15절)

요한일서 1장 하나님의 구원

"생명의 말씀… 들은 바요 눈으로 본 바요… 만진 바라"(1절)
"우리가 보고 들은 바를 너희에게도 전함은 너희로 우리와 사귐이 있게 하려 함이니 우리의 사귐은 아버지와 그의 아들 예수 그리스도와 더불어 누림이라"(3절)
"하나님은 빛이시라"(5절)
"우리도 빛 가운데 행하면 우리가 서로 사귐이 있고"(7절)

묵상 | 하나님 마음 알아가기

하나님은 두 마음 가지는 것을 싫어하십니다. 두 주인을 섬기는 것을 싫어하십니다. 속에 섞은 것이 가득한 잔을 쏟아내십니다. 언제나 빛 가운데 행하며 성도간 아름다운 교제를 이루어야 합니다.

적용

1. 하나님은 심판과 구원을 행하시는 주권자이십니다. 하나님의 주권에 순종하십니까?

2. 심판을 기억하며 정결에 힘쓰십시오.

3. 구원을 기억하며 빛 가운데로 행하십시오.

나(우리)에게 주시는 말씀(암송)

• 오늘의 감사 •

• 말씀으로 기도하기 •

월   일   맥체인 읽기: 5월 23일

오늘의 본문: **민32 | 시77 | 사24 | 요일2**   찬송가 439장

오늘의 주제(키워드): **하나님의 뜻을 행하는 자**

 말씀

• 민수기 32장 갈렙과 여호수아
"갈렙과 눈의 아들 여호수아는 여호와를 온전히 따랐느니라"(12절)

• 시편 77편 모세와 아론
"하나님이여 주의 도는 극히 거룩하시오니"(13절)
"주는 기이한 일을 행하신 하나님이시라 민족들 중에 주의 능력을 알리시고"(14절)
"주의 백성을 양 떼 같이 모세와 아론의 손으로 인도하셨나이다"(20절)

• 이사야 24장 하나님의 이름을 영화롭게 할 자들
"너희가 동방에서 여호와를 영화롭게 하며 바다 모든 섬에서 이스라엘의 하나님 여호와의 이름을 영화롭게 할 것이라"(15절)
"의로우신 이에게 영광을 돌리세"(16절)

• 요한일서 2장 대언자 예수 그리스도
"아버지 앞에서 우리에게 대언자가 있으니 곧 의로우신 예수 그리스도시라"(1절)
"그는 우리 죄를 위한 화목제물이니 우리만 위할 뿐 아니요 온 세상의 죄를 위하심이라"(2절)
"누구든지 그의 말씀을 지키는 자는 하나님의 사랑이 참으로 그 속에서 온전하게 되었나니 이로써 우리가 그의 안에 있는 줄을 아노라"(5절)
"이 세상도, 그 정욕도 지나가되 오직 하나님의 뜻을 행하는 자는 영원히 거하느니라"(17절)

묵상 | 하나님 마음 알아가기

예수 그리스도는 인간의 몸을 입고 이 땅에 오셔서 하나님의 이름을 영화롭게 하셨습니다. 지나가는 이 세상 정욕에 마음 두지 말고, 오직 하나님의 뜻을 행해야 합니다.

적용

1. 하나님의 뜻을 행하기에 힘쓰십니까?

2. 하나님은 그의 뜻대로 행하는 자를 기뻐하십니다. 모세와 아론이 있었고, 갈렙과 여호수아가 있었습니다. 이제는 당신을 통해 하나님의 이름을 영화롭게 하시길 원하십니다.

3. 예수님을 따라 하나님의 뜻을 행하며 사십시오.

나(우리)에게 주시는 말씀(암송)

• 오늘의 감사 •

• 말씀으로 기도하기 •

월   일 맥체인 읽기: 5월 24일

오늘의 본문: 민33 | 시78:1~37 | 사25 | 요일3   찬송가 391장

오늘의 주제(키워드): **도전(배반)과 구원**

 말씀

• 민수기 33장 거할 땅에서의 도전

"요단 강을 건너 가나안 땅에 들어가거든 그 땅의 원주민을 너희 앞에서 다 몰아내고 그 새긴 석상과 부어 만든 우상을 다 깨뜨리며 산당을 다 헐고 그 땅을 점령하여 거기 거주하라"(51~53절)

"너희가 만일 그 땅의 원주민을 너희 앞에서 몰아내지 아니하면 너희가 남겨둔 자들이 너희의 눈에 가시와 너희의 옆구리에 찌르는 것이 되어 너희가 거주하는 땅에서 너희를 괴롭게 할 것이요"(55절)

• 시편 78편 1~37절 백성의 배반과 하나님의 구원

"옛적에 하나님이... 기이한 일을 그들의 조상들의 목전에서 행하셨으되"(12절)

"그들은 계속해서 하나님께 범죄하여 메마른 땅에서 지존자를 배반하였도다"(17절)

"그들의 심중에 하나님을 시험하였으며"(18절)

"하나님을 믿지 아니하며 그의 구원을 의지하지 아니한 때문이로다"(22절)

"그들의 욕심을 버리지 아니하여"(30절)

"하나님이 그들을 죽이실 때에 그들이 그에게 구하며 돌이켜 하나님을 간절히 찾았고 하나님이 그들의 반석이시며 지존하신 하나님이 그들의 구속자이심을 기억하였도다"(34,35절)

• 이사야 25장 구원자 하나님을 찬양함

"여호와여 주는 나의 하나님이시라 내가 주를 높이고 주의 이름을 찬송하오리니 주는 기사를 옛적에 정하신 뜻대로 성실함과 진실함으로 행하셨음이라"(1절)

"주 여호와께서 모든 얼굴에서 눈물을 씻기시며 자기 백성의 수치를 온 천하에서 제하시리라"(8절)

"이는 우리의 하나님이시라 우리가 그를 기다렸으니 그가 우리를 구원하시리로다 이는 여호와시라 우리가 그를 기다렸으니 우리는 그의 구원을 기뻐하며 즐거워하리라 할 것이며"(9절)

요한일서 3장 · 계명을 지켜야 함

"주를 향하여 이 소망을 가진 자마다 그의 깨끗하심과 같이 자기를 깨끗하게 하느니라"(3절)

"범죄하는 자마다 그를 보지도 못하였고 그를 알지도 못하였느니라"(6절)

"자녀들아 우리가 말과 혀로만 사랑하지 말고 행함과 진실함으로 하자"(18절)

"그의 계명을 지키는 자는 주 안에 거하고 주는 그의 안에 거하시나니 우리에게 주신 성령으로 말미암아 그가 우리 안에 거하시는 줄을 우리가 아느니라"(24절)

묵상 | 하나님 마음 알아가기

죄성을 가진 인간의 역사는 언제나 도전(배신)이 있었습니다. 심중에 하나님을 시험하고 하나님을 대적합니다. 하나님을 믿지 않습니다. 그러한 세상의 도전 앞에서도 하나님만을 높여야 합니다.

적용

1. 철저히 하나님의 말씀만 따르십니까?

2. 하나님의 말씀대로 살지 못하는 우리의 배반에도 하나님은 우리를 구원하여 주십니다.

3. 그 사랑을 날마다 찬양하며 주의 구원을 기뻐하는 하루 되십시오.

나(우리)에게 주시는 말씀(암송)

· 오늘의 감사 ·

· 말씀으로 기도하기 ·

월   일   맥체인 읽기: 5월 25일

오늘의 본문: 민34 | 시78:38~72 | 사26 | 요일4   찬송가 12장

오늘의 주제(키워드): 하나님의 선택

 **말씀**

• 민수기 34장   약속의 땅
"너희가 가나안 땅에 들어가는 때에 그 땅은 너희의 기업이 되리니 곧 가나안 사방 지경이라"(2절)
"너희 남쪽은… 서쪽 경계는… 북쪽 경계는… 동쪽 경계는"(3,6,7,10절)
"이는 너희가 제비 뽑아 받을 땅이라"(13절)
"너희에게 땅을 기업으로 나눌 자의 이름은 이러하니 제사장 엘르아살과 눈의 아들 여호수아니라"(17절)

• 시편 78편 38~72절   성소의 영역
"그가 자기 백성은 양 같이 인도하여 내시고 광야에서 양 떼 같이 지도하셨도다"(52절)
"그들을 그의 성소의 영역 곧 그의 오른손으로 만드신 산으로 인도하시고"(54절)
"오직 유다 지파와 그가 사랑하시는 시온 산을 택하시며… 다윗을 택하시되"(68,70절)
"이에 그가 그들을 자기 마음의 완전함으로 기르고 그의 손의 능숙함으로 그들을 지도하였도다"(72절)

• 이사야 26장   나라와 백성들
"주께서 심지가 견고한 자를 평강하고 평강하도록 지키시리니 이는 그가 주를 신뢰함이니이다"(3절)
"여호와여 주께서 우리를 위하여 평강을 베푸시오리니 주께서 우리의 모든 일도 우리를 위하여 이루심이니이다"(12절)
"여호와여 주께서 이 나라를 더 크게 하셨고 이 나라를 더 크게 하셨나이다 스스로 영광을 얻으시고 이 땅의 모든 경계를 확장하셨나이다"(15절)
"티끌에 누운 자들아 너희는 깨어 노래하라"(19절)

요한일서 4장 | 독생자를 보내심과 구원의 백성

"사랑하는 자들아 영을 다 믿지 말고 오직 영들이 하나님께 속하였나 분별하라"(1절)

"자녀들아 너희는 하나님께 속하였고... 너희 안에 계신 이가 세상에 있는 자보다 크심이라"(4절)

"사랑하는 자들아 우리가 서로 사랑하자"(7절)

"하나님의 사랑이 우리에게 이렇게 나타난 바 되었으니 하나님이 자기의 독생자를 세상에 보내심은 그로 말미암아 우리를 살리려 하심이라"(9절)

묵상 | 하나님 마음 알아가기

하나님은 택하신 자를 마음의 완전함으로 기르시고 손의 능숙함으로 지도하십니다. 하나님께 택함 받은 자로서 마음의 완전함을 단련하시고 손의 능숙함을 취하십시오.

적용

1. 하나님께서 우리를 구원의 백성으로 선택하셨음을 아십니까?

2. 살아가는(주어진) 영역에서 사랑하며 살아가며, 평강을 누리는 하루 되십시오.

나(우리)에게 주시는 말씀(암송)

• 오늘의 감사 •

• 말씀으로 기도하기 •

| 월 일 | 맥체인 읽기: 5월 26일 |
| 오늘의 본문: 민35 | 시79 | 사27 | 요일5 | 찬송가 257장 |
| 오늘의 주제(키워드): **땅의 정결과 예배 회복** |

 **말씀**

민수기 35장 땅을 더럽히지 말아야 함

"너희를 위하여 성읍을 도피성으로 정하여 부지중에 살인한 자가 그리로 피하게 하라"(11절)

"너희는 너희가 거주하는 땅을 더럽히지 말라"(33절)

"너희는 너희가 거주하는 땅 곧 내가 거주하는 땅을 더럽히지 말라 나 여호와는 이스라엘 자손 중에 있음이니라"(34절)

시편 79편 이방 나라가 주의 기업을 더럽힘

"하나님이여 이방 나라들이 주의 기업의 땅에 들어와서 주의 성전을 더럽히고 예루살렘이 돌무더기가 되게 하였나이다"(1절)

"이방 나라들이 어찌하여 그들의 하나님이 어디 있느냐 말하나이까"(10절)

"주여 우리 이웃이 주를 비방한 그 비방을 그들의 품에 칠 배나 갚으소서 우리는 주의 백성이요 주의 목장의 양이니"(12,13절)

이사야 27장 돌아와서 예배함

"그 날에 여호와께서 그의 견고하고 크고 강한 칼로 날랜 뱀 리워야단 곧 꼬불꼬불한 뱀 리워야단을 벌하시며 바다에 있는 용을 죽이시리라"(1절)

"그 날에 너희는 아름다운 포도원을 두고 노래를 부를지어다"(2절)

"곧 그가 제단의 모든 돌을 부서진 횟돌 같게 하며 아세라와 태양상이 다시 서지 못하게 함에 있는 것이라"(9절)

"그 날에 큰 나팔을 불리니 앗수르 땅에서 멸망하는 자들과 애굽 땅으로 쫓겨난 자들이 돌아와서 예루살렘 성산에서 여호와께 예배하리라"(13절)

요한일서 5장 | 자신을 지켜 우상에게서 멀리함

"예수께서 그리스도이심을 믿는 자마다 하나님께로부터 난 자니 또한 낳으신 이를 사랑하는 자마다 그에게서 난 자를 사랑하느니라"(1절)

"하나님을 사랑하는 것은 이것이니 우리가 그의 계명들을 지키는 것이라 그의 계명들은 무거운 것이 아니로다"(3절)

"무릇 하나님께로부터 난 자마다 세상을 이기느니라 세상을 이기는 승리는 이것이니 우리의 믿음이니라"(4절)

"또 증거는 이것이니 하나님이 우리에게 영생을 주신 것과 이 생명이 그의 아들 안에 있는 그것이니라"(11절)

"그를 향하여 우리가 가진 바 담대함이 이것이니 그의 뜻대로 무엇을 구하면 들으심이라"(14절)

"자녀들아 너희 자신을 지켜 우상에게서 멀리하라"(21절)

묵상 | 하나님 마음 알아가기

자신뿐 아니라 주어진 영역의 정결을 위해서도 힘을 써야 합니다. 빛과 소금의 사명을 감당하는 성도의 자세입니다. 기억하십시오. 하나님은 그의 뜻대로 무엇을 구하면 들으십니다.

적용

1. 주신 영역의 정결을 위해 힘쓰십니까?

2. 하나님이 기업으로 주신 땅(영역)을 정결하게 하기에 힘쓰십시오.

3. 하나님은 예배의 회복을 원하십니다. 우상을 멀리하고 하나님께 온전한 예배를 드리시기 바랍니다.

나(우리)에게 주시는 말씀(암송)

• 오늘의 감사 •

• 말씀으로 기도하기 •

147일차 365일	월 일	맥체인 읽기: 5월 27일
	오늘의 본문: 민36	시80	사28	요이1	찬송가 371장
	오늘의 주제(키워드): **기업의 보존**	

 **말씀**

• 민수기 36장 기업의 요구와 지키는 원리

"슬로브핫의 딸들은 마음대로 시집가려니와 오직 그 조상 지파의 종족에게로만 시집갈지니 그리하면 이스라엘 자손의 기업이 이 지파에서 저 지파로 옮기지 않고 이스라엘 자손이 다 각기 조상 지파의 기업을 지킬 것이니라"(6,7절)

"각각 자기 기업을 지키리라"(9절)

"그들이 요셉의 아들 므낫세 자손의 종족 사람의 아내가 되었으므로 그들의 종족 지파에 그들의 기업이 남아 있었더라"(12절)

• 시편 80편 주의 능력으로 보존되는 기업

"에브라임과 베냐민과 므낫세 앞에서 주의 능력을 나타내사 우리를 구원하러 오소서"(2절)

"주의 얼굴빛을 비추사 우리가 구원을 얻게 하소서"(3절)

"주의 얼굴의 광채를 비추사 우리가 구원을 얻게 하소서"(7절)

"만군의 하나님이여 구하옵나니 돌아오소서 하늘에서 굽어보시고 이 포도나무를 돌보소서 주의 오른손으로 심으신 줄기요 주를 위하여 힘있게 하신 가지니이다"(14,15절)

"만군의 하나님 여호와여 우리를 돌이켜 주시고 주의 얼굴의 광채를 우리에게 비추소서 우리가 구원을 얻으리이다"(19절)

• 이사야 28장 기업이 되시는 하나님

"그 날에 만군의 여호와께서 자기 백성의 남은 자에게 영화로운 면류관이 되시며 아름다운 화관이 되실 것이라"(5절)

"그러므로 주 여호와께서 이같이 이르시되 보라 내가 한 돌을 시온에 두어 기초를 삼았노니 곧 시험한 돌이요 귀하고 견고한 기촛돌이라 그것을 믿는 이는 다급하게 되지 아니하리로다"(16절)

"이도 만군의 여호와께로부터 난 것이라 그의 경영은 기묘하며 지혜는 광대하니라"(29절)

요한이서 1장 | 기업을 유지하는 법-계명 가운데 행함

"또 사랑은 이것이니 우리가 그 계명을 따라 행하는 것이요 계명은 이것이니 너희가 처음부터 들은 바와 같이 그 가운데서 행하라 하심이라"(6절)

"예수 그리스도께서 육체로 오심을 부인하는 자라 이런 자가 미혹하는 자요 적그리스도니"(7절)

"그에게 인사하는 자는 그 악한 일에 참여하는 자임이라"(11절)

묵상 | 하나님 마음 알아가기

하나님 나라는 이 땅과 역사 가운데 성도에게 주신 기업입니다. 성도는 예수님을 통해 완성된 하나님 나라를 보존하기를 힘써야 합니다. 이를 위해 모든 미혹하는 자들을 처리하고, 말씀 가운데 행하여야 합니다.

적용

1. 하나님이 당신의 기업이 되십니까?

2. 하나님의 구원을 구하십시오.

3. 주의 얼굴 광채를 비추어달라고 기도하십시오.

4. 매일의 삶에서 그의 계명에 따라 행하십시오. 그리고 적그리스도를 멀리하십시오.

나(우리)에게 주시는 말씀(암송)

• 오늘의 감사 •

• 말씀으로 기도하기 •

월   일   맥체인 읽기: 5월 28일

오늘의 본문: **신1** | **시81, 82** | **사29** | **요삼1**   찬송가 200장

오늘의 주제(키워드): **하나님의 주권**

 **말씀**

• 신명기 1장   싸워주시고 인도하심

"너희가 이 산에 거주한 지 오래니 방향을 돌려 행진하여… 큰 강 유브라데까지 가라… 들어가서 그 땅을 차지할지니라"(6~8절)

"이 땅을 너희 앞에 두셨은즉… 올라가서 차지하라"(21절)

"너희보다 먼저 가시는 너희의 하나님 여호와께서… 이제도 너희를 위하여 싸우실 것이며"(30절)

"너희의 하나님 여호와께서 너희가 걸어온 길에서 너희를 안으사 이 곳까지 이르게 하셨느니라"(31절)

"그는 너희보다 먼저 그 길을 가시며 장막 칠 곳을 찾으시고 밤에는 불로, 낮에는 구름으로 너희가 갈 길을 지시하신 자이시니라"(33절)

"온전히 여호와께 순종하였은즉 그는 그것을 볼 것이요 그가 밟은 땅을 내가 그와 그의 자손에게 주리라"(36절)

• 시편 81, 82편   짐을 벗기시고 건지심

"우리의 능력이 되시는 하나님을 향하여 기쁘게 노래하며 야곱의 하나님을 향하여 즐거이 소리칠지어다"(81:1)

"내가 그의 어깨에서 짐을 벗기고 그의 손에서 광주리를 놓게 하였도다 네가 고난 중에 부르짖으매 내가 너를 건졌고… 응답하며… 시험하였도다"(81:6,7)

"네 입을 크게 열라 내가 채우리라"(81:10)

"가난한 자와 고아를 위하여 판단하며 곤란한 자와 빈궁한 자에게 공의를 베풀지며"(82:3)

"하나님이여 일어나사 세상을 심판하소서 모든 나라가 주의 소유이기 때문이니이다"(82:8)

• 이사야 29장   마음을 주관하심

"주린 자가 꿈에 먹었을지라도 깨면 그 속은 여전히 비고… 그 속에 갈증이 있는 것 같이 시온 산을 치는 열방의 무리가 그와 같으리라"(8절)

"대저 여호와께서 깊이 잠들게 하는 영을 너희에게 부어 주사 너희의 눈을 감기셨음이니"(10절)

"이 백성이 입으로는 나를 가까이 하며 입술로는 나를 공경하나 그들의 마음은 내게서 멀리 떠났 나니 그들이 나를 경외함은 사람의 계명으로 가르침을 받았을 뿐이라"(13절)

"야곱이 이제는 부끄러워하지 아니하겠고... 이스라엘의 하나님을 경외할 것이며 마음이 혼미하 던 자들도 총명하게 되며 원망하던 자들도 교훈을 받으리라 하셨느니라"(22~24절)

• 요한삼서 1장 영혼과 범사가 잘 되게 하심

"사랑하는 자여 네 영혼이 잘됨 같이 네가 범사에 잘되고 강건하기를 내가 간구하노라"(2절)

"사랑하는 자여 악한 것을 본받지 말고 선한 것을 본받으라 선을 행하는 자는 하나님께 속하고 악을 행하는 자는 하나님을 뵈옵지 못하였느니라"(11절)

묵상 | 하나님 마음 알아가기

하나님은 그분의 주권으로 온 세상을 운영하십니다. 심지어 사람의 마음까지도 주관하십니다. 그 결과는 영혼과 범사가 잘 되는 것입니다. 하나님의 주권을 기뻐할 수 있어야 합니다.

적용

1. 하나님은 모든 것의 주권자이십니다.

2. 하나님의 인도하심에 순종하십시오.

3. 하나님의 주권 앞에 모든 짐을 내려놓으십시오.

4. 우리의 영혼과 범사를 잘 되게 하시는 하나님을 찬양합시다.

나(우리)에게 주시는 말씀(암송)

• 오늘의 감사 •

• 말씀으로 기도하기 •

149일차 / 365일

월 일

오늘의 본문: 신2 | 시83, 84 | 사30 | 유1

맥체인 읽기: 5월 29일

찬송가 267장

오늘의 주제(키워드): **복이 있는 자**

 **말씀**

- **신명기 2장** **땅을 차지함**

"너희는 일어나 행진하여 아르논 골짜기를 건너라 내가 헤스본 왕 아모리 사람 시혼과 그의 땅을 네 손에 넘겼은즉 이제 더불어 싸워서 그 땅을 차지하라"(24절 ; 5,9,19절 참조)

"오늘부터 내가 천하 만민이 너를 무서워하며 너를 두려워하게 하리니 그들이 네 명성을 듣고 떨며 너로 말미암아 근심하리라"(25절)

"내가 이제 시혼과 그의 땅을 네게 넘기노니 너는 이제부터 그의 땅을 차지하여 기업으로 삼으라"(31절)

- **시편 83, 84편** **마음에 시온의 대로가 있는 자, 주께 의지하는 자**

"하나님이여 침묵하지 마소서 하나님이여 잠잠하지 마시고 조용하지 마소서"(83:1)

"그들로 수치를 당하여 영원히 놀라게 하시며 낭패와 멸망을 당하게 하사 여호와라 이름하신 주만 온 세계의 지존자로 알게 하소서"(83:17,18)

"만군의 여호와여 주의 장막이 어찌 그리 사랑스러운지요 내 영혼이 여호와의 궁정을 사모하여 쇠약함이여 내 마음과 육체가 살아 계시는 하나님께 부르짖나이다"(84:1,2)

"주께 힘을 얻고 그 마음에 시온의 대로가 있는 자는 복이 있나이다"(84:5)

"정직하게 행하는 자에게 좋은 것을 아끼지 아니하실 것임이니이다 만군의 여호와여 주께 의지하는 자는 복이 있나이다"(84:11,12)

- **이사야 30장** **여호와를 기다리는 자**

"패역한 자식들은 화 있을진저"(1절)

"자기에게 무익한 민족에게로 갔으나 애굽의 도움은 헛되고 무익하니라"(6,7절)

"패역한 백성이요 거짓말 하는 자식들이요 여호와의 법을 듣기 싫어하는 자식들이라"(9절)

"너희가 돌이켜 조용히 있어야 구원을 얻을 것이요 잠잠하고 신뢰하여야 힘을 얻을 것이거늘"(15절)

"그러나 여호와께서 기다리시나니 이는 너희에게 은혜를 베풀려 하심이요 일어나시리니 이는 너희를 긍휼히 여기려 하심이라 대저 여호와는 정의의 하나님이심이라 그를 기다리는 자마다 복이 있도다"(18절)

• 유다서 1장 믿음의 도를 위하여 힘써 싸움

"성도에게 단번에 주신 믿음의 도를 위하여 힘써 싸우라"(3절)

"사랑하는 자들아 너희는 너희의 지극히 거룩한 믿음 위에 자신을 세우며 성령으로 기도하며… 영생에 이르도록 우리 주 예수 그리스도의 긍휼을 기다리라"(20,21절)

"능히 너희를 보호하사 거침이 없게 하시고 너희로 그 영광 앞에 흠이 없이 기쁨으로 서게 하실 이 곧 우리 구주 홀로 하나이신 하나님께 우리 주 예수 그리스도로 말미암아 영광과 위엄과 권력과 권세가 영원 전부터 이제와 영원토록 있을지어다 아멘"(24,25절)

묵상 | 하나님 마음 알아가기

성도는 복이 '필요한' 자가 아니라 복이 '있는' 자입니다. 이미 복의 근원이신 예수를 믿는 자로서 복이 있습니다. 그러므로 헛된 세상의 복을 따르지 말고, 믿음의 도를 위하여 힘써 싸워야 합니다.

적용

1. 당신은 복이 있는 사람입니까?

2. 여호와의 명령을 따라 땅(영역)을 차지하십시오.

3. 마음에 시온의 대로를 두고, 주를 의지하십시오.

4. 여호와를 기다리며 믿음의 도를 위하여 힘써 싸우십시오.

나(우리)에게 주시는 말씀(암송)

• 오늘의 감사 •

• 말씀으로 기도하기 •

150일차 365일	월 일	맥체인 읽기: 5월 30일
	오늘의 본문: 신3	시85	사31	계1	찬송가 218장
	오늘의 주제(키워드): **기업으로 주신 땅과 도움이신 하나님**	

 **말씀**

• 신명기 3장   땅을 차지하기 위한 자세

"그를 두려워하지 말라 내가 그와 그의 모든 백성과 그의 땅을 네 손에 넘겼으니"(2절)

"우리가 빼앗은 것은… 모든 성읍과… 온 땅과… 온 땅"(10절)

"너희의 하나님 여호와께서 이 땅을 너희에게 주어 기업이 되게 하셨은즉 너희의 군인들은 무장하고"(18절)

"네가 가는 모든 나라에도 여호와께서 이와 같이 행하시리니 너희는 그들을 두려워하지 말라 너희의 하나님 여호와께서 친히 너희를 위하여 싸우시리라"(21,22절)

"눈을 들어 동서남북을 바라고 네 눈으로 그 땅을 바라보라"(27절)

"너는 여호수아에게 명령하고 그를 담대하게 하며 그를 강하게 하라 그는 이 백성을 거느리고 건너가서 네가 볼 땅을 그들이 기업으로 얻게 하리라"(28절)

• 시편 85편   주의 땅에 은혜를 베푸심

"여호와여 주께서 주의 땅에 은혜를 베푸사 야곱의 포로 된 자들이 돌아오게 하셨으며"(1절)

"주의 백성의 죄악을 사하시고 그들의 모든 죄를 덮으셨나이다"(2절)

"인애와 진리가 같이 만나고 의와 화평이 서로 입맞추었으며"(10절)

"여호와께서 좋은 것을 주시리니 우리 땅이 그 산물을 내리로다"(12절)

• 이사야 31장   여호와께로 돌아가야 함

"도움을 구하러 애굽으로 내려가는 자들은 화 있을진저 그들은 말을 의지하며 병거의 많음과 마병의 심히 강함을 의지하고 이스라엘의 거룩하신 이를 앙모하지 아니하며 여호와를 구하지 아니하나니"(1절)

"새가 날개 치며 그 새끼를 보호함 같이 나 만군의 여호와가 예루살렘을 보호할 것이라 그것을 호위하며 건지며 뛰어넘어 구원하리라"(5절)

"이스라엘 자손들아 너희는 심히 거역하던 자에게로 돌아오라"(6절)

요한계시록 1장 땅의 임금들의 머리 되신 그리스도

"예수 그리스도의 계시라… 반드시 속히 일어날 일들을…"(1절)
"하나님의 말씀과 예수 그리스도의 증거 곧 자기가 본 것을 다 증언하였느니라"(2절)
"땅의 임금들의 머리가 되신 예수 그리스도"(5절)
   1) "우리를 사랑하사 그의 피로 우리 죄에서 우리를 해방하시고"(5절)
   2) "우리를 나라와 제사장으로 삼으신"(6절)
"두려워하지 말라 나는 처음이요 마지막이니"(17절)

묵상 | 하나님 마음 알아가기

세상에서 얻은 직업은 하나님이 주신 기업입니다. 하나님이 친히 싸워주신 기업입니다. 나의 실력과 경험을 내려놓고 하나님이 일하시도록 하십시오. 지경을 넓혀주실 것입니다.

적용

1. 지금 삶의 영역이 하나님께서 주신 기업임을 아십니까?

2. 하나님이 친히 싸워주심으로 주신 기업이며, 은혜를 베푸신 곳입니다.

3. 모든 삶에 하나님을 왕으로 모시고 그분께로 돌아가십시오.

나(우리)에게 주시는 말씀(암송)

• 오늘의 감사 •

• 말씀으로 기도하기 •

151일차 365일

월　　일

오늘의 본문: 신4 | 시86,87 | 사32 | 계2

맥체인 읽기: 5월 31일

찬송가 331장

오늘의 주제(키워드): **땅을 차지하는 법**

 **말씀**

- **신명기 4장** **규례와 법도를 행함**

"이스라엘아 이제 내가 너희에게 가르치는 규례와 법도를 듣고 준행하라 그리하면 너희가 살 것이요… 너희에게 주시는 땅에 들어가서 그것을 얻게 되리라"(1절)

"오직 너는 스스로 삼가며 네 마음을 힘써 지키라 그리하여 네가 눈으로 본 그 일을 잊어버리지 말라"(9절)

"여호와께서 그의 언약을 너희에게 반포하시고 너희에게 지키라 명령하셨으니 곧 십계명이며"(13절)

"만일 마음을 다하고 뜻을 다하여 그를 찾으면 만나리라"(29절)

"네 하나님 여호와는 자비하신 하나님이심이라 그가 너를 버리지 아니하시며 너를 멸하지 아니하시며 네 조상들에게 맹세하신 언약을 잊지 아니하시리라"(31절)

- **시편 86, 87편** **주의 도로 가르침 받고, 주의 진리에 행함**

"주여 주께서 지으신 모든 민족이 와서 주의 앞에 경배하며 주의 이름에 영광을 돌리리이다 무릇 주는 위대하사 기이한 일들을 행하시오니 주만이 하나님이시니이다"(86:9,10)

"주의 도를 내게 가르치소서 내가 주의 진리에 행하오리니"(86:11)

"주의 종에게 힘을 주시고 주의 여종의 아들을 구원하소서"(86:16)

"지존자가 친히 시온을 세우리라"(87:5)

- **이사야 32장** **공의의 통치**

"보라 장차 한 왕이 공의로 통치할 것이요 방백들이 정의로 다스릴 것이며"(1절)

"존귀한 자는 존귀한 일을 계획하나니 그는 항상 존귀한 일에 서리라"(8절)

"마침내 위에서부터 영을 우리에게 부어 주시리니 광야가 아름다운 밭이 되며"(15절)

"그 때에 정의가 광야에 거하며 공의가 아름다운 밭에 거하리니 공의의 열매는 화평이요 공의의 결과는 영원한 평안과 안전이라"(16,17절)

요한계시록 2장 인내함과 처음 행위를 가짐

"내가 네 행위와 수고와 네 인내를 알고"(2절)

"내 이름을 위하여 견디고"(3절)

"그러므로 어디서 떨어졌는지를 생각하고 회개하여 처음 행위를 가지라 만일 그리하지 아니하고 회개하지 아니하면 내가 네게 가서 네 촛대를 그 자리에서 옮기리라"(5절)

"귀 있는 자는 성령이 교회들에게 하시는 말씀을 들을지어다"(11,17,29절)

"이기는 자와 끝까지 내 일을 지키는 그에게 만국을 다스리는 권세를 주리니"(26절)

묵상 | 하나님 마음 알아가기

하나님이 기업으로 땅을 주셨어도 차지하는 것은 성도의 삶의 태도에 달려 있습니다. 하나님의 말씀대로 행해야 합니다. 하나님의 통치를 기뻐하며 순종해야 합니다.

적용

1. 하나님의 말씀을 따라 살아가고 있습니까?

2. 주께서 주신 규례와 법도를 따르십시오. 이를 위해 가르침을 받으십시오.

3. 영원한 왕이신 그분의 통치를 받으십시오.

4. 처음 행위를 가지십시오.

나(우리)에게 주시는 말씀(암송)

• 오늘의 감사 •

• 말씀으로 기도하기 •

152일차 / 365일

월   일   맥체인 읽기: 6월 1일

오늘의 본문: 신5 | 시88 | 사33 | 계3   찬송가 218장

오늘의 주제(키워드): **행위**

 **말씀**

• 신명기 5장 주의 명령을 지킴

"이스라엘아 오늘 내가 너희의 귀에 말하는 규례와 법도를 듣고 그것을 배우며 지켜 행하라"(1절)

"그들이 항상 이같은 마음을 품어 나를 경외하며 내 모든 명령을 지켜서 그들과 그 자손이 영원히 복 받기를 원하노라"(29절)

"너는 그것을 그들에게 가르쳐서"(31절)

• 시편 88편 주 앞에 부르짖음

"여호와 내 구원의 하나님이여 내가 주야로 주 앞에서 부르짖었사오니 나의 기도가 주 앞에 이르게 하시며 나의 부르짖음에 주의 귀를 기울여 주소서"(1,2절)

"주의 노가 나를 심히 누르시고 주의 모든 파도가 나를 괴롭게 하셨나이다"(7절)

• 이사야 33장 여호와를 경외함

"여호와여 우리에게 은혜를 베푸소서 우리가 주를 앙망하오니 주는 아침마다 우리의 팔이 되시며 환난 때에 우리의 구원이 되소서"(2절)

"네 시대에 평안함이 있으며 구원과 지혜와 지식이 풍성할 것이니 여호와를 경외함이 네 보배니라"(6절)

"오직 공의롭게 행하는 자... 그는 높은 곳에 거하리니 견고한 바위가 그의 요새가 되며 그의 양식은 공급되고 그의 물은 끊어지지 아니하리라"(15,16절)

"여호와는 우리의 왕이시니 그가 우리를 구원하실 것임이라"(22절)

• 요한계시록 3장 행위를 아심

"내가 네 행위를 아노니"(1,8,15절)

"네 행위의 온전한 것을 찾지 못하였노니"(2절) - 사데교회

"작은 능력을 가지고서도 내 말을 지키며(8절)... 인내의 말씀을 지켰은즉"(10절) - 빌라델비아교회
"차지도 아니하고 뜨겁지도 아니하도다"(15절) - 라오디게아교회

묵상 | 하나님 마음 알아가기

하나님 앞에서 우리의 행위는 숨길 수 없습니다. 하나님은 우리의 모든 행위를 아십니다. 우리의 모든 행위는 '하나님 앞에서 Coram Deo'의 행위가 되어야 합니다.

적용

1. 하나님 앞에서 행위가 온전하십니까?

2. 주의 명령이 기준이 되며, 여호와를 경외하며, 주께 간구하시기 바랍니다.

3. 주님은 우리의 모든 행위를 아십니다.

나(우리)에게 주시는 말씀(암송)

• 오늘의 감사 •

• 말씀으로 기도하기 •

월   일   맥체인 읽기: 6월 2일

153일차 / 365일

오늘의 본문: 신6 | 시89 | 사34 | 계4   찬송가 293장

오늘의 주제(키워드): **들어야 할 하나님의 말씀**

 **말씀**

• 신명기 6장 여호와 사랑과 계명 준수

"이는 곧 너희의 하나님 여호와께서 너희에게 가르치라고 명하신 명령과 규례와 법도라 너희가 건너가서 차지할 땅에서 행할 것이니"(1절)

"이스라엘아 듣고 삼가 그것을 행하라… 네가 크게 번성하리라"(3절)

"이스라엘아 들으라 우리 하나님 여호와는 오직 유일한 여호와이시니 너는 마음을 다하고 뜻을 다하고 힘을 다하여 네 하나님 여호와를 사랑하라"(4,5절)

"여호와를 잊지 말고 네 하나님 여호와를 경외하며 그를 섬기며 그의 이름으로 맹세할 것이니라"(12,13절)

"우리가 그 명령하신 대로 이 모든 명령을 우리 하나님 여호와 앞에서 삼가 지키면 그것이 곧 우리의 의로움이니라 할지니라"(25절)

• 시편 89편 기름 부음을 받은 자

"주의 기이한 일을 하늘이 찬양할 것이요 주의 성실도 거룩한 자들의 모임 가운데에서 찬양하리이다"(5절)

"즐겁게 소리칠 줄 아는 백성은 복이 있나니"(15절)

"내가 내 종 다윗을 찾아내어 나의 거룩한 기름을 그에게 부었도다"(20절)

"내가 또 그를 장자로 삼고 세상 왕들에게 지존자가 되게 하며"(27절)

"만일 그의 자손이 내 법을 버리며 내 규례대로 행하지 아니하며 내 율례를 깨뜨리며 내 계명을 지키지 아니하면 내가 회초리로 그들의 죄를 다스리며 채찍으로 그들의 죄악을 벌하리로다"(30,31,32절)

• 이사야 34장 열국이 들을 말씀

"열국이여 너희는 나아와 들을지어다 민족들이여 귀를 기울일지어다 땅과 땅에 충만한 것, 세계와 세계에서 나는 모든 것이여 들을지어다"(1절)

"너희는 여호와의 책에서 찾아 읽어보라 이것들 가운데서 빠진 것이 하나도 없고 제 짝이 없는

것이 없으리니 이는 여호와의 입이 이를 명령하셨고 그의 영이 이것들을 모으셨음이라"(16절)

• 요한계시록 4장 영광 받으시기에 합당하신 하나님

"나팔 소리 같은 그 음성이 이르되 이리로 올라오라 이 후에 마땅히 일어날 일들을 내가 네게 보이리라 하시더라"(1절)

"거룩하다 거룩하다 거룩하다 주 하나님 곧 전능하신 이여 전에도 계셨고 이제도 계시고 장차 오실 이시라"(8절)

"우리 주 하나님이여 영광과 존귀와 권능을 받으시는 것이 합당하오니 주께서 만물을 지으신지라 만물이 주의 뜻대로 있었고 또 지으심을 받았나이다 하더라"(11절)

묵상 | 하나님 마음 알아가기

하나님의 말씀을 들을 수 있어야 합니다. 하나님은 개인과 열방의 통치자이십니다. 모든 나라는 여호와의 것입니다(시 22:28). 그러므로 열국도 하나님의 말씀을 들어야 합니다.

적용

1. 하나님 말씀 듣기를 기뻐하십니까?

2. 하나님을 경외함의 출발은 그의 말씀을 듣는 것입니다. 하나님의 말씀은 열방이 들어야 합니다. 하나님은 그를 경외하는 자들을 찾고 계십니다.

3. 온전히 주의 말씀에 귀를 기울이며 주께 영광과 찬송을 올려드리는 삶이 되세요.

나(우리)에게 주시는 말씀(암송)

• 오늘의 감사 •

• 말씀으로 기도하기 •

154일차 365일	월 일 맥체인 읽기: 6월 3일
	오늘의 본문: 신7	시90	사35	계5 찬송가 342장
	오늘의 주제(키워드): 하나님과 그의 성민

 **말씀**

• 신명기 7장 — 신실한 하나님과 그의 성민

"오직 너희가 그들에게 행할 것은 이러하니 그들의 제단을 헐며 주상을 깨뜨리며 아세라 목상을 찍으며 조각한 우상들을 불사를 것이니라"(5절)

"너는 여호와 네 하나님의 성민이라 네 하나님 여호와께서 지상 만민 중에서 너를 자기 기업의 백성으로 택하셨나니"(6절)

"여호와께서 다만 너희를 사랑하심으로 말미암아, 또는 너희의 조상들에게 하신 맹세를 지키려 하심으로 말미암아 자기의 권능의 손으로 너희를 인도하여 내시되"(8절)

"그런즉 너는 알라 오직 네 하나님 여호와는 하나님이시요 신실하신 하나님이시라"(9절)

• 시편 90편 — 영원하신 하나님과 돌아갈 인생

"영원부터 영원까지 주는 하나님이시니이다"(2절)

"너희 인생들은 돌아가라"(3절) <---> "여호와여 돌아오소서"(13절)

"우리의 연수가 칠십이요 강건하면 팔십이라도 그 연수의 자랑은 수고와 슬픔뿐이요 신속히 가니 우리가 날아가나이다"(10절)

"우리에게 우리 날 계수함을 가르치사 지혜로운 마음을 얻게 하소서"(12절)

"주 우리 하나님의 은총을 우리에게 내리게 하사 우리의 손이 행한 일을 우리에게 견고하게 하소서 우리의 손이 행한 일을 견고하게 하소서"(17절)

• 이사야 35장 — 여호와께 속량 받은 자들

"광야와 메마른 땅이 기뻐하며 사막이 백합화 같이 피어 즐거워하며... 그것들이 여호와의 영광 곧 우리 하나님의 아름다움을 보리로다"(1,2절)

"굳세어라, 두려워하지 말라... 하나님이 오사 너희를 구하시리라"(4절)

"거기에 대로가 있어 그 길을 거룩한 길이라 일컫는 바 되리니... 오직 구속함을 받은 자만 그리로 행할 것이며"(8,9절)

"여호와의 속량함을 받은 자들이 돌아오되 노래하며 시온에 이르러 그들의 머리 위에 영영한 희

락을 띠고 기쁨과 즐거움을 얻으리니 슬픔과 탄식이 사라지리로다"(10절)

• **요한계시록 5장** 영광과 찬송을 받으시기에 합당하신 어린 양

"누가 그 두루마리를 펴며 그 인을 떼기에 합당하냐"(2절)

"유대 지파의 사자 다윗의 뿌리가 이겼으니 그 두루마리와 그 일곱 인을 떼시리라"(5절)

"이 향은 성도의 기도들이라"(8절)

"그들이 새 노래를 불러 이르되 두루마리를 가지시고 그 인봉을 떼기에 합당하시도다 일찍이 죽임을 당하사 각 족속과 방언과 백성과 나라 가운데에서 사람들을 피로 사서 하나님께 드리시고… 왕 노릇 하리로다"(9,10절)

"죽임을 당하신 어린 양은 능력과 부와 지혜와 힘과 존귀와 영광과 찬송을 받으시기에 합당하도다"(12절)

묵상 | 하나님 마음 알아가기

지상만민 중에서 하나님의 성민이 되었다는 것은 특권 중의 특권입니다. 하나님은 우리를 자기 기업의 백성으로 삼으셨습니다. 우리를 성민이 되게 하시려 십자가 보혈을 흘려주셨습니다.

적용

1. 영원하신 하나님, 우리의 구속자이신 하나님과 동행하십니까?

2. 하나님은 신실하십니다. 우리는 돌아갈 인생입니다.

3. 우리를 하나님의 성민으로 부르심을 기억하며 주의 거룩한 길을 걸으시길 바랍니다.

나(우리)에게 주시는 말씀(암송)

• 오늘의 감사 •

• 말씀으로 기도하기 •

월 일	맥체인 읽기: 6월 4일
오늘의 본문: 신8	시91	사36	계6	찬송가 357장
오늘의 주제(키워드): **언약에 신실하심과 성도의 인내**	

 **말씀**

• 신명기 8장 언약을 이루시기 위한 하나님의 신실하심

"내가 오늘 명하는 모든 명령을 너희는 지켜 행하라 그리하면 너희가 살고 번성하고 여호와께서 너희의 조상들에게 맹세하신 땅에 들어가서 그것을 차지하리라"(1절)

"네 하나님 여호와께서 이 사십 년 동안에 네게 광야 길을 걷게 하신 것을 기억하라 이는 너를 낮추시며 너를 시험하사 네 마음이 어떠한지 그 명령을 지키는지 지키지 않는지 알려 하심이라"(2절)

"너를 인도하여 그 광대하고 위험한 광야... 땅을 지나게 하셨으며... 만나를 광야에서 네게 먹이셨나니 이는 다 너를 낮추시며 너를 시험하사 마침내 네게 복을 주려 하심이었느니라"(15,16절)

"이같이 하심은 네 조상들에게 맹세하신 언약을 오늘과 같이 이루려 하심이니라"(18절)

• 시편 91편 구원을 보여주시는 하나님

"그는 나의 피난처요 나의 요새요 내가 의뢰하는 하나님이라"(2절)

"네가 말하기를 여호와는 나의 피난처시라 하고 지존자를 너의 거처로 삼았으므로 화가 네게 미치지 못하며 재앙이 네 장막에 가까이 오지 못하리니"(9,10절)

"그가 나를 사랑한즉 내가 그를 건지리라 그가 내 이름을 안즉 내가 그를 높이리라"(14절)

"그가 내게 간구하리니 내가 그에게 응답하리라 그들이 환난 당할 때에 내가 그와 함께 하여 그를 건지고 영화롭게 하리라"(15절)

"내가 그를 장수하게 함으로 그를 만족하게 하며 나의 구원을 그에게 보이리라 하시도다"(16절)

• 이사야 36장 하나님의 구원을 바라는 성도의 자세

"히스기야 왕 십사년에 앗수르 왕 산헤립이 올라와서 유다의 모든 견고한 성을 쳐서 취하니라"(1절)

"히스기야가 너희에게 여호와를 신뢰하게 하려는 것을 따르지 말라"(15절)

"그러나 그들이 잠잠하여 한 말도 대답하지 아니하였으니 이는 왕이 그들에게 명령하여 대답하지 말라 하였음이었더라"(21절)

요한계시록 6장 수가 차기까지 쉼

"둘째 인을 떼실 때에(3절), 셋째 인을 떼실 때에(5절), 넷째 인을 떼실 때에(7절), 다섯째 인을 떼실 때에"(9절)

"각각 그들에게 흰 두루마기를 주시며 이르시되 아직 잠시 동안 쉬되 그들의 동무 종들과 형제들도 자기처럼 죽임을 당하여 그 수가 차기까지 하라 하시더라"(11절)

묵상 | 하나님 마음 알아가기

환난 당할 때 당황하지 마시고 하나님께 구원을 요청하십시오. 하나님께서는 어떠한 환난 중에서라도 우리를 구원하여 주십니다. 환난 중에 있습니까? 지금 바로 하나님께 나아가시기 바랍니다.

적용

1. 언약을 이루시는 하나님은 우리를 고난의 길을 통과케 하십니다. 그 길에서 온전히 하나님만 바라보고 계십니까?

2. 신실하신 하나님을 바라며 인내하는 삶을 사시기 바랍니다.

나(우리)에게 주시는 말씀(암송)

・오늘의 감사・

・말씀으로 기도하기・

월 일 　　　맥체인 읽기: 6월 5일

오늘의 본문: 신9 | 시92, 93 | 사37 | 계7 　　찬송가 400장

오늘의 주제(키워드): **여호와의 열심**

 **말씀**

• 신명기 9장 들어가서 차지하게 하심

"이스라엘아 들으라 네가 오늘 요단을 건너 너보다 강대한 나라들로 들어가서 그것을 차지하리니"(1절)

"네 하나님 여호와께서 맹렬한 불과 같이 네 앞에 나아가신즉 여호와께서 그들을 멸하사"(3절)

"이 민족들이 악함으로 말미암아 여호와께서 그들을 네 앞에서 쫓아내심이니라"(4절)

"여호와께서 이같이 하심은 네 조상 아브라함과 이삭과 야곱에게 하신 맹세를 이루려 하심이니라"(5절)

"그들은 주의 큰 능력과 펴신 팔로 인도하여 내신 주의 백성 곧 주의 기업이로소이다"(29절)

• 시편 92, 93편 큰일을 행하심

"여호와여 주께서 행하신 일이 어찌 그리 크신지요 주의 생각이 매우 깊으시니이다"(92:5)

"의인은 종려나무 같이 번성하며 레바논의 백향목 같이 성장하리로다"(92:12)

"높이 계신 여호와의 능력은 많은 물 소리와 바다의 큰 파도보다 크니이다"(93:4)

"여호와여 주의 증거들이 매우 확실하고 거룩함이 주의 집에 합당하니 여호와는 영원무궁하시리이다"(93:5)

• 이사야 37장 기도에 응답하심

"보라 내가 영을 그의 속에 두리니 그가 소문을 듣고 그의 고국으로 돌아갈 것이며"(7절)

"히스기야가... 여호와의 전에 올라가서 그 글을 여호와 앞에 펴 놓고 여호와께 기도하여 이르되"(14,15절)

"우리 하나님 여호와여... 천하 만국이 주만이 여호와이신 줄을 알게 하옵소서"(20절)

"만군의 여호와의 열심이 이를 이루시리이다"(32절)

"대저 내가 나를 위하며 내 종 다윗을 위하여 이 성을 보호하며 구원하리라"(35절)

요한계시록 7장 | 어린 양의 구원하심

"이 일 후에 내가 보니 각 나라와 족속과 백성과 방언에서 아무도 능히 셀 수 없는 큰 무리가 나와 흰 옷을 입고... 어린 양 앞에 서서 큰 소리로 외쳐 이르되 구원하심이 보좌에 앉으신 우리 하나님과 어린 양에게 있도다"(9,10절)

"아멘 찬송과 영광과 지혜와 감사와 존귀와 권능과 힘이 우리 하나님께 세세토록 있을지어다"(12절)

"이는 보좌 가운데에 계신 어린 양이 그들의 목자가 되사 생명수 샘으로 인도하시고 하나님께서 그들의 눈에서 모든 눈물을 씻어 주실 것임이라"(17절)

묵상 | 하나님 마음 알아가기

하나님의 생각은 측량할 수 없습니다. 하나님은 우리가 생각하는 것보다 더 큰 일을 행하십니다. 우리의 생각 속에 하나님의 계획을 넣지 말고 하나님의 계획 속에 순종의 발걸음을 놓아야 합니다.

적용

1. 오늘 하나님은 우리 구원을 이루시기 위해 열심을 내심을 아십니까?

2. 여호와의 열심은 반드시 이루십니다.

3. 열심으로 이루시는 하나님과 함께 열심 있는 삶을 사시기 바랍니다.

나(우리)에게 주시는 말씀(암송)

• 오늘의 감사 •

• 말씀으로 기도하기 •

157일차 365일	월 일	맥체인 읽기: 6월 6일
	오늘의 본문: 신10	시94	사38	계8	찬송가 252장
	오늘의 주제(키워드): **하나님의 심판**	

 **말씀**

• 신명기 10장 진노와 회복

"너는 처음과 같은 두 돌판을 다듬어 가지고 산에 올라 내게로 나아오고 또 나무궤 하나를 만들라"(1절)

"이스라엘아 네 하나님 여호와께서 네게 요구하시는 것이 무엇이냐 곧 네 하나님 여호와를 경외하여 그의 모든 도를 행하고 그를 사랑하며 마음을 다하고 뜻을 다하여 네 하나님 여호와를 섬기고"(12절)

"그러므로 너희는 마음에 할례를 행하고 다시는 목을 곧게 하지 말라"(16절)

• 시편 94편 의로 돌아가는 심판

"여호와여 복수하시는 하나님이여 복수하시는 하나님이여 빛을 비추어 주소서"(1절)

"여호와여 주로부터 징벌을 받으며 주의 법으로 교훈하심을 받는 자가 복이 있나니"(12절)

"심판이 의로 돌아가리니 마음이 정직한 자가 다 따르리로다"(15절)

• 이사야 38장 병을 주시고 치료하심

"그 때에 히스기야가 병들어 죽게 되니"(1절)

"히스기야가 얼굴을 벽으로 향하고 여호와께 기도하여… 심히 통곡하니"(2,3절)

"내가 네 기도를 들었고 네 눈물을 보았노라"(5절)

"너와 이 성을 앗수르 왕의 손에서 건져내겠고 내가 또 이 성을 보호하리라"(6절)

"내게 큰 고통을 더하신 것은 내게 평안을 주려 하심이라"(17절)

• 요한계시록 8장 일곱 인과 일곱 나팔 심판

"일곱째 인을 떼실 때에 하늘이 반 시간쯤 고요하더니… 일곱 나팔을 받았더라"(2절)

"또 다른 천사가 와서 제단 곁에 서서 금 향로를 가지고 많은 향을 받았으니 이는 모든 성도의 기

도와 합하여 보좌 앞 금 제단에 드리고자 함이라"(3절)
"일곱 나팔을 가진 일곱 천사가 나팔 불기를 준비하더라"(6절)

묵상 | 하나님 마음 알아가기

고통 중에 있을 때 감사보다는 한숨이 저절로 나오는 것은 당연합니다. 하지만 하나님께서 우리에게 고통을 주실 때 이사야 선지자의 말씀을 새겨보아야 합니다. "내게 큰 고통을 더하신 것은 내게 평안을 주려 하심이라"(이사야 38:17)

적용

1. 하나님은 심판하시지만 회복하십니다.

2. 주로부터 징벌을 받음이 복이 있음을 기억하며, 마지막 심판을 기대하는 시간들 되세요.

나(우리)에게 주시는 말씀(암송)

• 오늘의 감사 •

• 말씀으로 기도하기 •

월   일   맥체인 읽기: 6월 7일

오늘의 본문: 신11 | 시95, 96 | 사39 | 계9   찬송가 206장

오늘의 주제(키워드): **지켜야할 것과 경배할 이**

 말씀

• 신명기 11장 말씀과 약속의 땅

"그런즉 네 하나님 여호와를 사랑하여 그가 주신 책무와 법도와 규례와 명령을 항상 지키라"(1절)

"너희가 건너가서 차지할 땅은… 하늘에서 내리는 비를 흡수하는 땅이요 네 하나님 여호와께서 돌보아 주시는 땅이라 연초부터 연말까지 네 하나님 여호와의 눈이 항상 그 위에 있느니라"(11,12절)

"나의 이 말을 너희의 마음과 뜻에 두고 또 그것을 너희의 손목에 매어 기호를 삼고 너희 미간에 붙여 표를 삼으며… 너희의 자녀에게 가르치며… 이 말씀을 강론하고… 집 문설주와 바깥 문에 기록하라"(18,19,20절)

"너희의 발바닥으로 밟는 곳은 다 너희의 소유가 되리니"(24절)

• 시편 95, 96편 창조주 하나님만을 찬양함

"바다도 그의 것이라 그가 만드셨고 육지도 그의 손이 지으셨도다"(95:5)

"오라 우리가 굽혀 경배하며 우리를 지으신 여호와 앞에 무릎을 꿇자"(95:6)

"새 노래로 여호와께 노래하라 온 땅이여 여호와께 노래할지어다"(96:1)

"만국의 족속들아 영광과 권능을 여호와께 돌릴지어다 여호와께 돌릴지어다"(96:7)

"모든 나라 가운데서 이르기를 여호와께서 다스리시니 세계가 굳게 서고 흔들리지 않으리라 그가 만민을 공평하게 심판하시리라 할지로다"(96:10)

• 이사야 39장 지켜야 할 것 - 기쁨

"히스기야가 사자들로 말미암아 기뻐하여… 모든 무기고에 있는 것을 다 보여 주었으니"(2절)

"보라 날이 이르리니 네 집에 있는 모든 소유와 네 조상들이 오늘까지 쌓아 둔 것이 모두 바벨론으로 옮긴 바 되고 남을 것이 없으리라"(6절)

요한계시록 9장 | 인침 받지 않은 자들

"하늘에서 땅에 떨어진 별 하나가 있는데 그가 무저갱의 열쇠를 받았더라"(1절)

"오직 이마에 하나님의 인침을 받지 아니한 사람들만 해하라"(4절)

"그들에게 왕이 있으니 무저갱의 사자라 히브리어로는 그 이름이 아바돈이요 헬라어로는 그 이름이 아볼루온이더라"(11절)

"손으로 행한 일을 회개하지 아니하고... 우상에게 절하고... 회개하지 아니하니라"(20,21절)

묵상 | 하나님 마음 알아가기

성도는 항상 기뻐하는 삶을 살아야 합니다. 하지만 자랑을 위한 기쁨은 절제되어야 합니다. 자랑을 위한 기쁨은 자칫 모든 것을 잃게 됩니다. 우리는 하나님만 자랑하여야 합니다.

적용

1. 천지의 창조주이신 하나님의 명령을 지키기에 힘쓰고 있습니까?

2. 주의 말씀을 지키는 자의 받을 복은 이 땅(영역)을 차지하는 것입니다. 온 세상을 만드신 하나님만 찬양하며, 자신의 모든 악함을 회개하고 하나님의 말씀에 순종하시기 바랍니다.

나(우리)에게 주시는 말씀(암송)

• 오늘의 감사 •

• 말씀으로 기도하기 •

월 일 　　　맥체인 읽기: 6월 8일

오늘의 본문: **신12** | **시 97, 98** | **사 40** | **계 10**　　찬송가 420장

오늘의 주제(키워드): **여호와를 앙망함**

 **말씀**

• 신명기 12장　평생에 지켜 행할 규례와 법도
"네 조상의 하나님 여호와께서 네게 주셔서 차지하게 하신 땅에서 너희가 평생에 지켜 행할 규례와 법도는 이러하니라"(1절)

1) "파멸, 헐며, 깨뜨리며, 불사르고, 찍어, 멸하라"(2~4절)
2) "찾아 나아가서... 가져다가 드리고"(5,6절)
3) "너희의 하나님 여호와 앞에서 즐거워할 것이요"(12절)
4) "내가 네게 명령하는 모든 것을 거기서 행할지니라"(14절)

"내가 네게 명령하는 이 모든 말을 너는 듣고 지키라 네 하나님 여호와의 목전에 선과 의를 행하면 너와 네 후손에게 영구히 복이 있으리라"(28절)

• 시편 97, 98편　온 땅 위에 지존하신 하나님만을 찬양
"조각한 신상을 섬기며 허무한 것으로 자랑하는 자는 다 수치를 당할 것이라 너희 신들아 여호와께 경배할지어다"(97:7)

"여호와여 주는 온 땅 위에 지존하시고 모든 신들보다 위에 계시니이다"(97:9)

"여호와를 사랑하는 너희여 악을 미워하라"(97:10)

"여호와께서 그의 구원을 알게 하시며 그의 공의를 뭇 나라의 목전에서 명백히 나타내셨도다"(98:2)

"온 땅이여 여호와께 즐거이 소리칠지어다 소리 내어 즐겁게 노래하며 찬송할지어다"(98:4)

• 이사야 40장　새 힘을 얻음
"여호와의 영광이 나타나고 모든 육체가 그것을 함께 보리라"(5절)

"우리 하나님의 말씀은 영원히 서리라"(8절)

"아름다운 소식을 시온에 전하는 자여 너는 높은 산에 오르라"(9절)

"오직 여호와를 앙망하는 자는 새 힘을 얻으리니 독수리가 날개치며 올라감 같을 것이요 달음박질하여도 곤비하지 아니하겠고 걸어가도 피곤하지 아니하리로다"(31절)

요한계시록 10장 — 많은 백성과 나라와 방언과 임금에게 다시 예언함

"하나님이 그의 종 선지자들에게 전하신 복음과 같이 하나님의 그 비밀이 이루어지리라"(7절)

"작은 두루마리를 달라 한즉 천사가 이르되 갖다 먹어 버리라 네 배에는 쓰나 네 입에는 꿀 같이 달리라"(9절)

"네가 많은 백성과 나라와 방언과 임금에게 다시 예언하여야 하리라"(11절)

묵상 | 하나님 마음 알아가기

하나님은 온 땅의 주인이십니다. 하나님만을 앙망해야 합니다. 하나님을 앙망할 때 새 힘을 얻습니다. 세상 어떤 것으로도 얻을 수 없는 새 힘을 공급받아 날마다 승리할 수 있습니다.

적용

1. 하나님을 앙망하십니까?

2. 평생 주의 말씀을 지키며, 온 땅 위에 지존하신 하나님만 찬양하십시오.

3. 여호와를 앙망하는 자에게 주시는 새 힘을 공급받으시고, 오직 하나님만 전하는 삶을 사십시오.

나(우리)에게 주시는 말씀(암송)

• 오늘의 감사 •

• 말씀으로 기도하기 •

월   일   맥체인 읽기: 6월 9일

오늘의 본문: 신13, 14 | 시99-101 | 사41 | 계11   찬송가 29장

오늘의 주제(키워드): 하나님의 통치

 말씀

• 신명기 13, 14장 여호와의 말씀을 들음

"너희 중에 선지자나 꿈 꾸는 자가 일어나서… 말할지라도 너는 그 선지자나 꿈 꾸는 자의 말을 청종하지 말라"(13:1~3)

"이는 너희의 하나님 여호와께서 너희가 마음을 다하고 뜻을 다하여 너희의 하나님 여호와를 사랑하는 여부를 알려 하사 너희를 시험하심이니라"(13:3)

"너는 네 하나님 여호와의 성민이라 여호와께서 지상 만민 중에서 너를 택하여 자기 기업의 백성으로 삼으셨느니라"(14:2)

"객과 및 고아와 과부들이 와서 먹고 배부르게 하라 그리하면 네 하나님 여호와께서 네 손으로 하는 범사에 네게 복을 주시리라"(14:29)

• 시편 99-101편 하나님을 높이고 예배함

"시온에 계시는 여호와는 위대하시고 모든 민족보다 높으시도다"(99:2)

"너희는 여호와 우리 하나님을 높여 그의 발등상 앞에서 경배할지어다 그는 거룩하시도다"(99:5)

"너희는 여호와 우리 하나님을 높이고 그 성산에서 예배할지어다 여호와 우리 하나님은 거룩하심이로다"(99:9)

"여호와가 우리 하나님이신 줄 너희는 알지어다 그는 우리를 지으신 이요 우리는 그의 것이니 그의 백성이요 그의 기르시는 양이로다"(100:3)

"완전한 길에 행하는 자가 나를 따르리로다"(101:6)

"악을 행하는 자는 여호와의 성에서 다 끊어지리로다"(101:8)

• 이사야 41장 함께 하심

"그러나 나의 종 너 이스라엘아 내가 택한 야곱아 나의 벗 아브라함의 자손아… 내가 너를 택하고 싫어하여 버리지 아니하였다 하였노라"(8.9절)

"두려워하지 말라 내가 너와 함께 함이라 놀라지 말라 나는 네 하나님이 됨이라 내가 너를 굳세게 하리라 참으로 너를 도와 주리라 참으로 나의 의로운 오른손으로 너를 붙들리라"(10절)

"버러지 같은 너 야곱아, 너희 이스라엘 사람들아 두려워하지 말라… 내가 너를 도울 것이라 네 구속자는 이스라엘의 거룩한 이이니라"(14절)

"보라 내가 너를 이가 날카로운 새 타작기로 삼으리니"(15절)

요한계시록 11장 우리 주와 그의 그리스도의 나라

"또 내게 지팡이 같은 갈대를 주며 말하기를 일어나서 하나님의 성전과 제단과 그 안에서 경배하는 자들을 측량하되"(1절)

"두 감람나무와 두 촛대니… 그들이 권능을 가지고 하늘을 닫아 그 예언을 하는 날 동안"(4,6절)

"세상 나라가 우리 주와 그의 그리스도의 나라가 되어 그가 세세토록 왕 노릇 하시리로다"(15절)

"감사하옵나니 옛적에도 계셨고 지금도 계신 주 하나님 곧 전능하신 이여 친히 큰 권능을 잡으시고 왕 노릇 하시도다"(17절)

묵상 | 하나님 마음 알아가기

하나님은 성도와 함께 하심으로 그분의 통치를 이루어가십니다. 또한 성도들이 고아와 과부와 나그네들과 함께 하는 것을 통해 하나님의 통치를 이루어가십니다.

적용

1. 하나님의 통치를 어떻게 이루고 계십니까?

2. 오직 하나님의 말씀을 들으십시오. 하나님만을 예배하십시오. 하나님은 함께 하심으로 우리를 다스리십니다.

3. 예수 그리스도는 세세토록 왕 노릇하시는 우리의 왕이십니다.

나(우리)에게 주시는 말씀(암송)

• 오늘의 감사 •

• 말씀으로 기도하기 •

월   일   맥체인 읽기: 6월 10일

오늘의 본문: **신15 | 시102 | 사42 | 계12**   찬송가 304장

오늘의 주제(키워드): **빈궁한 자를 대하는 자세**

 **말씀**

• 신명기 15장 가난한 형제에게 완악하게 하지 않음

"매 칠 년 끝에는 면제하라"(1절)

"그의 이웃에게 꾸어준 모든 채주는… 독촉하지 말지니 이는 여호와를 위하여 면제를 선포하였음이라"(2절)

"오늘 네게 내리는 그 명령을 다 지켜 행하면… 너희 중에 가난한 자가 없으리라"(4,5절)

"가난한 형제에게 네 마음을 완악하게 하지 말며 네 손을 움켜 쥐지 말고… 그에게 필요한 대로 쓸 것을 넉넉히 꾸어주라"(7,8절)

"줄 때에는 아끼는 마음을 품지 말 것이니라"(10절)

"땅에는 언제든지 가난한 자가 그치지 아니하겠으므로… 너는 반드시 네 땅 안에 네 형제 중 곤란한 자와 궁핍한 자에게 네 손을 펼지니라"(11절)

• 시편 102편 빈궁한 자의 기도를 들으시는 하나님

"주께서 일어나사 시온을 긍휼히 여기시리니 지금은 그에게 은혜를 베푸실 때라"(13절)

"여호와께서 빈궁한 자의 기도를 돌아보시며 그들의 기도를 멸시하지 아니하셨도다"(17절)

• 이사야 42장 이방에 공의를 베푸실 자

"내가 붙드는 나의 종, 내 마음에 기뻐하는 자 곧 내가 택한 사람을 보라 내가 나의 영을 그에게 주었은즉 그가 이방에 정의를 베풀리라"(1절)

"상한 갈대를 꺾지 아니하며 꺼져가는 등불을 끄지 아니하고"(3절)

"나는 여호와이니 이는 내 이름이라 나는 내 영광을 다른 자에게, 내 찬송을 우상에게 주지 아니하리라"(8절)

요한계시록 12장 | 죽기까지 생명을 아끼지 아니함

"여자가 아들을 낳으니 이는 장차 철장으로 만국을 다스릴 남자라 그 아이를 하나님 앞과 그 보좌 앞으로 올려가더라"(5절)

"이제 우리 하나님의 구원과 능력과 나라와 또 그의 그리스도의 권세가 나타났으니 우리 형제들을 참소하던 자 곧 우리 하나님 앞에서 밤낮 참소하던 자가 쫓겨났고"(10절)

"또 우리 형제들이 어린 양의 피와 자기들이 증언하는 말씀으로써 그를 이겼으니 그들은 죽기까지 자기들의 생명을 아끼지 아니하였도다"(11절)

"용이 여자에게 분노하여 돌아가서 그 여자의 남은 자손 곧 하나님의 계명을 지키며 예수의 증거를 가진 자들과 더불어 싸우려고 바다 모래 위에 서 있더라"(17절)

묵상 | 하나님 마음 알아가기

과도하게 아껴도 가난하여질 수 있습니다. 이웃을 향하여 구제할 때 아끼는 마음을 품어서는 안 됩니다. 우리 위해 생명을 내어주신 주님을 생각하며 구제에 힘써야 합니다.

적용

1. 주변의 빈궁한 자들을 어떻게 대하십니까?

2. 하나님은 그들에 대해 '네 손을 펼지니라'고 하십니다. 그리고 빈궁한 자의 기도를 들으십니다.

3. 끝까지 생명을 아끼지 아니하고 사탄의 권세와 싸울 때 승리를 주심을 기억하고 연약한 지체들과 한 몸 이루시기 바랍니다.

나(우리)에게 주시는 말씀(암송)

• 오늘의 감사 •

• 말씀으로 기도하기 •

162일차 / 365일

월　　　일　　　맥체인 읽기: 6월 11일

오늘의 본문: 신16 | 시103 | 사43 | 계13　　찬송가 32장

오늘의 주제(키워드): **택하심과 경배함**

 **말씀**

• 신명기 16장　그 이름을 두시려고 택하신 곳

"여호와께서 자기의 이름을 두시려고 택하신 곳에서"(2,6,7절)

"이같이 행하여 네 평생에 항상 네가 애굽 땅에서 나온 날을 기억할 것이니라"(3절)

"유월절 제사를 네 하나님 여호와께서 네게 주신 각 성에서 드리지 말고 오직 네 하나님 여호와께서 자기의 이름을 두시려고 택하신 곳에서... 유월절 제물을 드리고"(5,6절)

"택하신 곳에서... 즐거워할지니라"(11절)

• 시편 103편　여호와를 송축함

"여호와를 송축하라"(1절)

"여호와는 긍휼이 많으시고 은혜로우시며 노하기를 더디 하시고 인자하심이 풍부하시도다"(8절)

"여호와께서는 자기를 경외하는 자를 긍휼히 여기시나니"(13절)

"여호와께서 그의 보좌를 하늘에 세우시고 그의 왕권으로 만유를 다스리시도다"(19절)

"내 영혼아 여호와를 송축하라"(22절)

• 이사야 43장　하나님의 것으로 택하심

"너는 두려워하지 말라 내가 너를 구속하였고 내가 너를 지명하여 불렀나니 너는 내 것이라"(1절)

"너희는 나의 증인, 나의 종으로 택함을 입었나니 이는 너희가 나를 알고 믿으며 내가 그인 줄 깨닫게 하려 함이라"(10절)

"너희는 이전 일을 기억하지 말며 옛날 일을 생각하지 말라 보라 내가 새 일을 행하리니 이제 나타낼 것이라"(18,19절)

"이 백성은 내가 나를 위하여 지었나니 나를 찬송하게 하려 함이니라"(21절)

• 요한계시록 13장 짐승 경배를 물리침

"짐승이 입을 벌려 하나님을 향하여 비방하되 그의 이름과 그의 장막 곧 하늘에 사는 자들을 비방하더라"(6절)

"죽임을 당한 어린 양의 생명책에 창세 이후로 이름이 기록되지 못하고 이 땅에 사는 자들은 다 그 짐승에게 경배하리라"(8절)

"성도들의 인내와 믿음이 여기 있느니라"(10절)

묵상 | 하나님 마음 알아가기

하나님은 성도를 택하시고, 당신의 이름을 두시려고 장소를 택하셨습니다. 하나님의 택하심에는 그분의 선하신 뜻이 담겼습니다. 하나님의 증인으로 택함받은 성도임을 기억해야 합니다.

적용

1. 하나님께 택함 받은 하나님의 자녀임을 확신하십니까?

2. 오직 살아계신 하나님만 경배하며, 모든 악함을 버리십시오.

나(우리)에게 주시는 말씀(암송)

• 오늘의 감사 •

• 말씀으로 기도하기 •

163일차 365일

월   일   맥체인 읽기: 6월 12일

오늘의 본문: **신17 | 시104 | 사44 | 계14**   찬송가 449장

오늘의 주제(키워드): **하나님과 어린 양에게 속한 자**

 말씀

• 신명기 17장 여호와께 가증한 것을 멀리함

"흠이나 악질이 있는 소와 양은 아무것도 네 하나님 여호와께 드리지 말지니"(1절)

"네게 보이는 판결을 어겨 좌로나 우로나 치우치지 말 것이니라"(11절)

"사람이 만일 무법하게 행하고 네 하나님 여호와 앞에 서서 섬기는 제사장이나 재판장에게 듣지 아니하거든 그 사람을 죽여 이스라엘 중에서 악을 제하여 버리라"(12절)

＊왕이 금할 것
 1) 병마를 많이 두지 말 것.
 2) 아내를 많이 두어 마음이 미혹되지 말 것.
 3) 자기를 위하여 은금을 많이 쌓지 말 것.

• 시편 104편 주의 하신 일에 대한 찬양

"여호와여 주께서 하신 일이 어찌 그리 많은지요 주께서 지혜로 그들을 다 지으셨으니 주께서 지으신 것들이 땅에 가득하니이다"(24절)

"여호와의 영광이 영원히 계속할지며 여호와는 자신께서 행하시는 일들로 말미암아 즐거워하시리로다"(31절)

"내가 평생토록 여호와께 노래하며 내가 살아 있는 동안 내 하나님을 찬양하리로다"(33절)

• 이사야 44장 도와줄 여호와

"너를 도와 줄 여호와"(2절)
 1) "나의 영을 네 자손에게, 나의 복을 네 후손에게 부어 주리니"(3절) - 영을 부어주심으로
 2) "야곱아 이스라엘아 이 일을 기억하라 너는 내 종이니라 내가 너를 지었으니 너는 내 종이니라"(21절) - 지으심으로
 3) "내가 네 허물을 빽빽한 구름 같이, 네 죄를 안개 같이 없이하였으니 너는 내게로 돌아오라

내가 너를 구속하였음이니라"(22절) - 허물을 사하심으로

• 요한계시록 14장 하나님과 어린 양에게 속한 자

"이 사람들은 여자와 더불어 더럽히지 아니하고 순결한 자라 어린 양이 어디로 인도하든지 따라가는 자며 사람 가운데에서 속량함을 받아 처음 익은 열매로 하나님과 어린 양에게 속한 자들이니 그 입에 거짓말이 없고 흠이 없는 자들이더라"(4,5절)

"성도들의 인내가 여기 있나니 그들은 하나님의 계명과 예수에 대한 믿음을 지키는 자니라"(12절)

"주 안에서 죽는 자들은 복이 있도다"(13절)

묵상 | 하나님 마음 알아가기

오직 하나님만 바라보십시오. 하나님께서 명령하신 계명들은 우리의 시선을 하나님께로 향하도록 하신 조처입니다. 세상을 곁눈질 하지 않고 오직 하나님만 바라보며 나아가야 합니다.

적용

1. 하나님과 어린 양께 속하였습니까?

2. 모든 가증한 것을 버리십시오.

3. 하나님의 하신 일을 찬양하십시오.

4. 우리를 도와주시는 하나님을 바라보며 하나님의 계명과 믿음을 지키십시오.

나(우리)에게 주시는 말씀(암송)

• 오늘의 감사 •

• 말씀으로 기도하기 •

월 일 　　맥체인 읽기: 6월 13일

오늘의 본문: 신18 | 시105 | 사45 | 계15

찬송가 81장

오늘의 주제(키워드): **하나님이 세우신 자**

 말씀

• 신명기 18장 선지자를 세우심

"너는 네 하나님 여호와 앞에서 완전하라"(13절)

"너를 위하여 나와 같은 선지자 하나를 일으키시리니 너희는 그의 말을 들을지니라"(15절)

"그 말이 여호와께서 이르신 말씀인지 우리가 어떻게 알리요 하리라 만일 선지자가 있어 여호와의 이름으로 말한 일에 증험도 없고 성취함도 없으면 이는 여호와께서 말씀하신 것이 아니요 그 선지자가 제 마음대로 한 말이니 너는 그를 두려워하지 말지니라"(21,22절)

• 시편 105편 기름 부은 자와 선지자

"나의 기름 부은 자를 손대지 말며 나의 선지자들을 해하지 말라"(15절)

"한 사람을 앞서 보내셨음이여 요셉이 종으로 팔렸도다"(17절)

"곧 여호와의 말씀이 응할 때까지라 그의 말씀이 그를 단련하였도다"(19절)

"그들을 인도하여 은 금을 가지고 나오게 하시니"(37절)

"하늘의 양식으로 그들을 만족하게 하셨도다"(40절)

• 이사야 45장 지명하여 부르심

"여호와께서 그의 기름 부음을 받은 고레스에게 이같이 말씀하시되 내가 그의 오른손을 붙들고 그 앞에 열국을 항복하게 하며"(1절)

"네게 흑암 중의 보화와 은밀한 곳에 숨은 재물을 주어 네 이름을 부르는 자가 나 여호와 이스라엘의 하나님인 줄을 네가 알게 하리라"(3절)

"이스라엘 자손은 다 여호와로 말미암아 의롭다 함을 얻고 자랑하리라"(25절)

• 요한계시록 15장 짐승과 그의 우상과 그의 이름의 수를 이기고 벗어난 자들

"또 내가 보니 불이 섞인 유리 바다 같은 것이 있고 짐승과 그의 우상과 그의 이름의 수를 이기고

벗어난 자들이 유리 바다 가에 서서 하나님의 거문고를 가지고"(2절)
"하나님의 종 모세의 노래, 어린 양의 노래를 불러 이르되 주 하나님 곧 전능하신 이시여 하시는 일이 크고 놀라우시도다 만국의 왕이시여 주의 길이 의롭고 참되시도다"(3절)
"만국이 와서 주께 경배하리이다"(4절)

묵상 | 하나님 마음 알아가기

때론 자신의 위치로 인해 불평불만을 토로할 때가 있습니다. 그러나 하나님께서 사람을 세우십니다. 이방 왕이라도 하나님의 섭리 가운데 세움을 받습니다. 지금 세워진 자리에서 충성해야 합니다.

적용

1. 하나님은 사람을 세우시고 그를 통해 일을 하십니다.

2. 하나님의 말씀을 분별하고, 그의 기이한 일들을 말하며 어린 양의 노래를 부르십시오.

나(우리)에게 주시는 말씀(암송)

• 오늘의 감사 •

• 말씀으로 기도하기 •

월   일   맥체인 읽기: 6월 14일

오늘의 본문: **신19** | **시106** | **사46** | **계16**   찬송가 310장

오늘의 주제(키워드): **약속과 명령**

 **말씀**

- **신명기 19장** 도피성 규례를 통한 약속과 명령

  *약속
    "그 땅을 네게 주시므로"(1절)
    "말씀하신 땅을 다 네게 주실 때"(8절)

  *명령(취할 것과 버릴 것)
   1) 취할 것
    "모든 살인자를 그 성읍으로 도피하게 하라"(3절)
    "도피하여 생명을 보존할 것이니라"(5절)
    "네 하나님 여호와를 사랑하고 항상 그의 길로 행할 때에는"(9절)
   2) 버릴 것
    "무죄한 피를 흘린 죄를 이스라엘에서 제하라"(13절)
    "네 이웃의 경계표를 옮기지 말지니라"(14절)
    "너희 중에서 악을 제하라"(19절)

- **시편 106편** 약속을 이루시는 선하심과 인자하심

  *명령 : "여호와께 감사하라 그는 선하시며 그 인자하심이 영원함이로다"(1절)

  *약속 : "여호와께서는 자기의 이름을 위하여 그들을 구원하셨으니 그의 큰 권능을 만인이 알게 하려 하심이로다"(8절)

  *조심할 것 : "그러나 그들은 그가 행하신 일을 곧 잊어버리며 그의 가르침을 기다리지 아니하고 광야에서 욕심을 크게 내며 사막에서 하나님을 시험하였도다"(13,14절)

  "내가 주의 택하신 자가 형통함을 보고 주의 나라의 기쁨을 나누어 가지게 하사 주의 유산을 자랑하게 하소서"(5절)

  "여호와께서는 그들이 요구한 것을 그들에게 주셨을지라도 그들의 영혼은 쇠약하게 하셨도다"(15절)

  "부르짖음을 들으실 때에... 그의 언약을 기억하시고... 뜻을 돌이키사... 긍휼히 여김을 받게 하셨도다"(44-46절)

• 이사야 46장 하나님의 주권

*약속 : "백발이 되기까지 내가 너희를 품을 것이라"(4절)

"나의 뜻이 설 것이니 내가 나의 모든 기뻐하는 것을 이루리라"(10절)

"먼 나라에서 나의 뜻을 이룰 사람을 부를 것이라 내가 말하였은즉 반드시 이룰 것이요 계획하였은즉 반드시 시행하리라"(11절)

"나의 구원이 지체하지 아니할 것이라 내가 나의 영광인 이스라엘을 위하여 구원을 시온에 베풀리라"(13절)

• 요한계시록 16장 진노의 일곱 대접

*약속 : "보라 내가 도둑 같이 오리니 누구든지 깨어 자기 옷을 지켜 벌거벗고 다니지 아니하며 자기의 부끄러움을 보이지 아니하는 자는 복이 있도다"(15절)

"성전에서 큰 음성이 나서... 너희는 가서 하나님의 진노의 일곱 대접을 땅에 쏟으라"(1절)

"그들이 성도들과 선지자들의 피를 흘렸으므로 그들에게 피를 마시게 하신 것이 합당하니이다"(6절)

묵상 | 하나님 마음 알아가기

약속하시고 그 약속을 이루시는 하나님은 선하시고 인자하십니다. 하나님의 신실하신 약속을 붙잡고 나아갈 때 소망이 넘칩니다. 기쁨이 넘칩니다.

적용

1. 하나님의 약속과 명령을 기억하십니까?

2. 하나님은 그분의 주권으로 선인과 악인을 향해 약속하시고 명령하시며, 그 약속을 이루어 가십니다.

3. 그분의 신실하신 약속을 기억하며 오늘도 승리하시기 바랍니다.

나(우리)에게 주시는 말씀(암송)

• 오늘의 감사 •

• 말씀으로 기도하기 •

166일차 365일	월 일	맥체인 읽기: 6월 15일
	오늘의 본문: 신20	시107	사47	계17	찬송가 430장
	오늘의 주제(키워드): **전쟁과 하나님 찬양**	

 말씀

• 신명기 20장 적군과 싸우는 자의 자세

"네가 나가서 적군과 싸우려 할 때에 말과 병거와 백성이 너보다 많음을 볼지라도 그들을 두려워하지 말라 애굽 땅에서 너를 인도하여 내신 네 하나님 여호와께서 너와 함께 하시느니라"(1절)

"이스라엘아 들으라 너희가 오늘 너희의 대적과 싸우려고 나아왔으니 마음에 겁내지 말며 두려워하지 말며 떨지 말며 그들로 말미암아 놀라지 말라"(3절)

"너희 하나님 여호와는 너희와 함께 행하시며 너희를 위하여 너희 적군과 싸우시고 구원하실 것이라"(4절)

* 전쟁에 나갈 수 없는 자
  1) "새 집을 건축하고 낙성식을 행하지 못한 자"(5절)
  2) "포도원을 만들고 그 과실을 먹지 못한 자"(6절)
  3) "여자와 약혼하고 그와 결혼하지 못한 자"(7절)
  4) "두려워서 마음이 허약한 자"(8절)

"네가 어떤 성읍으로 나아가서 치려 할 때에는 그 성읍에 먼저 화평을 선언하라"(10절)

"여호와께서 네게 주신 적군에게서 빼앗은 것을 먹을지니라"(14절)

"네게 기업으로 주시는 이 민족들의 성읍에서는 호흡 있는 자를 하나도 살리지 말지니(가나안 7족속)… 진멸하되"(16,17절)

"이는 그들이 그 신들에게 행하는 모든 가증한 일을 너희에게 가르쳐 본받게 하여 너희가 너희의 하나님 여호와께 범죄하게 할까 함이니라"(18절)

• 시편 107편 위험한 지경에서 건지신 하나님을 찬양함

"여호와께서 대적의 손에서 그들을 속량하사"(2절)

"그들이 근심 중에 여호와께 부르짖으매 그들의 고통에서 건지시고 또 바른 길로 인도하사 거주할 성읍에 이르게 하셨도다"(6,7절)

"여호와의 인자하심과 인생에게 행하신 기적으로 말미암아 그를 찬송할지로다"(8절)

"그가 사모하는 영혼에게 만족을 주시며 주린 영혼에게 좋은 것으로 채워주심이로다"(9절)

"그가 그의 말씀을 보내어 그들을 고치시고 위험한 지경에서 건지시는도다"(20절)

이사야 47장 구원자 하나님

"우리의 구원자는 그의 이름이 만군의 여호와 이스라엘의 거룩한 이시니라"(4절)

"네가 네 악을 의지하고 스스로 이르기를 나를 보는 자가 없다 하나니 네 지혜와 네 지식이 너를 유혹하였음이라 네 마음에 이르기를 나뿐이라 나 외에 다른 이가 없다 하였으므로 재앙이 네게 임하리라"(10,11절)

"어려서부터 너와 함께 장사하던 자들이 각기 제 길로 흩어지고 너를 구원할 자가 없으리라"(15절)

요한계시록 17장 어린 양의 승리

"큰 음녀가 받을 심판을 네게 보이리라"(1절)

"네가 본 짐승은... 멸망으로 들어갈 자니"(8절)

"열 뿔은 열 왕이니... 임금처럼 한동안 권세를 받으리라"(12절)

"그들이 어린 양과 더불어 싸우려니와 어린 양은 만주의 주시요 만왕의 왕이시므로 그들을 이기실 터이요 또 그와 함께 있는 자들 곧 부르심을 받고 택하심을 받은 진실한 자들도 이기리로다"(14절)

묵상 | 하나님 마음 알아가기

마귀는 우는 사자와 같이 삼킬 자를 찾아 두루다닙니다. 영적전쟁의 상황에서 성도는 승리자 되시는 예수님만 바라보며, 승리를 확신해야 합니다.

적용

1. 두려워하는 것이 있습니까?
2. 구원자 하나님이 함께 하심을 기억하십시오. 최후의 심판의 때에도 어린 양의 승리가 우리에게 있음을 기억하십시오.
3. 우리가 할 것은 오직 우리를 건지시고 구원하신 하나님을 찬양하는 것입니다. 하나님은 사모하는 영혼에게 만족을 주시며 주린 영혼에게 좋은 것으로 채워주십니다.

나(우리)에게 주시는 말씀(암송)

• 오늘의 감사 •

• 말씀으로 기도하기 •

월   일   맥체인 읽기: 6월 16일

오늘의 본문: 신21 | 시108, 109 | 사48 | 계18   찬송가 254장

오늘의 주제(키워드): **악(인)**

 말씀

• 신명기 21장 악을 제함
"너는 이와 같이 여호와께서 보시기에 정직한 일을 행하여 무죄한 자의 피 흘린 죄를 너희 중에서 제할지니라"(9절)

"이같이 네가 너희 중에서 악을 제하라 그리하면 온 이스라엘이 듣고 두려워하리라"(21절)

"그 시체를 나무 위에 밤새도록 두지 말고 그 날에 장사하여 네 하나님 여호와께서 네게 기업으로 주시는 땅을 더럽히지 말라 나무에 달린 자는 하나님께 저주를 받았음이니라"(23절)

• 시편 108, 109편 대적자로 인한 기도
"하나님이여 내 마음을 정하였사오니 내가 노래하며 내 마음을 다하여 찬양하리로다"(108:1)

"우리를 도와 대적을 치게 하소서 사람의 구원은 헛됨이니이다 우리가 하나님을 의지하고 용감히 행하리니 그는 우리의 대적들을 밟으실 자이심이로다"(108:12,13)

"나는 사랑하나 그들은 도리어 나를 대적하니 나는 기도할 뿐이라"(109:4)

"이것이 주의 손이 하신 일인 줄을 그들이 알게 하소서 주 여호와께서 이를 행하셨나이다"(109:27)

• 이사야 48장 악인에게 평강이 없음
"이제부터 내가 새 일 곧 네가 알지 못하던 은비한 일을 네게 듣게 하노니 이 일들은 지금 창조된 것이요 옛 것이 아니라 오늘 이전에는 네가 듣지 못하였으니"(6,7절)

"나는 네게 유익하도록 가르치고 너를 마땅히 행할 길로 인도하는 네 하나님 여호와라"(17절)

"여호와께서 말씀하시되 악인에게는 평강이 없다 하셨느니라"(22절)

• 요한계시록 18장 악에 대한 심판
"내 백성아, 거기서 나와 그의 죄에 참여하지 말고 그가 받을 재앙들을 받지 말라"(4절)

"그가 얼마나 자기를 영화롭게 하였으며 사치하였든지 그만큼 고통과 애통함으로 갚아 주라"(7절)

"그를 심판하시는 주 하나님은 강하신 자이심이라"(8절)

"하늘과 성도들과 사도들과 선지자들아, 그로 말미암아 즐거워하라 하나님이 너희를 위하여 그에게 심판을 행하셨음이라"(20절)

묵상 | 하나님 마음 알아가기

악인에게는 평화가 없습니다. 하나님은 우리 안에 있는 악을 제하라 하십니다. 악은 그 모양이라도 버릴 때 하나님이 주시는 참된 평화를 누립니다.

적용

1. 당신의 생각과 언어와 행위 속에서 제거해야 할 악이 있습니까?

2. 하나님이 우리에게 주신 기업을 더럽히지 않기 위해 우리 안에 모든 악을 제거하십시오.

3. 악인들로 인해 낙심하지 말고 그들을 위해 기도하십시오. 악인에게는 평강이 없습니다.

4. 모든 악의 근원(큰 성 바벨론)은 하나님의 심판을 받습니다.

나(우리)에게 주시는 말씀(암송)

• 오늘의 감사 •

• 말씀으로 기도하기 •

	월 일	맥체인 읽기: 6월 17일
168일차 **365일**	오늘의 본문: 신22	시110, 111	사49	계19	찬송가 420장
	오늘의 주제(키워드): **배려**	

 **말씀**

• **신명기 22장** **실생활에서의 배려**

"네 형제의 소나 양이 길 잃은 것을 보거든 못 본 체하지 말고 너는 반드시 그것들을 끌어다가 네 형제에게 돌릴 것이요"(1절)

"형제가 잃어버린 어떤 것이든지 네가 얻거든 다 그리하고 못 본 체하지 말 것이며"(3절)

"형제를 도와 그것들을 일으킬지니라"(4절)

"그 어미 새와 새끼를 아울러 취하지 말고"(6절)

"지붕에 난간을 만들어 사람이 떨어지지 않게 하라"(8절)

• **시편 110, 111편** **주의 권능을 알리심**

"여호와께서 내 주에게 말씀하시기를 내가 네 원수들로 네 발판이 되게 하기까지 너는 내 오른쪽에 앉아 있으라"(110:1)

"여호와께서 시온에서부터 주의 권능의 규를 내보내시리니 주는 원수들 중에서 다스리소서"(110:2)

"주의 권능의 날에 주의 백성이 거룩한 옷을 입고 즐거이 헌신하니 새벽 이슬 같은 주의 청년들이 주께 나오는도다"(110:3)

"그의 행하시는 일이 존귀하고 엄위하며 그의 의가 영원히 서 있도다"(111:3)

"그가 그들에게 뭇 나라의 기업을 주사 그가 행하시는 일의 능력을 그들에게 알리셨도다"(111:6)

"그의 이름이 거룩하고 지존하시도다"(111:9)

• **이사야 49장** **여호와의 영광을 나타냄**

"내 입을 날카로운 칼 같이 만드시고"(2절)

"너는 나의 종이요 내 영광을 네 속에 나타낼 이스라엘이라"(3절)

"이스라엘이 그에게로 모이는도다 그러므로 내가 여호와 보시기에 영화롭게 되었으며 나의 하나님은 나의 힘이 되셨도다"(5절)

"네가 나의 종이 되어 야곱의 지파들을 일으키며 이스라엘 중에 보전된 자를 돌아오게 할 것은 매우 쉬운 일이라 내가 또 너를 이방의 빛으로 삼아 나의 구원을 베풀어서 땅 끝까지 이르게 하리라"(6절)

"네 눈을 들어 사방을 보라 그들이 다 모여 네게로 오느니라 나 여호와가 이르노라 내가 나의 삶으로 맹세하노니 네가 반드시 그 모든 무리를 장식처럼 몸에 차며 그것을 띠기를 신부처럼 할 것이라"(18절)

요한계시록 19장 전능하신 이의 통치와 찬양

"할렐루야 구원과 영광과 능력이 우리 하나님께 있도다"(1절)

"하나님의 종들 곧 그를 경외하는 너희들아 작은 자나 큰 자나 다 우리 하나님께 찬송하라"(5절)

"할렐루야 주 우리 하나님 곧 전능하신 이가 통치하시도다"(6절)

"어린 양의 혼인 잔치에 청함을 받은 자들은 복이 있도다"(9절)

"오직 하나님께 경배하라"(10절)

묵상 | 하나님 마음 알아가기

형제의 소나 양이 길을 잃은 것을 보고서 못 본 체 해서는 안됩니다. 어려움 가운데 있는 이웃을 향해 손을 먼저 내밀어야 합니다. 하나님이 우리에게 말씀하신 배려의 삶입니다.

적용

1. 우리의 구원과 부르심의 모든 삶은 하나님의 배려입니다.

2. 죄와 허물로 죽은 우리를 살아 있는 자로 살게 하시는 하나님의 배려에 어떻게 반응하시겠습니까?

3. 작은 것 하나라도 배려하는 습관을 가지며, 주의 권능의 통치 앞에 순종하며 하나님을 찬양하는 삶을 사시기 바랍니다.

나(우리)에게 주시는 말씀(암송)

• 오늘의 감사 •

• 말씀으로 기도하기 •

월   일 　　　　　맥체인 읽기: 6월 18일

오늘의 본문: 신23 | 시112, 113 | 사50 | 계20 　　찬송가 75장

오늘의 주제(키워드): **하나님을 경외함과 최후 왕 노릇함**

 말씀

- **신명기 23장** **총회에 들어오지 못하는 자**

"고환이 상한 자나 음경이 잘린 자"(1절)

"사생자"(2절)

"암몬 사람과 모압 사람은"(3절)

"그들의 삼 대 후 자손은 여호와의 총회에 들어올 수 있느니라"(8절)

"네 진영을 거룩히 하라"(14절)

"여호와께 서원하거든 갚기를 더디지 말라… 더디면 그것이 네게 죄가 될 것이라"(21절)

"포도원에 들어갈 때에는 마음대로 그 포도를 배불리 먹어도 되느니라 그러나 그릇에 담지는 말 것이요"(24절)

- **시편 112, 113편** **여호와를 경외하는 자**

"여호와를 경외하며 그의 계명을 크게 즐거워하는 자는 복이 있도다"(112:1)

"은혜를 베풀며 꾸어 주는 자는 잘 되나니"(112:5)

"그는 흉한 소문을 두려워하지 아니함이여 여호와를 의뢰하고 그의 마음을 굳게 정하였도다"(112:7)

"여호와의 종들아 찬양하라 여호와의 이름을 찬양하라"(113:1)

"해 돋는 데에서부터 해 지는 데에까지 여호와의 이름이 찬양을 받으시리로다"(113:3)

"여호와는 모든 나라보다 높으시며"(113:4)

"스스로 낮추사 천지를 살피시고"(113:6)

- **이사야 50장** **여호와의 이름을 의뢰함**

"학자들의 혀를 내게 주사 나로 곤고한 자를 말로 어떻게 도와 줄 줄을 알게 하시고"(4절)

"주 여호와께서 나를 도우시므로 내가 부끄러워하지 아니하고 내 얼굴을 부싯돌 같이 굳게 하였으므로"(7절)

"나를 의롭다 하시는 이가 가까이 계시니"(8절)

"흑암 중에 행하여 빛이 없는 자라도 여호와의 이름을 의뢰하며 자기 하나님께 의지할지어다"(10절)

요한계시록 20장 그리스도와 더불어 천 년 동안 왕 노릇함

"예수를 증언함과 하나님의 말씀 때문에 목 베임을 당한 자들의 영혼들과 또 짐승과 그의 우상에게 경배하지 아니하고 그들의 이마와 손에 그의 표를 받지 아니한 자들이 살아서 그리스도와 더불어 천 년 동안 왕 노릇 하니"(4절)

"이 첫째 부활에 참여하는 자들은 복이 있고 거룩하도다 둘째 사망이 그들을 다스리는 권세가 없고 도리어 그들이 하나님과 그리스도의 제사장이 되어 천 년 동안 그리스도와 더불어 왕 노릇 하리라"(6절)

"생명책이라 죽은 자들이 자기 행위를 따라 책들에 기록된 대로 심판을 받으니"(12절)

"각 사람이 자기의 행위대로 심판을 받고"(13절)

"누구든지 생명책에 기록되지 못한 자는 불못에 던져지더라"(15절)

묵상 | 하나님 마음 알아가기

성도의 혀는 사람을 해하는 혀가 되어서는 안 됩니다. 곤고한 자들을 돕는 혀가 되어야 합니다. 하나님을 경외하는 성도로서 생명을 살리는 혀가 되어야 합니다.

적용

1. 하나님을 경외함으로 모든 행위에 있어서 의를 행하십니까?
2. 모든 죄로부터 우리를 구원하셔서 우리를 의롭다 하신 이는 하나님이십니다.
3. 하지만 우리의 행위에 있어서 부끄럽지 않도록 행하십시오.
4. 이는 하나님을 경외하는 자의 마땅한 바입니다.
5. 예수 그리스도와 더불어 왕 노릇 하는 성도임을 기억하십시오.

나(우리)에게 주시는 말씀(암송)

• 오늘의 감사 •

• 말씀으로 기도하기 •

월   일   맥체인 읽기: 6월 19일

오늘의 본문: 신24 | 시114, 115 | 사51 | 계21   찬송가 426장

오늘의 주제(키워드): 하나님의 백성

 **말씀**

• 신명기 24장 하나님 백성의 책임

"너는 네 하나님 여호와께서 네게 기업으로 주시는 땅을 범죄하게 하지 말지니라"(4절)

"그가 맞이한 아내를 즐겁게 할지니라"(5절)

"각 사람은 자기 죄로 말미암아 죽임을 당할 것이니라"(16절)

"곡식을 벨 때에 그 한 뭇을 밭에 잊어버렸거든 다시 가서 가져오지 말고 나그네와 고아와 과부를 위하여 남겨두라 그리하면 네 하나님 여호와께서 네 손으로 하는 모든 일에 복을 내리시리라"(19절)

"너는 애굽 땅에서 종 되었던 것을 기억하라 이러므로 내가 네게 이 일을 행하라 명령하노라"(22절)

• 시편 114, 115편 여호와께 복을 받음

"땅이여 너는 주 앞 곧 야곱의 하나님 앞에서 떨지어다"(114:7)

"여호와여 영광을 우리에게 돌리지 마옵소서 우리에게 돌리지 마옵소서... 주의 이름에만 영광을 돌리소서"(115:1)

"여호와께서 우리를 생각하사 복을 주시되 이스라엘 집에도 복을 주시고 아론의 집에도 복을 주시며 높은 사람이나 낮은 사람을 막론하고 여호와를 경외하는 자들에게 복을 주시리로다"(115:12,13)

"너희는 천지를 지으신 여호와께 복을 받는 자로다"(115:15)

• 이사야 51장 부르심과 복 주심

"아브라함이 혼자 있을 때에 내가 그를 부르고 그에게 복을 주어 창성하게 하였느니라"(2절)

"여호와께 구속 받은 자들이 돌아와 노래하며 시온으로 돌아오니 영원한 기쁨이 그들의 머리 위에 있고 즐거움과 기쁨을 얻으리니 슬픔과 탄식이 달아나리이다"(11절)

요한계시록 21장 — 하나님이 함께 하심

"하나님의 장막이 사람들과 함께 있으매 하나님이 그들과 함께 계시리니 그들은 하나님의 백성이 되고 하나님은 친히 그들과 함께 계셔서"(3절)

"주 하나님 곧 전능하신 이와 및 어린 양이 그 성전이심이라"(22절)

"이는 하나님의 영광이 비치고 어린 양이 그 등불이 되심이라"(23절)

"오직 어린 양의 생명책에 기록된 자들만 들어가리라"(27절)

묵상 | 하나님 마음 알아가기

미국 시민권자가 되었다고 기뻐하는 친구를 보았습니다. 우리에겐 이 땅의 유한한 시민이 아니라 천국의 시민권자입니다. 하나님 나라의 백성입니다. 이것이야 말로 기쁨 중의 기쁨입니다.

적용

1. 하나님의 백성으로서 받은 복과 책임을 아십니까?

2. 하나님은 우리를 백성삼아 주시고, 필요한 복을 주셨습니다.

3. 그 복은 또 다른 책임의 삶을 위한 것입니다. 하나님만을 찬양하며 이웃에게 그 책임을 다하는 성도가 되시기 바랍니다.

나(우리)에게 주시는 말씀(암송)

• 오늘의 감사 •

• 말씀으로 기도하기 •

월 일   맥체인 읽기: 6월 20일

오늘의 본문: 신25 | 시116 | 사52 | 계22   찬송가 348장

오늘의 주제(키워드): **하나님의 선물**

 **말씀**

• 신명기 25장 배려

"사십까지는 때리려니와 그것을 넘기지는 못할지니 만일 그것을 넘겨… 네 형제를 경히 여기는 것이 될까 하노라"(3절)

"곡식 떠는 소에게 망을 씌우지 말지니라"(4절)

"형제들이 함께 사는데 그 중 하나가 죽고 아들이 없거든 그 죽은 자의 아내는… 그의 남편의 형제가 그에게로 들어가서 그를 맞이하여 아내로 삼아"(5절)

"너는 네 주머니에 두 종류의 저울추 곧 큰 것과 작은 것을 넣지 말 것이며"(13절)

• 시편 116편 기도를 들으심

"여호와께서 내 음성과 내 간구를 들으시므로"(1절)

"그의 귀를 내게 기울이셨으므로 내가 평생에 기도하리로다"(2절)

"내가 여호와의 이름으로 기도하기를… 내 영혼을 건지소서"(4절)

"내가 여호와께 서원한 것을 그의 모든 백성이 보는 앞에서 내가 지키리로다 예루살렘아, 네 한가운데에서 곧 여호와의 성전 뜰에서 지키리로다"(18,19절)

• 이사야 52장 여호와의 위로

"너희가 값 없이 팔렸으니 돈 없이 속량되리라"(3절)

"내가 여기 있느니라"(6절)

"좋은 소식을 전하며 평화를 공포하며 복된 좋은 소식을 가져오며 구원을 공포하며 시온을 향하여 이르기를 네 하나님이 통치하신다 하는 자의 산을 넘는 발이 어찌 그리 아름다운가"(7절)

"너 예루살렘의 황폐한 곳들아 기쁜 소리를 내어 함께 노래할지어다 이는 여호와께서 그의 백성을 위로하셨고 예루살렘을 구속하셨음이라"(9절)

"여호와께서 열방의 목전에서 그의 거룩한 팔을 나타내셨으므로 땅 끝까지도 모두 우리 하나님

의 구원을 보았도다"(10절)

요한계시록 22장 생명수

"수정 같이 맑은 생명수의 강"(1절)
"보라 내가 속히 오리니 이 두루마리의 예언의 말씀을 지키는 자는 복이 있으리라"(7절)
"각 사람에게 그가 행한 대로 갚아 주리라"(12절)
"값없이 생명수를 받으라"(17절)
"아멘 주 예수여 오시옵소서"(20절)

묵상 | 하나님 마음 알아가기

우리에겐 위로가 필요합니다. 무엇보다도 하나님의 위로는 우리에게 구원을 주시는 참된 위로가 됩니다. 값없이 주시는 생명수의 축복은 위로 중의 위로입니다.

적용

1. 하나님이 주신 선물들을 기억하십니까?

2. 우리의 생명을 보존하시기 위해 베푸시는 하나님의 배려와 기도 응답 그리고 구원하심과 생명수를 통해 하나님의 사랑을 묵상하시기 바랍니다.

나(우리)에게 주시는 말씀(암송)

• 오늘의 감사 •

• 말씀으로 기도하기 •

172일차 / 365일

월 일　　맥체인 읽기: 6월 21일

오늘의 본문: 신26 | 시117, 118 | 사53 | 마1　　찬송가 66장

오늘의 주제(키워드): **하나님의 선물**

 말씀

• 신명기 26장　보배로운 백성

"네 하나님 여호와께서 네게 기업으로 주어 차지하게 하실 땅에 네가 들어가서 거기에 거주할 때에"(1절)

"여호와께서 강한 손과 편 팔과 큰 위엄과 이적과 기사로 우리를 애굽에서 인도하여 내시고 이곳으로 인도하사 이 땅 곧 젖과 꿀이 흐르는 땅을 주셨나이다"(8,9절)

"원하건대 주의 거룩한 처소 하늘에서 보시고 주의 백성 이스라엘에게 복을 주시며 우리 조상들에게 맹세하여 우리에게 주신 젖과 꿀이 흐르는 땅에 복을 내리소서"(15절)

"오늘 너를 그의 보배로운 백성이 되게 하시고"(18절)

"모든 민족 위에 뛰어나게 하사 찬송과 명예와 영광을 삼으시고"(19절)

• 시편 117, 118편　죽지 않고 살아서 올리는 찬양

"너희 모든 나라들아 여호와를 찬양하며 너희 모든 백성들아 그를 찬송할지어다"(117:1)

"내가 고통 중에 여호와께 부르짖었더니 여호와께서 응답하시고 나를 넓은 곳에 세우셨도다"(118:5)

"여호와는 내 편이시라 내가 두려워하지 아니하리니 사람이 내게 어찌할까"(118:6)

"내가 죽지 않고 살아서 여호와께서 하시는 일을 선포하리로다"(118:17)

"주는 나의 하나님이시라 내가 주께 감사하리이다 주는 나의 하나님이시라 내가 주를 높이리이다"(118:28)

• 이사야 53장　고난 받는 왕

"그는 주 앞에서 자라나기를 연한 순 같고 마른 땅에서 나온 뿌리 같아서 고운 모양도 없고 풍채도 없은즉 우리가 보기에 흠모할 만한 아름다운 것이 없도다"(2절)

"그가 찔림은 우리의 허물 때문이요 그가 상함은 우리의 죄악 때문이라 그가 징계를 받으므로 우리는 평화를 누리고 그가 채찍에 맞으므로 우리는 나음을 받았도다"(5절)

"여호와께서 기뻐하시는 뜻을 성취하리로다"(10절)

"그러나 그가 많은 사람의 죄를 담당하며 범죄자를 위하여 기도하였느니라"(12절)

마태복음 1장) 다윗의 자손 예수

"아브라함과 다윗의 자손 예수 그리스도의 계보라"(1절)

"예수 그리스도의 나심은 이러하니라... 성령으로 잉태된 것이 나타났더니"(18절)

"아들을 낳으리니 이름을 예수라 하라 이는 그가 자기 백성을 그들의 죄에서 구원할 자이심이라"(21절)

"보라 처녀가 잉태하여 아들을 낳을 것이요 그의 이름은 임마누엘이라 하리라 하셨으니 이를 번역한즉 하나님이 우리와 함께 계시다 함이라"(23절)

묵상 | 하나님 마음 알아가기

싸움에서 든든한 지원군이 있다면 얼마나 마음이 놓이겠습니까? 고통 중에 부르짖을 때 응답하시는 하나님은 성도의 편이 되셔서 도와주십니다. 찔리시고 상하심으로 평화를 주신 주님을 찬양합니다.

적용

1. 죽지 않고 살아 있습니까?
2. 하나님의 보배로운 백성으로서, 찬송과 명예와 영광으로서 택함 받은 성도입니다.
3. 오직 살아 있는 자로서 여호와께서 하신 일들을 선포하십시오.
4. 예수께서 우리의 죄를 사하심으로(구원하심) 우리는 영생을 얻어 산 자가 되었습니다.

나(우리)에게 주시는 말씀(암송)

• 오늘의 감사 •

• 말씀으로 기도하기 •

월   일   맥체인 읽기: 6월 22일

오늘의 본문: 신27, 28:1~19 | 시119:1~24 | 사54 | 마2   찬송가 29장

오늘의 주제(키워드): **왕께 경배**

 **말씀**

• 신명기 27장, 28장 1~19절 말씀에 청종함과 행함
"너는 이 율법의 모든 말씀을 그 돌들 위에 분명하고 정확하게 기록할지니라"(27:8)
"그런즉 네 하나님 여호와의 말씀을 청종하여 내가 오늘 네게 명령하는 그 명령과 규례를 행할지니라"(27:10)
"네가 네 하나님 여호와의 말씀을 삼가 듣고 내가 오늘 네게 명령하는 그의 모든 명령을 지켜 행하면 네 하나님 여호와께서 너를 세계 모든 민족 위에 뛰어나게 하실 것이라"(28:1)
"네가 네 하나님 여호와의 말씀을 청종하면 이 모든 복이 네게 임하며 네게 이르리니"(28:2)

• 시편 119편 1~24절 행함의 태도
"행위가 온전하여 여호와의 율법을 따라 행하는 자들은 복이 있음이여"(1절)
"청년이 무엇으로 그의 행실을 깨끗하게 하리이까 주의 말씀만 지킬 따름이니이다"(9절)
"내가 주께 범죄하지 아니하려 하여 주의 말씀을 내 마음에 두었나이다"(11절)
"주의 규례들을 항상 사모함으로 내 마음이 상하나이다"(20절)

• 이사야 54장 경배하는 자에게 주시는 약속
"네 장막터를 넓히며 네 처소의 휘장을 아끼지 말고 널리 펴되 너의 줄을 길게 하며 너의 말뚝을 견고히 할지어다 이는 네가 좌우로 퍼지며 네 자손은 열방을 얻으며 황폐한 성읍들을 사람 살 곳이 되게 할 것임이라"(2,3절)
"두려워하지 말라 네가 수치를 당하지 아니하리라 놀라지 말라 네가 부끄러움을 보지 아니하리라 네가 네 젊었을 때의 수치를 잊겠고 과부 때의 치욕을 다시 기억함이 없으리니 이는 너를 지으신 이가 네 남편이시라… 그는 온 땅의 하나님이라 일컬음을 받으실 것이라"(4,5절)

• 마태복음 2장 왕께 경배
"헤롯 왕 때에 예수께서 유대 베들레헴에서 나시매"(1절)
"엎드려 아기께 경배하고 보배합을 열어 황금과 유향과 몰약을 예물로 드리니라"(11절)

묵상 | 하나님 마음 알아가기

하나님을 향한 성도의 온전한 경배는 하나님의 약속을 기억하고 그 언약을 따라 신실하게 살아가는 데 있습니다. 최고의 시간, 건강 그리고 재능으로 하나님께 나아가십시오.

적용

1. 왕께 온전한 경배를 드리십니까?

2. 그의 명령과 규례를 행함으로, 약속을 기억함으로 온전한 경배를 드리시기 바랍니다.

나(우리)에게 주시는 말씀(암송)

• 오늘의 감사 •

• 말씀으로 기도하기 •

월   일   맥체인 읽기: 6월 23일

오늘의 본문: 신28:20~68 | 시119:25~48 | 사55 | 마3   찬송가 347장

오늘의 주제(키워드): 말씀에 청종

 **말씀**

신명기 28장 20~68절 말씀에 청종하지 않음과 그 결과

"네가 악을 행하여 그를 잊으므로 네 손으로 하는 모든 일에 여호와께서 저주와 혼란과 책망을 내리사 망하며 속히 파멸하게 하실 것이며"(20절)

"네가 모든 것이 풍족하여도 기쁨과 즐거운 마음으로 네 하나님 여호와를 섬기지 아니함으로 말미암아"(47절)

"네가 만일 이 책에 기록한 이 율법의 모든 말씀을 지켜 행하지 아니하고 네 하나님 여호와라 하는 영화롭고 두려운 이름을 경외하지 아니하면"(58절)

"너희가 하늘의 별 같이 많을지라도 네 하나님 여호와의 말씀을 청종하지 아니하므로 남는 자가 얼마 되지 못할 것이라"(62절)

시편 119편 25~48절 전심으로 지킴

"거짓 행위를 내게서 떠나게 하시고 주의 법을 내게 은혜로이 베푸소서"(29절)

"여호와여 주의 율례들의 도를 내게 가르치소서 내가 끝까지 지키리이다"(33절)

"나로 하여금 깨닫게 하여 주소서 내가 주의 법을 준행하며 전심으로 지키리이다"(34절)

"탐욕으로 향하지 말게 하소서"(36절)

"허탄한 것을 보지 말게 하시고"(37절)

"비방을 내게서 떠나게 하소서"(39절)

이사야 55장 귀를 기울여 들음

"너희는 귀를 기울이고 내게로 나아와 들으라 그리하면 너희의 영혼이 살리라"(3절)

"너희는 여호와를 만날 만한 때에 찾으라 가까이 계실 때에 그를 부르라"(6절)

"이는 내 생각이 너희의 생각과 다르며 내 길은 너희의 길과 다름이니라 여호와의 말씀이니라"(8절)

"내 입에서 나가는 말도... 나의 기뻐하는 뜻을 이루며 내가 보낸 일에 형통함이니라"(11절)

마태복음 3장 — 선지자와 하나님께 청종

"회개하라 천국이 가까이 왔느니라 하였으니"(2절)
"회개에 합당한 열매를 맺고... 좋은 열매를 맺지 아니하는 나무마다 찍혀 불에 던져지리라" (8,10절)
"우리가 이와 같이 하여 모든 의를 이루는 것이 합당하니라"(15절)
"이는 내 사랑하는 아들이요 내 기뻐하는 자라"(17절)

묵상 | 하나님 마음 알아가기

탐욕과 비방과 허탄한 것 등은 하나님의 말씀을 청조하는 데 방해되는 것들입니다. 이 모든 태도를 버리고 하나님께 청종할 때 하나님이 말씀하시는 음성을 들을 수 있습니다.

적용

1. 하나님의 말씀에 청종하십니까?

2. 하나님의 말씀을 청종하는데 방해 되는 것은 어떤 것입니까? 지켜 행함으로 청종하시고, 주의 법을 지키겠다는 결단으로 청종하시고, 하나님께 나아와 들으십시오.

3. 선지자의 말에 청종하십시오.

나(우리)에게 주시는 말씀(암송)

• 오늘의 감사 •

• 말씀으로 기도하기 •

175일차 / 365일

월   일

오늘의 본문: 신29 | 시119:49~72 | 사56 | 마4

맥체인 읽기: 6월 24일

찬송가 383장

오늘의 주제(키워드): **소유**

 **말씀**

• 신명기 29장 언약의 말씀을 지켜 행함

"호렙에서 이스라엘 자손과 세우신 언약 외에 여호와께서 모세에게 명령하여 모압 땅에서 그들과 세우신 언약의 말씀은 이러하니라"(1절)

"곧 그 큰 시험과 이적과 큰 기사를 네 눈으로 보았느니라 그러나 깨닫는 마음과 보는 눈과 듣는 귀는 오늘까지 여호와께서 너희에게 주지 아니하셨느니라"(3,4절)

"그런즉 너희는 이 언약의 말씀을 지켜 행하라 그리하면 너희가 하는 모든 일이 형통하리라"(9절)

"감추어진 일은 우리 하나님 여호와께 속하였거니와 나타난 일은 영원히 우리와 우리 자손에게 속하였나니 이는 우리에게 이 율법의 모든 말씀을 행하게 하심이니라"(29절)

• 시편 119편 49~72절 법도들을 지킴

"여호와여 주의 옛 규례들을 내가 기억하고 스스로 위로하였나이다"(52절)

"내 소유는 이것이니 곧 주의 법도들을 지킨 것이니이다"(56절)

"고난 당하기 전에는 내가 그릇 행하였더니 이제는 주의 말씀을 지키나이다"(67절)

"교만한 자들이 거짓을 지어 나를 치려 하였사오나 나는 전심으로 주의 법도들을 지키리이다"(69절)

"고난 당한 것이 내게 유익이라 이로 말미암아 내가 주의 율례들을 배우게 되었나이다"(71절)

• 이사야 56장 정의를 지키며 의를 행함

"너희는 정의를 지키며 의를 행하라"(1절)

"안식일을 지켜 더럽히지 아니하며 그의 손을 금하여 모든 악을 행하지 아니하여야 하나니 이와 같이 하는 사람, 이와 같이 굳게 잡는 사람은 복이 있느니라"(2절)

"안식일을 지켜 더럽히지 아니하며 나의 언약을 굳게 지키는"(6절)

"내 집은 만민이 기도하는 집이라"(7절)

• 마태복음 4장 — 하나님의 입의 말씀대로 살아감과 예수를 따름

"사람이 떡으로만 살 것이 아니요 하나님의 입으로부터 나오는 모든 말씀으로 살 것이라"(4절)

"주 너의 하나님을 시험하지 말라"(7절)

"주 너의 하나님께 경배하고 다만 그를 섬기라"(10절)

"나를 따라오라 내가 너희를 사람을 낚는 어부가 되게 하리라"(19절)

"예수께서 온 갈릴리에 두루 다니사 그들의 회당에서 가르치시며 천국 복음을 전파하시며 백성 중의 모든 병과 모든 약한 것을 고치시니"(23절)

묵상 | 하나님 마음 알아가기

무엇을 소유하고 있으며, 소유하길 원하십니까? 주의 법도를 지킨 것을 자신의 소유로 삼은 시인처럼 하나님이 기뻐하시는 것을 소유하며, 진실하여야 합니다.

적용

1. 당신의 소유는 무엇입니까?

2. 하나님의 언약의 말씀을 따라 행하기에 힘쓰십시오.

3. 정의를 지키며 의를 행하십시오.

4. 하나님의 입으로 나오는 모든 말씀으로 살아가십시오.

나(우리)에게 주시는 말씀(암송)

• 오늘의 감사 •

• 말씀으로 기도하기 •

월   일　　맥체인 읽기: 6월 25일

오늘의 본문: 신30 | 시119:73~96 | 사57 | 마5　　찬송가 313장

오늘의 주제(키워드): **다시 찾아온 사랑**

 **말씀**

신명기 30장 하나님이 마음을 돌이키심

"너와 네 자손이 네 하나님 여호와께로 돌아와 내가 오늘 네게 명령한 것을 온전히 따라 마음을 다하고 뜻을 다하여 여호와의 말씀을 청종하면 네 하나님 여호와께서 마음을 돌이키시고 너를 긍휼히 여기사(2,3절)

"네게 선을 행하사 너를 네 조상들보다 더 번성하게 하실 것이며"(5절)

"너를 다시 기뻐하사 네게 복을 주시리라"(10절)

"네 하나님 여호와를 사랑하고 그의 말씀을 청종하며 또 그를 의지하라 그는 네 생명이시요 네 장수이시니"(20절)

시편 119편 73~96절 법도들을 영원히 잊지 않음

"주의 법은 나의 즐거움이니이다"(77절)

"나는 주의 말씀을 바라나이다"(81절)

"그들이 나를 세상에서 거의 멸하였으나 나는 주의 법도들을 버리지 아니하였사오니"(87절)

"내가 주의 법도들을 영원히 잊지 아니하오니 주께서 이것들 때문에 나를 살게 하심이니이다"(93절)

"내가 보니 모든 완전한 것이 다 끝이 있어도 주의 계명들은 심히 넓으니이다"(96절)

이사야 57장 고쳐주심

"나를 의뢰하는 자는 땅을 차지하겠고 나의 거룩한 산을 기업으로 얻으리라"(13절)

"내가 그의 길을 보았은즉 그를 고쳐 줄 것이라 그를 인도하며 그와 그를 슬퍼하는 자들에게 위로를 다시 얻게 하리라"(18절)

"먼 데 있는 자에게든지 가까운 데 있는 자에게든지 평강이 있을지어다 평강이 있을지어다 내가 그를 고치리라 하셨느니라"(19절)

마태복음 5장 **천국계명**

"이같이 너희 빛이 사람 앞에 비치게 하여 그들로 너희 착한 행실을 보고 하늘에 계신 너희 아버지께 영광을 돌리게 하라"(16절)

"내가 율법이나 선지자를... 완전하게 하려 함이라"(17절)

"율법의 일점 일획도 결코 없어지지 아니하고 다 이루리라"(18절)

"이를 행하며 가르치는 자는 천국에서 크다 일컬음을 받으리라"(19절)

"그러므로 하늘에 계신 너희 아버지의 온전하심과 같이 너희도 온전하라"(48절)

묵상 | 하나님 마음 알아가기

예수께서 산상에서 베푸신 교훈은 천국규범으로 성도들이 가는 길을 밝히 비춰주는 빛입니다. 어두운 세상에서 헤매이지 않도록 주신 천국규범을 앞세울 때 길을 잃지 않습니다.

적용

1. 하나님은 우리를 결코 포기하지 않으십니다.

2. 택하심을 받은 백성들에게 계명을 주심으로 살 길을 제시하시고, 넘어져도 다시 기회를 주시는 사랑의 하나님이십니다. 그 사랑이 새로운 새 계명을 주셨습니다.

3. 은혜 안에 그 계명들을 따라 살아가시기 바랍니다.

나(우리)에게 주시는 말씀(암송)

• 오늘의 감사 •

• 말씀으로 기도하기 •

월 일   맥체인 읽기: 6월 26일

오늘의 본문: 신31 | 시119:97~120 | 사58 | 마6   찬송가 328장

오늘의 주제(키워드): **말씀에 대한 태도**

 말씀

• 신명기 31장 듣고 배우고 지켜 행함

"온 이스라엘이 네 하나님 여호와 앞 그가 택하신 곳에 모일 때에 이 율법을 낭독하여 온 이스라엘에게 듣게 할지니"(11절)

"남녀와 어린이와 네 성읍 안에 거류하는 타국인을… 듣고 배우고 네 하나님 여호와를 경외하며 이 율법의 모든 말씀을 지켜 행하게 하고… 이 말씀을 알지 못하는 그들의 자녀에게 듣고 네 하나님 여호와 경외하기를 배우게 할지니라"(12,13절)

• 시편 119편 97~120절 사랑하고 송이 꿀처럼 달게 먹음

"내가 주의 법을 어찌 그리 사랑하는지요"(97절)

"주의 말씀의 맛이 내게 어찌 그리 단지요 내 입에 꿀보다 더 다니이다"(103절)

"주의 말씀은 내 발에 등이요 내 길에 빛이니이다"(105절)

"주의 말씀대로 나를 붙들어 살게 하시고 내 소망이 부끄럽지 않게 하소서"(116절)

• 이사야 58장 하나님과 가까이 함

"의로운 판단을 내게 구하며 하나님과 가까이 하기를 즐거워하는도다"(2절)

"내가 기뻐하는 금식이"(6절)

"만일 네가 너희 중에서 멍에와 손가락질과 허망한 말을 제하여 버리고 주린 자에게 네 심정이 동하며 괴로워하는 자의 심정을 만족하게 하면 네 빛이 흑암 중에서 떠올라 네 어둠이 낮과 같이 될 것이며… 너는 물 댄 동산 같겠고 물이 끊어지지 아니하는 샘 같을 것이라"(9,10,11절)

"만일 안식일에 네 발을 금하여 내 성일에 오락을 행하지 아니하고… 여호와의 성일을 존귀한 날이라 하여 3)이를 존귀하게 여기고 네 길로 행하지 아니하며 네 오락을 구하지 아니하며 사사로운 말을 하지 아니하면 네가 여호와 안에서 즐거움을 얻을 것이라 내가 너를 땅의 높은 곳에 올리고 네 조상 야곱의 기업으로 기르리라 여호와의 입의 말씀이니라"(13,14절)

마태복음 6장 — 말씀대로 살아감

"네 구제함을 은밀하게 하라"(4절)
"기도할 때에 네 골방에 들어가"(6절)
"금식할 때에 머리에 기름을 바르고 얼굴을 씻으라"(17절)
"그런즉 너희는 먼저 그의 나라와 그의 의를 구하라 그리하면 이 모든 것을 너희에게 더하시리라"(33절)

묵상 | 하나님 마음 알아가기

성도는 말씀에 대한 태도가 분명해야 합니다. 그 태도가 삶의 질을 결정합니다. 예수는 생명의 말씀을 주셨습니다. 그 말씀을 따라 실제 삶을 살아낼 때 하늘의 복을 경험합니다.

적용

1. 하나님의 말씀에 대해 어떤 태도를 가지고 계십니까?

2. 말씀을 듣고 배우고 지켜 행하십시오.

3. 말씀을 사랑하고 꿀처럼 달게 먹으십시오.

4. 그 말씀이신 하나님과 가까이 하며 말씀대로 구제와 기도와 금식의 삶을 살아가십시오.

나(우리)에게 주시는 말씀(암송)

• 오늘의 감사 •

• 말씀으로 기도하기 •

178일차 365일

월   일

맥체인 읽기: 6월 27일

오늘의 본문: 신32 | 시119:121~144 | 사59 | 마7   찬송가 521장

오늘의 주제(키워드): **천국에 들어가는 자**

말씀

신명기 32장   여호와의 보호와 지키심

"그는 반석이시니 그가 하신 일이 완전하고 그의 모든 길이 정의롭고 진실하고 거짓이 없으신 하나님이시니 공의로우시고 바르시도다"(4절)

"여호와께서 그를 황무지에서, 짐승이 부르짖는 광야에서 만나시고 호위하시며 보호하시며 자기의 눈동자 같이 지키셨도다"(10절)

"나는 죽이기도 하며 살리기도 하며 상하게도 하며 낫게도 하나니 내 손에서 능히 빼앗을 자가 없도다"(39절)

"이 율법의 모든 말씀을 지켜 행하게 하라"(46절)

"이는... 너희의 생명이니... 너희가 요단을 건너가 차지할 그 땅에서 너희의 날이 장구하리라"(47절)

시편 119편 121~144절   하나님의 보증하심

"주의 종을 보증하사 복을 얻게 하시고"(122절)

"그들이 주의 법을 폐하였사오니 지금은 여호와께서 일하실 때니이다"(126절)

"나의 발걸음을 주의 말씀에 굳게 세우시고 어떤 죄악도 나를 주관하지 못하게 하소서"(133절)

"그들이 주의 법을 지키지 아니하므로 내 눈물이 시냇물 같이 흐르나이다"(136절)

"환난과 우환이 내게 미쳤으나 주의 계명은 나의 즐거움이니이다"(143절)

이사야 59장   죄과를 떠남

"여호와의 손이 짧아 구원하지 못하심도 아니요 귀가 둔하여 듣지 못하심도 아니라 오직 너희 죄악이 너희와 너희 하나님 사이를 갈라 놓았고 너희 죄가 그의 얼굴을 가리어서 너희에게서 듣지 않으시게 함이니라"(1,2절)

"이는 우리의 허물이 주의 앞에 심히 많으며 우리의 죄가 우리를 쳐서 증언하오니 이는 우리의 허물이 우리와 함께 있음이니라 우리의 죄악을 우리가 아나이다"(12절)

"구속자가... 죄과를 떠나는 자에게 임하리라"(20절)
"네 위에 있는 나의 영과 네 입에 둔 나의 말이 이제부터 영원하도록 네 입에서와 네 후손의 입에서와 네 후손의 후손의 입에서 떠나지 아니하리라"(21절)

마태복음 7장 아버지의 뜻대로 행함

"구하라 그리하면 너희에게 주실 것이요 찾으라 그리하면 찾아낼 것이요 문을 두드리라 그리하면 너희에게 열릴 것이니"(7절)
"하늘에 계신 너희 아버지께서 구하는 자에게 좋은 것으로 주시지 않겠느냐"(11절)
"나더러 주여 주여 하는 자마다 다 천국에 들어갈 것이 아니요 다만 하늘에 계신 내 아버지의 뜻대로 행하는 자라야 들어가리라"(21절)

묵상 | 하나님 마음 알아가기

주여 주여 하는 자마다 천국에 들어갈 수 있는 것이 아닙니다. 죄를 멀리하고 말씀을 따라 살아가야 합니다. 아버지의 뜻대로 행할 때 천국에 들어갈 수 있습니다.

적용

1. 하나님의 나라 백성으로서 하나님 나라에 들어갈 자격을 갖추었나요?
2. 하나님의 보호와 보증하여 주심에 대하여 온전히 믿으십시오.
3. 우리 삶의 모든 죄악을 떠나십시오.
4. 그리고 아버지의 뜻대로 행하십시오.

나(우리)에게 주시는 말씀(암송)

• 오늘의 감사 •

• 말씀으로 기도하기 •

179일차 365일

월   일   맥체인 읽기: 6월 28일

오늘의 본문: 신33,34 | 시119:145~176 | 사60 | 마8   찬송가 31장

오늘의 주제(키워드): 빛이신 하나님 안에서 사는 자

 말씀

• 신명기 33장, 34장 행복한 사람

"이스라엘이여 너는 행복한 사람이로다 여호와의 구원을 너 같이 얻은 백성이 누구냐 그는 너를 돕는 방패시요 네 영광의 칼이시로다 네 대적이 네게 복종하리니 네가 그들의 높은 곳을 밟으리로다"(33:29)

"모세가 죽을 때 나이 백이십 세였으나 그의 눈이 흐리지 아니하였고 기력이 쇠하지 아니하였더라"(34:7)

"모세가 눈의 아들 여호수아에게 안수하였으므로 그에게 지혜의 영이 충만하니"(34:9)

• 시편 119편 145~176절 사는 길

"주의 말씀의 강령은 진리이오니 주의 의로운 모든 규례들은 영원하리이다"(160절)

"주의 법을 사랑하는 자에게는 큰 평안이 있으니 그들에게 장애물이 없으리이다"(165절)

"주의 말씀대로… 주의 규례들에 따라… 주의 인자하심을 따라 나를 살리소서"(154,156,159절)

"내 영혼을 살게 하소서 그리하시면 주를 찬송하리이다 주의 규례들이 나를 돕게 하소서"(175절)

• 이사야 60장 영원한 빛이신 여호와

"일어나라 빛을 발하라 이는 네 빛이 이르렀고 여호와의 영광이 네 위에 임하였음이니라"(1절)

"오직 여호와가 네게 영원한 빛이 되며 네 하나님이 네 영광이 되리니"(19절)

• 마태복음 8장 믿은대로 됨

"다만 말씀으로만 하옵소서 그러면 내 하인이 낫겠사옵나이다"(8절)

"이스라엘 중 아무에게서도 이만한 믿음을 보지 못하였노라"(10절)

"네 믿은 대로 될지어다"(13절)

"어찌하여 무서워하느냐 믿음이 작은 자들아"(26절)

묵상 | 하나님 마음 알아가기

행복은 멀리 있지 않고 가까이에 있다고들 합니다. 하나님을 믿고 하나님의 구원을 얻은 성도야 말로 행복자입니다. 하나님만을 따를 때 날마다 행복할 수 있습니다.

적용

1. 하나님이 우리의 생명의 빛이심을 믿나요?

2. 생명의 빛 안에 사는 성도는 행복한 자입니다.

3. 주의 말씀에 따라 살며, 믿음으로 사시기 바랍니다.

나(우리)에게 주시는 말씀(암송)

• 오늘의 감사 •

• 말씀으로 기도하기 •

월　　　일	맥체인 읽기: 6월 29일
오늘의 본문: 수1	시120-122	사61	마9	찬송가 450장
오늘의 주제(키워드): **함께하심**	

 **말씀**

• 여호수아 1장   강하고 담대해야 함

"네 평생에 너를 능히 대적할 자가 없으리니 내가 모세와 함께 있었던 것 같이 너와 함께 있을 것임이니라 내가 너를 떠나지 아니하며 버리지 아니하리니"(5절)

"오직 강하고 극히 담대하여"(7절)

"이 율법책을 네 입에서 떠나지 말게 하며 주야로 그것을 묵상하여 그 안에 기록된 대로 다 지켜 행하라 그리하면 네 길이 평탄하게 될 것이며 네가 형통하리라"(8절)

"강하고 담대하라 두려워하지 말며 놀라지 말라 네가 어디로 가든지 네 하나님 여호와가 너와 함께 하느니라"(9절)

"오직 강하고 담대하소서"(19절)

• 시편 120-122편   도움이 되시는 하나님

"내가 산을 향하여 눈을 들리라 나의 도움이 어디서 올까 나의 도움은 천지를 지으신 여호와에게서로다"(121:1,2)

"여호와께서 너를 지켜 모든 환난을 면하게 하시며 또 네 영혼을 지키시리로다"(121:7)

"예루살렘을 위하여 평안을 구하라 예루살렘을 사랑하는 자는 형통하리로다"(122:6)

• 이사야 61장   크게 기뻐함

"주 여호와의 영이 내게 내리셨으니 이는 여호와께서 내게 기름을 부으사 가난한 자에게 아름다운 소식을 전하게 하려 하심이라"(1절)

"그들은 오래 황폐하였던 곳을 다시 쌓을 것이며 옛부터 무너진 곳을 다시 일으킬 것이며 황폐한 성읍 곧 대대로 무너져 있던 것들을 중수할 것이며"(4절)

"그들은 여호와께 복 받은 자손이라 인정하리라"(9절)

"내가 여호와로 말미암아 크게 기뻐하며 내 영혼이 나의 하나님으로 말미암아 즐거워하리니"(10절)

• 마태복음 9장 가르치시며 전파하시며 고치심

"인자가 세상에서 죄를 사하는 권능이 있는 줄을 너희로 알게 하려 하노라"(6절)

"건강한 자에게는 의사가 쓸 데 없고 병든 자에게라야 쓸 데 있느니라"(12절)

"나는 의인을 부르러 온 것이 아니요 죄인을 부르러 왔노라 하시니라"(13절)

"새 포도주는 새 부대에 넣어야 둘이 다 보전되느니라"(17절)

"이는 제 마음에 그 겉옷만 만져도 구원을 받겠다 함이라"(21절)

"내가 능히 이 일 할 줄을 믿느냐 대답하되 주여 그러하오이다"(28절)

"예수께서 모든 도시와 마을에 두루 다니사 그들의 회당에서 가르치시며 천국 복음을 전파하시며 모든 병과 모든 약한 것을 고치시니라"(35절)

묵상 | 하나님 마음 알아가기

어릴적 불빛 하나 없는 어두운 밤길을 갈 때 두려움이 엄습하는 것을 경험했습니다. 그 때 하나님이 함께 하신다는 사실이 두려움에도 불구하고 길을 갈 수 있게 했습니다. 하나님은 성도와 함께 하십니다.

적용

1. 하나님이 우리와 함께 하십니다. 함께 하심의 증거들이 있습니까?
2. 강하고 담대하십시오.
3. 하나님이 우리의 도움이 되십니다. 하나님으로 말미암아 기뻐하십시오.
4. 주의 도우심을 기도하십시오.

나(우리)에게 주시는 말씀(암송)

• 오늘의 감사 •

• 말씀으로 기도하기 •

월 일	맥체인 읽기: 6월 30일
오늘의 본문: 수2	시123-125	사62	마10	찬송가 595장
오늘의 주제(키워드): **하나님**	

 말씀

• 여호수아 2장   이방인의 고백

"여호와께서 이 땅을 너희에게 주신 줄을 내가 아노라… 여호와께서 너희 앞에서 홍해 물을 마르게 하신 일과… 우리가 들었음이니라"(9,10절)

"너희의 하나님 여호와는 위로는 하늘에서도 아래로는 땅에서도 하나님이시니라"(11절)

"또 여호수아에게 이르되 진실로 여호와께서 그 온 땅을 우리 손에 주셨으므로 그 땅의 모든 주민이 우리 앞에서 간담이 녹더이다"(24절)

• 시편 123-125편   은혜 베푸시는 하나님

"하늘에 계시는 주여 내가 눈을 들어 주께 향하나이다… 우리의 눈이 여호와 우리 하나님을 바라보며 우리에게 은혜 베풀어 주시기를 기다리나이다"(123:1,2)

"여호와여 우리에게 은혜를 베푸시고 또 은혜를 베푸소서 심한 멸시가 우리에게 넘치나이다"(123:3)

"우리의 도움은 천지를 지으신 여호와의 이름에 있도다"(124:8)

"여호와를 의지하는 자는 시온 산이 흔들리지 아니하고 영원히 있음 같도다"(125:1)

"산들이 예루살렘을 두름과 같이 여호와께서 그의 백성을 지금부터 영원까지 두르시리로다"(125:2)

• 이사야 62장   다시 찬송 받으심

"이방 나라들이 네 공의를, 뭇 왕이 다 네 영광을 볼 것이요 너는 여호와의 입으로 정하실 새 이름으로 일컬음이 될 것이며"(2절)

"다시는 너를 버림 받은 자라 부르지 아니하며 다시는 네 땅을 황무지라 부르지 아니하고 오직 너를 헵시바라 하며 네 땅을 쁄라라 하리니"(4절)

"여호와께서 그 오른손, 그 능력의 팔로 맹세하시되 내가 다시는 네 곡식을 네 원수들에게 양식으로 주지 아니하겠고 네가 수고하여 얻은 포도주를 이방인이 마시지 못하게 할 것인즉 오직 추수한 자가 그것을 먹고 나 여호와를 찬송할 것이요 거둔 자가 그것을 나의 성소 뜰에서 마시리

라"(8,9절)

• 마태복음 10장 : 주의 이름으로 받는 미움

"가면서 전파하여 말하되 천국이 가까이 왔다 하고 병든 자를 고치며 죽은 자를 살리며 나병환자를 깨끗하게 하며 귀신을 쫓아내되 너희가 거저 받았으니 거저 주라"(7,8절)

"또 너희가 내 이름으로 말미암아 모든 사람에게 미움을 받을 것이나 끝까지 견디는 자는 구원을 얻으리라"(22절)

"또 자기 십자가를 지고 나를 따르지 않는 자도 내게 합당하지 아니하니라"(38절)

묵상 | 하나님 마음 알아가기

눈을 들어 하나님을 바라보십시오. 그리고 은혜 베풀어주시기를 기다리십시오. 하나님께서 우리에게 은혜를 베풀어주시고 우리의 도움이 되어 주십니다.

적용

1. 당신이 고백하는 하나님은 어떤 하나님이신가요?

2. 위로는 하늘에서도 아래로는 땅에서도 하나님이십니다.

3. 우리의 도움이 되시며 은혜 베푸시는 하나님이십니다.

4. 그 이름으로 인하여 사람들에게 미움을 받게 될 것입니다. 그럼에도 입술의 고백을 통해 찬양해야 할 아름다운 이름입니다.

나(우리)에게 주시는 말씀(암송)

• 오늘의 감사 •

• 말씀으로 기도하기 •

182일차 365일	월 일	맥체인 읽기: 7월 1일
	오늘의 본문: 수3	시126-128	사63	마11	찬송가 320장
	오늘의 주제(키워드): 하나님이 행하신 일들	

 말씀

• 여호수아 3장   여호와께서 행하시는 기이한 일

"너희가 이전에 이 길을 지나보지 못하였음이니라"(4절)

"너희는 자신을 성결하게 하라 여호와께서 내일 너희 가운데에 기이한 일들을 행하시리라"(5절)

"너희가 요단 물 가에 이르거든 요단에 들어서라 하라"(8절)

"온 땅의 주 여호와의 궤를 멘 제사장들의 발바닥이 요단 물을 밟고 멈추면 요단 물 곧 위에서부터 흘러내리던 물이 끊어지고 한 곳에 쌓여 서리라"(13절)

"여호와의 언약궤를 멘 제사장들은 요단 가운데 마른 땅에 굳게 섰고 그 모든 백성이 요단을 건너기를 마칠 때까지 모든 이스라엘은 그 마른 땅으로 건너갔더라"(17절)

• 시편 126-128편   여호와께서 행하신 큰 일

"여호와께서 그들을 위하여 큰 일을 행하셨다 하였도다 여호와께서 우리를 위하여 큰 일을 행하셨으니 우리는 기쁘도다"(126:2,3)

"눈물을 흘리며 씨를 뿌리는 자는 기쁨으로 거두리로다 울며 씨를 뿌리러 나가는 자는 반드시 기쁨으로 그 곡식 단을 가지고 돌아오리로다"(126:5,6)

"여호와께서 집을 세우지 아니하시면 세우는 자의 수고가 헛되며"(127:1)

"여호와를 경외하며 그의 길을 걷는 자마다 복이 있도다 네가 네 손이 수고한 대로 먹을 것이라 네가 복되고 형통하리로다"(128:1,2)

"여호와께서 시온에서 네게 복을 주실지어다 너는 평생에 예루살렘의 번영을 보며 네 자식의 자식을 볼지어다 이스라엘에게 평강이 있을지로다"(128:5,6)

• 이사야 63장   영화롭게 하심

"그가 말씀하시되 그들은 실로 나의 백성이요 거짓을 행하지 아니하는 자녀라 하시고 그들의 구원자가 되사 그들의 모든 환난에 동참하사 자기 앞의 사자로 하여금 그들을 구원하시며 그의 사

랑과 그의 자비로 그들을 구원하시고"(8,9절)
"주께서 이와 같이 주의 백성을 인도하사 이름을 영화롭게 하셨나이다"(14절)

• 마태복음 11장 쉼을 주심

"이에 그들의 여러 동네에서 가르치시며 전도하시려고 거기를 떠나 가시니라"(1절)
"세례 요한의 때부터 지금까지 천국은 침노를 당하나니 침노하는 자는 빼앗느니라"(12절)
"수고하고 무거운 짐 진 자들아 다 내게로 오라 내가 너희를 쉬게 하리라"(28절)

묵상 | 하나님 마음 알아가기

사람이 이룬 업적은 하나님이 하시는 일에 견줄 수가 없습니다. 하나님은 기이한 일을 행하십니다. 오늘 하나님이 여러분에게 행하실 큰 일을 기대하십시오.

적용

1. 하나님이 오늘 당신에게 행하실 일을 기대하십니까?

2. 하나님이 우리에게 행하시는 일들은 기이하며 큰 일들입니다.

3. 우리를 죄로부터 구원하셔서 영화롭게 하셨습니다.

4. 우리에게 영원한 쉼을 주셨습니다.

나(우리)에게 주시는 말씀(암송)

• 오늘의 감사 •

• 말씀으로 기도하기 •

| 월   일 | 맥체인 읽기: 7월 2일 |

183일차 / 365일

오늘의 본문: 수4 | 시129-131 | 사64 | 마12   찬송가 35장

오늘의 주제(키워드): **하나님의 백성**

 **말씀**

• 여호수아 4장 요단을 건너는 하나님의 백성

"요단 가운데로 들어가 너희 하나님 여호와의 궤 앞으로 가서 이스라엘 자손들의 지파 수대로 각기 돌 한 개씩 가져다가 어깨에 메라"(5절)

"모세가 여호수아에게 명령한 일이 다 마치기까지 궤를 멘 제사장들이 요단 가운데에 서 있고 백성은 속히 건넜으며"(10절)

"그 날에 여호와께서 모든 이스라엘의 목전에서 여호수아를 크게 하시매"(14절)

"이는 땅의 모든 백성에게 여호와의 손이 강하신 것을 알게 하며 너희가 너희의 하나님 여호와를 항상 경외하게 하려 하심이라 하라"(24절)

• 시편 129-131편 여호와를 바라는 하나님의 백성

"여호와여 내가 깊은 곳에서 주께 부르짖었나이다"(130:1)

"그러나 사유하심이 주께 있음은 주를 경외하게 하심이니이다"(130:4)

"파수꾼이 아침을 기다림보다 내 영혼이 주를 더 기다리나니"(130:6)

"이스라엘아 여호와를 바랄지어다 여호와께서는 인자하심과 풍성한 속량이 있음이라"(130:7)

"이스라엘아 지금부터 영원까지 여호와를 바랄지어다"(131:3)

"실로 내가 내 영혼으로 고요하고 평온하게 하기를 젖 뗀 아이가 그의 어머니 품에 있음 같게 하였나니 내 영혼이 젖 뗀 아이와 같도다"(131:2)

• 이사야 64장 주의 손으로 지으신 바 된 하나님의 백성

"그러나 여호와여, 이제 주는 우리 아버지시니이다 우리는 진흙이요 주는 토기장이시니 우리는 다 주의 손으로 지으신 것이니이다"(8절)

"여호와여, 너무 분노하지 마시오며 죄악을 영원히 기억하지 마시옵소서 구하오니 보시옵소서 보시옵소서 우리는 다 주의 백성이니이다"(9절)

"여호와여 일이 이러하거늘 주께서 아직도 가만히 계시려 하시나이까 주께서 아직도 잠잠하시고 우리에게 심한 괴로움을 받게 하시려나이까"(12절)

마태복음 12장 양보다 귀한 하나님의 백성

"나는 자비를 원하고 제사를 원하지 아니하노라"(7절)

"인자는 안식일의 주인이니라 하시니라"(8절)

"사람이 양보다 얼마나 더 귀하냐 그러므로 안식일에 선을 행하는 것이 옳으니라 하시고"(12절)

"사람에 대한 모든 죄와 모독은 사하심을 얻되 성령을 모독하는 것은 사하심을 얻지 못하겠고"(31절)

"누구든지 하늘에 계신 내 아버지의 뜻대로 하는 자가 내 형제요 자매요 어머니이니라 하시더라"(50절)

묵상 | 하나님 마음 알아가기

앞길에 해결되지 않는 문제 앞에 섰을 때 어떤 마음인가요? 주저하는 마음을 내려놓고 하나님의 약속의 말씀 의지하여 한 걸음 내디디십시오. 문제가 해결되기 시작합니다.

적용

1. 당신은 하나님의 백성입니다.

2. 하나님의 손으로 지으신 바 된 귀한 주의 백성입니다.

3. 하나님만을 바라십시오.

나(우리)에게 주시는 말씀(암송)

• 오늘의 감사 •

• 말씀으로 기도하기 •

월 일
오늘의 본문: **수5,6:1~5** | **시132-134** | **사65** | **마13** 맥체인 읽기: 7월 3일
찬송가 356장

오늘의 주제(키워드): **하나님의 나라**

 말씀

• 여호수아 5장, 6장 1~5절 약속의 땅을 향한 걸음

"다시 할례를 행하라"(5:2)

"내가 오늘 애굽의 수치를 너희에게서 떠나가게 하였다 하셨으므로 그 곳 이름을 오늘까지 길갈이라"(5:9)

"또 그 땅의 소산물을 먹은 다음 날에 만나가 그쳤으니 이스라엘 사람들이 다시는 만나를 얻지 못하였고 그 해에 가나안 땅의 소출을 먹었더라"(5:12)

"네 발에서 신을 벗으라 네가 선 곳은 거룩하니라 하니 여호수아가 그대로 행하니라"(5:15)

"매일 한 번씩 돌되 엿새 동안을 그리하라"(6:3)

"일곱째 날에는 그 성을 일곱 번 돌며"(6:4)

• 시편 132-134편 하나님 나라의 모형인 시온

"야곱의 전능자에게 서원하기를 내가 내 장막 집에 들어가지 아니하며 내 침상에 오르지 아니하고 내 눈으로 잠들게 하지 아니하며 내 눈꺼풀로 졸게 하지 아니하기를 여호와의 처소 곧 야곱의 전능자의 성막을 발견하기까지 하리라"(132:2,3,4,5)

"여호와께서 시온을 택하시고 자기 거처를 삼고자 하여 이르시기를 이는 내가 영원히 쉴 곳이라"(132:13,14)

"거기서 여호와께서 복을 명령하셨나니 곧 영생이로다"(133:3)

"천지를 지으신 여호와께서 시온에서 네게 복을 주실지어다"(134:3)

• 이사야 65장 약속된 하나님 나라

"사론은 양 떼의 우리가 되겠고 아골 골짜기는 소 떼가 눕는 곳이 되어 나를 찾은 내 백성의 소유가 되려니와"(10절)

"보라 내가 새 하늘과 새 땅을 창조하나니 이전 것은 기억되거나 마음에 생각나지 아니할 것이라"(17절)

"그들이 부르기 전에 내가 응답하겠고 그들이 말을 마치기 전에 내가 들을 것이며"(24절)

"나의 성산에서는 해함도 없겠고 상함도 없으리라"(25절)

마태복음 13장 비유된 하나님 나라

"천국의 비밀을 아는 것이 너희에게는 허락되었으나 그들에게는 아니되었나니 무릇 있는 자는 받아 넉넉하게 되되 없는 자는 그 있는 것도 빼앗기리라"(11,12절)

"천국은 마치 밭에 감추인 보화와 같으니 사람이 이를 발견한 후 숨겨 두고 기뻐하며 돌아가서 자기의 소유를 다 팔아 그 밭을 사느니라"(44절)

"또 천국은 마치 좋은 진주를 구하는 장사와 같으니 극히 값진 진주 하나를 발견하매 가서 자기의 소유를 다 팔아 그 진주를 사느니라"(45,46절)

묵상 | 하나님 마음 알아가기

하나님의 말씀에 순종하는 것은 작을지라도 매일 반복될 때 기적이 일어납니다. 나에게 말씀하신 것을 지금 순종해보세요. 하나님이 함께 일하심으로 기적을 보게 될 것입니다.

적용

1. 당신 안에 하나님의 나라가 임하여 있습니까?

2. 하나님은 하나님의 나라를 약속해 주셨고, 예수 그리스도로 인해 이미 성취하셨습니다.

3. 이전 것은 기억되거나 마음에 생각나지 않을 것입니다.

4. 나의 모든 것을 다 팔아 살(buy) 가치가 있습니다.

나(우리)에게 주시는 말씀(암송)

· 오늘의 감사 ·

· 말씀으로 기도하기 ·

월   일   맥체인 읽기: 7월 4일

오늘의 본문: 수6:6~27 | 시135,136 | 사66 | 마14   찬송가 585장

오늘의 주제(키워드): 돌보심

 말씀

• 여호수아 6장 6~27절 성을 주심

"그 무장한 자들은 나팔 부는 제사장들 앞에서 행진하며 후군은 궤 뒤를 따르고 제사장들은 나팔을 불며 행진하더라"(9절)
"너희는 외치지 말며 너희 음성을 들리게 하지 말며 너희 입에서 아무 말도 내지 말라"(10절)
"외치라 여호와께서 너희에게 이 성을 주셨느니라"(16절)
"이에 백성은 외치고 제사장들은 나팔을 불매 백성이 나팔 소리를 들을 때에 크게 소리 질러 외치니 성벽이 무너져 내린지라"(20절)
"여호와께서 여호수아와 함께 하시니 여호수아의 소문이 그 온 땅에 퍼지니라"(27절)

• 시편 135, 136편 특별한 소유로 삼으심

"여호와께서 자기를 위하여 야곱 곧 이스라엘을 자기의 특별한 소유로 택하셨음이로다"(135:4)
"그들의 땅을 기업으로 주시되 자기 백성 이스라엘에게 기업으로 주셨도다"(135:12)
"예루살렘에 계시는 여호와는 시온에서 찬송을 받으실지어다 할렐루야"(135:21)
"홀로 큰 기이한 일들을 행하시는 이에게 감사하라"(136:4)
"우리를 비천한 가운데에서도 기억해 주신 이에게 감사하라"(136:23)
"모든 육체에게 먹을 것을 주신 이에게 감사하라"(136:25)

• 이사야 66장 하나님의 영광을 봄

"무릇 마음이 가난하고 심령에 통회하며 내 말을 듣고 떠는 자 그 사람은 내가 돌보려니와"(2절)
"나라가 어찌 하루에 생기겠으며 민족이 어찌 한 순간에 태어나겠느냐... 내가 아이를 갖도록 하였은즉 해산하게 하지 아니하겠느냐"(8,9절)
"때가 이르면 뭇 나라와 언어가 다른 민족들을 모으리니 그들이 와서 나의 영광을 볼 것이며"(18절)
"그들이 나의 영광을 뭇 나라에 전파하리라"(19절)
"내가 지을 새 하늘과 새 땅이 내 앞에 항상 있는 것 같이 너희 자손과 너희 이름이 항상 있으리라"(22절)

• 마태복음 14장 긍휼히 여겨주심과 배불리 먹게 하심

"예수께서 나오사 큰 무리를 보시고 불쌍히 여기사 그 중에 있는 병자를 고쳐 주시니라"(14절)

"예수께서 이르시되 갈 것 없다 너희가 먹을 것을 주라"(16절)

"다만 예수의 옷자락에라도 손을 대게 하시기를 간구하니 손을 대는 자는 다 나음을 얻으니라"(36절)

"떡 다섯 개와 물고기 두 마리뿐이니이다"(17절)

"다 배불리 먹고 남은 조각을 열두 바구니에 차게 거두었으며 먹은 사람은 여자와 어린이 외에 오천 명이나 되었더라"(20,21절)

"기도하러 따로 산에 올라가시니라"(23절)

묵상 | 하나님 마음 알아가기

간절함이 있습니까? 자신의 연약함을 가진 여인이 예수님의 옷자락에라도 손을 대고자 하는 간절함을 가질 때 고침을 받았습니다. 예수님께 간절함으로 나아가십시오.

적용

1. 하나님의 돌보심이 여러분의 삶에 어떻게 나타나고 있습니까?
2. 주어진 삶의 영역에서 최선을 다하십시오.
3. 하나님의 영광을 보게 하십니다.
4. 주의 긍휼하심을 입게 하십니다.

나(우리)에게 주시는 말씀(암송)

• 오늘의 감사 •

• 말씀으로 기도하기 •

월　　　일　　　　맥체인 읽기: 7월 5일

오늘의 본문: 수7 | 시137,138 | 렘1 | 마15

찬송가 290장

오늘의 주제(키워드): **온전한 경배**

 말씀

• 여호수아 7장 죄를 제거함

"그 온전히 바친 물건을 너희 중에서 멸하지 아니하면 내가 다시는 너희와 함께 있지 아니하리라"(12절)

"온전히 바친 물건을 가진 자로 뽑힌 자를 불사르되… 여호와의 언약을 어기고 이스라엘 가운데에서 망령된 일을 행하였음이라"(15절)

"이스라엘의 하나님 여호와께 영광을 돌려 그 앞에 자복하고 네가 행한 일을 내게 알게 하라 그 일을 내게 숨기지 말라"(19절)

• 시편 137, 138편 이방 땅에서의 노래

"우리가 이방 땅에서 어찌 여호와의 노래를 부를까"(137:4)

"내가 전심으로 주께 감사하며 신들 앞에서 주께 찬송하리이다"(138:1)

"내가 주의 성전을 향하여 예배하며 주의 인자하심과 성실하심으로 말미암아 주의 이름에 감사하오리니 이는 주께서 주의 말씀을 주의 모든 이름보다 높게 하셨음이라"(138:2)

"그들이 여호와의 도를 노래할 것은 여호와의 영광이 크심이니이다"(138:5)

• 예레미야 1장 세움 받음

"너를 여러 나라의 선지자로 세웠노라"(5절)

"내가 너를 누구에게 보내든지 너는 가며 내가 네게 무엇을 명령하든지 너는 말할지니라"(7절)

"보라 내가 내 말을 네 입에 두었노라"(9절)

"보라 내가 오늘 너를 여러 나라와 여러 왕국 위에 세워 네가 그것들을 뽑고 파괴하며 파멸하고 넘어뜨리며 건설하고 심게 하였느니라 하시니라"(10절)

"보라 내가 오늘 너를 그 온 땅과 유다 왕들과 그 지도자들과 그 제사장들과 그 땅 백성 앞에 견고한 성읍, 쇠기둥, 놋성벽이 되게 하였은즉 그들이 너를 치나 너를 이기지 못하리니 이는 내가 너와 함께 하여 너를 구원할 것임이니라 여호와의 말이니라"(18,19절)

• 마태복음 15장 마음으로 공경함

"이 백성이 입술로는 나를 공경하되 마음은 내게서 멀도다... 나를 헛되이 경배하는도다"(8,9절)
"입으로 들어가는 것이 사람을 더럽게 하는 것이 아니라 입에서 나오는 그것이 사람을 더럽게 하는 것이니라"(11절)
"마음에서 나오는 것은 악한 생각과 살인과 간음과 음란과 도둑질과 거짓 증언과 비방이니"(18절)
"여자여 네 믿음이 크도다 네 소원대로 되리라"(28절)

묵상 | 하나님 마음 알아가기

하나님을 경배한다면 우리 안에 거짓이 없어야 합니다. 진실함을 가지고 온 마음과 뜻을 다하여 하나님을 사랑하십시오. 하나님의 사랑 안에 형통하게 될 것입니다.

적용

1. 하나님을 온전히 경배하고 있습니까?

2. 마음의 모든 죄를 회개하십시오.

3. 어디에 있든지 하나님을 노래하십시오.

4. 세움 받은 자로서의 사명을 감당하십시오.

5. 입술의 말로만이 아니라 마음으로 공경하십시오.

나(우리)에게 주시는 말씀(암송)

• 오늘의 감사 •

• 말씀으로 기도하기 •

월   일   맥체인 읽기: 7월 6일

187일차 / 365일

오늘의 본문: 수8 | 시139 | 렘2 | 마16

찬송가 421장

오늘의 주제(키워드): **하나님의 생각**

 말씀

• 여호수아 8장   약속한 성읍을 주심
"너희는 매복한 곳에서 일어나 그 성읍을 점령하라 너희 하나님 여호와께서 그 성읍을 너희 손에 주시리라"(7절)

"네 손에 잡은 단창을 들어 아이를 가리키라 내가 이 성읍을 네 손에 넘겨 주리라"(18절)

"여호수아가 율법책에 기록된 모든 것 대로 축복과 저주하는 율법의 모든 말씀을 낭독하였으니"(34절)

• 시편 139편   보배로우심
"나의 모든 행위를 익히 아시오니"(3절)

"내가 주의 영을 떠나 어디로 가며 주의 앞에서 어디로 피하리이까"(7절)

"하나님이여 주의 생각이 내게 어찌 그리 보배로우신지요"(17절)

• 예레미야 2장   귀한 포도나무로 심으심
"내 백성이 두 가지 악을 행하였나니 곧 그들이 생수의 근원되는 나를 버린 것과 스스로 웅덩이를 판 것인데 그것은 그 물을 가두지 못할 터진 웅덩이들이니라"(13절)

"내가 너를 순전한 참 종자 곧 귀한 포도나무로 심었거늘 내게 대하여 이방 포도나무의 악한 가지가 됨은 어찌 됨이냐"(21절)

• 마태복음 16장   행한 대로 갚으심
"내가 천국 열쇠를 네게 주리니 네가 땅에서 무엇이든지 매면 하늘에서도 매일 것이요 네가 땅에서 무엇이든지 풀면 하늘에서도 풀리리라"(19절)

"누구든지 나를 따라오려거든 자기를 부인하고 자기 십자가를 지고 나를 따를 것이니라"(24절)

"인자가 아버지의 영광으로 그 천사들과 함께 오리니 그 때에 각 사람이 행한 대로 갚으리라"(27절)

묵상 | 하나님 마음 알아가기

하나님의 생각은 보배로우십니다. 보배로우신 생각으로 예수 그리스도를 보내셔서 인류를 구원하셨고, 이 세상을 심판하십니다. 하나님은 성도를 귀한 포도나무로 심으셨습니다.

적용

1. 하나님의 생각을 아십니까?

2. 하나님은 약속하신 것을 이루십니다.

3. 하나님은 모든 행한 대로 갚으십니다.

나(우리)에게 주시는 말씀(암송)

• 오늘의 감사 •

• 말씀으로 기도하기 •

월   일   맥체인 읽기: 7월 7일

오늘의 본문: 수9 | 시140, 141 | 렘3 | 마17

찬송가 327장

오늘의 주제(키워드): **여호와께 물음**

 말씀

• 여호수아 9장 좋게 여기는 일도 물어야 함

"기브온 주민들이… 우리와 조약을 맺읍시다"(3, 6절)

"어떻게 할지를 여호와께 묻지 아니하고… 여호수아가 곧 그들과 화친하여 그들을 살리리라는 조약을 맺고… 그들에게 맹세하였더라"(14, 15절)

"그 날에 여호수아가 그들을… 회중을 위하며 여호와의 제단을 위하여 나무를 패며 물을 긷는 자들로 삼았더니 오늘까지 이르니라"(27절)

• 시편 140, 141편 기도를 통한 물음

"여호와여 나를 지키사 악인의 손에 빠지지 않게 하시며 나를 보전하사 포악한 자에게서 벗어나게 하소서"(140:4)

"진실로 의인들이 주의 이름에 감사하며 정직한 자들이 주의 앞에서 살리이다"(140:13)

"나의 기도가 주의 앞에 분향함과 같이 되며 나의 손 드는 것이 저녁 제사 같이 되게 하소서"(141:2)

"주 여호와여 내 눈이 주께 향하며 내가 주께 피하오니 내 영혼을 빈궁한 대로 버려 두지 마옵소서"(141:8)

• 예레미야 3장 하나님 마음에 합한 목자를 주심

"네가 많은 무리와 행음하고서도 내게로 돌아오려느냐"(1절)

"배역한 이스라엘아 돌아오라 나의 노한 얼굴을 너희에게로 향하지 아니하리라 나는 긍휼이 있는 자라"(12절)

"너는 오직 네 죄를 자복하라"(13절)

"내가 또 내 마음에 합한 목자들을 너희에게 주리니 그들이 지식과 명철로 너희를 양육하리라"(15절)

"보소서 우리가 주께 왔사오니 주는 우리 하나님 여호와이심이니이다"(22절)

• 마태복음 17장 주님의 말씀을 들음

"베드로와 야고보와 그 형제 요한을 데리시고 따로 높은 산에 올라가셨더니"(1절)

"그들 앞에서 변형되사 그 얼굴이 해 같이 빛나며"(2절)

"이는 내 사랑하는 아들이요 내 기뻐하는 자니 너희는 그의 말을 들으라"(5절)

"믿음이 없고 패역한 세대여 내가 얼마나 너희와 함께 있으며 얼마나 너희에게 참으리요"(17절)

"너희 믿음이 작은 까닭이니라... 만일 너희에게 믿음이 겨자씨 한 알 만큼만 있어도... 또 너희가 못할 것이 없으리라"(20절)

묵상 | 하나님 마음 알아가기

삶에 힘든 일이 있을 때 누구에게 찾아가서 물으시나요? 하나님은 하나님께 나아오는 자를 기뻐하십니다. 하나님 앞으로 나아가 그분의 말씀에 귀를 기울이십시오.

적용

1. 하나님께 물으십니까?
2. 내 생각에 좋다고 생각하는 것까지 주님께 물으십시오.
3. 기도를 통해 물으십시오.
4. 여러분에게 허락하신 영적 지도자를 통해 물으십시오.
5. 주님의 말씀을 들으십시오.

나(우리)에게 주시는 말씀(암송)

• 오늘의 감사 •

• 말씀으로 기도하기 •

월 일 맥체인 읽기: 7월 8일

오늘의 본문: 수10 | 시142, 143 | 렘4 | 마18   찬송가 84장

오늘의 주제(키워드): 여호와께 속한 자

 **말씀**

여호수아 10장 두려움 없는 선포

"그들을 두려워하지 말라 내가 그들을 네 손에 넘겨 주었으니 그들 중에서 한 사람도 너를 당할 자 없으리라"(8절)

"태양아 너는 기브온 위에 머무르라 달아 너도 아얄론 골짜기에서 그리할지어다 하매 태양이 머물고 달이 멈추기를 백성이 그 대적에게 원수를 갚기까지 하였느니라"(12,13절)

"여호와께서 이스라엘을 위하여 싸우셨으므로"(42절)

시편 142, 143편 주를 의뢰함

"주는 나의 피난처시요 살아 있는 사람들의 땅에서 나의 분깃이시라"(142:5)

"여호와여 내 기도를 들으시며 내 간구에 귀를 기울이시고 주의 진실과 의로 내게 응답하소서"(143:1)

"아침에 나로 하여금 주의 인자한 말씀을 듣게 하소서 내가 주를 의뢰함이니이다 내가 다닐 길을 알게 하소서 내가 내 영혼을 주께 드림이니이다"(143:8)

"주의 인자하심으로 나의 원수들을 끊으시고 내 영혼을 괴롭게 하는 자를 다 멸하소서 나는 주의 종이니이다"(143:12)

예레미야 4장 묵은 땅을 갈고 여호와께 속함

"너희 묵은 땅을 갈고 가시덤불에 파종하지 말라"(3절)

"너희는 스스로 할례를 행하여 너희 마음 가죽을 베고 나 여호와께 속하라"(4절)

"예루살렘아 네 마음의 악을 씻어 버리라 그리하면 구원을 얻으리라 네 악한 생각이 네 속에 얼마나 오래 머물겠느냐"(14절)

마태복음 18장 : 천국에 들어감

"너희가 돌이켜 어린 아이들과 같이 되지 아니하면 결단코 천국에 들어가지 못하리라"(3절)

"누구든지 이 어린 아이와 같이 자기를 낮추는 사람이 천국에서 큰 자니라"(4절)

"이 작은 자 중의 하나라도 잃는 것은 하늘에 계신 너희 아버지의 뜻이 아니니라"(14절)

"두 사람이 땅에서 합심하여 무엇이든지 구하면 하늘에 계신 내 아버지께서 그들을 위하여 이루게 하시리라"(19절)

"너희가 각각 마음으로부터 형제를 용서하지 아니하면 나의 하늘 아버지께서도 너희에게 이와 같이 하시리라"(35절)

묵상 | 하나님 마음 알아가기

어디에 그리고 누구에게 소속되어 있는가는 중요합니다. 하나님은 '나 여호와께 속하라'고 하십니다. 하나님 안에 속할 때 하늘의 풍성한 복들을 이 땅에서도 누리게 됩니다.

적용

1. 하나님께 속하였습니까?

2. 두려움 없이 선포하십시오.

3. 주의 인자한 말씀을 듣고 주를 의뢰하십시오.

4. 묵은 땅을 갈고 마음의 악을 씻어버리십시오. 그리고 온전히 천국에 들어가기를 힘쓰십시오.

나(우리)에게 주시는 말씀(암송)

- 오늘의 감사 -

- 말씀으로 기도하기 -

월   일 맥체인 읽기: 7월 9일

190일차 / 365일

오늘의 본문: 수11 | 시144 | 렘5 | 마19

찬송가 586장

오늘의 주제(키워드): **버릴 것과 취할 것**

 말씀

• 여호수아 11장 여호와의 명령-취할 것

"그들로 말미암아 두려워하지 말라 내일 이맘때에 내가 그들을 이스라엘 앞에 넘겨 주어 몰살시키리니"(6절)

"여호와께서 그의 종 모세에게 명령하신 것을 모세는 여호수아에게 명령하였고 여호수아는 그대로 행하여 여호와께서 모세에게 명하신 모든 것을 하나도 행하지 아니한 것이 없었더라"(15절)

"여호와께서 모세에게 명령하신 대로 그들을 멸하려 하심이었더라"(20절)

"여호수아가 여호와께서 모세에게 말씀하신 대로 그 온 땅을 점령하여 이스라엘 지파의 구분에 따라 기업으로 주매 그 땅에 전쟁이 그쳤더라"(23절)

• 시편 144편 버리지 말아야 할 것-하나님

"나의 반석이신 여호와를 찬송하리로다 그가 내 손을 가르쳐 싸우게 하시며 손가락을 가르쳐 전쟁하게 하시는도다"(1절)

"여호와는 나의 사랑이시오… 나나의 방패이시니 내가 그에게 피하였고 그가 내 백성을 내게 복종하게 하셨나이다"(2절)

"주는 왕들에게 구원을 베푸시는 자시요 그의 종 다윗을 그 해하려는 칼에서 구하시는 자시니이다"(10절)

"여호와를 자기 하나님으로 삼는 백성은 복이 있도다"(15절)

• 예레미야 5장 취할 것들-정의, 진리

"너희가 만일 정의를 행하며 진리를 구하는 자를 한 사람이라도 찾으면 내가 이 성읍을 용서하리라"(1절)

"내가 네 입에 있는 나의 말을 불이 되게 하고 이 백성을 나무가 되게 하여 불사르리라"(14절)

"너희 죄가 너희로부터 좋은 것을 막았느니라"(25절)

"이 땅에 무섭고 놀라운 일이 있도다 선지자들은 거짓을 예언하며 제사장들은 자기 권력으로 다스리며 내 백성은 그것을 좋게 여기니 마지막에는 너희가 어찌하려느냐"(30,31절)

• 마태복음 19장 버려야 할 것들

"네가 온전하고자 할진대 가서 네 소유를 팔아 가난한 자들에게 주라"(21절)

"사람으로는 할 수 없으나 하나님으로서는 다 하실 수 있느니라"(26절)

"내 이름을 위하여... 버린 자마다... 받고... 영생을 상속하리라"(29절)

"그러나 먼저 된 자로서 나중 되고 나중 된 자로서 먼저 될 자가 많으니라"(30절)

* 버려야 할 것들
    1) 시험하는 태도(3절)
    2) 꾸짖음(13절)
    3) 소유(21절)
    4) 집, 형제, 자매, 부모, 자식, 전토(29절)

묵상 | 하나님 마음 알아가기

이 땅에서 높임받는 가치들을 버리십시오. 그리고 하나님과 정의와 진리를 취하십시오. 하나님의 용서와 기쁨 그리고 궁극의 구원을 얻게 됩니다.

적용

1. 무엇을 버리고 무엇을 취하시겠습니까?

2. 하나님과 하나님의 계명은 취하고, 시험하는 태도와 꾸짖음, 소유와 집 형제 등은 버리십시오.

나(우리)에게 주시는 말씀(암송)

• 오늘의 감사 •

• 말씀으로 기도하기 •

월 일 　　맥체인 읽기: 7월 10일

오늘의 본문: 수12, 13 | 시145 | 렘6 | 마20 　　찬송가 305장

오늘의 주제(키워드): **영원한 나라**

 **말씀**

여호수아 12, 13장 　기업으로 주심

"산까지 쳐서 멸한 그 땅의 왕들은 이러하니라"(12:7)

"여호수아가 나이가 많아 늙으매 여호와께서 그에게 이르시되 너는 나이가 많아 늙었고 얻을 땅이 매우 많이 남아 있도다"(13:1)

"너는 내가 명령한 대로 그 땅을 이스라엘에게 분배하여 기업이 되게 하되"(13:6)

"오직 레위 지파에게는 모세가 기업을 주지 아니하였으니 이는 그들에게 말씀하신 것과 같이 이스라엘의 하나님 여호와께서 그들의 기업이 되심이었더라"(13:33)

시편 145편 　왕의 통치

"왕이신 나의 하나님이여 내가 주를 높이고 영원히 주의 이름을 송축하리이다"(1절)

"여호와는 위대하시니 크게 찬양할 것이라 그의 위대하심을 측량하지 못하리로다"(3절)

"주의 나라는 영원한 나라이니 주의 통치는 대대에 이르리이다"(13절)

"그는 자기를 경외하는 자들의 소원을 이루시며"(19절)

"자기를 사랑하는 자들은 다 보호하시고"(20절)

예레미야 6장 　선한 길이 예비됨

"예루살렘아 너는 훈계를 받으라 그리하지 아니하면 내 마음이 너를 싫어하고 너를 황폐하게 하여 주민이 없는 땅으로 만들리라"(8절)

"너희는 길에 서서 보며 옛적 길 곧 선한 길이 어디인지 알아보고 그리로 가라 너희 심령이 평강을 얻으리라 하나 그들의 대답이 우리는 그리로 가지 않겠노라"(16절)

"보라 내가 이 백성 앞에 장애물을 두리니"(21절)

• 마태복음 20장 왕의 뜻과 섬김의 왕

"천국은 마치 품꾼을 얻어 포도원에 들여보내려고 이른 아침에 나간 집 주인과 같으니"(1절)

"나중 온 이 사람에게 너와 같이 주는 것이 내 뜻이니라"(14절)

"이와 같이 나중 된 자로서 먼저 되고 먼저 된 자로서 나중 되리라"(16절)

"너희 중에 누구든지 으뜸이 되고자 하는 자는 너희의 종이 되어야 하리라"(27절)

"인자가 온 것은 섬김을 받으려 함이 아니라 도리어 섬기려 하고 자기 목숨을 많은 사람의 대속물로 주려 함이니라"(28절)

묵상 | 하나님 마음 알아가기

이 땅의 나라들은 유한합니다. 주의 나라만이 영원한 나라입니다. 이 땅의 나라는 여호와의 통치 아래 있는 여호와의 것입니다. '여호와여 이 땅 통치 하소서!'

적용

1. 영원한 나라에 대해 소망하십니까?

2. 그 소망 안에 이 땅에서의 기업을 누리십시오.

3. 그 나라의 왕이신 하나님을 높이고 영원히 주의 이름을 송축하십시오.

4. 선한 길로 행하며, 섬기는 삶을 사십시오.

나(우리)에게 주시는 말씀(암송)

• 오늘의 감사 •

• 말씀으로 기도하기 •

월   일   맥체인 읽기: 7월 11일

192일차 / 365일

오늘의 본문: 수14, 15 | 시146, 147 | 렘7 | 마21   찬송가 138장

오늘의 주제(키워드): **하나님 나라의 확장**

 말씀

• 여호수아 14, 15장 기업의 요구

"그 날에 모세가 맹세하여 이르되 네가 내 하나님 여호와께 충성하였은즉 네 발로 밟는 땅은 영원히 너와 네 자손의 기업이 되리라"(14:9)

"그 날에 여호와께서 말씀하신 이 산지를 지금 내게 주소서… 성읍들은 크고 견고할지라도 여호와께서 나와 함께 하시면 내가 여호와께서 말씀하신 대로 그들을 쫓아내리이다"(14:12)

"아버지에게 밭을 구하자… 네가 무엇을 원하느냐"(15:18)

"내게 복을 주소서… 샘물도 내게 주소서"(15:19)

"예루살렘 주민 여부스 족속을 유다 자손이 쫓아내지 못하였으므로 여부스 족속이 오늘까지 유다 자손과 함께 예루살렘에 거주하니라"(15:63)

• 시편 146, 147편 문빗장을 견고히 하시는 하나님

"나의 생전에 여호와를 찬양하며 나의 평생에 내 하나님을 찬송하리로다"(146:2)

"야곱의 하나님을 자기의 도움으로 삼으며 여호와 자기 하나님에게 자기의 소망을 두는 자는 복이 있도다"(146:5)

"여호와께서 예루살렘을 세우시며 이스라엘의 흩어진 자들을 모으시며 상심한 자들을 고치시며 그들의 상처를 싸매시는도다"(147:2,3)

"네 문빗장을 견고히 하시고"(147:13)

• 예레미야 7장 길과 행위를 바르게 함

"너희 길과 행위를 바르게 하라 그리하면 내가 너희로 이 곳에 살게 하리라"(3절)

"내 이름으로 일컬음을 받는 이 집이 너희 눈에는 도둑의 소굴로 보이느냐 보라 나 곧 내가 그것을 보았노라"(11절)

마태복음 21장 — 믿고 기도한 것은 다 받음

"내 집은 기도하는 집이라 일컬음을 받으리라 하였거늘 너희는 강도의 소굴을 만드는도다"(13절)

"너희가 기도할 때에 무엇이든지 믿고 구하는 것은 다 받으리라"(22절)

"그 둘 중의 누가 아버지의 뜻대로 하였느냐"(31절)

묵상 | 하나님 마음 알아가기

하나님의 백성이 하나님의 이름으로 걸어가는 모든 땅은 하나님 백성의 소유입니다. 그 땅을 걸으며 하나님을 기도할 때 하나님은 그 모든 기도에 응답하여 주십니다.

적용

1. 하나님 나라 확장을 위해 어떤 삶을 사십니까?

2. 약속으로 주신 기업을 당당히 구하십시오.

3. 오직 믿음으로 기도하십시오.

4. 하나님께서 문빗장을 견고히 해 주십니다.

나(우리)에게 주시는 말씀(암송)

• 오늘의 감사 •

• 말씀으로 기도하기 •

193일차 365일

월　　　일　　　맥체인 읽기: 7월 12일

오늘의 본문: 수16, 17 | 시148 | 렘8 | 마22　　찬송가 170장

오늘의 주제(키워드): **스스로 개척함**

 **말씀**

여호수아 16, 17장 스스로 개척함

"그들이 게셀에 거주하는 가나안 족속을 쫓아내지 아니하였으므로... 가운데에 거주하며 노역하는 종이 되니라"(16:10)

"그러나 므낫세 자손이 그 성읍들의 주민을 쫓아내지 못하매 가나안 족속이 결심하고 그 땅에 거주하였더니"(17:12)

"스스로 개척하라"(17:15)

"그 산지도 네 것이 되리니 비록 삼림이라도 네가 개척하라 그 끝까지 네 것이 되리라"(17:18)

시편 148편 여호와의 이름을 찬양함

"그것들이 여호와의 이름을 찬양함은 그가 명령하시므로 지음을 받았음이로다"(5절)

"여호와의 이름을 찬양할지어다 그의 이름이 홀로 높으시며 그의 영광이 땅과 하늘 위에 뛰어나심이로다"(13절)

"그가 그의 백성의 뿔을 높이셨으니 그는 모든 성도 곧 그를 가까이 하는 백성 이스라엘 자손의 찬양 받을 이시로다"(14절)

예레미야 8장 하나님께로 돌아옴

"그들이 거짓을 고집하고 돌아오기를 거절하도다"(5절)

"내가 귀를 기울여 들은즉 그들이 정직을 말하지 아니하며"(6절)

"그들은 가장 작은 자로부터 큰 자까지 다 욕심내며 선지자로부터 제사장까지 다 거짓을 행함이라"(10절)

"슬프다 나의 근심이여 어떻게 위로를 받을 수 있을까 내 마음이 병들었도다"(18절)

"딸 내 백성이 상하였으므로 나도 상하여 슬퍼하며 놀라움에 잡혔도다"(21절)

"딸 내 백성이 치료를 받지 못함은 어찌 됨인고"(22절)

마태복음 22장 하나님 사랑과 이웃 사랑

"혼인 잔치는 준비되었으나 청한 사람들은 합당하지 아니하니 네거리 길에 가서 사람을 만나는 대로 혼인 잔치에 청하여 오라"(8,9절)

"청함을 받은 자는 많되 택함을 입은 자는 적으니라"(14절)

"하나님은 죽은 자의 하나님이 아니요 살아 있는 자의 하나님이시니라"(32절)

"네 마음을 다하고 목숨을 다하고 뜻을 다하여 주 너의 하나님을 사랑하라... 크고 첫째 되는 계명이요"(37,38절)

"네 이웃을 네 자신 같이 사랑하라"(39절)

"이 두 계명이 온 율법과 선지자의 강령이니라"(40절)

묵상 | 하나님 마음 알아가기

모든 것을 주시기로 약속하셨지만, 하나님은 그 모든 것을 누리는 것으로 스스로 개척하라 하십니다. 비록 산림이라도 개척하는 믿음으로 나아갈 때 하나님의 약속의 성취를 보게 됩니다.

적용

1. 하나님 나라 백성으로서 어떤 자세로 살아가십니까?
2. 비록 삼림이라도 개척하되 스스로 개척하십시오.
3. 여호와의 이름을 찬양하십시오.
4. 거짓을 버리고 하나님께로 돌아오십시오.
5. 하나님을 사랑하며 이웃을 사랑하십시오.

나(우리)에게 주시는 말씀(암송)

• 오늘의 감사 •

• 말씀으로 기도하기 •

| 월 일 | 맥체인 읽기: 7월 13일 |

오늘의 본문: 수18, 19 | 시149, 150 | 렘9 | 마23   찬송가 14장

오늘의 주제(키워드): 끝까지 이룰 일

 말씀

• 여호수아 18, 19장 땅 나누는 일을 마침

"이스라엘 자손 중에 그 기업의 분배를 받지 못한 자가 아직도 일곱 지파라"(18:2)

"너희가 너희 조상의 하나님 여호와께서 너희에게 주신 땅을 점령하러 가기를 어느 때까지 지체하겠느냐… 세 사람씩 선정하라… 그들은 일어나서 그 땅에 두루 다니며 그들의 기업에 따라 그 땅을 그려 가지고 내게로 돌아올 것이라"(18:3,4)

"시므온 자손의 이 기업은 유다 자손의 기업 중에서 취하였으니… 유다 자손의 분깃이 자기들에게 너무 많으므로"(19:9) - 흘려보냄 Sharing.

"이스라엘 자손이 그들의 경계를 따라서 기업의 땅 나누기를 마치고 자기들 중에서 눈의 아들 여호수아에게 기업을 주었으니… 여호수아가 그 성읍을 건설하고 거기 거주하였더라"(19:49,50)

"이에 땅 나누는 일을 마쳤더라"(19:51)

• 시편 149, 150편 여호와를 찬양함

"새 노래로 여호와께 노래하며 성도의 모임 가운데에서 찬양할지어다"(149:1)

"춤 추며 그의 이름을 찬양하며 소고와 수금으로 그를 찬양할지어다"(149:3)

"이런 영광은 그의 모든 성도에게 있도다"(149:9)

"그의 능하신 행동을 찬양하며 그의 지극히 위대하심을 따라 찬양할지어다"(150:2)

"호흡이 있는 자마다 여호와를 찬양할지어다 할렐루야"(150:6)

• 예레미야 9장 성도의 자랑

"자랑하는 자는 이것으로 자랑할지니 곧 명철하여 나를 아는 것과 나 여호와는 사랑과 정의와 공의를 땅에 행하는 자인 줄 깨닫는 것이라 나는 이 일을 기뻐하노라 여호와의 말씀이니라" (24절)

마태복음 23장 | 정의와 긍휼과 믿음

"그러므로 무엇이든지 그들이 말하는 바는 행하고 지키되 그들이 하는 행위는 본받지 말라" (3절)

"누구든지 자기를 높이는 자는 낮아지고 누구든지 자기를 낮추는 자는 높아지리라"(12절)

"화 있을진저 외식하는 서기관들과 바리새인들이여"(15,16,23,25,27,29절)

"너희가 박하와 회향과 근채의 십일조는 드리되 율법의 더 중한 바 정의와 긍휼과 믿음은 버렸도다"(23절)

묵상 | 하나님 마음 알아가기

하나님의 약속의 성취를 위해서는 멈춰서는 안 됩니다. 끝까지 이루기까지 나아가야 합니다. 지금 멈춰서 있는 일이 있다면 다시 일어나 시작하십시오. 일의 성취를 보게 될 것입니다.

적용

1. 하나님 앞에 끝까지 포기하지 말고 이뤄야 할 일은 어떤 것입니까?

2. 주어진 사명을 감당하십시오.

3. 여호와를 찬양하십시오.

4. 정의와 긍휼과 믿음을 이루십시오.

나(우리)에게 주시는 말씀(암송)

• 오늘의 감사 •

• 말씀으로 기도하기 •

월 일	맥체인 읽기: 7월 14일
오늘의 본문: 수20, 21	행1	렘10	마24	찬송가 299장
오늘의 주제(키워드): **시작과 끝**	

 말씀

• 여호수아 20, 21장 안식을 주심

"도피성들을 너희를 위해 정하여 부지중에 실수로 사람을 죽인 자를 그리로 도망하게 하라"(20:2,3)

"여호와께서 이스라엘의 조상들에게 맹세하사 주리라 하신 온 땅을 이와 같이 이스라엘에게 다 주셨으므로 그들이 그것을 차지하여 거기에 거주하였으니"(21:43)

"안식을 주셨으되"(21:44)

"여호와께서 이스라엘 족속에게 말씀하신 선한 말씀이 하나도 남음이 없이 다 응하였더라"(21:45)

• 사도행전 1장 오로지 기도에 힘씀

"그가 고난 받으신 후에 또한 그들에게 확실한 많은 증거로 친히 살아 계심을 나타내사… 하나님 나라의 일을 말씀하시니라"(3절)

"예루살렘을 떠나지 말고 내게서 들은 바 아버지께서 약속하신 것을 기다리라"(4절)

"오직 성령이 너희에게 임하시면 너희가 권능을 받고 예루살렘과 온 유대와 사마리아와 땅 끝까지 이르러 내 증인이 되리라"(8절)

"마음을 같이하여 오로지 기도에 힘쓰더라"(14절)

• 예레미야 10장 영원한 왕

"오직 여호와는 참 하나님이시요 살아 계신 하나님이시요 영원한 왕이시라"(10절)

"여호와여 내가 알거니와 사람의 길이 자신에게 있지 아니하니 걸음을 지도함이 걷는 자에게 있지 아니하니이다"(23절)

• 마태복음 24장 끝까지 견딤

"너희가 사람의 미혹을 받지 않도록 주의하라"(4절)

"나는 그리스도라 하여 많은 사람을 미혹하리라"(5절)

"그러나 끝까지 견디는 자는 구원을 얻으리라"(13절)

"이 천국 복음이 모든 민족에게 증언되기 위하여 온 세상에 전파되리니 그제야 끝이 오리라"(14절)

"그들이 인자가 구름을 타고 능력과 큰 영광으로 오는 것을 보리라"(30절)

"천지는 없어질지언정 내 말은 없어지지 아니하리라"(35절)

"그러므로 깨어 있으라"(42절)

"너희도 준비하고 있으라 생각하지 않은 때에 인자가 오리라"(44절)

묵상 | 하나님 마음 알아가기

구원받은 성도는 모든 일의 시작과 끝이 증인으로서의 삶과 기도하는 삶이어야 합니다. 증인의 삶으로 땅 끝까지 나아가며, 기도의 삶으로 영적지도를 새롭게 그려 나아가야 합니다.

적용

1. 하나님은 시작이시며 끝이십니다. 주님 오실 날을 바라보며 어떤 삶을 사시겠습니까?

2. 오로지 기도에 힘쓰며, 깨어 기도하는 삶을 사시기 바랍니다.

나(우리)에게 주시는 말씀(암송)

• 오늘의 감사 •

• 말씀으로 기도하기 •

월 일 　　　맥체인 읽기: 7월 15일

오늘의 본문: 수22 | 행2 | 렘11 | 마25

찬송가 208장

오늘의 주제(키워드): **책임**

 **말씀**

여호수아 22장 하나님 여호와를 사랑함

"오늘까지 날이 오래도록 너희가 너희 형제를 떠나지 아니하고 오직 너희의 하나님 여호와께서 명령하신 그 책임을 지키도다"(3절)

"너희의 하나님 여호와를 사랑하고 그의 모든 길로 행하며 그의 계명을 지켜 그에게 친근히 하고 너희의 마음을 다하며 성품을 다하여 그를 섬길지니라"(5절)

"오직 우리 하나님 여호와의 제단 외에 다른 제단을 쌓음으로 여호와를 거역하지 말며 우리에게도 거역하지 말라"(19절)

사도행전 2장 증인의 삶

"오순절 날이 이미 이르매 그들이 다같이 한 곳에 모였더니"(1절)

"그들이 다 성령의 충만함을 받고"(4절)-약속의 성취를 통한 하나님의 책임 이루심.

"못 박아 죽였으나... 살리셨으니"(23,24절)

"이 예수를 하나님이 살리신지라 우리가 다 이 일에 증인이로다"(32절)

"하나님이 오른손으로 예수를 높이시매 그가 약속하신 성령을 아버지께 받아서 너희가 보고 듣는 이것을 부어 주셨느니라"(33절)

"사도의 가르침을 받아 서로 교제하고 떡을 떼며 오로지 기도하기를 힘쓰니라"(42절)

예레미야 11장 언약을 이루심

"너희는 내 목소리를 순종하고 나의 모든 명령을 따라 행하라 그리하면 너희는 내 백성이 되겠고 나는 너희의 하나님이 되리라"(4절)

"내가 또 너희 조상들에게 한 맹세는 그들에게 젖과 꿀이 흐르는 땅을 주리라 한 언약을 이루리라 한 것인데"(5절)

마태복음 25장 | 충성

"천국은 마치 등을 들고 신랑을 맞으러 나간 열 처녀와 같다 하리니"(1절)

"슬기 있는 자들은 그릇에 기름을 담아 등과 함께 가져갔더니"(4절)

"그런즉 깨어 있으라 너희는 그 날과 그 때를 알지 못하느니라"(13절)

"네가 적은 일에 충성하였으매 내가 많은 것을 네게 맡기리니 네 주인의 즐거움에 참여할지어다"(23절)

"이 지극히 작은 자 하나에게 하지 아니한 것이 곧 내게 하지 아니한 것이니라"(45절)

묵상 | 하나님 마음 알아가기

책임있는 삶은 구원받은 성도에게 있어서 필수적입니다. 주신 사명에 책임을 다하는 삶은 곧 충성입니다. 하나님께서 구원을 위해 충성하신 것처럼 성도 역시 사명 앞에 충성해야 합니다.

적용

1. 하나님은 우리에게 언약을 성취하심으로 책임을 지십니다. 여러분은 책임을 어떻게 이루고 있습니까?
2. 여호와를 사랑하십시오. 마음을 다하며 성품을 다하여 그를 섬기십시오.
3. 증인된 삶을 살아가십시오.
4. 작은 일에도 충성하십시오.

나(우리)에게 주시는 말씀(암송)

• 오늘의 감사 •

• 말씀으로 기도하기 •

월 일 맥체인 읽기: 7월 16일

오늘의 본문: 수23 | 행3 | 렘12 | 마26

찬송가 212장

오늘의 주제(키워드): **좋은 일**

 말씀

• 여호수아 23장 하나님께 가까이 함

"너희의 하나님 여호와 그는 너희를 위하여 싸우신 이시니라"(3절)

"너희의 하나님 여호와께서 너희에게 말씀하신 대로 너희가 그 땅을 차지할 것이라"(5절)

"너희는 크게 힘써 모세의 율법 책에 기록된 것을 다 지켜 행하라 그것을 떠나 우로나 좌로나 치우치지 말라"(6절)

"오직 너희의 하나님 여호와께 가까이 하기를 오늘까지 행한 것 같이 하라"(8절)

"너희 중 한 사람이 천 명을 쫓으리니 이는 너희의 하나님 여호와 그가 너희에게 말씀하신 것 같이 너희를 위하여 싸우심이라"(10절)

• 사도행전 3장 예수의 이름으로 말미암아 난 믿음

"베드로가 이르되 은과 금은 내게 없거니와 내게 있는 이것을 네게 주노니 나사렛 예수 그리스도의 이름으로 일어나 걸으라"(6절)

"생명의 주를 죽였도다 그러나 하나님이 죽은 자 가운데서 그를 살리셨으니 우리가 이 일에 증인이라"(15절)

"예수로 말미암아 난 믿음이 너희 모든 사람 앞에서 이같이 완전히 낫게 하였느니라"(16절)

"너희가 회개하고 돌이켜 너희 죄 없이 함을 받으라 이같이 하면 새롭게 되는 날이 주 앞으로부터 이를 것이요"(19절)

"땅 위의 모든 족속이 너의 씨로 말미암아 복을 받으리라"(25절)

• 예레미야 12장 돌이켜 다시 인도하심

"온 땅이 황폐함은 이를 마음에 두는 자가 없음이로다"(11절)

"유다 집을 그들 가운데서 뽑아 내리라 내가 그들을 뽑아 낸 후에 내가 돌이켜 그들을 불쌍히 여겨서 각 사람을 그들의 기업으로, 각 사람을 그 땅으로 다시 인도하리니"(14,15절)

• 마태복음 26장 주님께 행함

"그가 내게 좋은 일을 하였느니라"(10절)

"내 장례를 위하여 함이니라"(12절)

"온 천하에 어디서든지 이 복음이 전파되는 곳에서는 이 여자가 행한 일도 말하여 그를 기억하리라"(13절)

"선생님 말씀이 내 때가 가까이 왔으니 내 제자들과 함께 유월절을 네 집에서 지키겠다"(18절)

"나와 함께 깨어 있으라"(38절)

묵상 | 하나님 마음 알아가기

성도가 행할 좋은 일들이 있습니다. 하나님을 가까이 하는 것이며, 증인의 삶을 사는 것이며, 주님을 위한 일을 하는 것입니다. 좋은 일들의 결과는 하나님이 책임져주십니다.

적용

1. 좋은 일은 어떤 것입니까?

2. 하나님이 우리를 위해 싸워주시는 일입니다. 우리를 돌이켜 약속의 땅으로 인도하시는 일입니다.

3. 정한 시간 기도하는 일입니다. 예수로 말미암아 난 믿음으로 행하는 일입니다. 주님을 위해 일하는 것입니다.

나(우리)에게 주시는 말씀(암송)

• 오늘의 감사 •

• 말씀으로 기도하기 •

198일차 / 365일

월   일

오늘의 본문: 수24 | 행4 | 렘13 | 마27

맥체인 읽기: 7월 17일

찬송가 610장

오늘의 주제(키워드): **오직 하나님**

 말씀

• 여호수아 24장 오직 여호와만 섬김

"이제는 여호와를 경외하며 온전함과 진실함으로 그를 섬기라... 오직 나와 내 집은 여호와를 섬기겠노라"(14,15절)

"이제 너희 중에 있는 이방 신들을 치워 버리고 너희의 마음을 이스라엘의 하나님 여호와께로 향하라"(23절)

"이 모든 말씀을 하나님의 율법책에 기록하고 큰 돌을 가져다가 거기 여호와의 성소 곁에 있는 상수리나무 아래에 세우고"(26절)

• 사도행전 4장 구원은 오직 예수 그리스도

"너희가 십자가에 못 박고 하나님이 죽은 자 가운데서 살리신 나사렛 예수 그리스도의 이름으로 이 사람이 건강하게 되어 너희 앞에 섰느니라"(10절)

"다른 이로써는 구원을 받을 수 없나니 천하 사람 중에 구원을 받을 만한 다른 이름을 우리에게 주신 일이 없음이라"(12절)

"종들로 하여금 담대히 하나님의 말씀을 전하게 하여 주시오며 손을 내밀어 병을 낫게 하시옵고 표적과 기사가 거룩한 종 예수의 이름으로 이루어지게 하옵소서"(29,30절)

"믿는 무리가 한마음과 한 뜻이 되어 모든 물건을 서로 통용하고 자기 재물을 조금이라도 자기 것이라 하는 이가 하나도 없더라"(32절)

• 예레미야 13장 하나님께 영광

"그가 어둠을 일으키시기 전... 너희 하나님 여호와께 영광을 돌리라"(16절)

"악에 익숙한 너희도 선을 행할 수 있으리라"(23절)

마태복음 27장 진정한 왕이신 예수

"네가 유대인의 왕이냐… 네 말이 옳도다"(11절)

"가시관을 엮어 그 머리에 씌우고 갈대를 그 오른손에 들리고 그 앞에서 무릎을 꿇고 희롱하여 이르되 유대인의 왕이여 평안할지어다"(29절)

"그 머리 위에 이는 유대인의 왕 예수라 쓴 죄패를 붙였더라"(37절)

"이는 진실로 하나님의 아들이었도다"(54절)

묵상 | 하나님 마음 알아가기

'오직'을 사용할 것이 있습니다. 오직 여호와만 섬기는 것입니다. 오직 예수 그리스도만 구원의 길임을 믿는 것입니다. 오직 하나님께 영광돌리는 것입니다.

적용

1. 오직 하나님만 고백하고 섬기십니까?

2. 온전함과 진실함으로 오직 하나님만 섬기십시오.

3. 구원은 하나님이신 예수 그리스도로 말미암습니다.

4. 그는 진정한 왕이십니다.

나(우리)에게 주시는 말씀(암송)

• 오늘의 감사 •

• 말씀으로 기도하기 •

월   일   맥체인 읽기: 7월 18일

199일차 / 365일

오늘의 본문: 삿1 | 행5 | 렘14 | 마28

찬송가 337장

오늘의 주제(키워드): **함께 하시는 하나님**

 **말씀**

사사기 1장 | 여호와께서 함께 하심

"여호와께서 유다와 함께 계셨으므로 그가 산지 주민을 쫓아내었으나 골짜기의 주민들은 철 병거가 있으므로 그들을 쫓아내지 못하였으며"(19절)

"요셉 가문도 벧엘을 치러 올라가니 여호와께서 그와 함께 하시니라"(22절)

사도행전 5장 | 능욕받음도 기뻐함

"아나니아야 어찌하여 사탄이 네 마음에 가득하여 네가 성령을 속이고 땅 값 얼마를 감추었느냐"(3절)

"너희가 어찌 함께 꾀하여 주의 영을 시험하려 하느냐"(9절)

"병든 사람과 더러운 귀신에게 괴로움 받는 사람을 데리고 와서 다 나음을 얻으니라"(16절)

"사람보다 하나님께 순종하는 것이 마땅하니라"(29절)

"그 이름을 위하여 능욕 받는 일에 합당한 자로 여기심을 기뻐하면서"(41절)

"그들이 날마다 성전에 있든지 집에 있든지 예수는 그리스도라고 가르치기와 전도하기를 그치지 아니하니라"(42절)

예레미야 14장 | 우리의 죄에도 불구하고 일하시는 하나님

"여호와여 우리의 죄악이 우리에게 대하여 증언할지라도 주는 주의 이름을 위하여 일하소서 우리의 타락함이 많으니이다"(7절)

"그들이 거짓 계시와 점술과 헛된 것과 자기 마음의 거짓으로 너희에게 예언하는도다"(14절)

"내 눈이 밤낮으로 그치지 아니하고 눈물을 흘리리니 이는 처녀 딸 내 백성이 큰 파멸, 중한 상처로 말미암아 망함이라"(17절)

마태복음 28장 · 세상 끝 날까지 함께 하시는 하나님

"예수께서 이르시되 무서워하지 말라 가서 내 형제들에게 갈릴리로 가라 거기서 나를 보리라 하시니라"(10절)

"그러므로 너희는 가서 모든 민족을 제자로 삼아 아버지와 아들과 성령의 이름으로 세례를 베풀고 내가 너희에게 분부한 모든 것을 가르쳐 지키게 하라 볼지어다 내가 세상 끝날까지 너희와 항상 함께 있으리라"(19,20절)

묵상 | 하나님 마음 알아가기

하나님이 성도와 함께 하심은 큰 위로입니다. 우리의 연약함 중에도 하나님은 일하여주십니다. 그러므로 능욕을 받는 가운데도 기뻐할 수 있습니다. 세상 끝 날까지 함께 하시는 하나님을 신뢰합니다.

적용

1. 하나님이 함께 하심을 확신하십니까?
2. 하나님의 함께 하심에도 부정의 결과가 있음을 기억하십시오.
3. 하나님은 우리의 죄악의 상황과 상관없이 그분의 주권에 따라 일하십니다.
4. 예수 이름으로 능욕 받음을 기뻐함도 하나님이 함께 하심을 알기 때문입니다.
5. 세상 끝 날까지 함께 하시는 하나님을 신뢰하며 오늘도 승리하십시오.

나(우리)에게 주시는 말씀(암송)

• 오늘의 감사 •

• 말씀으로 기도하기 •

월   일   맥체인 읽기: 7월 19일

오늘의 본문: 삿2 | 행6 | 렘15 | 막1   찬송가 515장

오늘의 주제(키워드): 하나님 나라를 열어가는 하나님 나라 백성들

 말씀

사사기 2장 사사들

"그러므로 내가 또 말하기를 내가 그들을 너희 앞에서 쫓아내지 아니하리니 그들이 너희 옆구리에 가시가 될 것이며"(3절)

"그 후에 일어난 다른 세대는 여호와를 알지 못하며 여호와께서 이스라엘을 위하여 행하신 일도 알지 못하였더라"(10절)

"여호와께서 그들을 위하여 사사들을 세우실 때에는 그 사사와 함께 하셨고 그 사사가 사는 날 동안에는 여호와께서 그들을 대적의 손에서 구원하셨으니… 슬피 부르짖으므로 여호와께서 뜻을 돌이키셨음이거늘"(18절)

"여호와의 도를 지켜 행하나 아니하나 그들을 시험하려 함이라"(22절)

사도행전 6장 제자들과 집사들

"제자가 더 많아졌는데"(1절)

"너희 가운데서 성령과 지혜가 충만하여 칭찬 받는 사람 일곱을 택하라"(3절)

"사도들 앞에 세우니 사도들이 기도하고 그들에게 안수하니라"(6절)

"하나님의 말씀이 점점 왕성하여 예루살렘에 있는 제자의 수가 더 심히 많아지고 허다한 제사장의 무리도 이 도에 복종하니라"(7절)

"스데반이 은혜와 권능이 충만하여 큰 기사와 표적을 민간에 행하니"(8절)

"공회 중에 앉은 사람들이 다 스데반을 주목하여 보니 그 얼굴이 천사의 얼굴과 같더라"(15절)

예레미야 15장 주의 이름으로 일컬음을 받는 자

"유다 왕 히스기야의 아들 므낫세가 예루살렘에 행한 것으로 말미암아 내가 그들을 세계 여러 민족 가운데에 흩으리라"(4절)

"내가 진실로 너를 강하게 할 것이요 너에게 복을 받게 할 것이며 내가 진실로 네 원수로 재앙과 환난의 때에 네게 간구하게 하리라"(11절)

"나는 주의 이름으로 일컬음을 받는 자라 내가 주의 말씀을 얻어 먹었사오니 주의 말씀은 내게

기쁨과 내 마음의 즐거움이오나"(16절)

"네가 만일 돌아오면"(19절)

"내가 너로 이 백성 앞에 견고한 놋 성벽이 되게 하리니 그들이 너를 칠지라도 이기지 못할 것은 내가 너와 함께 하여 너를 구하여 건짐이라"(20절)

• 마가복음 1장　사람을 낚는 어부

"세례 요한이 광야에 이르러 죄 사함을 받게 하는 회개의 세례를 전파하니"(4절)

"너는 내 사랑하는 아들이라 내가 너를 기뻐하노라"(11절)

"나를 따라오라 내가 너희로 사람을 낚는 어부가 되게 하리라"(17절)

"한적한 곳으로 가사 거기서 기도하시더니"(35절)

"회당에서 전도하시고 또 귀신들을 내쫓으시더라"(39절)

"오직 바깥 한적한 곳에 계셨으나 사방에서 사람들이 그에게로 나아오더라"(45절)

묵상 | 하나님 마음 알아가기

하나님 나라를 열어가기 위해 하나님은 시대마다 사람을 세우셨습니다. 사사들을 세우셨고, 제자들과 교회 일꾼들을 세우셨습니다. 나를 세우심은 하나님 나라를 열어가시기 위함입니다.

적용

나(우리)에게 주시는 말씀(암송)

1. 하나님 나라를 열어가는 하나님 나라 백성으로 부르심을 아십니까?
2. 사사로, 제자로, 주의 이름으로 일컬음을 받는 자로 그리고 사람을 낚는 어부로 우리를 부르셨습니다.
3. 오늘도 주어진 삶의 현장에서 하나님 나라를 열어가는 복된 삶이 되십시오.

• 오늘의 감사 •

• 말씀으로 기도하기 •

월   일　　　맥체인 읽기: 7월 20일

오늘의 본문: **삿3 | 행7 | 렘16 | 막2**　　찬송가 585장

오늘의 주제(키워드): **하나님의 약속들**

 **말씀**

- **사사기 3장** 약속을 버린 백성, 그들을 구원하신 하나님

"남겨 두신 이 이방 민족들로 이스라엘을 시험하사 여호와께서 모세를 통하여 그들의 조상들에게 이르신 명령들을 순종하는지 알고자 하셨더라"(4절)

"이스라엘 자손이 여호와의 목전에 악을 행하여 자기들의 하나님 여호와를 잊어버리고 바알들과 아세라들을 섬긴지라"(7절)

"이스라엘 자손이 여호와께 부르짖으매 여호와께서 이스라엘 자손을 위하여 한 구원자를 세워 그들을 구원하게 하시니"(9,15절)

"여호와의 영이 그에게 임하셨으므로"(10절)

"나를 따르라 여호와께서 너희의 원수들인 모압을 너희의 손에 넘겨 주셨느니라"(28절)

- **사도행전 7장** 땅과 씨를 향한 약속

"발 붙일 만한 땅도 유업으로 주지 아니하시고 다만 이 땅을 아직 자식도 없는 그와 그의 후손에게 소유로 주신다고 약속하셨으며"(5절)

"할례의 언약을 아브라함에게 주셨더니"(8절)

"하나님이 그와 함께 계셔 그 모든 환난에서 건져내사 애굽 왕 바로 앞에서 은총과 지혜를 주시매 바로가 그를 애굽과 자기 온 집의 통치자로 세웠느니라"(9,10절)

"약속하신 때가 가까우매 이스라엘 백성이 애굽에서 번성하여 많아졌더니"(17절)

"네 발의 신을 벗으라 네가 서 있는 곳은 거룩한 땅이니라"(33절)

- **예레미야 16장** 약속의 땅으로 인도하여 들이심

"너희 조상들이 나를 버리고 다른 신들을 따라서 그들을 섬기며 그들에게 절하고 나를 버려 내 율법을 지키지 아니하였음이라 너희가 너희 조상들보다 더욱 악을 행하였도다 보라 너희가 각기 악한 마음의 완악함을 따라 행하고 나에게 순종하지 아니하였으므로"(11,12절)

"내가 그들을 그들의 조상들에게 준 그들의 땅으로 인도하여 들이리라"(15절)

"이는 내 눈이 그들의 행위를 살펴보므로 그들이 내 얼굴 앞에서 숨기지 못하며 그들의 죄악이

내 목전에서 숨겨지지 못함이라"(17절)

• 마가복음 2장 새 포도주 새 약속

"인자가 땅에서 죄를 사하는 권세가 있는 줄을 너희로 알게 하려 하노라"(10절)

"나를 따르라 하시니 일어나 따르니라"(14절)

"건강한 자에게는 의사가 쓸 데 없고 병든 자에게라야 쓸 데 있느니라 나는 의인을 부르러 온 것이 아니요 죄인을 부르러 왔노라"(17절)

"오직 새 포도주는 새 부대에 넣느니라"(22절)

묵상 | 하나님 마음 알아가기

하나님은 약속하신 것을 이루십니다. 약속하신 것을 이루시는 때를 기다리는 성도는 '발의 신을 벗고 하나님 앞에 서는 삶'을 살아가야 합니다.

적용

1. 하나님의 약속은 변함이 없습니다. 그 약속을 굳건히 붙잡고 계십니까?

2. 비록 범죄하여 하나님을 배반한 백성들일지라도 그들에게 하신 약속을 이루신 하나님께서는 이제 새 약속들을 주십니다.

3. "나를 따르라"는 말씀에는 새로운 약속이 들어 있습니다. 온전히 예수님을 따르는 삶을 살아가시기 바랍니다.

나(우리)에게 주시는 말씀(암송)

• 오늘의 감사 •

• 말씀으로 기도하기 •

월   일   맥체인 읽기: 7월 21일

오늘의 본문: 삿4 | 행8 | 렘17 | 막3   찬송가 383장

오늘의 주제(키워드): 옳은 일

 말씀

• 사사기 4장 대적을 굴복하게 하심

"또 여호와의 목전에 악을 행하매... 그들을 파셨으니... 이스라엘 자손을 심히 학대했으므로 이스라엘 자손이 여호와께 부르짖었더라"(1,2,3절)

"일어나라 이는 여호와께서 시스라를 네 손에 넘겨 주신 날이라"(14절)

"이와 같이 이 날에 하나님이 가나안 왕 야빈을 이스라엘 자손 앞에 굴복하게 하신지라"(23절)

• 사도행전 8장 박해-전도의 계기

"그 날에 예루살렘에 있는 교회에 큰 박해가 있어 사도 외에는 다 유대와 사마리아 모든 땅으로 흩어지니라"(1절)

"그 흩어진 사람들이 두루 다니며 복음의 말씀을 전할새 빌립이 사마리아 성에 내려가 그리스도를 백성에게 전파하니"(4,5절)

"빌립이 하나님 나라와 및 예수 그리스도의 이름에 관하여 전도함을 그들이 믿고 남녀가 다 세례를 받으니"(12절)

"일어나 가서 보니 에디오피아 사람 곧 에디오피아 여왕 간다게의 모든 국고를 맡은 관리인 내시가 예배하러 예루살렘에 왔다가"(27절)

"지도해 주는 사람이 없으니 어찌 깨달을 수 있느냐"(31절)

• 예레미야 17장 여호와를 의지해야 함

"유다의 죄는 금강석 끝 철필로 기록되되"(1절)

"무릇 사람을 믿으며 육신으로 그의 힘을 삼고 마음이 여호와에게서 떠난 그 사람은 저주를 받을 것이라"(5절)

"무릇 여호와를 의지하며 여호와를 의뢰하는 그 사람은 복을 받을 것이라"(7절)

"만물보다 거짓되고 심히 부패한 것은 마음이라"(9절)

• 마가복음 3장 │ 하나님의 뜻대로 행함

"안식일에 선을 행하는 것과 악을 행하는 것, 생명을 구하는 것과 죽이는 것, 어느 것이 옳으냐"(4절)

"제자들과 함께 바다로 물러가시니 갈릴리에서 큰 무리가 따르며… 또 두로와 시돈 근처에서 많은 무리가 그가 하신 큰 일을 듣고 나아오는지라"(7,8절)

"자기가 원하는 자들을 부르시니 나아온지라… 이 열둘을 세우셨으니"(13,16절)

"누구든지 하나님의 뜻대로 행하는 자가 내 형제요 자매요 어머니이니라"(35절)

묵상 | 하나님 마음 알아가기

이 땅에서 옳은 일을 구분하기는 쉽지 않습니다. 하지만 하나님의 사람들은 하나님의 뜻대로 행함으로 옳은 일을 행해야 합니다. 그 기준은 생명을 구원하는 것입니다.

적용

1. 하나님께서 행하시는 옳은 일, 우리가 행할 옳은 일은 어떤 것입니까?

2. 대적을 우리 앞에서 굴복하게 하시며, 핍박을 주시지만 이를 통해 하나님 나라를 확장시켜 나가는 것이 하나님께서 행하시는 옳은 일입니다.

3. 여호와를 의지하며 여호와를 의뢰하는 것과 하나님의 뜻대로 행하는 것이 우리가 행할 옳은 일입니다.

나(우리)에게 주시는 말씀(암송)

• 오늘의 감사 •

• 말씀으로 기도하기 •

월   일   맥체인 읽기: 7월 22일

203일차 / 365일

오늘의 본문: 삿5 | 행9 | 렘18 | 막4   찬송가 542장

오늘의 주제(키워드): **택하심과 헌신-믿음**

 **말씀**

- **사사기 5장** 즐거이 헌신함

"백성이 즐거이 헌신하였으니 여호와를 찬송하라"(2절)

"너희 왕들아 들으라 통치자들아 귀를 기울이라 나 곧 내가 여호와를 노래할 것이요 이스라엘의 하나님 여호와를 찬송하리로다"(3절)

"내 마음이 이스라엘의 방백을 사모함은 그들이 백성 중에서 즐거이 헌신하였음이니 여호와를 찬송하라"(9절)

"스불론은 죽음을 무릅쓰고 목숨을 아끼지 아니한 백성이요"(18절)

"주를 사랑하는 자들은 해가 힘 있게 돋음 같게 하시옵소서"(31절)

- **사도행전 9장** 택하심

"홀연히 하늘로부터 빛이 그를 둘러 비추는지라"(3절)

"사울아 사울아 네가 어찌하여 나를 박해하느냐"(4절)

"아나니아라 하는 제자가 있더니 주께서 환상 중에 불러 이르시되 아나니아야 하시거늘"(10절)

"가라 이 사람은 내 이름을 이방인과 임금들과 이스라엘 자손들에게 전하기 위하여 택한 나의 그릇이라"(15절)

"사울이 다메섹에 있는 제자들과 함께 며칠 있을새 즉시로 각 회당에서 예수가 하나님의 아들이심을 전파하니… 예수를 그리스도라 증언하여"(19,20,22절)

"온 유대와 갈릴리와 사마리아 교회가 평안하여 든든히 서 가고 주를 경외함과 성령의 위로로 진행하여 수가 더 많아지니라"(31절)

- **예레미야 18장** 하나님의 손 안에 있음-주권

"진흙으로 만든 그릇이 토기장이의 손에서 터지매 그가 그것으로 자기 의견에 좋은 대로 다른 그릇을 만들더라"(4절)

"진흙이 토기장이의 손에 있음 같이 너희가 내 손에 있느니라"(6절)

"내가 어느 민족이나 국가를 뽑거나 부수거나 멸하려 할 때에"(7절)

"내가 어느 민족이나 국가를 건설하거나 심으려 할 때에"(9절)

"너희는 각기 악한 길에서 돌이키며 너희의 길과 행위를 아름답게 하라"(11절)

마가복음 4장 하나님의 나라와 믿음

"들으라 씨를 뿌리는 자가 뿌리러 나가서 뿌릴새 더러는 길 가에... 더러는 흙이 얕은 돌밭에... 더러는 가시떨기에... 더러는 좋은 땅에 떨어지매"(3,4,5,7,8절)

"좋은 땅에 뿌려졌다는 것은 곧 말씀을 듣고 받아 삼십 배나 육십 배나 백 배의 결실을 하는 자니라"(20절)

"하나님의 나라는 사람이 씨를 땅에 뿌림과 같으니 그가 밤낮 자고 깨고 하는 중에 씨가 나서 자라되 어떻게 그리 되는지를 알지 못하느니라"(26,27절)

"겨자씨 한 알과 같으니 땅에 심길 때에는 땅 위의 모든 씨보다 작은 것이로되 심긴 후에는 자라서 모든 풀보다 커지며 큰 가지를 내나니 공중의 새들이 그 그늘에 깃들일 만큼 되느니라"(31,32절)

"너희가 어찌 믿음이 없느냐"(40절)

묵상 | 하나님 마음 알아가기

상황은 어둡습니다. 우리를 두렵게 만듭니다. 하지만 모든 상황속에서도 즐거이 헌신할 때 하나님의 구원을 보게 됩니다. 말씀의 씨를 즐거이 뿌립시다. 삼십 배 육십 배 백배로 열매를 맺게 될 것입니다.

적용

1. 하나님의 부르심과 그 나라에 온전히 헌신하셨습니까?

2. 즐거이 헌신하십시오.

3. 예수를 증언하는 일에 헌신하십시오.

4. 오직 믿음으로 하나님의 나라를 이루어 가십시오.

나(우리)에게 주시는 말씀(암송)

• 오늘의 감사 •

• 말씀으로 기도하기 •

월   일   　　맥체인 읽기: 7월 23일

오늘의 본문: 삿6 | 행10 | 렘19 | 막5　　찬송가 323장

오늘의 주제(키워드): **우리 힘과 하나님의 함께하심**

 **말씀**

• 사사기 6장   말씀대로 행함과 함께 하심

"큰 용사여 여호와께서 너와 함께 계시도다"(12절)

"너는 가서 이 너의 힘으로 이스라엘을 미디안의 손에서 구원하라 내가 너를 보낸 것이 아니냐"(14절)

"내가 반드시 너와 함께 하리니 네가 미디안 사람 치기를 한 사람을 치듯 하리라"(16절)

"네 아버지에게 있는 바알의 제단을 헐며 그 곁의 아세라 상을 찍고… 여호와를 위하여 규례대로 한 제단을 쌓고… 번제를 드릴지니라"(25,26절)

"그 밤에 하나님이 그대로 행하시니"(40절)

"여호와의 영이 기드온에게 임하시니"(34절)

• 사도행전 10장   기도와 구제

"그가 경건하여 온 집안과 더불어 하나님을 경외하며 백성을 많이 구제하고 하나님께 항상 기도하더니"(2절)

"네 기도와 구제가 하나님 앞에 상달되어 기억하신 바가 되었으니"(4절)

"하나님은 사람의 외모를 보지 아니하시고 각 나라 중 하나님을 경외하며 의를 행하는 사람은 다 받으시는 줄 깨달았도다"(34,35절)

"하나님이 나사렛 예수에게 성령과 능력을 기름 붓듯 하셨으매 그가 두루 다니시며 선한 일을 행하시고 마귀에게 눌린 모든 사람을 고치셨으니 이는 하나님이 함께 하셨음이라"(38절)

• 예레미야 19장   말씀을 듣는 것과 말하는 것

"너희 유다 왕들과 예루살렘 주민아 여호와의 말씀을 들으라… 보라 내가 이 곳에 재앙을 내릴 것이라"(3절)

"예레미야가 여호와께서 자기를 보내사… 여호와의 집 뜰에 서서 모든 백성에게 말하되"(14절)

마가복음 5장 | 전파하는 것과 믿음

"그가 가서 예수께서 자기에게 어떻게 큰 일 행하셨는지를 데가볼리에 전파하니 모든 사람이 놀랍게 여기더라"(20절)

"이는 내가 그의 옷에만 손을 대어도 구원을 받으리라"(28절)

"예수께서 이르시되 딸아 네 믿음이 너를 구원하였으니 평안히 가라 네 병에서 놓여 건강할지어다"(34절)

"회당장에게 이르시되 두려워하지 말고 믿기만 하라"(36절)

"이 아이가 죽은 것이 아니라 잔다"(39절)

묵상 | 하나님 마음 알아가기

위축되고 자신감이 결여되어 아무 것도 할 수 없다고 생각될 때도 하나님은 '큰 용사여'라고 불러 주십니다. 오직 성령을 의지함으로 숨은 곳에서 나와 앞으로 나아갈 때 하나님이 일하십니다.

적용

1. 당신이 가진 것은 무엇인가요? 그것을 하나님이 사용하심을 아십니까?

2. 하나님의 말씀에 순종하는 것과, 하나님을 경외하며 기도하고 구제하는 것은 우리가 할 수 있습니다.

3. 오직 하나님의 말씀을 듣고 행하십시오.

4. 무엇보다 믿음을 가지십시오.

나(우리)에게 주시는 말씀(암송)

• 오늘의 감사 •

• 말씀으로 기도하기 •

월   일

맥체인 읽기: 7월 24일

오늘의 본문: 삿7 | 행11 | 렘20 | 막6

찬송가 351장

오늘의 주제(키워드): **두려움과 의심을 극복**

 말씀

• **사사기 7장** 두려워 떠는 자를 전쟁에서 제함

"너를 따르는 백성이 너무 많은즉"(2절)

"두려워 떠는 자는 길르앗 산을 떠나 돌아가라 하라 하시니 이에 돌아간 백성이 이만 이천 명이요 남은 자가 만 명이었더라"(3절)

"만일 네가 내려가기를 두려워하거든 네 부하 부라와 함께 그 진영으로 내려가서"(10절)

"각 손에 나팔과 빈 항아리를 들리고 항아리 안에는 횃불을 감추게 하고"(16절)

• **사도행전 11장** 성령의 말씀을 들음

"성령이 내게 명하사 아무 의심 말고 함께 가라"(12절)

"하나님이 우리가 주 예수 그리스도를 믿을 때에 주신 것과 같은 선물을 그들에게도 주셨으니"(17절)

"헬라인에게도 말하여 주 예수를 전파하니 주의 손이 그들과 함께 하시매 수많은 사람들이 믿고 주께 돌아오더라"(20,21절)

"바나바는 착한 사람이요 성령과 믿음이 충만한 사람이라 이에 큰 무리가 주께 더하여지더라"(24절)

"성령으로 말하되 천하에 큰 흉년이 들리라"(28절)

• **예레미야 20장** 말씀으로 인해 마음이 불붙음

"여호와의 말씀으로 말미암아 내가 종일토록 치욕과 모욕거리가 됨이니이다"(8절)

"내가 다시는 여호와를 선포하지 아니하며 그의 이름으로 말하지 아니하리라 하면 나의 마음이 불붙는 것 같아서 골수에 사무치니 답답하여 견딜 수 없나이다"(9절)

"그러하오나 여호와는 두려운 용사 같으시며 나와 함께 하시므로 나를 박해하는 자들이 넘어지고 이기지 못할 것이오며 그들은 지혜롭게 행하지 못하므로 큰 치욕을 당하오리니"(11절)

"의인을 시험하사 그 폐부와 심장을 보시는 만군의 여호와여"(12절)

마가복음 6장 — 안심함

"이에 모든 촌에 두루 다니시며 가르치시더라"(6절)

"여행을 위하여 지팡이 외에는 양식이나 배낭이나 전대의 돈이나 아무 것도 가지지 말며"(8절)

"큰 무리를 보시고 그 목자 없는 양 같음으로 인하여 불쌍히 여기사 이에 여러 가지로 가르치시더라"(34절)

"무리를 작별하신 후에 기도하러 산으로 가시니라"(46절)

"안심하라 내니 두려워하지 말라"(50절)

묵상 | 하나님 마음 알아가기

때론 두려움이 엄습합니다. 상황의 변화를 기다릴 때 의심마저 듭니다. 모든 것을 극복하고 열정을 회복해야 합니다. 성령님이 함께 하십니다. 두려움을 떨치고, 의심하지 말고 나아가십시오.

적용

1. 어떤 두려움과 의심이 있습니까?

2. 두려움이 있다면 지금 하는 일을 중단하시고 멈추십시오. 그리고 성령이 인도하심을 받으십시오.

3. 말씀을 향한 열정을 가지며 예수님이 함께 하심을 기억하며 안심하십시오.

나(우리)에게 주시는 말씀(암송)

• 오늘의 감사 •

• 말씀으로 기도하기 •

월   일   　맥체인 읽기: 7월 25일

206일차 / 365일

오늘의 본문: 삿8 | 행12 | 렘21 | 막7   　찬송가 499장

오늘의 주제(키워드): **버릴 것과 지킬 것**

 **말씀**

• 사사기 8장 우상 섬김을 버림
"기드온이 그 금으로 에봇 하나를 만들어… 온 이스라엘이 그것을 음란하게 위하므로 그것이 기드온과 그의 집에 올무가 되니라"(27절)

"바알들을 따라가 음행하였으며 또 바알브릿을 자기들의 신으로 삼고"(33절)

"여호와 자기들의 하나님을 기억하지 아니하며"(34절)

• 사도행전 12장 기도와 영광을 하나님께 돌림
"베드로는 옥에 갇혔고 교회는 그를 위하여 간절히 하나님께 기도하더라"(5절)

"천사가 이르되 띠를 띠고 신을 신으라… 겉옷을 입고 따라오라"(8절)

"여러 사람이 거기에 모여 기도하고 있더라"(12절)

"헤롯이 영광을 하나님께로 돌리지 아니하므로 주의 사자가 곧 치니 벌레에게 먹혀 죽으니라"(23절)

• 예레미야 21장 생명의 길과 사망의 길
"너는 우리를 위하여 여호와께 간구하라"(2절)

"보라 내가 너희 앞에 생명의 길과 사망의 길을 두었노라 너는 이 백성에게 전하라"(8절)

"내가 나의 얼굴을 이 성읍으로 향함은… 화를 내리기 위함이라"(10절)

"내가 너희 행위대로 너희를 벌할 것이요"(14절)

• 마가복음 7장 계명과 전통
"너희가 하나님의 계명은 버리고 사람의 전통을 지키느니라"(8절)

"이 모든 악한 것이 다 속에서 나와서 사람을 더럽게 하느니라"(23절)

묵상 | 하나님 마음 알아가기

세상의 많은 것들은 편리함으로 유혹합니다. 세상의 편리주의를 버리고, 우상을 버리고 기도하며 생명의 길을 선택하며 나아가야 합니다. 그리할 때 사망의 길을 피하게 됩니다.

적용

1. 오늘 버릴 것과 지킬 것은 어떤 것입니까?

2. 우상을 버리십시오.

3. 오직 기도하기에 힘쓰십시오.

4. 생명의 길은 지키며 사망의 길은 버리십시오.

5. 인간의 전통보다 하나님의 말씀을 따르십시오.

나(우리)에게 주시는 말씀(암송)

• 오늘의 감사 •

• 말씀으로 기도하기 •

월   일   맥체인 읽기: 7월 26일

207일차 / 365일

오늘의 본문: **삿9 | 행13 | 렘22 | 막8**   찬송가 10장

오늘의 주제(키워드): **하나님의 일하심**

 **말씀**

• 사사기 9장 갚으심

"은 칠십 개를 내어 그에게 주매… 그것으로 방탕하고 경박한 사람들을 사서 자기를 따르게 하고… 자기 형제 칠십 명을 한 바위 위에서 죽였으되… 왕으로 삼으니라"(4,5,6절)

"하나님이 아비멜렉과 세겜 사람들 사이에 악한 영을 보내시매"(23절)

"아비멜렉이… 행한 악행을 하나님이 이같이 갚으셨고"(56절)

• 사도행전 13장 세우심

"주를 섬겨 금식할 때에 성령이 이르시되 내가 불러 시키는 일을 위하여 바나바와 사울을 따로 세우라"(2절)

"두 사람이 성령의 보내심을 받아… 하나님의 말씀을 유대인의 여러 회당에서 전할새"(4,5절)

"내가 이새의 아들 다윗을 만나니 내 마음에 맞는 사람이라 내 뜻을 다 이루리라"(22절)

"하나님이 약속하신 대로… 구주를 세우셨으니 곧 예수라"(23절)

"영생을 주시기로 작정된 자는 다 믿더라"(48절)

• 예레미야 22장 선지자를 통해 말씀하심

"여호와의 말씀을 들을지니라"(2절)

"네가 어려서부터 내 목소리를 청종하지 아니함이 네 습관이라"(21절)

"땅이여, 땅이여, 땅이여, 여호와의 말을 들을지니라"(29절)

• 마가복음 8장 불쌍히 여기심

"내가 무리를 불쌍히 여기노라"(2절)

"너희에게 떡 몇 개나 있느냐 이르되 일곱이로소이다"(5절)

"떡 일곱 개를 가지사 축사하시고 떼어 제자들에게 주어 나누어 주게 하시니 제자들이

무리에게 나누어 주더라"(6절)
"이것도 나누어 주게 하시니"(7절)
"예수께서 맹인의 손을 붙잡으시고... 그에게 안수하시고 무엇이 보이느냐 물으시니"(23절)
"누구든지 나를 따라오려거든 자기를 부인하고 자기 십자가를 지고 나를 따를 것이니라"(34절)

묵상 | 하나님 마음 알아가기

하나님은 죄를 처리하시는 일에 쉬지 않고 일하십니다. 그 죄를 추적하여 처리하십니다. 하나님 앞에 모든 악을 찾아내어 회개하고 바른 길을 선택하여 걸어가야 합니다.

적용

1. 하나님은 오늘도 일하십니다. 어떻게 반응하시겠습니까?

2. 모든 악행을 버리십시오.

3. 하나님이 세우신 그 일을 성실히 행하십시오.

4. 말씀하시는 바를 들으십시오.

5. 주의 긍휼을 구하십시오.

나(우리)에게 주시는 말씀(암송)

• 오늘의 감사 •

• 말씀으로 기도하기 •

월   일   맥체인 읽기: 7월 27일

오늘의 본문: 삿10,11:1~11 | 행14 | 렘23 | 막9   찬송가 75장

오늘의 주제(키워드): 건지심

 말씀

• 사사기 10장, 11장 1~11절 간구함과 하나님의 근심

"이스라엘 자손이 다시 여호와의 목전에 악을 행하여"(6절)

"이스라엘의 곤고가 심하였더라"(9절)

"오늘 우리를 건져내옵소서"(15절)

"자기 가운데에서 이방 신들을 제하여 버리고 여호와를 섬기매 여호와께서 이스라엘의 곤고로 말미암아 마음에 근심하시니라"(16절)

• 사도행전 14장 도망하여 복음을 전함

"주께서 그들의 손으로 표적과 기사를 행하게 하여 주사 자기 은혜의 말씀을 증언하시니"(3절)

"두 사도를 모욕하며 돌로 치려고 달려드니... 도망하여... 거기서 복음을 전하니라"(5,6,7절)

"걸어 본 적이 없는 자라"(8절)

"구원 받을 만한 믿음이 그에게 있는 것을 보고"(9절)

"네 발로 바로 일어서라 하니 그 사람이 일어나 걷는지라"(10절)

"복음을 그 성에서 전하여 많은 사람을 제자로 삼고"(21절)

"우리가 하나님의 나라에 들어가려면 많은 환난을 겪어야 할 것이라"(22절)

• 예레미야 23장 다시 돌아오게 함

"내 목장의 양 떼를 멸하며 흩어지게 하는 목자에게 화 있으리라"(1절)

"내가 내 양 떼의 남은 것을 그 몰려 갔던 모든 지방에서 모아 다시 그 우리로 돌아오게 하리니 그들의 생육이 번성할 것이며"(3절)

"나는 천지에 충만하지 아니하냐"(24절)

마가복음 9장 | 능히 하지 못할 일이 없음

"할 수 있거든이 무슨 말이냐 믿는 자에게는 능히 하지 못할 일이 없느니라"(23절)

"나의 믿음 없는 것을 도와 주소서"(24절)

"기도 외에 다른 것으로는 이런 종류가 나갈 수 없느니라"(29절)

묵상 | 하나님 마음 알아가기

지금 처한 어려운 상황을 하나님께 아뢰십시오. 하나님께서 건지십니다. 하나님의 도우심은 간구하는 자에게 임하십니다.

적용

1. 지금 어떤 어려움의 상황에 있습니까?

2. 하나님은 모든 상황에서 우리를 건져 내십니다.

3. 하나님의 도우심을 간구하십시오.

나(우리)에게 주시는 말씀(암송)

• 오늘의 감사 •

• 말씀으로 기도하기 •

월   일   맥체인 읽기: 7월 28일

209일차 / 365일

오늘의 본문: 삿11:12~40 | 행15 | 렘24 | 막10   찬송가 21장

오늘의 주제(키워드): **돌보심**

 말씀

• 사사기 11장 12~40절 판결하시는 하나님

"이스라엘의 하나님 여호와께서 이같이 아모리 족속을 자기 백성 이스라엘 앞에서 쫓아내셨거늘 네가 그 땅을 얻고자 하는 것이 옳으냐"(23절)

"심판하시는 여호와께서 오늘 이스라엘 자손과 암몬 자손 사이에 판결하시옵소서"(27절)

"여호와께서 그들을 그의 손에 넘겨 주시매"(32절)

• 사도행전 15장 교회를 견고히 함

"이방인들이 주께 돌아온 일을 말하여 형제들을 다 크게 기쁘게 하더라"(3절)

"다윗의 무너진 장막을 다시 지으며 또 그 허물어진 것을 다시 지어 일으키리니 이는 그 남은 사람들과 내 이름으로 일컬음을 받는 모든 이방인들로 주를 찾게 하려 함이라"(16,17절)

"바울과 바나바는 안디옥에서 유하며 수다한 다른 사람들과 함께 주의 말씀을 가르치며 전파하니라"(35절)

"수리아와 길리기아로 다니며 교회들을 견고하게 하니라"(41절)

• 예레미야 24장 유다 포로를 돌보시는 하나님

"예레미야야 네가 무엇을 보느냐"(3절)

"내가 이 곳에서 옮겨 갈대아인의 땅에 이르게 한 유다 포로를 이 좋은 무화과 같이 잘 돌볼 것이라"(5절)

• 마가복음 10장 예수님의 가르치심

"예수께서 다시 전례대로 가르치시더니"(1절)

"가서 네게 있는 것을 다 팔아 가난한 자들에게 주라 그리하면 하늘에서 보화가 네게 있으리라 그리고 와서 나를 따르라"(21절)

"먼저 된 자로서 나중 되고 나중 된 자로서 먼저 될 자가 많으니라"(31절)
"네 믿음이 너를 구원하였느니라"(52절)

묵상 | 하나님 마음 알아가기

하나님의 백성들이 어디에 있든지 하나님은 그들을 돌보십니다. 교회를 돌보십니다. 하나님의 돌보심을 기억하며 날마다 믿음 안에 서 가야 합니다. 오직 믿음으로!

적용

1. 하나님께서 다양한 방법으로 돌보시고 계심을 아십니까? 믿지 않는 이들과의 사이에서 판결하심으로 돌보십니다.

2. 주의 교회들을 견고히 하심으로 돌보십니다.

3. 좋은 무화과 같이 잘 돌보십니다.

4. 생명의 말씀을 가르치심으로 돌보십니다.

나(우리)에게 주시는 말씀(암송)

• 오늘의 감사 •

• 말씀으로 기도하기 •

월   일   맥체인 읽기: 7월 29일

210일차 / 365일

오늘의 본문: **삿12 | 행16 | 렘25 | 막11**

찬송가 300장

오늘의 주제(키워드): **권위**

 **말씀**

사사기 12장 사사의 권위
"내 목숨을 돌보지 아니하고 건너가서 암몬 자손을 쳤더니"(3절)
"그 뒤를 이어… 사사가 되어… 다스렸더라"(11절)
"그 뒤를 이어… 사사가 되었더라"(13절)

사도행전 16장 사도의 권위
"이에 여러 교회가 믿음이 더 굳건해지고 수가 날마다 늘어가니라"(5절)
"성령이 아시아에서 말씀을 전하지 못하게 하시거늘"(6절)
"밤에 환상이 바울에게 보이니… 마게도냐로 건너와서 우리를 도우라 하거늘"(9절)
"기도할 곳이 있을까 하여 문 밖 강가에 나가… 하나님을 섬기는 루디아라… 주께서 그 마음을 열어 바울의 말을 따르게 하신지라"(13,14절)
"주 예수를 믿으라 그리하면 너와 네 집이 구원을 받으리라"(31절)

예레미야 25장 선지자의 권위
"이십삼 년 동안 여호와의 말씀이 내게 임하기로 내가 너희에게 꾸준히 일렀으나"(3절)
"이 민족들은 칠십 년 동안 바벨론의 왕을 섬기리라"(11절)
"내가 그 땅을 향하여 선언한 바 곧 예레미야가 모든 민족을 향하여 예언하고 이 책에 기록한 나의 모든 말을 그 땅에 임하게 하리라"(13절)

마가복음 11장 예수님의 권위
"주가 쓰시겠다 하라"(3절)-왕의 권위
"찬송하리로다 오는 우리 조상 다윗의 나라여 가장 높은 곳에서 호산나 하더라"(10절)
"이제부터 영원토록 사람이 네게서 열매를 따 먹지 못하리라"(14절)

"누구든지 이 산더러 들리어 바다에 던져지라 하며... 그대로 되리라"(23절)
"누가 이런 일 할 권위를 주었느냐"(28절)

묵상 | 하나님 마음 알아가기

우리에겐 주께서 주신 권위와 권세와 권능이 있습니다. 왕이신 주께서 주신 권위로 이 땅에 사는 사람들을 향해 하나님의 말씀을 선포해야 합니다. 이 일에 담대하십시오.

적용

1. 하나님께서 당신에게 주신 권위를 어떻게 사용하십니까?

2. 목숨을 돌보지 아니하는 자세를 가지십시오.

3. 복음을 선포하십시오.

4. 모든 땅을 향해 하나님의 말씀을 선언하십시오.

5. 왕의 권위(위임받은)로 선포하십시오.

나(우리)에게 주시는 말씀(암송)

• 오늘의 감사 •

• 말씀으로 기도하기 •

211일차 365일	월 일	맥체인 읽기: 7월 30일
	오늘의 본문: 삿13	행17	렘26	막12	찬송가 262장
	오늘의 주제(키워드): **말씀하시는 하나님**	

 말씀

• 사사기 13장   약속을 말씀하시는 하나님
"네가 본래 임신하지 못하므로 출산하지 못하였으나 이제 임신하여 아들을 낳으리니"(3절)
"그 여인이 아들을 낳으매 그의 이름을 삼손이라 하니라 그 아이가 자라매 여호와께서 그에게 복을 주시더니"(24절)

• 사도행전 17장   사도를 통해 말씀하시는 하나님
"바울이 자기의 관례대로 그들에게로 들어가서 세 안식일에 성경을 가지고 강론하며"(2절)
"베뢰아에 있는 사람들은 데살로니가에 있는 사람들보다 더 너그러워서 간절한 마음으로 말씀을 받고 이것이 그러한가 하여 날마다 성경을 상고하므로"(11절)
"바울이 아레오바고 가운데 서서 말하되"(22절)

• 예레미야 26장   선지자를 통해 말씀하시는 하나님
"내가 너희에게 나의 종 선지자들을 꾸준히 보내 그들의 말을 순종하라고 하였으나 너희는 순종하지 아니하였느니라"(5절)
"그런즉 너희는 너희 길과 행위를 고치고 너희 하나님 여호와의 목소리를 청종하라 그리하면 여호와께서 너희에게 선언하신 재앙에 대하여 뜻을 돌이키시리라"(13절)

• 마가복음 12장   예수님의 들려주신 말씀
"가이사의 것은 가이사에게, 하나님의 것은 하나님께 바치라"(17절)
"하나님은 죽은 자의 하나님이 아니요 산 자의 하나님이시라"(27절)
"이 과부는 그 가난한 중에서 자기의 모든 소유 곧 생활비 전부를 넣었느니라"(44절)

묵상 | 하나님 마음 알아가기

길을 걸을 때라 할지라도, 만나는 사람을 통해서도, 기록된 말씀을 통해서도 하나님은 말씀하십니다. 오늘 어떤 말씀을 하실지 귀 기울이십시오.

적용

1. 하나님께서 다양한 방법으로 말씀하고 계심을 아십니까?

2. 직접 나타나 말씀하시고, 선지자를 통해, 사도를 통해 그리고 육신이 되어 말씀하십니다.

3. 오늘도 말씀하시는 하나님의 소리에 귀 기울이시기 바랍니다.

나(우리)에게 주시는 말씀(암송)

• 오늘의 감사 •

• 말씀으로 기도하기 •

월   일   맥체인 읽기: 7월 31일

212일차 / 365일

오늘의 본문: 삿14 | 행18 | 렘27 | 막13   찬송가 73장

오늘의 주제(키워드): **부정적 환경에서의 하나님의 섭리**

 **말씀**

사사기 14장 삼손이 들릴라를 사랑하는 상황
"내가 그 여자를 좋아하오니 나를 위하여 그 여자를 데려오소서"(3절)-부정의 상황
"이 일이 여호와께로부터 나온 것인 줄은 알지 못하였더라"(4절)-하나님의 섭리
"여호와의 영이 삼손에게 강하게 임하니"(6절)
"여호와의 영이 삼손에게 갑자기 임하시매"(19절)

사도행전 18장 부정의 환경들과 교차하는 섭리들
"아굴라라 하는 본도에서 난 유대인 한 사람을 만나니(섭리) 글라우디오가 모든 유대인을 명하여 로마에서 떠나라(부정)"(2절)
"그들이 대적하여 비방하거늘(부정) 이 후에는 이방인에게로 가리라(섭리)"(6절)
"유대인이 일제히 일어나 바울을 대적하여"(12절)-부정
"작별하여 이르되 만일 하나님의 뜻이면 너희에게 돌아오리라"(21절)
"은혜로 말미암아 믿은 자들에게 많은 유익을 주니 이는 성경으로써 예수는 그리스도라고 증언하여 공중 앞에서 힘있게 유대인의 말을 이김이러라"(27,28절)

예레미야 27장 심판 가운데 보이는 섭리
"나는 내 큰 능력과 나의 쳐든 팔로 땅과 지상에 있는 사람과 짐승들을 만들고 내가 보기에 옳은 사람에게 그것을 주었노라"(5절)
"이제 내가 이 모든 땅을 내 종 바벨론의 왕 느부갓네살의 손에 주고"(6절)-섭리
"모든 나라가 그와 그의 아들과 손자를 그 땅의 기한이 이르기까지 섬기리라"(7절)-부정
"그것들이 바벨론으로 옮겨지고 내가 이것을 돌보는 날까지 거기에 있을 것이니라 그 후에 내가 그것을 올려 와 이 곳에 그것들을 되돌려 두리라 여호와의 말씀이니라"(22절)

• 마가복음 13장 예수님의 구원에서의 상황

"네가 이 큰 건물들을 보느냐 돌 하나도 돌 위에 남지 않고 다 무너뜨려지리라"(2절)-부정

"사람들이 너희를 공회에 넘겨 주겠고 너희를 회당에서 매질하겠으며 나로 말미암아 너희가 권력자들과 임금들 앞에 서리니(부정), 이는 그들에게 증거가 되려 함이라 또 복음이 먼저 만국에 전파되어야 할 것이니라(섭리)"(9,10절)

"또 너희가 내 이름으로 말미암아 모든 사람에게 미움을 받을 것이나 끝까지 견디는 자는 구원을 받으리라(섭리)"(13절)

묵상 | 하나님 마음 알아가기

하나님은 긍정의 환경에서만 일하시는 분이 아닙니다. 부정의 환경 가운데서도 섭리하십니다. 그 가운데서 일하시는 하나님의 뜻을 찾아 보십시오. 부정의 환경은 하나님께 더 가까이 항해하도록 하는 바람입니다.

적용

1. 부정의 상황 속에서도 하나님은 섭리하심으로 일하심을 아십니까?

2. 어떤 부정의 상황에서도 하나님의 섭리를 생각하시며 구원의 여정을 가십시오.

나(우리)에게 주시는 말씀(암송)

• 오늘의 감사 •

• 말씀으로 기도하기 •

월   일   맥체인 읽기: 8월 1일

오늘의 본문: 삿15 | 행19 | 렘28 | 막14   찬송가 283장

오늘의 주제(키워드): **흥왕하는 주의 말씀**

 **말씀**

- **사사기 15장** 약속의 말씀의 성취(삿 13:5)를 보여주는 삼손의 삶

"이번은 내가 블레셋 사람들을 해할지라도 그들에게 대하여 내게 허물이 없을 것이니라"(3절)
"그들에게 이르되 그들이 내게 행한 대로 나도 그들에게 행하였노라"(11절)
"삼손이... 소리 지를 때 여호와의 영이 삼손에게 갑자기 임하시매"(14절)
"삼손이 나귀의 새 턱뼈를 보고 손을 내밀어 집어들고 그것으로 천 명을 죽이고"(15절)
"하나님이 레히에서 한 우묵한 곳을 터뜨리시니 거기서 물이 솟아나오는지라 삼손이 그것을 마시고 정신이 회복되어 소생하니 그러므로 그 샘 이름을 엔학고레라 불렀으며 그 샘이 오늘까지 레히에 있더라"(19절)

- **사도행전 19장** 힘이 있어 흥왕하는 말씀

"너희가 믿을 때에 성령을 받았느냐"(2절)
"그들이 듣고 주 예수의 이름으로 세례를 받으니 바울이 그들에게 안수하매 성령이 그들에게 임하시므로 방언도 하고 예언도 하니"(5,6절)
"바울이 회당에 들어가 석 달 동안 담대히 하나님 나라에 관하여 강론하며 권면하되"(8절)
"순종하지 않고... 이 도를 비방하거늘... 그들을 떠나 제자들을 따로 세우고 두란노 서원에서 날마다 강론하니라"(9절)
"하나님이 바울의 손으로 놀라운 능력을 행하게 하시니"(11절)
"이와 같이 주의 말씀이 힘이 있어 흥왕하여 세력을 얻으니라"(20절)
"로마도 보아야 하리라"(21절)

- **예레미야 28장** 말씀대로 되어짐

"네가 나무 멍에들을 꺾었으나 그 대신 쇠 멍에들을 만들었느니라"(13절)
"내가 쇠 멍에로 이 모든 나라의 목에 메워 바벨론의 왕 느부갓네살을 섬기게 하였으니 그들이 그를 섬기리라 내가 들짐승도 그에게 주었느니라"(14절)
"하나냐여 들으라 여호와께서 너를 보내지 아니하셨거늘 네가 이 백성에게 거짓을 믿게 하는도

다"(15절)

"네가 금년에 죽으리라"(16절)

"선지자 하나냐가 그 해 일곱째 달에 죽었더라"(17절)

마가복음 14장 예수님의 말씀들

"그가 내게 좋은 일을 하였느니라"(6절)

"온 천하에 어디서든지 복음이 전파되는 곳에는 이 여자가 행한 일도 말하여 그를 기억하리라"(9절)

"제자들이... 예수께서 하시던 말씀대로 만나 유월절 음식을 준비하니라"(16절)

"이것은 많은 사람을 위하여 흘리는 나의 피 곧 언약의 피니라"(24절)

"나의 원대로 마시옵고 아버지의 원대로 하옵소서"(36절)

묵상 | 하나님 마음 알아가기

힘이 있어 흥왕하는 하나님의 말씀을 붙잡아야 합니다. 그러면 말씀과 함께 흥왕하여 갑니다. 그 말씀은 하나님이십니다.

적용

1. 하나님의 말씀은 쇠하지 않고 능력으로 역사하심을 믿습니까?
2. 하나님은 말씀의 능력을 선지자(사도들)를 통해 성취하시고, 친히 육신을 입고 이 땅에 오셔서 능력으로 역사하셨습니다.
3. 말씀은 흥왕하여감을 기억하고 말씀과 함께 하시기 바랍니다.

나(우리)에게 주시는 말씀(암송)

• 오늘의 감사 •

• 말씀으로 기도하기 •

214일차 365일

월　　일　　　　　맥체인 읽기: 8월 2일

오늘의 본문: 삿16 | 행20 | 렘29 | 막15

찬송가 276장

오늘의 주제(키워드): **끝까지 지킬 것**

 말씀

• 사사기 16장　하나님과의 언약

"내 머리 위에는 삭도를 대지 아니하였나니 이는 내가 모태에서부터 하나님의 나실인이 되었음이라 만일 내 머리가 밀리면 내 힘이 내게서 떠나고 나는 약해져서 다른 사람과 같으리라"(17절)

"여호와께서 이미 자기를 떠나신 줄을 깨닫지 못하였더라"(20절)

"주 여호와여 구하옵나니 나를 생각하옵소서 하나님이여 구하옵나니 이번만 나를 강하게 하사 나의 두 눈을 뺀 블레셋 사람에게 원수를 단번에 갚게 하옵소서"(28절)

• 사도행전 20장　주 예수께 받은 사명

"떠들지 말라 생명이 그에게 있다"(10절)-이렇게 말할 수 있는 영성이 있는가?

"보라 이제 나는 성령에 매여 예루살렘으로 가는데 거기서 무슨 일을 당할는지 알지 못하노라"(22절)

"오직 성령이 각 성에서 내게 증언하여 결박과 환난이 나를 기다린다 하시나"(23절)

"내가 달려갈 길과 주 예수께 받은 사명 곧 하나님의 은혜의 복음을 증언하는 일을 마치려 함에는 나의 생명조차 조금도 귀한 것으로 여기지 아니하노라"(24절)

• 예레미야 29장　하나님의 약속

"너희는 집을 짓고 거기에 살며 텃밭을 만들고 그 열매를 먹으라... 너희가 거기에서 번성하고 줄어들지 아니하게 하라"(5,6절)

"바벨론에서 칠십 년이 차면 내가 너희를 돌보고... 성취하여... 이 곳으로 돌아오게 하리라"(10절)

• 마가복음 15장　십자가

"네가 유대인의 왕이냐... 네 말이 옳도다"(2절)

"그를 십자가에 못 박게 하소서"(13절)

"빌라도가 무리에게 만족을 주고자 하여 바라바는 놓아 주고 예수는 채찍질하고 십자가에 못 박히게 넘겨 주니라"(15절)

"아하 성전을 헐고 사흘에 짓는다는 자여 네가 너를 구원하여 십자가에서 내려오라"(29,30절)

"예수께서 큰 소리를 지르시고 숨지시니라 이에 성소 휘장이 위로부터 아래까지 찢어져 둘이 되니라"(37,38절)

묵상 | 하나님 마음 알아가기

사명은 변개해서는 안 됩니다. 끝까지 지켜야 합니다. 생명을 버리면서까지 지켜야 하는 것입니다. 예수님은 십자가에 죽기까지 인류구원의 사명을 완수하셨습니다. 복음을 증거하는 일에 이와 같아야 합니다.

적용

1. 당신에게 있어서 끝까지 지켜야 할 것은 어떤 것입니까?

2. 하나님의 언약의 말씀을 끝까지 지키십시오.

3. 하나님이 주신 사명을 환난과 결박 중에서도 끝까지 지키십시오.

4. 자기 십자가를 지키십시오.

나(우리)에게 주시는 말씀(암송)

• 오늘의 감사 •

• 말씀으로 기도하기 •

215일차 / 365일

월　　일

오늘의 본문: 삿17 | 행21 | 렘30, 31 | 막16

맥체인 읽기: 8월 3일

찬송가 527장

오늘의 주제(키워드): **회복과 마지막 사명**

 **말씀**

• 사사기 17장　왕이 없음의 혼란

"그 때에는 이스라엘에 왕이 없었으므로 사람마다 자기 소견에 옳은 대로 행하였더라"(6절)

"미가가 그 레위인을 거룩하게 구별하매 그 청년이 미가의 제사장이 되어 그 집에 있었더라"(12절)

• 사도행전 21장　죽을 것도 각오하는 복음 전파

"그 제자들이 성령의 감동으로 바울더러 예루살렘에 들어가지 말라 하더라"(4절)

"아가보… 성령이 말씀하시되 예루살렘에서 유대인들이 이같이 이 띠 임자를 결박하여 이방인의 손에 넘겨 주리라"(10,11절)

"나는 주 예수의 이름을 위하여 결박 당할 뿐 아니라 예루살렘에서 죽을 것도 각오하였노라"(13절)

• 예레미야 30, 31장　야곱이 돌아옴

"내가 네게 일러 준 모든 말을 책에 기록하라"(30:2)

"보라 내가 내 백성 이스라엘과 유다의 포로를 돌아가게 할 날이 오리니 내가 그들을 그 조상들에게 준 땅으로 돌아오게 할 것이니 그들이 그 땅을 차지하리라"(30:3)

"그들은 그들의 하나님 여호와를 섬기며 내가 그들을 위하여 세울 그들의 왕 다윗을 섬기리라"(30:9)

"야곱이 돌아와서 태평과 안락을 누릴 것이며 두렵게 할 자가 없으리라"(30:10)

"보라 나는… 땅 끝에서부터 모으리라… 큰 무리를 이루어 이 곳으로 돌아오리라"(31:8)

• 마가복음 16장　믿음 없음과 복음 전파

"그들은 예수께서 살아나셨다는 것과 마리아에게 보이셨다는 것을 듣고도 믿지 아니하니

라"(11절)

"역시 믿지 아니하니라"(13절)

"그들의 믿음 없는 것과 마음이 완악한 것을 꾸짖으시니 이는 자기가 살아난 것을 본 자들의 말을 믿지 아니함일러라"(14절)

"너희는 온 천하에 다니며 만민에게 복음을 전파하라"(15절)

"제자들이 나가 두루 전파할새 주께서 함께 역사하사 그 따르는 표적으로 말씀을 확실히 증언하시니라"(20절)

묵상 | 하나님 마음 알아가기

역사의 주인이신 하나님은 넘어짐과 쇠하여짐 후에 다시 회복시키십니다. 잠시 받는 환난의 극한 것 때문에 낙심하지 말아야 할 이유입니다.

적용

1. 우리가 끝까지 붙잡아야 할 사명은 무엇입니까?

2. 왕이신 하나님을 온전히 믿는 것입니다.

3. 생명의 복음을 전파하는 것입니다.

나(우리)에게 주시는 말씀(암송)

• 오늘의 감사 •

• 말씀으로 기도하기 •

월   일 　　　맥체인 읽기: 8월 4일

216일차 / 365일

오늘의 본문: 삿18 | 행22 | 렘32 | 시1, 2　　찬송가 530장

오늘의 주제(키워드): **하나님의 사람들**

 **말씀**

• 사사기 18장　약속의 땅을 정복함

"너희는 가서 땅을 살펴보라"(2절)

"라이스에 이르러… 본즉 염려 없이 거주하며… 평온하며 안전하니 그 땅에는 부족한 것이 없으며 부를 누리며… 어떤 사람과도 상종하지 아니함이라"(7절)

"우리가 그 땅을 본즉 매우 좋더라"(9절)

"단 자손이… 라이스에 이르러… 칼날로 그들을 치며 그 성읍을 불사르되… 단 자손이 성읍을 세우고 거기 거주하면서"(27,28절)

• 사도행전 22장　하나님에 대하여 열심 있는 자

"주님 무엇을 하리이까… 일어나 다메섹으로 들어가라 네가 해야 할 모든 것을 거기서 누가 이르리라"(10절)

"모든 유대인들에게 칭찬을 듣는 아나니아라 하는 이가… 형제 사울아 다시 보라"(12,13절)

"네가 그를 위하여 모든 사람 앞에서 네가 보고 들은 것에 증인이 되리라"(15절)

"또 이르시되 떠나가라 내가 너를 멀리 이방인에게로 보내리라"(21절)

• 예레미야 32장　하나님의 백성이 됨

"사람이 이 땅에서 집과 밭과 포도원을 다시 사게 되리라"(15절)

"주께서 큰 능력과 펴신 팔로 천지를 지으셨사오니 주에게는 할 수 없는 일이 없으시니이다"(17절)

"나는 여호와요 모든 육체의 하나님이라 내게 할 수 없는 일이 있겠느냐"(27절)

"그들을 모아들여 이 곳으로 돌아오게 하여 안전히 살게 할 것이라"(37절)

"그들은 내 백성이 되겠고 나는 그들의 하나님이 될 것이며"(38절)

시편 1, 2편 복 있는 사람

"복 있는 사람은 악인들의 꾀를 따르지 아니하며"(1:1)
"무릇 의인들의 길은 여호와께서 인정하시나 악인들의 길은 망하리로다"(1:6)
"내가 나의 왕을 내 거룩한 산 시온에 세웠다"(2:6)
"너는 내 아들이라 오늘 내가 너를 낳았도다"(2:7)
"여호와께 피하는 모든 사람은 다 복이 있도다"(2:12)

묵상 | 하나님 마음 알아가기

모든 일에 능하신 하나님을 신뢰하십시오. 그리고 열심으로 증인의 삶을 살아가야 합니다. 그가 진정 복 있는 사람입니다.

적용

1. 당신은 하나님의 사람입니까?

2. 하나님께 대하여 열심을 가지십시오.

3. 하나님의 백성임을 자랑하십시오.

4. 복 있는 자의 삶을 살며, 여호와께 피하시기 바랍니다.

나(우리)에게 주시는 말씀(암송)

- 오늘의 감사 •

- 말씀으로 기도하기 •

217일차 / 365일

월   일

오늘의 본문: 삿19 | 행23 | 렘33 | 시3, 4

맥체인 읽기: 8월 5일

찬송가 522장

오늘의 주제(키워드): 왕

 **말씀**

• **사사기 19장** 왕이 없는 혼란

"이스라엘에 왕이 없을 그 때에"(1절)

"그 성읍의 불량배들이… 이르되 네 집에 들어온 사람을 끌어내라 우리가 그와 관계하리라"(22절)

"그들이 그 여자와 관계하였고 밤새도록 그 여자를 능욕하다가"(25절)

"칼을 가지고 자기 첩의 시체를 거두어 그 마디를 찍어 열두 덩이에 나누고 그것을 이스라엘 사방에 두루 보내매"(29절)

• **사도행전 23장** 참된 왕과 함께 하는 길

"나는 범사에 양심을 따라 하나님을 섬겼노라"(1절)

"죽은 자의 소망 곧 부활로 말미암아 내가 심문을 받노라"(6절)

"담대하라 네가 예루살렘에서 나의 일을 증언한 것 같이 로마에서도 증언하여야 하리라"(11절)

"헤롯 궁에 그를 지키라 명하니라"(35절)

• **예레미야 33장** 공의로운 가지(왕)의 약속

"일을 행하시는 여호와, 그것을 만들며 성취하시는 여호와, 그의 이름을 여호와라 하는 이가"(2절)

"너는 내게 부르짖으라 내가 네게 응답하겠고 네가 알지 못하는 크고 은밀한 일을 네게 보이리라"(3절)

"그러나 보라 내가 이 성읍을 치료하며 고쳐 낫게 하고 평안과 진실이 풍성함을 그들에게 나타낼 것이며"(6절)

"이 성읍이 세계 열방 앞에서 나의 기쁜 이름이 될 것이며"(9절)

"다윗에게서 한 공의로운 가지가 나게 하리니"(15절)

"이 성은 여호와는 우리의 의라는 이름을 얻으리라"(16절)

"하늘의 만상은 셀 수 없으며 바다의 모래는 측량할 수 없나니 내가 그와 같이 내 종 다윗의

자손과 나를 섬기는 레위인을 번성하게 하리라"(22절)

• **시편 3, 4편** 안전히 살게 하시는 여호와

"여호와여 주는 나의 방패시요 나의 영광이시요 나의 머리를 드시는 자이시니이다"(3:3)
"천만인이 나를 에워싸 진 친다 하여도 나는 두려워하지 아니하리이다"(3:6)
"구원은 여호와께 있사오니 주의 복을 주의 백성에게 내리소서"(3:8)
"내가 평안히 눕고 자기도 하리니 나를 안전히 살게 하시는 이는 오직 여호와이시니이다"(4:8)

묵상 | 하나님 마음 알아가기

당신의 왕은 누구십니까? 예수 그리스도는 우리의 왕이십니다. 왕이신 예수는 우리를 안전하게 살게 하십니다. 왕께 부르짖을 때 응답하시고 크고 은밀한 일을 보이십니다.

적용

1. 당신의 왕은 어떤 분이십니까? 예수 그리스도를 진정한 왕으로 모시고 있습니까?
2. 왕이 없으면 혼란이 있습니다.
3. 왕과 함께 하는 삶에는 고난이 문제되지 않습니다. 왕을 증언하며 삽시다.
4. 평안과 진실함과 안전히 살게 하시는 진정한 왕을 바라보십시오.

나(우리)에게 주시는 말씀(암송)

• 오늘의 감사 •

• 말씀으로 기도하기 •

218일차 / 365일

월 일

오늘의 본문: **삿20 | 행24 | 렘34 | 시5,6**

오늘의 주제(키워드): **들음**

맥체인 읽기: 8월 6일

찬송가 455장

 **말씀**

• 사사기 20장 하나님의 말씀을 들음

"베냐민 자손이 그들의 형제 이스라엘 자손의 말을 듣지 아니하고"(13절)

"이스라엘 자손이 일어나 벧엘에 올라가서 하나님께 여쭈어 이르되 우리 중에 누가 먼저 올라가서 베냐민 자손과 싸우리이까 하니 여호와께서 말씀하시되 유다가 먼저 갈지니라 하시니라"(18절)

"내가 다시 나아가서 내 형제 베냐민 자손과 싸우리이까 하니 여호와께서 말씀하시되 올라가서 치라"(23절)

"울며… 금식하고 번제와 화목제를 여호와 앞에 드리고"(26절)

"올라가라 내일은 내가 그를 네 손에 넘겨 주리라 하시는지라"(28절)

• 사도행전 24장 예수 믿는 도를 들음

"이 사람은 전염병 같은 자라 천하에 흩어진 유대인을 다 소요하게 하는 자요 나사렛 이단의 우두머리라"(5절)

"하나님께 향한 소망을 나도 가졌으니 곧 의인과 악인의 부활이 있으리라 함이니이다"(15절)

"벨릭스가… 바울을 불러 그리스도 예수 믿는 도를 듣거늘 바울이 의와 절제와 장차 오는 심판을 강론하니"(24,25절)

• 예레미야 34장 환난 중에 여호와의 말씀을 들음

"바벨론의 느부갓네살 왕과… 모든 백성이 예루살렘과 그 모든 성읍을 칠 때에 말씀이 여호와께로부터"(1절)

"시드기야 왕이… 하나님 앞에서 계약을 맺고 자유를 선포한 후에… 그 계약은 사람마다 각기 히브리 남녀 노비를 놓아 자유롭게 하고 그의 동족 유다인을 종으로 삼지 못하게 한 것이라"(8,9절)

"너희가 나에게 순종하지 아니하고 각기 형제와 이웃에게 자유를 선포한 것을 실행하지 아니하였은즉"(17절)

"내가 유다의 성읍들을 주민이 없어 처참한 황무지가 되게 하리라"(22절)

• 시편 5, 6편　나의 말에 귀를 기울이시기를 간구함

"여호와여 나의 말에 귀를 기울이사 나의 심정을 헤아려 주소서"(5:1)

"여호와여 아침에 주께서 나의 소리를 들으시리니 아침에 내가 주께 기도하고 바라리이다"(5:3)

"오직 나는 주의 풍성한 사랑을 힘입어 주의 집에 들어가 주를 경외함으로 성전을 향하여 예배하리이다"(5:7)

"악을 행하는 너희는 다 나를 떠나라 여호와께서 내 울음 소리를 들으셨도다"(6:8)

묵상 | 하나님 마음 알아가기

잘 들어야 합니다. 어떤 환경 가운데서도 듣기를 잘 해야 합니다. 특히 환난 중에라도 잘 들어야 합니다. 우리가 들을 것은 하나님의 말씀입니다.

적용

1. 잘 듣고 계십니까?
2. 하나님께서 말씀하시는 바를 들으십시오. 환난 중에도 말씀하십니다.
3. 세상이 예수 그리스도에 관한 도를 들을 수 있도록 말씀을 들려주십시오.
4. 여호와는 우리의 소리를 들으십니다. 주께 아뢰되 특히 아침에 주께 기도하고 바라십시오.

나(우리)에게 주시는 말씀(암송)

• 오늘의 감사 •

• 말씀으로 기도하기 •

219일차 365일	월 일	맥체인 읽기: 8월 7일
	오늘의 본문: 삿21	행25	렘35	시7,8	찬송가 221장
	오늘의 주제(키워드): **상소와 하나님의 심판**	

 **말씀**

• 사사기 21장 베냐민 사람들을 위한 조처

"이스라엘 자손이 그들의 형제 베냐민을 위하여 뉘우쳐 이르되 오늘 이스라엘 중에 한 지파가 끊어졌도다"(6절)

"그들이 야베스 길르앗 주민 중에서 젊은 처녀 사백 명을 얻었으니"(12절)

"베냐민 자손에게 사람을 보내어 평화를 공포하게"(13절)

"실로의 여자들이 춤을 추러 나오거든… 각각 하나를 붙들어 가지고 자기의 아내로 삼아 베냐민 땅으로 돌아가라"(21절)

"그 때에 이스라엘에 왕이 없으므로 사람이 각기 자기의 소견에 옳은 대로 행하였더라"(25절)

• 사도행전 25장 황제에게 상소

"예루살렘에서 내려온 유대인들이 둘러서서 여러 가지 중대한 사건으로 고발하되 능히 증거를 대지 못한지라"(7절)

"내가 가이사께 상소하노라… 가이사에게 갈 것이라"(11,12절)

"내가 살피건대 죽일 죄를 범한 일이 없더이다 그러나 그가 황제에게 상소한 고로 보내기로 결정하였나이다"(25절)

• 예레미야 35장 조상의 명령을 따른 레갑 사람들과 불순종한 이스라엘

"우리 선조 요나답이 우리에게 명령한 모든 말을 순종하여"(8절)

"우리에게 명령한 대로 다 지켜 행하였노라"(10절)

"레갑의 아들 요나답이 그의 자손에게 포도주를 마시지 말라 한 그 명령은 실행되도다 그들은 그 선조의 명령을 순종하여 오늘까지 마시지 아니하거늘 내가 너희에게 말하고 끊임없이 말하여도 너희는 내게 순종하지 아니하도다"(14절)

"너희는 이제 각기 악한 길에서 돌이켜 행위를 고치고 다른 신을 따라 그를 섬기지 말라 그리하면 너희는 내가 너희와 너희 선조에게 준 이 땅에 살리라 하여도 너희가 귀를 기울이지 아니하며 내게 순종하지 아니하였느니라"(15절)

"보라 내가 유다와 예루살렘의 모든 주민에게 내가 그들에게 대하여 선포한 모든 재앙을 내리리니 이는 내가 그들에게 말하여도 듣지 아니하며 불러도 대답하지 아니함이니라"(17절)

"레갑의 아들 요나답에게서 내 앞에 설 사람이 영원히 끊어지지 아니하리라"(19절)

• 시편 7, 8편 | 회개하지 않는 자에 대한 심판

"여호와여 나의 의와 나의 성실함을 따라 나를 심판하소서"(7:8)

"사람이 회개하지 아니하면 그가 그의 칼을 가심이여 그의 활을 이미 당기어 예비하셨도다"(7:12)

"주의 대적으로 말미암아 어린 아이들과 젖먹이들의 입으로 권능을 세우심이여 이는 원수들과 보복자들을 잠잠하게 하려 하심이니이다"(8:2)

"그를 하나님보다 조금 못하게 하시고 영화와 존귀로 관을 씌우셨나이다"(8:5)

묵상 | 하나님 마음 알아가기

순종과 불순종은 항상 우리 앞에 놓여 있습니다. 순종할 때 약속의 성취를 보지만, 불순종하면 심판이 따릅니다. 불순종할 때는 그에 따른 심판의 책임도 감당해야 합니다.

적용

1. 억울한 일은 하나님께 아뢰고, 불순종에 대해선 회개하십니까?
2. 자기의 소견을 버리고 하나님의 명령에 순종하십시오.
3. 악한 자들의 꾀를 하나님께 상소하십시오.
4. 그리고 하나님의 모든 말씀에 불순종한 일에 대해선 철저히 회개하십시오.

나(우리)에게 주시는 말씀(암송)

• 오늘의 감사 •

• 말씀으로 기도하기 •

220일차 / 365일

월   일
오늘의 본문: 룻1 | 행26 | 렘36,37 | 시9
오늘의 주제(키워드): **선택**

맥체인 읽기: 8월 8일
찬송가 213장

 말씀

• 룻기 1장 룻의 선택

"사사들이 치리하던 때에 그 땅에 흉년이 드니라"(1절)

"룻은 그를 붙좇았더라"(14절)

"어머니께서 가시는 곳에 나도 가고 어머니께서 머무시는 곳에서 나도 머물겠나이다 어머니의 백성이 나의 백성이 되고 어머니의 하나님이 나의 하나님이 되시리니"(16절)

"그들이 보리 추수 시작할 때에 베들레헴에 이르렀더라"(22절)

• 사도행전 26장 사울을 선택하심

"사울아 사울아 네가 어찌하여 나를 박해하느냐"(14절)

"일어나 너의 발로 서라 내가 네게 나타난 것은 곧 네가 나를 본 일과 장차 내가 네게 나타날 일에 너로 종과 증인을 삼으려 함이니"(16일)

"어둠에서 빛으로, 사탄의 권세에서 하나님께로 돌아오게 하고 죄 사함과 나를 믿어 거룩하게 된 무리 가운데서 기업을 얻게 하리라"(18절)

"온 땅과 이방인에게까지 회개하고 하나님께로 돌아와서 회개에 합당한 일을 하라"(20절)

"곧 그리스도가 고난을 받으실 것과 죽은 자 가운데서 먼저 다시 살아나사 이스라엘과 이방인들에게 빛을 전하시리라"(23절)

• 예레미야 36, 37장 금식일에 낭독함

"두루마리에 기록한 여호와의 말씀을 금식일에 여호와의 성전에 있는 백성의 귀에 낭독하고... 낭독하라"(36:6)

• 시편 9편 전파함과 선포

"내가 전심으로 여호와께 감사하오며 주의 모든 기이한 일들을 전하리이다"(1절)

"너희는 시온에 계신 여호와를 찬송하며 그의 행사를 백성 중에 선포할지어다"(11절)

묵상 | 하나님 마음 알아가기

무엇을 선택하는가는 중요합니다. 하나님께 선택받은 사울 왕은 하나님을 실망시켰습니다. 복음 전파를 위해 선택받은 사울은 로마에까지 가서 복음을 전함으로 하나님의 기쁨이 되었습니다.

적용

1. 당신의 선택의 기준은 무엇입니까?

2. 자고 난 가운데서도 하나님 나라를 선택하십시오.

3. 복음 전파와 말씀 선포하는 일을 선택하십시오.

나(우리)에게 주시는 말씀(암송)

• 오늘의 감사 •

• 말씀으로 기도하기 •

221일차 / 365일

월　　　일

오늘의 본문: 룻2 | 행27 | 렘38 | 시10

맥체인 읽기: 8월 9일

찬송가 220장

오늘의 주제(키워드): **생명의 보전**

 **말씀**

• 룻기 2장   여호와의 보답과 상을 통한 보전

"룻이… 밭에서 이삭을 줍는데 우연히 엘리멜렉의 친족 보아스에게 속한 밭에 이르렀더라"(3절)

"보아스가 룻에게 이르되 내 딸아 들으라 이삭을 주우러 다른 밭으로 가지 말며 여기서 떠나지 말고 나의 소녀들과 함께 있으라"(8절)

"여호와께서 네가 행한 일에 보답하시기를 원하며 이스라엘의 하나님 여호와께서 그의 날개 아래에 보호를 받으러 온 네게 온전한 상 주시기를 원하노라"(12절)

"그 사람은 우리와 가까우니 우리 기업을 무를 자 중의 하나이니라"(20절)

• 사도행전 27장   풍랑 중에서 구원

"이번 항해가 하물과 배만 아니라 우리 생명에도 타격과 많은 손해를 끼치리라"(10절)

"얼마 안 되어 섬 가운데로부터 유라굴로라는 광풍이 크게 일어나니"(14절)

"구원의 여망마저 없어졌더라"(20절)

"이제는 안심하라 너희 중 아무도 생명에는 아무런 손상이 없겠고 오직 배뿐이리라"(22절)

"바울아 두려워하지 말라 네가 가이사 앞에 서야 하겠고 또 하나님께서 너와 함께 항해하는 자를 다 네게 주셨다"(24절)

"마침내 사람들이 다 상륙하여 구조되니라"(44절)

• 예레미야 38장   순종함으로 오는 생명 보전

"이 성에 머무는 자는 칼과 기근과 전염병에 죽으리라 그러나 갈대아인에게 항복하는 자는 살리니"(2절)

"예레미야가 진창 속에 빠졌더라"(6절)

"에벳멜렉이… 밧줄로 내리며"(11절)

"그들이 줄로 예레미야를 구덩이에서 끌어낸지라 예레미야가 시위대 뜰에 머무니라"(13절)

"내가 왕에게 아뢴 바 여호와의 목소리에 순종하소서 그리하면 왕이 복을 받아 생명을 보전하시리이다"(20절)

시편 10편 하나님을 의지함

"악인은… 그의 모든 사상에 하나님이 없다 하나이다"(4절)

"여호와여 일어나옵소서 하나님이여 손을 드옵소서 가난한 자들을 잊지 마옵소서"(12절)

"여호와여 주는 겸손한 자의 소원을 들으셨사오니 그들의 마음을 준비하시며 귀를 기울여 들으시고 고아와 압제 당하는 자를 위하여 심판하사 세상에 속한 자가 다시는 위협하지 못하게 하시리이다"(17,18절)

묵상 | 하나님 마음 알아가기

극한 상황에서도 하나님은 우리의 생명을 보존하시기를 기뻐하십니다. 고난 중에라도 끝까지 하나님을 의지하고 순종할 때 우리의 생명이 보존됩니다.

적용

1. 당신의 생명은 어떻게 보전되고 있습니까?

2. 죄와 허물로 죽은 가운데서도 예수 그리스도를 믿으므로 영생을 얻었습니다.

3. 고난 가운데서도 끝까지 하나님을 의지하십시오.

나(우리)에게 주시는 말씀(암송)

• 오늘의 감사 •

• 말씀으로 기도하기 •

월   일   맥체인 읽기: 8월 10일

오늘의 본문: 룻 3, 4 | 행 28 | 렘 39 | 시 11, 12   찬송가 604장

오늘의 주제(키워드): **생명(하나님 나라 씨)의 보전**

 말씀

• 룻기 3, 4장 기업 무를 자-그리스도의 계보

"나는 당신의 여종 룻이오니 당신의 옷자락을 펴 당신의 여종을 덮으소서 이는 당신이 기업을 무를 자가 됨이니이다"(3:9)

"기업 무를 자로서 나보다 더 가까운 사람이 있으니"(3:12)

"내가 무를 것을 네가 무르라 나는 무르지 못하겠노라"(4:6)

"네가 너를 위하여 사라 하고 그의 신을 벗는지라"(4:8)

"룻을 사서 나의 아내로 맞이하고"(4:10)

• 사도행전 28장 하나님 나라를 전파함

"이스라엘의 소망으로 말미암아 내가 이 쇠사슬에 매인 바 되었노라"(20절)

"바울이 아침부터 저녁까지 강론하여 하나님의 나라를 증언하고 모세의 율법과 선지자의 말을 가지고 예수에 대하여 권하더라"(23절)

"바울이 온 이태를 자기 셋집에 머물면서 자기에게 오는 사람을 다 영접하고 하나님의 나라를 전파하며 주 예수 그리스도에 관한 모든 것을 담대하게 거침없이 가르치더라"(30,31절)

• 예레미야 39장 이방 사람(구스 사람 에벳멜렉)에게 약속된 여호와의 구원

"내가 그 날에 너를 구원하리니 네가 그 두려워하는 사람들의 손에 넘겨지지 아니하리라"(17절)

"내가 반드시 너를 구원할 것인즉 네가 칼에 죽지 아니하고 네가 노략물 같이 네 목숨을 얻을 것이니 이는 네가 나를 믿었음이라"(18절)

• 시편 11, 12편 정직한 자

"여호와는 의로우사 의로운 일을 좋아하시나니 정직한 자는 그의 얼굴을 뵈오리로다"(11:7)

"여호와의 말씀에 가련한 자들의 눌림과 궁핍한 자들의 탄식으로 말미암아 내가 이제 일어나

그를 그가 원하는 안전한 지대에 두리라 하시도다"(12:5)
"여호와의 말씀은 순결함이여 흙 도가니에 일곱 번 단련한 은 같도다"(12:6)

묵상 | 하나님 마음 알아가기

하나님은 이방인이라 할지라도 그들의 생명을 보존하시기를 기뻐하십니다. 가련한 자들과 궁핍한 자들의 탄식을 외면하지 않으시고 그들을 안전지대에 두십니다.

적용

1. 당신의 하나님 나라의 기업 무를 자임을 아십니까?

2. 예수 그리스도의 십자가로 말미암아 구원을 이루십시오.

3. 하나님 나라 백성으로서 의로운 삶을 정직히 살아가십시오.

4. 천국 복음을 전하는 삶을 통해 구원받는 사람이 날마다 더해지는 삶을 사시기 바랍니다.

나(우리)에게 주시는 말씀(암송)

• 오늘의 감사 •

• 말씀으로 기도하기 •

| 월 일 | 맥체인 읽기: 8월 11일 |

오늘의 본문: 삼상1 | 롬1 | 렘40 | 시13, 14   찬송가 526장

오늘의 주제(키워드): **소망**

 **말씀**

• 사무엘상 1장   씨에 대한 소망

"한나가 마음이 괴로워서 여호와께 기도하고 통곡하며 서원하여… 주의 여종에게 아들을 주시면 내가 그의 평생에 그를 여호와께 드리고 삭도를 그의 머리에 대지 아니하겠나이다"(10, 11절)

"평안히 가라 이스라엘의 하나님이 네가 기도하여 구한 것을 허락하시기를 원하노라"(17절)

"한나가 임신하고 때가 이르매 아들을 낳아 사무엘이라 이름하였으니 이는 내가 여호와께 그를 구하였다 함이더라"(20절)

"그러므로 나도 그를 여호와께 드리되 그의 평생을 여호와께 드리나이다"(28절)

• 로마서 1장   복음 전파에 대한 소망

"이 복음은 하나님이 선지자들을 통하여 그의 아들에 관하여 성경에 미리 약속하신 것이라"(2절)

"할 수 있는 대로 로마에 있는 너희에게도 복음 전하기를 원하노라"(15절)

"이 복음은 모든 믿는 자에게 구원을 주시는 하나님의 능력이 됨이라… 복음에는 하나님의 의가 나타나서 믿음으로 믿음에 이르게 하나니 기록된 바 오직 의인은 믿음으로 말미암아 살리라 함과 같으니라"(16, 17절)

• 예레미야 40장   거주할 곳에 대한 소망

"보라 온 땅이 네 앞에 있나니 네가 좋게 여기는 대로 옳게 여기는 곳으로 갈지니라"(4절)

"예레미야가 미스바로 가서… 그 땅에 남아 있는 백성 가운데서 그와 함께 사니라"(6절)

"그 모든 유다 사람이 쫓겨났던 각처에서 돌아와 유다 땅 미스바에 사는 그다랴에게 이르러 포도주와 여름 과일을 심히 많이 모으니라"(12절)

• 시편 13, 14편   여호와의 구원을 향한 소망

"여호와 내 하나님이여 나를 생각하사 응답하시고 나의 눈을 밝히소서"(13:3)

"나는 오직 주의 사랑을 의지하였사오니 나의 마음은 주의 구원을 기뻐하리이다"(13:5)
"그러나 거기서 그들은 두려워하고 두려워하였으니 하나님이 의인의 세대에 계심이로다"(14:5)
"너희가 가난한 자의 계획을 부끄럽게 하나 오직 여호와는 그의 피난처가 되시도다"(14:6)

묵상 | 하나님 마음 알아가기

어떤 소망이 있으십니까? 하나님 나라 씨에 대한 소망, 복음 전파에 대한 소망을 가지십시오. 하나님이 기뻐하시고, 이루시는 소망입니다.

적용

1. 당신의 소망은 어디에 있습니까?

2. 하나님 나라의 씨와 땅에 대해 소망을 가지십시오.

3. 복음 전파에 대한 소망을 가지십시오.

4. 하나님은 우리 구원이십니다. 하나님의 구원에 대한 소망을 가지십시오.

나(우리)에게 주시는 말씀(암송)

- 오늘의 감사 -

- 말씀으로 기도하기 -

월   일   맥체인 읽기: 8월 12일

오늘의 본문: 삼상2 | 롬2 | 렘41 | 시15, 16   찬송가 88장

오늘의 주제(키워드): **여호와의 제사에 대한 태도**

 말씀

• 사무엘상 2장 멸시함
"여호와는 지식의 하나님이시라 행동을 달아 보시느니라"(3절)
"이 소년들의 죄가 여호와 앞에 심히 큼은 그들이 여호와의 제사를 멸시함이었더라"(17절)
"나를 존중히 여기는 자를 내가 존중히 여기고 나를 멸시하는 자를 내가 경멸하리라"(30절)
"내가 나를 위하여 충실한 제사장을 일으키리니"(35절)

• 로마서 2장 여호와의 이름이 모독을 받음
"하나님께서 각 사람에게 그 행한 대로 보응하시되"(6절)
"하나님의 이름이 너희 때문에 이방인 중에서 모독을 받는도다"(24절)
"오직 이면적 유대인이 유대인이며 할례는 마음에 할지니 영에 있고 율법 조문에 있지 아니한 것이라"(29절)

• 예레미야 41장 제사 드리는 자를 죽임
"그 때에 사람 팔십 명이 자기들의 수염을 깎고 옷을 찢고 몸에 상처를 내고 손에 소제물과 유향을 가지고 세겜과 실로와 사마리아로부터 와서 여호와의 성전으로 나아가려 한지라"(5절)
"그들이 성읍 중앙에 이를 때에 느다냐의 아들 이스마엘이 자기와 함께 있던 사람들과 더불어 그들을 죽여 구덩이 가운데에 던지니라"(7절)

• 시편 15, 16편 여호와의 장막에 머무를 자
"여호와여 주의 장막에 머무를 자 누구오며 주의 성산에 사는 자 누구오니이까"(15:1)
"땅에 있는 성도들은 존귀한 자들이니 나의 모든 즐거움이 그들에게 있도다"(16:3)
"내가 여호와를 항상 내 앞에 모심이여"(16:8)
"이러므로 나의 마음이 기쁘고 나의 영도 즐거워하며 내 육체도 안전히 살리니"(16:9)

묵상 | 하나님 마음 알아가기

성도의 예배의 태도는 단순히 개인의 문제가 아닙니다. 이방인들이 하나님을 바라보는 태도를 결정할때 나의 예배 태도로 하나님의 이름이 모독을 받을 수 있음을 기억해야 합니다.

적용

1. 하나님을 향한 당신의 제사의 마음은 어떤 것입니까?

2. 모든 멸시하는 마음을 버리고, 예배하는 자들을 방해하지 말고, 정직하게 행하며 공의를 실천하며 마음에 진실을 말하는 성도가 되시기 바랍니다.

나(우리)에게 주시는 말씀(암송)

• 오늘의 감사 •

• 말씀으로 기도하기 •

225일차 / 365일

월   일

오늘의 본문: 삼상3 | 롬3 | 렘42 | 시17

맥체인 읽기: 8월 13일

찬송가 329장

오늘의 주제(키워드): **참되신 하나님**

 말씀

• 사무엘상 3장 말씀하심

"여호와의 말씀이 희귀하여 이상이 흔히 보이지 않았더라"(1절)

"여호와께서 사무엘을 부르시는지라"(4절)

"말씀하옵소서 주의 종이 듣겠나이다"(10절)

"사무엘이 자라매 여호와께서 그와 함께 계셔서 그의 말이 하나도 땅에 떨어지지 않게 하시니"(19절)

• 로마서 3장 사람의 거짓됨과 하나님의 참되심

"사람은 다 거짓되되 오직 하나님은 참되시다"(4절)

"의인은 없나니 하나도 없으며"(10절)

"그러므로 율법의 행위로 그의 앞에 의롭다 하심을 얻을 육체가 없나니 율법으로는 죄를 깨달음이니라"(20절)

"모든 사람이 죄를 범하였으매 하나님의 영광에 이르지 못하더니 그리스도 예수 안에 있는 속량으로 말미암아 하나님의 은혜로 값 없이 의롭다 하심을 얻은 자 되었느니라"(23,24절)

• 예레미야 42장 마땅히 갈 길과 할 일을 보이심

"당신의 하나님 여호와께서 우리가 마땅히 갈 길과 할 일을 보이시기를 원하나이다"(3절)

"그의 목소리가 우리에게 좋든지 좋지 않든지를 막론하고 순종하려 함이라 우리가 우리 하나님 여호와의 목소리를 순종하면 우리에게 복이 있으리이다"(6절)

"너희는 너희가 두려워하는 바벨론의 왕을 겁내지 말라 내가 너희와 함께 있어 너희를 구원하며 그의 손에서 너희를 건지리니 두려워하지 말라"(11절)

"너희 마음을 속였느니라"(20절)

• 시편 17편 | 기도를 들으심

"거짓 되지 아니한 입술에서 나오는 나의 기도에 귀를 기울이소서"(1절)
"나는 의로운 중에 주의 얼굴을 뵈오리니 깰 때에 주의 형상으로 만족하리이다"(15절)

묵상 | 하나님 마음 알아가기

우리의 거짓됨은 하나님의 참되심 앞에 무력합니다. 모든 거짓됨을 버리고 참되신 하나님만을 온전히 바라볼 때 마땅히 갈 길을 볼 수 있습니다.

적용

1. 하나님의 참되심 앞에 어떤 자세로 나아가십니까?

2. 어떤 말씀이든지 들으십시오.

3. 모든 거짓됨을 버리고 참되신 하나님 앞에 서십시오.

4. 마음을 속이지 말고 좋든지 좋지 않든지 순종하십시오.

5. 거짓되지 아니한 입술로 간구하십시오.

나(우리)에게 주시는 말씀(암송)

• 오늘의 감사 •

• 말씀으로 기도하기 •

월   일   맥체인 읽기: 8월 14일

오늘의 본문: 삼상4 | 롬4 | 렘43 | 시18   찬송가 274장

오늘의 주제(키워드): 약함

 말씀

• 사무엘상 4장 여호와의 영광이 떠남
"이스라엘이 블레셋 사람들 앞에서 패하여"(2절)

"이스라엘이 패하여"(10절)

"하나님의 궤는 빼앗겼고 엘리의 두 아들 홉니와 비느하스는 죽임을 당하였더라"(11절)

"하나님의 궤를 말할 때에 엘리가 자기 의자에서 뒤로 넘어져 문 곁에서 목이 부러져 죽었으니 나이가 많고 비대한 까닭이라"(18절)

"영광이 이스라엘에서 떠났다 하고 아이 이름을 이가봇이라 하였으니"(21절)

• 로마서 4장 믿음의 약함을 극복
"아브라함이 하나님을 믿으매 그것이 그에게 의로 여겨진 바 되었느니라"(3절)

"그가 할례의 표를 받은 것은 무할례시에 믿음으로 된 의를 인친 것이니 이는 무할례자로서 믿는 모든 자의 조상이 되어 그들도 의로 여기심을 얻게 하려 하심이라"(11절)

"오직 믿음의 의로 말미암은 것이니라"(13절)

"아브라함이 바랄 수 없는 중에 바라고 믿었으니"(18절)

"믿음이 약하여지지 아니하고"(19절)

"믿음이 없어 하나님의 약속을 의심하지 않고 믿음으로 견고하여져서 하나님께 영광을 돌리며"(20절)

"약속하신 그것을 또한 능히 이루실 줄을 확신하였으니"(21절)

"의로 여기심을 받을 우리도 위함이니 곧 예수 우리 주를 죽은 자 가운데서 살리신 이를 믿는 자니라"(24절)

• 예레미야 43장 여호와의 목소리를 순종하지 않음
"예레미야가 모든 백성에게 그들의 하나님 여호와의 말씀 곧 그들의 하나님 여호와께서 자기를 보내사 그들에게 이르신 이 모든 말씀을 말하기를 마치니"(1절)

"모든 오만한 자가 예레미야에게 말하기를 네가 거짓을 말하는도다"(2절)

"여호와의 목소리를 순종하지 아니하고"(4절)

"애굽 땅에 들어가… 그들이 여호와의 목소리를 순종하지 아니함이러라"(7절)

시편 18편 | 힘이 되신 여호와를 사랑

"나의 힘이신 여호와여 내가 주를 사랑하나이다"(1절)

"내가 환난 중에서 여호와께 아뢰며 나의 하나님께 부르짖었더니 그가 그의 성전에서 내 소리를 들으심이여 그의 앞에서 나의 부르짖음이 그의 귀에 들렸도다"(6절)

"그가 높은 곳에서 손을 펴사 나를 붙잡아 주심이여 많은 물에서 나를 건져내셨도다"(16절)

"나를 넓은 곳으로 인도하시고 나를 기뻐하시므로 나를 구원하셨도다"(19절)

"내 손이 깨끗한 만큼 내게 갚으셨도다"(24절)

"내 걸음을 넓게 하셨고"(36절)

"여호와는 살아 계시니 나의 반석을 찬송하며 내 구원의 하나님을 높일지로다"(46절)

묵상 | 하나님 마음 알아가기

우리의 약함은 하나님의 목소리를 순종하지 않음으로 옵니다. 그렇지만 약함은 수치가 아닙니다. 예수 안에 있으면 약함이 곧 강함입니다.

적용

1. 당신의 약함은 무엇입니까?
2. 여호와의 영광이 떠나지 않도록 주를 의뢰하십시오.
3. 믿음이 약하여지지 않도록 하십시오.
4. 늘 여호와의 목소리에 순종하십시오.
5. 힘이 되신 여호와를 사랑하심으로 약함을 극복하십시오.

나(우리)에게 주시는 말씀(암송)

• 오늘의 감사 •

• 말씀으로 기도하기 •

월   일   맥체인 읽기: 8월 15일

오늘의 본문: 삼상 5, 6 | 롬 5 | 렘 44 | 시 19   찬송가 73장

오늘의 주제(키워드): 하나님의 은혜와 진리의 말씀

 말씀

• 사무엘상 5, 6장 언약궤와 함께 한 여호와의 영광

"블레셋 사람들이 하나님의 궤를 빼앗아 가지고"(5:1)

"다곤이 여호와의 궤 앞에서 엎드러져 그 얼굴이 땅에 닿았는지라"(5:3)

"우리가 이스라엘 신의 궤를 어찌하랴"(5:8)

"그것을 옮겨 간 후에 여호와의 손이 심히 큰 환난을 그 성읍에 더하사"(5:9)

"이스라엘 신의 궤를 보내어 그 있던 곳으로 돌아가게 하고 우리와 우리 백성이 죽임 당함을 면하게 하자"(5:11)

"새 수레를 하나 만들고 멍에를 메어 보지 아니한 젖 나는 소 두 마리를 끌어다가 소에 수레를 메우고 그 송아지들은 떼어 집으로 돌려보내고"(6:7)

"암소가 벧세메스 길로 바로 행하여 대로로 가며 갈 때에 울고 좌우로 치우치지 아니하였고"(6:12)

• 로마서 5장 예수 그리스도와 함께 한 은혜

"그러므로 우리가 믿음으로 의롭다 하심을 받았으니 우리 주 예수 그리스도로 말미암아 하나님과 화평을 누리자"(1절)

"하나님의 영광을 바라고 즐거워하느니라"(2절)

"소망이 우리를 부끄럽게 하지 아니함은 우리에게 주신 성령으로 말미암아 하나님의 사랑이 우리 마음에 부은 바 됨이니"(5절)

"우리가 아직 죄인 되었을 때에 그리스도께서 우리를 위하여 죽으심으로 하나님께서 우리에 대한 자기의 사랑을 확증하셨느니라"(8절)

"한 사람의 범죄를 인하여 많은 사람이 죽었은즉 더욱 하나님의 은혜와 또한 한 사람 예수 그리스도의 은혜로 말미암은 선물은 많은 사람에게 넘쳤느니라"(15절)

"한 사람이 순종하심으로 많은 사람이 의인이 되리라"(19절)

• 예레미야 44장 누구의 말이 진리인지

"그런즉 칼을 피한 소수의 사람이 애굽 땅에서 나와 유다 땅으로 돌아오리니 애굽 땅에 들어가서 거기에 머물러 사는 유다의 모든 남은 자가 내 말과 그들의 말 가운데서 누구의 말이 진리인

지 알리라"(28절)

- **시편 19편** 완전하고 확실한 여호와의 말씀

"언어도 없고 말씀도 없으며 들리는 소리도 없으나 그의 소리가 온 땅에 통하고 그의 말씀이 세상 끝까지 이르도다"(3,4절)

"여호와의 율법은 완전하여 영혼을 소성시키며 여호와의 증거는 확실하여 우둔한 자를 지혜롭게 하며"(7절)

"금 곧 많은 순금보다 더 사모할 것이며 꿀과 송이꿀보다 더 달도다"(10절)

"나의 반석이시요 나의 구속자이신 여호와여 내 입의 말과 마음의 묵상이 주님 앞에 열납되기를 원하나이다"(14절)

묵상 | 하나님 마음 알아가기

예수는 십자가로 하나님과 막힌 담을 허심으로 화평을 이루셨습니다. 뿐만 아니라 십자가로 하나님께서 우리에 대한 사랑을 확증해 주셨습니다. 그 사랑은 무조건적인 사랑입니다.

적용

1. 하나님의 은혜와 그분의 말씀이 진리라는 사실을 확신하십니까?
2. 언약궤 안에는 하나님의 말씀이 기록된 증거의 판이 들어 있었습니다.
3. 하나님의 말씀의 능력이 있어야 할 곳으로 영광 가운데 돌아오는 것입니다.
4. 하나님의 말씀은 말씀하신 그대로 이루어집니다. 그 말씀은 완전하고 확실합니다.
5. 말씀이신 그 분이 사람의 모습으로 이 땅에 오셔서 십자가에 죽으심으로 그분의 사랑을 확증해 주셨습니다.

나(우리)에게 주시는 말씀(암송)

• 오늘의 감사 •

• 말씀으로 기도하기 •

월   일   맥체인 읽기: 8월 16일

오늘의 본문: **삼상7, 8** | **롬6** | **렘45** | **시20, 21**   찬송가 28장

오늘의 주제(키워드): **구원**

 말씀

- **사무엘상 7, 8장** **여호와의 도우심**

"너희가 전심으로 여호와께 돌아오려거든 이방 신들과 아스다롯을 너희 중에서 제거하고 너희 마음을 여호와께로 향하여 그만을 섬기라 그리하면 너희를 블레셋 사람의 손에서 건져내시리라"(7:3)

"온전한 번제를 여호와께 드리고 이스라엘을 위하여 여호와께 부르짖으매 여호와께서 응답하셨더라"(7:9)

"여호와께서 여기까지 우리를 도우셨다"(7:12)

"그들이 너를 버림이 아니요 나를 버려 자기들의 왕이 되지 못하게 함이니라"(8:7)

"그들의 말을 들어 왕을 세우라"(8:22)

- **로마서 6장** **그리스도와 함께 죽고 살아남**

"만일 우리가 그리스도와 함께 죽었으면 또한 그와 함께 살 줄을 믿노니"(8절)

"그가 죽으심은 죄에 대하여 단번에 죽으심이요 그가 살아 계심은 하나님께 대하여 살아 계심이니 이와 같이 너희도 너희 자신을 죄에 대하여는 죽은 자요 그리스도 예수 안에서 하나님께 대하여는 살아 있는 자로 여길지어다"(10,11절)

"그러므로 너희는 죄가 너희 죽을 몸을 지배하지 못하게 하여 몸의 사욕에 순종하지 말고 또한 너희 지체를 불의의 무기로 죄에게 내주지 말고 오직 너희 자신을 죽은 자 가운데서 다시 살아난 자 같이 하나님께 드리며 너희 지체를 의의 무기로 하나님께 드리라 라"(12,13절)

"그러나 이제는 너희가 죄로부터 해방되고 하나님께 종이 되어 거룩함에 이르는 열매를 맺었으니 그 마지막은 영생이라"(22절)

- **예레미야 45장** **헐기도 하시며 뽑기도 하심**

"보라 나는 내가 세운 것을 헐기도 하며 내가 심은 것을 뽑기도 하나니 온 땅에 그리하겠거늘"(4절)

"네가 너를 위하여 큰 일을 찾느냐 그것을 찾지 말라"(5절)

• 시편 20, 21편 기름부음 받은 자를 구원하심

"성소에서 너를 도와 주시고 시온에서 너를 붙드시며 네 모든 소제를 기억하시며 네 번제를 받아 주시기를 원하노라"(20:2,3)

"네 마음의 소원대로 허락하시고 네 모든 계획을 이루어 주시기를 원하노라"(20:4)

"여호와께서 자기에게 기름 부음 받은 자를 구원하시는 줄 이제 내가 아노니"(20:6)

"어떤 사람은 병거, 어떤 사람은 말을 의지하나 우리는 여호와 우리 하나님의 이름을 자랑하리로다"(20:7)

묵상 | 하나님 마음 알아가기

그리스도인의 삶은 예수 그리스도와 함께 죽고 그리스도와 함께 살아난 삶입니다. 그러므로 죄와 허물 가운데서 다시 살아난 자로서의 삶을 살아가야 합니다. 다시는 종의 멍에를 매서는 안 됩니다.

적용

1. 하나님의 구원을 어떻게 경험하십니까?
2. 우리 안에 우상을 제거하고 살 때, 모든 전쟁으로부터 우리를 도우십니다.
3. 예수 그리스도의 죽으심과 살아나심으로 모든 죄에서 우리를 구원하셨습니다.
4. 모든 구원의 주권이 하나님께 있습니다.
5. 모든 기름부음 받은 자를 구원하십니다.

나(우리)에게 주시는 말씀(암송)

• 오늘의 감사 •

• 말씀으로 기도하기 •

월   일   맥체인 읽기: 8월 17일

오늘의 본문: 삼상9 | 롬7 | 렘46 | 시22   찬송가 524장

오늘의 주제(키워드): 돌보심

 말씀

사무엘상 9장 백성의 지도자를 세우심
"기스에게 아들이 있으니 그의 이름은 사울이요 준수한 소년이라"(2절)

"너는 그에게 기름을 부어 내 백성 이스라엘의 지도자로 삼으라 그가 내 백성을 블레셋 사람들의 손에서 구원하리라 내 백성의 부르짖음이 내게 상달되었으므로 내가 그들을 돌보았노라"(16절)

로마서 7장 율법에서 벗어남
"이제는 우리가 얽매였던 것에 대하여 죽었으므로 율법에서 벗어났으니 이러므로 우리가 영의 새로운 것으로 섬길 것이요 율법 조문의 묵은 것으로 아니할지니라"(6절)

"그러므로 내가 한 법을 깨달았노니 곧 선을 행하기 원하는 나에게 악이 함께 있는 것이로다"(21절)

"우리 주 예수 그리스도로 말미암아 하나님께 감사하리로다 그런즉 내 자신이 마음으로는 하나님의 법을 육신으로는 죄의 법을 섬기노라"(25절)

예레미야 46장 포로 된 땅에서의 구원
"바벨론의 느부갓네살 왕이 와서 애굽 땅을 칠 일에 대하여… 이르신 여호와의 말씀이라"(13절)

"그럴지라도 그 후에는 그 땅이 이전 같이 사람 살 곳이 되리라 여호와의 말씀이니라"(26절)

"내 종 야곱아 두려워하지 말라 이스라엘아 놀라지 말라 보라 내가 너를 먼 곳에서 구원하며 네 자손을 포로된 땅에서 구원하리니 야곱이 돌아와서 평안하며 걱정 없이 살게 될 것이라"(27절)

시편 22편 건지심-모든 족속이 주의 앞에 예배함
"우리 조상들이 주께 의뢰하고 의뢰하였으므로 그들을 건지셨나이다"(4절)

"땅의 모든 끝이 여호와를 기억하고 돌아오며 모든 나라의 모든 족속이 주의 앞에 예배하리니 나라는 여호와의 것이요 여호와는 모든 나라의 주재심이로다"(27,28절)

묵상 | 하나님 마음 알아가기

구원받은 하나님의 자녀로서 여전히 마음으로는 하나님의 법을 따르지만, 육신으로는 죄의 법을 섬기고 있습니다. 온전히 영의 새로운 것으로 섬겨야 합니다.

적용

1. 하나님의 돌보심으로 구원받은 사실을 아십니까?

2. 이스라엘 공동체를 위해 지도자를 세우심과, 사망의 그늘에 앉은 자들을 구원하시기 위해 예수 그리스도를 보내심, 그리고 모든 열방이 주께 나아와 예배함은 하나님의 돌보심의 결과입니다.

나(우리)에게 주시는 말씀(암송)

• 오늘의 감사 •

• 말씀으로 기도하기 •

월   일   맥체인 읽기: 8월 18일

오늘의 본문: 삼상10 | 롬8 | 렘47 | 시23, 24   찬송가 546장

오늘의 주제(키워드): 함께 하심

 **말씀**

• 사무엘상 10장 기름 부으심과 여호와의 영으로 함께하심
"여호와께서 네게 기름을 부으사 그의 기업의 지도자로 삼지 아니하셨느냐"(1절)

"네게는 여호와의 영이 크게 임하리니 너도 그들과 함께 예언을 하고 변하여 새 사람이 되리라"(6절)

"너희는 여호와께서 택하신 자를 보느냐 모든 백성 중에 짝할 이가 없느니라"(24절)

• 로마서 8장 하나님의 영으로 인도함 받음
"그러므로 이제 그리스도 예수 안에 있는 자에게는 결코 정죄함이 없나니 이는 그리스도 예수 안에 있는 생명의 성령의 법이 죄와 사망의 법에서 너를 해방하였음이라"(1,2절)

"육신을 따르는 자는 육신의 일을, 영을 따르는 자는 영의 일을 생각하나니 신의 생각은 사망이요 영의 생각은 생명과 평안이니라"(5,6절)

"예수를 죽은 자 가운데서 살리신 이의 영이 너희 안에 거하시면 그리스도 예수를 죽은 자 가운데서 살리신 이가 너희 안에 거하시는 그의 영으로 말미암아 너희 죽을 몸도 살리시리라"(11절)

"너희는 다시 무서워하는 종의 영을 받지 아니하고 양자의 영을 받았으므로 우리가 아빠 아버지라고 부르짖느니라"(15절)

"이와 같이 성령도 우리의 연약함을 도우시나니 우리는 마땅히 기도할 바를 알지 못하나 오직 성령이 말할 수 없는 탄식으로 우리를 위하여 친히 간구하시느니라"(26절)

• 예레미야 47장 대적들의 심판
"블레셋 사람에 대하여"(1절)

"이는 블레셋 사람을 유린하시며 두로와 시돈에 남아 있는 바 도와 줄 자를 다 끊어 버리시는 날이 올 것임이라 여호와께서 갑돌 섬에 남아 있는 블레셋 사람을 유린하시리라"(4절)

"여호와께서 이를 명령하셨은즉 어떻게 잠잠하며 쉬겠느냐"(7절)

• 시편 23, 24편 | 원수의 목전에서 상을 차려주심

"여호와는 나의 목자시니 내게 부족함이 없으리로다"(23:1)

"내가 사망의 음침한 골짜기로 다닐지라도 해를 두려워하지 않을 것은 주께서 나와 함께 하심이라"(23:4)

"주께서 내 원수의 목전에서 내게 상을 차려 주시고 기름을 내 머리에 부으셨으니 내 잔이 넘치나이다"(23:5)

"땅과 거기에 충만한 것과 세계와 그 가운데에 사는 자들은 다 여호와의 것이로다"(24:1)

"여호와의 산에 오를 자가 누구며 그의 거룩한 곳에 설 자가 누구인가... 야곱의 하나님의 얼굴을 구하는 자로다"(24:3,6)

묵상 | 하나님 마음 알아가기

삶을 사노라면 사망의 음침한 골짜기와 같은 곳을 지나기도 합니다. 그곳에서도 하나님은 우리와 함께 하십니다. 모든 원수들 앞에서 상을 차려주십니다.

적용

1. 하나님께서 오늘도 함께 하심을 아십니까?
2. 성령으로 함께 하십니다.
3. 우리의 연약함을 도우심으로 함께하십니다.
4. 사망의 음침한 골짜기 가운데서도 함께 하십니다.
5. 모든 대적들을 심판하심으로 함께 하십니다.
6. 오늘도 함께하시는 하나님의 얼굴을 구하시기 바랍니다.

나(우리)에게 주시는 말씀(암송)

• 오늘의 감사 •

• 말씀으로 기도하기 •

월   일   맥체인 읽기: 8월 19일

오늘의 본문: 삼상11 | 롬9 | 렘48 | 시25   찬송가 326장

오늘의 주제(키워드): **세우심**

 말씀

• 사무엘상 11장 왕으로 세우심
"사울이… 하나님의 영에게 크게 감동되매"(6절)
"적진 한가운데로 들어가서 날이 더울 때까지 암몬 사람들을 치매"(11절)
"모든 백성이 길갈로 가서 거기서 여호와 앞에서 사울을 왕으로 삼고 길갈에서 여호와 앞에 화목제를 드리고 사울과 이스라엘 모든 사람이 거기서 크게 기뻐하니라"(15절)

• 로마서 9장 복음을 위하여 세움 받음
"나에게 큰 근심이 있는 것과 마음에 그치지 않는 고통이 있는 것을… 나의 형제 곧 골육의 친척을 위하여 내 자신이 저주를 받아 그리스도에게서 끊어질지라도 원하는 바로라"(1~3절)
"내가 이 일을 위하여 너를 세웠으니 곧 너로 말미암아 내 능력을 보이고 내 이름이 온 땅에 전파되게 하려 함이라"(17절)

• 예레미야 48장 교만을 물리침
"네가 네 업적과 보물을 의뢰하므로 너도 정복을 당할 것이요"(7절)
"여호와의 일을 게을리 하는 자는 저주를 받을 것이요 자기 칼을 금하여 피를 흘리지 아니하는 자도 저주를 받을 것이로다"(10절)
"모압으로 취하게 할지어다 이는 그가 여호와에 대하여 교만함이라"(26절)

• 시편 25편 죄를 사하심
"여호와여 주의 도를 내게 보이시고 주의 길을 내게 가르치소서 주의 진리로 나를 지도하시고 교훈하소서 주는 내 구원의 하나님이시니 내가 종일 주를 기다리나이다"(4,5절)
"여호와여 내 젊은 시절의 죄와 허물을 기억하지 마시고 주의 인자하심을 따라 주께서 나를 기억하시되 주의 선하심으로 하옵소서"(7절)

"내 모든 죄를 사하소서"(18절)

"내가 주께 피하오니 수치를 당하지 않게 하소서"(20절)

묵상 | 하나님 마음 알아가기

교만의 죄는 우리를 하나님에게서 더욱 멀어지게 하는 것입니다. 하나님은 교만한 자를 낮추십니다. 오직 겸비함으로 하나님 마음에 합한 삶을 살아야 합니다.

적용

1. 하나님께 세움 받으셨음을 아십니까?

2. 오직 하나님과 하나님 나라를 위하여 세움을 받았습니다.

3. 모든 교만과 죄를 물리치고 하나님 마음에 합한 삶을 살아가시기 바랍니다.

나(우리)에게 주시는 말씀(암송)

• 오늘의 감사 •

• 말씀으로 기도하기 •

232일차 / 365일

월 일 맥체인 읽기: 8월 20일

오늘의 본문: 삼상12 | 롬10 | 렘49 | 시26, 27   찬송가 364장

오늘의 주제(키워드): **반역과 회복**

 말씀

사무엘상 12장 여호와를 잊어버림

"그들이 그들의 하나님 여호와를 잊은지라"(9절)

"너희는 이제 가만히 서서 여호와께서 너희 목전에서 행하시는 이 큰 일을 보라"(16절)

"오늘은 밀 베는 때가 아니냐 내가 여호와께 아뢰리니 여호와께서 우레와 비를 보내사... 여호와께서 그 날에 우레와 비를 보내시니"(17,18절)-하나님과의 관계에서 이런 영성이 있는가?

"여호와를 따르는 데에서 돌아서지 말고 오직 너희의 마음을 다하여 여호와를 섬기라"(20절)

"나는 너희를 위하여 기도하기를 쉬는 죄를 여호와 앞에 결단코 범하지 아니하고"(23절)

로마서 10장 주의 이름을 부르는 자에게 주시는 구원

"내 마음에 원하는 바와 하나님께 구하는 바는 이스라엘을 위함이니 곧 그들로 구원을 받게 함이라"(1절)

"네가 만일 네 입으로 예수를 주로 시인하며 또 하나님께서 그를 죽은 자 가운데서 살리신 것을 네 마음에 믿으면 구원을 받으리라 사람이 마음으로 믿어 의에 이르고 입으로 시인하여 구원에 이르느니라"(9,10절)

"누구든지 주의 이름을 부르는 자는 구원을 받으리라"(13절)

"그런즉 그들이 믿지 아니하는 이를 어찌 부르리요 듣지도 못한 이를 어찌 믿으리요 전파하는 자가 없이 어찌 들으리요"(14절)

예레미야 49장 열방을 심판하심

"보라 내가 두려움을 네 사방에서 네게 오게 하리니 너희 각 사람이 앞으로 쫓겨 나갈 것이요"(5절)

"보라 내가 너를 여러 나라 가운데에서 작아지게 하였고 사람들 가운데에서 멸시를 받게 하였느니라"(15절)

"네가 독수리 같이 보금자리를 높은 데에 지었을지라도 내가 그리로부터 너를 끌어내리리라"(16절)

"어찌하여 찬송의 성읍, 나의 즐거운 성읍이 버린 것이 되었느냐"(25절)

• 시편 26, 27편 구원이신 하나님 찬양

"내가 나의 완전함에 행하였사오며 흔들리지 아니하고 여호와를 의지하였사오니"(26:1)

"내가 주께서 계신 집과 주의 영광이 머무는 곳을 사랑하오니"(26:8)

"여호와는 나의 빛이요 나의 구원이시니 내가 누구를 두려워하리요 여호와는 내 생명의 능력이시니 내가 누구를 무서워하리요"(27:1)

"내가 여호와께 바라는 한 가지 일 그것을 구하리니 곧 내가 내 평생에 여호와의 집에 살면서 여호와의 아름다움을 바라보며 그의 성전에서 사모하는 그것이라... 내가 그의 장막에서 즐거운 제사를 드리겠고 노래하며 여호와를 찬송하리로다"(27:4,6)

묵상 | 하나님 마음 알아가기

하나님과의 관계에서 어떤 영성을 가지고 있습니까? 아뢰는 모든 일에 하나님께서 응답하실 것을 선포하는 영성을 가져야 합니다. 모든 의심을 버리고 하나님의 응답을 신뢰해야 할 때 가능합니다.

적용

1. 하나님께 반역하고 있는 부분은 어떤 것이 있습니까?
2. 삶의 분주함 가운데, 혹은 세상의 즐거움 속에서 하나님을 잊어버리지 않았습니까?
3. 오직 구원은 하나님께 있습니다.
4. 하나님의 구원을 전파하며, 구원의 하나님을 찬송하시기 바랍니다.

나(우리)에게 주시는 말씀(암송)

• 오늘의 감사 •

• 말씀으로 기도하기 •

233일차 / 365일

월   일   맥체인 읽기: 8월 21일

오늘의 본문: 삼상13 | 롬11 | 렘50 | 시28,29   찬송가 543장

오늘의 주제(키워드): **남은 자와 구원**

 **말씀**

• 사무엘상 13장   기다림

"이스라엘 사람들이… 절박하여… 숨으며… 모든 백성은 떨더라… 흩어지는지라"(6~8절)

"번제를 드렸더니"(9절)

"왕이 망령되이 행하였도다 왕이 왕의 하나님 여호와께서 왕에게 내리신 명령을 지키지 아니하였도다"(13절)

"여호와께서 그의 마음에 맞는 사람을 구하여 여호와께서 그를 그의 백성의 지도자로 삼으셨느니라"(14절)

• 로마서 11장   은혜로 택하심을 따라 남은 자

"하나님이 자기 백성을 버리셨느냐 그럴 수 없느니라"(1절)

"하나님이 그 미리 아신 자기 백성을 버리지 아니하셨나니"(2절)

"내가 나를 위하여 바알에게 무릎을 꿇지 아니한 사람 칠천 명을 남겨 두었다"(4절)

"그런즉 이와 같이 지금도 은혜로 택하심을 따라 남은 자가 있느니라"(5절)

"이 신비는 이방인의 충만한 수가 들어오기까지 이스라엘의 더러는 우둔하게 된 것이라"(25절)

"하나님의 은사와 부르심에는 후회하심이 없느니라"(29절)

"하나님이 모든 사람을 순종하지 아니하는 가운데 가두어 두심은 모든 사람에게 긍휼을 베풀려 하심이로다"(32절)

"깊도다 하나님의 지혜와 지식의 풍성함이여, 그의 판단은 헤아리지 못할 것이며 그의 길은 찾지 못할 것이로다"(33절)

• 예레미야 50장   남긴 자에 대한 용서

"너희는 나라들 가운데에 전파하라 공포하라 깃발을 세우라 숨김이 없이 공포하여 이르라"(2절)

"너희는 오라 잊을 수 없는 영원한 언약으로 여호와와 연합하라"(5절)

"그 날 그 때에는 이스라엘의 죄악을 찾을지라도 없겠고 유다의 죄를 찾을지라도 찾아내지 못하리니 이는 내가 남긴 자를 용서할 것임이라"(20절)

"그들의 구원자는 강하니 그의 이름은 만군의 여호와라"(34절)

• 시편 28, 29편 구원이신 하나님 찬양

"여호와는 그들의 힘이시요 그의 기름 부음 받은 자의 구원의 요새이시로다"(28:8)

"너희 권능 있는 자들아 영광과 능력을 여호와께 돌리고 돌릴지어다 여호와께 그의 이름에 합당한 영광을 돌리며 거룩한 옷을 입고 여호와께 예배할지어다"(29:1~2)

"여호와께서 영원하도록 왕으로 좌정하시도다"(29:10)

"여호와께서 자기 백성에게 힘을 주심이여 여호와께서 자기 백성에게 평강의 복을 주시리로다"(29:11)

묵상 | 하나님 마음 알아가기

삶의 힘겨운 무게 가운데서 하나님께 버림받은 느낌을 가진 적이 있지 않습니까? 그럴 때에도 하나님 앞에서 남은 자로서 서야 합니다. 특히 세상과 세속에 무릎꿇지 않은 이 시대 남은 자가 되야 합니다.

적용

1. 당신은 하나님의 구원을 위한 남은 자임을 아십니까?

2. 하나님의 은혜로 구원받았고, 그 은혜 아래 살아갑니다.

3. 바알에게 무릎 꿇지 아니하며, 하나님의 명령을 끝까지 기다려 준행하시며, 영원히 왕으로 좌정하시는 하나님만 예배하십시오.

나(우리)에게 주시는 말씀(암송)

• 오늘의 감사 •

• 말씀으로 기도하기 •

월   일　　　맥체인 읽기: 8월 22일

오늘의 본문: 삼상14 | 롬12 | 렘51 | 시30　　찬송가 349장

오늘의 주제(키워드): 하나님과 동역

 **말씀**

사무엘상 14장 전쟁을 통한 동역

"여호와께서 그 날에 이스라엘을 구원하시므로 전쟁이 벧아웬을 지나니라"(23절)

"그가 오늘 하나님과 동역하였음이니이다"(45절)

로마서 12장 우리 몸을 거룩한 산 제물로 드림으로 동역

"너희 몸을 하나님이 기뻐하시는 거룩한 산 제물로 드리라"(1절)

"너희는 이 세대를 본받지 말고 오직 마음을 새롭게 함으로 변화를 받아 하나님의 선하시고 기뻐하시고 온전하신 뜻이 무엇인지 분별하도록 하라"(2절)

"너희를 박해하는 자를 축복하라 축복하고 저주하지 말라"(14절)

"할 수 있거든 너희로서는 모든 사람과 더불어 화목하라"(18절)

"악에게 지지 말고 선으로 악을 이기라"(21절)

예레미야 51장 진노를 피함

"나의 백성아 너희는 그 중에서 나와 각기 여호와의 진노를 피하라 너희 마음을 나약하게 말며 이 땅에서 들리는 소문으로 말미암아 두려워하지 말라 소문은 이 해에도 있겠고 저 해에도 있으리라"(45,46절)

시편 30편 찬양과 감사로 동역함

"주의 성도들아 여호와를 찬송하며 그의 거룩함을 기억하며 감사하라"(4절)

"주께서 나의 슬픔이 변하여 내게 춤이 되게 하시며 나의 베옷을 벗기고 기쁨으로 띠 띠우셨나이다"(11절)

묵상 | 하나님 마음 알아가기

세상에 유명한 어떤 이와 함께 하는 일은 행복한 일일 것입니다. 하물며 하나님과 동역하는 일은 어떠하겠습니까? 오직 하나님이 기뻐하시는 거룩한 산제물로 드림으로 하나님과 동역할 수 있습니다.

적용

1. 하나님께 어떻게 동역하십니까?

2. 영적전쟁에 동참하십시오.

3. 삶의 제사를 통해 동역하십시오. 그리고 진노를 피하며 찬양과 감사로 동역하십시오.

나(우리)에게 주시는 말씀(암송)

• 오늘의 감사 •

• 말씀으로 기도하기 •

월   일   맥체인 읽기: 8월 23일

오늘의 본문: **삼상15 | 롬13 | 렘52 | 시31**   찬송가 25장

오늘의 주제(키워드): **죄의 처리와 순종**

 말씀

- **사무엘상 15장** 죄에 대한 진멸

"지금 가서 아말렉을 쳐서 그들의 모든 소유를 남기지 말고 진멸하되 남녀와 소아와 젖 먹는 아이와 우양과 낙타와 나귀를 죽이라"(3절)-순종의 요구

"그의 모든 백성을 진멸하였으되 사울과 백성이 아각과 그의 양과 소의 가장 좋은 것 또는 기름진 것과 어린 양과 모든 좋은 것을 남기고 진멸하기를 즐겨 아니하고 가치 없고 하찮은 것은 진멸하니라"(8,9절)

"내가 사울을 왕으로 세운 것을 후회하노니 그가 돌이켜서 나를 따르지 아니하며 내 명령을 행하지 아니하였음이니라"(11절)

"왕이 스스로 작게 여길 그 때에 이스라엘 지파의 머리가 되지 아니하셨나이까 여호와께서 왕에게 기름을 부어 이스라엘 왕을 삼으시고"(17절)

"순종이 제사보다 낫고 듣는 것이 숫양의 기름보다 나으니"(22절)

- **로마서 13장** 어둠의 일을 벗고 빛의 갑옷을 입음

"각 사람은 위에 있는 권세들에게 복종하라 권세는 하나님으로부터 나지 않음이 없나니 모든 권세는 다 하나님께서 정하신 바라"(1절)

"피차 사랑의 빚 외에는 아무에게든지 아무 빚도 지지 말라 남을 사랑하는 자는 율법을 다 이루었느니라"(8절)

"사랑은 율법의 완성이니라"(10절)

"그러므로 우리가 어둠의 일을 벗고 빛의 갑옷을 입자"(12절)

"오직 주 예수 그리스도로 옷 입고 정욕을 위하여 육신의 일을 도모하지 말라"(14절)

- **예레미야 52장** 악을 행함과 하나님의 진노

"그가 여호야김의 모든 행위를 본받아 여호와 보시기에 악을 행한지라"(2절)

"그들이 왕을 사로잡아 그를 하맛 땅 리블라에 있는 바벨론 왕에게로 끌고 가매 그가 시드기야를 심문하니라"(9절)

"이와 같이 유다가 사로잡혀 본국에서 떠났더라"(27절)

• 시편 31편 | 여호와를 사랑함

"여호와여 그러하여도 나는 주께 의지하고 말하기를 주는 내 하나님이시라 하였나이다"(14절)

"주께 피하는 자를 위하여 인생 앞에 베푸신 은혜가 어찌 그리 큰지요"(19절)

"여호와를 찬송할지어다 견고한 성에서 그의 놀라운 사랑을 내게 보이셨음이로다"(21절)

"너희 모든 성도들아 여호와를 사랑하라 여호와께서 진실한 자를 보호하시고 교만하게 행하는 자에게 엄중히 갚으시느니라"(23절)

묵상 | 하나님 마음 알아가기

성도로서 입어야 할 옷이 있습니다. 의의 옷입니다. 예수 그리스도의 옷입니다. 빛의 갑옷입니다. 이러한 옷을 입기 위해서는 어둠의 일을 벗어야 합니다.

적용

1. 죄에 대한 하나님의 명령에 어떻게 순종하고 계십니까?

2. 죄는 진멸(악은 그 모양이라도 버리라)해야 합니다.

3. 오직 예수 그리스도로 옷 입어야 합니다.

4. 고난 중에 있을지라도 여호와를 의지하고 그분만을 사랑하시기 바랍니다.

나(우리)에게 주시는 말씀(암송)

• 오늘의 감사 •

• 말씀으로 기도하기 •

월   일   맥체인 읽기: 8월 24일

오늘의 본문: 삼상16 | 롬14 | 애1 | 시32   찬송가 440장

오늘의 주제(키워드): **하나님 나라와 죄**

 말씀

• 사무엘상 16장 왕을 세우심
"사람은 외모를 보거니와 나 여호와는 중심을 보느니라"(7절)

"이가 그니 일어나 기름을 부으라"(12절)

"사무엘이 기름 뿔병을 가져다가… 그에게 부었더니 이 날 이후로 다윗이 여호와의 영에게 크게 감동되니라"(13절)

"다다윗을 내 앞에 모셔 서게 하라 그가 내게 은총을 얻었느니라"(22절)

• 로마서 14장 의와 평강과 희락
"우리가 살아도 주를 위하여 살고 죽어도 주를 위하여 죽나니 그러므로 사나 죽으나 우리가 주의 것이로다"(8절)

"하나님의 나라는 먹는 것과 마시는 것이 아니요 오직 성령 안에 있는 의와 평강과 희락이라"(17절)

"믿음을 따라 하지 아니하는 것은 다 죄니라"(23절)

• 예레미야애가 1장 죄의 결과-위로가 없음
"슬프다 이 성이여 전에는 사람들이 많더니 이제는 어찌 그리 적막하게 앉았는고"(1절)

"위로하는 자가 없고"(2절)

"쉴 곳을 얻지 못함이여"(3절)

"외롭도다"(16절)

"위로할 자가 없도다"(17절)

"나의 마음이 병들었나이다"(22절)

• 시편 32편 허물을 여호와께 자복함

"허물의 사함을 받고 자신의 죄가 가려진 자는 복이 있도다"(1절)

"내가 이르기를 내 허물을 여호와께 자복하리라 하고 주께 내 죄를 아뢰고 내 죄악을 숨기지 아니하였더니 곧 주께서 내 죄악을 사하셨나이다"(5절)

"주는 나의 은신처이오니 환난에서 나를 보호하시고 구원의 노래로 나를 두르시리이다"(7절)

묵상 | 하나님 마음 알아가기

하나님의 나라는 의와 평강과 희락입니다. 그런데 그 나라를 어지럽히는 것들이 있습니다. 먹고 마시는 것들입니다. 오직 그 나라와 의를 구하여야 합니다.

적용

1. 하나님의 나라의 특징인 의와 평강과 희락이 있습니까?

2. 하나님은 우리의 왕으로서 이 땅에서 주의 나라를 위해 사람에게 기름 부으시고 일하십니다.

3. 하나님 나라를 이루지 못하게 하는 모든 죄는 하나님께 자복하십시오.

4. 우리의 영원한 왕이시며 우리의 죄를 사해주신 예수님을 찬양하십시오.

나(우리)에게 주시는 말씀(암송)

• 오늘의 감사 •

• 말씀으로 기도하기 •

월   일   맥체인 읽기: 8월 25일

오늘의 본문: 삼상17 | 롬15 | 애2 | 시33   찬송가 219장

오늘의 주제(키워드): 하나님의 사람

 말씀

• 사무엘상 17장 하나님의 이름으로 나아감

"블레셋 사람들의 진영에서 싸움을 돋우는 자가 왔는데 그의 이름은 골리앗이요"(4절)

"내가 오늘 이스라엘의 군대를 모욕하였으니 사람을 보내어 나와 더불어 싸우게 하라"(10절)

"이 할례 받지 않은 블레셋 사람이 누구이기에 살아 계시는 하나님의 군대를 모욕하겠느냐"(26절)

"너는 칼과 창과 단창으로 내게 나아 오거니와 나는 만군의 여호와의 이름 곧 네가 모욕하는 이스라엘 군대의 하나님의 이름으로 네게 나아가노라"(45절)

"여호와의 구원하심이 칼과 창에 있지 아니함을 이 무리에게 알게 하리라 전쟁은 여호와께 속한 것인즉 그가 너희를 우리 손에 넘기시리라"(47절)

• 로마서 15장 복음의 제사장 직분을 감당함

"우리 각 사람이 이웃을 기쁘게 하되 선을 이루고 덕을 세우도록 할지니라"(2절)

"이 은혜는 곧 나로 이방인을 위하여 그리스도 예수의 일꾼이 되어 하나님의 복음의 제사장 직분을 하게 하사"(16절)

"또 내가 그리스도의 이름을 부르는 곳에는 복음을 전하지 않기를 힘썼노니 이는 남의 터 위에 건축하지 아니하려 함이라"(20절)

• 예레미야애가 2장 눈이 눈물에 상함

"슬프다 주께서 어찌 그리 진노하사"(1절)

"여호와께서 딸 시온의 성벽을 헐기로 결심하시고 줄을 띠고 무너뜨리는 일에서 손을 거두지 아니하사"(8절)

"내 눈이 눈물에 상하며 내 창자가 끊어지며"(11절)

"딸 시온의 성벽아 너는 밤낮으로 눈물을 강처럼 흘릴지어다"(18절)

시편 33편 여호와를 즐거워함

"너희 의인들아 여호와를 즐거워하라 찬송은 정직한 자들이 마땅히 할 바로다"(1절)
"여호와께서 나라들의 계획을 폐하시며 민족들의 사상을 무효하게 하시도다"(10절)
"여호와의 계획은 영원히 서고 그의 생각은 대대에 이르리로다"(11절)
"여호와는 그를 경외하는 자 곧 그의 인자하심을 바라는 자를 살피사"(18절)

묵상 | 하나님 마음 알아가기

하나님 나라가 고난 가운데 있을 때, 하나님의 눈물을 가지고 울어본 적이 있습니까? 예레미야는 눈이 눈물에 상하며 창자가 끊어지는 고통속에 울었습니다. 우리에게 회복되어야 할 눈물입니다.

적용

1. 하나님의 사람이십니까? 하나님의 이름으로 나아가십시오.

2. 예수 그리스도의 일꾼이 되어 하나님의 복음의 제사장 직분을 감당하십시오.

3. 하나님 나라를 위해 눈이 눈물에 상하도록 애통해 하십시오.

4. 여호와를 즐거워하며 그분만을 경외하십시오.

나(우리)에게 주시는 말씀(암송)

• 오늘의 감사 •

• 말씀으로 기도하기 •

월   일   맥체인 읽기: 8월 26일

오늘의 본문: 삼상18 | 롬16 | 애3 | 시34   찬송가 604장

오늘의 주제(키워드): **함께함**

 말씀

• 사무엘상 18장   다윗과 함께하신 하나님
"요나단의 마음이 다윗의 마음과 하나가 되어 요나단이 그를 자기 생명 같이 사랑하니라"(1절)
"여호와께서 사울을 떠나 다윗과 함께 계시므로"(12절)
"다윗이 그의 모든 일을 지혜롭게 행하니라 여호와께서 그와 함께 계시니라"(14절)
"여호와께서 다윗과 함께 계심을 사울이 보고 알았고"(28절)
"이에 그의 이름이 심히 귀하게 되니라"(30절)

• 로마서 16장   바울과 함께한 동역자들
"우리 자매 뵈뵈를 너희에게 추천하노니... 그가 여러 사람과 나의 보호자"(1,2절)
"그들은 내 목숨을 위하여 자기들의 목까지도 내놓았나니"(4절)
"너희가 거룩하게 입맞춤으로 서로 문안하라"(16절)
"이 복음으로 너희를 능히 견고하게 하실 지혜로우신 하나님께 예수 그리스도로 말미암아 영광이 세세무궁하도록 있을지어다"(26,27절)

• 예레미야애가 3장   고초와 재난 중에 함께하심
"내 마음이 그것을 기억하고 내가 낙심이 되오나 이것을 내가 내 마음에 담아 두었더니 그것이 오히려 나의 소망이 되었사옴은 여호와의 인자와 긍휼이 무궁하시므로 우리가 진멸되지 아니함이니이다 이것들이 아침마다 새로우니 주의 성실하심이 크시도소이다"(19~23절)
"기다리는 자들에게나 구하는 영혼들에게 여호와는 선하시도다"(25절)
"주께서 인생으로 고생하게 하시며 근심하게 하심은 본심이 아니시로다"(33절)

• 시편 34편   곤고한 자와 함께하심
"나와 함께 여호와를 광대하시다 하며 함께 그의 이름을 높이세"(3절)

"이 곤고한 자가 부르짖으매 여호와께서 들으시고 그의 모든 환난에서 구원하셨도다"(6절)
"여호와를 찾는 자는 모든 좋은 것에 부족함이 없으리로다"(10절)
"여호와는 마음이 상한 자를 가까이 하시고 충심으로 통회하는 자를 구원하시는도다"(18절)

묵상 | 하나님 마음 알아가기

고초와 재난 곧 쑥과 담즙 가운데 있을 때에라도 하나님이 함께 하심을 기억하십시오. 환난에서 구원하시는 하나님이십니다. 하나님께 부르짖으십시오.

적용

1. 하나님이 함께하심을 아십니까?

2. 하나님은 친히 함께하시되, 고난 중에도 함께하시고, 곤고한 중에도 함께하십니다.

3. 믿음의 사람들을 통해 함께하십니다.

4. 주의 함께하심으로 형통하시길 바랍니다.

나(우리)에게 주시는 말씀(암송)

· 오늘의 감사 ·

· 말씀으로 기도하기 ·

월 일 　 맥체인 읽기: 8월 27일

239일차 / 365일

오늘의 본문: 삼상19 | 고전1 | 애4 | 시35 　 찬송가 70장

오늘의 주제(키워드): **죽음에서 구원함**

 말씀

• 사무엘상 19장　다윗의 생명을 보존함

"사울이 그의 아들 요나단과 그의 모든 신하에게 다윗을 죽이라 말하였더니"(1절)

"여호와께서 살아 계심을 두고 맹세하거니와 그가 죽임을 당하지 아니하리라"(6절)

"미갈이 다윗을 창에서 달아 내리매 그가 피하여 도망하니라"(12절)

"사울이… 그가 라마 나욧에 이르기까지 걸어가며 예언을 하였으며… 벗은 몸으로 누웠더라"(23,24절)

• 고린도전서 1장　십자가의 도

"그리스도께서 나를 보내심은… 오직 복음을 전하게 하려 하심이로되"(17절)

"십자가의 도가 멸망하는 자들에게는 미련한 것이요 구원을 받는 우리에게는 하나님의 능력이라"(18절)

"전도의 미련한 것으로 믿는 자들을 구원하시기를 기뻐하셨도다"(21절)

"십자가에 못 박힌 그리스도를 전하니… 그리스도는 하나님의 능력이요 하나님의 지혜니라"(23~24절)

• 예레미야애가 4장　여호와의 노하심

"슬프다 어찌 그리 금이 빛을 잃고 순금이 변질하였으며"(1절)

"여호와께서 노하여 그들을 흩으시고 다시는 돌보지 아니하시리니 그들이 제사장들을 높이지 아니하였으며 장로들을 대접하지 아니하였음이로다"(16절)

• 시편 35편　일어나 도우심

"일어나 나를 도우소서"(2절)

"나는 그들이 병 들었을 때에 굵은 베 옷을 입으며 금식하여 내 영혼을 괴롭게 하였더니 내 기도

가 내 품으로 돌아왔도다"(13절)
"나의 의를 즐거워하는 자들이 기꺼이 노래 부르고 즐거워하게 하시며 그의 종의 평안함을 기뻐하시는 여호와는 위대하시다 하는 말을 그들이 항상 말하게 하소서"(27절)

묵상 | 하나님 마음 알아가기

성도의 기도는 결코 헛되지 않습니다. 모든 기도는 결국 내 품으로 돌아옵니다. 그러므로 이웃이 고통 가운데 있을 때 기도로 영혼을 괴롭게 하여야 합니다.

적용

1. 죽음의 상황에서도 하나님의 구원을 기대하십니까?

2. 하나님은 어떠한 상황에서도 믿음의 사람을 구원하십니다.

3. 우리는 죽음에서 부활하신 생명의 주를 전하는 성도입니다.

4. 십자가의 도만을 전하시기 바랍니다.

나(우리)에게 주시는 말씀(암송)

• 오늘의 감사 •

• 말씀으로 기도하기 •

월   일

맥체인 읽기: 8월 28일

오늘의 본문: 삼상20 | 고전2 | 애5 | 시36

찬송가 221장

오늘의 주제(키워드): **모든 것의 원천인 하나님의 인자하심**

 말씀

• 사무엘상 20장   다윗과 요나단의 언약

"요나단이 다윗에게 이르되 네 마음의 소원이 무엇이든지 내가 너를 위하여 그것을 이루리라"(4절)

"요나단이 다윗의 집과 언약하기를 여호와께서는 다윗의 대적들을 치실지어다"(16절)

"이는 자기 생명을 사랑함 같이 그를 사랑함이었더라"(17절)

"여호와께서 너와 나 사이에 영원토록 계시느니라 하니라"(23절)

"평안히 가라 우리 두 사람이 여호와의 이름으로 맹세하여 이르기를 여호와께서 영원히 나와 너 사이에 계시고 내 자손과 네 자손 사이에 계시리라"(42절)

• 고린도전서 2장   분별

"내가 너희 중에서 예수 그리스도와 그가 십자가에 못 박히신 것 외에는 아무 것도 알지 아니하기로 작정하였음이라라"(2절)

"다만 성령의 나타나심과 능력으로 하여"(4절)

"성령은 모든 것 곧 하나님의 깊은 것까지도 통달하시느니라"(10절)

"영적인 일은 영적인 것으로 분별하느니라"(13절)

"신령한 자는 모든 것을 판단하나 자기는 아무에게도 판단을 받지 아니하느니라"(15절)

• 예레미야애가 5장   다시 새롭게 하심에 대한 기대

"우리의 머리에서는 면류관이 떨어졌사오니 오호라 우리의 범죄 때문이니이다"(16절)

"여호와여 주는 영원히 계시오며 주의 보좌는 대대에 이르나이다"(19절)

"우리의 날들을 다시 새롭게 하사 옛적 같게 하옵소서"(21절)

• 시편 36편 보배로우신 주의 인자하심

"여호와여 주의 인자하심이 하늘에 있고 주의 진실하심이 공중에 사무쳤으며… 여호와여 주는 사람과 짐승을 구하여 주시나이다"(5,6절)

"하나님이여 주의 인자하심이 어찌 그리 보배로우신지요"(7절)

"진실로 생명의 원천이 주께 있사오니 주의 빛 안에서 우리가 빛을 보리이다"(9절)

묵상 | 하나님 마음 알아가기

우리가 행하는 모든 것에 하나님의 인자하심이 임하도록 해야 합니다. 특히 약속에 대해 신중하여야 합니다. 그리할 때 주의 빛 안에서 빛을 보게 됩니다.

적용

1. 하나님의 인자하심은 모든 것의 원천입니다.

2. 언약을 맺을 때도, 분별할 때도, 새롭게 할 때도, 하나님은 간섭하시고 이루십니다.

나(우리)에게 주시는 말씀(암송)

• 오늘의 감사 •

• 말씀으로 기도하기 •

월   일   맥체인 읽기: 8월 29일

241일차 / 365일

오늘의 본문: **삼상21, 22 | 고전3 | 겔1 | 시37**   찬송가 408장

오늘의 주제(키워드): **소유**

 말씀

사무엘상 21, 22장 함께한 자들

"제사장이 그 거룩한 떡을 주었으니 거기는 진설병 곧 여호와 앞에서 물려 낸 떡밖에 없었음이라"(21:6)

"블레셋 사람 골리앗의 칼이 보자기에 싸여 에봇 뒤에 있으니 네가 그것을 가지려거든 가지라"(21:9)

"다윗이 그 곳을 떠나 아둘람 굴로 도망하매… 그와 함께 한 자가 사백 명 가량이었더라"(22:1,2)

고린도전서 3장 우리는 그리스도의 것

"너희는 아직도 육신에 속한 자로다 너희 가운데 시기와 분쟁이 있으니 어찌 육신에 속하여 사람을 따라 행함이 아니리요"(3절)

"너희는 너희가 하나님의 성전인 것과 하나님의 성령이 너희 안에 계시는 것을 알지 못하느냐"(16절)

"너희는 그리스도의 것이요 그리스도는 하나님의 것이니라"(23절)

에스겔 1장 여호와의 말씀

"하늘이 열리며 하나님의 모습이 내게 보이니"(1절)

"여호와의 말씀이 부시의 아들 제사장 나 에스겔에게 특별히 임하고 여호와의 권능이 내 위에 있으니라"(3절)

"이는 여호와의 영광의 형상의 모양이라 내가 보고 엎드려 말씀하시는 이의 음성을 들으니라"(28절)

시편 37편 여호와의 성실

"여호와를 의뢰하고 선을 행하라 땅에 머무는 동안 그의 성실을 먹을 거리로 삼을지어다"(3절)

"여호와를 기뻐하라 그가 네 마음의 소원을 네게 이루어 주시리로다 네 길을 여호와께 맡기라 그를 의지하면 그가 이루시고... 여호와 앞에 잠잠하고 참고 기다리라 자기 길이 형통하며... 여호와를 소망하는 자들은 땅을 차지하리로다... 온유한 자들은 땅을 차지하며 풍성한 화평으로 즐거워하리로다"(4~11절)

"의인이 땅을 차지함이여"(29절)

"여호와를 바라고 그의 도를 지키라 그리하면 네가 땅을 차지하게 하실 것이라"(34절)

묵상 | 하나님 마음 알아가기

세상이나 세상에 있는 것들을 소유하고자 해서는 안 됩니다. 오직 주신 사람들을 소중히 하며, 오직 보배 되신 그리스도를 소유로 삼아야 합니다. 그리할 때 삶의 영역을 차지할 수 있습니다.

적용

1. 당신의 소유는 무엇입니까?

2. 당신 주위에 주신 사람들을 소중히 하십시오.

3. 여호와(그리스도)를 소유로 삼으십시오.

4. 여호와를 기뻐하고 그를 소망함으로 땅(영역)을 차지하시기 바랍니다.

나(우리)에게 주시는 말씀(암송)

- 오늘의 감사

- 말씀으로 기도하기

월　　　일   　　맥체인 읽기: 8월 30일

오늘의 본문: 삼상23 | 고전4 | 겔2 | 시38

찬송가 189장

오늘의 주제(키워드): 충성

 말씀

• 사무엘상 23장　여호와께 물음
"블레셋 사람들을 치리이까... 가서 블레셋 사람들을 치고 그일라를 구원하라"(2절)
"다윗이 여호와께 다시 묻자온대... 일어나 그일라로 내려가라 내가 블레셋 사람들을 네 손에 넘기리라"(4절)
"다윗이 이와 같이 그일라 주민을 구원하니라"(5절)

• 고린도전서 4장　맡은 자의 자세
"그리스도의 일꾼이요 하나님의 비밀을 맡은 자로"(1절)
"그리고 맡은 자들에게 구할 것은 충성이니라"(2절)
"주께서 오시기까지 아무 것도 판단하지 말라... 그 때에 각 사람에게 하나님으로부터 칭찬이 있으리라"(5절)
"너희는 나를 본받는 자가 되라"(16절)
"하나님의 나라는 말에 있지 아니하고 오직 능력에 있음이라"(20절)

• 에스겔 2장　듣든지 아니 듣든지 여호와의 말씀을 고함
"인자야 내가 너를 이스라엘 자손 곧 패역한 백성, 나를 배반하는 자에게 보내노라"(3절)
"내가 너를 그들에게 보내노니 너는 그들에게 이르기를 주 여호와의 말씀이 이러하시다 하라"(4절)
"그들이 듣든지 아니 듣든지 그들 가운데에 선지자가 있음을 알지니라"(5절)
"네 입을 벌리고 내가 네게 주는 것을 먹으라"(8절)

• 시편 38편　사랑하는 자가 떠나도 하나님을 바람
"주여 나의 모든 소원이 주 앞에 있사오며 나의 탄식이 주 앞에 감추이지 아니하나이다"(9절)

"내가 사랑하는 자와 내 친구들이 내 상처를 멀리하고 내 친척들도 멀리 섰나이다"(11절)

"여호와여 내가 주를 바랐사오니 내 주 하나님이 내게 응답하시리이다"(15절)

"여호와여 나를 버리지 마소서 나의 하나님이여 나를 멀리하지 마소서"(21절)

"속히 나를 도우소서 주 나의 구원이시여"(22절)

묵상 | 하나님 마음 알아가기

하나님은 인류 구원을 이루심으로 사람에게 충성하셨습니다. 우리도 하나님께 충성을 다해야 합니다. 하나님 나라를 맡은 자로서 하나님께 충성해야 합니다.

적용

1. 하나님께 충성하십니까?
2. 매사에 하나님께 물으십시오.
3. 모든 맡은 일에 충성하십시오.
4. 특히 복음을 전함에 있어서 듣든지 아니 듣든지 전하십시오.
5. 모든 사람들이 떠나도 주만을 바라보는 충성의 삶을 사십시오.

나(우리)에게 주시는 말씀(암송)

• 오늘의 감사 •

• 말씀으로 기도하기 •

월   일   맥체인 읽기: 8월 31일

오늘의 본문: 삼상24 | 고전5 | 겔3 | 시39

찬송가 310장

오늘의 주제(키워드): 말(言)

 말씀

• 사무엘상 24장 권위를 세우는 말

"내가 손을 들어 여호와의 기름 부음을 받은 내 주를 치는 것은 여호와께서 금하시는 것이니 그는 여호와의 기름 부음을 받은 자가 됨이니라"(6절)

"내 손으로는 왕을 해하지 않겠나이다"(12절)

"그런즉 여호와께서 재판장이 되어 나와 왕 사이에 심판하사 나의 사정을 살펴 억울함을 풀어 주시고 나를 왕의 손에서 건지시기를 원하나이다"(15절)

"보라 나는 네가 반드시 왕이 될 것을 알고 이스라엘 나라가 네 손에 견고히 설 것을 아노니"(20절)

• 고린도전서 5장 판단의 말

"밖에 있는 사람들을 판단하는 것이야 내게 무슨 상관이 있으리요마는 교회 안에 있는 사람들이야 너희가 판단하지 아니하랴"(12절)

"밖에 있는 사람들은 하나님이 심판하시려니와 이 악한 사람은 너희 중에서 내쫓으라"(13절)

• 에스겔 3장 여호와의 말씀

"인자야 이스라엘 족속에게 가서 내 말로 그들에게 고하라"(4절)

"그러나 이스라엘 족속은 이마가 굳고 마음이 굳어 네 말을 듣고자 아니하리니 이는 내 말을 듣고자 아니함이니라"(7절)

"두려워하지 말며... 무서워하지 말라"(9절)

"인자야 내가 네게 이를 모든 말을 너는 마음으로 받으며 귀로 듣고 사로잡힌 네 민족에게로 가서 그들이 듣든지 아니 듣든지 그들에게 고하여 이르기를 주 여호와의 말씀이 이러하시다 하라"(10,11절)

"인자야 내가 너를 이스라엘 족속의 파수꾼으로 세웠으니 너는 내 입의 말을 듣고 나를 대신하여 그들을 깨우치라"(17절)

"너는 그들에게 이르기를 주 여호와의 말씀이 이러하시다 하라 들을 자는 들을 것이요 듣기 싫

은 자는 듣지 아니하리니"(27절)

시편 39편 혀로 범죄하지 않음을 결단함

"내 혀로 범죄하지 아니하리니 악인이 내 앞에 있을 때에 내가 내 입에 재갈을 먹이리라"(1절)

"내가 잠잠하고 입을 열지 아니함은 주께서 이를 행하신 까닭이니이다"(9절)

묵상 | 하나님 마음 알아가기

어떤 말을 하십니까? 오직 권위를 세우는 말을 하며, 혀로 범죄하지 말아야 합니다. 성도의 입에는 오직 하나님의 말씀을 두어야 합니다.

적용

1. 당신의 입에는 어떤 말이 있습니까?

2. 권위를 세우는 말을 하십시오.

3. 판단의 말을 버리십시오.

4. 하나님이 주신 말씀만 하십시오.

5. 범죄하지 않기를 결단하는 말을 하십시오.

나(우리)에게 주시는 말씀(암송)

• 오늘의 감사 •

• 말씀으로 기도하기 •

월 일 　　　맥체인 읽기: 9월 1일

오늘의 본문: 삼상25 | 고전6 | 겔4 | 시40, 41　　　찬송가 465장

오늘의 주제(키워드): **집(성전)을 세움**

 **말씀**

▸ 사무엘상 25장 다윗의 집을 세우심

"사무엘이 죽으매"(1절)

"내 주여 원하건대 이 죄악을 나 곧 내게로 돌리시고"(24절)

"여호와께서 반드시 내 주를 위하여 든든한 집을 세우시리니 이는 내 주께서 여호와의 싸움을 싸우심이요"(28절)

"아비가일이 급히 일어나서… 다윗의 아내가 되니라"(42절)

▸ 고린도전서 6장 성전된 몸

"성도가 세상을 판단할 것을 너희가 알지 못하느냐"(2절)

"너희 중에 이와 같은 자들이 있더니 주 예수 그리스도의 이름과 우리 하나님의 성령 안에서 씻음과 거룩함과 의롭다 하심을 받았느니라"(11절)

"모든 것이 내게 가하나 다 유익한 것이 아니요"(12절)

"몸을 위하여 계시느니라"(13절)

"너희 몸은 너희가 하나님께로부터 받은 바 너희 가운데 계신 성령의 전인 줄을 알지 못하느냐 너희는 너희 자신의 것이 아니라"(19절)

▸ 에스겔 4장 죄악을 담당함

"너는 또 왼쪽으로 누워… 너는 이렇게 이스라엘 족속의 죄악을 담당하고"(4,5절)

"그 수가 차거든 너는 오른쪽으로 누워 유다 족속의 죄악을 담당하라"(6절)

▸ 시편 40, 41편 기가 막힐 웅덩이에서 끌어 올리심

"내가 여호와를 기다리고 기다렸더니 귀를 기울이사 나의 부르짖음을 들으셨도다"(40:1)

"나를 기가 막힐 웅덩이와 수렁에서 끌어올리시고 내 발을 반석 위에 두사 내 걸음을 견고하게

하셨도다"(40:2)

"내가 주의 뜻 행하기를 즐기오니 주의 법이 나의 심중에 있나이다"(40:8)

"여호와여 내게 은혜를 베푸소서 내가 주께 범죄하였사오니 나를 고치소서"(41:4)

"주께서 나를 온전한 중에 붙드시고 영원히 주 앞에 세우시나이다"(41:12)

묵상 | 하나님 마음 알아가기

십자가의 은혜로 죄와 허물로 죽었던 우리는 구원을 얻게 되었고, 우리 몸은 성령이 거하시는 성령의 전이 되었습니다. 하나님의 성령이 거하시는 성전으로 세워가야 합니다.

적용

1. 당신은 하나님의 성전으로 세워져 갑니까?

2. 하나님께서 당신을 성전으로 세워 가십니다.
   1) 우리의 죄악을 담당하십니다.
   2) 기가 막힐 웅덩이와 수렁에서 끌어올리십니다.

3. 당신도 하나님의 성령이 거하시는 성전으로 세워 가십시오.

나(우리)에게 주시는 말씀(암송)

• 오늘의 감사 •

• 말씀으로 기도하기 •

245일차 / 365일

월 일
맥체인 읽기: 9월 2일
오늘의 본문: 삼상26 | 고전7 | 겔5 | 시42, 43
찬송가 300장
오늘의 주제(키워드): 생명을 유지하는 법

 말씀

• 사무엘상 26장 생명을 중히 여김

"누가 나와 더불어 진영에 내려가서 사울에게 이르겠느냐 하니 아비새가 이르되 내가 함께 가겠나이다"(6절)

"누구든지 손을 들어 여호와의 기름 부음 받은 자를 치면 죄가 없겠느냐"(9절)

"오늘 왕의 생명을 내가 중히 여긴 것 같이 내 생명을 여호와께서 중히 여기셔서 모든 환난에서 나를 구하여 내시기를 바라나이다"(24절)

"다윗아 네게 복이 있을지로다 네가 큰 일을 행하겠고 반드시 승리를 얻으리라"(25절)

• 고린도전서 7장 흐트러짐이 없이 주를 섬기는 삶

"음행을 피하기 위하여 남자마다 자기 아내를 두고 여자마다 자기 남편을 두라"(2절)

"남편은 그 아내에 대한 의무를 다하고 아내도 그 남편에게 그렇게 할지라"(3절)

"서로 분방하지 말라 다만 기도할 틈을 얻기 위하여 합의상 얼마 동안은 하되 다시 합하라"(5절)

"하나님이 각 사람을 부르신 그대로 행하라"(17,20절)

"너희는 값으로 사신 것이니 사람들의 종이 되지 말라"(23절)

"형제들아 너희는 각각 부르심을 받은 그대로 하나님과 함께 거하라"(24절)

"흐트러짐이 없이 주를 섬기게 하려 함이라"(35절)

• 에스겔 5장 죄의 결과-황무함

"그가 내 규례를 거슬러서 이방인보다 악을 더 행하며... 그들이 내 규례를 버리고 내 율례를 행하지 아니하였음이니라"(6절)

"그러므로 나 주 여호와가... 너를 치며 이방인의 목전에서 너에게 벌을 내리되"(8절)

"너를 황무하게 하고... 모든 지나가는 자의 목전에 모욕거리가 되게 하리니"(14절)

• 시편 42, 43편 낙심 중 찬송

"하나님이여 사슴이 시냇물을 찾기에 갈급함 같이 내 영혼이 주를 찾기에 갈급하니이다"(42:1)
"내 영혼아 네가 어찌하여 낙심하며 어찌하여 내 속에서 불안해 하는가 너는 하나님께 소망을 두라 그가 나타나 도우심으로 말미암아 내가 여전히 찬송하리로다"(42:5,11 ; 43:5)
"낮에는 여호와께서 그의 인자하심을 베푸시고 밤에는 그의 찬송이 내게 있어 생명의 하나님께 기도하리로다"(42:8)
"그런즉 내가 하나님의 제단에 나아가 나의 큰 기쁨의 하나님께 이르리이다"(43:4)

묵상 | 하나님 마음 알아가기

교회 공동체는 다양성이 존재합니다. 다양성 속에 통일성이 있습니다. 각자는 부르심을 받은 그대로 하나님과 함께 거하며, 흐트러짐 없이 주를 섬겨야 합니다.

적용

* 당신의 생명은 어떻게 유지됩니까?
1. 생명을 소중히 여기십시오.
2. 구원받은 백성으로서 흐트러짐 없이 생활하십시오.
3. 하나님의 규례대로 살아가십시오.
4. 낙심 중에 찬송하며 하나님께 소망을 두십시오.

나(우리)에게 주시는 말씀(암송)

• 오늘의 감사 •

• 말씀으로 기도하기 •

월　　　일　　　　　　맥체인 읽기: 9월 3일

오늘의 본문: 삼상27 | 고전8 | 겔6 | 시44　　찬송가 442장

오늘의 주제(키워드): 우상을 멀리함

 **말씀**

사무엘상 27장 적진에 들어감
"다윗과 그의 사람들이 저마다 가족을 거느리고 가드에서 아기스와 동거하였는데"(3절)
"지방 성읍 가운데 한 곳을 내게 주어 내가 살게 하소서"(5절)
"아기스가 그 날에 시글락을 그에게 주었으므로 시글락이 오늘까지 유다 왕에게 속하니라"(6절)
"다윗이 블레셋 사람들의 지방에 산 날 수는 일 년 사 개월이었더라"(7절)

고린도전서 8장 우상의 제물을 멀리함
"우상의 제물을 먹는 일에 대하여는 우리가 우상은 세상에 아무 것도 아니며 또한 하나님은 한 분 밖에 없는 줄 아노라"(4절)
"그러나 우리에게는 한 하나님 곧 아버지가 계시니 만물이 그에게서 났고 우리도 그를 위하여 있고 또한 한 주 예수 그리스도께서 계시니 만물이 그로 말미암고 우리도 그로 말미암아 있느니라"(6절)
"지식 있는 네가 우상의 집에 앉아 먹는 것을 누구든지 보면 그 믿음이 약한 자들의 양심이 담력을 얻어 우상의 제물을 먹게 되지 않겠느냐"(10절)
"그러므로 만일 음식이 내 형제를 실족하게 한다면 나는 영원히 고기를 먹지 아니하여 내 형제를 실족하지 않게 하리라"(13절)

에스겔 6장 우상숭배를 심판하심
"너희 제단들이 황폐하고 분향제단들이 깨뜨려질 것이며 너희가 죽임을 당하여 너희 우상 앞에 엎드러지게 할 것이라"(4절)
"내가 여호와인 줄을 너희가 알게 하려 함이라"(7,10,13,14절)
"그 죽임 당한 시체들이 그 우상들 사이에, 제단 사방에, 각 높은 고개 위에, 모든 산 꼭대기에, 모든 푸른 나무 아래에, 무성한 상수리나무 아래 곧 그 우상에게 분향하던 곳에 있으리니 내가 여

호와인 줄을 너희가 알리라"(13절)

• 시편 44편   하나님을 자랑함

"하나님이여 주는 나의 왕이시니 야곱에게 구원을 베푸소서 우리가 주를 의지하여 우리 대적을 누르고 우리를 치러 일어나는 자를 주의 이름으로 밟으리이다"(4,5절)

"우리가 종일 하나님을 자랑하였나이다 우리는 하나님의 이름에 영원히 감사하리이다"(8절)

묵상 | 하나님 마음 알아가기

세상 가운데 살아가는 것은 마치 적진에 들어가는 것과 같습니다. 적진에 들어가더라도 그들의 행위는 본받아서는 안 됩니다. 흥청거리는 세속문화 속에서 중심을 잡아야 합니다.

적용

우상에 대하여 어떤 자세를 취하십니까?

1. 비록 적진에 들어갔어도 그들의 행위를 본받지 마십시오.
2. 우상의 제물은 입에 대지도 마십시오.
3. 하나님만을 자랑하십시오.

나(우리)에게 주시는 말씀(암송)

• 오늘의 감사 •

• 말씀으로 기도하기 •

월   일   맥체인 읽기: 9월 4일

오늘의 본문: 삼상28 | 고전9 | 겔7 | 시45, 46   찬송가 363장

오늘의 주제(키워드): 버림당함

 말씀

사무엘상 28장 사울을 버림
"사울이 블레셋 사람들의 군대를 보고 두려워서 그의 마음이 크게 떨린지라"(5절)

"나라를 네 손에서 떼어 네 이웃 다윗에게 주셨느니라"(17절)

"네가 여호와의 목소리를 순종하지 아니하고"(18절)

고린도전서 9장 몸을 쳐 복종함
"밭 가는 자는 소망을 가지고 갈며 곡식 떠는 자는 함께 얻을 소망을 가지고 떠는 것이라"(10절)

"그리스도의 복음에 아무 장애가 없게 하려 함이로다"(12절)

"성전의 일을 하는 이들은 성전에서 나는 것을 먹으며 제단에서 섬기는 이들은 제단과 함께 나누는 것을 너희가 알지 못하느냐"(13절)

"복음 전하는 자들이 복음으로 말미암아 살리라"(14절)

"만일 복음을 전하지 아니하면 내게 화가 있을 것이로다"(16절)

"내가 내 몸을 쳐 복종하게 함은 내가 남에게 전파한 후에 자신이 도리어 버림을 당할까 두려워함이로다"(27절)

에스겔 7장 끝이 이르렀음
"끝났도다 이 땅 사방의 일이 끝났도다"(2절)

"이제는 네게 끝이 이르렀나니 내가 내 진노를 네게 나타내어 네 행위를 심판하고 네 모든 가증한 일을 보응하리라"(3절)

"끝이 왔도다, 끝이 왔도다 끝이 너에게 왔도다 볼지어다 그것이 왔도다"(6절)

"밖에는 칼이 있고 안에는 전염병과 기근이"(15절)

"왕은 애통하고 고관은 놀람을 옷 입듯 하며 주민의 손은 떨리리라 내가 그 행위대로 그들에게 갚고 그 죄악대로 그들을 심판하리니 내가 여호와인 줄 그들이 알리라"(27절)

• 시편 45, 46편 주의 보좌는 영원함

"하나님이여 주의 보좌는 영원하며 주의 나라의 규는 공평한 규이니이다"(45:6)

"하나님은 우리의 피난처시요 힘이시니 환난 중에 만날 큰 도움이시라… 산이 흔들릴지라도 우리는 두려워하지 아니하리로다"(46:1,3)

"하나님이 그 성 중에 계시매 성이 흔들리지 아니할 것이라 새벽에 하나님이 도우시리로다"(46:5)

"너희는 가만히 있어 내가 하나님 됨을 알지어다"(46:10)

묵상 | 하나님 마음 알아가기

버림당할 수 있다는 사실을 아십니까? 성도가 끝까지 자신의 몸을 쳐서 그리스도께 복종해야 할 이유는 남에게 전파한 후에 자신이 도리어 버림을 당할 수 있기 때문입니다.

적용

버림당할 수 있다는 사실을 아십니까?

1. 두려워함과 불순종의 자세를 버리십시오.
2. 늘 자신의 몸을 쳐 복종하십시오.
3. 영원하신 주의 보좌와 그의 나라를 바라보며 흔들리지 마십시오.

나(우리)에게 주시는 말씀(암송)

• 오늘의 감사 •

• 말씀으로 기도하기 •

월   일   맥체인 읽기: 9월 5일

오늘의 본문: 삼상29, 30 | 고전10 | 겔8 | 시47   찬송가 204장

오늘의 주제(키워드): 하나님의 영광

 말씀

• 사무엘상 29, 30장 | 승리와 전리품의 분배

"다윗이 크게 다급하였으나 그의 하나님 여호와를 힘입고 용기를 얻었더라"(30:6)

"다윗이 여호와께 묻자와 이르되 내가 이 군대를 추격하면 따라잡겠나이까 하니 여호와께서 그에게 대답하시되 그를 쫓아가라 네가 반드시 따라잡고 도로 찾으리라"(30:8)

"전장에 내려갔던 자의 분깃이나 소유물 곁에 머물렀던 자의 분깃이 동일할지니 같이 분배할 것이니라"(30:24) - 전쟁 승리의 영광을 하나님께 돌린 자의 선택 ; 전유물의 균등한 분배

"아무것도 잃은 것이 없이 모두 다윗이 도로 찾아왔고... 다 되찾았더니... 다윗의 전리품이라"(30:19,20)

• 고린도전서 10장 | 하나님의 영광을 위한 삶

"다 같은 신령한 음식을 먹으며 다 같은 신령한 음료를 마셨으니 이는 그들을 따르는 신령한 반석으로부터 마셨으매 그 반석은 곧 그리스도시라"(3,4절)

"우상 숭배 하는 자... 음행... 주를 시험.. 원망"(7,8,9,10절)

"그들에게 일어난 이런 일은 본보기가 되고 또한 말세를 만난 우리를 깨우치기 위하여 기록되었느니라"(11절)

"그런즉 선 줄로 생각하는 자는 넘어질까 조심하라"(12절)

"누구든지 자기의 유익을 구하지 말고 남의 유익을 구하라"(24절)

"그런즉 너희가 먹든지 마시든지 무엇을 하든지 다 하나님의 영광을 위하여 하라"(31절)

• 에스겔 8장 | 하나님의 영광이 거기 있음

"주 여호와의 권능이 거기에서 내게 내리기로"(1절)

"이스라엘 하나님의 영광이 거기에 있는데"(4절)

"인자야 이스라엘 족속이 행하는 일을 보느냐"
* 크게 가증한 일을 행하여(6절)
* 가증하고 악한 일을 보라(9절)

＊다른 큰 가증한 일(13절)-여인들, 담무스 애곡
＊더 큰 가증한 일(15절)-동쪽 태양에게 예배

• 시편 47편 **거룩한 보좌에 앉으신 하나님**

"지존하신 여호와는 두려우시고 온 땅에 큰 왕이 되심이로다"(2절)

"찬송하라 하나님을 찬송하라 찬송하라 우리 왕을 찬송하라 하나님은 온 땅의 왕이심이라 지혜의 시로 찬송할지어다"(6,7절)

"하나님이 뭇 백성을 다스리시며 하나님이 그의 거룩한 보좌에 앉으셨도다"(8절)

묵상 | 하나님 마음 알아가기

잃은 것이 있습니까? 그것을 찾기 위해서는 하나님께 물어야 합니다. 그리고 나아갈 때 하나님은 모든 잃은 것을 찾게 하십니다. 그 찾은 것을 균등하게 나누는 것은 하나님의 영광을 위한 것입니다.

적용

하나님은 영광 받기에 합당하신 분입니다. 어떻게 영광을 돌리십니까?

1. 승리의 결과로 주신 모든 것을 나누십시오.
2. 모든 우상을 멀리하고 먹든지 마시든지 무엇을 하든지 하나님의 영광을 위하여 하십시오.
3. 지금 계신 곳에 하나님의 영광이 있습니다.
4. 보좌에 앉으신 하나님을 찬송하며 그의 통치를 기뻐하십시오.

나(우리)에게 주시는 말씀(암송)

• 오늘의 감사 •

• 말씀으로 기도하기 •

월   일   맥체인 읽기: 9월 6일

오늘의 본문: 삼상31 | 고전11 | 겔9 | 시48   찬송가 479장

오늘의 주제(키워드): **주의 인자하심**

 **말씀**

• 사무엘상 31장 길르앗 야베스인들의 선행

"사울과 그의 세 아들과 무기를 든 자와 그의 모든 사람이 다 그 날에 함께 죽었더라"(6절)

"길르앗 야베스 주민들이... 모든 장사들이 일어나 밤새도록 달려가서... 그의 뼈를 가져다가... 장사하고 칠 일 동안 금식하였더라"(11~13절)

• 고린도전서 11장 성만찬

"내가 그리스도를 본받는 자가 된 것 같이 너희는 나를 본받는 자가 되라"(1절)

"너희가 이 떡을 먹으며 이 잔을 마실 때마다 주의 죽으심을 그가 오실 때까지 전하는 것이니라"(26절)

"사람이 자기를 살피고 그 후에야 이 떡을 먹고 이 잔을 마실지니"(28절)

• 에스겔 9장 하나님의 영광의 이동

"그룹에 머물러 있던 이스라엘 하나님의 영광이 성전 문지방에 이르더니"(3절)

• 시편 48편 주의 전에서 주의 인자하심을 생각함

"여호와는 위대하시니 우리 하나님의 성, 거룩한 산에서 극진히 찬양 받으시리로다"(1절)

"하나님이여 우리가 주의 전 가운데에서 주의 인자하심을 생각하였나이다"(9절)

"하나님이여 주의 이름과 같이 찬송도 땅 끝까지 미쳤으며 주의 오른손에는 정의가 충만하였나이다"(10절)

"이 하나님은 영원히 우리 하나님이시니 그가 우리를 죽을 때까지 인도하시리로다"(14절)

묵상 | 하나님 마음 알아가기

거룩한 하나님의 성전에서도 심판이 행하여질 수 있습니다. 그것은 우리의 가증함 때문입니다. 하나님의 심판의 때에 불평을 잠재우고 오히려 하나님의 마음을 헤아릴 수 있는 성숙함이 요구됩니다.

적용

주의 인자하심을 기대하십니까?

1. 주의 성소에서 주의 인자하심이 기대되고, 실현되어야지만(시 48:9), 가증한 일들(겔 9:4)로 인하여 하나님께서는 주의 성소에서 심판을 시작(겔 9:6)하십니다.

2. 이렇게 심판하셔야 하는 하나님의 마음을 헤아리고, 하나님의 인자하심을 기대하시기 바랍니다.

나(우리)에게 주시는 말씀(암송)

• 오늘의 감사 •

• 말씀으로 기도하기 •

월   일   맥체인 읽기: 9월 7일

오늘의 본문: **삼하1 | 고전12 | 겔10 | 시49**   찬송가 186장

오늘의 주제(키워드): **존귀함**

 **말씀**

- **사무엘하 1장** 서로 사랑함

"이에 다윗이 자기 옷을 잡아 찢으매… 저녁 때까지 슬퍼하여 울며 금식하니라"(11,12절)

"내 형 요나단이여 내가 그대를 애통함은 그대는 내게 심히 아름다움이라 그대가 나를 사랑함이 기이하여 여인의 사랑보다 더하였도다"(26절)

- **고린도전서 12장** 성령의 나타남

"각 사람에게 성령을 나타내심은 유익하게 하려 하심이라"(7절)

"이 모든 일은 같은 한 성령이 행하사 그의 뜻대로 각 사람에게 나누어 주시는 것이니라"(11절)

"우리가 유대인이나 헬라인이나 종이나 자유인이나 다 한 성령으로 세례를 받아 한 몸이 되었고 또 다 한 성령을 마시게 하셨느니라"(13절)

"오직 하나님이 몸을 고르게 하여 부족한 지체에게 귀중함을 더하사 몸 가운데서 분쟁이 없고 오직 여러 지체가 서로 같이 돌보게 하셨느니라"(24,25절)

- **에스겔 10장** 하나님의 영광이 덮임

"여호와의 영광이 그룹에서 올라와 성전 문지방에 이르니 구름이 성전에 가득하며 여호와의 영화로운 광채가 뜰에 가득하였고"(4절)

"여호와의 영광이 성전 문지방을 떠나서 그룹들 위에 머무르니"(18절)

"이스라엘 하나님의 영광이 그 위에 덮였더라"(19절)

- **시편 49편** 존귀한 사람

"사람은 존귀하나 장구하지 못함이여 멸망하는 짐승 같도다"(12절)

"그러나 하나님은 나를 영접하시리니 이러므로 내 영혼을 스올의 권세에서 건져내시리로다"(15절)

"존귀하나 깨닫지 못하는 사람은 멸망하는 짐승 같도다"(20절)

묵상 | 하나님 마음 알아가기

하나님은 사람을 존귀하게 지으셨습니다. 존귀하나 깨닫지 못하는 사람은 멸망하는 짐승 같다고 하십니다. 하나님의 말씀을 깨달을 수 있는 지혜를 간구하십시오.

적용

하나님이 우리를 존귀하게 지으셨습니다. 어떻게 존귀함을 나타내십니까?

1. 서로 사랑하십시오.
2. 성령 안에서 지체의 부족함을 채우십시오.
3. 하나님의 영광을 사모하십시오.
4. 하나님이 함께 하심을 깨달으시기 바랍니다.

나(우리)에게 주시는 말씀(암송)

• 오늘의 감사 •

• 말씀으로 기도하기 •

월 일	맥체인 읽기: 9월 8일
오늘의 본문: **삼하2**	**고전13**	**겔11**	**시50**	찬송가 357장
오늘의 주제(키워드): **사랑함**	

 말씀

• 사무엘하 2장 여호와께 물음

"유다 한 성읍으로 올라가리이까… 올라가라… 어디로 가리이까… 헤브론으로 갈지니라"(1절)

"유다 사람들이 와서 거기서 다윗에게 기름을 부어 유다 족속의 왕으로 삼았더라"(4절)

"이스라엘의 왕으로 삼았더라"(9절)

• 고린도전서 13장 제일인 사랑

"사랑이 없으면 내게 아무 유익이 없느니라"(1~3절)

"사랑은 오래 참고 사랑은 온유하며"(4절)

"모든 것을 참으며 모든 것을 믿으며 모든 것을 바라며 모든 것을 견디느니라"(7절)

"그런즉 믿음, 소망, 사랑, 이 세 가지는 항상 있을 것인데 그 중의 제일은 사랑이라"(13절)

• 에스겔 11장 새 마음과 새 영을 주심

"그 때에 주의 영이 나를 들어올려서"(1절)

"여호와의 영이 내게 임하여 이르시되… 너희 마음에서 일어나는 것을 내가 다 아노라"(5절)

"주 여호와의 말씀에 내가… 여러 나라 가운데에서 모아 내고 이스라엘 땅을 너희에게 주리라 하셨다 하라"(17절)

"그 가운데의 모든 미운 물건과 모든 가증한 것을 제거하여 버릴지라"(18절)

"내가 그들에게 한 마음을 주고 그 속에 새 영을 주며 그 몸에서 돌 같은 마음을 제거하고 살처럼 부드러운 마음을 주어 내 율례를 따르며 내 규례를 지켜 행하게 하리니 그들은 내 백성이 되고 나는 그들의 하나님이 되리라"(19,20절)

• 시편 50편 감사로 제사를 드림

"나의 성도들을 내 앞에 모으라 그들은 제사로 나와 언약한 이들이니라"(5절)

"감사로 하나님께 제사를 드리며 지존하신 이에게 네 서원을 갚으며 환난 날에 나를 부르라 내가 너를 건지리니 네가 나를 영화롭게 하리로다"(14,15절)

"감사로 제사를 드리는 자가 나를 영화롭게 하나니 그의 행위를 옳게 하는 자에게 내가 하나님의 구원을 보이리라"(23절)

묵상 | 하나님 마음 알아가기

얼마나 자주 하나님께 물으십니까? 그리고 어떤 일로 물으십니까? 어떤 일이든 사소한 일이라고 생각되어지는 일이라 할지라도 하나님께 물으십시오. 하나님이 인도하십니다.

적용

하나님의 사랑이 어떻게 나타나고 있습니까?

1. 주와 친밀한 대화를 나눌 때 나타납니다.
2. 서로 사랑할 때 나타납니다.
3. 주의 영과 함께 부드러운 마음으로 살 때 나타납니다.
4. 감사로 제사를 드릴 때 나타납니다.

나(우리)에게 주시는 말씀(암송)

· 오늘의 감사 ·

· 말씀으로 기도하기 ·

252일차 / 365일

월 일
오늘의 본문: **삼하3 | 고전14 | 겔12 | 시51**
오늘의 주제(키워드): **세우심**

맥체인 읽기: 9월 9일
찬송가 391장

 말씀

• 사무엘하 3장 다윗을 강하게 하심
"다윗은 점점 강하여 가고 사울의 집은 점점 약하여 가니라"(1절)
"내가 내 종 다윗의 손으로 내 백성 이스라엘을 구원하여 블레셋 사람의 손과 모든 대적의 손에서 벗어나게 하리라"(18절)

• 고린도전서 14장 교회의 덕을 세움
"사랑을 추구하며 신령한 것들을 사모하되 특별히 예언을 하려고 하라"(1절)
"예언하는 자는 사람에게 말하여 덕을 세우며 권면하며 위로하는 것이요 방언을 말하는 자는 자기의 덕을 세우고 예언하는 자는 교회의 덕을 세우나니"(3,4절)
"그러므로 너희도 영적인 것을 사모하는 자인즉 교회의 덕을 세우기 위하여 그것이 풍성하기를 구하라"(12절)

• 에스겔 12장 에스겔을 세우심
"또 여호와의 말씀이 내게 임하여 이르시되"(1,8,17,21,26절)
"이는 내가 너를 세워 이스라엘 족속에게 징조가 되게 함이라"(6절)
"내가 그 명령대로 행하여"(7절)
"나의 말이 하나도 다시 더디지 아니할지니 내가 한 말이 이루어지리라"(28절)

• 시편 51편 죄악을 씻으심
"하나님이여 주의 인자를 따라 내게 은혜를 베푸시며 주의 많은 긍휼을 따라 내 죄악을 지워 주소서"(1절)
"나의 죄악을 말갛게 씻으시며 나의 죄를 깨끗이 제하소서 무릇 나는 내 죄과를 아오니 내 죄가 항상 내 앞에 있나이다"(2,3절)

"우슬초로 나를 정결하게 하소서 내가 정하리이다"(7절)
"하나님이여 내 속에 정한 마음을 창조하시고 내 안에 정직한 영을 새롭게 하소서"(10절)
"하나님께서 구하시는 제사는 상한 심령이라 하나님이여 상하고 통회하는 마음을 주께서 멸시하지 아니하시리이다"(17절)

묵상 | 하나님 마음 알아가기

교회엔 다양한 사람들이 다양한 직분을 감당하고 있습니다. 건강한 교회는 모든 성도가 맡겨진 일을 통해 교회의 덕을 세워가는 교회입니다. 자신을 정결케 하고 교회의 덕을 세워갈 때 교회는 건강합니다.

적용

하나님께서 당신을 세워주셨음을 아십니까?

1. 다윗과 에스겔을 세우셔서 일하신 하나님께서 우리를 세우셨습니다.
2. 우리는 교회의 덕을 세우는 일에 힘써야 합니다.
3. 세움 받은 자로서 주 앞에 정직한 삶을 살아야 하겠습니다.

나(우리)에게 주시는 말씀(암송)

· 오늘의 감사 ·

· 말씀으로 기도하기 ·

월   일   맥체인 읽기: 9월 10일

오늘의 본문: 삼하4, 5 | 고전15 | 겔13 | 시52-54   찬송가 274장

오늘의 주제(키워드): 생명

 **말씀**

• 사무엘하 4, 5장 환난 가운데서 생명을 건지심
"내 생명을 여러 환난 가운데서 건지신 여호와께서"(4:9)
"다윗 왕이 헤브론에서 여호와 앞에 그들과 언약을 맺으매 그들이 다윗에게 기름을 부어 이스라엘 왕으로 삼으니라"(5:3)
"다윗이 시온 산성을 빼앗았으니 이는 다윗 성이더라"(5:7)
"만군의 하나님 여호와께서 함께 계시니 다윗이 점점 강성하여 가니라"(5:10)
"그 때에 여호와가 너보다 앞서 나아가서 블레셋 군대를 치리라 하신지라"(5:24)

• 고린도전서 15장 부활의 생명
"성경대로 그리스도께서 우리 죄를 위하여 죽으시고 장사 지낸 바 되셨다가 성경대로 사흘 만에 다시 살아나사"(3,4절)
"그러나 이제 그리스도께서 죽은 자 가운데서 다시 살아나사 잠자는 자들의 첫 열매가 되셨도다"(20절)
"나는 날마다 죽노라"(31절)

• 에스겔 13장 거짓 선지자들의 손에서 건져내심
"인자야 너는 이스라엘의 예언하는 선지자들에게 경고하여 예언하되 자기 마음대로 예언하는 자에게 말하기를 너희는 여호와의 말씀을 들으라"(2절)
"본 것이 없이 자기 심령을 따라 예언"(3절)
"허탄한 것과 거짓된 점괘를 보며 사람들에게 그 말이 확실히 이루어지기를"(6절)
"내 백성을 유혹하여 평강이 없으나 평강이 있다 함이라"(10절)
"자기 마음대로 예언하는 여자들"(17절)
"영혼을 사냥하려고 손목마다 부적을 꿰어 매고... 수건을 만드는 여자들"(18절)
"내가 내 백성을 너희 손에서 건져내리니 내가 여호와인 줄을 너희가 알리라"(23절)

시편 52-54편 생명을 붙들어 주시는 하나님

"포악한 자여 네가 어찌하여 악한 계획을 스스로 자랑하는가"(52:1)

"이 사람은 하나님을 자기 힘으로 삼지 아니하고 오직 자기 재물의 풍부함을 의지하며 자기의 악으로 스스로 든든하게 하던 자라"(52:7)

"그러나 나는 하나님의 집에 있는 푸른 감람나무 같음이여 하나님의 인자하심을 영원히 의지하리로다"(52:8)

"하나님이 자기 백성의 포로된 것을 돌이키실 때에 야곱이 즐거워하며 이스라엘이 기뻐하리로다"(53:6)

"하나님은 나를 돕는 이시며 주께서는 내 생명을 붙들어 주시는 이시니이다"(54:4)

묵상 | 하나님 마음 알아가기

나의 생명은 하나님께 있습니다. 환난에서 건지시고 부활의 생명으로 거듭나게 하셨습니다. 환난 중에도 생명을 보존하시는 하나님의 은혜를 기억하여야 합니다.

적용

당신의 생명은 어떻게 유지되고 있습니까?
1. 하나님께서 여러 환난에서 건지심으로 유지됩니다.
2. 예수 그리스도를 믿음으로 영생을 얻고 부활에 참여하게 됨으로 유지됩니다.
3. 하나님께서 우리의 영혼을 사냥하는 자들의 손에서 건져내주심으로 유지됩니다.
4. 주께서 생명을 붙들어 주심으로 유지됩니다.

나(우리)에게 주시는 말씀(암송)

• 오늘의 감사 •

• 말씀으로 기도하기 •

254일차 / 365일

월 일 맥체인 읽기: 9월 11일

오늘의 본문: **삼하6 | 고전16 | 겔14 | 시55**

찬송가 210장

오늘의 주제(키워드): **하나님 앞에서 행함**

 **말씀**

• 사무엘하 6장 힘을 다하여 춤을 춤

"다윗이 가서 하나님의 궤를 기쁨으로 메고 오벧에돔의 집에서 다윗 성으로 올라갈새"(12절)

"다윗이 여호와 앞에서 힘을 다하여 춤을 추는데"(14절)

"다윗이 번제와 화목제를 여호와 앞에 드리니라"(17절)

"이는 여호와 앞에서 한 것이니라… 내가 여호와 앞에서 뛰놀리라"(21절)

• 고린도전서 16장 헌금과 주를 사랑함

"매주 첫날에 너희 각 사람이 수입에 따라 모아 두어서"(2절)

"내가 오순절까지 에베소에 머물려 함은 내게 광대하고 유효한 문이 열렸으나 대적하는 자가 많음이라"(8,9절)

"깨어 믿음에 굳게 서서 남자답게 강건하라 너희 모든 일을 사랑으로 행하라"(13,14절)

"너희는 거룩하게 입맞춤으로 서로 문안하라"(20절)

"만일 누구든지 주를 사랑하지 아니하면 저주를 받을지어다 우리 주여 오시옵소서"(22절)

• 에스겔 14장 거짓 선지자들을 심판하심

"누구든지 나를 떠나고 자기 우상을 마음에 들이며 죄악의 걸림돌을 자기 앞에 두고 자기를 위하여 내게 묻고자 하여 선지자에게 가는 모든 자에게는 나 여호와가 친히 응답하여"(7절)

"선지자의 죄악과 그에게 묻는 자의 죄악이 같은즉 각각 자기의 죄악을 담당하리니"(10절)

"자기의 공의로 자기의 생명만 건지리라"(14,16,18,20절)

"내가 예루살렘에서 행한 모든 일이 이유 없이 한 것이 아닌 줄을 알리라"(23절)

• 시편 55편 짐을 여호와께 맡김

"하나님이여 내 기도에 귀를 기울이시고 내가 간구할 때에 숨지 마소서"(1절)

"저녁과 아침과 정오에 내가 근심하여 탄식하리니 여호와께서 내 소리를 들으시리로다"(17절)
"네 짐을 여호와께 맡기라 그가 너를 붙드시고 의인의 요동함을 영원히 허락하지 아니하시리로다"(22절)

묵상 | 하나님 마음 알아가기

성도에게 있어서 헌금은 하나님을 사랑하는 표지입니다. 의무가 아닌 자발적인 발현으로 하나님께 드려지는 것입니다. 물질이 있는 곳에 마음이 있습니다. 우리에게 생명을 주신 하나님께 물질로 인색해서는 안 됩니다.

적용

하나님 앞에서 행하고 계십니까?

1. 하나님 앞에서 기뻐 뛰노십시오.
2. 모든 삶의 중심을 하나님께 드리십시오.
3. 거짓 선지자의 말을 따르지 말고 하나님의 말씀을 따르십시오.
4. 모든 짐을 여호와께 맡기십시오.

나(우리)에게 주시는 말씀(암송)

• 오늘의 감사 •

• 말씀으로 기도하기 •

월   일   맥체인 읽기: 9월 12일

255일차 / 365일

오늘의 본문: **삼하7** | **고후1** | **겔15** | **시56, 57**   찬송가 428장

오늘의 주제(키워드): **계획**

 **말씀**

사무엘하 7장 성전을 위한 계획

"여호와께서 주위의 모든 원수를 무찌르사 왕으로 궁에 평안히 살게 하신 때에"(1절)

"나는 백향목 궁에 살거늘 하나님의 궤는 휘장 가운데에 있도다"(2절)

"주 여호와여 오직 주는 하나님이시며 주의 말씀들이 참되시니이다 주께서 이 좋은 것을 주의 종에게 말씀하셨사오니 이제 청하건대 종의 집에 복을 주사 주 앞에 영원히 있게 하옵소서"(28,29절)

고린도후서 1장 고린도 교회 방문을 위한 계획

"너희를 지나 마게도냐로 갔다가 다시 마게도냐에서 너희에게 가서 너희의 도움으로 유대로 가기를 계획하였으니"(16절)

"이렇게 계획할 때에 어찌 경솔히 하였으리요 혹 계획하기를 육체를 따라 계획하여 예 예 하면서 아니라 아니라 하는 일이 내게 있겠느냐"(17절)

"하나님의 약속은 얼마든지 그리스도 안에서 예가 되니 그런즉 그로 말미암아 우리가 아멘 하여 하나님께 영광을 돌리게 되느니라"(20절)

"내가 내 목숨을 걸고 하나님을 불러 증언하시게 하노니 내가 다시 고린도에 가지 아니한 것은 너희를 아끼려 함이라"(23절)

에스겔 15장 예루살렘을 향한 하나님의 계획

"내가 수풀 가운데에 있는 포도나무를 불에 던질 땔감이 되게 한 것 같이 내가 예루살렘 주민도 그같이 할지라"(6절)

"내가 그들을 대적한즉"(7절)

"내가 그 땅을 황폐하게 하리니 이는 그들이 범법함이니라"(8절)

• 시편 56, 57편 대적 앞에서 하나님만 생각함

"하나님이여 내게 은혜를 베푸소서 사람이 나를 삼키려고 종일 치며 압제하나이다"(56:1)

"내가 하나님을 의지하였은즉 두려워하지 아니하리니 혈육을 가진 사람이 내게 어찌하리이까"(56:4)

"하나님이여 주는 하늘 위에 높이 들리시며 주의 영광이 온 세계 위에 높아지기를 원하나이다"(57:5)

"하나님이여 내 마음이 확정되었고 내 마음이 확정되었사오니 내가 노래하고 내가 찬송하리이다"(57:7)

"주여 내가 만민 중에서 주께 감사하오며 뭇 나라 중에서 주를 찬송하리이다"(57:9)

묵상 | 하나님 마음 알아가기

어떤 계획을 가지고 계십니까? 그 계획이 어떤 것이든 하나님과 하나님 나라의 유익을 위한 계획이 되어야 합니다. 그 계획 속에 하나님이 함께 하시고 이루십니다.

적용

평안할 때 무슨 계획(생각)을 하십니까?

1. 하나님과 하나님 나라를 위한 생각과 그분을 위한 계획을 하십시오.

2. 특히 시편 57:7~11의 영성을 가지십시오.

나(우리)에게 주시는 말씀(암송)

• 오늘의 감사 •

• 말씀으로 기도하기 •

256일차 / 365일

월   일

오늘의 본문: **삼하8, 9 | 고후2 | 겔16 | 시58, 59**

맥체인 읽기: 9월 13일

찬송가 411장

오늘의 주제(키워드): **이기게 하심-승리**

 **말씀**

• 사무엘하 8, 9장   다윗을 이기게 하심

"다윗이 블레셋 사람들을 쳐서… 또 모압을 쳐서… 아람 사람이 다윗의 종이 되어"(8:1,3,6)

"다윗이 어디로 가든지 여호와께서 이기게 하셨더라"(8:14)

"다윗이 온 이스라엘을 다스려 다윗이 모든 백성에게 정의와 공의를 행할새"(8:15)

• 고린도후서 2장   그리스도 안에서 이기게 하심

"그러므로 너희를 권하노니 사랑을 그들에게 나타내라"(8절)

"항상 우리를 그리스도 안에서 이기게 하시고 우리로 말미암아 각처에서 그리스도를 아는 냄새를 나타내시는 하나님께 감사하노라"(14절)

"우리는 구원 받는 자들에게나 망하는 자들에게나 하나님 앞에서 그리스도의 향기니"(15절)

• 에스겔 16장   왕후의 지위에 오름과 언약을 배반함

"극히 곱고 형통하여 왕후의 지위에 올랐느니라 네 화려함으로 말미암아 네 명성이 이방인 중에 퍼졌음은 내가 네게 입힌 영화로 네 화려함이 온전함이라"(13,14절)

"그러나 네가 네 화려함을 믿고 네 명성을 가지고 행음하되"(15절)

"네가 어렸을 때를 기억하지 아니하고"(43절)

"네가 맹세를 멸시하여 언약을 배반하였은즉 내가 네 행한 대로 네게 행하리라"(59절)

• 시편 58, 59편   심판하시는 하나님과 아침에 부를 노래

"그 때에 사람의 말이 진실로 의인에게 갚음이 있고 진실로 땅에서 심판하시는 하나님이 계시다 하리로다"(58:11)

"주님은 만군의 하나님 여호와, 이스라엘의 하나님이시오니 일어나 모든 나라들을 벌하소서 악을 행하는 모든 자들에게 은혜를 베풀지 마소서"(59:5)

"나는 주의 힘을 노래하며 아침에 주의 인자하심을 높이 부르오리니"(59:16)

묵상 | 하나님 마음 알아가기

승리는 하나님께 있습니다. 이기게 하시는 하나님을 바라보며 오늘도 좌절을 떨치고 소망 가운데 서 가십시오. 아침마다 주의 인자하심을 노래할 수 있도록 승리를 주시는 하나님을 찬양합니다.

적용

하나님께서 이김을 주실 때 어떻게 하십니까?

1. 정의와 공의를 행하십시오.
2. 사랑을 나타내며 그리스도의 향기로서의 삶을 사십시오.
3. 언약에 신실하시며, 심판 중에라도 아침에 하나님을 찬양하는 노래를 부르십시오.

나(우리)에게 주시는 말씀(암송)

• 오늘의 감사 •

• 말씀으로 기도하기 •

월 일	맥체인 읽기: 9월 14일
오늘의 본문: 삼하10	고후3	겔17	시60, 61	찬송가 355장
오늘의 주제(키워드): 언약	

 말씀

• 사무엘하 10장 여호와의 선히 여기심

"너는 담대하라 우리가 우리 백성과 우리 하나님의 성읍들을 위하여 담대히 하자 여호와께서 선히 여기시는 대로 행하시기를 원하노라"(12절)

"다윗이 아람 병거 칠백 대와 마병 사만 명을 죽이고 또 그 군사령관 소박을 쳐매 거기서 죽으니라"(18절)

• 고린도후서 3장 새 언약의 일꾼

"너희는 우리의 편지라 우리 마음에 썼고 뭇 사람이 알고 읽는 바라"(2절)

"오직 살아 계신 하나님의 영으로 쓴 것이며 또 돌판에 쓴 것이 아니요 오직 육의 마음판에 쓴 것이라"(3절)

"그가 또한 우리를 새 언약의 일꾼 되기에 만족하게 하셨으니 율법 조문으로 하지 아니하고 오직 영으로 함이니 율법 조문은 죽이는 것이요 영은 살리는 것이니라"(6절)

"주는 영이시니 주의 영이 계신 곳에는 자유가 있느니라"(17절)

• 에스겔 17장 언약을 배반함과 심판

"언약을 배반하고야 피하겠느냐"(15절)

"주 여호와의 말씀이니라 내가 나의 삶을 두고 맹세하노니 바벨론 왕이 그를 왕으로 세웠거늘 그가 맹세를 저버리고 언약을 배반하였은즉 그 왕이 거주하는 곳 바벨론에서 왕과 함께 있다가 죽을 것이라"(16절)

"그가 이미 손을 내밀어 언약하였거늘 맹세를 업신여겨 언약을 배반하고 이 모든 일을 행하였으니 피하지 못하리라"(18절)

"들의 모든 나무가 나 여호와는 높은 나무를 낮추고 낮은 나무를 높이며 푸른 나무를 말리고 마른 나무를 무성하게 하는 줄 알리라 나 여호와는 말하고 이루느니라 하라"(24절)

• 시편 60, 61편 여호와의 인자와 진리

"하나님이여 주께서 우리를 버려 흩으셨고 분노하셨사오나 지금은 우리를 회복시키소서"(60:1)

"주를 경외하는 자에게 깃발을 주시고 진리를 위하여 달게 하셨나이다"(60:4)

"우리를 도와 대적을 치게 하소서 사람의 구원은 헛됨이니이다"(60:11)

"주 하나님이여 주께서 나의 서원을 들으시고 주의 이름을 경외하는 자가 얻을 기업을 내게 주셨나이다"(61:5)

"인자와 진리를 예비하사 그를 보호하소서"(61:7)

묵상 | 하나님 마음 알아가기

하나님은 언약에 신실하십니다. 하나님의 언약을 배반하고 피할 수 없습니다. 하나님의 언약에 신실하게 반응할 때 하나님 안에 풍성을 누릴 수 있습니다.

적용

나(우리)에게 주시는 말씀(암송)

하나님은 언약에 신실하십니다. 당신은 어떻습니까?

1. 언약을 의지해 담대히 나아가십시오.

2. 하나님은 우리를 새 언약의 일꾼 삼아주셨습니다.

• 오늘의 감사 •

• 말씀으로 기도하기 •

월   일   맥체인 읽기: 9월 15일

258일차 / 365일

오늘의 본문: 삼하11 | 고후4 | 겔18 | 시62, 63   찬송가 537장

오늘의 주제(키워드): **숨은 부끄러움의 일**

 **말씀**

• 사무엘하 11장 다윗의 악한 일

"다윗이 요압과… 온 이스라엘 군대를 보내니… 다윗은 예루살렘에 그대로 있더라"(1절)

"저녁 때에 다윗이 그의 침상에서 일어나 왕궁 옥상에서 거닐다가 그 곳에서 보니 한 여인이 목욕을 하는데 심히 아름다워 보이는지라"(2절)

"그 여자를 자기에게로 데려오게 하고… 더불어 동침하매… 그 여인이 임신하매"(4,5절)

"그 장례를 마치매 다윗이 사람을 보내 그를 왕궁으로 데려오니 그가 그의 아내가 되어 그에게 아들을 낳으니라 다윗이 행한 그 일이 여호와 보시기에 악하였더라"(27절)

• 고린도후서 4장 숨은 부끄러운 일을 버림과 보배 되신 예수님

"숨은 부끄러움의 일을 버리고 속임으로 행하지 아니하며 하나님의 말씀을 혼잡하게 하지 아니하고 오직 진리를 나타냄으로 하나님 앞에서 각 사람의 양심에 대하여 스스로 추천하노라"(2절)

"우리가 이 보배를 질그릇에 가졌으니 이는 심히 큰 능력은 하나님께 있고 우리에게 있지 아니함을 알게 하려 함이라"(7절)

"우리가 항상 예수의 죽음을 몸에 짊어짐은 예수의 생명이 또한 우리 몸에 나타나게 하려 함이라"(10절)

"우리의 겉사람은 낡아지나 우리의 속사람은 날로 새로워지도다"(16절)

"우리가 주목하는 것은 보이는 것이 아니요 보이지 않는 것이니 보이는 것은 잠깐이요 보이지 않는 것은 영원함이라"(18절)

• 에스겔 18장 범죄하는 그 영혼은 죽음

"모든 영혼이 다 내게 속한지라… 범죄하는 그 영혼은 죽으리라"(4절)

"내 율례를 따르며 내 규례를 지켜 진실하게 행할진대 그는 의인이니 반드시 살리라"(9절)

"이 모든 가증한 일을 행하였은즉 반드시 죽을지라"(13절)

"죽지 아니하고 반드시 살겠고"(17,19,21,28절)

"범죄하는 그 영혼은 죽을지라"(18,20,24,26절)

"이스라엘 족속아 내가 너희 각 사람이 행한 대로 심판할지라 너희는 돌이켜 회개하고 모든 죄에서 떠날지어다"(30절)

"너희는 너희가 범한 모든 죄악을 버리고 마음과 영을 새롭게 할지어다"(31절)

시편 62, 63편 행한 대로 갚으심

"입으로는 축복이요 속으로는 저주로다"(62:4)

"재물이 늘어도 거기에 마음을 두지 말지어다"(62:10)

"주께서 각 사람이 행한 대로 갚으심이니이다"(62:12)

"이러므로 나의 평생에 주를 송축하며 주의 이름으로 말미암아 나의 손을 들리이다"(63:4)

묵상 | 하나님 마음 알아가기

하나님께 숨길 수 있는 일은 없습니다. 다윗의 부끄러운 일을 드러내시고, 아간의 욕심을 드러내셨습니다. 행한 대로 갚으시지만 자비를 베푸시는 하나님 앞에 모든 숨은 것을 자백하여야 합니다.

적용

나(우리)에게 주시는 말씀(암송)

숨은 부끄러운 일이 있습니까?

1. 그 일을 버리고 오직 심령으로 날로 새로워지십시오.
2. 보배 되신 그리스도를 가졌습니다.
3. 주 앞에 감출 것이 없습니다.
4. 진정한 찬양과 감사를 하나님께 올리시기 바랍니다.

• 오늘의 감사 •

• 말씀으로 기도하기 •

259일차 / 365일

월   일

오늘의 본문: 삼하12 | 고후5 | 겔19 | 시64, 65

맥체인 읽기: 9월 16일

찬송가 214장

오늘의 주제(키워드): **새로운 피조물**

 말씀

• 사무엘하 12장 다윗의 회개
"너는 은밀히 행하였으나 나는 온 이스라엘 앞에서 백주에 이 일을 행하리라"(12절)
"다윗이 땅에서 일어나 몸을 씻고 기름을 바르고 의복을 갈아입고 여호와의 전에 들어가서 경배하고"(20절)
"다윗이 그의 아내 밧세바를 위로하고 그에게 들어가 그와 동침하였더니 그가 아들을 낳으매 그의 이름을 솔로몬이라 하니라"(24절)

• 고린도후서 5장 그리스도 안에 있음
"땅에 있는 우리의 장막 집이 무너지면… 하늘에 있는 영원한 집이"(1절)
"그런즉 우리는 몸으로 있든지 떠나든지 주를 기쁘시게 하는 자가 되기를 힘쓰노라"(9절)
"그런즉 누구든지 그리스도 안에 있으면 새로운 피조물이라 이전 것은 지나갔으니 보라 새 것이 되었도다"(17절)
"너희는 하나님과 화목하라"(20절)

• 에스겔 19장 애가
"너는 이스라엘 고관들을 위하여 애가를 지어 부르라"(1,2절)
"권세 잡은 자의 규가 될 만한 강한 가지가 없도다 하라 이것이 애가라"(14절)

• 시편 64, 65편 주의 뜰에 살게 하심
"모든 사람이 두려워하여 하나님의 일을 선포하며 그의 행하심을 깊이 생각하리로다"(64:9)
"의인은 여호와로 말미암아 즐거워하며 그에게 피하리니 마음이 정직한 자는 다 자랑하리로다"(64:10)
"기도를 들으시는 주여 모든 육체가 주께 나아오리이다"(65:2)

"주께서 택하시고 가까이 오게 하사 주의 뜰에 살게 하신 사람은 복이 있나이다 우리가 주의 집 곧 주의 성전의 아름다움으로 만족하리이다"(65:4)

묵상 | 하나님 마음 알아가기

회개는 하나님의 자비를 내 삶으로 끌어오는 통로입니다. 회개함에 지체하거나 부끄러워해서는 안 됩니다. 하나님 앞에 벌거벗은 듯이 지금 즉시로 회개하여 삶을 얻어야 합니다.

적용

새로운 피조물이 되어 이전 것이 지나갔음을 기억하십니까?

1. 그리스도 안에 있음으로 새로운 피조물이 되었고, 이전 것은 지나갔습니다.
2. 예수 안에서 자유를 누리시고, 모든 죄악에 대해선 회개하며 애통해 하십시오.
3. 날마다 주의 뜰에 거하는 복을 누리십시오.

나(우리)에게 주시는 말씀(암송)

• 오늘의 감사 •

• 말씀으로 기도하기 •

월 일   맥체인 읽기: 9월 17일

오늘의 본문: 삼하13 | 고후6 | 겔20 | 시66, 67   찬송가 340장

오늘의 주제(키워드): 은혜에 대한 태도

 말씀

• 사무엘하 13장 | 압살롬의 반역

"압살롬이 이미 그의 종들에게 명령하여 이르기를 너희는 이제 암논의 마음이 술로 즐거워할 때를 자세히 보다가 내가 너희에게 암논을 치라 하거든 그를 죽이라 두려워하지 말라 내가 너희에게 명령한 것이 아니냐"(28절)

"이에 압살롬은 도망하니라"(34절)

"다윗은 날마다 그의 아들로 말미암아 슬퍼하니라"(37절)

"다윗 왕의 마음이 압살롬을 향하여 간절하니"(39절)

• 고린도후서 6장 | 은혜를 헛되이 받지 않음

"하나님의 은혜를 헛되이 받지 말라"(1절)

"보라 지금은 은혜 받을 만한 때요 보라 지금은 구원의 날이로다"(2절)

"그러므로 너희는 그들 중에서 나와서 따로 있고 부정한 것을 만지지 말라"(17절)

• 에스겔 20장 | 준행하면 삶을 얻는 율례

"그러나 내가 그들이 거주하는 이방인의 눈 앞에서 그들에게 나타나 그들을 애굽 땅에서 인도하여 내었나니 이는 내 이름을 위함이라"(9절)

"사람이 준행하면 그로 말미암아 삶을 얻을 내 율례를 주며 내 규례를 알게 하였고"(11절)

"그들을 위하여 찾아 두었던 땅 곧 젖과 꿀이 흐르는 땅이요 모든 땅 중의 아름다운 곳"(6,15절)

• 시편 66, 67편 | 기도를 들으심

"와서 하나님께서 행하신 것을 보라"(66:5)-우리의 봄

"그의 눈으로 나라들을 살피시나니"(66:7)-하나님의 봄

"그러나 하나님이 실로 들으셨음이여 내 기도 소리에 귀를 기울이셨도다"(66:19)

"하나님을 찬송하리로다 그가 내 기도를 물리치지 아니하시고 그의 인자하심을 내게서 거두지도 아니하셨도다"(66:20)

"하나님이 우리에게 복을 주시리니 땅의 모든 끝이 하나님을 경외하리로다"(67:7)

묵상 | 하나님 마음 알아가기

하나님의 은혜는 지금 갈망하는 자에게 내려주십니다. 십자가의 은혜를 경험한 성도에게 삶의 순간마다 필요한 은혜를 베푸시는 하나님께 지금 나아가십시오.

적용

하나님의 은혜를 어떻게 유지하십니까?

1. 지금은 은혜의 때입니다.
2. 하나님의 은혜를 헛되이 받지 마십시오.
3. 죄악을 멀리하고 율례를 따라 행하십시오.
4. 날마다 하나님의 행하시는 것을 보며 하나님을 찬송하십시오.

나(우리)에게 주시는 말씀(암송)

· 오늘의 감사 ·

· 말씀으로 기도하기 ·

월　　　일 　　　맥체인 읽기: 9월 18일

오늘의 본문: **삼하14 | 고후7 | 겔21 | 시68**　　찬송가 273장

오늘의 주제(키워드): **마음을 헤아림**

 말씀

• 사무엘하 14장　다윗의 마음을 헤아린 요압

"요압이 그의 입에 할 말을 넣어 주니라"(3절)

"이 모든 일에 요압이 너와 함께 하였느냐"(19절)

"내 주 왕의 지혜는 하나님의 사자의 지혜와 같아서 땅에 있는 일을 다 아시나이다"(20절)

"왕이 요압에게 이르되 내가 이 일을 허락하였으니 가서 청년 압살롬을 데려오라"(21절)

• 고린도후서 7장　하나님의 뜻대로 하는 근심

"하나님의 뜻대로 하는 근심은 후회할 것이 없는 구원에 이르게 하는 회개를 이루는 것이요"(10절)

"하나님의 뜻대로 하게 된 이 근심이 너희로 얼마나 간절하게 하며 얼마나 변증하게 하며 얼마나 분하게 하며 얼마나 두렵게 하며 얼마나 사모하게 하며 얼마나 열심 있게 하며 얼마나 벌하게 하였는가 너희가 그 일에 대하여 일체 너희 자신의 깨끗함을 나타내었느니라"(11절)

• 에스겔 21장　재앙을 내리시는 하나님

"너는 얼굴을 예루살렘으로 향하며 성소를 향하여 소리내어 이스라엘 땅에게 예언하라"(2절)

"보라 재앙이 오나니 반드시 이루어지리라"(7절)

"너희의 악이 기억을 되살리며 너희의 허물이 드러나며 너희 모든 행위의 죄가 나타났도다"(24절)

"너 극악하여 중상을 당할 이스라엘 왕아 네 날이 이르렀나니 곧 죄악의 마지막 때이니라"(25절)

• 시편 68편　날마다 우리 짐을 지시는 하나님

"의인은 기뻐하여 하나님 앞에서 뛰놀며 기뻐하고 즐거워할지어다"(3절)

"하나님이 고독한 자들은 가족과 함께 살게 하시며 갇힌 자들은 이끌어 내사 형통하게 하시느니

라"(6절)

"하나님이여 주께서 가난한 자를 위하여 주의 은택을 준비하셨나이다"(10절)

"날마다 우리 짐을 지시는 주 곧 우리의 구원이신 하나님을 찬송할지로다"(19절)

"이스라엘의 하나님은 그의 백성에게 힘과 능력을 주시나니 하나님을 찬송할지어다"(35절)

묵상 | 하나님 마음 알아가기

누군가의 마음을 헤아려 준다는 것은 깊은 사랑입니다. 자신이 취할 영광 앞에서 그 영광을 포기하고, 타인을 세우기 위해 헤아려 주는 마음은 더 큰 사랑입니다.

적용

하나님의 마음을 어떻게 헤아립니까?

1. 우리의 왕이신 하나님의 마음을 헤아리는 성도가 되십시오.
2. 하나님의 뜻대로 근심하십시오.
3. 고독한 자와 갇힌 자들을 형통케 하시는 하나님을 바라보십시오.

나(우리)에게 주시는 말씀(암송)

• 오늘의 감사 •

• 말씀으로 기도하기 •

262일차 / 365일

월 일

오늘의 본문: 삼하15 | 고후8 | 겔22 | 시69

맥체인 읽기: 9월 19일

찬송가 371장

오늘의 주제(키워드): **반역과 충성**

 **말씀**

- **사무엘하 15장** **압살롬의 반역과 후새의 충성**

"내가 이 땅에서 재판관이 되고 누구든지 송사나 재판할 일이 있어 내게로 오는 자에게 내가 정의 베풀기를 원하노라"(4절)

"이스라엘 사람의 마음을 압살롬이 훔치니라"(6절)

"반역하는 일이 커가매 압살롬에게로 돌아오는 백성이 많아지니라"(12절)

"잇대가 왕께 대답하여 이르되 여호와의 살아 계심과 내 주 왕의 살아 계심으로 맹세하옵나니 진실로 내 주 왕께서 어느 곳에 계시든지 사나 죽으나 종도 그 곳에 있겠나이다"(21절)

"아렉 사람 후새가 옷을 찢고 흙을 머리에 덮어쓰고 다윗을 맞으러 온지라"(32절)

"다윗의 친구 후새가 곧 성읍으로 들어가고 압살롬도 예루살렘으로 들어갔더라"(37절)

- **고린도후서 8장** **충성된 사람들**

"환난의 많은 시련 가운데서 그들의 넘치는 기쁨과 극심한 가난이 그들의 풍성한 연보를 넘치도록 하게 하였느니라"(2절)-고린도 교회의 충성

"부요하신 이로서 너희를 위하여 가난하게 되심은 그의 가난함으로 말미암아 너희를 부요하게 하려 하심이라"(9절)-예수 그리스도의 충성

"너희의 넉넉한 것으로 그들의 부족한 것을 보충함은 후에 그들의 넉넉한 것으로 너희의 부족한 것을 보충하여 균등하게 하려 함이라"(14절)

"이 사람은 복음으로써 모든 교회에서 칭찬을 받는 자요... 우리와 동행하는 자라"(18,19절)-디도의 충성

"나의 동료요 너희를 위한 나의 동역자요 우리 형제들로 말하면 여러 교회의 사자들이요 그리스도의 영광이니라"(23절)

- **에스겔 22장** **이스라엘의 반역**

"네가 흘린 피로 말미암아 죄가 있고 네가 만든 우상으로 말미암아 스스로 더럽혔으니 네 날이 가까웠고 네 연한이 찼도다"(4절)

＊반역의 실제 : 6~12절

"내가 네게 보응하는 날에 네 마음이 견디겠느냐 네 손이 힘이 있겠느냐 나 여호와가 말하였으

니 내가 이루리라"(14절)
* 선지자들의 반역 : 우는 사자가 음식물을 움킴 같다
* 제사장들의 반역 : 율법을 범함. 성물을 더럽힘
* 고관들의 반역 : 불의한 이익을 얻으려함
* 백성들의 반역 : 포악하고 강탈을 일삼음

시편 69편 반역에서 충성

"하나님이여 나를 구원하소서"(1절)
"주를 바라는 자들이 나로 인하여 수치를 당하게 하지 마옵소서 이스라엘의 하나님이여 주를 찾는 자가 나로 말미암아 욕을 당하게 하지 마옵소서"(6절)
"주의 얼굴을 주의 종에게서 숨기지 마소서 내가 환난 중에 있사오니 속히 내게 응답하소서"(17절)
"오직 나는 가난하고 슬프오니 하나님이여 주의 구원으로 나를 높이소서"(29절)
"내가 노래로 하나님의 이름을 찬송하며 감사함으로 하나님을 위대하시다 하리니 이것이 소 곧 뿔과 굽이 있는 황소를 드림보다 여호와를 더욱 기쁘시게 함이 될 것이라"(30,31절)

묵상 | 하나님 마음 알아가기

반역과 충성은 역사 진행의 두 축입니다. 하나님은 반역을 바꾸시는 분이십니다. 성도는 하나님 나라 이룸에 충성해야 합니다. 우리의 충성은 그리스도의 영광이 됩니다.

적용

하나님께 어떻게 충성하십니까?

1. 모든 반역하는 행위에서 돌이키십시오.
2. 자신을 주께 드리고, 교회에 칭찬받는 자가 되십시오.
3. 오직 하나님의 구원을 바라십시오.

나(우리)에게 주시는 말씀(암송)

• 오늘의 감사 •

• 말씀으로 기도하기 •

월   일   맥체인 읽기: 9월 20일

263일차 / 365일

오늘의 본문: **삼하16 | 고후9 | 겔23 | 시70,71**   찬송가 221장

오늘의 주제(키워드): **도우심**

 말씀

• 사무엘하 16장 모함과 저주에서 도우심
"그가 말하기를 이스라엘 족속이 오늘 내 아버지의 나라를 내게 돌리리라 하나이다"(3절)
"시바가 이르되 내가 절하나이다 내 주 왕이여 내가 왕 앞에서 은혜를 입게 하옵소서"(4절)
"이름은 시므이라 그가 나오면서 계속하여 저주하고"(5절)
"그 때에 아히도벨이 베푸는 계략은 사람이 하나님께 물어서 받은 말씀과 같은 것이라 아히도벨의 모든 계략은 다윗에게나 압살롬에게나 그와 같이 여겨졌더라"(23절)

• 고린도후서 9장 모든 것이 넉넉함으로 도우심
"이것이 곧 적게 심는 자는 적게 거두고 많이 심는 자는 많이 거둔다 하는 말이로다"(6절)
"하나님이 능히 모든 은혜를 너희에게 넘치게 하시나니 이는 너희로 모든 일에 항상 모든 것이 넉넉하여 모든 착한 일을 넘치게 하게 하려 하심이라"(8절)
"말할 수 없는 그의 은사로 말미암아 하나님께 감사하노라"(15절)

• 에스겔 23장 음행의 멸망에서 도우심
"오홀라는 사마리아요 오홀리바는 예루살렘이니라"(4절)
"그들의 모든 우상으로 자신을 더럽혔으며"(7절)-앗수르 사람을 사모함, 준수함, 고관, 감독, 말타는 자, 잘 생김(넘어뜨리는 요소)
"네가 젊었을 때에 행음하여 애굽 사람에게 네 가슴과 유방이 어루만져졌던 것을 아직도 생각하도다"(21절)
"네가 나를 잊었고 또 나를 네 등 뒤에 버렸은즉 너는 네 음란과 네 음행의 죄를 담당할지니라 하시니라"(35절)
"이같이 내가 이 땅에서 음란을 그치게 한즉 모든 여인이 정신이 깨어 너희 음행을 본받지 아니하리라"(48절)

• 시편 70, 71편 | 수치에서 건지심

"나는 가난하고 궁핍하오니 하나님이여 속히 내게 임하소서 주는 나의 도움이시요 나를 건지시는 이시오니 여호와여 지체하지 마소서"(70:5)

"여호와여 내가 주께 피하오니 내가 영원히 수치를 당하게 하지 마소서"(71:1)

"나는 항상 소망을 품고 주를 더욱더욱 찬송하리이다"(71:14)

묵상 | 하나님 마음 알아가기

적게 심는 자는 적게 거두고 많이 심는 자는 많이 거두는 것이 일반법칙입니다. 하나님의 특별법칙이 있습니다. 모든 일에 넉넉함으로 도우시는 것입니다. 특히 은혜가 넘치도록 부어주십니다.

적용

하나님의 도우심을 기대하십니까?

1. 하나님은 우리의 모든 상황에서 도우십니다.

2. 우리를 끝까지 버리지 않고 도우시는 하나님을 의뢰하십시오.

나(우리)에게 주시는 말씀(암송)

• 오늘의 감사 •

• 말씀으로 기도하기 •

월   일   맥체인 읽기: 9월 21일

264일차 / 365일

오늘의 본문: 삼하17 | 고후10 | 겔24 | 시72   찬송가 274장

오늘의 주제(키워드): **하나님의 능력**

 **말씀**

• 사무엘하 17장 모략을 폐하시고 세우심

"아히도벨이 또 압살롬에게 이르되… 압살롬과 이스라엘 장로들이 다 그 말을 옳게 여기더라"(1,4절)

"또 후새가 말하되"(8절)

"압살롬과 온 이스라엘 사람들이 이르되 아렉 사람 후새의 계략은 아히도벨의 계략보다 낫다 하니"(14절)

"아히도벨이 자기 계략이 시행되지 못함을 보고… 스스로 목매어 죽으매"(23절)

• 고린도후서 10장 우리의 싸우는 무기

"우리의 싸우는 무기는 육신에 속한 것이 아니요 오직 어떤 견고한 진도 무너뜨리는 하나님의 능력이라 모든 이론을 무너뜨리며 하나님 아는 것을 대적하여 높아진 것을 다 무너뜨리고 모든 생각을 사로잡아 그리스도에게 복종하게 하니"(4,5절)

"우리는 자기를 칭찬하는 어떤 자와 더불어 감히 짝하며 비교할 수 없노라"(12절)

"우리는 분수 이상의 자랑을 하지 않고 오직 하나님이 우리에게 나누어 주신 그 범위의 한계를 따라 하노니"(13절)

"자랑하는 자는 주 안에서 자랑할지니라"(17절)

• 에스겔 24장 눈에 기뻐하는 것을 취하심

"인자야 내가 네 눈에 기뻐하는 것을 한 번 쳐서 빼앗으리니 너는 슬퍼하거나 울거나 눈물을 흘리거나 하지 말며"(16절)

"저녁에 내 아내가 죽었으므로"(18절)

"인자야 내가 그 힘과 그 즐거워하는 영광과 그 눈이 기뻐하는 것과 그 마음이 간절하게 생각하는 자녀를 데려가는 날"(25절)

• 시편 72편 홀로 기이한 일을 행하시는 하나님

"하나님이여 주의 판단력을 왕에게 주시고 주의 공의를 왕의 아들에게 주소서"(1절)

"그의 날에 의인이 흥왕하여 평강의 풍성함이 달이 다할 때까지 이르리로다"(7절)

"그의 이름이 영구함이여 그의 이름이 해와 같이 장구하리로다 사람들이 그로 말미암아 복을 받으리니 모든 민족이 다 그를 복되다 하리로다"(17절)

"홀로 기이한 일들을 행하시는 여호와 하나님 곧 이스라엘의 하나님을 찬송하며 그 영화로운 이름을 영원히 찬송할지어다 온 땅에 그의 영광이 충만할지어다"(18,19절)

묵상 | 하나님 마음 알아가기

하나님 나라에 해가 되거나, 누군가에게 해가 되는 모략은 하나님께서 반드시 폐하십니다. 이 땅과 역사에 세워지는 하나님 나라를 생각하며 선한 계획을 가질 때 하나님은 도우시고 이루십니다.

적용

하나님의 능력을 인정하십니까?

1. 하나님은 우리의 모든 계략을 파하시며 세우십니다.
2. 하나님의 능력은 우리의 싸우는 무기입니다.
3. 우리의 눈에 기뻐하는 것을 취하십니다.

나(우리)에게 주시는 말씀(암송)

• 오늘의 감사 •

• 말씀으로 기도하기 •

265일차	월 일	맥체인 읽기: 9월 22일
365일	오늘의 본문: **삼하18** | **고후11** | **겔25** | **시73**	찬송가 350장
	오늘의 주제(키워드): **하나님의 열심**	

 **말씀**

• 사무엘하 18장 　원수를 갚으심

"왕의 하나님 여호와를 찬양하리로소이다 그의 손을 들어 내 주 왕을 대적하는 자들을 넘겨 주셨나이다"(28절)

"여호와께서 오늘 왕을 대적하던 모든 원수를 갚으셨나이다"(31절)

"젊은 압살롬은 잘 있느냐… 내 주 왕의 원수와 일어나서 왕을 대적하는 자들은 다 그 청년과 같이 되기를 원하나이다"(32절)

• 고린도후서 11장 　교회를 위한 열심과 염려

"내가 하나님의 열심으로 너희를 위하여 열심을 내노니 내가 너희를 정결한 처녀로 한 남편인 그리스도께 드리려고 중매함이로다"(2절)

"너희 마음이 그리스도를 향하는 진실함과 깨끗함에서 떠나 부패할까 두려워하노라"(3절)

"그런 사람들은 거짓 사도요 속이는 일꾼이니 자기를 그리스도의 사도로 가장하는 자들이니라… 사탄도 자기를 광명의 천사로 가장하나니… 그들의 마지막은 그 행위대로 되리라"(13~15절)

"이 외의 일은 고사하고 아직도 날마다 내 속에 눌리는 일이 있으니 곧 모든 교회를 위하여 염려하는 것이라"(28절)

"내가 부득불 자랑할진대 내가 약한 것을 자랑하리라"(30절)

• 에스겔 25장 　원수를 갚으심

"너는 암몬 족속에게 이르기를 너희는 주 여호와의 말씀을 들을지어다"(3절)

"그러므로 내가 너를 동방 사람에게 기업으로 넘겨 주리니"(4절)

＊하나님 나라 대적의 최후(6,7절)

"내가 원수를 갚음인 줄을 에돔이 알리라 주 여호와의 말씀이니라"(14절)

"내가 그들에게 원수를 갚은즉 내가 여호와인 줄을 그들이 알리라"(17절)

시편 73편 악인을 황폐케 하심

"나의 걸음이 미끄러질 뻔하였으니 이는 내가 악인의 형통함을 보고 오만한 자를 질투하였음이로다"(2,3절)

"하나님의 성소에 들어갈 때에야 그들의 종말을 내가 깨달았나이다"(17절)

"주께서 참으로 그들을 미끄러운 곳에 두시며 파멸에 던지시니 그들이 어찌하여 그리 갑자기 황폐되었는가"(18,19절)

"주의 교훈으로 나를 인도하시고 후에는 영광으로 나를 영접하시리니 하늘에서는 주 외에 누가 내게 있으리요 땅에서는 주 밖에 내가 사모할 이 없나이다"(24,25절)

"하나님께 가까이 함이 내게 복이라 내가 주 여호와를 나의 피난처로 삼아 주의 모든 행적을 전파하리이다"(28절)

묵상 | 하나님 마음 알아가기

하나님은 일하십니다. 열심히 일하십니다. 그 열심을 가지고 악인을 황폐케 하시고, 원수를 갚으십니다. 하나님을 가까이 할 때 하나님의 열심을 보고 경험하게 됩니다.

적용

＊하나님의 열심으로 살아가십니까?

1. 하나님은 원수를 갚으십니다.
2. 우리가 하나님의 열심으로 교회를 위하여 열심 내며, 염려하기를 바라십니다.
3. 악인을 멸망시키십니다. 오직 하나님만 바라며 하나님을 가까이 하십시오.

나(우리)에게 주시는 말씀(암송)

・오늘의 감사・

・말씀으로 기도하기・

월   일

맥체인 읽기: 9월 23일

오늘의 본문: 삼하19 | 고후12 | 겔26 | 시74

찬송가 352장

오늘의 주제(키워드): 회복

 **말씀**

• 사무엘하 19장 다윗의 왕권 회복
"종의 패역한 일을 기억하지 마시오며 왕의 마음에 두지 마옵소서"(19절)-시므이의 자비 호소
"므비보셋이… 왕이 떠난 날부터 평안히 돌아오는 날까지 그의 발을 맵시 내지 아니하며 그의 수염을 깎지 아니하며 옷을 빨지 아니하였더라"(24절)
"그는 큰 부자이므로 왕이 마하나임에 머물 때에 그가 왕을 공궤하였더라"(32절)

• 고린도후서 12장 사도성의 회복
사도성 회복 위한 방법 : 1~10절
성도와 교회의 회복 위한 자세 : 15절
1) 재물 사용
2) 자신까지 내어 줌

• 에스겔 26장 이스라엘 회복을 위한 하나님의 조처
"두로야 내가 너를 대적하여… 여러 민족들이 와서 너를 치게 하리니"(3절)
"그들이 나를 여호와인 줄을 알리라"(6절)
"다시는 건축되지 못하리니 나 여호와가 말하였음이니라"(14절)
"해변의 모든 주민을 두렵게 하였더니 어찌 그리 멸망하였는고"(17절)
"사람이 비록 너를 찾으나 다시는 영원히 만나지 못하리라 주 여호와의 말씀이니라"(21절)

• 시편 74편 대적으로부터의 회복을 위한 기도
대적으로부터의 회복 위한 기도(10,11절) → 그 기도의 내용(12~17절)
"옛적부터 얻으시고 속량하사 주의 기업의 지파로 삼으신 주의 회중을 기억하시며 주께서 계시던 시온 산도 생각하소서"(2절)

"주의 이름이 계신 곳을 더럽혀 땅에 엎었나이다"(7절)

"하나님은 예로부터 나의 왕이시라 사람에게 구원을 베푸셨나이다"(12절)

묵상 | 하나님 마음 알아가기

회복은 하나님의 자비이며 하나님이 주도적으로 이뤄가십니다. 하지만 회복을 위한 기도는 성도의 몫입니다. 구원을 베푸시는 하나님의 자비가 이 땅에 부어짐으로 회복을 이루도록 기도해야 합니다.

적용

하나님은 어떠한 상황에서도 우리를 회복시키심을 믿습니까?

1. 하나님은 다윗의 왕권을 회복시키셨습니다.
2. 하나님으로부터 받은 사명 회복은 하나님의 소망입니다.
3. 택하신 백성의 회복을 위해 대적들을 심판하십니다.

나(우리)에게 주시는 말씀(암송)

• 오늘의 감사 •

• 말씀으로 기도하기 •

월   일   맥체인 읽기: 9월 24일

오늘의 본문: 삼하20 | 고후13 | 겔27 | 시75, 76   찬송가 515장

오늘의 주제(키워드): 왕과 함께함

말씀

• 사무엘하 20장 왕의 반역자 처단

"마침 거기에 불량배 하나가 있으니 그의 이름은 세바인데… 우리는 다윗과 나눌 분깃이 없으며 이새의 아들에게서 받을 유산이 우리에게 없도다"(1절)

"요압이 칼로 그의 배를 찌르매 그의 창자가 땅에 쏟아지니 그를 다시 치지 아니하여도 죽으니라"(10절)

"이에 여인이 그의 지혜를 가지고 모든 백성에게 나아가매 그들이 비그리의 아들 세바의 머리를 베어 요압에게 던진지라"(22절)

• 고린도후서 13장 왕이신 그리스도 안에 거함

"그는 너희에게 대하여 약하지 않고 도리어 너희 안에서 강하시니라"(3절)

"그리스도께서 약하심으로 십자가에 못 박히셨으나 하나님의 능력으로 살아 계시니 우리도 그 안에서 약하나 너희에게 대하여 하나님의 능력으로 그와 함께 살리라"(4절)

"예수 그리스도께서 너희 안에 계신 줄을 너희가 스스로 알지 못하느냐"(5절)

"우리가 약할 때에 너희가 강한 것을 기뻐하고 또 이것을 위하여 구하니 곧 너희가 온전하게 되는 것이라"(9절)

• 에스겔 27장 두로를 심판하시는 만국의 왕(1)

"네 땅이 바다 가운데에 있음이여 너를 지은 자가 네 아름다움을 온전하게 하였도다"(4절)

"네가 바다 중심에서 풍부하여 영화가 매우 크도다"(25절)

"네 사공이 너를 인도하여 큰 물에 이르게 함이여 동풍이 바다 한가운데에서 너를 무찔렀도다"(26절)

"많은 민족의 상인들이 다 너를 비웃음이여 네가 공포의 대상이 되고 네가 영원히 다시 있지 못하리라"(36절)

시편 75, 76편 재판장이신 하나님

"오직 재판장이신 하나님이 이를 낮추시고 저를 높이시느니라"(75:7)

"거기에서 그가 화살과 방패와 칼과 전쟁을 없이하셨도다"(76:3)

"마음이 강한 자도 가진 것을 빼앗기고 잠에 빠질 것이며 장사들도 모두 그들에게 도움을 줄 손을 만날 수 없도다"(76:5)

"주께서는 경외 받을 이시니 주께서 한 번 노하실 때에 누가 주의 목전에 서리이까"(76:7)

"그는 세상의 왕들에게 두려움이시로다"(76:12)

묵상 | 하나님 마음 알아가기

왕과 함께 하는 시간은 보람과 기쁨의 시간일 것입니다. 만왕의 왕이신 예수님과 함께 할 때 성도는 약할 때 강함을 경험하게 됩니다.

적용

왕이신 하나님께 온전히 충성하십니까?

1. 왕이신 하나님은 반역하는 모든 일에 심판하십니다.
2. 우리의 영원한 왕이시며, 열방의 왕이신 예수 그리스도 안에 거하십시오.

나(우리)에게 주시는 말씀(암송)

• 오늘의 감사 •

• 말씀으로 기도하기 •

268일차 / 365일

월 일

오늘의 본문: 삼하21 | 갈1 | 겔28 | 시77

맥체인 읽기: 9월 25일

찬송가 520장

오늘의 주제(키워드): **자기 몸을 주신 왕과 기이한 일을 행하신 하나님**

 **말씀**

• 사무엘하 21장 인간 왕의 한계

"다윗의 시대에 해를 거듭하여 삼 년 기근이 있으므로 다윗이 여호와 앞에 간구하매"(1절)

"그 후에야 하나님이 그 땅을 위한 기도를 들으시니라"(14절)

"다윗이 피곤하매… 아비새가 다윗을 도와 그 블레셋 사람을 쳐죽이니… 왕은 다시 우리와 함께 전장에 나가지 마옵소서 이스라엘의 등불이 꺼지지 말게 하옵소서"(15,17절)

• 갈라디아서 1장 자기 몸을 주신 그리스도

"그리스도께서 하나님 곧 우리 아버지의 뜻을 따라
  1) 이 악한 세대에서 우리를 건지시려고
  2) 우리 죄를 대속하기 위하여 자기 몸을 주셨으니"(4절)

"다른 복음은 없나니… 다른 복음을 전하면 저주를 받을지어다"(7,8절)

"이제 내가 사람들에게 좋게 하랴 하나님께 좋게 하랴 사람들에게 기쁨을 구하랴 내가 지금까지 사람들의 기쁨을 구하였다면 그리스도의 종이 아니니라"(10절)

"나로 말미암아 하나님께 영광을 돌리니라"(24절)

• 에스겔 28장 두로를 심판하시는 만국의 왕(2)

"두로 왕에게 이르기를… 네 마음이 교만하여 말하기를 나는 신이라 내가 하나님의 자리 곧 바다 가운데에 앉아 있다 하도다"(2절)

"네 마음이 하나님의 마음 같은 체하였으니 그런즉 내가 이방인 곧 여러 나라의 강포한 자를 거느리고 와서 너를 치리니"(6,7절)

"네 무역이 많으므로 네 가운데에 강포가 가득하여 네가 범죄하였도다"(16절)

"네가 아름다우므로 마음이 교만하였으며 네가 영화로우므로 네 지혜를 더럽혔음이여"(17절)

• 시편 77편 | 기이한 일을 행하신 하나님

"주는 기이한 일을 행하신 하나님이시라 민족들 중에 주의 능력을 알리시고"(14절)

"주의 길이 바다에 있었고"(19절)

"주의 백성을 양 떼 같이 모세와 아론의 손으로 인도하셨나이다"(20절)

묵상 | 하나님 마음 알아가기

이 세상과 세상에 있는 것들은 악합니다. 육신의 정욕과 안목의 정욕과 이생의 자랑뿐입니다. 이 악한 세대에서 우리를 건지시기 위해 예수 그리스도는 자기 몸을 주셨습니다. 이 복음 외에 다른 복음은 없습니다.

적용

자기 몸을 온전히 주신 하나님을 의지하십니까?

1. 인간 왕은 육체의 한계를 넘지 못합니다.
2. 하지만 기이한 일을 행하시는 진정한 왕이신 하나님은 자기 몸을 우리를 위해 주셨습니다.
3. 오직 하나님을 의뢰하고 주를 바라며 나아가시기 바랍니다.

나(우리)에게 주시는 말씀(암송)

• 오늘의 감사 •

• 말씀으로 기도하기 •

월   일   　　맥체인 읽기: 9월 26일

269일차 / 365일

오늘의 본문: **삼하22 | 갈2 | 겔29 | 시78:1~37**　　찬송가 393장

오늘의 주제(키워드): **하나님 백성의 삶**

 말씀

• 사무엘하 22장 주께 감사하고 찬양함

"내가 환난 중에서 여호와께 아뢰며 나의 하나님께 아뢰었더니 그가 그의 성전에서 내 소리를 들으심이여 나의 부르짖음이 그의 귀에 들렸도다"(7절)

"나를 강한 원수와 미워하는 자에게서 건지셨음이여 그들은 나보다 강했기 때문이로다"(18절)

"나를 또 넓은 곳으로 인도하시고"(20절)

"내가 또 그의 앞에 완전하여 스스로 지켜 죄악을 피하였나니"(24절)

"나를 보전하사 모든 민족의 으뜸으로 삼으셨으니 내가 알지 못하는 백성이 나를 섬기리이다"(44절)

"이러므로 여호와여 내가 모든 민족 중에서 주께 감사하며 주의 이름을 찬양하리이다"(50절)

"여호와께서... 기름 부음 받은 자에게 인자를 베푸심이여 영원하도록 다윗과 그 후손에게로다"(51절)

• 갈라디아서 2장 계시를 따라 살아감

"계시를 따라 올라가"(2절)

"사람이 의롭게 되는 것은 율법의 행위로 말미암음이 아니요 오직 예수 그리스도를 믿음으로 말미암는 줄 알므로"(16절)

"내가 그리스도와 함께 십자가에 못 박혔나니 그런즉 이제는 내가 사는 것이 아니요 오직 내 안에 그리스도께서 사시는 것이라 이제 내가 육체 가운데 사는 것은 나를 사랑하사 나를 위하여 자기 자신을 버리신 하나님의 아들을 믿는 믿음 안에서 사는 것이라"(20절)

• 에스겔 29장 열방을 통치하는 하나님의 주권

"애굽의 바로 왕이여 내가 너를 대적하노라"(3절)

"애굽은 본래 이스라엘 족속에게 갈대 지팡이라"(6절)

"내가 애굽 땅을 황폐한 나라들 같이 황폐하게 하며 애굽 성읍도 사막이 된 나라들의 성읍 같이 사십 년 동안 황폐하게 하고 애굽 사람들은 각국 가운데로 흩으며 여러 민족 가운데로 헤치리

라"(12절)

"사십 년 끝에 내가 만민 중에 흩은 애굽 사람을 다시 모아"(13절)

"그들의 수고는 나를 위하여 함인즉 그 대가로 내가 애굽 땅을 그에게 주었느니라"(20절)

• **시편 78편 1~37절** 하나님의 말씀에 귀를 기울임

"내 백성이여, 내 율법을 들으며 내 입의 말에 귀를 기울일지어다"(1절)

"그들로 그들의 소망을 하나님께 두며 하나님께서 행하신 일을 잊지 아니하고 오직 그의 계명을 지켜서"(7절)

묵상 | 하나님 마음 알아가기

세상의 삶의 원리와 구별되게 살아간다는 것은 하나님 백성으로서는 쉽지 않습니다. 하지만 이 땅에서 하나님 백성으로서의 삶을 살아내야 합니다. 주께 감사와 찬양을 드리며, 계시를 따라 하나님의 주권에 순복하며 살아가야 합니다.

적용

하나님 백성이십니까?

1. 모든 민족 중에서 하나님께 감사하며 주의 이름을 찬양하십시오.
2. 오직 계시를 따라 행하십시오.
3. 열방의 통치자이신 하나님을 바라보십시오.
4. 오직 하나님의 율법을 들으며, 하나님의 말씀에 귀를 기울이십시오.

나(우리)에게 주시는 말씀(암송)

• 오늘의 감사 •

• 말씀으로 기도하기 •

월 일 맥체인 읽기: 9월 27일

오늘의 본문: 삼하23 | 갈3 | 겔30 | 시78:38~72   찬송가 299장

오늘의 주제(키워드): **구원을 이루심**

 말씀

• 사무엘하 23장   크게 이기게 하심

"여호와의 영이 나를 통하여 말씀하심이여 그의 말씀이 내 혀에 있도다"(2절)

"내 집이 하나님 앞에 이같지 아니하냐 하나님이 나와 더불어 영원한 언약을 세우사 만사에 구비하고 견고하게 하셨으니 나의 모든 구원과 나의 모든 소원을 어찌 이루지 아니하시랴"(5절)

"그 날에 여호와께서 크게 이기게 하셨으므로"(10절)

"여호와께서 큰 구원을 이루시니라"(12절)

• 갈라디아서 3장   믿음으로 사는 의인

"그런즉 믿음으로 말미암은 자들은 아브라함의 자손인 줄 알지어다"(7절)

"그러므로 믿음으로 말미암은 자는 믿음이 있는 아브라함과 함께 복을 받느니라"(9절)

"의인은 믿음으로 살리라"(11절)

"누구든지 그리스도와 합하기 위하여 세례를 받은 자는 그리스도로 옷 입었느니라"(27절)

• 에스겔 30장   여호와의 날

"여호와의 날이 가깝도다"(3절)

"애굽에 칼이 임할 것이라"(4절)

"이같이 내가 애굽을 심판하리니 내가 여호와인 줄 그들이 알리라"(19절)

• 시편 78편 38~72절   택하심

"오직 하나님은 긍휼하시므로 죄악을 덮어 주시어 멸망시키지 아니하시고 그의 진노를 여러 번 돌이키시며 그의 모든 분을 다 쏟아 내지 아니하셨으니"(38절)

"그가 자기 백성은 양 같이 인도하여 내시고 광야에서 양 떼 같이 지도하셨도다"(52절)

"오직 유다 지파와 그가 사랑하시는 시온 산을 택하시며"(68절)

"또 그의 종 다윗을 택하시되 양의 우리에서 취하시며"(70절)
"이에 그가 그들을 자기 마음의 완전함으로 기르고 그의 손의 능숙함으로 그들을 지도하였도다"(72절)

묵상 | 하나님 마음 알아가기

죄악을 덮어주시고 멸망시키지 아니하심으로 진노로부터 여러 번 돌이키시는 하나님의 사랑은 그 길이와 깊이와 높이와 너비를 측량할 수 없습니다. 하나님의 택하심을 받은 의인으로서 믿음으로 살아가야 합니다.

적용

구원의 백성입니까?

1. 하나님의 영이 말씀하시는 바를 들으십시오.
2. 오직 믿음으로 사십시오.
3. 여호와의 날(심판)이 있음을 기억하십시오.
4. 하나님이 택하심을 기억하며 그 택하심에 합당한 삶을 살아가십시오.

나(우리)에게 주시는 말씀(암송)

• 오늘의 감사 •

• 말씀으로 기도하기 •

월   일 　　　맥체인 읽기: 9월 28일

271일차 / 365일

오늘의 본문: **삼하24 | 갈4 | 겔31 | 시79**　　찬송가 295장

오늘의 주제(키워드): **진노하심과 회복**

 **말씀**

• 사무엘하 24장 이스라엘을 향한 진노

"여호와께서 다시 이스라엘을 향하여 진노하사 그들을 치시려고 다윗을 격동시키사 가서 이스라엘과 유다의 인구를 조사하라 하신지라"(1절)

"다윗이 백성을 조사한 후에 그의 마음에 자책하고 다윗이 여호와께 아뢰되 내가 이 일을 행함으로 큰 죄를 범하였나이다… 종의 죄를 사하여 주옵소서 내가 심히 미련하게 행하였나이다"(10절)

• 갈라디아서 4장 회복을 위한 해산의 수고

"너희가 아들이므로 하나님이 그 아들의 영을 우리 마음 가운데 보내사 아빠 아버지라 부르게 하셨느니라… 아들이면 하나님으로 말미암아 유업을 받을 자니라"(6,7절)

"너희 속에 그리스도의 형상을 이루기까지 다시 너희를 위하여 해산하는 수고를 하노니"(19절)

• 에스겔 31장 교만한 자를 넘겨줌

"그의 키가 크고 꼭대기가 구름에 닿아서 높이 솟아났으므로 마음이 교만하였은즉 내가 여러 나라의 능한 자의 손에 넘겨 줄지라"(10,11절)

"이는 물 가에 있는 모든 나무는 키가 크다고 교만하지 못하게 하며"(14절)

• 시편 79편 죄 사하심을 간구함

"여호와여 어느 때까지니이까 영원히 노하시리이까"(5절)

"주를 알지 아니하는 민족들과 주의 이름을 부르지 아니하는 나라들에게 주의 노를 쏟으소서"(6절)

"우리 구원의 하나님이여 주의 이름의 영광스러운 행사를 위하여 우리를 도우시며 주의 이름을 증거하기 위하여 우리를 건지시며 우리 죄를 사하소서"(9절)

묵상 | 하나님 마음 알아가기

성도는 세상의 유업이 아닌 하나님의 유업을 이을 자입니다. 아빠 아버지라 부를 수 있는 은혜를 베푸신 하나님의 사랑을 생각하며 크게 한 번 불러보세요. 아빠~

적용

하나님의 진노하심에서 안심하십니까?

1. 인생은 하나님의 진노하심에 노출되어 있습니다.
2. 그렇지만 예수 그리스도로 말미암아 그 진노에서 구원받았습니다.
3. 구원의 약속에서도 죄의 진노를 받을 때에 간구함으로 회복하십시오.

나(우리)에게 주시는 말씀(암송)

• 오늘의 감사 •

• 말씀으로 기도하기 •

월 일 맥체인 읽기: 9월 29일

272일차 / 365일

오늘의 본문: 왕상1 | 갈5 | 겔32 | 시80 찬송가 375장

오늘의 주제(키워드): **왕**

 말씀

• 열왕기상 1장 왕위의 정통성

"네 아들 솔로몬이 반드시 나를 이어 왕이 되어 내 왕위에 앉으리라"(13,17절)

"그에게 기름을 부어 이스라엘 왕으로 삼고… 그가 와서 내 왕위에 앉아 나를 대신하여 왕이 되리라"(34,35절)

• 갈라디아서 5장 죄를 다스리는 그리스도 예수의 사람

"그리스도께서 우리를 자유롭게 하려고 자유를 주셨으니 그러므로 굳건하게 서서 다시는 종의 멍에를 메지 말라"(1절)

"율법 안에서 의롭다 함을 얻으려 하는 너희는 그리스도에게서 끊어지고 은혜에서 떨어진 자로다"(4절)

"그리스도 예수 안에서는 할례나 무할례나 효력이 없으되 사랑으로써 역사하는 믿음뿐이니라"(6절)

"형제들아 너희가 자유를 위하여 부르심을 입었으나 그러나 그 자유로 육체의 기회를 삼지 말고 오직 사랑으로 서로 종 노릇 하라"(13절)

"너희는 성령을 따라 행하라 그리하면 육체의 욕심을 이루지 아니하리라"(16절)

"육체의 일은 분명하니… 이런 일을 하는 자들은 하나님의 나라를 유업으로 받지 못할 것이요"(19,21절)

"그리스도 예수의 사람들은 육체와 함께 그 정욕과 탐심을 십자가에 못 박았느니라"(24절)

• 에스겔 32장 열방 통치자의 심판

"애굽의 바로 왕에 대하여 슬픈 노래를 불러… 너를 여러 나라에서 사자로 생각하였더니 실상은 바다 가운데의 큰 악어라"(2절)

"어둠을 네 땅에 베풀리로다"(8절)

"오직 너는 할례를 받지 못한 자와 함께 패망할 것임이여"(28절)

"내가 바로로 하여금 생존하는 사람들의 세상에서 사람을 두렵게 하게 하였으나 이제는 그가 그 모든 무리와 더불어... 칼에 죽임을 당한 자와 함께 누이리로다"(32절)

• 시편 80편 회복시키시는 만군의 하나님

"주의 얼굴빛을 비추사 우리가 구원을 얻게 하소서"(3절)

"만군의 하나님이여 우리를 회복하여 주시고 주의 얼굴의 광채를 비추사 우리가 구원을 얻게 하소서"(7절)

"만군의 하나님이여 구하옵나니 돌아오소서 하늘에서 굽어보시고 이 포도나무를 돌보소서"(14절)

"만군의 하나님 여호와여 우리를 돌이켜 주시고 주의 얼굴의 광채를 우리에게 비추소서 우리가 구원을 얻으리이다"(19절)

묵상 | 하나님 마음 알아가기

왕위는 정통성이 중요합니다. 예수는 아브라함과 다윗의 자손입니다. 다윗 왕의 계보를 이으셨습니다. 온 세상의 죄를 멸하시고 통치하시는 진정한 왕이십니다.

적용

왕이신 하나님의 구원을 기대하십니까?

1. 예수 그리스도만이 정통성을 가지신 왕이십니다.
2. 그분의 통치 아래 자유를 누리십시오.
3. 육체와 함께 그 정욕과 탐심을 십자가에 못 박으십시오.

나(우리)에게 주시는 말씀(암송)

• 오늘의 감사 •

• 말씀으로 기도하기 •

273일차 365일

월 일

오늘의 본문: 왕상2 | 갈6 | 겔33 | 시81, 82

맥체인 읽기: 9월 30일

찬송가 236장

오늘의 주제(키워드): **왕과 함께 하는 삶**

 말씀

• 열왕기상 2장 대장부가 됨

"너는 힘써 대장부가 되고 네 하나님 여호와의 명령을 지켜 그 길로 행하여 그 법률과 계명과 율례와 증거를 모세의 율법에 기록된 대로 지키라"(2,3절)

"삼가 마음을 다하고 성품을 다하여 진실히 내 앞에서 행하면"(4절)

"솔로몬이 그의 아버지 다윗의 왕위에 앉으니 그의 나라가 심히 견고하니라"(12,46절)

• 갈라디아서 6장 예수의 흔적을 지님

"사람이 만일 무슨 범죄한 일이 드러나거든 신령한 너희는 온유한 심령으로 그러한 자를 바로잡고 너 자신을 살펴보아 너도 시험을 받을까 두려워하라"(1절)

"너희가 짐을 서로 지라 그리하여 그리스도의 법을 성취하라"(2절)

"자기의 육체를 위하여 심는 자는 육체로부터 썩어질 것을 거두고 성령을 위하여 심는 자는 성령으로부터 영생을 거두리라"(8절)

"내가 내 몸에 예수의 흔적을 지니고 있노라"(17절)

• 에스겔 33장 파수꾼

"나팔 소리를 듣고도 경고를 받지 아니하였으니 그 피가 자기에게로 돌아가리라 그러나 칼이 임함을 파수꾼이 보고도 나팔을 불지 아니하여 백성에게 경고하지 아니하므로 그 중의 한 사람이 그 임하는 칼에 제거 당하면 그는 자기 죄악으로 말미암아 제거되려니와 그 죄는 내가 파수꾼의 손에서 찾으리라"(5,6절)

"인자야 내가 너를 이스라엘 족속의 파수꾼으로 삼음이 이와 같으니라 그런즉 너는 내 입의 말을 듣고 나를 대신하여 그들에게 경고할지어다"(7절)

"나는 너희가 각기 행한 대로 심판하리라"(20절)

시편 81, 82편 | 시험을 받음

"네가 고난 중에 부르짖으매 내가 너를 건졌고 우렛소리의 은밀한 곳에서 네게 응답하며 므리바 물 가에서 너를 시험하였도다"(81:7)

"네 입을 크게 열라 내가 채우리라 하였으나 내 백성이 내 소리를 듣지 아니하며 이스라엘이 나를 원하지 아니하였도다 그러므로 내가 그의 마음을 완악한 대로 버려 두어 그의 임의대로 행하게 하였도다"(81:10~12)

"하나님은 신들의 모임 가운데에 서시며 하나님은 그들 가운데에서 재판하시느니라"(82:1)

"하나님이여 일어나사 세상을 심판하소서 모든 나라가 주의 소유이기 때문이니이다"(82:8)

묵상 | 하나님 마음 알아가기

예수를 왕으로 모신 성도는 왕이신 예수의 흔적을 지녔습니다. 오직 성령을 위하여 심고 성령으로부터 영생을 거둡니다. 시험 중에도 왕을 의지하고 승리하여야 합니다.

적용

나(우리)에게 주시는 말씀(암송)

왕이신 하나님이 우리에게 원하는 삶이 어떤 것입니까?

1. 힘써 대장부가 되십시오.
2. 예수의 흔적을 지니고 사십시오.
3. 파수꾼의 삶을 사십시오.
4. 가끔 주시는 시험을 잘 감당하는 삶을 사십시오.

• 오늘의 감사 •

• 말씀으로 기도하기 •

월   일   맥체인 읽기: 10월 1일

오늘의 본문: 왕상3 | 엡1 | 겔34 | 시83,84   찬송가 429장

오늘의 주제(키워드): 세우심

 말씀

• 열왕기상 3장 구하는 것을 주심

"솔로몬이 여호와를 사랑하고 그의 아버지 다윗의 법도를 행하였으나 산당에서 제사하며 분향하더라"(3절)

"기브온으로 가니 거기는 산당이 큼이라... 일천 번제를 드렸더니"(4절)

"밤에 여호와께서 솔로몬의 꿈에 나타나시니라 하나님이 이르시되 내가 네게 무엇을 줄꼬 너는 구하라"(5절)

"듣는 마음을 종에게 주사 주의 백성을 재판하여 선악을 분별하게 하옵소서"(9절)

"송사를 듣고 분별하는 지혜를 구하였으니"(11절)

• 에베소서 1장 교회의 머리로 세우심

"하나님 곧 주 예수 그리스도의 아버지께서 그리스도 안에서 하늘에 속한 신령한 복을 우리에게 주시되"(3절)

"창세전에 그리스도 안에서 우리를 택하사 사랑안에서 그 앞에 거룩하고 흠이 없게 하시려고 그 기쁘신 뜻대로 예정하사 그리스도로 말미암아 자기의 아들들이 되게 하심"(4, 5절)

"우리는 그리스도 안에서 그의 은혜의 풍성함을 따라 그의 피로 말미암아 속량 곧 죄사함을 받았느니라"(7절)

"모든 이름 위에 뛰어나게 하시고 그를 만물 위에 교회의 머리를 삼으셨느니라"(21, 22절)

• 에스겔 34장 친히 양의 목자가 되심

"자기만 먹는 이스라엘 목자들은 화 있을진저 목자들이"(2절)

"병든 자를 고치지 아니하며 상한 자를 싸매 주지 아니하며 쫓기는 자를 돌아오게 하지 아니하며 잃어버린 자를 찾지 아니하고"(4절)

"나 곧 내가 내 양을 찾고 찾되"(11절)

"내가 친히 내 양의 목자가 되어 그것들을 누워 있게 할지라"(15절)

"내 양 곧 내 초장의 양 너희는 사람이요 나는 너희 하나님이라 주 여호와의 말씀이니라"(31절)

• 시편 83, 84편 주께 힘을 얻고 시온의 대로가 있는 자

"여호와라 이름하신 주만 온 세계의 지존자로 알게 하소서"(83:18)

"주의 집에 사는 자들은 복이 있나니 그들이 항상 주를 찬송하리이다"(84:4)

"주께 힘을 얻고 그 마음에 시온의 대로가 있는 자는 복이 있나이다"(84:5)

"여호와 하나님은 해요 방패이시라 여호와께서 은혜와 영화를 주시며 정직하게 행하는 자에게 좋은 것을 아끼지 아니하실 것임이니이다"(84:11)

"주께 의지하는 자는 복이 있나이다"(84:12)

묵상 | 하나님 마음 알아가기

성도는 세상으로부터가 아니라 주님으로부터 힘을 얻습니다. 그런 성도에게 시온의 대로가 있습니다. 지금 길이 보이지 않음으로 낙심하지 말 것은 앞에 열어 놓으신 시온의 대로가 있기 때문입니다.

적용

하나님께서 당신을 세우셨음을 아십니까?

1. 왕을 세우시며, 교회의 머리로 그리스도를 세우시고, 친히 이스라엘의 목자가 되시는 하나님이십니다.
2. 오직 주께 힘을 얻고 마음에 시온의 대로가 있는 성도가 되십시오.

나(우리)에게 주시는 말씀(암송)

• 오늘의 감사 •

• 말씀으로 기도하기 •

	월 일　　　　맥체인 읽기: 10월 2일
275일차 / 365일	오늘의 본문: 왕상4,5 | 엡2 | 겔35 | 시85　　찬송가 333장
	오늘의 주제(키워드): **좋은 것을 주심**

 **말씀**

• 열왕기상 4, 5장　구하는 것을 주심(2)
"솔로몬 왕이 온 이스라엘의 왕이 되었고"(4:1)
"하나님이 솔로몬에게 지혜와 총명을 심히 많이 주시고 또 넓은 마음을 주시되"(4:29)
"내 백향목 재목과 잣나무 재목에 대하여는 당신이 바라시는 대로 할지라"(5:8)
"크고 귀한 돌을 떠다가 다듬어서 성전의 기초석으로 놓게 하매"(5:17)

• 에베소서 2장　하나님의 권속이 됨
"그는 허물과 죄로 죽었던 너희를 살리셨도다"(1절)
"본질상 진노의 자녀이었더니… 긍휼이 풍성하신 하나님이… 그리스도와 함께 살리셨고… 또 함께 일으키사… 함께 하늘에 앉히시니"(3~6절)
"너희는 그 은혜에 의하여 믿음으로 말미암아 구원을 받았으니 이것은 너희에게서 난 것이 아니요 하나님의 선물이라 행위에서 난 것이 아니니 이는 누구든지 자랑하지 못하게 함이라"(8, 9절)
"이제는 전에 멀리 있던 너희가 그리스도 예수 안에서 그리스도의 피로 가까워졌느니라"(13절)
"이제부터 너희는 외인도 아니요 나그네도 아니요 오직 성도들과 동일한 시민이요 하나님의 권속이라"(19절)
"그리스도 예수 안에서 함께 지어져 가느니라"(22절)

• 에스겔 35장　대적을 멸하여 주심
"인자야 네 얼굴을 세일 산으로 향하고 그에게 예언하여"(2절)
"세일 산아 너와 에돔 온 땅이 황폐하리니 내가 여호와인 줄을 무리가 알리라"(15절)

• 시편 85편　은혜를 베푸심
"여호와여 주께서 주의 땅에 은혜를 베푸사 야곱의 포로 된 자들이 돌아오게 하셨으며 주의 백

성의 죄악을 사하시고 그들의 모든 죄를 덮으셨나이다"(1,2절)
"그의 백성, 그의 성도들에게 화평을 말씀하실 것이라 그들은 다시 어리석은 데로 돌아가지 말지로다"(8절)
"인애와 진리가 같이 만나고 의와 화평이 서로 입맞추었으며"(10절)
"여호와께서 좋은 것을 주시리니 우리 땅이 그 산물을 내리로다"(12절)

묵상 | 하나님 마음 알아가기

하나님은 선하신 분입니다. 그러므로 하나님의 권속이 된 성도로서 구할 때 항상 좋은 것으로 공급하십니다. 하나님이 주시는 좋은 것들을 기대하십시오.

적용

하나님께서 주신 좋은 것을 아십니까?

1. 구하는 것마다 좋은 것으로 주십니다.
2. 하나님 나라 시민권을 주시고 하나님의 권속이 되게 하셨습니다.
3. 은혜를 베푸사 모든 죄악을 사하셨습니다.

나(우리)에게 주시는 말씀(암송)

• 오늘의 감사 •

• 말씀으로 기도하기 •

276일차
365일

월   일

오늘의 본문: 왕상6 | 엡3 | 겔36 | 시86

오늘의 주제(키워드): **위대하신 하나님**

맥체인 읽기: 10월 3일

찬송가 598장

 말씀

열왕기상 6장 성전 건축
"솔로몬이 여호와를 위하여 성전 건축하기를 시작하였더라"(1절)
"이 성전은 건축할 때에 돌을 그 뜨는 곳에서 다듬고 가져다가 건축하였으므로 건축하는 동안에 성전 속에서는 방망이나 도끼나 모든 철 연장 소리가 들리지 아니하였으며"(7절)
"네가 만일 내 법도를 따르며 내 율례를 행하며 내 모든 계명을 지켜 그대로 행하면 내가… 확실히 이룰 것이요… 버리지 아니하리라"(12,13절)

에베소서 3장 넘치도록 능히 하심
"이는 이방인들이 복음으로 말미암아 그리스도 예수 안에서 함께 상속자가 되고 함께 지체가 되고 함께 약속에 참여하는 자가 됨이라"(6절)
"우리 가운데서 역사하시는 능력대로 우리가 구하거나 생각하는 모든 것에 더 넘치도록 능히 하실 이에게"(20절)

에스겔 36장 이스라엘 산들을 회복시키심
"이스라엘 산들아 여호와의 말씀을 들으라"(1절)
"그러나 너희 이스라엘 산들아 너희는 가지를 내고 내 백성 이스라엘을 위하여 열매를 맺으리니 그들이 올 때가 가까이 이르렀음이라"(8절)
"내가 돌이켜 너희와 함께 하리니 사람이 너희를 갈고 심을 것이며 내가 또 사람을 너희 위에 많게 하리니 이들은 이스라엘 온 족속이라 그들을 성읍들에 거주하게 하며 빈 땅에 건축하게 하리라"(9,10절)
"내가 이렇게 행함은 너희를 위함이 아니요… 나의 거룩한 이름을 위함이라"(22절)
"새 영을 너희 속에 두고 새 마음을 너희에게 주되 너희 육신에서 굳은 마음을 제거하고 부드러운 마음을 줄 것이며"(26절)
"주 여호와께서 이같이 말씀하셨느니라 그래도 이스라엘 족속이 이같이 자기들에게 이루어 주기를 내게 구하여야 할지라 내가 그들의 수효를 양 떼 같이 많아지게 하되"(37절)

시편 86편 기이한 일들을 행하심

"나는 경건하오니 내 영혼을 보존하소서 내 주 하나님이여 주를 의지하는 종을 구원하소서"(2절)
"주여 내게 은혜를 베푸소서"(3절)
"무릇 주는 위대하사 기이한 일들을 행하시오니 주만이 하나님이시니이다"(10절)
"은총의 표적을 내게 보이소서"(17절)

묵상 | 하나님 마음 알아가기

하나님은 전능하신 하나님으로 우리가 구하거나 생각하는 모든 것에 넘치도록 능히 하시는 분이십니다. 하나님 앞에서는 가지는 생각마저도 크게 가지고, 크게 구할 수 있습니다.

적용

하나님께서 오늘 당신을 위해 행하실 위대한 일을 기대하십니까?

1. 성전 된 우리를 성령으로 세워 가십니다.
2. 우리가 구하거나 생각하는 모든 것에 더 넘치도록 능히 하십니다.
3. 새 영을 우리 속에 두시고 황폐한 땅을 새롭게 하십니다.
4. 기이한 일들을 행하십니다.

나(우리)에게 주시는 말씀(암송)

• 오늘의 감사 •

• 말씀으로 기도하기 •

277일차 / 365일

월 일
오늘의 본문: 왕상7 | 엡4 | 겔37 | 시87, 88
오늘의 주제(키워드): **세우심(2)**

맥체인 읽기: 10월 4일
찬송가 559장

 말씀

- **열왕기상 7장** 성전을 세움

"이 두 기둥을 성전의 주랑 앞에 세우되 오른쪽 기둥을 세우고 그 이름을 야긴이라 하고 왼쪽의 기둥을 세우고 그 이름을 보아스라 하였으며"(21절)

"또 바다를 부어 만들었으니"(23절)

"또 놋으로 받침 수레 열을 만들었으니"(27절)

"히람이 또 물두멍과 부삽과 대접들을 만들었더라"(40절)

"솔로몬 왕이 여호와의 성전을 위하여 만드는 모든 일을 마친지라"(51절)

- **에베소서 4장** 그리스도의 몸을 세움

"몸이 하나요 성령도 한 분이시니 이와 같이 너희가 부르심의 한 소망 안에서 부르심을 받았느니라"(4절)

"이는 성도를 온전하게 하여 봉사의 일을 하게 하며 그리스도의 몸을 세우려 하심이라"(12절)

"오직 사랑 안에서 참된 것을 하여 범사에 그에게까지 자랄지라 그는 머리니 곧 그리스도라"(15절)

"너희는 유혹의 욕심을 따라 썩어져 가는 구습을 따르는 옛 사람을 벗어 버리고 오직 너희의 심령이 새롭게 되어 하나님을 따라 의와 진리의 거룩함으로 지으심을 받은 새 사람을 입으라"(22~24절)

- **에스겔 37장** 하나님의 백성이 됨

"그 골짜기 지면에 뼈가 심히 많고 아주 말랐더라"(2절)

"인자야 이 뼈들이 능히 살 수 있겠느냐... 주 여호와여 주께서 아시나이다... 너는 이 모든 뼈에게 대언하여 이르기를 너희 마른 뼈들아 여호와의 말씀을 들을지어다"(3,4절)

"내가 생기를 너희에게 들어가게 하리니 너희가 살아나리라"(5절)

"또 내 영을 너희 속에 두어 너희가 살아나게 하고"(14절)

"그들은 내 백성이 되고 나는 그들의 하나님이 되리라"(23,27절)

• 시편 87, 88편 시온을 세우심

"지존자가 친히 시온을 세우리라"(87:5)
"여호와께서 민족들을 등록하실 때에는 그 수를 세시며 이 사람이 거기서 났다 하시리로다"(87:6)
"여호와여 오직 내가 주께 부르짖었사오니 아침에 나의 기도가 주의 앞에 이르리이다"(88:13)

묵상 | 하나님 마음 알아가기

낙심되고 좌절될 때 포기하지 마십시오. 하나님께서 다시 세우십니다. 에스골 골짜기의 마른뼈를 군대로 세우신 하나님께는 능치 못하심이 없습니다.

적용

하나님께서 우리를 하나님의 백성으로 세워 가심을 아십니까?

1. 하나님은 우리를 그리스도의 몸으로 세우십니다.
2. 마른 뼈들도 군대로 세우십니다.
3. 하나님은 친히 시온을 세우시며, 민족들을 등록하십니다.

나(우리)에게 주시는 말씀(암송)

• 오늘의 감사 •

• 말씀으로 기도하기 •

월   일   맥체인 읽기: 10월 5일

오늘의 본문: 왕상8 | 엡5 | 겔38 | 시89   찬송가 304장

오늘의 주제(키워드): 영광

 말씀

• 열왕기상 8장 **성전에 가득한 여호와의 영광**

"이에 솔로몬이 여호와의 언약궤를 다윗 성 곧 시온에서 메어 올리고자 하여"(1절)

"여호와의 영광이 여호와의 성전에 가득함이었더라"(11절)

"얼굴을 돌이켜 이스라엘의 온 회중을 위하여 축복하니 그 때에 이스라엘의 온 회중이 서 있더라"(14절)

"이에 세상 만민에게 여호와께서만 하나님이시고 그 외에는 없는 줄을 알게 하시기를 원하노라"(60절)

• 에베소서 5장 **영광스러운 교회**

"너희는 하나님을 본받는 자가 되고"(1절)

"그리스도께서 너희를 사랑하신 것 같이 너희도 사랑 가운데서 행하라 그는 우리를 위하여 자신을 버리사 향기로운 제물과 희생제물로 하나님께 드리셨느니라"(2절)

"너희가 전에는 어둠이더니 이제는 주 안에서 빛이라 빛의 자녀들처럼 행하라"(8절)

"자기 앞에 영광스러운 교회로 세우사 티나 주름 잡힌 것이나 이런 것들이 없이 거룩하고 흠이 없게 하려 하심이라"(27절)

• 에스겔 38장 **이방 사람의 눈앞에서 거룩함을 나타내심**

"구름이 땅을 덮음 같이 내 백성 이스라엘을 치러 오리라 곡아 끝 날에 내가 너를 이끌어다가 내 땅을 치게 하리니 이는 내가 너로 말미암아 이방 사람의 눈 앞에서 내 거룩함을 나타내어 그들이 다 나를 알게 하려 함이라"(16절)

"이같이 내가 여러 나라의 눈에 내 위대함과 내 거룩함을 나타내어 나를 알게 하리니 내가 여호와인 줄을 그들이 알리라"(23절)

시편 89편 찾아내어 기름을 부으심

"나는 내가 택한 자와 언약을 맺으며"(3절)

"내가 내 종 다윗을 찾아내어 나의 거룩한 기름을 그에게 부었도다"(20절)

"그러나 나의 인자함을 그에게서 다 거두지는 아니하며 나의 성실함도 폐하지 아니하며 내 언약을 깨뜨리지 아니하고 내 입술에서 낸 것은 변하지 아니하리로다"(33,34절)

묵상 | 하나님 마음 알아가기

연꽃은 시궁창과 같은 곳에서도 어여쁜 꽃을 피우기에 사람들에게 사랑을 받습니다. 하나님은 성도를 이 혼탁한 세상 가운데서 티나 주름잡힌 것이 없는 영광스러운 교회로 세우시길 원하십니다.

적용

하나님께서 주신 영광을 아십니까?

1. 하나님을 기쁘시게 할 때 하나님의 영광을 나타내 보여 주십니다.
2. 이방 나라 가운데서도 그 영광을 나타내시기를 원하십니다.
3. 기름을 부어 세워주셨습니다.
4. 주님 앞에 영광스러운 교회로 세워져 가시기를 바랍니다.

나(우리)에게 주시는 말씀(암송)

• 오늘의 감사 •

• 말씀으로 기도하기 •

월   일 　　　　　　맥체인 읽기: 10월 6일

오늘의 본문: 왕상9 | 엡6 | 겔39 | 시90　　찬송가 333장

오늘의 주제(키워드): **마지막 영광**

 **말씀**

• 열왕기상 9장 성취 후의 자세

"솔로몬이 여호와의 성전과 왕궁 건축하기를 마치며 자기가 이루기를 원하던 모든 것을 마친 때에… 네 기도와 네가 내 앞에서 간구한 바를 내가 들었은즉… 네가 만일 네 아버지 다윗이 행함 같이 마음을 온전히 하고 바르게 하여 내 앞에서 행하며 내가 네게 명령한 대로 온갖 일에 순종하여 내 법도와 율례를 지키면"(1~4절)

"내 이름을 위하여 내가 거룩하게 구별한 이 성전이라도 내 앞에서 던져버리리니"(7절)

• 에베소서 6장 끝까지 지킬 자세

"자녀들아 주 안에서 너희 부모에게 순종하라 이것이 옳으니라"(1절)

"끝으로… 마귀의 간계를 능히 대적하기 위하여 하나님의 전신 갑주를 입으라… 이는 악한 날에 너희가 능히 대적하고 모든 일을 행한 후에 서기 위함이라"(10~13절)

"여러 성도를 위하여 구하라"(18절)

• 에스겔 39장 여호와의 거룩한 이름을 위한 열심

"내가 내 거룩한 이름을 내 백성 이스라엘 가운데에 알게 하여 다시는 내 거룩한 이름을 더럽히지 아니하게 하리니 내가 여호와 곧 이스라엘의 거룩한 자인 줄을 민족들이 알리라"(7절)

"내가 내 영광을 여러 민족 가운데에 나타내어 모든 민족이 내가 행한 심판과 내가 그 위에 나타낸 권능을 보게 하리니"(21절)

"그러므로 주 여호와께서 이같이 말씀하셨느니라 내가 이제 내 거룩한 이름을 위하여 열심을 내어 야곱의 사로잡힌 자를 돌아오게 하며 이스라엘 온 족속에게 사랑을 베풀지라"(25절)

"내가 다시는 내 얼굴을 그들에게 가리지 아니하리니 이는 내가 내 영을 이스라엘 족속에게 쏟았음이라"(29절)

시편 90편 티끌로 돌아가게 하심

"주께서 사람을 티끌로 돌아가게 하시고 말씀하시기를 너희 인생들은 돌아가라"(3절)
"여호와여 돌아오소서 언제까지니이까 주의 종들을 불쌍히 여기소서"(13절)
"우리를 괴롭게 하신 날수대로와 우리가 화를 당한 연수대로 우리를 기쁘게 하소서"(15절)
"주 우리 하나님의 은총을 우리에게 내리게 하사 우리의 손이 행한 일을 우리에게 견고하게 하소서 우리의 손이 행한 일을 견고하게 하소서"(17절)

묵상 | 하나님 마음 알아가기

일을 이루어가는 과정도 중요하지만 더 중요한 것은 이룬 후의 자세입니다. 끝까지 과정 가운데 가졌던 마음가짐을 가지고 나아갈 때 하나님의 영광을 볼 수 있습니다.

적용

마지막까지 어떻게 신앙을 지키겠습니까?

1. 하나님께서 거룩하게 구별한 성전이라도 포기하십니다.
2. 그러므로 하나님의 전신갑주를 입으십시오.
3. 하나님의 열심을 기대하십시오.
4. 티끌로 돌아가게 될 날이 있음을 기억하시기 바랍니다.

나(우리)에게 주시는 말씀(암송)

• 오늘의 감사 •

• 말씀으로 기도하기 •

280일차 / 365일

월   일

맥체인 읽기: 10월 7일

오늘의 본문: 왕상10 | 빌1 | 겔40 | 시91

찬송가 191장

오늘의 주제(키워드): **전해짐**

 말씀

• 열왕기상 10장 명성

"스바의 여왕이 여호와의 이름으로 말미암은 솔로몬의 명성을 듣고 와서 어려운 문제로 그를 시험하고자 하여"(1절)

"솔로몬 왕의 재산과 지혜가 세상의 그 어느 왕보다 큰지라"(23절)

"온 세상 사람들이 다 하나님께서 솔로몬의 마음에 주신 지혜를 들으며 그의 얼굴을 보기 원하여 그들이 각기 예물을 가지고 왔으니"(24~25절)

• 빌립보서 1장 전파되는 그리스도

"너희 안에서 착한 일을 시작하신 이가 그리스도 예수의 날까지 이루실 줄을 우리는 확신하노라"(6절)

"내가 당한 일이 도리어 복음 전파에 진전이"(12절)

"그러면 무엇이냐 겉치레로 하나 참으로 하나 무슨 방도로 하든지 전파되는 것은 그리스도니 이로써 나는 기뻐하고 또한 기뻐하리라"(18절)

"이는 내게 사는 것이 그리스도니 죽는 것도 유익함이라"(21절)

"오직 너희는 그리스도의 복음에 합당하게 생활하라"(27절)

• 에스겔 40장 본 것을 다 전함

"인자야 내가 네게 보이는 그것을 눈으로 보고 귀로 들으며 네 마음으로 생각할지어다 내가 이것을 네게 보이려고 이리로 데리고 왔나니 너는 본 것을 다 이스라엘 족속에게 전할지어다"(4절)

• 시편 91편 피난처 되신 여호와

"나는 여호와를 향하여 말하기를 그는 나의 피난처요 나의 요새요 내가 의뢰하는 하나님이라"(2절)

"네가 말하기를 여호와는 나의 피난처시라 하고 지존자를 너의 거처로 삼았으므로 화가 네게 미치지 못하며 재앙이 네 장막에 가까이 오지 못하리니 그가 너를 위하여 그의 천사들을 명령하사 네 모든 길에서 너를 지키게 하심이라"(9~11절)

"그가 나를 사랑한즉 내가 그를 건지리라 그가 내 이름을 안즉 내가 그를 높이리라"(14절)

묵상 | 하나님 마음 알아가기

최근 몇 년 사이 중동지역에 예수께서 꿈을 통해 나타나셔서 사람들을 구원하고 계십니다. 그리스도는 전파될 수밖에 없습니다. 그리스도를 전파하는 일에 성도는 어떤 방식으로든 참여해야 합니다.

적용

무엇이 전해지기를 원하십니까?

1. 하나님은 우리의 이름을 높이십니다.
2. 오직 그리스도 예수의 이름이 전파되기를 힘쓰십시오.
3. 하나님이 보여주신 그것을 전하십시오.

나(우리)에게 주시는 말씀(암송)

· 오늘의 감사 ·

· 말씀으로 기도하기 ·

281일차 365일

월　　　일

오늘의 본문: 왕상11 | 빌2 | 겔41 | 시92, 93

맥체인 읽기: 10월 8일

찬송가 322장

오늘의 주제(키워드): **구원을 이룸**

 말씀

• 열왕기상 11장 명령을 어김과 여호와의 충성

"너희는 그들과 서로 통혼하지 말며 그들도 너희와 서로 통혼하게 하지 말라 그들이 반드시 너희의 마음을 돌려 그들의 신들을 따르게 하리라 하셨으나 솔로몬이 그들을 사랑하였더라"(2절)

"솔로몬이 여호와의 눈앞에서 악을 행하여 그의 아버지 다윗이 여호와를 온전히 따름 같이 따르지 아니하고"(6절)

"여호와께서 일찍이 두 번이나 그에게 나타나시고 이 일에 대하여 명령하사 다른 신을 따르지 말라 하셨으나 그가 여호와의 명령을 지키지 않았으므로"(9,10절)

"다 빼앗지 아니하고 내 종 다윗과 내가 택한 예루살렘을 위하여 한 지파를 네 아들에게 주리라"(13절)-하나님의 충성

"내가 거기에 내 이름을 두고자 하여 택한 성읍 예루살렘에서 내 종 다윗이 항상 내 앞에 등불을 가지고 있게 하리라"(36절)

• 빌립보서 2장 두렵고 떨림으로 이룸

"마음을 같이하여 같은 사랑을 가지고 뜻을 합하며 한마음을 품어 아무 일에든지 다툼이나 허영으로 하지 말고 오직 겸손한 마음으로 각각 자기보다 남을 낫게 여기고"(2,3절)

"너희 안에 이 마음을 품으라 곧 그리스도 예수의 마음이니"(5절)

"항상 복종하여 두렵고 떨림으로 너희 구원을 이루라"(12절)

"너희 안에서 행하시는 이는 하나님이시니 자기의 기쁘신 뜻을 위하여 너희에게 소원을 두고 행하게 하시나니"(13절)

"그가 그리스도의 일을 위하여 죽기에 이르러도 자기 목숨을 돌보지 아니한 것은"(30절)

• 에스겔 41장 성전을 측량하심

"그가 나를 데리고 성전에 이르러 그 문 벽을 측량하니"(1절)

"서쪽 뜰 뒤에 건물이 있는데 너비는 일흔 척이요 길이는 아흔 척이며 그 사방 벽의 두께는 다섯 척이더라"(12절)

"그가 성전을 측량하니 길이는 백 척이요 또 서쪽 뜰과 그 건물과 그 벽을 합하여 길이는 백 척이요"(13절)

• **시편 92, 93편** 성장

"여호와여 주께서 행하신 일로 나를 기쁘게 하셨으니 주의 손이 행하신 일로 말미암아 내가 높이 외치리이다"(92:4)

"여호와여 주께서 행하신 일이 어찌 그리 크신지요 주의 생각이 매우 깊으시니이다"(92:5)

"의인은 종려나무 같이 번성하며 레바논의 백향목 같이 성장하리로다"(92:12)

"여호와는 영원무궁하시리이다"(93:5)

묵상 | 하나님 마음 알아가기

42.195km를 달리는 마라톤은 힘들다고 도중에 포기할 수 없습니다. 성도의 구원 역시 그 길이 멀고 험난합니다. 하지만 두렵고 떨림으로 그 구원을 이루어야 합니다. 우리 안에 행하시는 하나님이 함께 하십니다.

적용

마지막에 어떤 모습으로 서시겠습니까?

1. 끝까지 하나님의 말씀을 지키십시오.
2. 두렵고 떨림으로 구원을 이루십시오.
3. 성장하십시오. 우리 하나님은 영원무궁하시기 때문입니다.

나(우리)에게 주시는 말씀(암송)

• 오늘의 감사 •

• 말씀으로 기도하기 •

월   일   맥체인 읽기: 10월 9일

282일차 / 365일

오늘의 본문: **왕상12 | 빌3 | 겔42 | 시94**

찬송가 456장

오늘의 주제(키워드): **선택**

 **말씀**

• 열왕기상 12장   어린 자의 자문을 선택

"함께 자라난 소년들이... 내 아버지는 채찍으로 너희를 징계하였으나 나는 전갈 채찍으로 너희를 징계하리라"(10,11절)

"노인의 자문을 버리고 어린 사람들의 자문을 따라"(13,14절)

"두 금송아지를 만들고"(28절)

"레위 자손 아닌 보통 백성으로 제사장을 삼고"(31절)

"그가 자기 마음대로 정한 달 곧 여덟째 달... 절기로 정하고 벧엘에 쌓은 제단에 올라가서 분향하였더라"(33절)

• 빌립보서 3장   예수 그리스도를 아는 지식을 선택

"그러나 무엇이든지 내게 유익하던 것을 내가 그리스도를 위하여 다 해로 여길뿐더러 또한 모든 것을 해로 여김은 내 주 그리스도 예수를 아는 지식이 가장 고상하기 때문이라"(7,8절)

"푯대를 향하여 그리스도 예수 안에서 하나님이 위에서 부르신 부름의 상을 위하여 달려가노라"(14절)

"너희는 함께 나를 본받으라"(17절)

• 에스겔 42장   거룩한 것을 선택

"그가 내게 이르되 좌우 골방 뜰 앞 곧 북쪽과 남쪽에 있는 방들은 거룩한 방이라 여호와를 가까이 하는 제사장들이 지성물을 거기에서 먹을 것이며... 이는 거룩한 곳이라"(13절)

"제사장의 의복은 거룩하므로"(14절)

"그 담은 거룩한 것과 속된 것을 구별하는 것이더라"(20절)

시편 94편 자기 백성을 버리지 않으심

"여호와여 그들이 주의 백성을 짓밟으며 주의 소유를 곤고하게 하며"(5절)
"여호와께서는 자기 백성을 버리지 아니하시며 자기의 소유를 외면하지 아니하시리로다"(14절)
"여호와는 나의 요새이시요 나의 하나님은 내가 피할 반석이시라"(22절)

묵상 | 하나님 마음 알아가기

진보적인 생각들은 우리의 가슴을 뛰게 합니다. 보수적인 생각들은 때론 답답해 보입니다. 무엇을 선택할까 늘 기로에 설 수밖에 없습니다. 성도는 예수 그리스도를 아는 것을 선택해야 합니다.

적용

무엇을 선택하며 사십니까?

1. 하나님의 지혜를 선택하십시오.
2. 그리스도를 아는 지식을 선택하십시오.
3. 거룩한 것을 선택하십시오.
4. 하나님은 언제나 하나님의 백성을 선택하십니다.

나(우리)에게 주시는 말씀(암송)

• 오늘의 감사 •

• 말씀으로 기도하기 •

월   일   맥체인 읽기: 10월 10일

오늘의 본문: 왕상13 | 빌4 | 겔43 | 시95, 96   찬송가 531장

오늘의 주제(키워드): **영광**

 말씀

• 열왕기상 13장 말씀하신 것을 이루심

"보라 그 때에 하나님의 사람이 여호와의 말씀으로 말미암아 유다에서부터 벧엘에 이르니"(1절)
"이는 여호와께서 말씀하신 징조라 제단이 갈라지며 그 위에 있는 재가 쏟아지리라"(3절)
"하나님의 사람이 여호와의 말씀으로 보인 징조대로 제단이 갈라지며 재가 제단에서 쏟아진지라"(5절)
"이는 여호와의 말씀이 내게 이르시기를… 속임이라"(17,18절)
"그들이 상 앞에 앉아 있을 때에 여호와의 말씀이 그 사람을 데려온 선지자에게 임하니"(20절)
"그가 여호와의 말씀으로… 외쳐 말한 것이 반드시 이룰 것임이니라"(32절)

• 빌립보서 4장 모든 쓸 것을 채우심

"아무 것도 염려하지 말고 다만 모든 일에 기도와 간구로, 너희 구할 것을 감사함으로 하나님께 아뢰라 그리하면 모든 지각에 뛰어난 하나님의 평강이 그리스도 예수 안에서 너희 마음과 생각을 지키시리라"(6,7절)
"어떠한 형편에든지 나는 자족하기를 배웠노니"(11절)
"내게 능력 주시는 자 안에서 내가 모든 것을 할 수 있느니라"(13절)
"나의 하나님이 그리스도 예수 안에서 영광 가운데 그 풍성한 대로 너희 모든 쓸 것을 채우시리라"(19절)

• 에스겔 43장 성전에 가득한 영광

"이스라엘 하나님의 영광이 동쪽에서부터 오는데 하나님의 음성이 많은 물 소리 같고"(2절)
"여호와의 영광이 동문을 통하여 성전으로 들어가고… 여호와의 영광이 성전에 가득하더라"(4,5절)
"이 모든 날이 찬 후 제팔일과 그 다음에는 제사장이 제단 위에서 너희 번제와 감사제를 드릴 것이라 그리하면 내가 너희를 즐겁게 받으리라 주 여호와의 말씀이니라"(27절)

시편 95, 96편 영광을 여호와께 돌림

"오라 우리가 여호와께 노래하며 우리의 구원의 반석을 향하여 즐거이 외치자"(95:1)

"우리가 굽혀 경배하며 우리를 지으신 여호와 앞에 무릎을 꿇자"(95:6)

"만국의 족속들아 영광과 권능을 여호와께 돌릴지어다 여호와께 돌릴지어다"(96:7)

"여호와의 이름에 합당한 영광을 그에게 돌릴지어다 예물을 들고 그의 궁정에 들어갈지어다"(96:8)

묵상 | 하나님 마음 알아가기

모든 것에 자족하기란 쉽지 않습니다. 하지만 모든 쓸 것을 채우시는 하나님을 의지하고 나아갈 때 성도는 자족할 수 있습니다.

적용

하나님께 어떠한 영광을 돌리십니까?

1. 말씀하신대로 행하십시오.
2. 그 모든 쓸 것을 채우심을 믿고 간구하십시오.
3. 영광이 가득한 주의 전을 사모하십시오.
4. 그리고 모든 영광은 여호와께 돌리십시오.

나(우리)에게 주시는 말씀(암송)

• 오늘의 감사 •

• 말씀으로 기도하기 •

284일차 / 365일

월   일
오늘의 본문: 왕상14 | 골1 | 겔44 | 시97, 98
오늘의 주제(키워드): **우상이냐 하나님이냐**

맥체인 읽기: 10월 11일
찬송가 536장

 **말씀**

• 열왕기상 14장 우상을 선택함
"너를 위하여 다른 신을 만들며 우상을 부어 만들어"(9절)-북이스라엘 여로보암
"여호와께서 여로보암의 죄로 말미암아 이스라엘을 버리시리니 이는 그도 범죄하고 이스라엘로 범죄하게 하였음이니라"(16절)
"이는 그들도 산 위에와 모든 푸른 나무 아래에 산당과 우상과 아세라 상을 세웠음이라"(23절)
-남유다 르호보암

• 골로새서 1장 우리의 선택-예수 그리스도
"그는 보이지 아니하는 하나님의 형상이시요 모든 피조물보다 먼저 나신 이시니"(15절)
"그의 육체의 죽음으로 말미암아 화목하게 하사 너희를 거룩하고 흠 없고 책망할 것이 없는 자로 그 앞에 세우고자 하셨으니"(22절)
"이 비밀은 너희 안에 계신 그리스도시니 곧 영광의 소망이니라"(27절)
"우리가 그를 전파하여 각 사람을 권하고 모든 지혜로 각 사람을 가르침은… 힘을 다하여 수고하노라"(28,29절)

• 에스겔 44장 성전을 더럽힘
"내 성소 안에 있게 하여 내 성전을 더럽히므로 너희의 모든 가증한 일 외에 그들이 내 언약을 위반하게 하는 것이 되었으며"(7절)
"너희가 내 성물의 직분을 지키지 아니하고"(8절)
"그들에게는 기업이 있으리니 내가 곧 그 기업이라"(28절)

• 시편 97, 98편 수치 당함과 여호와를 찬양함
"조각한 신상을 섬기며 허무한 것으로 자랑하는 자는 다 수치를 당할 것이라 너희 신들아 여호와

께 경배할지어다"(97:7)

"의인이여 너희는 여호와로 말미암아 기뻐하며 그의 거룩한 이름에 감사할지어다"(97:12)

"새 노래로 여호와께 찬송하라 그는 기이한 일을 행하사 그의 오른손과 거룩한 팔로 자기를 위하여 구원을 베푸셨음이로다"(98:1)

"온 땅이여 여호와께 즐거이 소리칠지어다"(98:4)

묵상 | 하나님 마음 알아가기

우리 삶 주변엔 언제나 우상이 도사리고 있습니다. 우상과 하나님을 선택해야 하는 기로에 놓여 있습니다. 성도는 오직 예수 그리스도를 선택해야 합니다. 예수는 우리를 흠없고 책망할 것이 없는 자로 세우고자 육체로 죽으셨습니다.

적용

우상과 하나님 사이에 누구를 선택하십니까?

1. 오직 예수 그리스도만이 우리의 주이시며 영광의 소망이십니다.
2. 새 노래로 하나님을 찬송하시기 바랍니다.

나(우리)에게 주시는 말씀(암송)

• 오늘의 감사 •

• 말씀으로 기도하기 •

월   일   맥체인 읽기: 10월 12일

오늘의 본문: 왕상15 | 골2 | 겔45 | 시99-101   찬송가 487장

오늘의 주제(키워드): **거룩한 삶**

말씀

• 열왕기상 15장 **여호와 앞에 온전함**
"이는 다윗이 헷 사람 우리아의 일 외에는 평생에 여호와 보시기에 정직하게 행하고 자기에게 명령하신 모든 일을 어기지 아니하였음이라"(5절)
"그러나 아사의 마음이 일평생 여호와 앞에 온전하였으며"(14절)

• 골로새서 2장 **그리스도 안에서 행함**
"그러므로 너희가 그리스도 예수를 주로 받았으니 그 안에서 행하되 그 안에 뿌리를 박으며 세움을 받아 교훈을 받은 대로 믿음에 굳게 서서 감사함을 넘치게 하라"(6,7절)
"너희가 세례로 그리스도와 함께 장사되고 또 죽은 자들 가운데서 그를 일으키신 하나님의 역사를 믿음으로 말미암아 그 안에서 함께 일으키심을 받았느니라"(12절)

• 에스겔 45장 **성소의 거룩함**
"그 구역 안 전부가 거룩하리라"(1절)
"성소를 위한 거룩한 곳이라"(4절)
"성소를 정결하게 하되"(18절)

• 시편 99-101편 **거룩하신 하나님 찬양**
"너희는 여호와 우리 하나님을 높여 그의 발등상 앞에서 경배할지어다 그는 거룩하시도다"(99:5)
"너희는 여호와 우리 하나님을 높이고 그 성산에서 예배할지어다 여호와 우리 하나님은 거룩하심이로다"(99:9)
"온 땅이여 여호와께 즐거운 찬송을 부를지어다"(100:1)
"내가 완전한 길을 주목하오리니 주께서 어느 때나 내게 임하시겠나이까 내가 완전한 마음으로 내 집 안에서 행하리이다"(101:2)

묵상 | 하나님 마음 알아가기

거룩은 성도가 평생 삶에서 이루어야 할 것입니다. 오직 그리스도 안에서 행함으로 일평생 하나님이 기뻐 받으시는 거룩을 이루어가야 합니다.

적용

거룩한 삶을 살아가십니까?

1. 마음으로 하나님 앞에 온전하십시오.
2. 그리스도 안에서 행하십시오.
3. 오직 하나님만을 찬양하는 삶을 사십시오.

나(우리)에게 주시는 말씀(암송)

• 오늘의 감사 •

• 말씀으로 기도하기 •

286일차 365일

월 일

오늘의 본문: 왕상16 | 골3 | 겔46 | 시102

맥체인 읽기: 10월 13일

찬송가 542장

오늘의 주제(키워드): 왕과 함께하는 삶

 말씀

• 열왕기상 16장 왕을 버린 혼돈

"여호와 보시기에 모든 악을 행하며 그의 손의 행위로 여호와를 노엽게 하였음이며"(7절)

"시므리가 왕을 모반하여... 그를 쳐죽이고 그를 대신하여 왕이 되니"(9,10절)

"오므리가 왕이 되니라... 십이 년 동안 왕위에 있으며... 육 년 동안 다스리니라"(22,23절)

"오므리가 여호와 보시기에 악을 행하되 그 전의 모든 사람보다 더욱 악하게 행하여... 이스라엘의 하나님 여호와를 노하시게 하였더라"(25,26절)

"아합이 대신하여 왕이 되니라"(28절)

"그 시대에 벧엘 사람 히엘이 여리고를 건축하였는데 그가 그 터를 쌓을 때에 맏아들 아비람을 잃었고 그 성문을 세울 때에 막내 아들 스굽을 잃었으니 여호와께서 눈의 아들 여호수아를 통하여 하신 말씀과 같이 되었더라"(34절) - 혼란의 시대에도 일하시는 진정한 왕이신 하나님

• 골로새서 3장 하나님 우편에 앉아 계신 왕과 함께 함

"그러므로 너희가 그리스도와 함께 다시 살리심을 받았으면 위의 것을 찾으라 거기는 그리스도께서 하나님 우편에 앉아 계시느니라"(1절)

"땅에 있는 지체를 죽이라 곧 음란과 부정과 사욕과 악한 정욕과 탐심이니 탐심은 우상 숭배니라"(5절)

"옛 사람과 그 행위를 벗어 버리고 새 사람을 입었으니"(9,10절)

"너희는 하나님이 택하사 거룩하고 사랑 받는 자처럼 "(12절)

"이 모든 것 위에 사랑을 더하라 이는 온전하게 매는 띠니라"(14절)

• 에스겔 46장 왕을 위한 예배

"주 여호와께서 이같이 말씀하셨느니라 안뜰 동쪽을 향한 문은 일하는 엿새 동안에는 닫되 안식일에는 열며 초하루에도 열고"(1절)

"초하루에는 흠 없는 수송아지 한 마리와... 드리되 모두 흠 없는 것으로 할 것이며"(6절)

"모든 정한 절기에 이 땅 백성이 나 여호와 앞에 나아올 때에는... 들어온 문으로 도로 나가지 말

고 그 몸이 앞으로 향한 대로 나갈지며며"(9절)

"아침마다... 나 여호와께 드리고... 아침마다... 소제를 갖추되... 영원한 규례로 삼아... 아침마다... 항상 드리는 번제물로 삼을지니라"(13~15절)

시편 102편 | 시온의 왕

"주께서 일어나사 시온을 긍휼히 여기시리니 지금은 그에게 은혜를 베푸실 때라"(13절)

"이에 뭇 나라가 여호와의 이름을 경외하며 이 땅의 모든 왕들이 주의 영광을 경외하리니"(15절)

"여호와께서 빈궁한 자의 기도를 돌아보시며 그들의 기도를 멸시하지 아니하셨도다"(17절)

"이는 갇힌 자의 탄식을 들으시며 죽이기로 정한 자를 해방하사 여호와의 이름을 시온에서, 그 영예를 예루살렘에서 선포하게 하려 하심이라"(20,21절)

"그 때에 민족들과 나라들이 함께 모여 여호와를 섬기리로다"(22절)

묵상 | 하나님 마음 알아가기

왕을 버리면 혼돈에 빠집니다. 예수는 우리 왕이십니다. 예수의 통치를 거부할 때 성도의 삶에는 질서가 무너지고 혼돈이 옵니다. 예수를 온전히 왕으로 모시고 예수만을 예배하는 삶을 살아야 합니다.

적용

나(우리)에게 주시는 말씀(암송)

왕이신 하나님과 함께하고 계십니까?

1. 왕을 버리면 삶에 혼돈이 있습니다.
2. 진정한 왕은 하나님 우편에 앉아 계십니다. 옛 사람을 버리고 새 사람을 입으십시오.
3. 아침마다 왕을 예배하십시오.

• 오늘의 감사 •

• 말씀으로 기도하기 •

월   일   맥체인 읽기: 10월 14일

287일차 / 365일

오늘의 본문: 왕상17 | 골4 | 겔47 | 시103

찬송가 460장

오늘의 주제(키워드): **말의 사용**

 말씀

• 열왕기상 17장 권위있는 말

"내 말이 없으면 수 년 동안 비도 이슬도 있지 아니하리라"(1절)

"먼저 그것으로 나를 위하여 작은 떡 한 개를 만들어… 나 여호와가 비를 지면에 내리는 날까지 그 통의 가루가 떨어지지 아니하고 그 병의 기름이 없어지지 아니하리라"(13,14절)

"부르짖어"(20절)

"이제야 당신은 하나님의 사람이시요 당신의 입에 있는 여호와의 말씀이 진실한 줄 아노라"(24절)

• 골로새서 4장 기도와 마땅한 말

"기도를 계속하고"(2절)

"마땅히 할 말로써 이 비밀을 나타내리라"(4절)

"그들이 여기 일을 다 너희에게 알려 주리라"(9절)-문안과 증언의 말

• 에스겔 47장 소성시키는 물(말씀)

"성전의 앞면이 동쪽을 향하였는데 그 문지방 밑에서 물이 나와"(1절)

"이 흘러 내리는 물로 그 바다의 물이 되살아나리라"(8절)

"그 물이 성소를 통하여 나옴이라"(12절)

• 시편 103편 언약의 말

"곧 그의 언약을 지키고 그의 법도를 기억하여 행하는 자에게로다"(18절)

"능력이 있어 여호와의 말씀을 행하며 그의 말씀의 소리를 듣는 여호와의 천사들이여 여호와를 송축하라"(20절)

묵상 | 하나님 마음 알아가기

성도의 입에는 하나님의 말씀이 있습니다. 하나님의 말씀은 권위 있는 말씀입니다. 세상을 향해, 죄악을 향해 권위 있는 말씀을 선포함으로 세상을 소성시킬 수 있음을 기억하고 담대히 선포하여야 합니다.

적용

오늘 어떤 말을 하고 계십니까?

1. 하나님이 넣어주신 권위의 말을 하십시오.
2. 기도와 문안 그리고 증언의 말을 하십시오.
3. 하나님과의 언약을 지키는 삶을 살아가십시오.

나(우리)에게 주시는 말씀(암송)

• 오늘의 감사 •

• 말씀으로 기도하기 •

월   일   맥체인 읽기: 10월 15일

288일차 / 365일

오늘의 본문: 왕상18 | 살전1 | 겔48 | 시104   찬송가 352장

오늘의 주제(키워드): **영원히 계속되는 여호와의 영광**

 말씀

• 열왕기상 18장 불을 내리심

"많은 날이 지나고 제삼년에 여호와의 말씀이 엘리야에게 임하여 이르시되 너는 가서 아합에게 보이라"(1절)

"어느 때까지 둘 사이에서 머뭇머뭇 하려느냐"(21절)

"바알이여 우리에게 응답하소서 하나 아무 소리도 없고 아무 응답하는 자도 없으므로"(26절)

"여호와의 이름을 의지하여"(32절)

"주께서 이스라엘 중에서 하나님이신 것과… 오늘 알게 하옵소서"(36절)

"이에 여호와의 불이 내려서"(38절)

• 데살로니가전서 1장 성령의 기쁨으로 말씀을 받음

"믿음의 역사와 사랑의 수고와 우리 주 예수 그리스도에 대한 소망의 인내를"(3절)

"우리 복음이 너희에게 말로만 이른 것이 아니라 또한 능력과 성령과 큰 확신으로 된 것임이라"(5절)

"또 너희는 많은 환난 가운데서 성령의 기쁨으로 말씀을 받아 우리와 주를 본받은 자가 되었으니"(6절)

"너희 믿음의 소문이 각처에 퍼졌으므로"(8절)

"살아 계시고 참되신 하나님"(9절)

• 에스겔 48장 거기에 계심

"그 중앙에 여호와의 성소가 있게 하고"(10절)

"이것은 너희가 제비 뽑아 이스라엘 지파에게 나누어 주어 기업이 되게 할 땅이요 또 이것들은 그들의 몫이니라 주 여호와의 말씀이니라"(29절)

"그 날 후로는 그 성읍의 이름을 여호와삼마라 하리라"(35절)

시편 104편 | 평생토록 여호와께 노래함

"여호와여 주께서 하신 일이 어찌 그리 많은지요 주께서 지혜로 그들을 다 지으셨으니 주께서 지으신 것들이 땅에 가득하니이다"(24절)

"주의 영을 보내어 그들을 창조하사 지면을 새롭게 하시나이다"(30절)

"여호와의 영광이 영원히 계속할지며 여호와는 자신께서 행하시는 일들로 말미암아 즐거워하시리로다"(31절)

"내가 평생토록 여호와께 노래하며 내가 살아 있는 동안 내 하나님을 찬양하리로다"(33절)

"나의 기도를 기쁘게 여기시기를 바라나니 나는 여호와로 말미암아 즐거워하리로다"(34절)

묵상 | 하나님 마음 알아가기

세상의 모든 것은 유한합니다. 하지만 하나님과 그의 영광은 영원하십니다. 환난 가운데서도 성령의 기쁨으로 말씀을 받아야 하는 이유입니다.

적용

여호와의 영광이 영원히 계속 됨을 아십니까?

1. 지금도 능력의 증거들을 보이십니다.
2. 성령의 기쁨으로 말씀을 받도록 하십시오.
3. 영원히 우리가 거하는 곳에 함께 계십니다.
4. 그러므로 평생토록 여호와를 노래하며 영광을 보아야 합니다.

나(우리)에게 주시는 말씀(암송)

• 오늘의 감사 •

• 말씀으로 기도하기 •

월　　　일　　　　　맥체인 읽기: 10월 16일

오늘의 본문: 왕상19 | 살전2 | 단1 | 시105　　　찬송가 491장

오늘의 주제(키워드): **여호와 앞에 섬**

 말씀

• 열왕기상 19장　세미한 소리로 말씀하심

"자기의 생명을 위해 도망하여"(3절)

"일어나서 먹으라… 숯불에 구운 떡과 한 병 물"(5,6절)

"일어나 먹으라… 그 음식물의 힘을 의지하여 사십 주 사십 야를 가서 하나님의 산 호렙에 이르니라"(7,8절)

"너는 나가서 여호와 앞에서 산에 서라… 여호와 앞에 크고 강한 바람이… 지진… 불… 여호와께서 계시지 아니하더니 불 후에 세미한 소리가 있는지라"(11,12절)

"이스라엘 가운데에 칠천 명을 남기리니 다 바알에게 무릎을 꿇지 아니하고… 입맞추지 아니한 자니라"(18절)

• 데살로니가전서 2장　하나님의 말씀으로 받음

"우리가 이와 같이 말함은 사람을 기쁘게 하려 함이 아니요 오직 우리 마음을 감찰하시는 하나님을 기쁘시게 하려 함이라"(4절)

"우리가 이같이 너희를 사모하여 하나님의 복음뿐 아니라 우리의 목숨까지도 너희에게 주기를 기뻐함은 너희가 우리의 사랑하는 자 됨이라"(8절)

"하나님의 말씀을 받을 때에 사람의 말로 받지 아니하고 하나님의 말씀으로 받음이니"(13절)

• 다니엘 1장　뜻을 정함

"주께서… 하나님의 전 그릇 얼마를 그의 손에 넘기시매"(2절)

"이스라엘 자손 중에서 왕족과 귀족 몇 사람 곧 흠이 없고 용모가 아름다우며 모든 지혜를 통찰하며 지식에 통달하며 학문에 익숙하여 왕궁에 설 만한 소년을 데려오게 하였고 그들에게 갈대아 사람의 학문과 언어를 가르치게 하였고"(3,4절)

"다니엘과 하나냐와 미사엘과 아사랴"(6절)

"다니엘은 뜻을 정하여… 자기를 더럽히지 아니하도록"(8절)

"하나님이 이 네 소년에게 학문을 주시고 모든 서적을 깨닫게 하시고 지혜를 주셨으니"(17절)

시편 105편 영원한 언약을 주심

"그의 모든 기이한 일들을 말할지어다"(2절)

"영원한 언약… 내가 가나안 땅을 네게 주어 너희에게 할당된 소유가 되게 하리라"(10,11절)

"나의 기름 부은 자를 손대지 말며 나의 선지자들을 해하지 말라"(15절)

"마침내 그들을 인도하여 은 금을 가지고 나오게 하시니 그의 지파 중에 비틀거리는 자가 하나도 없었도다"(37절)

"여러 나라의 땅을 그들에게 주시며 민족들이 수고한 것을 소유로 가지게 하셨으니 이는 그들이 그의 율례를 지키고 그의 율법을 따르게 하려 하심이로다"(44,45절)

묵상 | 하나님 마음 알아가기

하나님 앞에 설 때, 하나님이 들려주시는 세미한 음성을 들을 수 있습니다. 항상 자신을 하나님 앞에 세워 나가십시오. 이를 위해서 뜻을 정해 자신을 더럽히지 말아야 합니다.

적용

날마다 여호와 앞에 서 계십니까?

1. 하나님이 말씀하시는 세미한 소리를 들으십시오.
2. 성경에 기록된 말씀은 모두 하나님의 말씀으로 받으십시오.
3. 고난 중에도 뜻을 정하십시오.
4. 하나님의 말씀은 영원한 언약임을 기억하십시오.

나(우리)에게 주시는 말씀(암송)

• 오늘의 감사 •

• 말씀으로 기도하기 •

월   일   맥체인 읽기: 10월 17일

오늘의 본문: 왕상20 | 살전3 | 단2 | 시106   찬송가 388장

오늘의 주제(키워드): **하나님의 위엄**

 말씀

열왕기상 20장 전쟁에 승리케 하심

"이스라엘의 왕이 대답하여 말하기를 내 주 왕이여 왕의 말씀 같이 나와 내 것은 다 왕의 것이니이다"(4절)

"왕은 듣지도 말고 허락하지도 마옵소서"(8절)

"한 선지자가 이스라엘의 아합 왕에게 나아가서 이르되 여호와의 말씀이 네가 이 큰 무리를 보느냐 내가 오늘 그들을 네 손에 넘기리니 너는 내가 여호와인 줄을 알리라"(13절)

"이스라엘 왕이 나가서 말과 병거를 치고 또 아람 사람을 쳐서 크게 이겼더라"(21절)

데살로니가전서 3장 강림하심

"그러므로 너희가 주 안에 굳게 선즉 우리가 이제는 살리라"(8절)

"우리 주 예수께서 그의 모든 성도와 함께 강림하실 때에 하나님 우리 아버지 앞에서 거룩함에 흠이 없게 하시기를 원하노라"(13절)

다니엘 2장 영원한 나라를 세우심

"이에 이 은밀한 것이 밤에 환상으로 다니엘에게 나타나 보이매 다니엘이 하늘에 계신 하나님을 찬송하니라"(19절)

"오직 은밀한 것을 나타내실 이는 하늘에 계신 하나님이시라"(28절)

"왕이여 왕이 한 큰 신상을 보셨나이다"(31절)

"하늘의 하나님이 한 나라를 세우시리니 이것은 영원히 망하지도 아니할 것이요"(44절)

시편 106편 영원부터 영원까지 찬양받으실 이

"누가 능히 여호와의 권능을 다 말하며 주께서 받으실 찬양을 다 선포하랴"(2절)

"애굽에서 큰 일을 행하신 그의 구원자 하나님을 그들이 잊었나니"(21절)

"여호와께서 여러 번 그들을 건지시나 그들은 교묘하게 거역하며 자기 죄악으로 말미암아 낮아짐을 당하였도다 그러나 여호와께서 그들의 부르짖음을 들으실 때에 그들의 고통을 돌보시며 그들을 위하여 그의 언약을 기억하시고"(43~45절)

"여호와 이스라엘의 하나님을 영원부터 영원까지 찬양할지어다"(48절)

묵상 | 하나님 마음 알아가기

유한한 이 땅에 미련을 두지 말고 영원한 하나님 나라를 위해 사십시오. 영원부터 영원까지 찬양받으시기에 합당하신 하나님만 예배할 때 하늘의 복을 누립니다.

적용

하나님의 위엄은 오늘도 우리 가운데 베풀어지고 있음을 아십니까?

1. 전쟁에 승리케 하시며, 종말에 그의 모든 성도와 함께 강림하십니다.
2. 열방을 통치하시며 영원한 나라를 세우실 것입니다.
3. 그분을 영원까지 찬양하시기 바랍니다.

나(우리)에게 주시는 말씀(암송)

• 오늘의 감사 •

• 말씀으로 기도하기 •

291일차 / 365일

월   일   맥체인 읽기: 10월 18일

오늘의 본문: 왕상21 | 살전4 | 단3 | 시107   찬송가 345장

오늘의 주제(키워드): **하나님의 뜻**

 말씀

열왕기상 21장 겸비함

"내가 재앙을 네게 내려 너를 쓸어 버리되... 다 멸할 것이요... 이는 네가 나를 노하게 하고 이스라엘이 범죄하게 한 까닭이니라"(21절)

"아합이 이 모든 말씀을 들을 때에 그의 옷을 찢고 굵은 베로 몸을 동이고 금식하고 굵은 베에 누우며"(27절)

"아합이 내 앞에서 겸비함을 네가 보느냐 그가 내 앞에서 겸비하므로 내가 재앙을 저의 시대에는 내리지 아니하고 그 아들의 시대에야 그의 집에 재앙을 내리리라"(29절)

데살로니가전서 4장 거룩함

"너희가 마땅히 어떻게 행하며 하나님을 기쁘시게 할 수 있는지를 우리에게 배웠으니... 더욱 많이 힘쓰라"(1절)

"하나님의 뜻은 이것이니 너희의 거룩함이라 곧 음란을 버리고"(3절)

"하나님이 우리를 부르심은 부정하게 하심이 아니요 거룩하게 하심이니"(7절)

"주께서 호령과 천사장의 소리와 하나님의 나팔 소리로 친히 하늘로부터 강림하시리니 그리스도 안에서 죽은 자들이 먼저 일어나고 그 후에 우리 살아 남은 자들도 그들과 함께 구름 속으로 끌어 올려 공중에서 주를 영접하게 하시리니 그리하여 우리가 항상 주와 함께 있으리라"(16,17절)

다니엘 3장 고난을 통해 높이심

"느부갓네살 왕이 금으로 신상을 만들었으니"(1절)

"누구든지 엎드려 절하지 아니하는 자는 즉시 맹렬히 타는 풀무불에 던져 넣으리라"(6절)

"왕이여 우리가 섬기는 하나님이 계시다면 우리를 맹렬히 타는 풀무불 가운데에서 능히 건져내시겠고 왕의 손에서도 건져내시리이다 그렇게 하지 아니하실지라도"(17,18절)

"불이 능히 그들의 몸을 해하지 못하였고 머리털도 그을리지 아니하였고 겉옷 빛도 변하지 아니

하였고 불 탄 냄새도 없었더라"(27절)

• 시편 107편 채우심과 건지심

"그가 사모하는 영혼에게 만족을 주시며 주린 영혼에게 좋은 것으로 채워주심이로다"(9절)
"이에 그들이 그 환난 중에 여호와께 부르짖으매… 그들의 고통에서 구원하시되"(13,19,28절)
"그가 그의 말씀을 보내어 그들을 고치시고 위험한 지경에서 건지시는도다"(20절)

묵상 | 하나님 마음 알아가기

영혼이 주릴 때에라도 성도는 하나님께 부르짖어야 합니다. 하나님이 말씀을 보내심으로 우리를 고치시고 모든 위험으로부터 보호하여 주십니다.

적용

하나님의 뜻을 아십니까?

1. 겸비함입니다.
2. 거룩함입니다.
3. 고난을 통해 높이시는 것입니다.
4. 우리의 필요를 채우시고 고통에서 건지시는 것입니다.

나(우리)에게 주시는 말씀(암송)

• 오늘의 감사 •

• 말씀으로 기도하기 •

292일차 / 365일

월   일

오늘의 본문: 왕상22 | 살전5 | 단4 | 시108, 109

맥체인 읽기: 10월 19일

찬송가 463장

오늘의 주제(키워드): **주의 날**

 말씀

• 열왕기상 22장 무심코 일어남
"여호와께서 내게 말씀하시는 것 곧 그것을 내가 말하리라"(14절)
"내가 보니 온 이스라엘이 목자 없는 양 같이 산에 흩어졌는데"(17절)
"거짓말하는 영이 되어 그의 모든 선지자들의 입에 있겠나이다"(22절)
"한 사람이 무심코 활을 당겨 이스라엘 왕의 갑옷 솔기를 맞힌지라"(34절)
"왕이 이미 죽으매 그의 시체를 메어 사마리아에 이르러 왕을 사마리아에 장사하니라"(37절)

• 데살로니가전서 5장 도둑 같이 임함
"주의 날이 밤에 도둑 같이 이를 줄을 너희 자신이 자세히 알기 때문이라"(2절)
"형제들아 너희는 어둠에 있지 아니하매 그 날이 도둑 같이 너희에게 임하지 못하리니 너희는 다 빛의 아들이요 낮의 아들이라"(4,5절)
"그러므로 우리는 다른 이들과 같이 자지 말고 오직 깨어 정신을 차릴지라"(6절)
"하나님이 우리를 세우심은... 오직 우리 주 예수 그리스도로 말미암아 구원을 받게 하심이라"(9절)
"항상 기뻐하라 쉬지 말고 기도하라 범사에 감사하라 이것이 그리스도 예수 안에서 너희를 향하신 하나님의 뜻이니라"(16~18절)
"범사에 헤아려 좋은 것을 취하고 악은 어떤 모양이라도 버리라"(21,22절)
"너희의 온 영과 혼과 몸이... 흠 없게 보전되기를"(23절)

• 다니엘 4장 자기 뜻대로 행하심
"지극히 높으신 하나님이 내게 행하신 이적과 놀라운 일을 내가 알게 하기를 즐겨 하노라 참으로 크도다 그의 이적이여, 참으로 능하도다 그의 놀라운 일이여, 그의 나라는 영원한 나라요 그의 통치는 대대에 이르리로다"(2,3절)
"하나님이 다스리시는 줄을 왕이 깨달은 후에야 왕의 나라가 견고하리이다"(26절)
"나라의 왕위가 네게서 떠났느니라"(31절)
"그는 자기 뜻대로 행하시나니"(35절)

시편 108, 109편 대적을 밟으심

"하나님이여 내 마음을 정하였사오니 내가 노래하며 나의 마음을 다하여 찬양하리로다"(108:1)
"여호와여 내가 만민 중에서 주께 감사하고 뭇 나라 중에서 주를 찬양하오리니"(108:3)
"우리가 하나님을 의지하고 용감히 행하리니 그는 우리의 대적들을 밟으실 자이심이로다"(108:13)
"나는 사랑하나 그들은 도리어 나를 대적하니 나는 기도할 뿐이라"(109:4)
"그들은 내게 저주하여도 주는 내게 복을 주소서"(109:28)

묵상 | 하나님 마음 알아가기

주의 날은 심판의 날입니다. 우리의 대적을 밟으시고 우리를 구원하는 구원의 날입니다. 주의 날은 도둑 같이 임합니다. 그 날까지 영과 혼과 몸이 흠 없이 보전되어야 합니다.

적용

주의 날을 아십니까?

1. 하나님의 심판의 날입니다.
2. 아합을, 느부갓네살을 그리고 대적들을 심판하신 날입니다.
3. 대적들을 밟으시는 날입니다.
4. 그 날이 오기까지 항상 기뻐하고 범사에 감사하며 쉬지 말고 기도하며 사시기 바랍니다.

나(우리)에게 주시는 말씀(암송)

• 오늘의 감사 •

• 말씀으로 기도하기 •

월 일	맥체인 읽기: 10월 20일
오늘의 본문: 왕하1	살후1	단5	시110, 111	찬송가 543장
오늘의 주제(키워드): **기도와 하나님의 통치**	

 **말씀**

열왕기하 1장 하나님께 간구해야 함

"아하시야가... 다락 난간에서 떨어져 병들매... 에그론의 신 바알세붑에게 이 병이 낫겠나 물어 보라"(2절)

"이스라엘에 하나님이 없어서 너희가 에그론의 신 바알세붑에게 물으러 가느냐"(3절)

"불이 하늘에서 내려와 너와 너의 오십 명을 사를지로다 하매 불이 곧 하늘에서 내려와... 살랐더라"(10,12절)

"왕이 엘리야가 전한 여호와의 말씀대로 죽고"(17절)

데살로니가후서 1장 교회를 위하여 기도

"너희의 믿음이 더욱 자라고 너희가 다 각기 서로 사랑함이 풍성함이니"(3절)

"너희로 하여금 하나님의 나라에 합당한 자로 여김을 받게 하려 함이니 그 나라를 위하여 너희가 또한 고난을 받느니라"(5절)

"우리도 항상 너희를 위하여 기도함은 우리 하나님이 너희를 그 부르심에 합당한 자로 여기시고 모든 선을 기뻐함과 믿음의 역사를 능력으로 이루게 하시고"(11절)

"우리 하나님과 주 예수 그리스도의 은혜대로 우리 주 예수의 이름이 너희 가운데서 영광을 받으시고 너희도 그 안에서 영광을 받게 하려 함이라"(12절)

다니엘 5장 하나님의 통치와 영광

"벨사살 왕이... 큰 잔치를 베풀고"(1절)

"그들이 술을 마시고는 그 금, 은, 구리, 쇠, 나무, 돌로 만든 신들을 찬양하니라"(4절)

"왕의 나라에 거룩한 신들의 영이 있는 사람이 있으니... 명철과 총명과 지혜가 신들의 지혜와 같은 자니이다"(11절)

"왕의 호흡을 주장하시고 왕의 모든 길을 작정하시는 하나님께는 영광을 돌리지 아니한지라"(23절)

• 시편 110, 111편 원수들 중에서 다스리심

"여호와께서 시온에서부터 주의 권능의 규를 내보내시리니 주는 원수들 중에서 다스리소서"(110:2)

"주의 권능의 날에 주의 백성이 거룩한 옷을 입고 즐거이 헌신하니 새벽 이슬 같은 주의 청년들이 주께 나오는도다"(110:3)

"주의 오른쪽에 계신 주께서 그의 노하시는 날에 왕들을 쳐서 깨뜨리실 것이라"(110:5)

"그의 행하시는 일이 존귀하고 엄위하며 그의 의가 영원히 서 있도다"(111:3)

"그의 언약을 영원히 세우셨으니 그의 이름이 거룩하고 지존하시도다"(111:9)

묵상 | 하나님 마음 알아가기

무엇을 위해 간구하십니까? 교회를 위하여 기도하십시오. 하나님의 통치와 영광을 위해 기도하십시오. 하나님은 간구하는 모든 것을 들으시고 응답하십니다.

적용

하나님께 기도하며 하나님의 통치에 순종하십니까?

1. 오직 하나님께 기도하십시오.
2. 교회를 위하여 기도하십시오.
3. 하나님의 통치는 대대에 이르고 열방 가운데 미칩니다.
4. 거룩한 옷을 입고 즐거이 헌신하십시오.

나(우리)에게 주시는 말씀(암송)

• 오늘의 감사 •

• 말씀으로 기도하기 •

월　　일	맥체인 읽기: 10월 21일
오늘의 본문: 왕하2	살후2	단6	시112, 113	찬송가 440장
오늘의 주제(키워드): **세움 받는 자**	

 **말씀**

열왕기하 2장 엘리사를 세움

"여호와께서 살아 계심과 당신의 영혼이 살아 있음을 두고 맹세하노니 내가 당신을 떠나지 아니하겠나이다"(2,4,6절)

"당신의 성령이 하시는 역사가 갑절이나 내게 있게 하소서"(9절)

"여호와의 말씀이 내가 이 물을 고쳤으니 이로부터 다시는 죽음이나 열매 맺지 못함이 없을지니라"(21절)

데살로니가후서 2장 진리 안에 굳건하게 섬

"누가 어떻게 하여도 너희가 미혹되지 말라"(3절)

"하나님이 미혹의 역사를 그들에게 보내사 거짓 것을 믿게 하심은 진리를 믿지 않고 불의를 좋아하는 모든 자들로 하여금 심판을 받게 하려 하심이라"(11,12절)

"하나님이 처음부터 너희를 택하사 성령의 거룩하게 하심과 진리를 믿음으로 구원을 받게 하심이니"(13절)

"그러므로 형제들아 굳건하게 서서 말로나 우리의 편지로 가르침을 받은 전통을 지키라"(15절)

다니엘 6장 다니엘을 세우심

"다니엘은 마음이 민첩하여 총리들과 고관들 위에 뛰어나므로 왕이 그를 세워 전국을 다스리게 하고자 한지라"(3절)

"그가 충성되어 아무 그릇됨도 없고 아무 허물도 없음이었더라"(4절)

"다니엘이 이 조서에 왕의 도장이 찍힌 것을 알고도 자기 집에 돌아가서는 윗방에 올라가 예루살렘으로 향한 창문을 열고 전에 하던 대로 하루 세 번씩 무릎을 꿇고 기도하며 그의 하나님께 감사하였더라"(10절)

"네가 항상 섬기는 너의 하나님이 너를 구원하시리라"(16절)

시편 112, 113편   가난한 자를 세우심

"할렐루야, 여호와를 경외하며 그의 계명을 크게 즐거워하는 자는 복이 있도다"(112:1)

"정직한 자들의 후손에게 복이 있으리로다"(112:2)

"그가 재물을 흩어 빈궁한 자들에게 주었으니 그의 의가 영구히 있고 그의 뿔이 영광 중에 들리리로다"(112:9)

"가난한 자를 먼지 더미에서 일으키시며 궁핍한 자를 거름 더미에서 들어 세워 지도자들 곧 그의 백성의 지도자들과 함께 세우시며"(113:7,8)

묵상 | 하나님 마음 알아가기

가난한 자라도 세우시는 하나님께서 우리를 세우셨습니다. 굳건히 서 감으로 인해 하나님이 하시고자 하는 일의 동역자가 되어야 합니다.

적용

하나님은 우리를 모든 형편 가운데 세워 가심을 아십니까?

1. 엘리사를 세워 선지자의 계보를 잇도록 하셨습니다.
2. 미혹의 역사들 가운데서도 믿음에 굳게 세우셨습니다.
3. 바벨론 포로 중에서도 다니엘을 세워 하나님의 권능을 나타내셨습니다.
4. 가난한 자를 세워 지도자들과 함께하게 하십니다.

나(우리)에게 주시는 말씀(암송)

• 오늘의 감사 •

• 말씀으로 기도하기 •

월   일   맥체인 읽기: 10월 22일

오늘의 본문: 왕하3 | 살후3 | 단7 | 시114, 115   찬송가 360장

오늘의 주제(키워드): **하나님의 권세와 영광**

 **말씀**

열왕기하 3장 보지 못한 바람과 비를 보게 하심
"이 골짜기에 개천을 많이 파라"(16절)

"여호와께서 이르시기를 너희가 바람도 보지 못하고 비도 보지 못하되 이 골짜기에 물이 가득하여 너희와 너희 가축과 짐승이 마시리라 하셨나이다"(17절)

"이것은 여호와께서 보시기에 작은 일이라"(18절)

데살로니가후서 3장 하나님께 영광된 그리스도인의 삶
"부당하고 악한 사람들에게서 건지시옵소서"(2절)

"게으르게 행하고 우리에게서 받은 전통대로 행하지 아니하는 모든 형제에게서 떠나라"(6절)

"오직 수고하고 애써 주야로 일함은 너희 아무에게도 폐를 끼치지 아니하려 함이니"(8절)

"누구든지 일하기 싫어하거든 먹지도 말게 하라"(10절)

"조용히 일하여 자기 양식을 먹으라"(12절)

"너희는 선을 행하다가 낙심하지 말라"(13절)

다니엘 7장 소멸되지 않는 영원한 권세
"내가 보니 왕좌가 놓이고 옛적부터 항상 계신 이가 좌정하셨는데 그의 옷은 희기가 눈 같고 그의 머리털은 깨끗한 양의 털 같고 그의 보좌는 불꽃이요"(9절)

"내가 또 밤 환상 중에 보니 인자 같은 이가 하늘 구름을 타고 와서 옛적부터 항상 계신 이에게 나아가"(13절)

"그에게 권세와 영광과 나라를 주고 모든 백성과 나라들과 다른 언어를 말하는 모든 자들이 그를 섬기게 하였으니 그의 권세는 소멸되지 아니하는 영원한 권세요 그의 나라는 멸망하지 아니할 것이니라"(14절)

시편 114, 115편 주의 이름에만 돌려지는 영광

"여호와여 영광을 우리에게 돌리지 마옵소서 우리에게 돌리지 마옵소서 오직 주는 인자하시고 진실하시므로 주의 이름에만 영광을 돌리소서"(115:1)

"이스라엘아 여호와를 의지하라 그는 너희의 도움이시요 너희의 방패시로다"(115:9)

"여호와께서 우리를 생각하사 복을 주시되... 높은 사람이나 낮은 사람을 막론하고 여호와를 경외하는 자들에게 복을 주시리로다"(115:12,13)

"너희는 천지를 지으신 여호와께 복을 받는 자로다"(115:15)

묵상 | 하나님 마음 알아가기

하나님의 권세는 소멸되지 아니하며, 영원한 권세입니다. 오직 하나님께만 영광 돌리고 하나님께 복을 받은 자답게 주야로 수고하는 삶을 살아가야 합니다.

적용

나(우리)에게 주시는 말씀(암송)

온 세상의 통치자이신 하나님의 통치 가운데 온전히 순종하고 있습니까?

1. 하나님께만 영광을 돌리십시오.
2. 게으르지 않고, 질서가 있으며, 수고하고 성실함으로 주야로 일하십시오.
3. 낙심하지 말고 선을 행하십시오.
4. 주의 이름에만 영광을 돌리십시오.

• 오늘의 감사 •

• 말씀으로 기도하기 •

월   일   맥체인 읽기: 10월 23일

296일차 / 365일

오늘의 본문: 왕하4 | 딤전1 | 단8 | 시116   찬송가 337장

오늘의 주제(키워드): 하나님의 능력과 긍휼

 **말씀**

• 열왕기하 4장 능력으로 긍휼을 베푸심

"계집종의 집에 기름 한 그릇 외에는 아무것도 없나이다"(2절)

"모든 이웃에게 그릇을 빌리라"(3절)

"너는 가서 기름을 팔아 빚을 갚고 남은 것으로 너와 네 두 아들이 생활하라"(7절)

"내가 너를 위하여 무엇을 하랴... 이 여인은 아들이 없고 그 남편은 늙었나이다"(13,14절)

"엘리사가 여호와께 기도하고... 아이의 살이 차차 따뜻하더라... 아이가 일곱 번 재채기 하고 눈을 뜨는지라"(33~35절)

"솥 가운데 독이 없어지니라"(41절)

"그들이 먹고 남으리라... 여호와께서 말씀하신 대로 먹고 남았더라"(43,44절)

• 디모데전서 1장 능하게 하심과 넘치는 은혜

"나를 능하게 하신 그리스도 예수 우리 주께 내가 감사함은 나를 충성되이 여겨 내게 직분을 맡기심이니"(12절)

"우리 주의 은혜가 그리스도 예수 안에 있는 믿음과 사랑과 함께 넘치도록 풍성하였도다"(14절)

"그리스도 예수께서 죄인을 구원하시려고 세상에 임하셨다"(15절)

• 다니엘 8장 세상 왕과 열방의 통치자 하나님

"벨사살 왕 제삼년에 다시 한 환상이 나타나니라"(1절)

"두 뿔 가진 숫양이 섰는데... 그것을 당할 짐승이 하나도 없고 그 손에서 구할 자가 없으므로 그것이 원하는 대로 행하고 강하여졌더라"(3,4절)

"한 숫염소가 서쪽에서부터 와서 온 지면에 두루 다니되... 그 숫양을 쳐서 그 두 뿔을 꺾으나... 숫양을 그 손에서 벗어나게 할 자가 없었더라"(5~7절)

"두 뿔 가진 숫양은 곧 메대와 바사 왕들이요 털이 많은 숫염소는 곧 헬라 왕이요"(20,21절)

"이에 나 다니엘이 지쳐서 여러 날 앓다가 일어나서 왕의 일을 보았느니라"(27절)

시편 116편 주신 은혜에 대한 보답

"여호와께서 내 음성과 내 간구를 들으시므로 내가 그를 사랑하는도다(1절)

"그의 귀를 내게 기울이셨으므로 내가 평생에 기도하리로다"(2절)

"내게 주신 모든 은혜를 내가 여호와께 무엇으로 보답할까"(12절)

"내가 여호와께 서원한 것을 그의 모든 백성이 보는 앞에서 내가 지키리로다 예루살렘아, 네 한가운데에서 곧 여호와의 성전 뜰에서 지키리로다 할렐루야"(18,19절)

묵상 | 하나님 마음 알아가기

우리 주 예수 그리스도는 우리를 능하게 하시며 직분을 맡기십니다. 오직 감사함으로 맡겨진 모든 일에 충성해야 합니다. 직분에는 차별이 없습니다. 오직 충성만 있을 뿐입니다.

적용

하나님께 받은 은혜를 어떻게 보답하시겠습니까?

1. 하나님은 어려운 때에 자비와 긍휼을 베푸십니다.
2. 그리스도 예수께서 죄인을 구원하시려고 세상에 임하셨습니다.
3. 오직 예수 그리스도께서 베푸신 십자가의 은혜 안에 머무십시오.
4. 여호와는 모든 열방의 왕들 위에 계셔서 통치하십니다. 여호와께 서원한 모든 것을 지키십시오.

나(우리)에게 주시는 말씀(암송)

• 오늘의 감사 •

• 말씀으로 기도하기 •

| 월   일 | 맥체인 읽기: 10월 24일 |

297일차 / 365일

오늘의 본문: 왕하5 | 딤전2 | 단9 | 시117, 118   찬송가 471장

오늘의 주제(키워드): **기도**

 **말씀**

• 열왕기하 5장 나아만의 병을 고침

"그 사람을 내게로 오게 하소서 그가 이스라엘 중에 선지자가 있는 줄을 알리이다"(8절)

"너는 가서 요단 강에 몸을 일곱 번 씻으라 네 살이 회복되어 깨끗하리라"(10절)

"나아만이 이에 내려가서 하나님의 사람의 말대로 요단 강에 일곱 번 몸을 잠그니 그의 살이 어린 아이의 살 같이 회복되어 깨끗하게 되었더라"(14절)

• 디모데전서 2장 높은 지위에 있는 사람들을 위해 기도

"내가 첫째로 권하노니… 임금들과 높은 지위에 있는 모든 사람을 위하여 하라 이는 우리가 모든 경건과 단정함으로 고요하고 평안한 생활을 하려 함이라"(1,2절)

"그러므로 각처에서 남자들이 분노와 다툼이 없이 거룩한 손을 들어 기도하기를 원하노라"(8절)

• 다니엘 9장 금식하며 기도함

"내가 금식하며 베옷을 입고 재를 덮어쓰고 주 하나님께 기도하며 간구하기를 결심하고"(3절)

"그러하온즉 우리 하나님이여 지금 주의 종의 기도와 간구를 들으시고 주를 위하여 주의 얼굴 빛을 주의 황폐한 성소에 비추시옵소서"(17절)

"우리가 주 앞에 간구하옵는 것은 우리의 공의를 의지하여 하는 것이 아니요 주의 큰 긍휼을 의지하여 함이니이다"(18절)

"내가 이같이 말하여 기도하며 내 죄와 내 백성 이스라엘의 죄를 자복하고"(20절)

• 시편 117, 118편 고통 중에 부르짖음

"내가 고통 중에 여호와께 부르짖었더니 여호와께서 응답하시고 나를 넓은 곳에 세우셨도다"(118:5)

"내가 죽지 않고 살아서 여호와께서 하시는 일을 선포하리로다"(118:17)

"여호와여 우리가 구하옵나니 이제 형통하게 하소서"(118:25)

묵상 | 하나님 마음 알아가기

기도는 이론이 아닙니다. 실제입니다. 모든 것을 가능하게 하는 능력입니다. 문제 앞에 압도 당하지 말고, 지금 기도의 자리로 나아가십시오. 문제보다 크신 하나님의 응답을 경험하게 될 것입니다.

적용

어떠한 기도를 올리십니까?

1. 모든 질병 가운데서 기도하십시오.
2. 임금들과 높은 지위에 있는 사람을 위하여 기도하십시오.
3. 금식하며 죄를 자복함으로 기도하십시오.
4. 고통 중에 부르짖어 기도하십시오.

나(우리)에게 주시는 말씀(암송)

• 오늘의 감사 •

• 말씀으로 기도하기 •

298일차 / 365일

월 일   오늘의 본문: 왕하6 | 딤전3 | 단10 | 시119:1~24   맥체인 읽기: 10월 25일   찬송가 185장

오늘의 주제(키워드): **은총을 받은 사람**

 말씀

• 열왕기하 6장   기도로 권능을 나타냄

"두려워하지 말라 우리와 함께 한 자가 그들과 함께 한 자보다 많으니라"(16절)

"기기도하여 이르되… 그의 눈을 열어서 보게 하옵소서 하니 여호와께서 그 청년의 눈을 여시매 그가 보니 불말과 불병거가 산에 가득하여"(17절)

"엘리사가 여호와께 기도하여… 저 무리의 눈을 어둡게 하옵소서… 그들의 눈을 어둡게 하신지라"(18절)

"내 아버지여 내가 치리이까… 치지 마소서… 떡과 물을 그들 앞에 두어 먹고 마시게 하고 그들의 주인에게로 돌려보내소서"(21,22절)

• 디모데전서 3장   직분을 잘함

"감독의 직분을 얻으려 함은 선한 일을 사모하는 것이라"(1절)

＊2~7절 : 감독의 조건

"이와 같이 집사들도… 깨끗한 양심에 믿음의 비밀을 가진 자라야 할지니"(8,9절)

"집사의 직분을 잘한 자들은 아름다운 지위와 그리스도 예수 안에 있는 믿음에 큰 담력을 얻느니라"(13절)

"이 집은 살아 계신 하나님의 교회요 진리의 기둥과 터니라"(15절)

• 다니엘 10장   하나님 앞에 겸비함

"세 이레가 차기까지 좋은 떡을 먹지 아니하며 고기와 포도주를 입에 대지 아니하며 또 기름을 바르지 아니하니라"(3절)

"큰 은총을 받은 사람 다니엘아 내가 네게 이르는 말을 깨닫고 일어서라"(11절)

"네가 깨달으려 하여 네 하나님 앞에 스스로 겸비하게 하기로 결심하던 첫날부터 네 말이 응답 받았으므로"(12절)

"큰 은총을 받은 사람이여 두려워하지 말라 평안하라 강건하라 강건하라"(19절)

시편 119편 1~24절 | 율법을 따라 행함

"행위가 온전하여 여호와의 율법을 따라 행하는 자들은 복이 있음이여"(1절)

"청년이 무엇으로 그의 행실을 깨끗하게 하리이까 주의 말씀만 지킬 따름이니이다"(9절)

"내가 전심으로 주를 찾았사오니 주의 계명에서 떠나지 말게 하소서"(10절)

"내 눈을 열어서 주의 율법에서 놀라운 것을 보게 하소서"(18절)

"주의 증거들은 나의 즐거움이요 나의 충고자니이다"(24절)

묵상 | 하나님 마음 알아가기

우리는 하나님께 은총을 입은 성도입니다. 어떤 상황에서도 하나님 앞에 겸비함으로 서가십시오. 하나님께서 평안으로 인도하십니다.

적용

하나님께 은총을 받으셨습니까?

1. 하나님께 기도함으로 능력의 삶을 사십시오.
2. 주신 직분을 잘 감당하십시오.
3. 하나님 앞에 겸비하십시오.
4. 주신 말씀을 따라 행하십시오.

나(우리)에게 주시는 말씀(암송)

• 오늘의 감사 •

• 말씀으로 기도하기 •

월   일   맥체인 읽기: 10월 26일

오늘의 본문: 왕하7 | 딤전4 | 단11 | 시119:25~48   찬송가 375장

오늘의 주제(키워드): **하나님의 말씀을 들음**

 말씀

열왕기하 7장 엘리사의 순종
"여호와의 말씀을 들을지어다... 내일 이맘때에 사마리아 성문에서 고운 밀가루 한 스아를 한 세겔로 매매하고"(1절)
"오늘은 아름다운 소식이 있는 날이거늘"(9절)

디모데전서 4장 성령의 말씀에 순종
"후일에 어떤 사람들이 믿음에서 떠나 미혹하는 영과 귀신의 가르침을 따르리라"(1절)

다니엘 11장 열국의 흥망성쇠의 부정적 모습
"바사에서 또 세 왕들이 일어날 것이요"(2절)
"천하 사방에 나누일 것이나"(4절)
"다 버림을 당하리라"(6절)
"자기 본국으로 물러가리라"(9절)
"걸려 넘어지리라"(14,19,20,22절)
"그의 종말이 이르리니 도와 줄 자가 없으리라"(45절)
＊하나님은 역사의 주관자요 인생을 섭리하시는 분으로서 항상 말씀하신다. 그러므로 성도는 이처럼 하나님이 말씀하시는 긍정적인 부분과 부정적인 부분 모두를 듣는 균형을 가져야 한다.

시편 119편 25~48절 말씀에 대한 결단
"내 영혼이 진토에 붙었사오니 주의 말씀대로 나를 살아나게 하소서"(25절)
"나의 영혼이 눌림으로 말미암아 녹사오니 주의 말씀대로 나를 세우소서"(28절)
"주께서 내 마음을 넓히시면 내가 주의 계명들의 길로 달려가리이다"(32절)
"끝까지 지키리이다"(33절)

"전심으로 지키리이다"(34절)

"내 마음을… 탐욕으로 향하지 말게 하소서"(36절)

"내 눈을 돌이켜 허탄한 것을 보지 말게 하시고"(37절)

"내가 주의 법도들을 구하였사오니 자유롭게 걸어갈 것이오며"(45절)

묵상 | 하나님 마음 알아가기

끝까지 지키고 전심으로 지켜야 할 것이 있습니다. 하나님의 말씀입니다. 날마다 주의 말씀을 구할 때 자유롭게 걸어갈 수 있습니다.

적용

나(우리)에게 주시는 말씀(암송)

오늘 하나님의 말씀을 들을 준비가 되셨습니까?

1. 축복의 말씀뿐 아니라 부정의 말씀일지라도 하나님의 말씀을 들을 수 있어야 합니다.
2. 어떤 말씀이든 하시는 말씀을 듣고, 그 말씀대로 행(순종)하시는 복된 삶 되시길 바랍니다.

• 오늘의 감사 •

• 말씀으로 기도하기 •

월 일 맥체인 읽기: 10월 27일

오늘의 본문: 왕하8 | 딤전5 | 단12 | 시119:49~72 찬송가 291장

오늘의 주제(키워드): **환난과 성도의 삶**

 말씀

열왕기하 8장 하나님의 말씀대로 함

"너는 일어나서 네 가족과 함께 거주할 만한 곳으로 가서 거주하라 여호와께서 기근을 부르셨으니... 칠 년 동안 임하리라"(1절)

"여인이 일어나서 하나님의 사람의 말대로 행하여... 블레셋 사람들의 땅에 칠 년을 우거하다가... 돌아와"(2,3절)

"여호와께서 그의 종 다윗을 위하여 유다 멸하기를 즐겨하지 아니하셨으니 이는 그와 그의 자손에게 항상 등불을 주겠다고 말씀하셨음이더라"(19절)

디모데전서 5장 하나님께 소망을 둠

"참 과부로서 외로운 자는 하나님께 소망을 두어 주야로 항상 간구와 기도를 하거니와"(5절)

"향락을 좋아하는 자는 살았으나 죽었느니라"(6절)

"누구든지 자기 친족 특히 자기 가족을 돌보지 아니하면 믿음을 배반한 자요 불신자보다 더 악한 자니라"(8절)

"다른 사람의 죄에 간섭하지 말며 네 자신을 지켜 정결하게 하라"(22절)

다니엘 12장 환난 중에 구원받음

"그 때에 네 민족을 호위하는 큰 군주 미가엘이 일어날 것이요 또 환난이 있으리니... 그 때에 네 백성 중 책에 기록된 모든 자가 구원을 받을 것이라"(1절)

"땅의 티끌 가운데에서 자는 자 중에서 많은 사람이 깨어나 영생을 받는 자도 있겠고 수치를 당하여서 영원히 부끄러움을 당할 자도 있을 것이며"(2절)

"지혜 있는 자는 궁창의 빛과 같이 빛날 것이요 많은 사람을 옳은 데로 돌아오게 한 자는 별과 같이 영원토록 빛나리라"(3절)

"너는 가서 마지막을 기다리라"(13절)

시편 119편 49~72절 · 고난 당함이 유익함

"주께서 내게 소망을 가지게 하셨나이다"(49절)

"이 말씀은 나의 고난 중의 위로라"(50절)

"내 소유는 이것이니 곧 주의 법도들을 지킨 것이니이다"(56절)

"고난 당하기 전에는 내가 그릇 행하였더니 이제는 주의 말씀을 지키나이다"(67절)

"고난 당한 것이 내게 유익이라 이로 말미암아 내가 주의 율례들을 배우게 되었나이다"(71절)

묵상 | 하나님 마음 알아가기

우리의 소망은 환난 중에 빛이 납니다. 환난 중에도 하나님께 소망을 둘 때 하나님의 구원을 경험하게 되며, 지혜 있는 자로서 궁창의 빛과 같이 빛나게 됩니다. 또한 많은 사람을 옳은 데로 돌아오게 합니다.

적용

환난(고난) 가운데 어떤 삶을 선택하십니까?

1. 하나님의 말씀을 따르십시오.
2. 하나님께 소망을 두십시오.
3. 많은 사람을 옳은 데로 돌아오게 하십시오.
4. 고난 당함이 유익임을 알아 주의 말씀으로 위로 삼으십시오.

나(우리)에게 주시는 말씀(암송)

· 오늘의 감사 ·

· 말씀으로 기도하기 ·

월   일   맥체인 읽기: 10월 28일

301일차 / 365일

오늘의 본문: 왕하9 | 딤전6 | 호1 | 시119:73~96   찬송가 519장

오늘의 주제(키워드): **하나님의 성실하심**

 **말씀**

• 열왕기하 9장 예후를 왕으로 삼으심

"예후를 찾아… 기름병을 가지고 그의 머리에 부으며… 내가 네게 기름을 부어 이스라엘 왕으로 삼노라"(2,3절)

"예후가 힘을 다하여 활을 당겨 요람의 두 팔 사이를 쏘니… 그가 병거 가운데에 엎드러진지라"(24절)

"예후가 얼굴을 들어 창을 향하고… 그(이세벨)를 내려던지라 하니 내려던지매 그의 피가 담과 말에게 튀더라 예후가 그의 시체를 밟으니라"(32절)

• 디모데전서 6장 성도의 성실한 삶

"종들은 자기 상전들을 범사에 마땅히 공경할 자로 알지니… 그 상전을 형제라고 가볍게 여기지 말고 더 잘 섬기게 하라"(1,2절)

"자족하는 마음이 있으면 경건은 큰 이익이 되느니라"(6절)

"부하려 하는 자들은 시험과 올무와 여러 가지 어리석고 해로운 욕심에 떨어지나니 곧 사람으로 파멸과 멸망에 빠지게 하는 것이라"(9절)

"오직 너 하나님의 사람아 이것들을 피하고 의와 경건과 믿음과 사랑과 인내와 온유를 따르며 믿음의 선한 싸움을 싸우라 영생을 취하라"(11,12절)

"하나님은 복되시고 유일하신 주권자이시며 만왕의 왕이시며 만주의 주시오… 그에게 존귀와 영원한 권능을 돌릴지어다"(15,16절)

• 호세아 1장 패역함을 세우시는 성실하심

"이 나라가 여호와를 떠나 크게 음란함이니라"(2절)

"로루하마라 하라 내가 다시는 이스라엘 족속을 긍휼히 여겨서 용서하지 않을 것임이니라"(6절)

"로암미라 하라 너희는 내 백성이 아니요"(9절)

"그러나 이스라엘 자손의 수가 바닷가의 모래 같이 되어서 헤아릴 수도 없고… 너희는 살아 계신 하나님의 아들들이라 할 것이라"(10절)

시편 119편 73~96절 괴롭게 하심도 성실하심임

"여호와여 내가 알거니와 주의 심판은 의로우시고 주께서 나를 괴롭게 하심은 성실하심 때문이니이다"(75절)

"주의 인자하심이 나의 위안이 되게 하시며"(76절)

"주의 모든 계명들은 신실하니이다"(86절)

묵상 | 하나님 마음 알아가기

우리를 괴롭게 하심도 하나님의 성실하심임을 알 때 우리 삶은 더 깊은 자유를 경험하게 됩니다. 하나님의 백성에게 주시는 괴로움을 기쁨으로 받고, 괴로운 상황 가운데서도 성실하게 주를 따라야 합니다.

적용

하나님의 성실하심을 닮아가고 있습니까?

1. 오직 의와 경건과 믿음과 사랑과 인내와 온유를 따르는 데 성실하십시오.
2. 믿음의 선한 싸움을 싸우며 영생을 취하는 데 성실하십시오.
3. 우리 주 예수께서 나타나실 때에 흠도 없고 책망 받을 것도 없는 자로 서기 위해 하나님의 말씀을 지키는 데 성실하십시오.

나(우리)에게 주시는 말씀(암송)

• 오늘의 감사 •

• 말씀으로 기도하기 •

302일차 / 365일

월   일   맥체인 읽기: 10월 29일

오늘의 본문: 왕하10 | 딤후1 | 호2 | 시119:97~120   찬송가 274장

오늘의 주제(키워드): **주의 법도와 명철함**

 말씀

• 열왕기하 10장 주의 법도를 통한 심판

"예후가 아합의 집에 속한 이스르엘에 남아 있는 자를 다 죽이고 또 그의 귀족들과 신뢰 받는 자들과 제사장들을 죽이되 그에게 속한 자를 하나도 생존자를 남기지 아니하였더라"(11절)

"여호와를 위한 나의 열심을 보라"(16절)

"벧엘과 단에 있는 금송아지를 섬기는 죄에서는 떠나지 아니하였더라"(29절)

"예후가 전심으로 이스라엘 하나님 여호와의 율법을 지켜 행하지 아니하며 여로보암이 이스라엘에게 범하게 한 그 죄에서 떠나지 아니하였더라"(31절)

말씀은 온전히 지켜야 합니다.

• 디모데후서 1장 주의 법도를 지키는 삶

"복음과 함께 고난을 받으라"(8절)

"우리 안에 거하시는 성령으로 말미암아 네게 부탁한 아름다운 것을 지키라"(14절)

"하나님이 우리를 구원하사 거룩하신 소명으로 부르심은 우리의 행위대로 하심이 아니요 오직 자기의 뜻과 영원 전부터 그리스도 예수 안에서 우리에게 주신 은혜대로 하심이라"(9절)

• 호세아 2장 주의 공의와 정의를 행해야 함

하나님은 좀 더 적극적으로 이스라엘과 관계하십니다.

"내가 네게 장가 들어 영원히 살되 공의와 정의와 은총과 긍휼히 여김으로 네게 장가 들며"(19절)

"아골 골짜기로 소망의 문을 삼아 주리니"(15절)-하나님의 자비

"내가 나를 위하여 그를 이 땅에 심고 긍휼히 여김을 받지 못하였던 자를 긍휼히 여기며 내 백성 아니었던 자에게 향하여 이르기를 너는 내 백성이라 하리니 그들은 이르기를 주는 내 하나님이시라 하리라 하시니라"(23절)

시편 119편 97~120절 | 주의 법도의 사랑과 빛 되심

"주의 법도들을 지키므로 나의 명철함이 노인보다 나으니이다"(100절)

묵상 | 하나님 마음 알아가기

성도의 명철은 세상 지식을 통해 오지 않습니다. 하나님의 말씀을 지켜 행할 때 명철함은 탁월해져 갑니다. 작은 것일지라도 말씀대로 행해야 됩니다.

적용

어떻게 하나님 말씀을 지키고 나가십니까?

1. 말씀하신 바를 온전히 지켜 행하십시오.
2. 환난과 궁핍의 때라도 말씀을 지키십시오.
3. 소망의 약속을 기다리며 말씀을 지키십시오. 무엇보다도 주야로 읊조리며 말씀을 지키십시오.

나(우리)에게 주시는 말씀(암송)

• 오늘의 감사 •

• 말씀으로 기도하기 •

303일차 / 365일

월   일

맥체인 읽기: 10월 30일

오늘의 본문: 왕하11, 12 | 딤후2 | 호3, 4 | 시119:121~144

오늘의 주제(키워드): **말씀과 함께 하는 삶**

찬송가 207장

 말씀

• 열왕기하 11, 12장 | 율법책을 통한 성전 개혁

"요아스가 그와 함께 여호와의 성전에 육 년을 숨어 있는 동안에"(11:3)

"여호야다가 왕자를 인도하여 내어 왕관을 씌우며 율법책을 주고 기름을 부어 왕으로 삼으매"(11:12)

"요아스는 제사장 여호야다가 그를 교훈하는 모든 날 동안에는 여호와 보시기에 정직히 행하였으되 다만 산당들을 제거하지 아니하였으므로"(12:2,3)

"성전의 어느 곳이든지 파손된 것을 보거든 그것으로 수리하라"(12:5)

• 디모데후서 2장 | 매이지 않는 하나님의 말씀

"또 네가 많은 증인 앞에서 내게 들은 바를 충성된 사람들에게 부탁하라 그들이 또 다른 사람들을 가르칠 수 있으리라"(2절)

"너는 그리스도 예수의 좋은 병사로 나와 함께 고난을 받으라"(3절)

"하나님의 말씀은 매이지 아니하니라"(9절)

"주의 이름을 부르는 자마다 불의에서 떠날지어다"(19절)

• 호세아 3, 4장 | 깨닫지 못하면 망함

"이스라엘 자손이 다른 신을 섬기고 건포도 과자를 즐길지라도 여호와가 그들을 사랑하나니 너는 또 가서 타인의 사랑을 받아 음녀가 된 그 여자를 사랑하라"(3:1)

"이스라엘 자손이 돌아와서 그들의 하나님 여호와와 그들의 왕 다윗을 찾고 마지막 날에는 여호와를 경외하므로 여호와와 그의 은총으로 나아가리라"(3:5)

"내 백성이 지식이 없으므로 망하는도다 네가 지식을 버렸으니 나도 너를 버려"(4:6)

"그들은 번성할수록 내게 범죄하니 내가 그들의 영화를 변하여 욕이 되게 하리라"(4:7)

"깨닫지 못하는 백성은 망하리라"(4:14)

• 시편 119편 121~144절 주의 말씀에 굳게 세움

"지금은 여호와께서 일하실 때니이다"(126절)

"그러므로 내가 주의 계명들을 금 곧 순금보다 더 사랑하나이다"(127절)

"나의 발걸음을 주의 말씀에 굳게 세우시고 어떤 죄악도 나를 주관하지 못하게 하소서"(133절)

"그들이 주의 법을 지키지 아니하므로 내 눈물이 시냇물 같이 흐르나이다"(136절)

"그들이 주의 법을 지키지 아니하므로 내 눈물이 시냇물 같이 흐르나이다"(139절)

"환난과 우환이 내게 미쳤으나 주의 계명은 나의 즐거움이니이다"(143절)

묵상 | 하나님 마음 알아가기

말씀과 함께 하는 삶에는 개혁이 있습니다. 하나님 앞에서 자신을 변화시켜 나가는 것이 개혁입니다. 그 기준은 하나님의 말씀입니다. 말씀만이 우리를 온전히 바꿀 수 있습니다.

적용

하나님 보시기에 정직히 행하고 있습니까?

1. 말씀을 받은 자로서 불의에서 떠나십시오.
2. 주의 말씀을 사모하십시오.
3. 주의 계명으로 나의 즐거움을 삼으십시오.

나(우리)에게 주시는 말씀(암송)

• 오늘의 감사 •

• 말씀으로 기도하기 •

월 일 　　　맥체인 읽기: 10월 31일

오늘의 본문: 왕하13 | 딤후3 | 호5, 6 | 시119:145~176

오늘의 주제(키워드): **고통 중에 선택**　　　찬송가 255장

 **말씀**

열왕기하 13장 여호와께 간구함

"아람 왕이 이스라엘을 학대하므로 여호아하스가 여호와께 간구하매 여호와께서 들으셨으니 이는 그들이 학대받음을 보셨음이라"(4절)

"아람 왕 하사엘이 항상 이스라엘을 학대하였으나 여호와께서 아브라함과 이삭과 야곱과 더불어 세우신 언약 때문에 이스라엘에게 은혜를 베풀며 그들을 불쌍히 여기시며 돌보사 멸하기를 즐겨하지 아니하시고"(22,23절)

디모데후서 3장 경건의 삶

"너는 이것을 알라 말세에 고통하는 때가 이르러"(1절)

"경건의 모양은 있으나 경건의 능력은 부인하니 이같은 자들에게서 네가 돌아서라"(5절)

"무릇 그리스도 예수 안에서 경건하게 살고자 하는 자는 박해를 받으리라"(12절)

"너는 배우고 확신한 일에 거하라"(14절)

"성경은 능히 너로 하여금 그리스도 예수 안에 있는 믿음으로 말미암아 구원에 이르는 지혜가 있게 하느니라"(15절)

"모든 성경은 하나님의 감동으로 된 것으로 교훈과 책망과 바르게 함과 의로 교육하기에 유익하니"(16절)

호세아 5, 6장 여호와께로 돌아감

"그들이 그 죄를 뉘우치고 내 얼굴을 구하기까지 내가 내 곳으로 돌아가리라 그들이 고난 받을 때에 나를 간절히 구하리라"(5:15)

"오라 우리가 여호와께로 돌아가자"(6:1)

"그러므로 우리가 여호와를 알자 힘써 여호와를 알자 그의 나타나심은 새벽 빛 같이 어김없나니 비와 같이, 땅을 적시는 늦은 비와 같이 우리에게 임하시리라 하니라"(6:3)

"나는 인애를 원하고 제사를 원하지 아니하며 번제보다 하나님을 아는 것을 원하노라"(6:6)

• 시편 119편 145~176절   전심으로 부르짖고 주의 법을 사랑함

"내가 전심으로 부르짖었사오니 내게 응답하소서"(145절)

"내가 주께 부르짖었사오니 나를 구원하소서"(146절)

"내가 날이 밝기 전에 부르짖으며"(147절)

"나의 고난을 보시고 나를 건지소서"(153절)

"나를 핍박하는 자들과 나의 대적들이 많으나"(157절)

"주의 법을 사랑하는 자에게는 큰 평안이 있으니 그들에게 장애물이 없으리이다"(165절)

"주의 계명들을 행하였나이다"(166절)

"주의 증거들을 지켰사오며"(167절)

묵상 | 하나님 마음 알아가기

고통 중에 있을 때 무너지고 쓰러져 아무 것도 할 수 없다고 생각합니다. 하지만 고통 중이라 할지라도 성도는 여호와께로 돌아가고 전심으로 부르짖고 주의 법을 사랑해야 합니다.

적용

나(우리)에게 주시는 말씀(암송)

고난 가운데 무엇을 선택하십니까?

1. 여호와께 간구하십시오. 하나님은 언약에 신실하십니다.
2. 말세에 고통 하는 때가 이릅니다. 고통의 때에 경건의 삶으로 승리하십시오.
3. 고난 받을 때 간절히 하나님께 구하십시오. 전심으로 부르짖으면 하나님은 응답하시며 건지십니다.
4. 끝까지 주의 말씀대로 행하십시오.

• 오늘의 감사 •

• 말씀으로 기도하기 •

월   일   맥체인 읽기: 11월 1일

오늘의 본문: 왕하14 | 딤후4 | 호7 | 시120-122   찬송가 278장

오늘의 주제(키워드): **죄와 천국**

 **말씀**

• 열왕기하 14장 죄의 결과와 하나님의 자비
"아마샤가 여호와 보시기에 정직히 행하였으나 그의 조상 다윗과는 같지 아니하였으며"(3절)

"왕을 죽인 자의 자녀들은 죽이지 아니하였으니… 오직 사람마다 자기의 죄로 말미암아 죽을 것이니라"(6절)

*여로보암이 여호와 보시기에 악을 행한 왕일지라도 이스라엘을 위하여 자비를 베푸심(24절, 다메섹회복, 하맛 되찾음)

"이스라엘의 하나님 여호와께서…선지자 요나를 통하여 하신 말씀과 같이 여로보암이 이스라엘 영토를 회복하되… 이스라엘의 이름을 천하에서 없이 하겠다고도 아니하셨으므로 요아스의 아들 여로보암의 손으로 구원하심이었더라"(25,27절)

• 디모데후서 4장 천국에 들어가도록 구원하심
"너는 말씀을 전파하라 때를 얻든지 못 얻든지 항상 힘쓰라"(2절)

"그러나 너는 모든 일에 신중하여 고난을 받으며 전도자의 일을 하며 네 직무를 다하라"(5절)

"나는 선한 싸움을 싸우고 나의 달려갈 길을 마치고 믿음을 지켰으니"(7절)

"주께서 내 곁에 서서 나에게 힘을 주심은 나로 말미암아 선포된 말씀이 온전히 전파되어 모든 이방인이 듣게 하려 하심이니"(17절)

"주께서 나를 모든 악한 일에서 건져내시고 또 그의 천국에 들어가도록 구원하시리니"(18절)

• 호세아 7장 드러나는 죄
"내가 이스라엘을 치료하려 할 때에 에브라임의 죄와 사마리아의 악이 드러나도다 그들은 거짓을 행하며 안으로 들어가 도둑질하고 밖으로 떼 지어 노략질하며"(1절)

"그들의 행위가 그들을 에워싸고 내 얼굴 앞에 있도다"(2절)

"그들은 돌아오나 높으신 자에게로 돌아오지 아니하니 속이는 활과 같으며"(16절)

• 시편 120-122편 | 영혼을 지키심

"내가 화평을 미워하는 자들과 함께 오래 거주하였도다"(120:6)

"내가 산을 향하여 눈을 들리라 나의 도움이 어디서 올까 나의 도움은 천지를 지으신 여호와에게서로다"(121:1,2)

"여호와께서 너를 지켜 모든 환난을 면하게 하시며 또 네 영혼을 지키시리로다"(121:7)

"예루살렘을 위하여 평안을 구하라 예루살렘을 사랑하는 자는 형통하리로다"(122:6)

묵상 | 하나님 마음 알아가기

천국과 지옥은 과거의 이야기가 아닙니다. 지금도 여전히 우리 귀에 들려져야 할 실존입니다. 모든 죄의 문제를 해결받고 천국에 들어가도록 주님 앞에 부끄럼 없는 삶을 살아야 합니다.

적용

천국에 들어가기 위해 어떤 삶을 사십니까?

1. 죄의 결과는 사망임을 기억하십시오.
2. 오직 하나님께로 돌아오십시오.
3. 주신 직무를 다하고 믿음을 지키십시오.
4. 예루살렘의 평안을 구하십시오.

나(우리)에게 주시는 말씀(암송)

• 오늘의 감사

• 말씀으로 기도하기

월   일   맥체인 읽기: 11월 2일

오늘의 본문: 왕하15 | 딛1 | 호8 | 시123-125   찬송가 282장

오늘의 주제(키워드): **세우심과 폐하심**

 말씀

• 열왕기하 15장 세움 받은 왕의 선택

"(아사랴)여호와 보시기에 정직히 행하였으나 오직 산당은 제거하지 아니하였으므로"(3,4절)
"여호와께서 왕을 치셨으므로... 나병환자가 되어"(5절)
"디글랏 빌레셀이... 갈갈릴리와 납달리 온 땅을 점령하고 그 백성을 사로잡아 앗수르로 옮겼더라"(29절)
"그 때에 여호와께서 비로소 아람 왕 르신과 르말랴의 아들 베가를 보내어 유다를 치게 하셨더라"(37절)

• 디도서 1장 사도로 세우심

"나 바울이 사도 된 것은 하나님이 택하신 자들의 믿음과 경건함에 속한 진리의 지식과"(1절)
"이 영생은 거짓이 없으신 하나님이 영원 전부터 약속하신 것인데 자기 때에 자기의 말씀을 전도로 나타내셨으니 이 전도는 우리 구주 하나님이 명하신 대로 내게 맡기신 것이라"(2,3절)
"장로들을 세우게 하려 함이니"(5절)
"감독은 하나님의 청지기로서"(7~9절)

• 호세아 8장 왕들을 세우시고 폐하심

"그들이 왕들을 세웠으나 내게서 난 것이 아니며 그들이 지도자들을 세웠으나 내가 모르는 바이며 그들이 또 그 은, 금으로 자기를 위하여 우상을 만들었나니 결국은 파괴되고 말리라"(4절)
"이스라엘은 자기를 지으신 이를 잊어버리고 왕궁들을 세웠으며 유다는 견고한 성읍을 많이 쌓았으나 내가 그 성읍들에 불을 보내어 그 성들을 삼키게 하리라"(14절)

• 시편 123-125편 은혜와 평강으로 유지함

"우리의 눈이 여호와 우리 하나님을 바라보며 우리에게 은혜 베풀어 주시기를 기다리나이

다"(123:2)

"여호와여 우리에게 은혜를 베푸시고 또 은혜를 베푸소서 심한 멸시가 우리에게 넘치나이다"(123:3)

"여호와께서 우리 편에 계시지 아니하셨더라면 우리가 어떻게 하였으랴"(124:1)

"우리의 영혼이 사냥꾼의 올무에서 벗어난 새 같이 되었나니 올무가 끊어지므로 우리가 벗어났도다 우리의 도움은 천지를 지으신 여호와의 이름에 있도다"(124:7~8)

"여호와를 의지하는 자는 시온 산이 흔들리지 아니하고 영원히 있음 같도다"(125:1)

"이스라엘에게는 평강이 있을지어다"(125:5)

묵상 | 하나님 마음 알아가기

시대마다 하나님은 사람을 세워 일하셨습니다. 하나님의 일을 이루어가는 통로로 세움받은 성도로서 베푸신 은혜와 평강 가운데 그 일을 감당해 가야 할 것입니다.

적용

여호와께 세움을 받은 성도로서 어떤 삶을 결단하십니까?

1. 항상 여호와를 구하십시오.
2. 세워주신 그 자리에서 충성을 다하십시오.
3. 어느 자리에 있든지 늘 하나님을 의지하고 여호와를 바라보며 여호와의 은혜를 간구하십시오.

나(우리)에게 주시는 말씀(암송)

• 오늘의 감사 •

• 말씀으로 기도하기 •

| 월   일 | 맥체인 읽기: 11월 3일 |

오늘의 본문: 왕하16 | 딛2 | 호9 | 시126-128   찬송가 278장

오늘의 주제(키워드): 신중함

 **말씀**

• 열왕기하 16장   앗수르 왕을 두려워함-신중하지 못함
"아하스가 앗수르 왕 디글랏 빌레셀에게 사자를 보내 이르되 나는 왕의 신복이요 왕의 아들이라"(7절)

"다메섹에 갔다가 거기 있는 제단을 보고… 제단을 만든지라"(10,11절)

"앗수르 왕을 두려워하여 여호와의 성전에 옮겨 세웠더라"(18절)

• 디도서 2장   일꾼의 신중함
"오직 너는 바른 교훈에 합당한 것을 말하여"(1절)

"신중하며"(2,5,6,12절)

"모든 사람에게 구원을 주시는 하나님의 은혜가 나타나 우리를 양육하시되"(11,12절)

"그가 우리를 대신하여 자신을 주심은 모든 불법에서 우리를 속량하시고 우리를 깨끗하게 하사 선한 일을 열심히 하는 자기 백성이 되게 하려 하심이라"(14절)

"너는 이것을 말하고 권면하며 모든 권위로 책망하여 누구에게서든지 업신여김을 받지 말라"(15절)

• 호세아 9장   자신의 것을 하나님께 드림
"그들의 떡은 자기의 먹기에만 소용될 뿐이라 여호와의 집에 드릴 것이 아님이니라"(4절)

• 시편 126-128편   울며 씨를 뿌림
"여호와께서 시온의 포로를 돌려 보내실 때에 우리는 꿈꾸는 것 같았도다"(126:1)

"여호와께서 그들을 위하여 큰 일을 행하셨다"(126:2)

"울며 씨를 뿌리러 나가는 자는 반드시 기쁨으로 그 곡식 단을 가지고 돌아오리로다"(126:6)

"여호와께서 집을 세우지 아니하시면 세우는 자의 수고가 헛되며 여호와께서 성을 지키지 아니하

시면 파수꾼의 깨어 있음이 헛되도다"(127:1)
"여호와를 경외하며 그의 길을 걷는 자마다 복이 있도다 네가 네 손이 수고한 대로 먹을 것이라 네가 복되고 형통하리로다"(128:1,2)

묵상 | 하나님 마음 알아가기

가벼운 사람이 되어서는 안 됩니다. 어떤 이가 가벼운 사람입니까? 하나님 앞에 교만한 자요 맡겨진 일에 충성치 못한 자입니다. 모든 일에 신중함으로 나아가야 합니다.

적용

나(우리)에게 주시는 말씀(암송)

오늘 하나님 앞에 신중함을 유지하고 있습니까?

1. 여호와 앞에서 두려움을 제거하십시오.
2. 바른 교훈에 합당한 것을 말하십시오.
3. 울며 씨를 뿌리십시오.

• 오늘의 감사 •

• 말씀으로 기도하기 •

월   일 맥체인 읽기: 11월 4일

오늘의 본문: 왕하17 | 딛3 | 호10 | 시129-131   찬송가 290장

오늘의 주제(키워드): **인간의 배반과 하나님의 사랑**

 **말씀**

• 열왕기하 17장 배반의 비참함

"애굽의 왕 바로의 손에서 벗어나게 하신 그 하나님 여호와께 죄를 범하고 또 다른 신들을 경외하며"(7절)

"이스라엘의 자손이 점차로 불의를 행하여 그 하나님 여호와를 배역하여… 산당을 세우고"(9절)

"목상과 아세라 상을 세우고"(10절)

"모든 산당에서 분향하며"(11절)

"너희는 돌이켜 너희 악한 길에서 떠나 나의 명령과 율례를 지키되"(13절)

"그들이 여호와도 경외하고… 그 민족의 풍속대로 자기의 신들도 섬겼더라"(33절)

• 디도서 3장 어리석은 자에서 사랑받는 자로

"우리도 전에는 어리석은 자요 순종하지 아니한 자요 속은 자요"(3절)

"우리 구주 하나님의 자비와 사람 사랑하심이 나타날 때에"(4절)

사랑의 결과
1) 구원하심 : 긍휼하심을 따라
2) 성령을 풍성히 부어주심
3) 의롭다 하심-상속자

• 호세아 10장 사랑의 또 다른 방법-징계

"그들이 두 마음을 품었으니 이제 벌을 받을 것이라 하나님이 그 제단을 쳐서 깨뜨리시며 그 주상을 허시리라"(2절)

"너희가 자기를 위하여 공의를 심고 인애를 거두라 너희 묵은 땅을 기경하라 지금이 곧 여호와를 찾을 때니"(12절)

• 시편 129-131편 여호와를 바람

"나 곧 내 영혼은 여호와를 기다리며 나는 주의 말씀을 바라는도다"(130:5)
"이스라엘아 지금부터 영원까지 여호와를 바랄지어다(131:3)

묵상 | 하나님 마음 알아가기

여호와를 경외하면서 세상 풍속을 따라서는 안 됩니다. 두 주인을 섬길 수 없듯이 하나님을 섬기는 우리의 태도를 분명히 해야 합니다. 오직 여호와만 섬겨야 합니다.

적용

배반 중에도 하나님이 사랑하심을 아십니까?

1. 여호와만 경외하십시오.
2. 사랑을 받은 자로서 하나님을 마음을 다해 사랑하십시오.
3. 여호와를 찾으십시오.

나(우리)에게 주시는 말씀(암송)

• 오늘의 감사 •

• 말씀으로 기도하기 •

월   일   맥체인 읽기: 11월 5일

오늘의 본문: 왕하18 | 몬1 | 호11 | 시132-134   찬송가 359장

오늘의 주제(키워드): **여호와께서 함께하시는 자의 삶**

 **말씀**

• 열왕기하 18장 어디로 가든지 형통함
"히스기야가 그의 조상 다윗의 모든 행위와 같이 여호와께서 보시기에 정직하게 행하여"(3절)
"히스기야가 이스라엘 하나님 여호와를 의지하였는데… 곧 그가 여호와께 연합하여 그에게서 떠나지 아니하고 여호와께서 모세에게 명령하신 계명을 지켰더라"(5,6절)
"여호와께서 그와 함께 하시매 그가 어디로 가든지 형통하였더라"(7절)

• 빌레몬서 1장 유익한 삶
"그(갇힌 중에서 낳은 아들 오네시모)가 전에는 네게 무익하였으나 이제는 나와 네게 유익하므로"(11절)
"사랑 받는 형제로 둘 자라"(16절)

• 호세아 11장 결코 버리지 않으심
"이스라엘이 어렸을 때에 내가 사랑하여 내 아들을 애굽에서 불러냈거늘"(1절)
"선지자들이 그들을 부를수록 그들은 점점 멀리하고 바알들에게 제사하며 아로새긴 우상 앞에서 분향하였느니라"(2절)
"그러나 내가 에브라임에게 걸음을 가르치고 내 팔로 안았음에도 내가 그들을 고치는 줄을 그들은 알지 못하였도다"(3절)
"에브라임이여 내가 어찌 너를 놓겠느냐 이스라엘이여 내가 어찌 너를 버리겠느냐… 내 마음이 내 속에서 돌이키어 나의 긍휼이 온전히 불붙듯 하도다"(8절)
"내가 하나님이요 사람이 아니라 네 가운데 있는 거룩한 이니 진노함으로 네게 임하지 아니하리라"(9절)

• 시편 132-134편 성소에서 예배함
"내가 내 장막 집에 들어가지 아니하며 내 침상에 오르지 아니하고 내 눈으로 잠들게 하지 아니하

며 내 눈꺼풀로 졸게 하지 아니하기를 여호와의 처소 곧 야곱의 전능자의 성막을 발견하기까지 하리라"(132:3~5)

"우리가 그의 계신 곳으로 들어가서 그의 발등상 앞에서 엎드려 예배하리로다"(132:7)

"여호와께서 시온을 택하시고 자기 거처를 삼고자 하여 이르시기를 이는 내가 영원히 쉴 곳이라"(132:13,14)

"보라 형제가 연합하여 동거함이 어찌 그리 선하고 아름다운고"(133:1)

"성소를 향하여 너희 손을 들고 여호와를 송축하라"(134:2)

묵상 | 하나님 마음 알아가기

하나님은 결코 우리를 버리지 않으십니다. 하나님이 함께 하시는 자의 삶은 어디로 가든지 형통합니다. 형통하는 삶의 중심에 하나님을 엎드려 경배하는 삶이 있습니다.

적용

하나님께서 함께하신다는 확신이 있습니까?

1. 하나님은 우리를 결코 놓지 않으시고, 버리지 않으십니다(호 11:8).
2. 오직 하나님과 연합하는 삶과 하나님이 말씀하신 계명을 지키며 살아야 하며, 엎드려 예배하며, 형제와 동거하고, 여호와를 송축하는 삶, 형제를 받아들이고 사랑하는 삶을 살아가시기 바랍니다.

나(우리)에게 주시는 말씀(암송)

• 오늘의 감사 •

• 말씀으로 기도하기 •

월   일

맥체인 읽기: 11월 6일

오늘의 본문: 왕하19 | 히1 | 호12 | 시135, 136

찬송가 268장

오늘의 주제(키워드): **하나님이 말씀하심**

 **말씀**

열왕기하 19장 기도하는 자에게 말씀하심

"히스기야 왕이 듣고 그 옷을 찢고 굵은 베를 두르고 여호와의 전에 들어가서"(1절)

"당신은(이사야에게) 이 남아 있는 자들을 위하여 기도하소서"(4절)

"나를 모욕하는 말 때문에 두려워하지 말라"(6절)

"히스기야가 사자의 손에서 편지를 받아보고 여호와의 성전에 올라가서 히스기야가 그 편지를 여호와 앞에 펴 놓고"(14절)

"네가 앗수르 왕 산헤립 때문에 내게 기도하는 것을 내가 들었노라"(20절)

"남은 자는 예루살렘에서부터 나올 것이요 피하는 자는 시온 산에서부터 나오리니 여호와의 열심이 이 일을 이루리라"(31절)

히브리서 1장 아들을 통하여 말씀하심

"옛적에 선지자들을 통하여 여러 부분과 여러 모양으로 우리 조상들에게 말씀하신 하나님이"(1절)

"이 모든 날 마지막에는 아들을 통하여 우리에게 말씀하셨으니"(2절)

"주의 보좌는 영영하며 주의 나라의 규는 공평한 규이니이다"(8절)

호세아 12장 여러 선지자에게 말씀하심

"여호와는 만군의 하나님이시라 여호와는 그를 기억하게 하는 이름이니라 그런즉 너의 하나님께로 돌아와서 인애와 정의를 지키며 항상 너의 하나님을 바랄지니라"(5,6절)

"내가 여러 선지자에게 말하였고 이상을 많이 보였으며 선지자들을 통하여 비유를 베풀었노라"(10절)

• 시편 135, 136편 기이한 일들을 통해 말씀하심

"우리 하나님의 성전 뜰에 서 있는 너희여 여호와를 찬송하라 여호와는 선하시며 그의 이름이 아름다우니 그의 이름을 찬양하라"(135:2,3)

"여호와께서 자기를 위하여 야곱 곧 이스라엘을 자기의 특별한 소유로 택하셨음이로다"(135:4)

"홀로 큰 기이한 일들을 행하시는 이에게 감사하라 그 인자하심이 영원함이로다"(136:4)

"우리를 비천한 가운데에서도 기억해 주신 이에게 감사하라"(136:23)

묵상 | 하나님 마음 알아가기

하나님은 지금도 살아계셔서 말씀하십니다. 이미 여러 선지자들을 통해 말씀하셨고, 아들이신 예수님을 통해 말씀하셨지만 여전히 말씀하여 주십니다. 삶의 사건들은 하나님이 지금도 말씀하시는 수단입니다.

적용

하나님께서 말씀하시는 바를 듣고 계십니까?

1. 기도할 때 하나님은 말씀하십니다.
2. 여러 선지자들을 통하여 말씀하셨고, 예수 그리스도를 통해 말씀하셨습니다.
3. 우리에게 행하신 기이한 일들을 통해서 말씀하셨습니다.
4. 하나님의 말씀하시는 바를 들을 수 있기를 바랍니다.

나(우리)에게 주시는 말씀(암송)

• 오늘의 감사 •

• 말씀으로 기도하기 •

311일차 / 365일	월 일 맥체인 읽기: 11월 7일 오늘의 본문: 왕하20	히2	호13	시137, 138 찬송가 471장 오늘의 주제(키워드): **도우시는 하나님**

 **말씀**

• 열왕기하 20장 히스기야를 도우심
"히스기야가 병들어 죽게 되매… 네가 죽고 살지 못하리라"(1절)

"히스기야가 낯을 벽으로 향하고 여호와께 기도하여… 심히 통곡하더라"(2, 3절)

"내가 네 기도를 들었고 네 눈물을 보았노라 내가 너를 낫게 하리니 네가 삼 일 만에 여호와의 성전에 올라가겠고"(5절)

"내가 네 날에 십오 년을 더할 것이며"(6절)

• 히브리서 2장 시험을 받아 고난을 당하심
"이를 행하심은 하나님의 은혜로 말미암아 모든 사람을 위하여 죽음을 맛보려 하심이라"(9절)

"그들의 구원의 창시자를 고난을 통하여 온전하게 하심이 합당하도다"(10절)

"그러므로 그가 범사에 형제들과 같이 되심이 마땅하도다 이는 하나님의 일에 자비하고 신실한 대제사장이 되어 백성의 죄를 속량하려 하심이라"(17절)

"그가 시험을 받아 고난을 당하셨은즉 시험 받는 자들을 능히 도우실 수 있느니라"(18절)

• 호세아 13장 유일한 구원자
"그러나 애굽 땅에 있을 때부터 나는 네 하나님 여호와라… 나 외에는 구원자가 없느니라"(4절)

"네 모든 성읍에서 너를 구원할 자 곧 네 왕이 이제 어디 있으며 네 재판장들이 어디 있느냐"(10절)

"내가 그들을 스올의 권세에서 속량하며 사망에서 구속하리니"(14절)

• 시편 137, 138편 구원을 기대하는 찬양
"여호와여 예루살렘이 멸망하던 날을 기억하시고 에돔 자손을 치소서"(137:7)

"내가 간구하는 날에 주께서 응답하시고 내 영혼에 힘을 주어 나를 강하게 하셨나이다"(138:3)

"내가 환난 중에 다닐지라도 주께서 나를 살아나게 하시고… 주의 오른손이 나를 구원하시리이다"(138:7)

묵상 | 하나님 마음 알아가기

도움이 필요할 때 누구에게 나아가십니까? 도우시는 하나님께 나아갈 때 하나님은 우리를 도우십니다. 하나님의 도우심을 기대하며 하나님께 나아갈 때 하나님은 두 팔 벌려 안아주십니다.

적용

나(우리)에게 주시는 말씀(암송)

하나님께서 우리의 유일한 도움 되심을 아십니까?

1. 질병으로 어려울 때 하나님의 도우심을 구하십시오.
2. 우리를 죄로부터 구원하시기 위해 우리와 같이 되셨습니다.
3. 여호와 외에 다른 구원자는 없습니다.
4. 환난 중에 다닐지라도 살아나게 하시는 하나님을 찬양합시다.

• 오늘의 감사 •

• 말씀으로 기도하기 •

| 월 일 | 맥체인 읽기: 11월 8일 |

오늘의 본문: 왕하21 | 히3 | 호14 | 시139   찬송가 67장

오늘의 주제(키워드): **신실하신 예수 그리스도**

 말씀

• 열왕기하 21장 하나님께 신실함-말씀에 순종

"므낫세가 여호와 보시기에 악을 행하여... 히스기야가 헐어 버린 산당들을 다시 세우며"(2,3절)

"내가 내 이름을 예루살렘에 두리라"(4절)

"만일 이스라엘이... 모든 율법을 지켜 행하면... 이 백성이 듣지 아니하였고"(8,9절)

"내가 이제 예루살렘과 유다에 재앙을 내리리니 듣는 자마다 두 귀가 울리리라"(12절)

• 히브리서 3장 자기를 세우신 이에게 신실하신 예수 그리스도

"그러므로 함께 하늘의 부르심을 받은 거룩한 형제들아 우리가 믿는 도리의 사도이시며 대제사장이신 예수를 깊이 생각하라"(1절)

"그는 자기를 세우신 이에게 신실하시기를"(2절)

"모세는... 하나님의 온 집에서 종으로서 신실하였고"(5절)

"그리스도는 하나님의 집을 맡은 아들로서 그와 같이 하셨으니"(6절)

"누구든지 죄의 유혹으로 완고하게 되지 않도록 하라"(13절)

"오늘 너희가 그의 음성을 듣거든 격노하시게 하던 것 같이 너희 마음을 완고하게 하지 말라"(15절)

• 호세아 14장 여호와의 도의 길로 다님

"너는 말씀을 가지고 여호와께로 돌아와서 아뢰기를 모든 불의를 제거하시고 선한 바를 받으소서"(2절)

"여호와의 도는 정직하니 의인은 그 길로 다니거니와 그러나 죄인은 그 길에 걸려 넘어지리라"(9절)

시편 139편 | 나를 아시는 하나님

"주께서 나를 살펴 보셨으므로 나를 아시나이다"(1절)

"나의 모든 행위를 익히 아시오니"(3절)

"주께서 나의 앞뒤를 둘러싸시고 내게 안수하셨나이다"(5절)

"내가 주의 영을 떠나 어디로 가며 주의 앞에서 어디로 피하리이까"(7절)

"하나님이여 주의 생각이 내게 어찌 그리 보배로우신지요 그 수가 어찌 그리 많은지요"(17절)

"하나님이여 나를 살피사 내 마음을 아시며 나를 시험하사 내 뜻을 아옵소서"(23절)

묵상 | 하나님 마음 알아가기

성도는 예수 그리스도의 제자입니다. 제자는 스승의 삶을 살아내는 자입니다. 자신을 세우신 하나님께 신실하신 예수님의 삶을 살아낼 때 하나님의 말씀의 인도함을 받습니다.

적용

예수 그리스도의 신실하심을 아십니까?

1. 말씀을 듣는 일에 신실하십시오.
2. 당신을 세우신 이에게 신실하십시오.
3. 모든 불의를 제거하심으로 신실하십시오.
4. 여호와의 도의 길로 다니심으로 신실하십시오.

나(우리)에게 주시는 말씀(암송)

· 오늘의 감사 ·

· 말씀으로 기도하기 ·

월   일   맥체인 읽기: 11월 9일

오늘의 본문: 왕하22 | 히4 | 욜1 | 시140, 141   찬송가 327장

오늘의 주제(키워드): **말씀 듣는 태도**

 말씀

• 열왕기하 22장 마음을 부드럽게 함

"대제사장 힐기야가… 내가 여호와의 성전에서 율법책을 발견하였노라… 그 책을 사반에게 주니 사반이 읽으니라"(8절)

"왕이 율법책의 말을 듣자 곧 그의 옷을 찢으니라"(11절)

"너희는 가서 나와 백성과 온 유다를 위하여 이 발견한 책의 말씀에 대하여 여호와께 물으라"(13절)

"네가 듣고 마음이 부드러워져서 여호와 앞 곧 내 앞에서 겸비하여 옷을 찢고 통곡하였으므로 나도 네 말을 들었노라"(19절)

• 히브리서 4장 마음을 완고하게 하지 말 것

"그들과 같이 우리도 복음 전함을 받은 자이나 들은 바 그 말씀이 그들에게 유익하지 못한 것은 듣는 자가 믿음과 결부시키지 아니함이라"(2절)

"오늘 너희가 그의 음성을 듣거든 너희 마음을 완고하게 하지 말라"(7절)

"하나님의 말씀은 살아 있고 활력이 있어 좌우에 날선 어떤 검보다도 예리하여 혼과 영과 및 관절과 골수를 찔러 쪼개기까지 하며 또 마음의 생각과 뜻을 판단하나니"(12절)

"그러므로 우리는 긍휼하심을 받고 때를 따라 돕는 은혜를 얻기 위하여 은혜의 보좌 앞에 담대히 나아갈 것이니라"(16절)

• 요엘 1장 모두가 들어야 함

"늙은 자들아 너희는 이것을 들을지어다 땅의 모든 주민들아 너희는 귀를 기울일지어다"(2절)

"제사장들아 너희는 굵은 베로 동이고 슬피 울지어다… 너희는 와서 굵은 베 옷을 입고 밤이 새도록 누울지어다"(13절)

"너희는 금식일을 정하고 성회를 소집하여 장로들과 이 땅의 모든 주민들을 너희 하나님 여호와의 성전으로 모으고 여호와께 부르짖을지어다"(14절)

• 시편 140, 141편 약속하심 그대로 될 것을 믿음

"내 구원의 능력이신 주 여호와여 전쟁의 날에 주께서 내 머리를 가려 주셨나이다"(140:7)

"내가 알거니와 여호와는 고난 당하는 자를 변호해 주시며 궁핍한 자에게 정의를 베푸시리이다"(140:12)

"여호와여 내가 주를 불렀사오니 속히 내게 오시옵소서 내가 주께 부르짖을 때에 내 음성에 귀를 기울이소서"(141:1)

"여호와여 내가 주를 불렀사오니 속히 내게 오시옵소서 내가 주께 부르짖을 때에 내 음성에 귀를 기울이소서"(141:2)

"그들의 재난 중에도 내가 항상 기도하리로다"(141:5)

묵상 | 하나님 마음 알아가기

태도는 인격을 형성해 갑니다. 말씀을 듣는 태도는 중요합니다. 하나님의 말씀을 들을 때 어떤 태도를 가지십니까? 모든 완고함을 버리고 부드러움 마음을 가지십시오.

적용

하나님께서 말씀하시는 바를 어떻게 듣고 계십니까?

1. 마음을 부드럽게 하며 겸비함으로 들으십시오.
2. 마음을 완고하게 하지 말고 담대히 은혜의 보좌 앞으로 나아가십시오.
3. 말씀을 들을 때 슬피 울며, 굵은 베를 입으십시오.

나(우리)에게 주시는 말씀(암송)

• 오늘의 감사 •

• 말씀으로 기도하기 •

월   일   맥체인 읽기: 11월 10일

오늘의 본문: 왕하23 | 히5 | 욜2 | 시142   찬송가 285장

오늘의 주제(키워드): **말씀을 듣고 개혁함**

 **말씀**

• 열왕기하 23장   기록된 율법의 말씀을 이룸
"왕이 여호와의 성전 안에서 발견한 언약책의 모든 말씀을 읽어 무리의 귀에 들리고"(2절)
"왕이 단 위에 서서 여호와 앞에서 언약을 세우되 마음을 다하고 뜻을 다하여 여호와께 순종하고 그의 계명과 법도와 율례를 지켜 이 책에 기록된 이 언약의 말씀을 이루게 하리라"(3절)
"이 언약책에 기록된 대로 너희의 하나님 여호와를 위하여 유월절을 지키라"(21절)
"이는 대제사장 힐기야가 여호와의 성전에서 발견한 책에 기록된 율법의 말씀을 이루려 함이라"(24절)

• 히브리서 5장   자신을 위하여 속죄제를 드림
"백성을 위하여 속죄제를 드림과 같이 또한 자신을 위하여도 드리는 것이 마땅하니라"(3절)
"단단한 음식은 장성한 자의 것이니 그들은 지각을 사용함으로 연단을 받아 선악을 분별하는 자들이니라"(14절)

• 요엘 2장   마음을 다하여 하나님께로 돌아옴
"여호와의 날... 곧 어둡고 캄캄한 날이요 짙은 구름이 덮인 날이라"(1,2절)
"너희는 이제라도 금식하고 울며 애통하고 마음을 다하여 내게로 돌아오라 하셨나니"(12절)
"너희는 옷을 찢지 말고 마음을 찢고 너희 하나님 여호와께로 돌아올지어다"(13절)
"그가 너희를 위하여 비를 내리시되 이른 비를 너희에게 적당하게 주시리니"(23절)

• 시편 142편   여호와께 부르짖음
"내가 소리 내어 여호와께 부르짖으며 소리 내어 여호와께 간구하는도다"(1절)
"내가 내 원통함을 그의 앞에 토로하며 내 우환을 그의 앞에 진술하는도다"(2절)
"주는 나의 피난처시요 살아 있는 사람들의 땅에서 나의 분깃이시라"(5절)

묵상 | 하나님 마음 알아가기

삶의 태도를 바꾼다는 것은 어렵습니다. 그럼에도 예수 그리스도 안에 있는 자는 새로운 피조물로서 옛 사람의 옷을 벗어버려야 합니다. 말씀을 들을 때마다 자신의 삶을 바꾸어 나가야 합니다.

적용

하나님의 말씀을 듣고 당신의 삶을 어떻게 개혁해 나가고 있습니까?

1. 미루고 있거나 무관심하지 마십시오.

2. 즉각적으로 자신의 삶을 개혁하되 하나님의 말씀을 들은 대로 행하십시오.

나(우리)에게 주시는 말씀(암송)

· 오늘의 감사 ·

· 말씀으로 기도하기 ·

315일차 / 365일

월　　　일

오늘의 본문: 왕하24 | 히6 | 욜3 | 시143

맥체인 읽기: 11월 11일

찬송가 393장

오늘의 주제(키워드): **죄의 처리와 우리의 자세**

 **말씀**

• 열왕기하 24장 죄와 그 결과
"므낫세의 지은 모든 죄 때문이며"(3절)
"여호와께서 사하시기를 즐겨하지 아니하시니라"(4절)
"그가 또 예루살렘의 모든 백성과 모든 지도자와 모든 용사 만 명과 모든 장인과 대장장이를 사로잡아 가매 비천한 자 외에는 그 땅에 남은 자가 없었더라"(14절)

• 히브리서 6장 내세의 능력을 맛보고도 타락함
"그리스도의 도의 초보를 버리고... 완전한 데로 나아갈지니라"(1,2절)
"하나님께서 허락하시면 우리가 이것을 하리라 한 번 빛을 받고 하늘의 은사를 맛보고 성령에 참여한 바 되고 하나님의 선한 말씀과 내세의 능력을 맛보고도 타락한 자들은 다시 새롭게 하여 회개하게 할 수 없나니"(3~6절)
"우리가 간절히 원하는 것은 너희 각 사람이 동일한 부지런함을 나타내어 끝까지 소망의 풍성함에 이르러 게으르지 아니하고 믿음과 오래 참음으로 말미암아 약속들을 기업으로 받는 자들을 본받는 자 되게 하려는 것이니라"(11,12절)

• 요엘 3장 열국을 심판하심-여호와의 자비
"보라 그 날 곧 내가 유다와 예루살렘 가운데에서 사로잡힌 자를 돌아오게 할 그 때에"(1절)
"내 백성 곧 내 기업인 이스라엘"(2절)
"심판의 골짜기에 여호와의 날이 가까움이로다"(14절)
"유다는 영원히 있겠고 예루살렘은 대대로 있으리라"(20절)

• 시편 143편 심판이 지나가는 기도
＊심판이 지나가는 기도(1,2절)

1) 상황 : 3~4절
2) 간구 : 5~6절

"아침에 나로 하여금"(8절)

묵상 | 하나님 마음 알아가기

내세의 능력을 맛보고도 타락할 수 있는 것이 죄성을 가진 인간입니다. 우리 안의 죄를 온전히 처리하지 못할 때 경험할 수 있는 것입니다. 십자가의 은혜로 모든 죄를 온전히 처리할 때 끝까지 서갈 수 있습니다.

적용

죄의 대표자가 되지 말고, 신앙의 대표자로서 오늘 어떤 기도를 하나님께 드리시겠습니까?

1. 하나님은 죄에 대해 분명하게 심판하십니다. 죄는 죄입니다. 죄와 타협해서는 안 됩니다.
2. 그 죄를 처리하시기 위해 하나님은 '심판과 자비'를 사용하십니다.
3. 이제 우리 편에서 하나님의 구원을 기대하며 심판이 지나기를 기도해야 하겠습니다.

나(우리)에게 주시는 말씀(암송)

• 오늘의 감사 •

• 말씀으로 기도하기 •

316일차 / 365일

월   일

오늘의 본문: 왕하25 | 히7 | 암1 | 시144

맥체인 읽기: 11월 12일

찬송가 80장

오늘의 주제(키워드): 죄에 대한 결과(심판)와 그를 처리하시는 하나님의 은혜

 **말씀**

• 열왕기하 25장 · 죄의 결과로 유다가 포로로 끌려감

"그들이 시드기야의 아들들을 그의 눈앞에서 죽이고 시드기야의 두 눈을 빼고 놋 사슬로 그를 결박하여 바벨론으로 끌고 갔더라"(7절)

"갈대아 사람이 또 여호와의 성전의 두 놋 기둥과 받침들과 여호와의 성전의 놋 바다를 깨뜨려 그 놋을 바벨론으로 가져가고"(13절)

"이와 같이 유다가 사로잡혀 본토에서 떠났더라"(21절)

• 히브리서 7장 · 죄를 처리하기 위해 예수 그리스도를 보내주셨음

"오직 예수는 자기에게 말씀하신 이로 말미암아 맹세로 되신 것이라"(21절)

"이와 같이 예수는 더 좋은 언약의 보증이 되셨느니라"(22절)

"그러므로 자기를 힘입어 하나님께 나아가는 자들을 온전히 구원하실 수 있으니 이는 그가 항상 살아 계셔서 그들을 위하여 간구하심이라"(25절)

"단번에 자기를 드려 이루셨음이라"(27절)

"영원히 온전하게 되신 아들을 세우셨느니라"(28절)

• 아모스 1장 · 하나님의 심판의 범위를 열방으로 확장

"다메섹의 서너 가지 죄로 말미암아 내가 그 벌을 돌이키지 아니하리니"(3절)

"가사의 서너 가지 죄로 말미암아 내가 그 벌을 돌이키지 아니하리니"(6절)

"두로의 서너 가지 죄로 말미암아 내가 그 벌을 돌이키지 아니하리니"(9절)

"에돔의 서너 가지 죄로 말미암아 내가 그 벌을 돌이키지 아니하리니"(11절)

"암몬 자손의 서너 가지 죄로 말미암아 내가 그 벌을 돌이키지 아니하리니"(13절)

• 시편 144편 찬송

"나의 반석이신 여호와를 찬송하리로다"(1절)

"여호와는 나의 사랑이시요 나의 요새이시요 나의 산성이시요 나를 건지시는 이시요 나의 방패이시니"(2절)

"이러한 백성은 복이 있나니 여호와를 자기 하나님으로 삼는 백성은 복이 있도다"(15절)

묵상 | 하나님 마음 알아가기

죄가 계속될 수 있습니다. 계속되는 죄를 처리하시기 위해 예수를 보내어 주셨습니다. 이것이 하나님의 은혜입니다. 날마다 십자가의 은혜로 살아가야 합니다.

적용

나(우리)에게 주시는 말씀(암송)

오늘 어떤 찬양을 올려드리시겠습니까?

1. 죄의 결과로 인해 낙심해 있거나 죄책으로 인해 억눌려 있다면, 단번에 자기를 드려 우리를 구원하신 예수 그리스도를 생각하십시오.
2. 그리고 기뻐 뛰며 하나님을 찬양하십시오.

• 오늘의 감사 •

• 말씀으로 기도하기 •

월 일　　　맥체인 읽기: 11월 13일

오늘의 본문: 대상1, 2 | 히8 | 암2 | 시145　　찬송가 105장

오늘의 주제(키워드): **하나님의 나라에 대한 이해**

 **말씀**

• **역대상 1, 2장** 인간의 나라는 불완전하며 유한적이며 죄와 함께한 역사

"창세 이후로 하나님 나라의 씨 뿐 아니라, 이 땅에 거주한 모든 인류"를 보여주고 있습니다. 그런 인간이 다스리는 나라는 불완전하며 유한적이며 죄와 함께 한 역사입니다.

• **히브리서 8장** 하나님 나라의 영원한 왕이신 예수 그리스도

"지금 우리가 하는 말의 요점은 이러한 대제사장이 우리에게 있다는 것이라 그는 하늘에서 지극히 크신 이의 보좌 우편에 앉으셨으니 성소와 참 장막에서 섬기는 이시라"(1,2절)

"그는 더 좋은 약속으로 세우신 더 좋은 언약의 중보자시라"(6절)

"그 날 후에 내가 이스라엘 집과 맺을 언약은 이것이니 내 법을 그들의 생각에 두고 그들의 마음에 이것을 기록하리라 나는 그들에게 하나님이 되고 그들은 내게 백성이 되리라"(10절)

"내가 그들의 불의를 긍휼히 여기고 그들의 죄를 다시 기억하지 아니하리라"(12절)

"새 언약이라 말씀하셨으매"(13절)

• **아모스 2장** 이스라엘의 죄 된 모습

"이는 그들이 여호와의 율법을 멸시하며 그 율례를 지키지 아니하고 그의 조상들이 따라가던 거짓 것에 미혹되었음이라"(4절)

"내 거룩한 이름을 더럽히며"(7절)

• **시편 145편** 하나님 나라의 특징

"왕이신 나의 하나님이여 내가 주를 높이고 영원히 주의 이름을 송축하리이다"(145:1)

"여호와는 위대하시니 크게 찬양할 것이라 그의 위대하심을 측량하지 못하리로다"(145:3)

"대대로 주께서 행하시는 일을 크게 찬양하며 주의 능한 일을 선포하리로다"(145:4)

"주의 나라는 영원한 나라이니 주의 통치는 대대에 이르리이다"(145:13)

왕이신 하나님은 이렇게 약속해 주십니다.

"여호와께서는 자기에게 간구하는 모든 자 곧 진실하게 간구하는 모든 자에게 가까이 하시는도다"(145:18)

"그는 자기를 경외하는 자들의 소원을 이루시며 또 그들의 부르짖음을 들으사 구원하시리로다"(145:19)

"사랑하는 자들은 다 보호하시고"(145:20)

묵상 | 하나님 마음 알아가기

이 땅 나라들에는 소망이 없습니다. 영원하며 주의 통치가 대대에 이르는 하나님 나라만이 소망입니다. 하나님 나라의 씨로서 그 나라에 합당한 삶을 살아가야 합니다.

적용

하나님 나라의 백성 된 당신은 예수 그리스도를 왕으로 모셨습니까?

1. 예수님이 통치하시는 그 나라는 영원합니다.
2. 이 땅의 나라들에 소망을 두지 말고 하나님의 나라를 소망하며, 왕이신 주(예수)를 높이며 영원히 주의 이름을 송축하시기 바랍니다.

나(우리)에게 주시는 말씀(암송)

• 오늘의 감사 •

• 말씀으로 기도하기 •

월   일   　맥체인 읽기: 11월 14일

오늘의 본문: 대상3, 4 | 히9 | 암3 | 시146, 147   찬송가 101장

오늘의 주제(키워드): **환난을 대하는 태도**

 **말씀**

• 역대상 3, 4장 주의 손으로 도우심을 간구

"주께서 내게 복을 주시려거든 나의 지역을 넓히시고 주의 손으로 나를 도우사 나로 환난을 벗어나 내게 근심이 없게 하옵소서"(4:10)

＊고대나 현대나 늘 존재하는 문제로서 환난은 구약에서는 철저히 개인이 해결해야 했다. 그러나 신약에서는 이미 예수 그리스도를 통해 해결해주셨다.

• 히브리서 9장 영원한 속죄를 이루신 그리스도

"그리스도께서는 장래 좋은 일의 대제사장으로 오사… 오직 자기의 피로 영원한 속죄를 이루사 단번에 성소에 들어가셨느니라"(11,12절)

"그리하면 그가 세상을 창조한 때부터 자주 고난을 받았어야 할 것이로되 이제 자기를 단번에 제물로 드려 죄를 없이 하시려고 세상 끝에 나타나셨느니라"(26절)

"많은 사람의 죄를 담당하시려고 단번에 드리신 바 되셨고 구원에 이르게 하기 위하여 죄와 상관 없이 자기를 바라는 자들에게 두 번째 나타나시리라"(28절)

• 아모스 3장 선지자를 통한 심판의 예언

"주 여호와께서는 자기의 비밀을 그 종 선지자들에게 보이지 아니하시고는 결코 행하심이 없으시리라"(7절)

• 시편 146, 147편 주의 백성을 위로하심

"억눌린 사람들을 위해 정의로 심판하시며 주린 자들에게 먹을 것을 주시는 이시로다 여호와께서는 갇힌 자들에게 자유를 주시는도다"(146:7)

"여호와께서 맹인들의 눈을 여시며 여호와께서 비굴한 자들을 일으키시며 여호와께서 의인들을 사랑하시며 여호와께서 나그네들을 보호하시며 고아와 과부를 붙드시고 악인들의 길은 굽게 하

시는도다"(146:8,9)

"상심한 자들을 고치시며 그들의 상처를 싸매시는도다"(147:3)

"그의 말씀을 보내사 그것들을 녹이시고"(147:18)

"그가 그의 말씀을 야곱에게 보이시며 그의 율례와 규례를 이스라엘에게 보이시는도다"(147:19)

묵상 | 하나님 마음 알아가기

환난은 어느 시대에나 누구나 겪었었고 또 겪게 될 것입니다. 그러므로 환난이 지나가길 바라기보다는 환난 중에서도 하나님께 소망을 두며 돌파해 나아가는 믿음이 필요합니다.

적용

고난 중에 어떤 태도를 가지십니까?

1. 찬송하고, 즐거워하십시오.
2. 하나님만을 예배하십시오.
3. 주의 말씀으로 위로를 받으십시오.

나(우리)에게 주시는 말씀(암송)

• 오늘의 감사

• 말씀으로 기도하기

319일차 365일

월 일
오늘의 본문: 대상5,6 | 히10 | 암4 | 시148-150

맥체인 읽기: 11월 15일
찬송가 507장

오늘의 주제(키워드): **하나님 나라의 상속자로서 하늘의 복**

 말씀

- **역대상 5, 6장** 레위 자손의 족보

"유다는 형제보다 뛰어나고 주권자가 유다에게서 났으나 장자의 명분은 요셉에게 있으니라"(5:2)

＊그 이유에 대해서 하나님은 죄와 관련하여 말씀하십니다.

"르우벤은 장자라도 그의 아버지의 침상을 더럽혔으므로 장자의 명분이 이스라엘의 아들 요셉의 자손에게로 돌아가서 족보에 장자의 명분대로 기록되지 못하였느니라"(5:1)

＊죄의 결과는 이스라엘 자손을 이방의 땅으로 옮긴 바 되는 비참함을 가져다 주었습니다.

"그들이 그들의 조상들의 하나님께 범죄하여... 그러므로 이스라엘 하나님이 앗수르 왕 불의 마음을 일으키시며... 사로잡아... 옮긴지라"(5:25,26)

＊이러한 죄를 처리하기 위해 하나님은 레위족속을 구별하여 제사의 직무와 찬양의 직무를 드리도록 했습니다(역대상 6장 전체)

- **히브리서 10장** 그리스도를 통하여 영원한 한 제사

"해마다 늘 드리는 같은 제사로는 나아오는 자들을 언제나 온전하게 할 수 없느니라"(1절)

"이 뜻을 따라 예수 그리스도의 몸을 단번에 드리심으로 말미암아 우리가 거룩함을 얻었노라"(10절)

"오직 그리스도는 죄를 위하여 한 영원한 제사를 드리시고 하나님 우편에 앉으사 그 후에 자기 원수들을 자기 발등상이 되게 하실 때까지 기다리시나니 그가 거룩하게 된 자들을 한 번의 제사로 영원히 온전하게 하셨느니라"(12~14절)

"그러므로 형제들아 우리가 예수의 피를 힘입어 성소에 들어갈 담력을 얻었나니"(19절)

- **아모스 4장** 이스라엘의 죄악과 하나님의 징벌

"그러므로 이스라엘아 내가 이와 같이 네게 행하리라 내가 이것을 네게 행하리니 이스라엘아 네 하나님 만나기를 준비하라"(12절)

"보라 산들을 지으며 바람을 창조하며 자기 뜻을 사람에게 보이며 아침을 어둡게 하며 땅의 높

은 데를 밟는 이는 그의 이름이 만군의 하나님 여호와시니라"(13절)

• 시편 148-150편 여호와의 이름을 찬양함으로 하늘의 복을 누림

"하늘에서 여호와를 찬양하며(148:1)

"그것들이 여호와의 이름을 찬양함은 그가 명령하시므로 지음을 받았음이로다"(148:5)

"땅에서 여호와를 찬양하라"(148:7)

"여호와의 이름을 찬양할지어다 그의 이름이 홀로 높으시며 그의 영광이 땅과 하늘 위에 뛰어나심이로다"(148:13)

"할렐루야 새 노래로 여호와께 노래하며 성도의 모임 가운데에서 찬양할지어다"(149:1)

"호흡이 있는 자마다 여호와를 찬양할지어다 할렐루야"(150:6)

묵상 | 하나님 마음 알아가기

성도는 이 땅 백성들이 누리지 못하는 하늘의 복을 누리는 자입니다. 예수 그리스도께서 드리신 한 영원한 제사로 구원을 얻었고, 하나님을 찬양하는 삶을 살게 되었습니다.

적용

이 땅에 사는 동안 생물학적 축복에 매이지 않고, 하늘의 복을 누리기 위해 어떤 삶을 선택하시겠습니까?

1. 하나님의 성소에 담대히 나아가시기 바랍니다.
2. 그리고 오늘도 여호와를 찬양하는 하루 되세요.
3. 주의 말씀으로 환난을 이기고 위로를 받으시기 바랍니다.

나(우리)에게 주시는 말씀(암송)

• 오늘의 감사 •

• 말씀으로 기도하기 •

320일차 / 365일

월   일

오늘의 본문: 대상7, 8 | 히11 | 암5 | 눅1:1~38

맥체인 읽기: 11월 16일

찬송가 408장

오늘의 주제(키워드): **하나님이 찾으시는 사람**

 **말씀**

• 역대상 7, 8장   이스라엘 가운데 '출전할 만한 자'의 계수

"잇사갈의 모든 종족은 다 용감한 장사라 그 전체를 계수하면 팔만 칠천 명이었더라"(7:5)

"베냐민… 그들의 자손 중에 능히 출전할 만한 자가 만 칠천이백 명이며"(7:11)

"출전할 만한 자를 그들의 계보대로 계수하면 이만 육천 명이었더라"(7:40)

• 히브리서 11장   믿음으로 승리한 위인

"믿음이 없이는 하나님을 기쁘시게 하지 못하나니 하나님께 나아가는 자는 반드시 그가 계신 것과 또한 그가 자기를 찾는 자들에게 상 주시는 이심을 믿어야 할지니라"(6절)

• 아모스 5장   우리도 하나님을 찾아야 함

"너희는 나를 찾으라 그리하면 살리라"(4절)

"너희는 살려면 선을 구하고 악을 구하지 말지어다 만군의 하나님 여호와께서 너희의 말과 같이 너희와 함께 하시리라"(14절)

• 누가복음 1장 1~38절   하나님 찾으시는 사람-사가랴 부부와 마리아

"이 두 사람이 하나님 앞에 의인이니 주의 모든 계명과 규례대로 흠이 없이 행하더라"(6절)

"너의 간구함이 들린지라… 네게 아들을 낳아 주리니"(13절)

"모태로부터 성령의 충만함을 받아"(15절)-요한

"은혜를 받은 자여 평안할지어다 주께서 너와 함께 하시도다"(28절)-마리아

묵상 | 하나님 마음 알아가기

하나님은 사람을 찾으십니다. 하나님이 찾으시는 자로서 하나님의 구원 역사를 이루는 일에 동참하여야 합니다. 맡겨진 일을 감당하기 위해 오직 믿음으로 하나님 앞에 서가야 합니다.

적용

당신은 오늘 무엇을 찾으십니까?

1. 하나님은 오늘도 '믿음으로 하나님을 찾는 자'를 찾으십니다.

2. 오직 믿음으로 하나님 앞에 서십시오.

나(우리)에게 주시는 말씀(암송)

• 오늘의 감사 •

• 말씀으로 기도하기 •

월   일   맥체인 읽기: 11월 17일

오늘의 본문: 대상9,10 | 히12 | 암6 | 눅1:39~80   찬송가 400장

오늘의 주제(키워드): **죄의 결과와 하나님의 사랑**

 **말씀**

역대상 9, 10장 죄의 결과와 비참함
"유다가 범죄함으로 말미암아 바벨론으로 사로잡혀"(9:1)
"사울이 죽은 것은 여호와께 범죄하였기 때문이라"(10:13)

히브리서 12장 하나님의 은혜를 거역한 자들에게 주는 경고
"모든 무거운 것과 얽매이기 쉬운 죄를 벗어 버리고 인내로써 우리 앞에 당한 경주를 하며 믿음의 주요 또 온전하게 하시는 이인 예수를 바라보자 그는 그 앞에 있는 기쁨을 위하여 십자가를 참으사 부끄러움을 개의치 아니하시더니 하나님 보좌 우편에 앉으셨느니라"(1,2절)
"너희가 죄와 싸우되 아직 피흘리기까지는 대항하지 아니하고"(4절)
"오직 하나님은 우리의 유익을 위하여 그의 거룩하심에 참여하게 하시느니라"(10절)
"그러므로 우리가 흔들리지 않는 나라를 받았은즉 은혜를 받자 이로 말미암아 경건함과 두려움으로 하나님을 기쁘시게 섬길지니"(28절)

아모스 6장 죄의 결과로 인한 이스라엘의 멸망
"내가 야곱의 영광을 싫어하며 그 궁궐들을 미워하므로 이 성읍과 거기에 가득한 것을 원수에게 넘기리라"(8절)
"이스라엘 족속아 내가 한 나라를 일으켜 너희를 치리니... 너희를 학대하리라"(14절)

누가복음 1장 39~80절 죄를 처리하시기 위한 하나님의 사랑
"큰 소리로 불러 이르되 여자 중에 네가 복이 있으며 네 태중의 아이도 복이 있도다"(42절)
＊마리아의 찬가(46~55절), 엘리사벳의 예언(67~79절)
"이 아이여 네가 지극히 높으신 이의 선지자라 일컬음을 받고 주 앞에 앞서 가서 그 길을 준비하여 주의 백성에게 그 죄 사함으로 말미암는 구원을 알게 하리니"(76,77절)

묵상 | 하나님 마음 알아가기

죄를 처리해 가시는 모습에서 하나님의 사랑을 발견하게 됩니다. 성도는 모든 무거운 것과 얽매이기 쉬운 죄를 벗어 버리고 인내로써 우리 앞에 당한 경주를 하며 믿음의 주요 온전하게 하시는 예수를 바라보아야 합니다.

적용

구원함을 얻은 성도로서 죄에 대해 어떤 태도를 보이십니까?

1. 죄와 싸우되 피 흘리기까지 싸우는 성도가 되시기 바랍니다.

2. 늘 하나님의 은혜를 감사하며 사십시오.

나(우리)에게 주시는 말씀(암송)

• 오늘의 감사 •

• 말씀으로 기도하기 •

월 일 맥체인 읽기: 11월 18일

오늘의 본문: 대상11, 12 | 히13 | 암7 | 눅2 찬송가 266장

오늘의 주제(키워드): **함께하시는 하나님**

 **말씀**

- **역대상 11, 12장** 다윗이 온 이스라엘의 왕이 되는 내용

"네가 내 백성 이스라엘의 목자가 되며 내 백성 이스라엘의 주권자가 되리라"(11:2)
"만군의 여호와께서 함께 계시니 다윗이 점점 강성하여 가니라"(11:9)
"그 때에 사람이 날마다 다윗에게로 돌아와서 돕고자 하매 큰 군대를 이루어 하나님의 군대와 같았더라"(대상12:22)
하나님의 약속이 함께 했고(대상 11:2), 하나님이 함께 하심으로 다윗의 나라는 든든하게 세워져 간 것입니다.

- **히브리서 13장** 함께하심의 약속

"내가 결코 너희를 버리지 아니하고 너희를 떠나지 아니하리라"(5절)
"예수 그리스도는 어제나 오늘이나 영원토록 동일하시니라"(8절)

- **아모스 7장** 뜻을 돌이키심

"주 여호와여 청하건대 사하소서 야곱이 미약하오니 어떻게 서리이까 하매 여호와께서 이에 대하여 뜻을 돌이키셨으므로"(2,3절)
"주 여호와께서 이에 대하여 뜻을 돌이켜... 이것도 이루지 아니하리라"(6절)

- **누가복음 2장** 독생자 예수 그리스도를 보내 주심

"보라 내가 온 백성에게 미칠 큰 기쁨의 좋은 소식을 너희에게 전하노라"(10절)
"오늘 다윗의 동네에 너희를 위하여 구주가 나셨으니 곧 그리스도 주시니라"(11절)

묵상 | 하나님 마음 알아가기

하나님이 함께 하시면 점점 강성해집니다. 하는 모든 일이 형통하게 됩니다. 하나님을 모시고 하나님과 함께 행하십시오. 하나님은 우리를 버리지 아니하시며 영원토록 동일하십니다.

적용

하나님은 오늘도 함께하십니다.

1. 함께하시는 하나님의 약속의 말씀은 어떤 것입니까?

2. 하나님의 함께하심이 삶에 어떤 위로가 됩니까?

<나(우리)에게 주시는 말씀(암송)>

• 오늘의 감사 •

• 말씀으로 기도하기 •

월   일   맥체인 읽기: 11월 19일

오늘의 본문: 대상13, 14 | 약1 | 암8 | 눅3   찬송가 342장

오늘의 주제(키워드): **기도 응답과 인내**

 **말씀**

• 역대상 13, 14장 다윗이 왕이 된 후 언약궤를 가져오는 장면
"우리가 우리 하나님의 궤를 우리에게로 옮겨오자"(13:3)
"웃사가 손을 펴서 궤를 붙듦으로 말미암아 여호와께서 진노하사 치시매 그가 거기 하나님 앞에서 죽으니라"(13:10)
"다윗이 하나님께 물어 이르되"(14:10)
"다윗이 또 하나님께 묻자온대"(14:14)

• 야고보서 1장 성도의 기도 응답에서의 인내
"인내를 온전히 이루라 이는 너희로 온전하고 구비하여 조금도 부족함이 없게 하려 함이라"(4절)
"너희 중에 누구든지 지혜가 부족하거든 모든 사람에게 후히 주시고 꾸짖지 아니하시는 하나님께 구하라 그리하면 주시리라"(5절)
"사람이 성내는 것이 하나님의 의를 이루지 못함이라"(20절)

• 아모스 8장 하나님의 인내의 끝-심판 작정
"내 백성 이스라엘의 끝이 이르렀은즉 내가 다시는 그를 용서하지 아니하리니"(2절)
"내가 그들의 모든 행위를 절대로 잊지 아니하리라"(7절)
"주 여호와의 말씀이니라 보라 날이 이를지라 내가 기근을 땅에 보내리니 양식이 없어 주림이 아니며 물이 없어 갈함이 아니요 여호와의 말씀을 듣지 못한 기갈이라"(11절)
"그 날에 아름다운 처녀와 젊은 남자가 다 갈하여 쓰러지리라"(13절)

• 누가복음 3장 백성들이 바라고 기다린 그리스도
"요한이 요단 강 부근 각처에 와서 죄 사함을 받게 하는 회개의 세례를 전파하니"(3절)
"그러므로 회개에 합당한 열매를 맺고"(8절)

"이미 도끼가 나무 뿌리에 놓였으니 좋은 열매 맺지 아니하는 나무마다 찍혀 불에 던져지리라" (9절)

"요한이 모든 사람에게 대답하여 이르되 나는 물로 너희에게 세례를 베풀거니와 나보다 능력이 많으신 이가 오시나니 나는 그의 신발끈을 풀기도 감당하지 못하겠노라 그는 성령과 불로 너희에게 세례를 베푸실 것이요"(16절)

"백성이 다 세례를 받을새 예수도 세례를 받으시고 기도하실 때에 하늘이 열리며 성령이 비둘기 같은 형체로 그의 위에 강림하시더니 하늘로부터 소리가 나기를 너는 내 사랑하는 아들이라 내가 너를 기뻐하노라"(21,22절)

묵상 | 하나님 마음 알아가기

기도 응답까지는 인내가 요구됩니다. 온전하고 구비하여 조금도 부족함이 없는 삶을 위해서는 인내해야 합니다. 성도가 구해야 할 것 중에 지혜가 있습니다.

적용

나(우리)에게 주시는 말씀(암송)

기도하십니까? 그 기도의 응답이 더디다고 포기하지는 않았습니까?

1. 포기한 기도가 있다면 다시 하나님 보좌 앞으로 나아가 보세요.
2. 인내의 끝에 있는 심판이 임하기 전에 회개하십시오.
3. 그리스도를 보내신 하나님은 반드시 기도에 응답하십니다.

• 오늘의 감사 •

• 말씀으로 기도하기 •

월 일   맥체인 읽기: 11월 20일

오늘의 본문: **대상15 | 약2 | 암9 | 눅4**   찬송가 292장

오늘의 주제(키워드): **하나님의 말씀-규례, 율법을 따름**

 **말씀**

• 역대상 15장   철저히 하나님의 규례대로 행함

"레위 사람 외에는 하나님의 궤를 멜 수 없나니 이는 여호와께서 그들을 택하사 여호와의 궤를 메고 영원히 그를 섬기게 하셨음이라"(2절)

"너희와 너희 형제는 몸을 성결하게 하고 내가 마련한 곳으로 이스라엘의 하나님 여호와의 궤를 메어 올리라"(12절)

"우리가 규례대로 그에게 구하지 아니하였음이라"(13절)

"모세가 여호와의 말씀을 따라 명령한 대로 레위 자손이 채에 하나님의 궤를 꿰어 어깨에 메니라"(15절)

"언약궤를 즐거이 메고... 하나님이 여호와의 언약궤를 멘 레위 사람을 도우셨으므로 "(25,26절)

• 야고보서 2장   하나님의 법의 최고

"네 이웃 사랑하기를 네 몸과 같이 하라 하신 최고의 법을 지키면 잘하는 것이거니와 만일 너희가 사람을 차별하여 대하면 죄를 짓는 것이니 율법이 너희를 범법자로 정죄하리라"(8,9절)

"믿음이 그의 행함과 함께 일하고 행함으로 믿음이 온전하게 되었느니라"(22절)

"사람이 행함으로 의롭다 하심을 받고 믿음으로만은 아니니라"(24절)

"영혼 없는 몸이 죽은 것 같이 행함이 없는 믿음은 죽은 것이니라"(26절)

• 아모스 9장   하나님께서도 약속의 말씀을 신실히 지켜 가시는 모습

"그 날에 내가 다윗의 무너진 장막을 일으키고 그것들의 틈을 막으며 그 허물어진 것을 일으켜서 옛적과 같이 세우고"(11절)

"내가 내 백성 이스라엘이 사로잡힌 것을 돌이키니 그들이 황폐한 성읍을 건축하여 거주하며 포도원들을 가꾸고 그 포도주를 마시며 과원들을 만들고 그 열매를 먹으리라"(14절)

누가복음 4장 | 말씀이신 예수님께서 어떻게 그 말씀을 따라 행하셨는가

"성령의 충만함을 입어… 성령에게 이끌리시며"(1절)

"성령의 능력으로"(14절)

"성령에게 이끌리시며"(18절)

"내가 다른 동네들에서도 하나님의 나라 복음을 전하여야 하리니 나는 이 일을 위해 보내심을 받았노라"(43절)

묵상 | 하나님 마음 알아가기

성도는 모든 삶의 기준을 하나님의 말씀에 두어야 합니다. 말씀에 따라 행할 때 온전한 성취와 삶을 얻습니다. 말씀을 따르지 아니할 때 기다리는 것은 사망입니다.

적용

나의 경험, 지식, 선입견, 편견이 말씀보다 앞서고 있지는 않습니까?

1. 성령으로 충만하여, 말씀을 따라 행하는 믿음으로 살아가십시오.

2. 복음을 전하는 궁극적 사명을 이루어 가십시오.

나(우리)에게 주시는 말씀(암송)

• 오늘의 감사

• 말씀으로 기도하기

325일차 / 365일

월   일

오늘의 본문: 대상16 | 약3 | 옵1 | 눅5

오늘의 주제(키워드): **지혜**

맥체인 읽기: 11월 21일

찬송가 329장

 **말씀**

역대상 16장 지혜의 실재의 나타남
"번제와 화목제를 하나님께 드리니라"(1절)

"여호와의 이름으로 백성에게 축복하고"(2절)

"각 사람에게... 나누어 주었더라"(3절)

"여호와께 감사하게 하여"(7절)

"다윗도 자기 집을 위하여 축복하려고 돌아갔더라"(43절)

야고보서 3장 지혜의 근원과 다양한 열매들
"오직 위로부터 난 지혜는 첫째 성결하고 다음에 화평하고 관용하고 양순하며 긍휼과 선한 열매가 가득하고 편견과 거짓이 없나니"(17절)

오바댜 1장 지혜의 걸림돌
"너의 마음의 교만이 너를 속였도다"(3절)

"그 날에 내가 에돔에서 지혜 있는 자를 멸하며"(8절)

"나라가 여호와께 속하리라"(21절)

누가복음 5장 지혜의 본질이신 예수님의 사역
"깊은 데로 가서 그물을 내려 고기를 잡으라"(4절)

"그들이 배들을 육지에 대고 모든 것을 버려 두고 예수를 따르니라"(11절)

"내가 원하노니 깨끗함을 받으라 하신대 나병이 곧 떠나니라"(13절)

"예수의 소문이 더욱 퍼지매 수많은 무리가 말씀도 듣고 자기 병도 고침을 받고자 하여 모여 오되 예수는 물러가사 한적한 곳에서 기도하시니라"(15,16절)

"이 사람아 네 죄 사함을 받았느니라"(20절)

"그가 모든 것을 버리고 일어나 따르니라"(28절)

묵상 | 하나님 마음 알아가기

예수님은 지혜의 본질이십니다. 지혜로운 사람은 자신에게 닥친 기회를 자신을 위해 사용하지 않고 각 사람에게 나누어줍니다. 그리고 매사에 하나님만 예배합니다.

적용

지혜에 대한 사모함이 있습니까?

1. 그 지혜를 어디서 공급받고자 하십니까? 세상입니까 하나님입니까?

2. 위로부터 난 지혜를 따르되 성결함과 화평함 관용과 양순, 긍휼과 선한 열매가 가득하며 편견과 거짓이 없는 삶으로 그 지혜를 나타냅시다.

나(우리)에게 주시는 말씀(암송)

• 오늘의 감사 •

• 말씀으로 기도하기 •

326일차 / 365일	월 일 맥체인 읽기: 11월 22일
	오늘의 본문: **대상17** | **약4** | **욘1** | **눅6** 찬송가 274장
	오늘의 주제(키워드): **택하신 자**

 말씀

• **역대상 17장** 다윗과 그의 아들 선택

"나는 백향목 궁에 거주하거늘 여호와의 언약궤는 휘장 아래에 있도다"(1절)
"내가 네 뒤에 네 씨 곧 네 아들 중 하나를 세우고 그 나라를 견고하게 하리니"(11절)
"여호와여 이제 주의 종과 그의 집에 대하여 말씀하신 것을 영원히 견고하게 하시며 말씀하신 대로 행하사"(23절)

• **야고보서 4장** 선택하신 자에 대한 하나님의 마음

"너희는 하나님이 우리 속에 거하게 하신 성령이 시기하기까지 사모한다 하신 말씀을 헛된 줄로 생각하느냐"(5절)
"그러나 더욱 큰 은혜를 주시나니 그러므로 일렀으되 하나님이 교만한 자를 물리치시고 겸손한 자에게 은혜를 주신다 하였느니라"(6절)
"하나님을 가까이하라 그리하면 너희를 가까이하시리라 죄인들아 손을 깨끗이 하라 두 마음을 품은 자들아 마음을 성결하게 하라"(8절)

• **요나 1장** 이방 구원을 위해 선택받은 요나

"너는 일어나 저 큰 성읍 니느웨로 가서 그것을 향하여 외치라 그 악독이 내 앞에 상달되었음이니라 하시니라"(2절)
"곧 제비를 뽑으니 제비가 요나에게 뽑힌지라"(7절)

• **누가복음 6장** 하나님 나라의 대사로서 12 제자 선택

"예수께서 기도하시러 산으로 가사 밤이 새도록 하나님께 기도하시고"(12절)
"밝으매 그 제자들을 부르사 그 중에서 열둘을 택하여 사도라 칭하셨으니"(13절)

묵상 | 하나님 마음 알아가기

사람을 택하여 일하시는 하나님은 오늘도 우리를 택하여 세우십니다. 어떤 일에 세움을 받았든, 순종하며 나아가야 합니다. 결국 부르심의 그 자리로 돌아오게 됩니다.

적용

하나님은 오늘도 하나님 나라를 위해 사람을 택하여 세우십니다.

1. 한 사람 한 사람이 택함 받은 자로서 온전히 하나님의 은혜의 보좌 앞에 나아가 더욱 큰 은혜를 사모해야겠습니다.
2. 오늘 하나님은 당신을 선택하신 목적이 무엇이라 생각하십니까?
3. 선택받은 하나님 나라 백성으로서 어떤 삶을 선택하시겠습니까?

나(우리)에게 주시는 말씀(암송)

• 오늘의 감사 •

• 말씀으로 기도하기 •

월 일	맥체인 읽기: 11월 23일
오늘의 본문: 대상18	약5	욘2	눅7	찬송가 591장
오늘의 주제(키워드): 이김	

 말씀

• 역대상 18장 다윗의 이김

"다윗이 어디로 가든지 여호와께서 이기게 하시니라"(6절)

"다윗 왕이 그것도 여호와께 드리되… 모든 이방 민족에게서 빼앗아 온 은금과 함께 하여 드리니라"(11절)

"다윗이 어디로 가든지 여호와께서 이기게 하셨더라"(13절)

"다윗이 온 이스라엘을 다스려 모든 백성에게 정의와 공의를 행할새"(14절)

• 야고보서 5장 이기기 위해 성도가 가져야 할 자세

"너희 재물은 썩었고 너희 옷은 좀먹었으며 너희 금과 은은 녹이 슬었으니 이 녹이 너희에게 증거가 되며 불 같이 너희 살을 먹으리라"(2,3절)

"그러므로 형제들아 주께서 강림하시기까지 길이 참으라"(7절)

"너희 중에 고난 당하는 자가 있느냐 그는 기도할 것이요"(13절)

"너희 중에 병든 자가 있느냐… 너희 중에 병든 자가 있느냐"(14절)

"의인의 간구는 역사하는 힘이 큼이니라 "(16절)

• 요나 2장 물고기 뱃속에 들어간 요나의 기도

"내가 받는 고난으로 말미암아 여호와께 불러 아뢰었더니 주께서 내게 대답하셨고"(2절)

"내 영혼이 내 속에서 피곤할 때에 내가 여호와를 생각하였더니 내 기도가 주께 이르렀사오며"(7절)

• 누가복음 7장 예수님으로 고난에서 이긴 자

"예수께 보내어 오셔서 그 종을 구해 주시기를 청한지라"(3절)

"종이 이미 나아 있었더라"(10절) → 질병에서 고침 받음

"주께서 과부를 보시고 불쌍히 여기사... 이르시되 청년아 내가 네게 말하노니 일어나라 하시매"(13,14절) → 죽음에서 살아남

"그의 많은 죄가 사하여졌도다 이는 그의 사랑함이 많음이라 사함을 받은 일이 적은 자는 적게 사랑하느니라"(47절) → 죄가 사함 받음

묵상 | 하나님 마음 알아가기

주변을 돌아보아 약한 자, 가난한 자, 고난 당하는 자를 위해 기도하십시오. 기도는 모든 것을 이기게 합니다. 다윗이 어디를 가든지 이겼던 것처럼, 성도의 돌봄에 승리를 주십니다.

적용

현재의 삶에 고난이 있습니까?

1. 그 고난의 종류, 정도가 어떠하더라도 주께 기도할 때 우리에게 이김을 주시는 예수님께 기도합시다.

2. 이김을 유지하는 수단은 정의와 공의의 삶입니다.

나(우리)에게 주시는 말씀(암송)

• 오늘의 감사 •

• 말씀으로 기도하기 •

월   일   맥체인 읽기: 11월 24일

오늘의 본문: 대상19, 20 | 벧전1 | 욘3 | 눅8   찬송가 360장

오늘의 주제(키워드): **하나님의 사람의 승리와 사명**

 말씀

• 역대상 19, 20장 하나님의 사람, 다윗의 승리
"너는 힘을 내라... 여호와께서 선히 여기시는 대로 행하시기를 원하노라"(19:13)
"그들이 그 앞에서 도망하고 암몬 자손은... 아비새 앞에서 도망하여"(19:14,15)
"다윗과 맞서 싸우더니... 다윗이 아람 병거 칠천 대의 군사와 보병 사만 명을 죽이고"(19:17,18)
"다윗은 예루살렘에 그대로 있더니 요압이 랍바를 쳐서 함락시키매"(20:1)
"가드의 키 큰 자의 소생이라도 다윗의 손과 그 신하의 손에 다 죽었더라"(20:8)

• 베드로전서 1장 하나님의 사람의 정의
"하나님 아버지의 미리 아심을 따라 성령이 거룩하게 하심으로 순종함과 예수 그리스도의 피 뿌림을 얻기 위하여 택하심을 받은 자들에게"(2절)
택하심을 입은 자로서 승리를 위한 삶의 방법을 소개
"마음의 허리를 동이고 근신하여"(13절)
"모든 행실에 거룩한 자가 되라"(15절)
"마음으로 뜨겁게 서로 사랑하라"(22절)

• 요나 3장 하나님의 택하심 입은 자의 사명
"일어나 저 큰 성읍 니느웨로 가서 내가 네게 명한 바를 그들에게 선포하라"(2절)
"요나가 그 성읍에 들어가서 하루 동안 다니며 외쳐 이르되"(4절)

• 누가복음 8장 하나님 나라의 복음을 선포
"그 후에 예수께서 각 성과 마을에 두루 다니시며 하나님의 나라를 선포하시며 그 복음을 전하실새"(1절)
"각 동네 사람들이 예수께로 나아와 큰 무리를 이루니 예수께서 비유로 말씀하시되"(4절)

묵상 | 하나님 마음 알아가기

하나님이 명하신 것을 따르지 않은 무엇이 있나요? 피할 수 있는 길이 없습니다. 즉각적으로 순종하여 나가십시오. 그것이 빠른 길입니다.

적용

나는 하나님의 택하심을 입은 백성임을 확신합니까? 하나님의 택하심을 입은 백성으로서 주신 사명을 감당하고 있습니까?

1. 하나님의 백성으로서 약속하신 승리의 삶을 이루어야하겠습니다.

2. 이 땅의 가치를 따르는 삶이 아닌 하나님 나라 복음을 선포하고 가르치는 사명을 이루어가야 하겠습니다.

나(우리)에게 주시는 말씀(암송)

• 오늘의 감사 •

• 말씀으로 기도하기 •

329일차 365일	월 일	맥체인 읽기: 11월 25일
	오늘의 본문: 대상21 | 벧전2 | 욘4 | 눅9	찬송가 436장
	오늘의 주제(키워드): **인본주의와 신본주의**	

 말씀

• 역대상 21장 다윗이 인본주의로 인구조사를 실시함

"사탄이 일어나 이스라엘을 대적하고 다윗을 충동하여 이스라엘을 계수하게 하니라"(1절)

"요압이 왕의 명령을 마땅치 않게 여겨 레위와 베냐민 사람은 계수하지 아니하였더라"(6절)

"하나님이 이 일을 악하게 여기사 이스라엘을 치시매"(7절)

• 베드로전서 2장 왕 같은 제사장이요 거룩한 나라요 그의 소유된 백성

"너희도 산 돌 같이 신령한 집으로 세워지고 예수 그리스도로 말미암아 하나님이 기쁘게 받으실 신령한 제사를 드릴 거룩한 제사장이 될지니라"(5절)

"너희는 택하신 족속이요 왕 같은 제사장들이요 거룩한 나라요 그의 소유가 된 백성이니"(9절)

"너희가 전에는 백성이 아니더니 이제는 하나님의 백성이요 전에는 긍휼을 얻지 못하였더니 이제는 긍휼을 얻은 자니라"(10절)

"하나님의 종과 같이 하라"(16절)

"뭇 사람을 공경하며 형제를 사랑하며 하나님을 두려워하며 왕을 존대하라"(17절)

• 요나 4장 요나가 사명을 감당한 후의 이야기

"자기를 위하여 초막을 짓고"(5절)

"이 큰 성읍 니느웨에는 좌우를 분변하지 못하는 자가 십이만여 명이요 가축도 많이 있나니 내가 어찌 아끼지 아니하겠느냐"(11절)

• 누가복음 9장 변화산상의 예수님

"제자들이 나가 각 마을에 두루 다니며 곳곳에 복음을 전하며"(6절)

"아무든지 나를 따라오려거든 자기를 부인하고 날마다 제 십자가를 지고 나를 따를 것이니라"(23절)

"주여 우리가 여기 있는 것이 좋사오니 우리가 초막 셋을 짓되 하나는 주를 위하여, 하나는 모세를 위하여, 하나는 엘리야를 위하여 하사이다"(33절)-인본주의의 본질

"오직 예수만 보이더라"(36절)

"너는 가서 하나님의 나라를 전파하라"(57~62절)

묵상 | 하나님 마음 알아가기

흔히 인본주의와 신본주의를 이야기 합니다. 그 기준은 중심이 '하나님을 위함'인가? '나만을 위함'인가?에 있습니다. 우리 삶의 모든 결정에 오직 예수님만 보이도록 해야 합니다.

적용

나를 위해 무엇인가 짓는 것은 인본주의적 삶입니다. 그러나 하나님만 바라보고 하나님의 선하시고 기뻐하시고 온전하신 뜻이 무엇인지 분별하며 사는 것은 신본주의 삶입니다.

1. 오늘 나는 누구를 위한 삶을 선택할 것입니까?

2. 오늘 나를 위해 짓고자 하는 것을 내려놓고 오직 예수님만 보이는 삶을 선택합시다.

나(우리)에게 주시는 말씀(암송)

· 오늘의 감사 ·

· 말씀으로 기도하기 ·

월   일   맥체인 읽기: 11월 26일

오늘의 본문: 대상22 | 벧전3 | 미1 | 눅10

찬송가 210장

오늘의 주제(키워드): **성도의 준비**

 **말씀**

• 역대상 22장 성전 건축을 준비한 다윗
"하나님의 성전을 건축할 돌을 다듬게 하고... 철을 많이 준비하고... 심히 많은 놋을 준비하고 또 백향목을 무수히 준비하였으니... 이제 그것을 위하여 준비하리라 하고 다윗이 죽기 전에 많이 준비하였더라"(2~5절)

"심히 많이 준비하였고... 준비하였으나 너는 더할 것이며"(14절)

"또 장인이 네게 많이 있나니 곧 석수와 목수와 온갖 일에 익숙한 모든 사람이니라"(15절)

• 베드로전서 3장 선을 위한 고난
그와 같은 준비된 자의 삶의 내용을 아내와 남편의 삶을 통해 말씀합니다(1~7절).

"너희 마음에 그리스도를 주로 삼아 거룩하게 하고 너희 속에 있는 소망에 관한 이유를 묻는 자에게는 대답할 것을 항상 준비하되 온유와 두려움으로 하고"(15절)

"그리스도께서도 단번에 죄를 위하여 죽으사 의인으로서 불의한 자를 대신하셨으니 이는 우리를 하나님 앞으로 인도하려 하심이라"(18절)

"방주를 준비"(20절)

• 미가 1장 하나님의 심판 준비
"여호와께서 그의 처소에서 나오시고 강림하사 땅의 높은 곳을 밟으실 것이라"(3절)

"이는 다 야곱의 허물로 말미암음이요 이스라엘 족속의 죄로 말미암음이라"(5절)

"이러므로 너는 가드모레셋에 작별하는 예물을 줄지어다"(14절)

• 누가복음 10장 추수 때에 일꾼의 준비의 필요성
"추수할 것은 많되 일꾼이 적으니 그러므로 추수하는 주인에게 청하여 추수할 일꾼들을 보내 주소서 하라"(2절)

"마르다는 준비하는 일이 많아 마음이 분주한지라"(40절)

"몇 가지만 하든지 혹은 한 가지만이라도 족하니라 마리아는 이 좋은 편을 택하였으니 빼앗기지 아니하리라"(42절)

묵상 | 하나님 마음 알아가기

성도는 마지막 날을 준비해야 합니다. 하나님의 심판의 날은 반드시 옵니다. 노아가 홍수의 때에 배를 준비함으로 구원을 받았던 것처럼, 마지막 날에 구원을 위해 준비해야 합니다.

적용

무엇을 준비하고 있습니까?

1. 새해를 바라보며 무엇을 준비하시겠습니까?

2. 주님이 찾으시는 일꾼으로 준비되시고, 마음의 분주함을 제거함으로 주님의 기쁨 되시길 바랍니다.

나(우리)에게 주시는 말씀(암송)

• 오늘의 감사 •

• 말씀으로 기도하기 •

331일차 / 365일

월   일

오늘의 본문: 대상23 | 벧전4 | 미2 | 눅11

맥체인 읽기: 11월 27일

찬송가 330장

오늘의 주제(키워드): **예배 직무와 삶의 예배**

 **말씀**

• 역대상 23장 레위인을 세워 예배 직무를 확립

"이스라엘 모든 방백과 제사장과 레위 사람을 모았더라"(2절)

"아론은 그 자손들과 함께 구별되어 몸을 성결하게 하여 영원토록 심히 거룩한 자가 되어 여호와 앞에 분향하고 섬기며 영원토록 그 이름으로 축복하게 되었느니라"(13절)

"다윗이 이르기를 이스라엘 하나님 여호와께서 평강을 그의 백성에게 주시고 예루살렘에 영원히 거하시나니 레위 사람이 다시는 성막과 그 가운데에서 쓰는 모든 기구를 멜 필요가 없다 한지라"(25,26절)

"아침과 저녁마다 서서 여호와께 감사하고 찬송하며 또 안식일과 초하루와 절기에 모든 번제를 여호와께 드리되 그가 명령하신 규례의 정한 수효대로 항상 여호와 앞에 드리며 또 회막의 직무와 성소의 직무와 그들의 형제 아론 자손의 직무를 지켜 여호와의 성전에서 수종드는 것이더라"(30~32절)

• 베드로전서 4장 육체의 남은 때에 드릴 삶의 예배

"그리스도께서 이미 육체의 고난을 받으셨으니 너희도 같은 마음으로 갑옷을 삼으라 이는 육체의 고난을 받은 자는 죄를 그쳤음이니 그 후로는 다시 사람의 정욕을 따르지 않고 하나님의 뜻을 따라 육체의 남은 때를 살게 하려 함이라"(1,2절)

"만물의 마지막이 가까이 왔으니 그러므로 너희는 정신을 차리고 근신하여 기도하라"(7절)

"무엇보다도 뜨겁게 서로 사랑할지니 사랑은 허다한 죄를 덮느니라"(8절)

"너희가 그리스도의 고난에 참여하는 것으로 즐거워하라"(13절)

"그러므로 하나님의 뜻대로 고난을 받는 자들은 또한 선을 행하는 가운데에 그 영혼을 미쁘신 창조주께 의탁할지어다"(19절)

• 미가 2장 예배 회복을 위해 이스라엘을 모으심

"야곱아 내가 반드시 너희 무리를 다 모으며 내가 반드시 이스라엘의 남은 자를 모으고 그들을 한 처소에 두기를... 여호와께서는 선두로 가시리라"(12,13절)

누가복음 11장 | 삶의 예배를 지속시키는 '기도'에 대한 교훈

"너희는 기도할 때에 이렇게 하라"(2~4절)-주기도문

"비록 벗 됨으로 인하여서는 일어나서 주지 아니할지라도 그 간청함을 인하여 일어나 그 요구대로 주리라"(8절)

"구하는 이마다 받을 것이요 찾는 이는 찾아낼 것이요 두드리는 이에게는 열릴 것이니라"(10절)

"하물며 너희 하늘 아버지께서 구하는 자에게 성령을 주시지 않겠느냐"(13절)

"하나님의 말씀을 듣고 지키는 자가 복이 있느니라"(28절)

"네 속에 있는 빛이 어둡지 아니한가 보라"(35절)

묵상 | 하나님 마음 알아가기

성도의 삶은 예배입니다. 예배 가운데 공동체 예배에는 직무가 있습니다. 그 직무를 감당하며 나아갈 때 온전한 예배가 됩니다. 예배의 구경꾼이 아닌 예배를 드리는 자가 되십시오.

적용

오늘 어떠한 예배를 하나님께 드리시겠습니까?

1. 예배의 회복은 하나님의 소원이십니다. 그리고 하나님께서 선두로 나아가십니다(미 2:12).
2. 삶의 예배로 하나님 앞에 서야겠습니다.
3. 삶의 예배의 지속을 위해 '강청하는 기도'로 나아가십시오.

나(우리)에게 주시는 말씀(암송)

• 오늘의 감사 •

• 말씀으로 기도하기 •

월   일   맥체인 읽기: 11월 28일

오늘의 본문: **대상24, 25** | 벧전5 | 미3 | 눅12   찬송가 450장

오늘의 주제(키워드): **나타날 영광**

 말씀

• 역대상 24, 25장 성전에 들어가 섬길 자들을 세움

＊그 섬길 자에 대해서

"제비뽑아 피차에 차등이 없이 나누었으니"(24:5)

"이와 같이 직무에 따라 여호와의 성전에 들어가서 그의 아버지 아론을 도왔으니"(24:19)

"구별하여 섬기게 하되…신령한 노래를 하게 하였으니"(25:1)

"큰 자나 작은 자나 스승이나 제자를 막론하고 다같이 제비뽑아 직임을 얻었으니"(25:8)

직임을 갖는 다는 것은 개인에게 영광입니다. 그런데 그 영광을 자신의 의지로 가져가는 것이 아니라 제비를 뽑아 세웠습니다.

• 베드로전서 5장 좀 더 구체적으로 교훈

＊우리 모든 성도는

"나타날 영광에 참여할 자"(1절)라고 말씀합니다.

＊그리고 자세에 대해서는

"하나님의 능하신 손 아래에서 겸손하라 때가 되면 너희를 높이시리라"(6절)고 하십니다.

여기까지가 힘들다. 영광은 하나님이 높이시는 것이며, 우리는 그 때까지 겸손해야 합니다.

＊이렇게 우리를 높이시는 하나님은

"모든 은혜의 하나님 곧 그리스도 안에서 너희를 부르사 자기의 영원한 영광에 들어가게 하신 이"(10절) 이십니다.

＊하나님이 영광을 주셔서 높이셨기에 맡은 자는

"하나님의 양무리를 치되 1) 억지로 하지 말고, 2) 하나님의 뜻으로 자원함으로, 3)더러운 이득을 위하여 하지 말고 기꺼이 하며, 4) 맡은 자들에게 주장하는 자세를 하지 말고 양무리의 본이 되라"(2절)는 말씀을 기억해야 합니다.

미가 3장 맡은 자들의 불성실함

"뇌물을 위하여 재판하며 그들의 제사장은 삯을 위하여 교훈하며 그들의 선지자는 돈을 위하여 점을 치면서도"(11절)

누가복음 12장 하나님의 능하신 손 아래에서 겸손

"감추인 것이 드러나지 않을 것이 없고 숨긴 것이 알려지지 않을 것이 없나니"(2절)

"마땅히 할 말을 성령이 곧 그 때에 너희에게 가르치시리라"(12절)

"많이 받은 자에게는 많이 요구할 것이요 많이 맡은 자에게는 많이 달라 할 것이니라"(48절)

묵상 | 하나님 마음 알아가기

성도는 하나님의 영원한 영광에 들어갈 자입니다. 모든 일에 억지로 하지 말고, 자원함으로 해야 합니다. 자발적 순종을 통해 하나님의 영광에 동참하여야 합니다.

적용

어떠한 곳(자리)에 있기를 원하십니까?

1. 그 영광의 자리는 하나님이 주심을 기억하고 하나님의 능하신 손 아래에서 겸손하십시오.
2. 그리고 하나님이 주셔서 가진 것에는 책임이 있음을 기억하고 주신 것에 감사하는 삶을 사십시오.

나(우리)에게 주시는 말씀(암송)

• 오늘의 감사 •

• 말씀으로 기도하기 •

333일차 / 365일

월 일 맥체인 읽기: 11월 29일
오늘의 본문: 대상 26, 27 | 벧후1 | 미4 | 눅13   찬송가 347장
오늘의 주제(키워드): **세움 받은 하나님의 사람**

 말씀

• 역대상 26, 27장 하나님 나라의 일꾼이 세워지는 과정
"대소를 막론하고 다 제비 뽑혔으니"(26:13)
"요나단은 지혜가 있어 모사와 서기관"
"아히도벨은 왕의 모사"
"후새는 왕의 벗"
"요압은 왕의 군대 지휘관"

• 베드로후서 1장 세우신 하나님의 사람에게 능력을 주심
"그의 신기한 능력으로 생명과 경건에 속한 모든 것을 우리에게 주셨으니"(3절)
"그 보배롭고 지극히 큰 약속을 우리에게 주사 이 약속으로 말미암아 너희가 정욕 때문에 세상에서 썩어질 것을 피하여 신성한 성품에 참여하는 자가 되게 하려 하셨느니라"(4절)
"그러므로 너희가 더욱 힘써"(5절)
"게으르지 않고 열매 없는 자가 되지 않게 하려니와"(8절)
"더욱 힘써 너희 부르심과 택하심을 굳게 하라"(10절)
"이같이 하면 우리 주 곧 구주 예수 그리스도의 영원한 나라에 들어감을 넉넉히 너희에게 주시리라"(11절)

• 미가 4장 여호와의 이름을 의지하여 행함
"오라 우리가 여호와의 산에 올라가서 야곱의 하나님의 전에 이르자 그가 그의 도를 가지고 우리에게 가르치실 것이니라 우리가 그의 길로 행하리라 하리니 이는 율법이 시온에서부터 나올 것이요 여호와의 말씀이 예루살렘에서부터 나올 것임이라"(2절)
"오직 우리는 우리 하나님 여호와의 이름을 의지하여 영원히 행하리로다"(5절)
"딸 시온이여 일어나서 칠지어다... 네가 여러 백성을 쳐서 깨뜨릴 것이라 네가 그들의 탈취물을

구별하여 여호와께 드리며 그들의 재물을 온 땅의 주께 돌리리라"(13절)

• 누가복음 13장 제자의 삶

"너희도 만일 회개하지 아니하면 다 이와 같이 망하리라"(5절)
"예수께서 각 성 각 마을로 다니사 가르치시며 예루살렘으로 여행하시더니"(22절)
"좁은 문으로 들어가기를 힘쓰라"(24절)
"보라 나중 된 자로서 먼저 될 자도 있고 먼저 된 자로서 나중 될 자도 있느니라"(30절)

묵상 | 하나님 마음 알아가기

성도는 하나님의 명령을 따를 때 자유함이 있습니다. 자신의 정욕을 따라 행할 때는 파멸입니다. 하나님께 세움 받은 자로서 하나님의 말씀에 온전히 순종하며 나아가야 합니다.

적용

나(우리)에게 주시는 말씀(암송)

어느 시대 어느 때든지 하나님은 사람을 세우십니다. 하나님께 세움 받은 성도로서 어떤 삶을 사시겠습니까?

1. 하나님께서 명령하신 대로 살아가는 하루가 되십시오.

2. 날마다 회개의 삶을 이루십시오.

3. 좁은 문으로 들어가는 삶을 사십시오.

• 오늘의 감사 •

• 말씀으로 기도하기 •

월   일   맥체인 읽기: 11월 30일

오늘의 본문: 대상28 | 벧후2 | 미5 | 눅14   찬송가 208장

오늘의 주제(키워드): **바른 섬김과 거짓 섬김**

 **말씀**

- **역대상 28장** 다윗이 아들 솔로몬에게 성전건축을 앞두고 당부하는 말

"나의 형제들, 나의 백성들아 내 말을 들으라"(2절)

"너희 하나님 여호와의 모든 계명을 구하여 지키기로 하라"(8절)

"내 아들 솔로몬아 너는 네 아버지의 하나님을 알고 온전한 마음과 기쁜 뜻으로 섬길지어다 여호와께서는 모든 마음을 감찰하사 모든 의도를 아시나니 네가 만일 그를 찾으면 만날 것이요 만일 네가 그를 버리면 그가 너를 영원히 버리시리라"(9절)

"그런즉 이제 너는 삼갈지어다 여호와께서 너를 택하여 성전의 건물을 건축하게 하셨으니 힘써 행할지니라"(10절)

- **베드로후서 2장** 거짓 선지자에 대한 경계의 말씀들

"거짓 선생들이 있으리라 그들은 멸망하게 할 이단을 가만히 끌어들여 자기들을 사신 주를 부인하고 임박한 멸망을 스스로 취하는 자들이라"(1절)

"하나님이 범죄한 천사들을 용서하지 아니하시고 지옥에 던져 어두운 구덩이에 두어"(4절)

"그들의 속임수로 즐기고 놀며 음심이 가득한 눈을 가지고 범죄하기를 그치지 아니하고 굳세지 못한 영혼들을 유혹하며 탐욕에 연단된 마음을 가진 자들이니 저주의 자식이라"(13,14절)

"만일 그들이 우리 주 되신 구주 예수 그리스도를 앎으로 세상의 더러움을 피한 후에 다시 그 중에 얽매이고 지면 그 나중 형편이 처음보다 더 심하리니"(20절)

- **미가 5장** 메시아에 대한 약속과 그를 섬길 것

"베들레헴 에브라다야 너는 유다 족속 중에 작을지라도 이스라엘을 다스릴 자가 네게서 내게로 나올 것이라 그의 근본은 상고에, 영원에 있느니라"(2절)

"여호와께서 이르시되 그 날에 이르러는... 멸절하며... 부수며... 멸하며... 무너뜨릴 것이며... 끊으리니... 멸절하리니...네가 네 손으로 만든 것을 다시는 섬기지 아니하리라"(10~13절)

누가복음 14장 — 하나님을 바르게 섬기는 자에 대한 교훈

"율법교사들과 바리새인들에게 이르시되 안식일에 병 고쳐 주는 것이 합당하냐 아니하냐"(3절)
"누구에게나 혼인 잔치에 청함을 받았을 때에 높은 자리에 앉지 말라"(8절)
"무릇 자기를 높이는 자는 낮아지고 자기를 낮추는 자는 높아지리라"(11절)
"잔치를 베풀거든 차라리 가난한 자들과 몸 불편한 자들과 저는 자들과 맹인들을 청하라"(13절)

묵상 | 하나님 마음 알아가기

하나님을 섬김에 거짓된 섬김이 있습니다. 사람은 속일 수 있어도 하나님은 속일 수 없습니다. 진실된 섬김으로 하나님을 기쁘시게 해드려야 합니다. 이를 위해 자신을 낮추어야 합니다.

적용

오늘 하나님에 대한 나의 섬김의 태도는 어떠합니까?

1. 형식과 권위에 매여 있지는 않은가? 아니면 작고 가난한 자와 함께 하는 섬김인가?
2. 높이 계신 하나님께서 인간의 몸을 입고 오신 성육신을 생각하며 오늘도 하나님이 기뻐하시는 삶을 살아가십시오.

나(우리)에게 주시는 말씀(암송)

• 오늘의 감사 •

• 말씀으로 기도하기 •

월 일	맥체인 읽기: 12월 1일
오늘의 본문: 대상29 ｜ 벧후3 ｜ 미6 ｜ 눅15	찬송가 50장
오늘의 주제(키워드): **하나님 나라를 향한 성도의 태도**	

 **말씀**

• 역대상 29장 성전건축 앞에 예물을 드림
"이 성전은 사람을 위한 것이 아니요 여호와 하나님을 위한 것이라"(1절)
"이에 모든 가문의 지도자들과... 다 즐거이 드리되"(6절)
"백성들은 자원하여 드렸으므로 기뻐하였으니"(9절)

• 베드로후서 3장 마지막 날에 가져야 할 태도
"그러나 주의 날이 도둑 같이 오리니"(10절)
"우리는 그의 약속대로 의가 있는 곳인 새 하늘과 새 땅을 바라보도다"(13절)
"그러므로... 주 앞에서 점도 없고 흠도 없이 평강 가운데서 나타나기를 힘쓰라"(14절)

• 미가 6장 오로지 한 마음으로 행할 것
"오직 정의를 행하며 인자를 사랑하며 겸손하게 네 하나님과 함께 행하는 것이 아니냐"(8절)

• 누가복음 15장 그 모든 일에 즐거움으로 할 것
"그 잃은 것을 찾아내기까지 찾아다니지 아니하겠느냐"(4절)
"찾아내기까지 부지런히 찾지 아니하겠느냐"(8절)
＊그 모든 일에 '즐거움'으로 할 것(5,6,9,23,24절)

묵상 | 하나님 마음 알아가기

자발적 순종은 하나님 나라를 이루는 원리입니다. 그 순종의 길에 즐거움을 얹으십시오. 더욱 발걸음이 가벼울 것입니다.

적용

오늘 나는 즐거움과 자원함으로 주의 보좌 앞에 나아가고 있는가?

1. 이 땅에서 살지만 새 하늘과 새 땅을 바라보며 즐거움으로 살아가십시오.

2. 하나님 나라를 찾되(이루어가되) 부지런히 찾으십시오.

나(우리)에게 주시는 말씀(암송)

• 오늘의 감사 •

• 말씀으로 기도하기 •

336일차 / 365일

월   일
맥체인 읽기: 12월 2일

오늘의 본문: 대하1 | 요일1 | 미7 | 눅16

찬송가 428장

오늘의 주제(키워드): 하나님께 충성된 성도의 삶

 말씀

- **역대하 1장** 하나님께 충성된 예배

  "천 마리 희생으로 번제를 드렸더라"(6절)

  "내가 네게 무엇을 주랴 너는 구하라"(7절)

- **요한일서 1장** 충성의 자세로 사귐

  "우리가 보고 들은 바를 너희에게도 전함은 너희로 우리와 사귐이 있게 하려 함이니 우리의 사귐은 아버지와 그의 아들 예수 그리스도와 더불어 누림이라"(3절)

  "만일 우리가 하나님과 사귐이 있다 하고 어둠에 행하면 거짓말을 하고 진리를 행하지 아니함이거니와"(6절)

  "그가 빛 가운데 계신 것 같이 우리도 빛 가운데 행하면 우리가 서로 사귐이 있고 그 아들 예수의 피가 우리를 모든 죄에서 깨끗하게 하실 것이요"(7절)

- **미가 7장** 재앙과 같은 상황에서 결단

  "경건한 자가 세상에서 끊어졌고 정직한 자가 사람들 가운데 없도다"(2절)

  "오직 나는 여호와를 우러러보며 나를 구원하시는 하나님을 바라보나니 나의 하나님이 나에게 귀를 기울이시리로다"(7절)

  "나는 엎드러질지라도 일어날 것이요 어두운 데에 앉을지라도 여호와께서 나의 빛이 되실 것임이로다"(8절)

- **누가복음 16장** 충성의 범위

  "지극히 작은 것에 충성된 자는 큰 것에도 충성되고 지극히 작은 것에 불의한 자는 큰 것에도 불의하니라"(10절)

  "불의한 재물에도 충성"(11절)

"남의 것에 충성"(12절)

📖 묵상 | 하나님 마음 알아가기

사귐에는 책임이 따릅니다. 그 책임을 이끄는 것이 충성입니다. 하나님께서 우리와의 약속을 지키시는 데 있어 충성하시듯이 우리도 하나님께 충성할 때 그 사귐은 아름답습니다.

📖 적용

하나님과 사람에게 얼마나 충성하십니까?

1. 온전한 예배와 지극히 작은 일에 충성함으로 하나님과 사귐을 이루십시오.
2. 그리스도 예수 안에서 가까이 있는 분들과 사귐을 이루시기 바랍니다.

나(우리)에게 주시는 말씀(암송)

• 오늘의 감사 •

• 말씀으로 기도하기 •

337일차 / 365일

월　　　일

오늘의 본문: **대하2** | **요일2** | **나1** | **눅17**

맥체인 읽기: 12월 3일

찬송가 70장

오늘의 주제(키워드): **성전건축**

 **말씀**

• 역대하 2장 솔로몬의 성전 건축
"솔로몬이 여호와의 이름을 위하여 성전을 건축하고"(1절)
"나의 하나님 여호와의 이름을 위하여 성전을 건축하여 구별하여 드리고"(4절)
"내가 건축하려 하는 성전은 크고 화려할 것"(9절)
"재주 있고 총명한 사람을 보내오니... 일을 잘하며... 익숙하고 모든 기묘한 양식에 능한 자... 함께 일하게 하소서"(13,14절)

• 요한일서 2장 계명 준수
"우리가 그의 계명을 지키면"(3절)
"누구든지 그의 말씀을 지키는 자는 하나님의 사랑이 참으로 그 속에서 온전하게 되었나니"(5절)
"그의 안에 산다고 하는 자는 그가 행하시는 대로 자기도 행할지니라"(6절)
"그의 형제를 사랑하는 자는 빛 가운데 거하여 자기 속에 거리낌이 없으나"(10절)
"이 세상이나 세상에 있는 것들을 사랑하지 말라... 이는 세상에 있는 모든 것이 육신의 정욕과 안목의 정욕과 이생의 자랑이니"(15,16절)
"오직 하나님의 뜻을 행하는 자는 영원히 거하느니라"(17절)

• 나훔 1장 아름다운 소식을 전하는 삶
"여호와는 질투하시며 보복하시는 하나님이시니라"(2절)
"여호와는 선하시며 환난 날에 산성이시라 그는 자기에게 피하는 자들을 아시느니라"(7절)
"여호와께서 이같이 말씀하시기를 그들이 비록 강하고 많을지라도 반드시 멸절을 당하리니 그가 없어지리라... 네가 쓸모 없게 되었음이라"(12~14절)
"볼지어다 아름다운 소식을 알리고 화평을 전하는 자의 발이 산 위에 있도다 유다야 네 절기를 지키고 네 서원을 갚을지어다"(15절)

• 누가복음 17장 대인 관계에서 계명 준수

"실족하게... 하는 자에게는 화로다"(1절)

"회개하거든 용서하라"(3절)-하루에 일곱 번이라도

"우리는 무익한 종이라 우리가 하여야 할 일을 한 것뿐이라"(10절)

"네 믿음이 너를 구원하였느니라"(19절)

"하나님의 나라는 너희 안에 있느니라"(21절)

"무릇 자기 목숨을 보전하고자 하는 자는 잃을 것이요 잃는 자는 살리리라"(33절)

묵상 | 하나님 마음 알아가기

솔로몬이 성전을 건축하는 장면은 오늘 성전된 성도가 어떻게 자신을 세워가야 하는가에 대한 교훈을 줍니다. 최고의 장인과 최고의 재료를 통해 성전을 지은 것처럼, 자신의 가장 좋은 것으로 성전을 세워가야 합니다.

적용

하나님의 성령이 거하시는 성전(고전 3:16)을 세워감에 있어 어떻게 행하시겠습니까?

1. 눈에 보이는 성전건축이 아닌 영원한 성전이신 예수 그리스도를 바라보며 자신을 세워가기 위해 계명을 따라 사는 삶을 선택하십시오.
2. 사랑과 믿음과 용서의 삶을 살아가십시오.

나(우리)에게 주시는 말씀(암송)

• 오늘의 감사 •

• 말씀으로 기도하기 •

월 일 　　맥체인 읽기: 12월 4일

오늘의 본문: **대하3,4 | 요일3 | 나2 | 눅18**　　찬송가 211장

오늘의 주제(키워드): **깨끗한 생활**

 **말씀**

• 역대하 3, 4장　성전 건축의 모습
"순금으로 입혔으며…."(3:4) "또 순금으로 입히고"(3:5)

"금으로 입히고"(3:7) "순금 육백달란트로 입혔으니"(3:8)

"규례대로 금으로 등잔대 열 개를 만들어"(4:7) "금으로 대접 백 개를 만들었고"(4:8)

"금제단과 …순금 등잔대와…순수한 금으로 만든 꽃과…순금으로 만든 불집게와 …지성소의 문과 내전의 문을 금으로 입혔더라"(4:19~22)

＊금은 변함 없는 믿음과 깨끗함을 의미합니다.

＊신약의 성도로서 어떻게 깨끗함을 이루어갈 수 있을까요?

• 요한일서 3장　어떻게 깨끗함을 이루어갈 수 있는가
"하나님으로부터 난 자마다 죄를 짓지 아니하나니 이는 하나님의 씨가 그의 속에 거함이요"(9절)

"사랑하는 자들아 우리가 말과 혀로만 사랑하지 말고 행함과 진실함으로 하자"(18절)

"만일 우리 마음이 우리를 책망할 것이 없으면 하나님 앞에서 담대함을 얻고"(21절)

• 나훔 2장　어떻게 깨끗함을 지켜야 하는가
"파괴하는 자가 너를 치러 올라왔나니 너는 산성을 지키며 길을 파수하며 네 허리를 견고히 묶고 네 힘을 크게 굳게 할지어다"(1절)

"여호와께서 야곱의 영광을 회복하시되"(2절)

• 누가복음 18장　예수님의 교훈
"항상 기도하고 낙심하지 말아야 할 것을 비유로 말씀하여 "(1절)

"하나님이여 불쌍히 여기소서 나는 죄인이로소이다"(13절)

"무릇 사람이 할 수 없는 것을 하나님은 하실 수 있느니라"(27절)

"다윗의 자손 예수여 나를 불쌍히 여기소서"(38절)
"네게 무엇을 하여 주기를 원하느냐 이르되 주여 보기를 원하나이다"(41절)

묵상 | 하나님 마음 알아가기

순금은 불순물이 거의 없는 것을 일컫습니다. 하나님 앞에 서게 될 성도의 삶도 불순물이 있어서는 안 됩니다. 이를 위해 하나님의 말씀으로 자신을 지켜야 합니다.

적용

주의 깨끗하심과 같이 자기를 깨끗하게 하기 위해 어떤 삶을 살고 있습니까?

1. 우리의 믿음을 파괴하는 자들이 올라올 때에 힘을 크게 굳게 하여 예수만 바라보며 자신을 깨끗하게 하기를 힘쓰도록 합시다.
2. 이것마저 우리가 할 수 없는 것이기에 우리는 늘 '주 예수여 나를 불쌍히 여기소서'라는 마음으로 주님 앞에 나아가야 하겠습니다.

나(우리)에게 주시는 말씀(암송)

• 오늘의 감사 •

• 말씀으로 기도하기 •

월　　　일　　　　맥체인 읽기: 12월 5일

339일차 / 365일

오늘의 본문: 대하5,6:1~11 | 요일4 | 나3 | 눅19　　찬송가 200장

오늘의 주제(키워드): **성전으로서의 성도와 세상의 도전**

 말씀

• 역대하 5장, 6장 1~11절 여호와의 성전이 완성된 때의 모습

"소리를 높여 여호와를 찬송하여 이르되 선하시도다 그의 자비하심이 영원히 있도다 하매 그 때에 여호와의 전에 구름이 가득한지라"(5:13)

"주께서 영원히 계실 처소"(6:2)

"이제 그의 손으로 이루셨도다"(6:4)

"내 이름을 둘 만한 집"(6:5)

"예루살렘을 택하여 내 이름을 거기 두고 또 다윗을 택하여 내 백성 이스라엘을 다스리게 하였노라 하신지라"(6:6)

• 요한일서 4장 하나님께서 어떻게 우리와 함께 하시는가

"자녀들아 너희는 하나님께 속하였고 또 그들을 이기었나니 이는 너희 안에 계신 이가 세상에 있는 자보다 크심이라"(4절)

"자기의 독생자를 세상에 보내심은 그로 말미암아 우리를 살리려 하심이라"(9절)

"우리가 서로 사랑하면 하나님이 우리 안에 거하시고"(12절)

"그의 성령을 우리에게 주시므로 우리가 그 안에 거하고 그가 우리 안에 거하시는 줄을 아느니라"(13절)

"누구든지 예수를 하나님의 아들이라 시인하면 하나님이 그의 안에 거하시고 그도 하나님 안에 거하느니라"(15절)

"사랑 안에 거하는 자는 하나님 안에 거하고 하나님도 그의 안에 거하시느니라"(16절)

• 나훔 3장 성전된 우리를 파괴하고 멸망하고자 도전하는 것

"이는 마술에 능숙한 미모의 음녀가 많은 음행을 함이라 그가 그의 음행으로 여러 나라를 미혹하고 그의 마술로 여러 족속을 미혹하느니라"(4절)

"너를 구경거리가 되게 하리니"(6절)-결과

• 누가복음 19장 늘 예수를 모시고 변화된 삶을 살아야 함

"그가 예수께서 어떠한 사람인가 하여 보고자 하되"(3절)

"삭개오야 속히 내려오라 내가 오늘 네 집에 유하여야 하겠다"(5절)

"내 소유의 절반을 가난한 자들에게 주겠사오며 만일 누구의 것을 속여 빼앗은 일이 있으면 네 갑절이나 갚겠나이다"(8절)

묵상 | 하나님 마음 알아가기

하나님의 성령이 거하실 성전된 성도를 파괴하고 멸망하려는 세상의 도전 앞에 성도는 예수 그리스도를 모시고 변화된 삶을 살아가야 합니다. 변화된 삶은 믿음의 열매입니다.

적용

나(우리)에게 주시는 말씀(암송)

* 하나님의 성령이 거하시는 성전 된 몸임을 기억하십니까?
1. 하나님이 내주하시는 성전 된 몸을 거룩하게 하십시오.
2. 주님의 통치로 변화된 삶을 사십시오.

• 오늘의 감사 •

• 말씀으로 기도하기 •

월   일   맥체인 읽기: 12월 6일

오늘의 본문: 대하6:12~42 | 요일5 | 합1 | 눅20   찬송가 310장

오늘의 주제(키워드): **기도에 대한 교훈**

 말씀

• 역대하 6장 12~42절 기도의 방향성-성전중심

"무릎을 꿇고 하늘을 향하여 손을 펴고"(13절)

"주의 종이 주 앞에서 부르짖는 것과 비는 기도를 들으시옵소서"(19절)

"내 이름을 거기에 두리라 하신 곳 이 성전을 향하여 주의 눈이 주야로 보시오며 종이 이 곳을 향하여 비는 기도를 들으시옵소서(20절)

"이 성전에서 주께 빌며"(24절)

"이 성전을 향하여 손을 펴고 무슨 기도나 무슨 간구를 하거든"(29절)

"성전 있는 쪽을 향하여 주께 기도하거든"(34,38절)

"나의 하나님이여 이제 이 곳에서 하는 기도에 눈을 드시고 귀를 기울이소서"(40절)

• 요한일서 5장 기도의 확신

"그를 향하여 우리가 가진 바 담대함이 이것이니 그의 뜻대로 무엇을 구하면 들으심이라"(14절)

"우리가 무엇이든지 구하는 바를 들으시는 줄을 안즉 우리가 그에게 구한 그것을 얻은 줄을 또한 아느니라"(15절)

• 하박국 1장 기도함에 가질 수 있는 오해

"여호와여 내가 부르짖어도 주께서 듣지 아니하시니 어느 때까지리이까"(2절)

"여호와께서 이르시되 너희는 여러 나라를 보고 또 보고 놀라고 또 놀랄지어다"(5절)

• 누가복음 20장 외식으로 기도하는 것에 대한 교훈

"그들은 과부의 가산을 삼키며 외식으로 길게 기도하니"(47절)

묵상 | 하나님 마음 알아가기

기도할 때는 담대함을 가져야 합니다. 그리고 하나님의 뜻대로 구해야 합니다. 혹 기도하는데도 듣지 않으실까 하는 염려를 버리고, 하나님의 응답을 기대하며 기도해야 합니다.

적용

오늘 나의 기도는 중심이 어디(누구)를 향하고 있습니까?

1. 기도하는 것을 얻은 줄 알고 확신하십니까?

2. 언제나 어디서나 나의 기도를 하나님이 들으심을 확신합시다.

나(우리)에게 주시는 말씀(암송)

• 오늘의 감사 •

• 말씀으로 기도하기 •

월   일   맥체인 읽기: 12월 7일

오늘의 본문: 대하7 | 요이1 | 합2 | 눅21   찬송가 218장

오늘의 주제(키워드): **기도의 응답**

 **말씀**

• 역대하 7장 솔로몬의 기도에 대한 하나님의 응답

"솔로몬이 기도를 마치매 불이 하늘에서부터 내려와서... 여호와의 영광이 그 성전에 가득하니"(1절)

"솔로몬의 심중에... 그가 이루고자 한 것을 다 형통하게 이루니라"(11절)

"밤에 여호와께서 솔로몬에게 나타나사... 내가 이미 네 기도를 듣고 이 곳을 택하여"(12절)

"내 이름으로 일컫는 내 백성이 그들의 악한 길에서 떠나 스스로 낮추고 기도하여 내 얼굴을 찾으면 내가 하늘에서 듣고 그들의 죄를 사하고 그들의 땅을 고칠지라"(14절)

"이는 내가 이미 이 성전을 택하고 거룩하게 하여 내 이름을 여기에 영원히 있게 하였음이라 내 눈과 내 마음이 항상 여기에 있으리라"(16절)

• 요한이서 1장 주의 진리와 사랑에 대한 교훈

"또 사랑은 이것이니 우리가 그 계명을 따라 행하는 것이요 계명은 이것이니 너희가 처음부터 들은 바와 같이 그 가운데서 행하라 하심이라"(6절)

• 하박국 2장 기도 응답의 지연에 대한 교훈

"비록 더딜지라도 기다리라 지체되지 않고 반드시 응하리라"(3절)

"오직 여호와는 그 성전에 계시니 온 땅은 그 앞에서 잠잠할지니라 하시니라"(20절)

• 누가복음 21장 성전의 파괴에 대한 교훈

"너희 보는 이것들이 날이 이르면 돌 하나도 돌 위에 남지 않고 다 무너뜨려지리라"(6절)

"너희의 인내로 너희 영혼을 얻으리라"(19절)

"너희는 장차 올 이 모든 일을 능히 피하고 인자 앞에 서도록 항상 기도하며 깨어 있으라"(36절)

"예수께서 낮에는 성전에서 가르치시고 밤에는 나가 감람원이라 하는 산에서 쉬시니"(37절)

묵상 | 하나님 마음 알아가기

기도 응답에 있어서 장애가 있습니다. 그것은 악한 길에 서는 것입니다. 장애를 제거하고 스스로 낮추고 하나님의 얼굴을 찾으십시오. 그러면 하나님께서 하늘에서 들으시고 응답하십니다.

적용

하나님께 기도하고 있습니까?

그 응답이 더디다고 절망하고 있지는 않습니까?

1. 비록 더딜지라도 반드시 응답됨을 인내함으로 기다리시기 바랍니다.
2. 진리를 따라 사랑하며 살아가십시오.

나(우리)에게 주시는 말씀(암송)

• 오늘의 감사 •

• 말씀으로 기도하기 •

342일차 365일	월 일	맥체인 읽기: 12월 8일
	오늘의 본문: 대하8	요삼1	합3	눅22	찬송가 246장
	오늘의 주제(키워드): **악한 것을 본받지 말고 선한 것을 본받으라**	

 **말씀**

역대하 8장 본받아야 할 선한 일들

"모세의 명령을 따라 매일의 일과대로 안식일과 초하루와 정한 절기 곧 일년의 세 절기 무교절과 칠칠절과 초막절에 드렸더라"(13절)

"제사장들과 레위 사람들이 국고 일에든지 무슨 일에든지 왕이 명령한 바를 전혀 어기지 아니하였더라"(15절)

"솔로몬이 여호와의 전의 기초를 쌓던 날부터 준공하기까지 모든 것을 완비하였으므로 여호와의 전 공사가 결점 없이 끝나니라"(16절)

요한삼서 1장 악한 것을 본받지 말고 선한 것을 본받을 것

"사랑하는 자여 악한 것을 본받지 말고 선한 것을 본받으라"(11절)

하박국 3장 주로 말미암는 부흥의 갈망

"여호와여 주는 주의 일을 이 수년 내에 부흥하게 하옵소서 이 수년 내에 나타내시옵소서 진노 중에라도 긍휼을 잊지 마옵소서"(2절)

"비록 무화과나무가 무성하지 못하며 포도나무에 열매가 없으며 감람나무에 소출이 없으며 밭에 먹을 것이 없으며 우리에 양이 없으며 외양간에 소가 없을지라도 나는 여호와로 말미암아 즐거워하며 나의 구원의 하나님으로 말미암아 기뻐하리로다"(17,18절)

누가복음 22장 예수님의 선하신 모습

"습관을 따라 감람 산에 가시매... 유혹에 빠지지 않게 기도하라"(39,40절)

"예수께서 힘쓰고 애써 더욱 간절히 기도하시니 땀이 땅에 떨어지는 핏방울 같이 되더라"(44절)

묵상 | 하나님 마음 알아가기

부흥을 갈망하는가? 부흥은 주로부터 말미암습니다. 부흥은 결핍 가운데서도 하나님을 온전히 즐거워하며 기뻐하는 것입니다.

적용

오늘 어떤 선한 일을 선택하여 행하시겠습니까?

1. 내가 기뻐하는 일이 아닌 주님이 기뻐하시는 선한 일을 선택하여 행하시기 바랍니다.

2. 예수님의 본, 기도하는 선함을 따르십시오.

나(우리)에게 주시는 말씀(암송)

• 오늘의 감사 •

• 말씀으로 기도하기 •

월   일
오늘의 본문: 대하9 | 유1 | 습1 | 눅23

맥체인 읽기: 12월 9일
찬송가 419장

오늘의 주제(키워드): 영광과 비방

 **말씀**

역대하 9장   솔로몬의 지혜로 하나님께 영광 돌림
"당신의 하나님 여호와를 송축할지로다"(9절)
"천하의 열왕이 하나님께서 솔로몬의 마음에 주신 지혜를 들으며"(23절)

유다서 1장   하나님께 영광 돌리는 삶
"성도에게 단번에 주신 믿음의 도를 위하여 힘써 싸우라"(3절)
"이는 가만히 들어온 사람 몇이 있음이라… 경건하지 아니하여 우리 하나님의 은혜를 도리어 방탕한 것으로 바꾸고 홀로 하나이신 주재 곧 우리 주 예수 그리스도를 부인하는 자니라"(4절)
"영광을 비방하는도다"(8절)
"너희의 지극히 거룩한 믿음 위에 자신을 세우며 성령으로 기도하며 하나님의 사랑 안에서 자신을 지키며 영생에 이르도록 우리 주 예수 그리스도의 긍휼을 기다리라"(20,21절)

스바냐 1장   하나님께 영광 돌리지 않는 자들에 대한 심판
"여호와께서 이르시되 내가 땅 위에서 모든 것을 진멸하리라"(2절)
"여호와를 배반하고 따르지 아니한 자들과 여호와를 찾지도 아니하며 구하지도 아니한 자들을 멸절하리라"(6절)

누가복음 23장   예수를 직접적으로 비방하는 자들
"그들이 큰 소리로 재촉하여 십자가에 못 박기를 구하니 그들의 소리가 이긴지라"(23절)
"달린 행악자 중 하나는 비방하여 이르되"(39절)
"백부장이 그 된 일을 보고 하나님께 영광을 돌려 이르되 이 사람은 정녕 의인이었도다"(47절)

묵상 | 하나님 마음 알아가기

성도에게 주신 믿음의 도는 예수께서 십자가에 단번에 죽으신 것처럼, 단번에 주신 것입니다. 그 믿음은 지극히 거룩한 것입니다. 그 위에 자신을 세워가야 합니다.

적용

오늘 어떤 영광을 하나님께 돌리시겠습니까?

1. 하나님께 영광 돌리는 삶과 비방의 삶은 상반됩니다.

2. 영광 돌리지 못하면 사람들의 비방거리가 됩니다.

나(우리)에게 주시는 말씀(암송)

• 오늘의 감사 •

• 말씀으로 기도하기 •

월   일   맥체인 읽기: 12월 10일

344일차 / 365일

오늘의 본문: **대하10 | 계1 | 습2 | 눅24**   찬송가 487장

오늘의 주제(키워드): **살아있음**

 **말씀**

역대하 10장 살아있음의 증거는 말을 듣는 것
"왕은 원로들이 가르치는 것을 버리고"(8절)
"왕이 이같이 백성의 말을 듣지 아니하였으니 이 일은 하나님께로 말미암아 난 것이라"(15절)

요한계시록 1장 죽었다가 살아나신 예수의 계시의 말씀
"죽은 자 같이 되매… 곧 살아 있는 자라 내가 전에 죽었었노라"(17,18절)

스바냐 2장 살아 있는 자를 남은 자로 설명하는 것
"여호와의 규례를 지키는 세상의 모든 겸손한 자들아 너희는 여호와를 찾으며 공의와 겸손을 구하라 너희가 혹시 여호와의 분노의 날에 숨김을 얻으리라"(3절)
"내 백성의 남은 자들이 그들을 노략하며 나의 남은 백성이 그것을 기업으로 얻을 것이라"(9절)

누가복음 24장 살아나신 예수님의 이야기
"어찌하여 살아 있는 자를 죽은 자 가운데서 찾느냐 여기 계시지 않고 살아나셨느니라"(5,6절)
"주께서 과연 살아나시고 시몬에게 보이셨다"(34절)

묵상 | 하나님 마음 알아가기

예수는 살아나셨습니다. 사망의 권세를 깨뜨리시고 다시 살아나셨습니다.
부활의 첫 열매가 되신 예수를 찬양합니다.

적용

1. 다시 살아나신 예수 그리스도의 말씀을 들으십시오.

2. 이 시대 남은 자의 사명을 감당하시기 바랍니다.

나(우리)에게 주시는 말씀(암송)

• 오늘의 감사 •

• 말씀으로 기도하기 •

월   일   맥체인 읽기: 12월 11일

오늘의 본문: 대하11, 12 | 계2 | 습3 | 요1   찬송가 333장

오늘의 주제(키워드): **하나님을 섬기는 자세**

 **말씀**

• 역대하 11, 12장 하나님을 섬기는 자세

"이에 이스라엘 방백들과 왕이 스스로 겸비하여 이르되 여호와는 의로우시다 하매 여호와께서 그들이 스스로 겸비함을 보신지라… 내가 멸하지 아니하고 저희를 조금 구원하여… 나를 섬기는 것과 세상 나라들을 섬기는 것이 어떠한지 알게 되리라"(12:6~8)

• 요한계시록 2장 하나님을 섬기는 성도의 자세

"너는 장차 받을 고난을 두려워하지 말라 볼지어다… 네가 죽도록 충성하라 그리하면 내가 생명의 관을 네게 주리라"(10절)

"또 내가 그에게 회개할 기회를 주었으되 자기의 음행을 회개하고자 하지 아니하는도다"(21절)

"이기는 자와 끝까지 내 일을 지키는 그에게 만국을 다스리는 권세를 주리니"(26절)

• 스바냐 3장 하나님을 섬기는 바른 자세

"너는 오직 나를 경외하고 교훈을 받으라"(7절)

"내게 구하는 백성들 곧 내가 흩은 자의 딸이"(10절)

"내가 곤고하고 가난한 백성을 네 가운데에 남겨 두리니 그들이 여호와의 이름을 의탁하여 보호를 받을지라"(12절)

"전심으로 기뻐하며"(14절)

"너의 하나님 여호와가 너의 가운데에 계시니 그는 구원을 베푸실 전능자이시라 그가 너로 말미암아 기쁨을 이기지 못하시며 너를 잠잠히 사랑하시며 너로 말미암아 즐거이 부르며 기뻐하시리라"(17절)

• 요한복음 1장 하나님이신 예수님의 증언

"그 안에 생명이 있었으니 이 생명은 사람들의 빛이라"(4절)

"보라 세상 죄를 지고 가는 하나님의 어린 양이로다"(29절)
"내가 보고 그가 하나님의 아들이심을 증언하였노라"(34절)
"하늘이 열리고 하나님의 사자들이 인자 위에 오르락 내리락 하는 것을 보리라"(51절)

묵상 | 하나님 마음 알아가기

하나님의 백성이 겸비할 때 하나님은 구원을 주십니다. 예수는 왕이시며 우리의 하나님이십니다. 왕이신 예수에게 죽도록 충성할 때 생명의 면류관을 받습니다.

적용

예수 그리스도는 각 개인에게 어떤 분이십니까?

1. 예수 그리스도는 하나님이십니다.
2. 삼위 하나님을 섬기는 성도로서 스스로 겸비하며, 고난 가운데서도 충성하며, 회개하고 끝까지 이기는 삶을 살아가십시오.
3. 더 나아가 오직 하나님으로부터 교훈을 받고 하나님께 구하며 그 이름을 의탁하며 하나님만을 전심으로 기뻐하시기 바랍니다.

나(우리)에게 주시는 말씀(암송)

• 오늘의 감사 •

• 말씀으로 기도하기 •

월   일   맥체인 읽기: 12월 12일

오늘의 본문: 대하13 | 계3 | 학1 | 요2   찬송가 359장

오늘의 주제(키워드): 이기는 자

 말씀

• 역대하 13장 이기는 자의 선택

"우리에게는 여호와께서 우리 하나님이 되시니 우리가 그를 배반하지 아니하였고고"(10절)

"매일 아침 저녁으로 여호와 앞에 번제를 드리며 분향하며 또 깨끗한 상에 진설병을 놓고... 저녁마다 불을 켜나니"(11절)

"유다 사람이 뒤를 돌아보고 자기 앞 뒤의 적병으로 말미암아 여호와께 부르짖고 제사장들은 나팔을 부니라"(14절)

"유다 자손이 이겼으니 이는 그들이 그들의 조상들의 하나님 여호와를 의지하였음이라"(18절)

• 요한계시록 3장 아시아 일곱 교회

"이기는 자는 이와 같이 흰 옷을 입을 것이요 내가 그 이름을 생명책에서 결코 지우지 아니하고 그 이름을 내 아버지 앞과 그의 천사들 앞에서 시인하리라"(5절)

"작은 능력을 가지고서도 내 말을 지키며 내 이름을 배반하지 아니하였도다"(8절)

"이기는 자는 내 하나님 성전에 기둥이 되게 하리니"(12절)

"귀 있는 자는 성령이 교회들에게 하시는 말씀을 들을지어다"(6,13,22절)

"이기는 그에게는 내가 내 보좌에 함께 앉게 하여 주기를"(21절)

• 학개 1장 성전 건축을 통해 이기는 삶

"너희는 너희의 행위를 살필지니라"(5절)

"너희는 산에 올라가서 나무를 가져다가 성전을 건축하라 그리하면 내가 그것으로 말미암아 기뻐하고 또 영광을 얻으리라"(8절)

"내가 너희와 함께 하노라"(13절)

"남은 모든 백성의 마음을 감동시키시매 그들이 와서 만군의 여호와 그들의 하나님의 전 공사를 하였으니"(14절)

요한복음 2장 | 승리자이신 예수님의 부활

"이 성전을 헐라 내가 사흘 동안에 일으키리라"(19절)

"성전된 자기 육체를 가리켜 말씀하신 것이라"(21절)

"죽은 자 가운데서 살아나신 후에야 제자들이 이 말씀하신 것을 기억하고 성경과 예수께서 하신 말씀을 믿었더라"(22절)

묵상 | 하나님 마음 알아가기

작다고 위축되지 마십시오. 작은 능력을 가지고서도 예수의 말을 지키며 그 이름을 배반하지 않았을 때 이기는 자로서 흰옷을 입게 되었습니다. 능력이 작은 것이 아니라 믿음이 작은 것이 문제입니다.

적용

나(우리)에게 주시는 말씀(암송)

이기는 자로서 어떤 삶을 선택하시겠습니까?

1. 하나님만을 의지할 것을 결단합시다.
2. 성령이 하시는 말씀을 듣기로 결단합시다.
3. 성령이 거하시는 성전을 이루어가도록 힘씁시다.
4. 승리자 되신 예수 그리스도의 부활의 승리를 기억합시다.

• 오늘의 감사 •

• 말씀으로 기도하기 •

347일차 / 365일

월   일   맥체인 읽기: 12월 13일

오늘의 본문: 대하14, 15 | 계4 | 학2 | 요3   찬송가 349장

오늘의 주제(키워드): **하나님을 찾음**

 말씀

• 역대하 14, 15장 아사 왕이 위기 가운데 하나님을 찾음

"아사가 그의 하나님 여호와께 부르짖어 이르되 여호와여 힘이 강한 자와 약한 자 사이에는 주 밖에 도와 줄 이가 없사오니 우리 하나님 여호와여 우리를 도우소서"(14:11)

"너희가 여호와와 함께 하면 여호와께서 너희와 함께 하실지라 너희가 만일 그를 찾으면 그가 너희와 만나게 되시려니와"(15:2)

"무리가 마음을 다하여 맹세하고 뜻을 다하여 여호와를 찾았으므로 여호와께서도 그들을 만나 주시고 그들의 사방에 평안을 주셨더라"(15:15)

• 요한계시록 4장 하나님께 예배

"거룩하다 거룩하다 거룩하다 주 하나님 곧 전능하신 이여 전에도 계셨고 이제도 계시고 장차 오실 이시라"(8절)

"이십사 장로들이 보좌에 앉으신 이 앞에 엎드려 세세토록 살아 계시는 이에게 경배하고 자기의 관을 보좌 앞에 드리며"(10절)

"우리 주 하나님이여 영광과 존귀와 권능을 받으시는 것이 합당하오니 주께서 만물을 지으신지라 만물이 주의 뜻대로 있었고 또 지으심을 받았나이다"(11절)

• 학개 2장 하나님의 임재의 상징인 성전을 대하는 태도

"스룹바벨아 스스로 굳세게 할지어다 여호사닥의 아들 대제사장 여호수아야 스스로 굳세게 할지어다 여호와의 말이니라 이 땅 모든 백성아 스스로 굳세게 하여 일할지어다 내가 너희와 함께 하노라"(4절)

"내가 이 성전에 영광이 충만하게 하리라"(7절)

"이 성전의 나중 영광이 이전 영광보다 크리라... 내가 이 곳에 평강을 주리라"(9절)

"그 날에 내가 너를 세우고 너를 인장으로 삼으리니 이는 내가 너를 택하였음이니라"(23절)

• 요한복음 3장 하나님을 찾은 이에게 영생을 약속

"그가 밤에 예수께 와서"(2절)

"거듭나지 아니하면 하나님의 나라를 볼 수 없느니라"(3절)
"이는 그를 믿는 자마다 영생을 얻게 하려 하심이니라"(15절)
"하나님이 세상을 이처럼 사랑하사 독생자를 주셨으니 이는 그를 믿는 자마다 멸망하지 않고 영생을 얻게 하려 하심이라 하나님이 그 아들을 세상에 보내신 것은 세상을 심판하려 하심이 아니요 그로 말미암아 세상이 구원을 받게 하려 하심이라"(16,17절)
"아들을 믿는 자에게는 영생이 있고 아들에게 순종하지 아니하는 자는 영생을 보지 못하고 도리어 하나님의 진노가 그 위에 머물러 있느니라"(36절)

묵상 | 하나님 마음 알아가기

하나님을 찾되 부르짖으십시오. 하나님께만 경배를 드리십시오. 그리고 하나님으로부터 받은 관을 다시 하나님께 드리시기 바랍니다.

적용

사슴이 시냇물을 찾기에 갈급함같이 하나님을 찾기에 갈급하신 적이 있습니까?

1. 매일의 삶에서 하나님을 찾고, 주시는 평강을 누리시기 바랍니다.

2. 예수를 믿음으로 영생을 누리십시오.

나(우리)에게 주시는 말씀(암송)

• 오늘의 감사 •

• 말씀으로 기도하기 •

월 일 　　　맥체인 읽기: 12월 14일

오늘의 본문: **대하16 | 계5 | 슥1 | 요4**　　찬송가 132장

오늘의 주제(키워드): **하나님을 의지함**

 **말씀**

역대하 16장 이스라엘과 유다의 충돌
"왕이 아람 왕을 의지하고 왕의 하나님 여호와를 의지하지 아니하였으므로"(7절)

"그러나 왕이 여호와를 의지하였으므로 여호와께서 왕의 손에 넘기셨나이다"(8절)

"여호와의 눈은 온 땅을 두루 감찰하사 전심으로 자기에게 향하는 자들을 위하여 능력을 베푸시나니"(9절)

요한계시록 5장 하나님께 예배
"그 어린 양 앞에 엎드려… 이 향은 성도의 기도들이라"(8절)

"죽임을 당하신 어린 양은 능력과 부와 지혜와 힘과 존귀와 영광과 찬송을 받으시기에 합당하도다"(12절)

"보좌에 앉으신 이와 어린 양에게 찬송과 존귀와 영광과 권능을 세세토록 돌릴지어다"(13절)

스가랴 1장 하나님께 돌아올 것을 촉구하는 것
"너희는 내게로 돌아오라"(3절)

"너희가 악한 길, 악한 행위를 떠나서 돌아오라"(4절)

"나의 성읍들이 넘치도록 다시 풍부할 것이라 여호와가 다시 시온을 위로하며 다시 예루살렘을 택하리라"(17절)

요한복음 4장 예수께서 세상의 구주이심
"내가 주는 물은 그 속에서 영생하도록 솟아나는 샘물이 되리라"(14절)

"아버지께 참되게 예배하는 자들은 영과 진리로 예배할 때가 오나니 곧 이 때라 아버지께서는 자기에게 이렇게 예배하는 자들을 찾으시느니라"(23절)

"그가 참으로 세상의 구주신 줄 앎이라"(42절)

묵상 | 하나님 마음 알아가기

우리가 의지할 하나님에 대한 예배는 쉬지 않고 드려져야 합니다. 예배 가운데 찬양은 '죽임을 당하신 어린 양은 능력과 부와 지혜와 힘과 존귀와 영광과 찬송을 받으시기에 합당하도다'입니다.

적용

무엇을 의지하십니까?

1. 능력과 부와 지혜와 힘과 존귀와 영광과 찬송을 받으시기에 합당하신 예수 그리스도를 의지하십시오.

2. 참으로 세상의 구주이신 예수를 의지하기 바랍니다.

나(우리)에게 주시는 말씀(암송)

• 오늘의 감사 •

• 말씀으로 기도하기 •

월   일   맥체인 읽기: 12월 15일

오늘의 본문: 대하17 | 계6 | 슥2 | 요5   찬송가 132장

오늘의 주제(키워드): **심판과 자비**

역대하 17장 하나님의 함께 하심-자비

"여호와께서 여호사밧과 함께 하셨으니 이는 그가 그의 조상 다윗의 처음 길로 행하여 바알들에게 구하지 아니하고"(3절)

"오직 그의 아버지의 하나님께 구하며 그의 계명을 행하고 이스라엘의 행위를 따르지 아니하였음이라"(4절)

"그가 전심으로 여호와의 길을 걸어 산당들과 아세라 목상들도 유다에서 제거하였더라"(6절)

"유다 여러 성읍에 가서 가르치게 하고"(7절)

"그들이 여호와의 율법책을 가지고 유다에서 가르치되 그 모든 유다 성읍들로 두루 다니며 백성들을 가르쳤더라"(9절)

요한계시록 6장 인 심판

"내가 보매 어린 양이 일곱 인 중의 하나를 떼시는데 그 때에 내가 들으니 네 생물 중의 하나가 우렛소리 같이 말하되 오라 하기로"(1절)

"그들의 진노의 큰 날이 이르렀으니 누가 능히 서리요 하더라"(17절)

스가랴 2장 심판에서 피함

"내가 또 눈을 들어 본즉 한 사람이 측량줄을 그의 손에 잡았기로"(1절)

"예루살렘을 측량하여 그 너비와 길이를 보고자 하노라"(2절)

"여호와의 말씀에 내가 불로 둘러싼 성곽이 되며 그 가운데에서 영광이 되리라"(5절)

"너희를 하늘 사방에 바람 같이 흩어지게 하였음이니라"(6절)

"바벨론 성에 거주하는 시온아 이제 너는 피할지니라"(7절)

"시온의 딸아 노래하고 기뻐하라 이는 내가 와서 네 가운데에 머물 것임이라"(10절)

"여호와께서 장차 유다를 거룩한 땅에서 자기 소유를 삼으시고 다시 예루살렘을 택하시리니"(12절)

"모든 육체가 여호와 앞에서 잠잠할 것은 여호와께서 그의 거룩한 처소에서 일어나심이니라"(13절)

요한복음 5장 | 심판의 권한을 가지신 예수

"예수께서 이르시되 일어나 네 자리를 들고 걸어가라"(8절)

"보라 네가 나았으니 더 심한 것이 생기지 않게 다시는 죄를 범하지 말라 하시니"(14절)

"아버지께서 행하시는 그것을 아들도 그와 같이 행하느니라"(19절)

"아버지께서 아무도 심판하지 아니하시고 심판을 다 아들에게 맡기셨으니"(22절)

"내가 진실로 진실로 너희에게 이르노니 내 말을 듣고 또 나 보내신 이를 믿는 자는 영생을 얻었고 심판에 이르지 아니하나니 사망에서 생명으로 옮겼느니라"(24절)

묵상 | 하나님 마음 알아가기

하나님은 아무도 심판하지 아니하시고 심판을 다 아들이신 예수께 맡기셨습니다. 예수는 모든 이가 믿어 영생에 이르기를 기다리십니다. 예수를 믿는 자는 영생을, 믿지 않는 자는 영벌에 처해집니다.

적용

심판 중에라도 하나님의 자비를 기대하십니까?

1. 하나님은 심판 중에도 자비를 베푸십니다.

2. 하나님의 자비가 여러분의 삶에 나타나도록 기도하십시오.

나(우리)에게 주시는 말씀(암송)

· 오늘의 감사 ·

· 말씀으로 기도하기 ·

| 월   일 | 맥체인 읽기: 12월 16일 |

오늘의 본문: 대하18 | 계7 | 슥3 | 요6   찬송가 240장

오늘의 주제(키워드): 하나님 앞에 서는 자

 **말씀**

• 역대하 18장 여호사밧이 여호와 앞에 말씀을 물을 때의 상황
"이에 선지자 사백 명을 모으고 그들에게 이르되… 그들이 이르되 올라가소서"(5절)

"미가야가 이르되 여호와께서 살아 계심을 두고 맹세하노니 내 하나님께서 말씀하시는 것 곧 그것을 내가 말하리라"(13절)

"내가 나가서 거짓말하는 영이 되어 그의 모든 선지자들의 입에 있겠나이다"(21절)

• 요한계시록 7장 하나님 앞에 선 자들
"인침을 받은 자의 수를 들으니 이스라엘 자손의 각 지파 중에서 인침을 받은 자들이 십사만 사천이니"(4절)

"이 일 후에 내가 보니 각 나라와 족속과 백성과 방언에서 아무도 능히 셀 수 없는 큰 무리가 나와 흰 옷을 입고 손에 종려 가지를 들고 보좌 앞과 어린 양 앞에 서서… 구원하심이 보좌에 앉으신 우리 하나님과 어린 양에게 있도다"(9,10절)

"이는 큰 환난에서 나오는 자들인데 어린 양의 피에 그 옷을 씻어 희게 하였느니라"(14절)

"그들이 하나님의 보좌 앞에 있고 또 그의 성전에서 밤낮 하나님을 섬기매 보좌에 앉으신 이가 그들 위에 장막을 치시리니"(15절) -> 결과(16,17절)

• 스가랴 3장 하나님 앞에 선 자
"여호와께서 자기 앞에 선 자들에게 명령하사 그 더러운 옷을 벗기라 하시고 또 여호수아에게 이르시되 내가 네 죄악을 제거하여 버렸으니 네게 아름다운 옷을 입히리라"(4절)

"그 날에 너희가 각각 포도나무와 무화과나무 아래로 서로 초대하리라"(10절)

• 요한복음 6장 하나님 앞에 서신 예수님과 예수님의 약속
"예수께서 그들이 와서 자기를 억지로 붙들어 임금으로 삼으려는 줄 아시고 다시 혼자 산으로 떠

나 가시니라"(15절)

"썩을 양식을 위하여 일하지 말고 영생하도록 있는 양식을 위하여 하라 이 양식은 인자가 너희에게 주리니"(27절)

"하나님께서 보내신 이를 믿는 것이 하나님의 일이니라"(29절)

"아버지께서 내게 주시는 자는 다 내게로 올 것이요 내게 오는 자는 내가 결코 내쫓지 아니하리라"(37절)

"그 때부터 그의 제자 중에서 많은 사람이 떠나가고 다시 그와 함께 다니지 아니하더라"(66절)

"내가 너희 열둘을 택하지 아니하였느냐 그러나 너희 중의 한 사람은 마귀니라"(70절)

묵상 | 하나님 마음 알아가기

성도는 천상의 예배에 초대되어 하나님 앞에 서게 됩니다. 그 때는 보좌에 앉으신 하나님과 어린 양에게 찬송과 영광만 올려드리게 됩니다. 천상의 예배를 기대합시다.

적용

오늘 어디에 서 있습니까?

1. 언제나 어디서나 하나님 앞에 선 자로서의 삶을 살아가십시오.

2. 마지막 날 천상의 예배의 자리에 서도록 날마다 자신을 쳐서 그리스도께 복종하십시오.

나(우리)에게 주시는 말씀(암송)

- 오늘의 감사 -

- 말씀으로 기도하기 -

351일차 365일	월 일	맥체인 읽기: 12월 17일

오늘의 본문: 대하19, 20 | 계8 | 슥4 | 요7 찬송가 275장

오늘의 주제(키워드): **성도의 기도와 응답**

 **말씀**

역대하 19, 20장 전쟁 중에 여호와께 기도함

"브엘세바에서부터 에브라임 산지까지 민간에 두루 다니며 그들을 그들의 조상들의 하나님 여호와께로 돌아오게 하고"(19:4)

"너희가 재판할 때에 여호와께서 너희와 함께 하심이니라 그런즉 너희는 여호와를 두려워하는 마음으로 삼가 행하라"(19:6,7)

"오직 주만 바라보나이다"(20:12)

"이 전쟁은 너희에게 속한 것이 아니요 하나님께 속한 것이니라"(20:15)-17절 참조

요한계시록 8장 향연과 함께 하나님께 올려지는 기도

"금 향로… 이는 모든 성도의 기도와 합하여 보좌 앞 금 제단에 드리고자 함이라"(3절)

"향연이 성도의 기도와 함께 천사의 손으로부터 하나님 앞으로 올라가는지라"(4절)

스가랴 4장 오직 여호와의 영으로 됨

"이는 힘으로 되지 아니하며 능력으로 되지 아니하고 오직 나의 영으로 되느니라"(6절)

"큰 산아 네가 무엇이냐 네가 스룹바벨 앞에서 평지가 되리라"(7절)

"스룹바벨의 손이 이 성전의 기초를 놓았은즉 그의 손이 또한 그 일을 마치리라"(9절)

요한복음 7장 목마름을 해결해 주시는 예수님

"내 때는 아직 이르지 아니하였거니와"(6절)

"보내신 이의 영광을 구하는 자는 참되니"(18절)

"예수께서 성전에서 가르치시며"(28절)

"누구든지 목마르거든 내게로 와서 마시라"(37절)

묵상 | 하나님 마음 알아가기

힘으로 되지 아니하고 능으로 되지 아니하는 것도 하나님의 영이신 성령으로는 됩니다. 앞에 놓인 산과 같은 것들을 명하여 평지가 되게 하십시오.

적용

성도의 기도는 향연으로 하나님 앞으로 올라갑니다.

1. 하나님이 함께하여 주시니 오직 주만 바라보아야 합니다.
2. 우리가 하는 모든 일은 오직 하나님의 영(성령)으로 되기에 늘 성령으로 충만해야 하겠습니다.
3. 하나님의 영광을 구하는 기도로 응답받는 삶이 되어야겠습니다.

나(우리)에게 주시는 말씀(암송)

• 오늘의 감사 •

• 말씀으로 기도하기 •

월   일   맥체인 읽기: 12월 18일
오늘의 본문: 대하21 | 계9 | 슥5 | 요8   찬송가 544장
오늘의 주제(키워드): 죄를 처리하시는 하나님

 말씀

• 역대하 21장 언약을 지키시지만 심판하시는 하나님
"그가 여호와 보시기에 악을 행하였으나"(6절)
"여호와께서 다윗의 집을 멸하기를 즐겨하지 아니하셨음은 이전에 다윗과 더불어 언약을 세우시고 또 다윗과 그의 자손에게 항상 등불을 주겠다고 말씀하셨음이더라"(7절)
"너는 창자에 중병이 들고 그 병이 날로 중하여 창자가 빠져나오리라"(15절)

• 요한계시록 9장 최후의 심판의 모습
"하늘에서 땅에 떨어진 별 하나가 있는데 그가 무저갱의 열쇠를 받았더라"(1절)
"오직 이마에 하나님의 인침을 받지 아니한 사람들만 해하라"(4절)
"그 날에는 사람들이 죽기를 구하여도 죽지 못하고"(6절)
"이 재앙에 죽지 않고 남은 사람들은 손으로 행한 일을 회개하지 아니하고"(20절)
"그 살인과 복술과 음행과 도둑질을 회개하지 아니하더라"(21절)

• 스가랴 5장 온 땅에 내리는 저주
"날아가는 두루마리를 보나이다... 이는 온 땅 위에 내리는 저주라"(2,3절)
"도둑질하는 자는 그 이쪽 글대로 끊어지고 맹세하는 자는 그 저쪽 글대로 끊어지리라"(3,4절)

• 요한복음 8장 진리로 자유케 하시는 예수님-죄를 처리
"너희 중에 죄 없는 자가 먼저 돌로 치라"(7절)
"오직 예수와 그 가운데 섰는 여자만 남았더라"(9절)
"나도 너를 정죄하지 아니하노니 가서 다시는 죄를 범하지 말라"(11절)
"나는 세상의 빛이니 나를 따르는 자는 어둠에 다니지 아니하고 생명의 빛을 얻으리라"(12절)
"내 말에 거하면 참으로 내 제자가 되고 진리를 알지니 진리가 너희를 자유롭게 하리라"(31,32절)

"죄를 범하는 자마다 죄의 종이라"(34절)

묵상 | 하나님 마음 알아가기

'너희 중에 죄 없는 자가 먼저 돌로 치라' 돌로 칠 수 있는 이가 얼마나 될까요? 예수와 여자 외에는 아무도 남지 않았습니다. 돌을 들어 치기 전에 먼저 자신 안의 죄의 문제를 해결하여야 합니다.

적용

죄의 문제를 해결하셨습니까?

1. 하나님은 죄를 심판하십니다.
2. 그러나 우리의 모든 죄를 예수의 십자가로 덮으시고 해결해 주셨습니다.
3. 죄의 문제에선 오직 나와 예수만 남습니다.

나(우리)에게 주시는 말씀(암송)

• 오늘의 감사 •

• 말씀으로 기도하기 •

월   일   맥체인 읽기: 12월 19일

오늘의 본문: 대하 22, 23 | 계 10 | 슥 6 | 요 9   찬송가 69장

오늘의 주제(키워드): 왕의 통치와 성도의 선포

 **말씀**

• 역대하 22, 23장 왕을 세우심

"무리가 왕자를 인도해 내어 면류관을 씌우며 율법책을 주고 세워 왕으로 삼을새 여호야다와 그의 아들들이 그에게 기름을 붓고 이르기를 왕이여 만세수를 누리소서"(23:11)

"왕을 나라 보좌에 앉히매"(23:20)

"그 땅의 모든 백성이 즐거워하고 성중이 평온하더라"(23:21)

• 요한계시록 10장 임금에게 예언하여야 함

"지체하지 아니하리니 일곱째 천사가 소리 내는 날 그의 나팔을 불려고 할 때에 하나님이 그의 종 선지자들에게 전하신 복음과 같이 하나님의 그 비밀이 이루어지리라"(6,7절)

"내가 천사의 손에서 작은 두루마리를 갖다 먹어 버리니 내 입에는 꿀 같이 다나 먹은 후에 내 배에서는 쓰게 되더라"(10절)

"네가 많은 백성과 나라와 방언과 임금에게 다시 예언하여야 하리라"(11절)

• 스가랴 6장 싹이라 이름하는 자의 통치

"보라 싹이라 이름하는 사람이 자기 곳에서 돋아나서 여호와의 전을 건축하리라"(12절)

• 요한복음 9장 하나님께로부터 오지 아니하면 아무 것도 할 수 없음

"이 사람이나 그 부모의 죄로 인한 것이 아니라 그에게서 하나님이 하시는 일을 나타내고자 하심이라"(3절)

"하나님이 죄인의 말을 듣지 아니하시고 경건하여 그의 뜻대로 행하는 자의 말은 들으시는 줄을 우리가 아나이다"(31절)

"이 사람이 하나님께로부터 오지 아니하였으면 아무 일도 할 수 없으리이다"(33절)

"네가 인자를 믿느냐"(35절)

묵상 | 하나님 마음 알아가기

모든 일에는 하나님이 하시는 섭리의 역사가 있습니다. 사건의 겉만 가지고 판단하기 전에 하나님이 하시고자 하는 일을 찾아야 합니다. 부정의 사건 속에서도 하나님의 하시는 일이 있습니다.

적용

인생의 왕좌에 누가 앉아 있습니까?

1. 예수 그리스도가 인생의 왕좌에 앉아 통치하시도록 자리를 내어 드리십시오.

2. 우리에게 주신 예수 그리스도의 이름의 권세로 말씀을 선포하십시오.

나(우리)에게 주시는 말씀(암송)

• 오늘의 감사 •

• 말씀으로 기도하기 •

월   일 맥체인 읽기: 12월 20일

오늘의 본문: 대하24 | 계11 | 슥7 | 요10   찬송가 325장

오늘의 주제(키워드): 생명 얻는 길

 말씀

• **역대하 24장** 여호와 보시기에 정직히 행함

"제사장 여호야다가 세상에 사는 모든 날에 요아스가 여호와 보시기에 정직하게 행하였으며"(2절)

"여호와의 전을 보수하며… 여호와의 전을 수리하게 하였더니… 이전 모양대로 견고하게 하니라"(12,13절)

"너희가 여호와를 버렸으므로 여호와께서도 너희를 버리셨느니라"(20절)

• **요한계시록 11장** 하나님을 예배하고 경외함

"일어나서 하나님의 성전과 제단과 그 안에서 경배하는 자들을 측량하되"(1절)

"세상 나라가 우리 주와 그의 그리스도의 나라가 되어 그가 세세토록 왕 노릇 하시리로다"(15절)

"주의 이름을 경외하는 자들에게 상 주시며"(18절)

"이에 하늘에 있는 하나님의 성전이 열리니 성전 안에 하나님의 언약궤가 보이며"(19절)

• **스가랴 7장** 말씀을 듣지 않는 제사장들과 선지자들에 대한 경고

"그들이 듣기를 싫어하여 등을 돌리며 듣지 아니하려고 귀를 막으며 그 마음을 금강석 같게 하여 율법과 만군의 여호와가 그의 영으로 옛 선지자들을 통하여 전한 말을 듣지 아니하므로 큰 진노가 만군의 여호와께로부터 나왔도다"(11,12절)

"내가 불러도 그들이 듣지 아니한 것처럼 그들이 불러도 내가 듣지 아니하리라"(13절)

• **요한복음 10장** 생명을 주시는 예수님

"나는 양의 문이라"(7절)

"내가 문이니 누구든지 나로 말미암아 들어가면 구원을 받고 또는 들어가며 나오며 꼴을 얻으리라"(9절)

"내가 온 것은 양으로 생명을 얻게 하고 더 풍성히 얻게 하려는 것이라"(10절)
"내가 그들에게 영생을 주노니 영원히 멸망하지 아니할 것이요 또 그들을 내 손에서 빼앗을 자가 없느니라"(28절)
"거기서 많은 사람이 예수를 믿으니라"(42절)

묵상 | 하나님 마음 알아가기

양이 생명을 유지하기 위해서는 목자의 음성을 듣고 따라야 합니다. 성도가 생명을 얻는 길은 목자 되신 예수님을 믿고 따라야 합니다. 예수는 우리로 생명을 얻게 하고 더 풍성히 얻게 하기 위해 오셨습니다.

적용

하나님의 말씀을 듣습니까? 세상의 소리를 듣습니까?

1. 생명 얻는 길은 하나님의 음성을 듣고 순종하는 길입니다.
2. 우리로 생명을 얻게 하시려 이 땅에 오신 예수님을 믿으시기 바랍니다.

나(우리)에게 주시는 말씀(암송)

• 오늘의 감사 •

• 말씀으로 기도하기 •

월   일   맥체인 읽기: 12월 21일

오늘의 본문: 대하25 | 계12 | 슥8 | 요11   찬송가 219장

오늘의 주제(키워드): **생명의 하나님**

 **말씀**

• 역대하 25장 죄를 심판하시는 하나님
"자녀로 말미암아 아버지를 죽이지 말 것이요 아버지로 말미암아 자녀를 죽이지 말 것이라 오직 각 사람은 자기의 죄로 말미암아 죽을 것이니라"(4절)

"하나님은 능히 돕기도 하시고 능히 패하게도 하시나이다"(8절)

• 요한계시록 12장 생명을 아끼지 아니하는 자들의 생명을 보존하심
"우리 형제들이 어린 양의 피와 자기들이 증언하는 말씀으로써 그를 이겼으니 그들은 죽기까지 자기들의 생명을 아끼지 아니하였도다"(11절)

• 스가랴 8장 구원하여 복이 되게 하심
"내가 시온에 돌아와 예루살렘 가운데에 거하리니 예루살렘은 진리의 성읍이라 일컫겠고 만군의 여호와의 산은 성산이라 일컫게 되리라"(3절)

"그들은 내 백성이 되고 나는 진리와 공의로 그들의 하나님이 되리라"(8절)

"너희가 이방인 가운데에서 저주가 되었었으나 이제는 내가 너희를 구원하여 너희가 복이 되게 하리니 두려워하지 말지니라 손을 견고히 할지니라"(13절)

"너희가 행할 일은 이러하니라 너희는 이웃과 더불어 진리를 말하며 너희 성문에서 진실하고 화평한 재판을 베풀고 마음에 서로 해하기를 도모하지 말며 거짓 맹세를 좋아하지 말라"(16,17절)

• 요한복음 11장 영광을 받으시려 살리심
"이 병은 죽을 병이 아니라 하나님의 영광을 위함이요 하나님의 아들이 이로 말미암아 영광을 받게 하려 함이라"(4절)

"네 오라비가 다시 살아나리라"(23절)

"나는 부활이요 생명이니 나를 믿는 자는 죽어도 살겠고 무릇 살아서 나를 믿는 자는 영원히 죽지

아니하리니 이것을 네가 믿느냐"(25,26절)

묵상 | 하나님 마음 알아가기

죽을 병도 하나님의 영광을 위한 도구입니다. 우리에게 생명을 주신 하나님은 생명의 주관자이십니다. 생명이신 하나님과 동행할 때 생명의 역사를 경험할 수 있습니다.

적용

"나를 믿는 자는 죽어도 살겠고 무릇 살아서 나를 믿는 자는 영원히 죽지 아니하리니 네가 이것을 믿느냐"는 물음에 어떻게 대답하시겠습니까?

1. 생명이신 하나님과 함께하는 삶을 사시기 바랍니다.

2. 현재의 고난은 하나님의 영광을 위한 것임을 기억해야 합니다.

나(우리)에게 주시는 말씀(암송)

• 오늘의 감사 •

• 말씀으로 기도하기 •

월   일   맥체인 읽기: 12월 22일

356일차 / 365일

오늘의 본문: 대하26 | 계13 | 슥9 | 요12   찬송가 348장

오늘의 주제(키워드): **겸손의 왕이신 예수**

 말씀

• 역대하 26장 겸손한 자를 도우시고 교만한 자를 물리치심

"하나님의 묵시를 밝히 아는 스가랴가 사는 날에 하나님을 찾았고 그가 여호와를 찾을 동안에는 하나님이 형통하게 하셨더라"(5절)

"하나님이 그를 도우사... 치게 하신지라"(7절)

"그의 이름이 멀리 퍼짐은 기이한 도우심을 얻어 강성하여짐이었더라"(15절)

"그가 강성하여지매 그의 마음이 교만하여 악을 행하여 그의 하나님 여호와께 범죄하되 곧 여호와의 성전에 들어가서 향단에 분향하려 한지라"(16절)

• 요한계시록 13장 하나님을 대적하는 교만한 짐승

"온 땅이 놀랍게 여겨 짐승을 따르고"(3절)

"용이 짐승에게 권세를 주므로 용에게 경배하며 짐승에게 경배하여 이르되"(4절)

"짐승이 입을 벌려 하나님을 향하여 비방하되"(6절)

"또 권세를 받아 성도들과 싸워 이기게 되고 각 족속과 백성과 방언과 나라를 다스리는 권세를 받으니"(7절)

"칼에 죽을 것이니 성도들의 인내와 믿음이 여기 있느니라"(10절)

• 스가랴 9장 겸손의 왕에 대해 예언

"시온의 딸아 크게 기뻐할지어다 예루살렘의 딸아 즐거이 부를지어다 보라 네 왕이 네게 임하시나니 그는 공의로우시며 구원을 베푸시며 겸손하여서 나귀를 타시나니 나귀의 작은 것 곧 나귀 새끼니라"(9절)

"이 날에 그들의 하나님 여호와께서 그들을 자기 백성의 양 떼 같이 구원하시리니 그들이 왕관의 보석 같이 여호와의 땅에 빛나리로다"(16절)

요한복음 12장 겸손의 왕의 모습

"마리아는 지극히 비싼 향유 곧 순전한 나드 한 근을 가져다가 예수의 발에 붓고 자기 머리털로 그의 발을 닦으니"(3절)

"종려나무 가지를 가지고 맞으러 나가 외치되 호산나 찬송하리로다 주의 이름으로 오시는 이 곧 이스라엘의 왕이시여"(13절)

"예수는 한 어린 나귀를 보고 타시니"(14절)

"사람이 나를 섬기려면 나를 따르라 나 있는 곳에 나를 섬기는 자도 거기 있으리니 사람이 나를 섬기면 내 아버지께서 그를 귀히 여기시리라"(26절)

묵상 | 하나님 마음 알아가기

겸손의 왕이신 예수님은 예언의 성취로도 겸손을 이루셨습니다. 예수님의 겸손을 가지고 예수님의 뒤를 따르는 제자가 되십시오.

적용

나(우리)에게 주시는 말씀(암송)

예수님을 섬기는 성도로서 어떤 겸손의 삶을 사시겠습니까?

1. 겸손의 왕이신 예수님을 온전히 따라야겠습니다.

• 오늘의 감사 •

• 말씀으로 기도하기 •

월   일   맥체인 읽기: 12월 23일

오늘의 본문: 대하 27, 28 | 계14 | 슥10 | 요13   찬송가 445장

오늘의 주제(키워드): **성도의 인내**

 말씀

• **역대하 27, 28장** 말씀을 끝까지 붙드는 것

"요담이 그의 하나님 여호와 앞에서 바른 길을 걸었으므로 점점 강하여졌더라"(27:6)

"그의 조상 다윗과 같지 아니하여 여호와 보시기에 정직하게 행하지 아니하고"(28:1)

"포로를 맞고 노략하여 온 것 중에서 옷을 가져다가 벗은 자들에게 입히며 신을 신기며 먹이고 마시게 하며 기름을 바르고 그 약한 자들은 모두 나귀에 태워 데리고 종려나무 성 여리고에 이르러"(28:15)

"그 때에 아하스 왕이 앗수르 왕에게 사람을 보내어 도와 주기를 구하였으니"(28:16)

"여호와께서 유다를 낮추심이라"(28:19)

"이 아하스 왕이 곤고할 때에 더욱 여호와께 범죄하여"(28:22)

• **요한계시록 14장** 성도들의 인내

"어린 양이 시온 산에 섰고 그와 함께 십사만 사천이 서 있는데 그들의 이마에는 어린 양의 이름과 그 아버지의 이름을 쓴 것이 있더라"(1절)

"이 사람들은 여자와 더불어 더럽히지 아니하고 순결한 자라 어린 양이 어디로 인도하든지 따라가는 자며 사람 가운데에서 속량함을 받아 처음 익은 열매로 하나님과 어린 양에게 속한 자들이니 그 입에 거짓말이 없고 흠이 없는 자들이더라"(4,5절)

"하나님을 두려워하며 그에게 영광을 돌리라"(7절)

"성도들의 인내가 여기 있나니 그들은 하나님의 계명과 예수에 대한 믿음을 지키는 자니라"(12절)

• **스가랴 10장** 인내의 결과도 하나님의 섭리에 따른 것

"봄비가 올 때에 여호와 곧 구름을 일게 하시는 여호와께 비를 구하라 무리에게 소낙비를 내려서 밭의 채소를 각 사람에게 주시리라"(1절)

"내가 그들을 향하여 휘파람을 불어 그들을 모을 것은 내가 그들을 구속하였음이라 그들이 전에 번성하던 것 같이 번성하리라"(8절)

"내가 그들로 나 여호와를 의지하여 견고하게 하리니 그들이 내 이름으로 행하리라 나 여호와의

말이니라"(12절)

요한복음 13장 - 인내의 본을 보이신 예수님

"세상을 떠나 아버지께로 돌아가실 때가 이른 줄 아시고 세상에 있는 자기 사람들을 사랑하시되 끝까지 사랑하시니라"(1절)

"겉옷을 벗고 수건을 가져다가 허리에 두르시고 이에 대야에 물을 떠서 제자들의 발을 씻으시고"(4,5절)

"내가 주와 또는 선생이 되어 너희 발을 씻었으니 너희도 서로 발을 씻어 주는 것이 옳으니라"(14절)

"새 계명을 너희에게 주노니 서로 사랑하라 내가 너희를 사랑한 것 같이 너희도 서로 사랑하라 너희가 서로 사랑하면 이로써 모든 사람이 너희가 내 제자인 줄 알리라"(34,35절)

묵상 | 하나님 마음 알아가기

하나님과 어린 양에게 속하십시오. 이를 위해 입에 거짓말이 없어야 하며, 흠이 없어야 합니다. 그리고 끝까지 믿음을 지켜야 합니다.

적용

나(우리)에게 주시는 말씀(암송)

세상의 도전 앞에서 끝까지 말씀을 붙들고 있습니까?

1. 삶의 좌절의 문턱에서도 하나님의 구속을 기다리며 말씀을 따라 행해야겠습니다.

2. 주와 선생이 되어 본을 보이신 예수님을 따라 서로 발을 씻어주는 삶을 살아가십시오.

• 오늘의 감사 •

• 말씀으로 기도하기 •

월   일   맥체인 읽기: 12월 24일

오늘의 본문: **대하29** | **계15** | **슥11** | **요14**   찬송가 362장

오늘의 주제(키워드): **주님께 경배**

 말씀

• 역대하 29장 예배의 자세

"이제 너희는 성결하게 하고 또 너희 조상들의 하나님 여호와의 전을 성결하게 하여 그 더러운 것을 성소에서 없애라"(5절)

"제사장들이 잡아 그 피를 속죄제로 삼아 제단에 드려 온 이스라엘을 위하여 속죄하니"(24절)

"너희가 이제 스스로 몸을 깨끗하게 하여 여호와께 드렸으니 마땅히 나아와 제물과 감사제물을 여호와의 전으로 가져오라… 마음에 원하는 자는 또한 번제물도 가져오니"(31절)

• 요한계시록 15장 어린 양의 노래를 통한 경배

"하나님의 종 모세의 노래, 어린 양의 노래를 불러 이르되 주 하나님 곧 전능하신 이시여 하시는 일이 크고 놀라우시도다 만국의 왕이시여 주의 길이 의롭고 참되시도다"(3절)

• 스가랴 11장 참 목자

"여호와가 말하노라 내가 다시는 이 땅 주민을 불쌍히 여기지 아니하고 그 사람들을 각각 그 이웃의 손과 임금의 손에 넘기리니 그들이 이 땅을 칠지라도 내가 그들의 손에서 건져내지 아니하리라 하시기로"(6절)

• 요한복음 14장 경배 받으실 예수님과 그분의 약속

"예수께서 이르시되 내가 곧 길이요 진리요 생명이니 나로 말미암지 않고는 아버지께로 올 자가 없느니라"(6절)

"나를 본 자는 아버지를 보았거늘"(9절)

"내가 진실로 진실로 너희에게 이르노니 나를 믿는 자는 내가 하는 일을 그도 할 것이요 또한 그보다 큰 일도 하리니 이는 내가 아버지께로 감이라 너희가 내 이름으로 무엇을 구하든지 내가 행하리니 이는 아버지로 하여금 아들로 말미암아 영광을 받으시게 하려 함이라 내 이름으로 무엇이든

지 내게 구하면 내가 행하리라"(12~14절)

"그가 또 다른 보혜사를 너희에게 주사 영원토록 너희와 함께 있게 하리니"(16절)

묵상 | 하나님 마음 알아가기

어린 양의 노래를 부르십시오. "주 하나님 곧 전능하신 이시여 하시는 일이 크고 놀라우시도다 만국의 왕이시여 주의 길이 의롭고 참되시도다 주의 의로우신 일이 나타났으매 만국이 와서 주께 경배하리이다"

적용

1. 오직 성삼위 하나님께만 경배를 올려드려야 하겠습니다.

2. 그리고 주의 약속을 붙잡고 나아가야 하겠습니다.

나(우리)에게 주시는 말씀(암송)

• 오늘의 감사 •

• 말씀으로 기도하기 •

월   일   맥체인 읽기: 12월 25일

359일차 / 365일

오늘의 본문: 대하30 | 계16 | 슥12,13:1 | 요15   찬송가 115장

오늘의 주제(키워드): **복 있는 자**

 **말씀**

역대하 30장   여호와를 섬기는 자가 복됨

"예루살렘으로 와서 이스라엘 하나님 여호와의 유월절을 지키라"(5절)
"이스라엘 자손들아 너희는 아브라함과 이삭과 이스라엘의 하나님 여호와께로 돌아오라"(6절)
"여호와께 돌아와 영원히 거룩하게 하신 전에 들어가서 너희 하나님 여호와를 섬겨 그의 진노가 너희에게서 떠나게 하라"(8절)
"너희 하나님 여호와는 은혜로우시고 자비하신지라 너희가 그에게로 돌아오면 그의 얼굴을 너희에게서 돌이키지 아니하시리라"(9절)
"결심하고 하나님 곧 그의 조상들의 하나님 여호와를 구하는 사람은 누구든지 비록 성소의 결례대로 스스로 깨끗하게 못하였을지라도 사하옵소서"(19절)

요한계시록 16장   깨어 있는 자가 복됨

"심판하시는 것이 참되시고 의로우시도다"(7절)
"보라 내가 도둑 같이 오리니 누구든지 깨어 자기 옷을 지켜 벌거벗고 다니지 아니하며 자기의 부끄러움을 보이지 아니하는 자는 복이 있도다"(15절)

스가랴 12, 13장 1절   예루살렘에 다시 살게 되는 자가 복됨

"예루살렘 사람들은 다시 그 본 곳 예루살렘에 살게 되리라"(12:6)
"그 날에 여호와가 예루살렘 주민을 보호하리니 그 중에 약한 자가 그 날에는 다윗 같겠고 다윗의 족속은 하나님 같고 무리 앞에 있는 여호와의 사자 같을 것이라"(12:8)
"내가 다윗의 집과 예루살렘 주민에게 은총과 간구하는 심령을 부어 주리니"(12:10)

요한복음 15장   예수 안에 거하는 자가 복됨

"나는 참포도나무요 내 아버지는 농부라"(1절)

"나는 포도나무요 너희는 가지라 그가 내 안에, 내가 그 안에 거하면 사람이 열매를 많이 맺나니 나를 떠나서는 너희가 아무 것도 할 수 없음이라"(5절)

"너희가 내 안에 거하고 내 말이 너희 안에 거하면 무엇이든지 원하는 대로 구하라 그리하면 이루리라"(7절)

"너희가 열매를 많이 맺으면 내 아버지께서 영광을 받으실 것이요 너희는 내 제자가 되리라"(8절)

"내가 이것을 너희에게 명함은 너희로 서로 사랑하게 하려 함이라"(17절)

묵상 | 하나님 마음 알아가기

사람들은 복을 원합니다. 그러나 어떤 사람이 복 있는 사람인지를 알지 못합니다. 진정 복 있는 사람은 여호와를 섬기는 자이며, 예수 안에 거하는 자입니다.

적용

지금 어디에 있습니까?

1. 여호와가 정하신 예배를 소중히 여기십시오.
2. 깨어 있으십시오. 예수에게 붙어 있으십시오.
3. 이런 자가 복이 있는 자입니다.

나(우리)에게 주시는 말씀(암송)

· 오늘의 감사 ·

· 말씀으로 기도하기 ·

월   일 　　맥체인 읽기: 12월 26일

오늘의 본문: 대하31 | 계17 | 슥13:2~9 | 요16 　　찬송가 350장

오늘의 주제(키워드): **멸하여야 할 우상과 영광받으실 예수님**

 말씀

• 역대하 31장 우상들을 제거함

"거기에 있는 이스라엘 무리가 나가서 유다 여러 성읍에 이르러 주상들을 깨뜨리며 아세라 목상들을 찍으며 유다와 베냐민과 에브라임과 므낫세 온 땅에서 산당들과 제단들을 제거하여 없애고 이스라엘 모든 자손이 각각 자기들의 본성 기업으로 돌아갔더라"(1절)

"하나님 여호와 보시기에 선과 정의와 진실함으로 행하였으니 그가 행하는 모든 일 곧 하나님의 전에 수종드는 일에나 율법에나 계명에나 그의 하나님을 찾고 한 마음으로 행하여 형통하였더라"(20,21절)

• 요한계시록 17장 만왕의 왕이신 어린양

"어린 양은 만주의 주시요 만왕의 왕이시므로 그들을 이기실 터이요 또 그와 함께 있는 자들 곧 부르심을 받고 택하심을 받은 진실한 자들도 이기리로다"(14절)

• 스가랴 13장 2~9절 우상을 이 땅에서 멸하심

"그 날에 내가 우상의 이름을 이 땅에서 끊어서 기억도 되지 못하게 할 것이며 거짓 선지자와 더러운 귀신을 이 땅에서 떠나게 할 것이라"(2절)

"내 목자, 내 짝 된 자를 치라 목자를 치면 양이 흩어지려니와 작은 자들 위에는 내가 내 손을 드리우리라"(7절)

"내가 그 삼분의 일을 불 가운데에 던져 은 같이 연단하며 금 같이 시험할 것이라 그들이 내 이름을 부르리니 내가 들을 것이며 나는 말하기를 이는 내 백성이라 할 것이요 그들은 말하기를 여호와는 내 하나님이시라 하리라"(9절)

• 요한복음 16장 세상을 이기신 예수님께 간구함

"그러나 내가 너희에게 실상을 말하노니 내가 떠나가는 것이 너희에게 유익이라 내가 떠나가지

아니하면 보혜사가 너희에게로 오시지 아니할 것이요 가면 내가 그를 너희에게로 보내리니"(7절)
"진리의 성령이 오시면 그가 너희를 모든 진리 가운데로 인도하시리니"(13절)
"너희가 무엇이든지 아버지께 구하는 것을 내 이름으로 주시리라"(23절)
"지금까지는 너희가 내 이름으로 아무 것도 구하지 아니하였으나 구하라 그리하면 받으리니 너희 기쁨이 충만하리라"(24절)
"이것을 너희에게 이르는 것은 너희로 내 안에서 평안을 누리게 하려 함이라 세상에서는 너희가 환난을 당하나 담대하라 내가 세상을 이기었노라"(33절)

묵상 | 하나님 마음 알아가기

진리의 성령님과 행하십시오. 그리고 무엇이든지 예수님의 이름으로 아버지께 구하십시오. 그리하면 받아 기쁨이 넘치게 될 것입니다. 세상을 이기신 예수님의 약속입니다.

적용

우리의 삶 속에 내재된 우상들이 있습니까?

1. 그것들을 깨뜨리고 찍으십시오.
2. 그리고 만왕의 왕이신 예수님을 모시고, 그 분의 통치에 순종하십시오.
3. 예수 그 이름의 능력을 온전히 믿으십시오.

나(우리)에게 주시는 말씀(암송)

• 오늘의 감사 •

• 말씀으로 기도하기 •

월   일   맥체인 읽기: 12월 27일

오늘의 본문: 대하32 | 계18 | 슥14 | 요17   찬송가 348장

오늘의 주제(키워드): **충성과 후에 오는 부정적 환경**

 **말씀**

• 역대하 32장 충성된 일을 한 후에 맞는 위기

"이 모든 충성된 일을 한 후에 앗수르 왕 산헤립이 유다에 들어와서 견고한 성읍들을 향하여 진을 치고 쳐서 점령하고자 한지라"(1절)

"우리와 함께 하시는 이가 그와 함께 하는 자보다 크니… 우리와 함께 하시는 이는 우리의 하나님 여호와시라 반드시 우리를 도우시고 우리를 대신하여 싸우시리라"(7,8절)

"하늘을 향하여 부르짖어 기도하였더니… 이 후부터 히스기야가 모든 나라의 눈에 존귀하게 되었더라"(20,23절)

"히스기야가 부와 영광이 지극한지라"(27,29절)

• 요한계시록 18장 죄에 참여하지 말아야 할 것

"내 백성아, 거기서 나와 그의 죄에 참여하지 말고 그가 받을 재앙들을 받지 말라"(4절)

"그를 심판하시는 주 하나님은 강하신 자이심이라"(8절)

"하늘과 성도들과 사도들과 선지자들아, 그로 말미암아 즐거워하라 하나님이 너희를 위하여 그에게 심판을 행하셨음이라"(20절)

• 스가랴 14장 여호와께 성결

"여호와께서 천하의 왕이 되시리니 그 날에는 여호와께서 홀로 한 분이실 것이요 그의 이름이 홀로 하나이실 것이라"(9절)

"그 날에는 말 방울에까지 여호와께 성결이라 기록될 것이라"(20절)

• 요한복음 17장 만민을 다스리는 권세를 가지신 예수

"아버지여 때가 이르렀사오니 아들을 영화롭게 하사 아들로 아버지를 영화롭게 하게 하옵소서"(1절)

"만민을 다스리는 권세를 아들에게 주셨음이로소이다"(2절)

"영생은 곧 유일하신 참 하나님과 그가 보내신 자 예수 그리스도를 아는 것이니이다"(3절)

"창세 전에 내가 아버지와 함께 가졌던 영화로써 지금도 아버지와 함께 나를 영화롭게 하옵소서"(5절)

"내게 주신 아버지의 이름으로 그들을 보전하고 지키었나이다 그 중의 하나도 멸망하지 않고 다만 멸망의 자식뿐이오니"(12절)

묵상 | 하나님 마음 알아가기

신앙은 역설의 삶입니다. 충성된 일을 했음에도 부정의 환경을 만나게 됩니다. 그러나 부정의 환경에서도 하나님이 함께 하심으로 승리케 하십니다. 그 결과는 부와 영광이 지극하게 됩니다.

적용

1. 하나님께 충성하십시오. 끝까지 충성하십시오.

2. 여호와만이 우리의 유일한 하나님이시며 천하의 왕이십니다.

나(우리)에게 주시는 말씀(암송)

• 오늘의 감사 •

• 말씀으로 기도하기 •

	월 일	맥체인 읽기: 12월 28일
362일차	오늘의 본문: 대하33 ǀ 계19 ǀ 말1 ǀ 요18	찬송가 14장
365일	오늘의 주제(키워드): **이방 민족 중에서 크게 되신 이름, 여호와**	

 **말씀**

• 역대하 33장 환난을 당할 때라도 기도를 들으시는 여호와

"그가 환난을 당하여 그의 하나님 여호와께 간구하고 그의 조상들의 하나님 앞에 크게 겸손하여 기도하였으므로 하나님이 그의 기도를 받으시며 그의 간구를 들으시사 그가 예루살렘에 돌아와서 다시 왕위에 앉게 하시매 므낫세가 그제서야 여호와께서 하나님이신 줄을 알았더라"(12,13절)

• 요한계시록 19장 하나님께 찬양

"구원과 영광과 능력이 우리 하나님께 있도다"(1절)
"하나님의 종들 곧 그를 경외하는 너희들아 작은 자나 큰 자나 다 우리 하나님께 찬송하라"(5절)
"어린 양의 혼인 잔치에 청함을 받은 자들은 복이 있도다"(9절)
"그 옷과 그 다리에 이름을 쓴 것이 있으니 만왕의 왕이요 만주의 주라 하였더라"(16절)

• 말라기 1장 여호와는 이스라엘 밖에서도 크심

"내가 너희를 사랑하였노라"(2절)
"여호와께서는 이스라엘 지역 밖에서도 크시다"(5절)
"만군의 여호와가 이르노라 해 뜨는 곳에서부터 해 지는 곳까지의 이방 민족 중에서 내 이름이 크게 될 것이라"(11절)

• 요한복음 18장 예수 그리스도께서 왕이심

"너희가 누구를 찾느냐 대답하되 나사렛 예수라"(4,5절)
"네가 유대인의 왕이냐"(33절)
"내 나라는 여기에 속한 것이 아니니라"(36절)
"내가 왕이니라"(37절)

묵상 | 하나님 마음 알아가기

나라는 여호와의 것입니다. 여호와는 모든 나라의 통치자이십니다. 이스라엘 밖에서도 크신 하나님은 열방 가운데 기이한 일을 나타내십니다.

적용

1. 각자가 서 있는 곳에서 하나님의 이름은 크게 영광을 받으십니다.

2. 오늘도 하나님의 이름을 높이며 찬양하십시오.

나(우리)에게 주시는 말씀(암송)

• 오늘의 감사 •

• 말씀으로 기도하기 •

월   일　　　맥체인 읽기: 12월 29일

오늘의 본문: 대하34 | 계20 | 말2 | 요19　　찬송가 177장

오늘의 주제(키워드): **생명책**

말씀

• **역대하 34장** 생명책에 기록될 성도의 삶

"여호와 보시기에 정직하게 행하여 그의 조상 다윗의 길로 걸으며 좌우로 치우치지 아니하고"(2절)

"왕위에 있은 지 팔 년에… 하나님을 비로소 찾고 제십이년에 유다와 예루살렘을 비로소 정결하게 하여"(3절)

"그의 하나님 여호와의 전을 수리하려 하여"(8절)

"왕이 율법의 말씀을 듣자 곧 자기 옷을 찢더라"(19절)

"여호와 앞에서 언약을 세우되 마음을 다하고 목숨을 다하여 여호와를 순종하고 그의 계명과 법도와 율례를 지켜 이 책에 기록된 언약의 말씀을 이루리라"(31절)

• **요한계시록 20장** 생명책에 기록되지 못한 자

"예수를 증언함과 하나님의 말씀 때문에 목 베임을 당한 자들의 영혼들과 또 짐승과 그의 우상에게 경배하지 아니하고 그들의 이마와 손에 그의 표를 받지 아니한 자들이 살아서 그리스도와 더불어 천 년 동안 왕 노릇 하니"(4절)

"이 첫째 부활에 참여하는 자들은 복이 있고 거룩하도다… 천 년 동안 그리스도와 더불어 왕 노릇 하리라"(6절)

"곧 생명책이라 죽은 자들이 자기 행위를 따라 책들에 기록된 대로 심판을 받으니"(12절)

"각 사람이 자기의 행위대로 심판을 받고"(13절)

"누구든지 생명책에 기록되지 못한 자는 불못에 던져지더라"(15절)

• **말라기 2장** 생명책에 기록될 자가 되도록 초대

"너희가 만일 듣지 아니하며 마음에 두지 아니하여 내 이름을 영화롭게 하지 아니하면 내가 너희에게 저주를 내려 너희의 복을 저주하리라… 너희가 그것을 마음에 두지 아니하였음이라"(2절)

"레위와 세운 나의 언약은 생명과 평강의 언약이라 내가 이것을 그에게 준 것은 그로 경외하게 하려 함이라"(5절)

"그의 입에는 진리의 법이 있었고 그의 입술에는 불의함이 없었으며 그가 화평함과 정직함으로 나와 동행하며 많은 사람을 돌이켜 죄악에서 떠나게 하였느니라"(6절)

"그러므로 너희 심령을 삼가 지켜 거짓을 행하지 말지니라"(16절)

요한복음 19장 | 예수님의 죽으심과 그를 찾는 사람들

"내가 너희 왕을 십자가에 못 박으랴... 가이사 외에는 우리에게 왕이 없나이다"(15절)

"다 이루었다"(30절)

"아리마대 사람 요셉"(38절)

"밤에 찾아왔던 니고데모"(39절)

묵상 | 하나님 마음 알아가기

생명책은 분명히 있습니다. 생명책에는 죽은 자들이 자기 행위를 따라 기록된 대로 심판을 받게 됩니다. 특히 생명책에 기록되지 못한 자는 불 못에 던져집니다.

적용

생명책에 기록된 성도로서 하나님과 세운 언약을 성실히 이행하고 있습니까?

1. 입에는 진리의 법을, 입술에는 불의함이 없고, 화평함과 정직함으로 하나님과 동행하십시오.
2. 많은 사람을 돌이켜 죄악에서 떠나게 하는 성도의 삶을 사십시오.
3. 오직 보좌에 앉으신 어린 양 되신 예수님을 찾으십시오.

나(우리)에게 주시는 말씀(암송)

• 오늘의 감사 •

• 말씀으로 기도하기 •

364일차 / 365일

월　　일　　　맥체인 읽기: 12월 30일

오늘의 본문: 대하35 | 계21 | 말3 | 요20　　찬송가 236장

오늘의 주제(키워드): **하나님의 예비하심**

 **말씀**

• 역대하 35장　하나님의 명령, 율례, 법도 등을 예비하심

"요시야가 예루살렘에서 여호와께 유월절을 지켜"(1절)

"거룩한 궤를… 다시는 너희 어깨에 메지 말고 마땅히 너희의 하나님 여호와와 그의 백성 이스라엘을 섬길 것이라"(3절)

"모세의 책에 기록된 대로 여호와께 드리게 하고 소도 그와 같이 하고"(12절)

• 요한계시록 21장　거룩한 성 예루살렘을 예비하심

"거룩한 성 새 예루살렘이 하나님께로부터 하늘에서 내려오니 그 준비한 것이 신부가 남편을 위하여 단장한 것 같더라"(2절)

"보좌에 앉으신 이가… 내가 만물을 새롭게 하노라"(5절)

"하나님의 영광이 있어 그 성의 빛이 지극히 귀한 보석 같고 벽옥과 수정 같이 맑더라"(11절)

"주 하나님 곧 전능하신 이와 및 어린 양이 그 성전이심이라"(22절)

"오직 어린 양의 생명책에 기록된 자들만 들어가리라"(27절)

• 말라기 3장　사자를 예비하시고, 길을 예비하심

"보라 내가 내 사자를 보내리니 그가 내 앞에서 길을 준비할 것이요"(1절)

"유다와 예루살렘의 봉헌물이… 나 여호와께 기쁨이 되려니와"(4절)

"너희의 온전한 십일조를 창고에 들여 나의 집에 양식이 있게 하고"(10절)

"나는 내가 정한 날에 그들을 나의 특별한 소유로 삼을 것이요…내가 그들을 아끼리니"(17절)

• 요한복음 20장　성령과 영생을 예비하여 주심

"성령을 받으라"(22절)

"너희가 누구의 죄든지 사하면 사하여질 것이요 누구의 죄든지 그대로 두면 그대로 있으리라"(23절)

"오직 이것을 기록함은 너희로 예수께서 하나님의 아들 그리스도이심을 믿게 하려 함이요 또 너희로 믿고 그 이름을 힘입어 생명을 얻게 하려 함이니라"(31절)

묵상 | 하나님 마음 알아가기

마지막까지 이루어야 할 일들이 있습니다. 하나님이 정하신 날들을 지키는 것입니다. 거룩한 성 예루살렘에 들어가도록 생명책에 기록되어야 합니다. 십일조를 멈추지 말아야 합니다. 끝까지 예수를 믿어야 합니다.

적용

하나님께서 예비하신 규례와 법도 그리고 새 하늘과 새 땅, 성령과 영생이 어떤 의미가 있습니까?

1. 이 모든 것은 바로 '나'를 위해 예비하심임을 기억하십시오.

나(우리)에게 주시는 말씀(암송)

• 오늘의 감사 •

• 말씀으로 기도하기 •

월　　　일　　　　　맥체인 읽기: 12월 31일

오늘의 본문: 대하36 | 계22 | 말4 | 요21　　　찬송가 406장

오늘의 주제(키워드): **무너짐과 다시 세우심**

📚 말씀

• 역대하 36장　유다가 무너지며 이를 다시 세우실 것을 약속하심

"애굽 왕이 예루살렘에서 그의 왕위를 폐하고"(3절)

"느부갓네살 왕이… 여호야긴을 바벨론으로 잡아가고"(10절)

"그 조상들의 하나님 여호와께서 그의 백성과 그 거하시는 곳을 아끼사 부지런히 그의 사신들을 그 백성에게 보내어 이르셨으나… 비웃고… 욕하여… 회복할 수 없게 하였으므로"(15,16절)

"땅이 안식년을 누림 같이 안식하여 칠십 년을 지냈으니"(21절)

"유다 예루살렘에 성전을 건축하라… 그의 백성된 자는 다 올라갈지어다"(23절)

• 요한계시록 22장　세우심의 완성은 예수님의 다시 오심

"수정 같이 맑은 생명수의 강… 하나님과 및 어린 양의 보좌로부터 나와서 길 가운데로 흐르더라… 그 나무 잎사귀들은 만국을 치료하기 위하여 있더라"(1,2절)

"보라 내가 속히 오리니 이 두루마리의 예언의 말씀을 지키는 자는 복이 있으리라"(7절)

"보라 내가 속히 오리니 내가 줄 상이 내게 있어 각 사람에게 그가 행한 대로 갚아 주리라"(12절)

"내가 진실로 속히 오리라 하시거늘 아멘 주 예수여 오시옵소서"(20절)

• 말라기 4장　치료하시는 하나님의 약속

"내 이름을 경외하는 너희에게는 공의로운 해가 떠올라서 치료하는 광선을 비추리니 너희가 나가서 외양간에서 나온 송아지 같이 뛰리라"(2절)

"또 너희가 악인을 밟을 것이니 그들이 내가 정한 날에 너희 발바닥 밑에 재와 같으리라"(3절)

• 요한복음 21장　부활하신 주님이 제자를 세워 가시는 모습

"그물을 배 오른편에 던지라… 백쉰세 마리라"(6,11절)

"요한의 아들 시몬아 네가 이 사람들보다 나를 더 사랑하느냐… 내 어린 양을 먹이라"(15절)

"요한의 아들 시몬아 네가 나를 사랑하느냐... 내 양을 치라"(16절)
"요한의 아들 시몬아 네가 나를 사랑하느냐... 내 양을 먹이라"(17절)

묵상 | 하나님 마음 알아가기

무너짐은 끝이 아닙니다. 다시 세우시는 하나님 앞에서 믿음의 도전입니다. 무너진 성전이 다시 세워집니다. 예수님의 다시 오심을 위한 준비입니다. 죽으시고 다시 부활하심입니다. 아멘 주 예수여 오시옵소서!

적용

1. 어떠한 절망과 좌절감 속에서도 다시 세우시는 주님을 바라봅시다.

2. 다시 새롭게 하시는 주님께 소망을 두고 일어서시기 바랍니다.

나(우리)에게 주시는 말씀(암송)

• 오늘의 감사 •

• 말씀으로 기도하기 •

365일차 맥체인 성경읽기표

1월						2월					
일차	날짜	가정		개인		일차	날짜	가정		개인	
1	1/1	창 1	마 1	스 1	행 1	32	2/1	창33	막 4	에9·10	롬 4
2	2	창 2	마 2	스 2	행 2	33	2	창34	막 5	욥 1	롬 5
3	3	창 3	마 3	스 3	행 3	34	3	창35·36	막 6	욥 2	롬 6
4	4	창 4	마 4	스 4	행 4	35	4	창37	막 7	욥 3	롬 7
5	5	창 5	마 5	스 5	행 5	36	5	창38	막 8	욥 4	롬 8
6	6	창 6	마 6	스 6	행 6	37	6	창39	막 9	욥 5	롬 9
7	7	창 7	마 7	스 7	행 7	38	7	창40	막10	욥 6	롬10
8	8	창 8	마 8	스 8	행 8	39	8	창41	막11	욥 7	롬11
9	9	창9·10	마 9	스 9	행 9	40	9	창42	막12	욥 8	롬12
10	10	창11	마10	스10	행10	41	10	창43	막13	욥 9	롬13
11	11	창12	마11	느 1	행11	42	11	창44	막14	욥10	롬14
12	12	창13	마12	느 2	행12	43	12	창45	막15	욥11	롬15
13	13	창14	마13	느 3	행13	44	13	창46	막16	욥12	롬16
14	14	창15	마14	느 4	행14	45	14	창47	눅1:1~38	욥13	고전1
15	15	창16	마15	느 5	행15	46	15	창48	눅1:39~80	욥14	고전2
16	16	창17	마16	느 6	행16	47	16	창49	눅 2	욥15	고전3
17	17	창18	마17	느 7	행17	48	17	창50	눅 3	욥16·17	고전4
18	18	창19	마18	느 8	행18	49	18	출 1	눅 4	욥18	고전5
19	19	창20	마19	느 9	행19	50	19	출 2	눅 5	욥19	고전6
20	20	창21	마20	느10	행20	51	20	출 3	눅 6	욥20	고전7
21	21	창22	마21	느11	행21	52	21	출 4	눅 7	욥21	고전8
22	22	창23	마22	느12	행22	53	22	출 5	눅 8	욥22	고전9
23	23	창24	마23	느13	행23	54	23	출 6	눅 9	욥23	고전10
24	24	창25	마24	에 1	행24	55	24	출 7	눅10	욥24	고전11
25	25	창26	마25	에 2	행25	56	25	출 8	눅11	욥25·26	고전12
26	26	창27	마26	에 3	행26	57	26	출 9	눅12	욥27	고전13
27	27	창28	마27	에 4	행27	58	27	출10	눅13	욥28	고전14
28	28	창29	마28	에 5	행28	59	28	출11·12:1~21	눅14	욥29	고전15
29	29	창30	막 1	에 6	롬 1						
30	30	창31	막 2	에 7	롬 2						
31	31	창32	막 3	에 8	롬 3						

3월

일차	날짜	가정		개인	
60	3/1	출12:22~51	눅15	욥30	고전16
61	2	출13	눅16	욥31	고후 1
62	3	출14	눅17	욥32	고후 2
63	4	출15	눅18	욥33	고후 3
64	5	출16	눅19	욥34	고후 4
65	6	출17	눅20	욥35	고후 5
66	7	출18	눅21	욥36	고후 6
67	8	출19	눅22	욥37	고후 7
68	9	출20	눅23	욥38	고후 8
69	10	출21	눅24	욥39	고후 9
70	11	출22	요 1	욥40	고후10
71	12	출23	요 2	욥41	고후11
72	13	출24	요 3	욥42	고후12
73	14	출25	요 4	잠 1	고후13
74	15	출26	요 5	잠 2	갈 1
75	16	출27	요 6	잠 3	갈 2
76	17	출28	요 7	잠 4	갈 3
77	18	출29	요 8	잠 5	갈 4
78	19	출30	요 9	잠 6	갈 5
79	20	출31	요10	잠 7	갈 6
80	21	출32	요11	잠 8	엡 1
81	22	출33	요12	잠 9	엡 2
82	23	출34	요13	잠10	엡 3
83	24	출35	요14	잠11	엡 4
84	25	출36	요15	잠12	엡 5
85	26	출37	요16	잠13	엡 6
86	27	출38	요17	잠14	빌 1
87	28	출39	요18	잠15	빌 2
88	29	출40	요19	잠16	빌 3
89	30	레 1	요20	잠17	빌 4
90	31	레2·3	요21	잠18	골 1

4월

일자	날짜	가정		개인	
91	4/1	레 4	시1·2	잠19	골 2
92	2	레 5	시3·4	잠20	골 3
93	3	레 6	시5·6	잠21	골 4
94	4	레 7	시7·8	잠22	살전1
95	5	레 8	시 9	잠23	살전2
96	6	레 9	시10	잠24	살전3
97	7	레10	시11·12	잠25	살전4
98	8	레11·12	시13·14	잠26	살전5
99	9	레13	시15·16	잠27	살후1
100	10	레14	시17	잠28	살후2
101	11	레15	시18	잠29	살후3
102	12	레16	시19	잠30	딤전1
103	13	레17	시20·21	잠31	딤전2
104	14	레18	시22	전 1	딤전3
105	15	레19	시23·24	전 2	딤전4
106	16	레20	시25	전 3	딤전5
107	17	레21	시26·27	전 4	딤전6
108	18	레22	시28·29	전 5	딤후1
109	19	레23	시30	전 6	딤후2
110	20	레24	시31	전 7	딤후3
111	21	레25	시32	전 8	딤후4
112	22	레26	시33	전 9	딛 1
113	23	레27	시34	전10	딛 2
114	24	민 1	시35	전11	딛 3
115	25	민 2	시36	전12	몬 1
116	26	민 3	시37	아 1	히 1
117	27	민 4	시38	아 2	히 2
118	28	민 5	시39	아 3	히 3
119	29	민 6	시40·41	아 4	히 4
120	30	민 7	시42·43	아 5	히 5

5월

일차	날짜	가정		개인	
121	5/1	민 8	시44	아 6	히 6
122	2	민 9	시45	아 7	히 7
123	3	민10	시46·47	아 8	히 8
124	4	민11	시48	사 1	히 9
125	5	민12·13	시49	사 2	히10
126	6	민14	시50	사3·4	히11
127	7	민15	시51	사 5	히12
128	8	민16	시52~54	사 6	히13
129	9	민17·18	시55	사 7	약 1
130	10	민19	시56·57	사8·9:1~7	약 2
131	11	민20	시58·59	사9:8~10:4	약 3
132	12	민21	시60·61	사10:5~34	약 4
133	13	민22	시62·63	사11·12	약 5
134	14	민23	시64·65	사13	벧전1
135	15	민24	시66·67	사14	벧전2
136	16	민25	시68	사15	벧전3
137	17	민26	시69	사16	벧전4
138	18	민27	시70·71	사17·18	벧전5
139	19	민28	시72	사19·20	벧후1
140	20	민29	시73	사21	벧후2
141	21	민30	시74	사22	벧후3
142	22	민31	시75·76	사23	요일1
143	23	민32	시77	사24	요일2
144	24	민33	시78:1~37	사25	요일3
145	25	민34	시78:38~72	사26	요일4
146	26	민35	시79	사27	요일5
147	27	민36	시80	사28	요이1
148	28	신 1	시81·82	사29	요삼1
149	29	신 2	시83·84	사30	유 1
150	30	신 3	시85	사31	계 1
151	31	신 4	시86·87	사32	계 2

6월

일차	날짜	가정		개인	
152	6/1	신 5	시88	사33	계 3
153	2	신 6	시89	사34	계 4
154	3	신 7	시90	사35	계 5
155	4	신 8	시91	사36	계 6
156	5	신 9	시92·93	사37	계 7
157	6	신10	시94	사38	계 8
158	7	신11	시95·96	사39	계 9
159	8	신12	시97·98	사40	계10
160	9	신13·14	시99~101	사41	계11
161	10	신15	시102	사42	계12
162	11	신16	시103	사43	계13
163	12	신17	시104	사44	계14
164	13	신18	시105	사45	계15
165	14	신19	시106	사46	계16
166	15	신20	시107	사47	계17
167	16	신21	시108·109	사48	계18
168	17	신22	시110·111	사49	계19
169	18	신23	시112·113	사50	계20
170	19	신24	시114·115	사51	계21
171	20	신25	시116	사52	계22
172	21	신26	시117·118	사53	마 1
173	22	신27·28:1~19	시119:1~24	사54	마 2
174	23	신28:20~68	시119:25~48	사55	마 3
175	24	신29	시119:49~72	사56	마 4
176	25	신30	시119:73~96	사57	마 5
177	26	신31	시119:97~120	사58	마 6
178	27	신32	시119:121~144	사59	마 7
179	28	신33·34	시119:145~176	사60	마 8
180	29	수 1	시120~122	사61	마 9
181	30	수 2	시123~125	사62	마10

7월

일차	날짜	가정		개인
182	7/1	수 3	시126~128	사63	마11
183	2	수 4	시129~131	사64	마12
184	3	수5·6:1~5	시132~134	사65	마13
185	4	수6:6~27	시135·136	사66	마14
186	5	수 7	시137·138	렘 1	마15
187	6	수 8	시139	렘 2	마16
188	7	수 9	시140·141	렘 3	마17
189	8	수10	시142·143	렘 4	마18
190	9	수11	시144	렘 5	마19
191	10	수12·13	시145	렘 6	마20
192	11	수14·15	시146·147	렘 7	마21
193	12	수16·17	시148	렘 8	마22
194	13	수18·19	시149·150	렘 9	마23
195	14	수20·21	행 1	렘10	마24
196	15	수22	행 2	렘11	마25
197	16	수23	행 3	렘12	마26
198	17	수24	행 4	렘13	마27
199	18	삿 1	행 5	렘14	마28
200	19	삿 2	행 6	렘15	막 1
201	20	삿 3	행 7	렘16	막 2
202	21	삿 4	행 8	렘17	막 3
203	22	삿 5	행 9	렘18	막 4
204	23	삿 6	행10	렘19	막 5
205	24	삿 7	행11	렘20	막 6
206	25	삿 8	행12	렘21	막 7
207	26	삿 9	행13	렘22	막 8
208	27	삿10·11:1~11	행14	렘23	막 9
209	28	삿11:12~40	행15	렘24	막10
210	29	삿12	행16	렘25	막11
211	30	삿13	행17	렘26	막12
212	31	삿14	행18	렘27	막13

8월

일차	날짜	가정		개인
213	8/1	삿15	행19	렘28	막14
214	2	삿16	행20	렘29	막15
215	3	삿17	행21	렘30·31	막16
216	4	삿18	행22	렘32	시1·2
217	5	삿19	행23	렘33	시3·4
218	6	삿20	행24	렘34	시5·6
219	7	삿21	행25	렘35	시7·8
220	8	룻 1	행26	렘36·37	시 9
221	9	룻 2	행27	렘38	시10
222	10	룻3·4	행28	렘39	시11·12
223	11	삼상1	롬 1	렘40	시13·14
224	12	삼상2	롬 2	렘41	시15·16
225	13	삼상3	롬 3	렘42	시17
226	14	삼상4	롬 4	렘43	시18
227	15	삼상5·6	롬 5	렘44	시19
228	16	삼상7·8	롬 6	렘45	시20·21
229	17	삼상9	롬 7	렘46	시22
230	18	삼상10	롬 8	렘47	시23·24
231	19	삼상11	롬 9	렘48	시25
232	20	삼상12	롬10	렘49	시26·27
233	21	삼상13	롬11	렘50	시28·29
234	22	삼상14	롬12	렘51	시30
235	23	삼상15	롬13	렘52	시31
236	24	삼상16	롬14	애 1	시32
237	25	삼상17	롬15	애 2	시33
238	26	삼상18	롬16	애 3	시34
239	27	삼상19	고전1	애 4	시35
240	28	삼상20	고전2	애 5	시36
241	29	삼상21·22	고전3	겔 1	시37
242	30	삼상23	고전4	겔 2	시38
243	31	삼상24	고전5	겔 3	시39

9월

일차	날짜	가정		개인	
244	9/1	삼상25	고전 6	겔 4	시40·41
245	2	삼상26	고전 7	겔 5	시42·43
246	3	삼상27	고전 8	겔 6	시44
247	4	삼상28	고전 9	겔 7	시45·46
248	5	삼상29·30	고전10	겔 8	시47
249	6	삼상31	고전11	겔 9	시48
250	7	삼하 1	고전12	겔10	시49
251	8	삼하 2	고전13	겔11	시50
252	9	삼하 3	고전14	겔12	시51
253	10	삼하4·5	고전15	겔13	시52~54
254	11	삼하 6	고전16	겔14	시55
255	12	삼하 7	고후 1	겔15	시56·57
256	13	삼하8·9	고후 2	겔16	시58·59
257	14	삼하10	고후 3	겔17	시60·61
258	15	삼하11	고후 4	겔18	시62·63
259	16	삼하12	고후 5	겔19	시64·65
260	17	삼하13	고후 6	겔20	시66·67
261	18	삼하14	고후 7	겔21	시68
262	19	삼하15	고후 8	겔22	시69
263	20	삼하16	고후 9	겔23	시70·71
264	21	삼하17	고후10	겔24	시72
265	22	삼하18	고후11	겔25	시73
266	23	삼하19	고후12	겔26	시74
267	24	삼하20	고후13	겔27	시75·76
268	25	삼하21	갈 1	겔28	시77
269	26	삼하22	갈 2	겔29	시78:1~37
270	27	삼하23	갈 3	겔30	시78:38~72
271	28	삼하24	갈 4	겔31	시79
272	29	왕상 1	갈 5	겔32	시80
273	30	왕상 2	갈 6	겔33	시81·82

10월

일차	날짜	가정		개인	
274	10/1	왕상 3	엡 1	겔34	시83·84
275	2	왕상4·5	엡 2	겔35	시85
276	3	왕상 6	엡 3	겔36	시86
277	4	왕상 7	엡 4	겔37	시87·88
278	5	왕상 8	엡 5	겔38	시89
279	6	왕상 9	엡 6	겔39	시90
280	7	왕상10	빌 1	겔40	시91
281	8	왕상11	빌 2	겔41	시92·93
282	9	왕상12	빌 3	겔42	시94
283	10	왕상13	빌 4	겔43	시95·96
284	11	왕상14	골 1	겔44	시97·98
285	12	왕상15	골 2	겔45	시99~101
286	13	왕상16	골 3	겔46	시102
287	14	왕상17	골 4	겔47	시103
288	15	왕상18	살전 1	겔48	시104
289	16	왕상19	살전 2	단 1	시105
290	17	왕상20	살전 3	단 2	시106
291	18	왕상21	살전 4	단 3	시107
292	19	왕상22	살전 5	단 4	시108·109
293	20	왕하 1	살후 1	단 5	시110·111
294	21	왕하 2	살후 2	단 6	시112·113
295	22	왕하 3	살후 3	단 7	시114·115
296	23	왕하 4	딤전 1	단 8	시116
297	24	왕하 5	딤전 2	단 9	시117·118
298	25	왕하 6	딤전 3	단10	시119:1~24
299	26	왕하 7	딤전 4	단11	시119:25~48
300	27	왕하 8	딤전 5	단12	시119:49~72
301	28	왕하 9	딤전 6	호 1	시119:73~96
302	29	왕하10	딤후 1	호 2	시119:97~120
303	30	왕하11·12	딤후 2	호3·4	시119:121~144
304	31	왕하13	딤후 3	호5·6	시119:145~176

11월

일차	날짜	가정		개인	
305	11/1	왕하14	딤후4	호 7	시120~122
306	2	왕하15	딛 1	호 8	시123~125
307	3	왕하16	딛 2	호 9	시126~128
308	4	왕하17	딛 3	호10	시129~131
309	5	왕하18	몬 1	호11	시132~134
310	6	왕하19	히 1	호12	시135·136
311	7	왕하20	히 2	호13	시137·138
312	8	왕하21	히 3	호14	시139
313	9	왕하22	히 4	욜 1	시140·141
314	10	왕하23	히 5	욜 2	시142
315	11	왕하24	히 6	욜 3	시143
316	12	왕하25	히 7	암 1	시144
317	13	대상1·2	히 8	암 2	시145
318	14	대상3·4	히 9	암 3	시146·147
319	15	대상5·6	히10	암 4	시148·150
320	16	대상7·8	히11	암 5	눅1:1~38
321	17	대상9·10	히12	암 6	눅1:39~80
322	18	대상11·12	히13	암 7	눅 2
323	19	대상13·14	약 1	암 8	눅 3
324	20	대상15	약 2	암 9	눅 4
325	21	대상16	약 3	옵 1	눅 5
326	22	대상17	약 4	욘 1	눅 6
327	23	대상18	약 5	욘 2	눅 7
328	24	대상19·20	벧전1	욘 3	눅 8
329	25	대상21	벧전2	욘 4	눅 9
330	26	대상22	벧전3	미 1	눅10
331	27	대상23	벧전4	미 2	눅11
332	28	대상24·25	벧전5	미 3	눅12
333	29	대상26·27	벧후1	미 4	눅13
334	30	대상28	벧후2	미 5	눅14

12월

일차	날짜	가정		개인	
335	12/1	대상29	벧후3	미 6	눅15
336	2	대하 1	요일 1	미 7	눅16
337	3	대하 2	요일 2	나 1	눅17
338	4	대하3·4	요일 3	나 2	눅18
339	5	대하5·6:1~11	요일 4	나 3	눅19
340	6	대하6:12~42	요일 5	합 1	눅20
341	7	대하 7	요이 1	합 2	눅21
342	8	대하 8	요삼 1	합 3	눅22
343	9	대하 9	유 1	습 1	눅23
344	10	대하10	계 1	습 2	눅24
345	11	대하11·12	계 2	습 3	요 1
346	12	대하13	계 3	학 1	요 2
347	13	대하14·15	계 4	학 2	요 3
348	14	대하16	계 5	슥 1	요 4
349	15	대하17	계 6	슥 2	요 5
350	16	대하18	계 7	슥 3	요 6
351	17	대하19·20	계 8	슥 4	요 7
352	18	대하21	계 9	슥 5	요 8
353	19	대하22·23	계10	슥 6	요 9
354	20	대하24	계11	슥 7	요10
355	21	대하25	계12	슥 8	요11
356	22	대하26	계13	슥 9	요12
357	23	대하27·28	계14	슥10	요13
358	24	대하29	계15	슥11	요14
359	25	대하30	계16	슥12·13:1	요15
360	26	대하31	계17	슥13:2~9	요16
361	27	대하32	계18	슥14	요17
362	28	대하33	계19	말 1	요18
363	29	대하34	계20	말 2	요19
364	30	대하35	계21	말 3	요20
365	31	대하36	계22	말 4	요21

맥체인 묵상가이드 통독 365

2020년 1월 5일 초판 1쇄 발행
지은이 정현기
디자인 디자인이츠
발행처 선교횃불
등록일 1999년 9월 21일 제54호
등록주소 서울시 송파구 백제고분로 27길 12(삼전동)
전 화 (02) 2203-2739
팩 스 (02) 2203-2738
이메일 ccm2you@gmail.com
홈페이지 www.ccm2u.com

■ 파본은 교환해 드립니다.
■ 이 출판물은 저작권법에 의해 보호를 받는 저작물이므로 무단전재와 무단복제를 금합니다.